Diogenes Taschenbuch 24195

de
te
be

JOSEPH ROTH wird 1894 als Sohn jüdischer Eltern in Galizien geboren. Nach Studienjahren in Wien und Lemberg ist er im Ersten Weltkrieg Soldat. Danach lebt er, zunächst als Journalist und später auch als Schriftsteller, in Wien und Berlin. 1933 emigriert Joseph Roth nach Paris, wo er 1939, verarmt und alkoholkrank, stirbt.

HELMUTH NÜRNBERGER, 1930 in Brüx (Böhmen) geboren, lehrte Neuere deutsche Literaturwissenschaft in Flensburg und Hamburg. Er hat Editionen besonders zur deutschen und österreichischen Literatur des 19. und 20. Jahrhunderts herausgegeben und ist u. a. Autor des Bandes zu Joseph Roth in den Rowohlt-Monographien.

Joseph Roth

Ich zeichne das Gesicht der Zeit

Essays, Reportagen, Feuilletons

Herausgegeben und kommentiert von Helmuth Nürnberger

Diogenes

Die Erstausgabe erschien 2010 im Wallstein Verlag, Göttingen

Covermotiv: Foto von André Kertész,
›Le Pont des Arts‹, 1932 (Ausschnitt)

Veröffentlicht als Diogenes Taschenbuch, 2013

Diogenes Verlag AG Zürich
info@diogenes.ch · www.diogenes.ch
In Fragen zur Produktsicherheit (GPSR):
truepages UG (haftungsbeschränkt)
Westermühlstraße 29, 80469 München
info@truepages.de
ASR/19/852/2
ISBN 978 3 257 24195 2

Inhalt

Feuilletons, Glossen, Reportagen

(1916–1925)

Über die Satire. Eine Plauderei

Es geht den edelsten und feinsten Dichtungsgattungen, wie den feinsten und edelsten Menschen: sie werden verkannt. Verkannt wird das lyrische Gedicht, verkannt wird die Satire. Aber ist das kleine, lyrische Gedicht das winzige und doch so komplizierte, subtile, zarte Erzeugnis dichterischen Herzens, so ist die Satire das reifste Kind dichterischen Geistes und Gemütes. Die Satire ist leicht, zierlich und meist auch elegant – die derbe Satire ist keine Satire und versetzt dabei die schmerzlichsten Hiebe. Sie tritt dem Nachbar am Tische des Lebens auf die Hühneraugen seiner Empfindlichkeit und doch fürchtet man, ihr unanständiges Benehmen vorzuwerfen. Ihr Lächeln kann schmerzen, aber sie lächelt nicht, weil sie Schmerzen bereiten will. Sie ist zwecklos, weil sie göttlich ist, aber ihr bloßes Dasein wirkt erzieherisch. Sie ist Pädagogin ohne pädagogische Absicht. Man geht fehl, wenn man meint, sie wolle auslachen. Nein, sie lacht, weil sie lachen muß. Ihre mittelbare Folge kann zwar das Verschwinden des Traurigen sein, ist es aber selten. Ja, eben deshalb lacht die Satire. Die Dummheit ist unsterblich wie die Weisheit, die Häßlichkeit wird ewig leben, wie die Schönheit. Man kann die Dummheit nicht töten, wohl aber auslachen. Und die Satire lacht sie aus. – Meist aber geht sie nicht darauf aus, den Gegner direkt niederzuschmettern oder zu verletzen. Denn ihr Gegner ist von seiner Mutter Dummheit unverwundbar gebadet worden und selbst eine Achillesferse hat er selten. Die Satire wendet sich meist an »die andern« und verspottet den Gegner. Sie hat gesiegt, wenn die anderen mitlachen. Der Verspottete ist der Besiegte. Denn wer ausgelacht wird, wird nicht gefürchtet.

Der Tor ereifert sich über das Schlechte. Der Weise lächelt darüber. Zeus ist kindisch, wenn er grollt, aber göttlich ist er, wenn er lächelt. Und auch sein Donner ist vielleicht nur sein starkes Lachen über die bebenden Menschlein.

Freilich, die Satire ist auch eine Rache. Eine grimmige zuweilen, aber stets eine vornehme. Eine Rache, die das Verzeihen gebärt. Sie ist die Rache der Götter und der Dichter …

Pathetische Trauer ist menschlich, heitere Seelenruhe ist göttlich. Menschlich ist das Trauerspiel, göttlich ist das Lustspiel. Denn bei den Göttern gibt es keine Tragik, wenigstens keine pathetische. Auch die »hohe Tragödie« ist nicht pathetisch. Sie ist kein Klagelied. Das seichte Pathos ruft Tränen hervor. Der Ernst erstickte sie. Ernst und Heiterkeit sind Geschwister. Die »hohe Tragödie« und die Satire – sie sind ebenso ernst wie heiter.

Die meiste Satire findet sich in den beiden größten Tragödien der Menschheit: in »Hamlet« und »Faust«.

Hamlet ist »tatenunlustig«, weil er ein »Grübler« ist, heißt es. Aber vor allem ist er Satiriker. (Freilich ist jeder Satiriker ein Grübler.) Hamlet handelt nicht, weil er sich selber fürchtet. Er fürchtet sich, sich selbst auslachen zu müssen, wie er die ganze Welt auslacht. Wie er Polonius auslacht und den König, wie er selbst Horatio auslacht und Ophelia. Seine Selbstironie – ein Kleid der Satire – zertrümmert die Gedankenpaläste seines Geistes und läßt ihn neue bauen. Seine Selbstironie führt ihn am Gängelbande die ersten tappenden Schritte auf dem Wege des Handelns und läßt ihn straucheln über den Stein des Zweifels. Seine Selbstironie macht ihn zum Mörder, Dichter, Schauspieler und Rächer, aber nicht zum kraftstrotzenden Helden. Seine Selbstironie kränkelt ihn mit des Gedankens Blässe an und hindert ihn an der Erreichung seines Zieles. Seine Tragik ist seine Satire.

Aber selbst abgesehen von der Satire in Hamlets Wesen selbst, wieviel Satire in der ganzen Tragödie überhaupt!

Wieviel in den Gesprächen Hamlets mit seiner Umgebung, wieviel in der Umgebung selbst! Wieviel in den Lehren des Polonius, die er seinem Sohne mitgibt, wieviel in dem Tode des Polonius, wieviel in der zweiten Heirat der Königin!

Und Faust! Satire in seinem ersten Monologe, im Gespräch mit Wagner, in Wagner selbst, im Spaziergang, in Auerbachs Keller, in der Hexenküche, in Nachbarin Martha und schließlich in Mephistopheles! Goethe zeigt eine ungeheure dichterische Kraft im Gesang der Erzengel, aber ein Lächeln göttlicher Macht, wenn er den Herrn mit Mephistopheles sprechen und diesen dann sagen läßt: »Von Zeit zu Zeit seh' ich den Alten gern und hüte mich, mit ihm zu brechen; es ist gar hübsch von einem großen Herrn, so menschlich mit dem Teufel selbst zu sprechen!«

Die großen Kenner der »Höhen und Tiefen« und deren Darsteller sind Satiriker. Selbst das Märtyrertum ist eine stille, schweigende Satire. »Herr, vergib ihnen, denn sie wissen nicht« – ist das nicht aus einer weisen, lachenden Überlegenheit heraus und mit einem engelhaften Spotte gesprochen?!

Der Irdisch-Große rächt sich, indem er lacht, der Himmlische, indem er leidet. In dem Lachen jenes, in dem Leiden dieses liegt – Satire.

So ist die Satire die Rache der Vollkommenen. Die Tochter des Gottes Humor und des Menschenkindes Verzweiflung. Wir wissen, solchen Mischehen entstammen Halbgötter und Nymphen …

Wiener Operette

Vor der für die Wiener Kunst zuständigen Instanz, dem Handelsgericht, haben zwei Wiener Dichter, Lindau und Beda, einen Theaterverlag geklagt, weil er eine in Wien mit Recht durchgefallene Operette den Berlinern nicht aufdrängen wollte. Als Sachverständige erschienen noch ein Dichter und ein Regisseur, die selbst schon elende Operetten erzeugt haben und sich auskennen müssen. Sie bekräftigten, das Textbuch sei »mit Geschick *gemacht*« und die Musik »gewissenhaft gearbeitet«. Der Komponist, ein weltfremder Idealist und Musikante namens Edmund Eysler, erklärte hierauf, selig seien die Friedfertigen, und er schlösse sich der Klage nicht an, weil er es sich mit einem Welthause wie Felix Blochs Erben nicht verderben wolle. Das Gericht verurteilte sodann das Berliner Publikum, das doch gar nicht angeklagt gewesen war, die Operette binnen drei Monaten über sich ergehen zu lassen. Haben die preußischen Konservativen nicht recht, wenn sie über ungehörige Einmischung Österreichs in die inneren Angelegenheiten Deutschlands klagen?

Wo die Kartousch singt

Ich war in der Generalprobe der neuen Lehár-Operette. Ich saß zwischen meinem Freund, der was von der Musik versteht, und einer Dame.

Ich sagte: Wir wollen sehen, wie sich der Meister Lehár in diesen schweren Zeiten künstlerisch entwickelt hat!

Mein Freund, der was von Musik versteht, sah hin und sagte: Er ist unberufen dick geworden!

Die Dame neben mir sah meinen Freund empört an.

Dann ging der Vorhang auf und der Chor sang ein herbstliches Lied. Der erste Vers lautete, glaube ich: »Es röteln schon die Bäume.« Dann kam ein liebes älteres Kindchen, mit einem blonden Zöpfchen und dem Fingerchen im Mündchen und mit weißen Strümpfchen und zwitscherte wie eine ungarische Lerche. Auch war der Marischka da, picksüß vor männlicher Herbheit, und er sang immer: – – – *kleine* Lerche! (aber man muß das »*kleine*« innig betonen); und dann sangen sie beide zusammen: – – *Klapper*störche! Die Dame neben mir machte ein Gesicht wie Marmeladebrot. Ich fragte meinen Freund, der was von Musik versteht, wie die Kartousch singt. Er sagte: sie hat schon ganz hübsche Beine. Der Marischka aber war mehr von ihrem Singen entzückt und schrie: *Kleine* Lerche! Sie sagte innig: *Klapperstörche.*

Dann kam eine andere Dame, ich weiß nicht, wie sie heißt, die konnte hingegen singen. Aber sie sagte: dü Konst! – und war eine Wöltdame und Könstlerin, sehr verführerisch, gewiß die Aphrodite von Neutitschein. Na, sie war halt zehn Minuten lang faszinierend, aber der Marischka war doch mehr für die *kleine* Lerche, obwohl die Wöltdame ein goldenes Zigarettentascherl ums Handgelenk trug, was eine ganz neue berückende Erfindung ist. Half nichts. Das Orchester seufzte: *Klapper*störche. Dann kamen grünweißrote ungarische Nationalkostüme auf die Bühne und die Dame neben mir sah mich triumphierend an. Ich sagte: Das ist ein hübscher Marsch! Mein Freund, der was von Musik versteht, sagte: Ja, er spricht eine interessante fremde Sprache – aber er sagt in ihr lauter Banalitäten! Die Dame sagte: pssst!

Dann sagte der Marischka wieder: *kleine* Lerche; und sie ging mit ihm in die Stadt, und er erlag dann doch der Wöltdame; und an einem Aktschluß saß sie betrübt da, und es verklang lyrisch, und am anderen Aktschluß saß wieder er betrübt da, und es verklang lyrisch und die Dame wurde weinerlich, nicht einmal der lustige Bauer Tautenhayn heiterte sie auf, obwohl zwei berühmte Librettisten mindestens ein Jahr lang über jeden Witz nachgedacht hatten. Es war sehr traurig. Man dachte an die armen Soldaten im Schützengraben, die vielleicht sterben müssen, ohne die neue Lehár-Operette gesehen zu haben.

Der Tendenzfilm

Lehrmeister und Tugendbläser sind unsterblich. Da es heutzutage nicht mehr angeht, das Bühnendrama mit dem Lesebuch für Volksschulen zu verwechseln und in jenem die Moral zu predigen, die für dieses vorgeschrieben ist, wurde das Kinodrama zur praktischen Pädagogik ernannt und der Tendenzfilm war da. Das Kino wird als moralische Schaubühne betrachtet und ist ein Requisit der Volkserziehung, wie Rohrstab und Einmaleins. Es ist sehr lehrreich, auch an Vergnügungsstätten die bösen Folgen einer Teufelssünde an der Haut eines anderen zu erleben, aber eine etwas unangenehme Überraschung ist es, wenn ich zwanzig Jahre nach der Absolvierung der Volksschule mich in's Kino unterhalten gehe und dort die Fortsetzung des Lesebuches in Illustrationen erlebe. Daß der Säufer in's Unglück gerät, seine Familie zerstört, der Verbrecher erwischt wird, der Hinterlistige selbst in die Grube hineinfällt, der Geizhals verhungert, der Verschwender sich aufknüpft u. s. w. sind so allgemein bekannte Tatsachen, trotzdem sie so selten vorkommen, daß ihre Darstellung im Film zu lehrreichen Zwecken vollkommen verfehlt erscheint. Wenn mich alle die zuckersüßen Geschichten des Schullesebuches schon genügend überzeugt haben, daß ihr Inhalt keineswegs den Tatsachen des Lebens entspricht, so wird eine glatte und plumpe Illustrierung dieser Geschichten überflüssig. Kein erwachsener Mensch wird glauben, daß in dieser besten aller Welten, Edelmut und Güte belohnt werden. Aber selbst auf die Gefahr hin, die Sittenpolizei an die Filmleinwand zu malen, behaupte ich, daß ein Kinostück, das höheren Aufgaben, als einer Pseudoerziehung gerecht zu werden versucht, eine viel sittlichere Wirkung übt, denn ein tendenziöses Machwerk mit durchscheinender Philistermoral. Es gilt vor allem, die Klasse des Volkes ästhetisch zu erziehen und das heißt zugleich: moralisch. Jener süßlich-fade Gefühlskitsch mit dem Sittensprüchlein als Höhepunkt des »Dramas« und Gipfel der »Kunst«, jener bekannte Ansichtskartenkitsch mit der goldenen Inschrift: »Ewig Dein!« und dem schmachtenden Augenaufschlag einer sentimentalen Gartenlaubehäuslichkeit muß verschwinden. Das Kino muß sich in den Dienst einer vernünftigen Volksaufklärung stellen, die nicht mit einem lächerlichen »Kinderschreck« vor die Massen tritt, sondern mit Mitteln arbeitet, die auf reife Menschen unmittelbare Wirkung ausüben. Wenn zu Beginn und während des Krieges die Kinodramen vor Vaterlandsliebe und Kaisertreue überflossen, so war das nicht weniger bewußte Volksverführung, als die hochpatriotischen Leitartikel alldeutscher Blätter. Überhaupt ist die Ausmünzung des Kinowertes in Politik oder Parteipolitik Unfug und Unsinn. Es wird kein Zuschauer bekehrt und keiner gebessert. Er soll vor allem *aufgeklärt* werden. Und das nur mit Hilfe eines Films, der das Leben weder verzuckert noch verfolgt, sondern es getreu in einer wenigstens halbwegs künstlerischen Fassung wiedergibt. Erst dann, wenn der Film nur *die* Tendenz enthält, die auch das Leben hat, wird jenes Ziel erreicht werden, das mit dem sogenannten »Tendenzfilm« nur verfehlt wurde und wird. Erziehung, meine Herren Filmautoren, nicht Moralpauke und – wenn möglich – Kunst statt Kitsch!

Knigge im Film

Weltentrückt liegt das kleine deutsch-mährische Städtchen, in das mich vor wenigen Monaten ein unerbittliches Schicksal und eine lokale Schneckenbahn entführt hatten. Das alte Rathaus mit dem etwas verunglückt aussehenden gotischen Turm, ein biederes Gasthaus mit breitem Eichenbett aus guter, alter Zeit, ein behäbiges Kaffeehaus mit althergebrachten

Stammtischen, die Wände mit wohlmeinenden Sprüchlein tapeziert – das alles bereitete mich auf ein gemächliches, wenn nicht spießbürgerlich-solides Stadtleben vor, das ich einem unerforschlichen Ratschluß rücksichtslos konsequenter Götter zufolge einige Wochen lang führen sollte. Allein schon der nächste Morgen brachte eine Überraschung. Es gab einen regelrechten Vormittagskorso auf dem rechteckigen Rathausplatz, den eine bunte Menge bevölkerte. Junge Damen in modernsten Gewändern, Herren und Herrchen in Kleidern nobelster Fasson und großstädtischen Zuschnitts und selbst ein Herr mit einem Monokel. Man denke: ein Monokel! Auch benahm sich die Jugend auf Straßen und in öffentlichen Lokalen durchaus nicht kleinbürgerlich-manierlich, sondern mit Schwung und einer geradezu akkuratessen Eleganz. Lange dachte ich über die Gründe dieser Sittenfeinheit in S. nach. Bis mich ein regnerischer Sonntagnachmittag in's Kino und damit auf die Lösung des Rätsels brachte. Ich sah dichtgefüllte Reihen, und aufgeregte Premierenstimmung beim Publikum. Junge Mädchen mit glühenden Blicken. Gymnasiasten mit würdevollem Ernst, gespannt den Ereignissen des Dramas folgend. Jede Handbewegung, jeder Augenaufschlag des Helden oder der Heldin wurde von der zuschauenden Jugend geradezu verschlungen. Und ich verstand den erzieherischen Einfluß des Kino's auf die Jugend dieser Kleinstadt. Plötzlich war ich sehend geworden: daher hatten die Frauen dieses kokette Mienenspiel, jenes hoheitsvoll-herablassende Kopfnicken, wenn man sie grüßte. Das kleine Laufmädel benahm sich wie eine Dame. Die blonde Verkäuferin des Papiergeschäftes in der Ecke mimte eine Prinzessin. Der Alltag war Film geworden. Das nüchterne kleine Ereignis – Szene. Und sie selbst, all diese kleinen Männlein und Weiblein waren Helden und Heldinnen. Asta Nielsen und Henny Porten, Harry Walden und Psylander in zehntausend Auflagen. – In tausenden solcher abseits liegenden Städtchen mag wohl das Kino die Rolle einer Erziehungsanstalt spielen. Eine künstliche Fata morgana, spiegelt es dem nach der »großen Welt« dürstenden kleinstädtischen Lehrmädel das »Leben« vor, jenes Leben, das ihm vielleicht immer unerreichbar bleiben wird. Aber aus schattenhaften Gestalten und Geschicken, Szenen und Handlungen in der Filmwelt der Leinwand baut sich der kleine Mensch ein zweites zivilisierteres, manchmal sogar kultivierteres »Ich«, in dem er aufzugehen sich bemüht und manchmal sogar aufgeht. Was im Jahrhundert des Buches, wie R. M. Meyer das 19. Jahrhundert nannte, das Werk der gelesensten Modebücher vollbrachte, im Jahrhundert der Technik vollbringt es das Kino. Kürzer und oft anschaulicher. Das Kino als anschaulich gemachter Knigge. Oder ein Knigge mit Kinoillustration. – Wie soll ich mich benehmen? Ich werd' mir die Henny Porten anschau'n! ..

Verschneite Welt

Seit gestern schneit es.

Das ist kein Schnee von leichtem Oktobergeblüt, wie ihn manchmal spottlustige Herbstwolken aus den Ärmeln schütten. Kein schwindsüchtiger Schnee, der, kaum auf dem Pflaster angekommen, in ein nasses Nichts zergeht, wie eine Kriegsschaumtorte auf der Zungenspitze. Kein herbstlicher Schwindelschnee, der eigentlich nur ein weißverkleideter Regen ist. Seit gestern ist der ehrliche, charaktervolle Schnee da, der Schnee, aus dem die Zuckerkrone des lieben Gottes gemacht ist, der Schnee aus den Wintermärchen, der Schnee der Schneeballen und der Schneemänner.

Stunden, die von den Turmuhren fallen, sinken bis über die erzenen Ohren in den weichen Flaum und lassen nichts mehr von sich hören. Die Hupentöne der Automobile und die Trompetenstöße der Tramwayschaffner wollen schreien und können nicht. Weiße, wollige Flocken legen sich ihnen um Brust und Hals und ersticken sie. Räder knirschen und Fahrradklingeln sind eingehüllt in dämpfendes Hermelin. Alle Geräusche der Stadt liegen eingewickelt in bauschigen Schnee, wie kostbare Instrumente in Watte.

Die Stadt wird vornehm, wie eine Silberkönigin in blendendem Pelz. Ihre Pagen, die goldenen Glocken, schreiten in weißen Pelzpantöffelchen durch die Luft. Weicher Schneestaubpuder macht die häßlichen Sorgenrunzeln in ihrem Gesicht unkenntlich. Die Königin Stadt ruht. Wunderbar weiß sind ihre Glieder.

Der Schnee schläft dicht und fest auf den Drähten, auf den Kuppeln der Telegraphenstangen, auf Türmen, Erkern und Giebeln. Er hüllt dünne, frierende Zweige ein, wie man Kinder nach einem Bad einwickelt in weiches Flanell. Die Laternen haben weiße, spitzige Narrenkappen und vor den Gesichtern dünne Schleier mit großen, weißen Tupfen. Die goldenen Lichtkugeln der Autos und Straßenbahnen wirbeln Kügelchen aus Quecksilber vor sich her, die wie Sonnenstäubchen tänzeln. Alte, mißgünstige Besen sind heftig bemüht, den Kobold Schnee zur Ordnung zu rufen. Sie weisen ihn weg vom Trottoir: Du, paß auf, hier darfst du dich nicht hinlegen! Aber der Schnee ist ganz ungezogen und setzt sich rittlings auf die scheelsüchtigen Besen und die eifrig gebeugten Rücken der Herren Hausmeister. So ist der Schnee.

Die Wolken lagern dicht über den Dächern, um den Schnee leichter aus ihren weiten Manteltaschen schütten zu können. Leichte, dunstige Nebelzungen lecken an den Stirnen der Häuser. Die Menschen hasten durch die Gassen, sie sind gebückt, denn sie tragen Lasten von weißen Wundern auf den Schultern nach Hause.

Der Schnee verschüttet Grenzen und verwischt Verschiedenheiten. Er fällt in Paris, in Wien, in London und in New-

York. Er hat keinen Respekt vor papierenen Gesetzen. Er begräbt den Haß. Er ist wie eine liebe Hand Gottes, die weich und weiß und segnend über der Erde ruht.

Stadtfrühling

In den Auslagen der inneren Stadtteile erblühen im März plötzlich wunderbare, kostbar-durchsichtige, weiche Blusenstoffe, die Preise schießen in die Höhe und die Kaufleute schlagen aus. Am Vormittag sind die Kaufläden halb geöffnet und ein Auslagenarrangeur setzt Frühlingswaren in die Schaufensterbeete. Der Herr Direktor steht in der Tür, leutselig neben dem Goldknöpfe knospenden Portier, wie ein hold erblühter Blumenstock. Die Sonne, die seinen Scheitel trifft, löst einen warmen Dunststrom duftender Brillantine aus. Seine Lackschuhspitzen schießen Strahlenbündel in die Höhe, leuchten in flüssiger Weißglut. Er könnte sich an seinen Stiefeln eine Zigarette anzünden.

An den Straßenecken sind die Blumenfrauen über Nacht aufgegangen mit hängenden Frühlingsgärten von Primeln, Veilchen, Leberblumen, Schneeglöckchen, Schieber in frühjahrsmäßigen Gürteltierüberzieherfellen lassen blaue Papierfetzen für ein Veilchensträußchen in die Körbe der Frauen flattern. Die Maronimänner lassen immer noch Maroni-Anachronismen braten, deren Duft wie eine aufgewärmte Winterreminiszenz in die Luft steigt. Auf den Köpfen der Damen erblühen schüchterne Strohhüte in blassen Farben, und den kurzen Rockschößen entsprießen schlanke Seidenstrümpfe. An blonden und braunen Zöpfen baumeln Schulmädchen mit Notenmappen durch die Straßen. Aus einem plötzlich gähnenden Schultor strömt eine Wolke kleiner Kinder, wie loser Dampf aus einem geöffneten Maschinenventil.

Die Bettler wachsen an besonnten Mauern und nützen für ihr Gebrechen die sonnige Konjunktur aus als hätten sie eigens zu diesem Zweck einen Vertrag mit dem Himmel geschlossen. Die Spritzwagen fahren mit breiten Wasserstrahlkämmen über das Pflaster und ein Mann mit einer Uniformkappe stäubt Wasser aus einem Gummischlauch auf die Köpfe der Passanten. Es ist, wie im Kino.

In den Gärten und Parks knospen Kinder im Gummiwägelchen und Blätter an dünnen Zweigen. Es ist Frühling.

*

Es ist noch ein Frühling da. Er beginnt am Gürtel.

Die Straßen sind aufgerissen, mit Geschwür und häßlichen Wunden bedeckt. In der Sonne sind die Fenster mit scheibengroßen Pappendeckelpflastern und schmutzigen Fetzenverbänden doppelt, dreifach, tausendfach traurig.

Es sind die Straßen der hohen Löhne und der weiten Armut. Die Häuser sind so unerhört groß, übermächtig, wie Schicksale, erdrückend mit ihrer steinernen Wucht; sie lasten auf der Welt, wie ein unabwendbares Unglück. Sie haben unzählige Fensteraugen, wie böse Gottheiten; man fühlt ihren schmerzenden Blick im Rücken, wenn man auf der Straße steht.

Alle Menschen kommen aus diesen Häusern. Hier sind keine anderen Menschen, als solche, die aus diesen Häusern kommen. Sie tragen den dumpf-feuchten Mauergeruch auf den Schultern.

In einem Misthaufen stochern fünf, sechs Kinder herum. Staub hüllt sie ein. Sie klauben alles auf: Tramwayfahrscheine und alte Postbüchel und Knochen und Blechdosen. Die Kinder sind selbsttätige Sammelbüchsen mit Gliedmaßen.

Es ist Frühling.

Am Abend traben berittene Holzbündel durch die Straßen. Sie reiten auf Menschenrücken

Und ein Mädchen in der Straßenecke wartet auf eine Gelegenheit zu einem neuen Kostüm. Es ist Frühling.

Die Bäume in den kleinen Gartenanlagen haben *tabes dorsalis.* Ihre Knospen sind nur symbolisch gemeint. Diese kleinen Spielgärten sehen aus, wie Versorgungshäuser für kranke Sträucher.

Der Frühling ist ein ganz, ganz anderer …

M. P. A.

Der Kommunistenprozeß – Namen und Schicksale – Familie Fichtmann – Die Mutter des Häftlings

Der Gerichtssaal ist voll. Aus geblähten Nüstern pfaucht das Ungeheuer Publikum. Um Toga, Gerichtshof, Gesetz weht etwas wie Kulissenzauber. »Mordprozeß Blau, Drama aus der revolutionären Zeit in Gott weiß wieviel Tagen.« Alles ausverkauft.

Das ist der Prozeß der »kleinen Leute«. Selten nur erklingt zwischen plumpen, alltäglichen Namen (Marke: Moabit) einer von besonderem Ton. Ein Offiziersname, ein konservativ-amtlicher, ein altadeliger. Der Verteidiger spitzt die Ohren, schnuppert und schnappt vergeblich nach abwesenden Größen, wie ein Halbverhungerter nach dem Trugbild einer Fleischkeule.

Manchmal erhellt der Klang eines Namens blitzschnell geheimnisvolle Zusammenhänge zwischen törichtem Zufall und unerforschlichem Schicksal. Der Hauptzeuge der letzten Tage, Spitzel, Aufrührer, Mädchenverführer (nach der Aussage einer Zeugin), heißt zwar nicht Beelzebub, aber Toifl. Ein unorthographischer Teufel. Ein Opfer des Spitzelsystems hieß »Faust«. Und der *Erzieher* Toifls – »*Bischof*«. Oh, unergründliche Ironie des Zufalls! …

Zeuge Toifl ist Spitzel (»agent provocateur«) gewesen. Im

Dienst der »M. P. A.« Das heißt nicht etwa: Macht praktische Arbeit!, sondern: »Militärisch-Politische Abteilung«.

Toifl ist Österreicher. Immer noch. Obwohl er »M. P. A.« war. Ein bißchen glatt und leichtfertig. Seine Moral dreht sich in fertig geölten Angeln Patent »Teufel«. Er fühlt sich unglücklich in seiner namenlosen Alltäglichkeit. Es gilt, Bildungs- und gesellschaftliche Hintergründe wegzuradieren. Die Revolution ist ein günstiger Zufall. Sie bricht gerade aus, als Toifl anfängt, sich nach einer Karriere umzusehen. Spionage, denkt er, ist ein Sprungbrett. Er spielt gesellschaftlich die Rolle eines ehemaligen österreichischen Fähnrichs. Sein gesicht ist von jener blassen, blonden Leere, der man unter Umständen die Fähnrichscharge ruhig glauben darf ... Wie er so auftritt, nett, blond, in dunkelblauem Anzug und »elastischem Schritt« posiert, macht er einen braven Eindruck. Typus: aufgeweckter Junge.

Bei näherem Zusehen aber knetet er in zappeligen Händen ein schweißdurchtränktes Taschentuch, kämpft er sich mühsam etwas »Haltung« ab. Bemüht, gelassene Eleganz vorzutäuschen, zieht er kleinbürgerlich-sorgfältig die gebügelte Hose hinauf, sooft er sich setzt. Und man sieht: er ist gar nicht elastisch. Seine Seele schreitet nur sozusagen auf Gummiabsätzen.

Der junge Fichtmann soll an der Mordtat beteiligt gewesen sein. Seine unterernährte Winzigkeit wird geradezu verschluckt von der Anklagebank. Klein, geduckt und schwächlich, sieht er seiner Mutter, die als Zeugin auftritt, sehr ähnlich. Beide hat Gott in einem Anfall übler Laune aus irgendeinem schiefgetretenen Formbehälter herausgeknetet. So sind sie verkümmert und verbogen.

Papa Fichtmann ist von anderem Schlag! Schankwirt von Beruf, leise Neigung zur Rothaarigkeit, die weiße Sportkappe hinter dem Rücken bergend, an öffentliches Reden offenbar gewöhnt, Marke: Revolutionär. Er spricht von dem Überfall

Kappscher Soldaten auf sein Haus. »Meine Söhne haben sie an die Wand gestellt! …« Und Papa Fichtmann mischt in die gelassene Sachlichkeit seiner Rede kunstvoll gesteigerten Donnergroll. Er hat ganze Walzen von Leitartikeln in sich aufgestapelt, nun kann er sie endlich abschnurren lassen.

Wie oft er schon in der Irrenanstalt gewesen sein, fragt der Staatsanwalt. Immer nur auf eigenes Verlangen, meint Fichtmann. Wenn seine Nerven nachlassen, meldet er sich in der Heilanstalt. »Genau so, wie's die Reichen machen, Herr Staatsanwalt, mit den Sanatorien!« Endlich hat er's ihm gegeben! Fichtmann läßt seinen Witz steigen, wie einen lange in der Rocktasche aufbewahrten Feuerwerkfrosch. Es knallt …

Zeuge Worm ist ein Häftling. Blaßgelb, in der Sackmontur eines Sträflings, wie ein gelber plumber Fleck in einer gutbürgerlichen Umgebung. Seine Mutter sitzt in der ersten Reihe. Im »besseren Kleid«. Sie hat einen Korb mit Lebensmitteln für ihren Sohn gebracht. Ich weiß: der Staatsanwalt ist überzeugt, daß der Korb Ausbruchswerkzeuge und Waffen enthält. Aber ich glaube, er enthält nur Lebensmittel. Sie hat sich das so leicht vorgestellt, die Gute! – Ihr Sohn betritt den Saal und bei dieser Gelegenheit gibt sie ihm eben etwas Schönes. Aber zwischen Eßkorb und Sohn senkt sich, wie eine Bahnschranke, plötzlich der blaue Arm des Polizisten.

Sie hat sich das so einfach vorgestellt, die Frau Worm! Wie naiv Mütter sein können. Selbst wenn ihre Kinder Verbrecher sind …

Es ist ein arg verwickeltes Knäuel, der Prozeß. Staatsanwalt und Verteidigung bohrten mit Fragen und Feststellungen Löcher in den Prozeß. Nun sieht die ganze Affäre aus wie ein Sieb …

Kanäle sind aufgerührt worden. Man riecht den inoffiziellen, verdeckt gehaltenen Teil der »Ordnung«. Stinkende Jauche einer verkommenen Spitzeltiergattung ergießt sich über die Öffentlichkeit.

Geheimnisvolle Spitznamen und technische Ausdrücke flattern auf wie Gespenster-Fledermäuse: »Hannibal«, »die schwarze Schar«, »um die Ecke bringen« …

Und irgendwo, im Hintergrund klappert ein heimlicher Apparat mit den Buchstaben: M. P. A.

Feuilleton

Die Vollbartmänner, die Ernstlinge und Würderiche, geringschätzen das Feuilleton.

Ich könnte jetzt wunderbare bunte Seifenblasen schreiben; wahre Regenbogenblasen. Aber nur die Frauen und Kinder Gebliebenen würden sich dran freuen. Die Männer dagegen behaupten, sich lediglich mit ewigen Dingen zu beschäftigen.

Als da sind: Handel mit Strumpf- und Wirkwaren, Aufkaufen brüchiger Asbestplatten, Füllfederpatente, Pappendeckelherstellung; oder: Politik, Friedensverträge zum Beispiel, und internationale Handelsverträge; oder: Wissenschaft, Umlaute im König Rotherlied, Permutationen und Zusätze zu Einsteins Relativitätstheorie.

Die Vollbässe im Orchester der Welt, die Donnergroller, die ewigen Zylinderträger und Leichenbeschauer sagen: pfuh! und zucken mit den heiligkeitstressenbeschwerten Achseln. Es sind die Tambourmajore der Kulturmarschkapellen.

*

Solch ein Kesselpauker sagte mir einmal: Das Feuilleton ist eine bürgerliche Kunstgattung. Und er schüttelte den Kopf im Trauermarschrhythmus, wie ein Leichenwagenpferd.

Eine bürgerliche Kunstgattung: weil es den Bürger mit jener Kulturtünche anstreiche, die ihm geliebte Schminke ist.

Weil er das Feuilleton lesen könne zwischen Mittagsschläfchen und Vesper; ein Bildungsdessert.

Das Feuilleton sei entstanden aus dem Wunsch nach Unterhaltung, oder noch weniger: Amüsement. Und ein Würderich amüsiert sich nicht! Pfui!

*

Auf der Moralkesselpauke wird das Feuilleton totgetrommelt. Ein Wahlredner darf ungestraft drei Stunden Unsinn und Zusammenhangloses aus dem Stegreif in schlechter Sprache reden. Ein Feuilletonist, der über zehn Zeilen Seifenblasen sitzt, ist ein Luder.

Es geht also um die Stellung zur Seifenblase in der Hauptsache. Die meisten Menschen sind bekanntlich der Ansicht, daß die Seife nur der Reinlichkeit wegen da ist.

Wenn das Feuilleton »Aufsatz« hieße, so gäbe es schlechte und gute Aufsätze. Und selbst die Seifenhändler würden es lesen. Denn man darf doch auch auf einer halben Seite einer Zeitung gültige Dinge sagen?!

Aus der angeblichen Tatsache, daß der Verfasser dieser halben Seite nur einen kurzen Zeitraum fürs Schreiben gebraucht hat, schließen sie, daß diese halbe Seite Schmierage sei.

Ich schrieb über den Riesensalamander im Aquarium, den *maximuslobatrochus Mega,* und tat die Äußerung, daß ich lieber ein Riesensalamander, denn ein Mensch, wäre.

Darauf stellte mich ein Mann zur Rede, der es nicht begriff, daß man ohne eine Spur von Naturlehre über Riesensalamander schriebe und sich so was wünschen könne. Ich habe ihn vollkommen gekennzeichnet, wenn ich seine Frage hieher setzte: Möchten Sie, fragte er, wirklich ein *megalobatrachus* werden?

Aber es war Sonntag nachmittag, die Sonne lag gedämpft in der Welt, auf der Kaffeeterrasse klingelten Silberlöffel und Eistassen, wie Glöckchen des Lebens. Und ich sagte: nein!

Also, sprach der Mann (ein entarteter *homo sapiens*), das wäre faul. So »unehrlich« schreibe man nicht!

*

Die Leute sagen: Heine hat das Feuilletonunheil in die Welt gebracht. Heines Reisebriefe sind aber nicht nur amüsant, sondern eine künstlerisch große Leistung und somit eine ethische. Der entartete *homo sapiens* hätte zehn Jahre die Pariser verschiedenen Statistiken studiert und dann ein langweiliges, also unmoralisches, Buch geschrieben.

Heine hat vielleicht kleine Tatsachen umgelogen, aber er sah eben die Tatsachen so, wie sie sein sollten. Denn sein Auge bestand nicht nur aus optischem Instrument und Sehsträngen.

Wenn das »bürgerlich« ist, so ist «bürgerlich« sehr ethisch. Dann lebe das Bürgertum!

Herodot, der Feuilletonist des Altertums, war auch ein Bourgeois?

*

Das Unglück in der Welt kommt von den Kothurn-Pathetikern, den Predigern und Entrüsteten. Sie wissen, was sie wissen. Der Gebrauch eines neuartigen Pronomens ist ihnen Sünde. Denn sie haben Grammatik gelernt. Sie wandern gemessen durchs Leben und trotten hinter ihrer Zukunft einher, wie hinter dem eigenen Leichenkondukt. Ihre Häupter wallen.

(Merkwürdigerweise berufen sie sich auf Karl Kraus, den Stilmenschen, der die Gattung verantwortlich macht für die Feuilletonschreiber.)

Es gibt nämlich ganz entsetzliche Feuilletonisten. Aber das sind eben die Konduktpferde. Die Pathetiker, die zufällig unter den Strich geraten. Die Leichenbeschauer mit den erborgten Narrenschellen.

*

In diesem Sommer sind sie auf Reisen gegangen und die deutschen Blätter sind angefüllt mit ihren Beschreibungen. Sie sind humorlos und brechen in Tiraden aus über Sonne, Mond und Gebirge. Etwa: »Der silberne Fluß, der wie ein Silberband das liebliche Städtchen umgürtet.«

Sie haben Klischees für die Landschaften und so und nicht anders ist diese und jene Landschaft. Nie war ein Berg anders, als dräuend. Ein Fluß ist silbern. Das Städtchen, in dem sie sich aufhalten, lieblich.

»*Man* wandert.« »Wenn dann die ehrwürdigen Glocken Salzburgs …« Und in dem lieblichen Geklingel einer Narrenschelle schwingt doch mehr zuweilen, als im Kirchenglockenklang.

*

Seht ihr: Das war schon ein »Witz«. »Paradox«. Ein »Feuilleton«.

Wenn du eine Wahrheit kurz pointiert und neu beleuchtet zeigst, ist sie nur ein Paradox. Das Klischee für Wahrheiten ist: »schlichtes Gewand«.

Ist ein Satzungeheuer, ein sprachlicher *Megalobatrachus maximus.* Mit Hilfszeitwörtern, baumelnden Hilfszeitwörtertroddeln, behangen mit losen Nebensatzzipfeln, mit Prädikaten, die sich irgendwo verbergen wie Münzen im Unterfutter einer zerrissenen Westentasche. Was so gesagt wird, ist eine »Wahrheit«.

*

Und das ganze Unglück in der Welt kommt auch von den Antikothurnisten. Den Plattschühlern.

Ich meine den »Literaten« um jeden Mokkapreis. Der die Wiese nur deshalb bespöttelt, weil sie am Sonntag der Bürger beschnarcht. Der Herz und Schmerz nur deshalb leugnet, weil Dilettanten Herz auf Schmerz reimen. Weil soundso viele Nichtskönner den Frühling als Sangsobjekt gepachtet haben, leugnen ihn die Kaffeehausmenschen, denen auf der Caféterrasse Urwaldstimmung schon entgegenweht.

Ihr Verhältnis zu Gott ist das eines Köters zum Monde. Sie bellen ihn an, weil er ihnen unerreichbar ist. Und sie schämen sich, den Silberglanz festzustellen, nur deshalb, weil er Klischee ist. Also leugnen sie ihn.

Sie genießen im Café »Welt« eine Tasse Erscheinungen mit Einfall.

*

Was hier gesagt wurde, ist auch »Feuilleton«. Deshalb habe ich das Ganze so genannt: und kann hier dennoch Wahrheiten, gültige, gesagt haben. Ich habe etwas über eine Stunde dran geschrieben.

Der Prinz

Der Prinz lebt in stiller Abgeschlossenheit, der Arme.

Uralte Kastanienbäume umrauschen seine Villa. Auf acht geräumige Zimmer ist seine Abgeschiedenheit beschränkt. Nur *ein* Reitpferd steht ihm zur Verfügung. Und ein einziges Auto. Das Auto ist grau lackiert und weich gepolstert. Auf schwellenden Pneumatiks federt es durch das Land, das den Prinzen entbehrt. Gänse fegen kreischend über den Weg. Hunde bellen, respektlos und ohne Sinn für Vergangenheit. Auf hohen Baugerüsten arbeiten Maurer und Poliere, beneidenswerte Menschen. Im Schweiße ihrer Angesichter hacken Männer Kieselsteine für Schotterungen, so sehr mit den elenden Steinen beschäftigt, daß sie nicht einmal grüßen. Armer Prinz!

Im Sommer steht der Prinz um acht Uhr auf, im Winter schon um neun. Im Sommer frühstückt er in der Veranda und des Winters im Bett. Goldgelbe Butter streicht er mit behutsamen höchsteigenen Händen auf blühweiße Brötchen. Der schweigsame Lakai, ein personifiziertes Stück Stille, sozusagen eine befrackte Abgeschiedenheit, gießt Kaffee aus silbernen Kännchen in Rosenthaler Tassen. Der genügsame Prinz greift die Tassen nur mit vier Fingern und spreizt den fünften, kleinen ganz weit und vornehm weg.

Vielgezackte Geweihe starren von den Wänden des Jagdzimmers. Von allen für den Prinzen gefallenen Lebewesen befinden sich in seiner Wohnung nur die Häupter der Hirsche und Rehe. In ihre künstlichen Glasaugen legte der verständige Optiker einen frommen Ausdruck von Untertanendemut. Die Tiere erinnern in ihrem seelenvollen Blick an ausgemusterte und von einer Hoheit angesprochene Kadetten.

Nach dem Frühstück reitet der Prinz. Er reitet immer denselben Weg und immer zum Zwecke der Verdauung und der Appetitanregung. Zwanzig Meter in der Runde setzt bei des Prinzen bekanntem Trabgeräusch den Förstern und Oberförstern der Herzschlag aus. Ein gütiges Geschick treibt manchmal einen von ihnen vor die Pferdehufe. Dann schlagen sie die redlichen Jägeraugen auf und grüßen. Es geht nichts über Waidmannstreue.

Zu Mittag ißt der Prinz im Speisesaal ein bescheidenes Menü, nur aus vier Gängen. Was ihm nicht schmeckt, muß er stehen lassen, der Arme. Dem Prinzen schmeckt manchmal etwas nicht.

Am Nachmittag schläft er auf einem ganz gewöhnlichen Plüschsofa.

Dann kommt, zweimal in der Woche, ein General aus Berlin mit Vasallensporen hereingeklirrt. Auf dem Schädel des Generals stehen alle kurzgeschorenen Haare aufrecht vor dem Prinzen. Jedes einzelne Haar nimmt Stellung.

Der Prinz und der General plaudern von Vergangenheit

und Zukunft. Der Prinz leutselig der General respektvoll. Er kommandiert Sätze zur Parade, er präsentiert Meinungen.

Der Prinz hat loyale Briefe zu beantworten und Bittschreiben. Diese Sendungen kommen immer aus »Gauen«. Noch nie hat jemand aus einer gewöhnlichen Stadt dem Prinzen geschrieben.

Manchmal liest der Prinz die neueste Scherl-Woche und einen Roman von Rudolf Stratz, auf daß er nicht hinter der Gegenwart zurückbleibe. An den fortschreitenden Daten des täglichen Lokalanzeigers merkt der Prinz, wie die Zeit vorwärts geht.

Die Frauen im Lande lieben den Prinzen, keusch und ferne. Ihr Blick verweilt auf seinem Porträt in der Illustrierten Zeitung länger als auf den Schnitten der Modebeilage. Sie finden ihn sogar interessanter als die Plauderei über die letzte Pariser Schuhform (obwohl diese spitz zulaufend und ohne jeden Besatz ist).

An Tagen, wie es zum Beispiel der Johannitertag ist, teilt der Prinz Ritterschläge aus, ganz umsonst, ohne andere entgegenzunehmen.

Er hat ein großes und gutes Herz, der arme Prinz.

Interview mit dem blonden Neger Guilleaume

Jenen *blonden Neger*, den Widerspruch seiner selbst, das lebendige Dementi der schwarzen Schmach, den deutschen Neger mit den blauen Augen, kurz eine Dinter-Gestalt, sprach ich auf der Fahrt von Wiesbaden nach Koblenz. Es saßen viele gute Bürger im Zug, und in der Ecke am Fenster saß der Neger. Sagte ich Neger? Der Mann hatte aufgeworfene Lippen, schöne weiße Zähne, starke Backenknochen, aber veilchenblaue Augen und blondes, gekräuseltes Haar. Alle Deutschen im *Coupé* sahen auf den Neger. Er trug die französische Uniform und las ein Buch. Es war ein deutsches Buch. Schließlich konnte ein dicker Herr, ein Allerweltskerl, ein Reisender, hilfreicher Mann, der jedem mit ungewünschtem Rat beiseite stand und das Kursbuch auswendig kannte, seine Neugier nicht bezähmen. Er neigte sich liebevoll zu dem blonden Neger hinüber und fragte: »Was lesen Sie für ein Buch?« Der Neger sagte: »Von Sven Elvestad, ein blöder Kriminalroman«. Also seine Überlegenheit dem Frager gegenüber erweisend, welcher keine Ahnung hatte von Sven Elvestad und dem nach der ganzen Konstruktion anzusehen war, daß er Kriminalromane nicht blöd finden konnte.

Nun war eine Verbindung hergestellt, und der Neger begann zu sprechen. Er sprach *deutsch*. Ein fließendes Deutsch mit einer tiefen, klangvollen, angenehmen Stimme. Vier Monate war er schon in Europa. Er kannte große deutsche Städte, wie Köln, Frankfurt am Main, Hannover, Koblenz, Düsseldorf. Er fühlte sich sehr wohl in Deutschland. Auf meiner Zunge lag die Frage: »Haben Sie schon wen geschändet?« und im Ernst mochten die Insassen des Coupés ebenfalls daran gedacht haben. Man wunderte sich allgemein über das blonde Haar. Als er für einen Augenblick hinausging, sagte der dicke Allerweltsherr zu seinem Nachbarn: »Fragen Sie ihn doch, warum er blond ist.« Aber als der Neger wieder da war, fragte ihn niemand.

Wir stiegen zusammen in Koblenz aus. Das Coupé hatte er mit einem freundlichen süddeutschen Gruß verlassen. Er sagte: »Grüß Gott«. Ein Grüßgott-Neger. Eine herrliche Mischung, fast rein arisch.

In *Koblenz* am Bahnhof erregte er Aufsehen. Er war groß, breitschultrig, hochhüftig, ein prachtvoller Mensch. Vor dem Gepäckschalter warteten wir beisammen eine Weile. Er mußte einen schweren Koffer abgeben. Ich ließ ihm den *Vortritt*. Er lehnte ab. Wir stritten fünf Minuten darum, wer von uns beiden den Koffer abgeben sollte. Es wuchs sich langsam zu einer *schwarzen Schmach* heraus. Schließlich kamen wir in ein vertrautes Gespräch, und der blonde Neger erzählte:

Er heißt Guilleaume. Er heißt nicht nur Guilleaume, er heißt auch *Thiele*. Er heißt also Wilhelm Thiele und ist ein Sergeant und gehört der Okkupationsarmee an und ist sozusagen ein *Feind Deutschlands*, ein Neger und blond und blauäugig, aus lauter Gegensätzen zusammengesetzt. Ein politisches, ein ethnologisches Paradox.

Sein Vater war ein *Fremdenlegionär*, seine Mutter eine Schwarze. Vom Vater hat er also das blonde Haar, seine Muttersprache ist Deutsch. Seine Mutter lebte eine Zeitlang in München und war Stenotypistin in einem großen Bankgeschäft. Er blieb indessen bei seinen Großeltern. Er ist nicht nur ein Deutscher, er ist ein Süddeutscher. Gelegentlich sagt er »net«.

Er habe sich sehr gefreut, sagte er, als er nach Deutschland kam. Unter seinen Kameraden halte er Vorträge. Er lese ihnen manchmal aus *Goethe* vor. Sein *Lieblingsdichter* ist *Lenau*. Und nach einer Viertelstunde sah ich, daß dieser Neger nicht nur weit mehr wußte als Hitler, aus dem Negerstamm der Oberösterreicher, sondern sogar, daß er eine intuitiv tiefere Verbundenheit mit dem deutschen Wesen besaß, als zum Beispiel ein Professor von *Freytagh-Loringhoven* oder *Roethe*; daß dieser Neger Guilleaume in der Reinheit seiner Seele weit über der angeblichen Rassenreinheit Dinters stand, und daß er der blauen Augen und der blonden Haare gar nicht bedurft hätte, um ein Deutscher zu sein.

Er wohnte in einem kleinen Bauernhaus in der Nähe von Koblenz, und ich war bei ihm am Nachmittag. Er spielte *Geige*. Dabei sah ich, daß er schlanke und große Hände und Finger hatte. Ich sah das Bild seines Vaters, eines Mannes mit blondem aufgezwirbeltem Schnurrbart. Dieser Mann war in Frankreichs Diensten gestorben. Und dann sah ich das Bild eines jungen Mädchens aus *München*, die die *Braut des Negers* werden soll. Nachher, natürlich, wenn alles zu Ende ist.

Ich fürchte, es wird noch lange nicht alles zu Ende sein, zumindest nicht in München, wo die weißen Neger wohnen, und wo man bestimmt nicht die Braut eines französischen blonden deutschen Schwarzen sein darf, ohne von Hakenkreuzlern gepeinigt zu werden.

Der Korpsstudent

Der Korpsstudent ist das einzige zoologische Lebewesen, dessen »Vorkommen« nicht von geographischen und klimatischen Verhältnissen abhängig ist, sondern von staatlichen und nationalen. Während er also in Ländern, welche dieselben biologischen Bedingungen haben, wie Deutschland, entweder bereits ausgestorben oder überhaupt nicht entstanden ist, kommt er bei uns in zahllosen, durch die (»Couleur« genannte) Färbung von einander verschiedenen Gattungen vor.

Man trifft ihn in Kneipen, auf Mensurböden und bei völkischen Veranlassungen (zu denen die Vorlesungen der Professoren Roethe, Freytagh-Loringhoven und ähnlicher gehören), auch in Hörsälen. Der Korpsstudent ist auf den ersten Blick zu erkennen: die theologische Theorie, daß Gott den Menschen nach seinem Ebenbilde erschaffen, leugnet der Student *in praxi* durch Gesichtstätowierungen, die er »Schmisse« nennt. Auf der obersten Wölbung seines kurzgeschorenen Schädels trägt er ein mit schiefer Vehemenz aufgesetztes Käppi, um das ihn jeder amerikanische Telegraphen- und Expreßboy beneiden könnte. Quer über die Weste hat er ein buntes, zwei- und dreifarbiges Band geschlungen, das manchmal mit einer goldenen Phrase geziert ist, wie zum Beispiel: »Mit Gott für König und Vaterland.« Also projiziert er Gefühle und Überzeugungen nach außen, er selbst eine wandelnde Phrase, von Traditionen und Bier genährt, und durch die unwahrscheinliche Geduld seiner deutschen Mitmenschen am papiernen Leben erhalten. Da er keinen Inhalt mehr hat, lebt er als eine Schale weiter; und gleicht etwa einem bunten Lampion am Morgen nach einem Fest.

Um die Zweckmäßigkeit seiner Existenz dennoch zu erweisen, verursacht er Aufsehen und Geräusche – in der irrigen Meinung, daß akustische Wirkungen Daseinsberechtigung verleihen. Indes beweist er gerade dadurch seine exzellente Vergangenheit und seine anachronistische Gegenwart. Sein Lärm gleicht einem gelegentlich aus der Unterwelt aufsteigenden Rumoren mangelhaft gestorbener Geister.

Weil *er* aus den Fugen der Zeit gefallen ist, glaubt er, die Zeit sei aus den Fugen. Weil er den Tag verschläft, sieht er die Welt nur bei Nacht – und auch dann nur doppelt. Deshalb verkennt er die Dimensionen der Wirklichkeit. Gespenster sehend, wandelt er selbst sich zum Gespenst, das im Klang des Bierglases Altheidelbergs Glocken zu hören vermeint. *Ihn* stärkt also ein Rausch, in dem andere untergehen. Vom Moder des Gewesenen und Verwesenen lebt er. Sein Glanz ist dem eines in der Nacht leuchtenden feuchten Kadavers zu vergleichen.

Dennoch – und weil er ein Toter ist, den die Geschichte zu begraben vergessen – macht er, durch Gesetz und Sitte vor der unbarmherzigen Wirklichkeit geschützt, seinen Weg, den man »Carriere« nennt, und der ihn zu Richterstühlen, in Anwaltskammern, an Krankenbetten führt. Er spricht Recht und verordnet Rizinusöl. Er wird ein Professor und bildet sich ein, Wissenschaft zu verbreiten, wenn er sein Wissen verbreitet. Die Ideale aus der Rumpelkammer seiner Jugend zieren seine Wände und hängen in seinem Gehirn. Er ist aus einem jungen Biertrinker ein »alter Herr« geworden. Denn genau so, als ob er jemals ein Lebendiger gewesen wäre, wandelt er durch die Jahre, an der Peripherie der Welt zwar und dennoch ihr zugerechnet, wird grau und stirbt endlich den Tod der Lebendigen, nachdem er ein Leben der Toten absolviert hat.

Seinem trauernd hinterbliebenen Korps hinterläßt er Maßkrug, Schläger, Hakenkreuz, Kappe, Band und was es sonst noch an studentischen Kulturutensilien geben mag. Seiner gedenkend und ihm nachzueifern beflissen, wächst die nächste Generation heran und pflanzt an seinem Grabe ihre Hoffnung auf, die unsere Enttäuschung ist. …

Gespräch über den deutschen Professor

»Die Universität Neapel«, sagte Alfred, »feiert das Jubiläum ihres 700jährigen Bestandes. Zu dieser Feier hat sie die bayerische Akademie eingeladen. Nun, und was hat die bayerische Akademie geantwortet?«

Eduard: »Sie wird doch die Einladung nicht etwa zurückgewiesen haben?!«

Alfred: »Ihre Mitglieder sind deutsche Professoren, und diese seltene Menschengattung weist *jede* ausländische Einladung zurück. Der deutsche Professor steht auf dem Standpunkt, daß die Universität von Neapel an dem Friedensvertrag von Versailles schuldig ist, obwohl nicht die italienischen Professoren, sondern die italienischen Generale und Diplomaten an diesem Friedensvertrag mitgewirkt haben.«

Eduard: »Wie kann man nur Diplomaten, Generale und Professoren miteinander verwechseln?«

Alfred: »Der deutsche Professor kann alles. Verwechselt er sich doch selbst mit einem General. Bei der vorletzten Rektorsinauguration der Berliner Universität sangen die Studenten das kriegerische Lied: ›Wohlauf, Kameraden, auf's Pferd, auf's Pferd ..‹ Der Rektor Roethe hatte sie dazu aufgefordert; obwohl es gerade einem deutschen Professor eher ziemen würde, etwa den Text so zu singen: ›Wohlauf, Kameraden, aufs Steckenpferd!‹ Aber es war nicht dieses gemeint, sondern ein wirkliches Schlachtroß, obwohl die Kavallerie in den modernen Kriegen nur eine untergeordnete Rolle spielen kann. Das wußte der Germanist Roethe nicht. Seine Kollegen von der chemischen Fakultät sind besser unterrichtet. Sie wissen, daß nicht ein munterer Ritt ins Feld der Ehre entscheidend ist, sondern die Wirkung des Giftgases. Die Chemiker sind praktische Naturen, die Germanisten romantische. Aber deutsche Professoren sind sie alle, das heißt: Menschen, denen der geistige Stahlhelm über Augen und Ohren gerutscht ist, so daß sie Stimmen und Erscheinungen der Außenwelt nicht mehr wahrnehmen können.«

Eduard: »Und die Wissenschaft leidet nicht darunter?«

Alfred: »Es gibt seit einigen Jahrzehnten eine Inzucht der deutschen Wissenschaft und eine peinlich gewahrte Rassenreinheit des deutschen Geistes. Die Entwicklung der wissenschaftlichen Ideen vollzieht sich in Deutschland unter dem hermetisch schließenden Stahlhelm, wie die Entwicklung exotischer Pflanzen in einem glasüberdeckten Treibhaus. Nur, daß der Stahlhelm die Sonne nicht durchläßt. Die Liebe des deutschen Professors zum Schlachtroß ist zwar mehr eine platonische. Denn reiten hat er nie gekonnt. Wohl aber hat er bereits den Knüppel schwingen gelernt, den er von Kunze bezieht. In der Linken das Buch und den Knüppel in der Rechten steht er heute auf dem Katheder, bereit, die Wissenschaft zu verbreiten und gleichzeitig Neapolitaner, Juden, Franzosen, Marxisten niederzuschlagen. So nimmt er allein den Kampf gegen die Welt auf – und sie, die es nicht zu wissen scheint, schickt ihm Einladungen.«

Eduard: »Wie ist es möglich, daß sie es nicht weiß?«

Alfred: »Daran sind wir selbst schuld. Wir kümmern uns gar nicht um die Universitäten – und sie sind auch nicht mehr ein integrierender Bestandteil unseres öffentlichen Lebens. Sie sind höchstens das Agitationsmaterial im Wahlkampf der nationalistischen Parteien. Also sind wir, die wir keinen Kontakt mit den Akademien haben (und ihn auch nicht brauchen), immer noch geneigt, dem Professor mehr Achtung zu zollen, als er verdient. Dieser unbegründete Respekt vor der Autorität ist höchst verderblich. Ein qualifizierter Arbeiter, der denken kann, ist klüger, als zehn Forscher, welche ein Leben damit zubringen, die Umlaute des Gudrunliedes zu zählen. Deshalb ist der denkende Arbeiter auch Sozialist, das heißt: Zukunftsmensch; deshalb sind neun von zehn Professoren auch Nationalisten, das heißt: Vergangenheitsmenschen.«

Eduard: »Willst du leugnen, daß die Wissenschaft den Menschen befreit?«

Alfred: »Das eben ist die folgenschwere Verwechselung. Ich leugne nicht die befreienden Impulse, die von der Wissenschaft ausgehen. Ich leugne die Möglichkeit einer *Befreiung durch den Professor.* Weil wir so dumm sind, den Professor für die Wissenschaft zu halten, respektieren wir die Bannmeile, die von der Tradition um die Hochschule gelegt ist. Wir stören den Professor nicht, weil wir immer noch glauben, er arbeite an seinen Büchern. Er aber arbeitet indes nur mit der Linken, während er mit der Rechten exerziert. Es hat sich ein Durcheinander zwischen Generaltum und Professorentum herausgebildet, während wir uns um die Bannmeile drückten. Ludendorff, der ein General ist, hält Vorträge über die Walhalla und die Forscher der Eddalieder fordern ihre Schüler auf, das Pferd zu besteigen. Der Feldwebel forscht nach dem Ursprung der Rassen in seiner Kompagnie und die Hörer des Seminars für Rassenforschung üben sich im Schießen auf proletarische Zielscheiben. Diese Tatsachen erörtern wir nicht genügend laut. Deshalb weiß es die neapolitanische Universität nicht und sie lädt infolgedessen noch die deutschen Professoren ein.«

Eduard: »Werden die neapolitanischen Gelehrten nicht sehr beleidigt sein?«

Alfred: »Wenn sie Philosophen sind: nein! Denn sie haben ihre Abweisung nicht von jenen erhalten, die sie eingeladen hatten! Sie luden deutsche Gelehrte ein und nur durch eine falsche Adressierung kam die Einladung an bayerische Professoren. Sie luden die Freiheit ein, und ihnen antwortete die Barbarei. Es ist, wie wenn ein Dichter an die Sterne appelliert und ihm fallen Hakenkreuze ins Angesicht.«

Eduard: »Was werden die Neapolitaner jetzt denken?«

Alfred: »Sie werden denken, am deutschen Himmel leuchten keine Sterne mehr, sondern Hakenkreuze.«

Eduard: »Und ich glaube, sie werden richtig denken ...«

Ein Unpolitischer geht in den Reichstag

Der deutsche Parlamentarismus hat eine poetische Lage. Der Reichstag ist nur durch den »Königsplatz« von der grünen Auen-Lyrik des Tiergartens getrennt. Dem Unpolitischen fällt es schwer, auf den schönen Maitag zu verzichten, an dem der *neue deutsche Reichstag* zusammentritt.

Das große Kunstgebäude wird im Dezember dieses Jahres dreißig Jahre alt. Seit drei Jahrzehnten ärgerte es Menschen von Geschmack und demokratischer Gesinnung. An seinem Eingang befindet sich die Widmung: »Dem Deutschen Volke.« Aber auf seiner Kuppel, fünfundsiebzig Meter über dem Straßenniveau, erhebt sich die goldene Krone, breit, wuchtend, eine Last, die in keinem Verhältnis zur Kuppel steht und jenen Widmungsspruch desavouiert.

Wer es nicht weiß, hält den Haupteingang dieses Hauses für den – Haupteingang. Wer es nicht weiß, glaubt, daß diese großartige Hauptfassade mit den sechs großen korinthischen Säulen den Zweck hat, die Vertreter des Deutschen Volkes zwar etwas pompös, aber dennoch würdig, zu empfangen. Aber dieser Haupteingang ist überhaupt keiner. Die großen

Tore sind immer geschlossen. Sie öffneten sich in der republikanischen Zeit nur *einmal*, – als Rathenau begraben wurde. Die Ambition der sechs korinthischen Säulen ist zwecklos. Die verschwendete Hauptfassade ist eine tote Pracht. Der vordere Teil des Reichstages macht den Eindruck eines unbegrenzten Hauses, dessen Inhaber verreist sind. Die deutsche Jugend spielt barfuß auf den Stiegen. Wie eine Zierpalme wächst ein grüner Polizist, – einsames Grün zwischen weißem, unfruchtbarem Stein.

Und seitwärts, durch eine schmale Pforte in der Simsonstraße, begeben sich die Vertreter des Volkes an ihre Arbeit. Es ist unendlich schwer, hier *kein* Symbol aus der Zeit Kaiser Wilhelms II. zu sehen. Vier deutsche Kaisergestalten aus Bronze stehen im Vorraum, um gleichsam die Parade der Abgeordneten abzunehmen. Der Plenarsitzungssaal, braungetäfelt, ernst und dunkel, hat für Publikum und Presse ungastliche, unwillige, beschränkte, beschränkende Tribünen.

*

Sie sind heute – am *Eröffnungstage* – seit zwei Uhr nachmittag überfüllt. Die Saaldiener haben einen festlich geschärften Kontrollblick. Spezialberichterstatter für Stimmungs- und Personalnachrichten wandeln in den Gängen, um Ludendorffs Ankunft zu beobachten. Neugierige aus politischem Interesse und Vulgär-Neugierige sind anwesend. Heiß geht ihr Atem. Herren liebkosen mit altmodischen Taschentüchern ihre nassen Glatzen. Damen, Angehörige der heute auftretenden Männer, fächeln sich Kühlung zu mit abgelegten Handschuhen. Das Publikum befindet sich nicht dort, wo es sich scheinbar befindet. Es nützt die günstige Bauanlage der Tribüne nicht aus, welche es ihren Besuchern gestattet, über den Parteien zu stehen. Niemand nützt diesen glücklichen Umstand aus.

Die Atmosphäre müßte festlich sein, mindestens so festlich, wie bei der Eröffnung irgend einer Ausstellung, an der die ganze Nation, ohne Unterschied der Partei, mitgearbeitet hat. Auch jene Teilnehmer – so denkt der Unpolitische – die den Parlamentarismus bekämpfen, müßten, nicht vor diesem, aber doch vor ihrer eigenen Tätigkeit, die sie jetzt jedenfalls beginnen, Achtung haben. Vielleicht müßte das Zeremoniell, die nützliche Uniform jeder feierlichen Situation, strenger und komplizierter sein. Die Kirchen und die Kaiser hatten lange genug Gelegenheit, zu erproben, ob und wie wichtig Zeremonien sind. Die demokratischen Einrichtungen haben zu wenig Zeremoniell. Es gibt dem haltlosen Teilnehmer wenigstens Ablenkung von seiner eigenen Haltlosigkeit und seiner Luft: sich bemerkbar zu machen, und verleitet ihn zu einer unfreiwilligen Stille. Dem Würdevollen gibt es noch mehr Haltung. Es erhöht die Ruhe und dämpft die Lautheit. Es zwingt, wenigstens für einige Stunden, diese Körperschaft, die sich aus Unterschieden zusammensetzt, zu einer einzigen Form der Gemeinsamkeit.

Hier aber, im deutschen Reichstag, hat jede Partei nicht nur ihre eigene politische Überzeugung, sondern auch ihr eigenes Zeremoniell. Hier ist kein Sinn für die Form. Fremde Botschafter, der feierliche Lord d'Abernon zum Beispiel, sitzen in der Loge. Die Augen Amerikas, Frankreichs, Italiens sind auf die Vertreter des deutschen Volkes gerichtet. Was sehen sie? Den Gänsemarsch der Politischen. Getümmel unter den Kommunisten. Eine blaue Brille für *Ludendorff*. Der Unpolitische kann nicht begreifen, weshalb von allen Berufsmenschen der Welt gerade der deutsche Politiker eine unbändige Sucht hat, sich selbst lächerlich zu machen; ehe er noch mit seiner Politik, welche genug Gefahren der Lächerlichkeit in sich birgt, begonnen hat. Aber was versteht der Unpolitische von den Rätseln der Politik.

Den neunundsiebzigjährigen Alterspräsidenten, der eine schwache Stimme hat, fordert ein Ruf von rechts auf, »lauter!« zu sprechen. Habe ich diese Stimme, diesen energischen Tonfall nicht schon einmal gehört? War es nicht in einem Kabarett, wo ein Herr, im Bewußtsein dessen, daß er für den Eintritt gezahlt und eine Flasche Bier bestellt hat, dem Konferencier zurief: »lauter!!!« — daß man die drei Rufzeichen der Entrüstung geradezu sehen konnte? Ach! — und wo habe ich dieses Pfeifen gehört, daß jetzt von den Kommunisten kommt? Doch schon in der Schule, irre ich nicht, in der Sexta! Bin ich etwa darüber hinausgewachsen, weil ich ein Unpolitischer bin?

*

Der General *Ludendorff* hat diesen Sturm entfesselt. Als ich ihn zuletzt sah, führten wir noch beide Krieg, er und ich. Aber wir haben ihn beide verloren. Von da an gingen unsere Wege auseinander. Er wurde ein Politiker und ich nicht. Mich hat niemand gefeiert, obwohl ich auch besiegt wurde. Jetzt habe ich Gelegenheit, ihn in Zivilkleidern zu sehen. Er hat eine gewisse rundliche Freundlichkeit in der Weste und das Doppelkinn, das ein Abzeichen der Biederkeit ist. Weshalb schreit man so, wenn er sich erhebt? Er hat sich verändert. Er ist älter geworden, behäbiger, bürgerlicher. Er war vielleicht immer nur ein Bürger im Heldenrock. Er hat jetzt nichts von Mars, dem Gott des Krieges.

Jetzt singt man links die *»Internationale«* und rechts *»Deutschland über alles«*. Gleichzeitig, als ob es nicht vernünftiger wäre, nacheinander beide Lieder zu singen. Weshalb nicht Musik, Freunde? Weshalb sollte Politikern nicht Gesang gegeben sein? Weshalb will einer den anderen nicht anhören? Könnte es doch sein, daß beiden Lagern beide Lieder teilweise gefallen. »In mancher Hinsicht« steht ja Deutschland wirklich über andern Ländern. Und in andern »Belangen« ist Internationalität gar nicht schlecht. Wir Unpolitischen wissen, was wir der Welt schuldig sind und was wir ihr gegeben haben. Weshalb wissen die Politiker nicht Beides?

*

Während sie noch im Plenarsitzungssaal singen, gehe ich durch die einsamen Korridore. Ich sehe eine große Bibliothek, die Bibliothek des Reichstags. Sie könnte zum Beispiel »Bücherei« heißen, wenn man das heimische Fremdwort schon durchaus vermeiden wollte. Aber wie heißt sie wirklich? – »*Bücherspeicher*!« Gehen wir in den Bücherspeicher! Wir finden hier wertvolle Werke aus allen Gebieten. Aber gleichzeitig kitschige Allegorien, großartige Tugenden aus Stein. Die Bibliothek sollte »Tugendspeicher« heißen. Auf Schritt und Tritt überladene Majestät. Unkönigliche Verschwendung an Material. Bequeme Überlieferung ohne Phantasie. Prunk ohne Wärme. Pompöse Gefrierluft. Wie soll hier Menschlichkeit, Verständnis, Wärme entstehen. Im »Kuppelsaal« hängt ein Kronleuchter, der *hundertundsechzig Zentner* schwer ist. Schwer, wie das Schicksal dieses Volkes, dem der Kronleuchter gehört. Sechsundzwanzig und eine halbe Million Mark hat es für seinen Reichstag bezahlt. Er ist äußerlich nur »imposant«. Hoffentlich machen ihn die neuen Abgeordneten auch imponierend.

Ostsee-Reise

Die »Saison« – ein Wort, das leider unvermeidlich ist – hat an der deutschen Ostseeküste sehr erfolgverheißend »eingesetzt«. Man unterscheidet auch hier, wie in anderen Weltbädern, eine Vor-, Hoch- und Nachsaison. Die zweite beginnt jetzt, im Juli, die dritte im Spätaugust. Für beide sind so viele Teilnehmer angemeldet, daß die meisten Hotels, Villen und Pensionen keinen Platz mehr zu vergeben haben. Es scheint diesmal ein besonders gewinnbringender Sommer für die Gastwirte und die ansässige Bevölkerung des Ostseestrandes zu werden. Sie verdient es. Der Sommergast, der das Meer und die Küste nur im Sonnenglanz sieht, oder schlimmstenfalls einen mehrtägigen Regen erlebt, hat naturgemäß keine Vorstellung von den Schwierigkeiten, mit denen die Bewohner im Herbst, im Winter und in den ersten Frühjahrstagen zu kämpfen haben. Die Ostsee ist nicht immer so freundlich, wie in den Zeiten der »Saison«. Während die Gäste aus dem Binnenland fern sind, in zivilisierten, sturmfernen Städten den Segen der Kamine und Zentralheizungen genießen, spielt sich an der Küste ein erschütternder Kampf zwischen den Bewohnern und den Elementen ab. Was die nicht übermäßig reichen, kleinen Gemeinden mit viel Geld und Mühe errichten, – Brücken, Hütten am Strand, kleine hölzerne Türme – vernichtet der Sturm einer einzigen Frühjahrsnacht. Es ist eine Zähigkeit ohnegleichen, die hier erste und wichtigste Voraussetzung des Lebens ist. Ich habe mit Einwohnern gesprochen, sie haben mir von den grausamen, weißen, unendlichen Wintern ihres Lebens erzählt, Wintern, in denen niemand auf die Straße kommt, in denen der Schnee haushoch liegt, die Elektrizität, die Gasbeleuchtung nicht funktionieren, das Wasser in den Brunnen gefriert und am Strande der Sturmwind mit einer so unbarmherzigen Wucht dahinrast, daß ihm kein Lebewesen standhalten kann. Der Sommer bedeutet diesen Menschen mehr als uns eine Gesundung, eine Rekonvaleszenz, eine Auferstehung. In den grausamen Wintern haben sie gelernt, schweigsam zu sein, hart, mißtrauisch, stiernackig. Dennoch ruht eine warme Menschlichkeit in ihnen, ihre Gastfreundschaft ist herzlich, ihr Wort einfach, ihr Gruß stumm, aber freundlich. In unserm vielgestaltigen, stämmereichen Deutschland ist diese Bevölkerung eine der interessantesten. Ihre Lieder sind einfach, wie der Rhythmus des Meeres, ihre Sprache ist reich an dumpfen Konsonanten, die dem ewigen Brausen Widerstand leisten müssen, um hörbar zu werden. Man kann es diesen Leuten nicht übelnehmen, wenn sie verhältnismäßig hohe Preise verlangen, zurzeit höhere, als die Bäder an der Riviera. Die Schönheiten des Ostseestrandes entschädigen für hohe Ausgaben reichlich. Die Bäder sind außerdem näher als andere Seekurorte und sie gehören schließlich – uns selbst. Wir fördern *uns*, indem wir sie besuchen. Zimmer mit Verpflegung kosten in der Hochsaison *7 bis 10 Mark pro Tag und Kopf*. In der Frühsaison sind sie um 2 bis 3 Mark billiger.

Die Ostseebäder vereinigen mehr natürliche Schönheiten, als die meisten europäischen Kurorte. Es kennzeichnet sie eine fast unwahrscheinliche Verbindung von ländlicher Vielfältigkeit und der ewigen Monotonie des Meeres. Man kann tagelang wandern – und hat zu einer Hand die See, zur andern eine Landschaft von kontinentaler, abwechslungsreicher Beschaffenheit. Hügel, Täler, Wälder und Meer, Meer, Meer. Man erwacht früh, hört die Brandung an der Küste, ein wachsendes und wieder verrauschendes Brausen, Kommen und Gehen, Ankunft und Abschied, den Kuß der Welle, in dem Begrüßung und Schmerz der Trennung liegt – und gleichzeitig ertönt ein süßer, millionenfacher Vogelsang, ein fast exotischer Chor, daß man glaubt, im fernen Süden zu sein. Man stellt sich vor, daß außer der Stimme des Meeres nur noch der Schrei der Möwe hörbar sein wird. Aber hier ist der Melodienreichtum eines kontinentalen Laubwaldes und kämpft gegen den eintönigen Rhythmus des Wassers mit verzehnfachter Energie. Und es ist so unwahrscheinlich, Vogelgezwitscher und Meeresrauschen gleichzeitig zu hören, daß man zu träumen vermeint und sich erst langsam an diese märchenhafte Verbindung disharmonischer Melodien gewöhnen muß.

Man kennt die großen Bäder: *Swinemünde, Heringsdorf, Bansin, Ahlbeck* besser, als die Insel *Rügen*. Die naive Vorstellung von einer »Insel«, die die meisten Binnenlandmenschen beherrscht, verursacht es, daß manche vor Rügen jene leise Scheu empfinden, die man vor schwer erreichbaren Gegenden hat. Und man muß, obwohl – oder weil es so selbstverständlich ist – immer wieder bestätigen: die Bäder der Insel Rügen sind genauso komfortabel, genauso europäisch, genauso zivilisiert wie jene an der Küste des Kontinents. Sie haben Elektrizität, Gas, Wasserleitung, Telephon, Friseure, Bäder, Hotels. Und sie haben noch mehr: nämlich jenes Quäntchen unberührter, naiver Natürlichkeit, das dem zivilisierten Städter erst recht eine Erholung von der Kultur garantiert. Man kann sich rasieren lassen, ein Telegramm aufgeben, eine Kapelle hören – und dennoch eine einsame Wanderung durch verzauberte Gegenden unternehmen und einem Fischer begegnen, der aus einem Märchenbuch gestiegen ist. Ja, in *Binz*, dem größten der Rügenschen Bäder, ist es sogar sehr schwer, einem Jazzband zu entgehen. Poetisch veranlagte Naturen und geschickte Reklamefachleute nennen es: »Das nordische Sorrent«. Es hat 20 Hotels und 200 Mietvillen und eine 2 Kilometer lange Strandpromenade, von Schminke, Puder, Atropin, Tennisschlägern und Bügelfalten, Likördielen und Angeheiterten bevölkert; ein Kurhaus mit Tanzgelegenheiten für Smokings und Abendtoiletten; und sogar Hakenkreuzfahnen. Man trifft in *Saßnitz* mit mehr als 26000 Badegästen zusammen und kann dennoch etwas für die Seele tun und an einem evangelischen, wie einem katholischen Gottesdienst teilnehmen. Es liegt in einem Talkessel, durch buchenbewachsene Hügelketten gegen Norden geschützt, und in der Nähe ist *Stubbenkammer*, zu Fuß in etwa 2 Stunden zu erreichen. Der Sand- und Lehmboden wird hier durch *Kreide* abgelöst. Hier ist das Land der alten Seeräubersagen. Die Kreidefelsen sind unwahrscheinlich, sie leuchten in der Nacht gespenstisch, sie sind prädestiniert für Seeräubergeschichten, die Kreidefelsen haben Physiognomie und skurrile Formungen, und es ist ein märchenhafter Widerspruch zwischen der tödlichen Fahlheit des Materials und seinen lebendigen fratzenhaften Formen.

Wer die Ruhe sucht, Nationaleigentümlichkeit, Idylle – wird die kleinen Bäder *Sellin, Baabe, Göhren, Thiessow, Puttbus-Lauterbach* aufsuchen. Hier tragen die Kellner weniger steife Hemdbrüste und die Wirte sprechen plattdeutsch. Hier gackern die Hühner auf den Straßen und eine schöne Frau darf im Bademantel durch die Stadt wandern. Die dörfische Ruhe wird nur durch einen unschädlichen Marsch der Kapellen hier und da unterbrochen. Kein Jazzband reizt Neptun und die Götter des Meeres. Und wenn du Glück hast, siehst du die alten Mönchsguter in ihren Trachten tanzen. Sie haben selbstgewebte Leinenkleider an, schwarze Röcke, bunte Westen, goldene Ketten und breite wallende kurze weiße Hosen, die um schwere Wasserstiefel schlottern und aussehen wie Glocken. Die Beine sind wie dünne Klöppel – trotz den Stiefeln. Es sind die letzten Tänzer. Die jungen Bauern weben nicht mehr, tanzen nicht mehr. Eine ganze, alte Welt versinkt.

Badegästen, die der Politik aus dem Wege gehen wollen, sei Baabe empfohlen, das von dem tüchtigen, klugen und modernen Vorstand Thormann verwaltet wird und das übrigens eines der stillsten und – billigsten Bäder der Ostsee ist. Auch in den anderen Orten ist die einheimische Bevölkerung nicht etwa hakenkreuzlerisch von Natur, und was sich an völkischer Propaganda findet, wird gewaltsam ins Land geschleppt – von den Gästen selbst.

Das *Meer* aber ist ewig, rein und unberührt von dem kindischen und grausamen Spiel der Menschen. Man sieht in die weite Unendlichkeit aus Himmel und Wasser und vergißt. Der Wind, der die Hakenkreuzfahne bläht, weiß nichts von ihr. Die Welle, in der sie sich spiegelt, kann nichts dafür, daß sie entweiht wird. So töricht sind die Menschen, daß sie selbst im Anblick dieser Ewigkeiten nicht erschauern.

Aida-Rummel

Als Pietro *Mascagni* vor einer Woche nach *Berlin* kam, standen die Zeitungen am Bahnhof, die Kundschafter der Redaktionen und die Zeichner mit dem aktuell gespitzten Stift. Einer Dame blieb es vorbehalten, ihn zu erkennen. Hierauf stürzten sich sechs Reporter auf den Dirigenten. Eine hatte ihm schon unterwegs aufgelauert und ihn aus dem Zuge der Stadt Berlin apportiert. Am Abend las man in den Blättern die »Erinnerungen« der alten und die Interviews der jungen Journalistik. Indessen rasten durch die Stadt Automobile und regneten mit Ankündigungen der »Aida«-Vorstellung in der großen Automobil-Ausstellungshalle, welche am Kaiserdamm gelegen ist und 12 000 Zuschauer fassen soll.

Vor einem ebenso großen oder noch größeren Publikum hatte Mascagni in den letzten Wochen dieses Sommers in *Wien* die »Aida« dirigiert; aber unter freiem Himmel. Der nahm der Veranstaltung den unangenehmen Charakter einer »Monstre-Demonstration« und verlieh ihr sogar ein klassisches Profil. Das Riesenorchester, der ganzen Welt gleichsam preisgegeben, nicht zwischen Wände gezwängt, verlor die Hälfte seiner provozierenden Stimmgewalt und des lieben Gottes freier Wind blies den Instrumenten ihren überflüssigen Schall in die Wolken, Wiesen und Bäume. Nach *Berlin* aber kommt Mascagni, wie es sich gehörte, beim Ausbruch der Saison, die übrigens eine echte »Saisong« zu werden verspricht. Die kalten Nächte sind da. Eine »Aida«-Vorstellung vor 12 000 Personen *muß* jetzt in einem Haus stattfinden. Die Natur selbst sorgt dafür, daß in Berlin ein »Rummel« wird, was in anderen Städten immer noch eine populär-romantische Angelegenheit war.

Und es wurde ein Rummel. Eine »Revue« ist nichts dagegen. Polizei, Automobile, Droschken, Passanten, Zeitungshändler, Taschendiebe, herrenlose Hunde und Kinder bilden eine Stunde vor Beginn einen einzigen Riesenknäuel. Diese Stadt leidet an einem Überschuß derjenigen, die auf eine Art *jus primae noctis* der Sensationen Anspruch erheben. Sie sind immer aufgeregt, vergrämt, erbittert, ich möchte sagen: freudig erbittert, mit Behagen halb überfahren, genießerisch gefährdet und sie kosten alle Lebensfreuden dort, wo diese bereits tödlich werden. Die Genießer strömten, zwängten sich, schlugen sich in die Ausstellungshalle durch. Infolgedessen war sie gefüllt.

Gefüllt, dunkel, schmal unendlich von summenden, brausenden Stimmen durchflutet, von Schweiß und animalischer Elektrizität geladen; kurz: ein Berliner freudiges Verhängnis. Unter, beziehungsweise vor den Anwesenden bemerkte man (aber nur, weil man sie suchte) den Reichsaußenminister *Stresemann*, den Polizeipräsidenten *Richter*, ein paar berühmte Operettenkomponisten, die hier offenbar den Neid lernen wollten. Die Vorstellung begann, die Musik donnerte, blitzte, die Pianos wuchsen sich aus, schwollen an zu Fortissimos, es war eine gedunsene Musik, und es fehlten nur die Hupen der heimischen Automobile, die man eben der »Aida« wegen hinausgeschafft hatte. Schließlich kamen wirkliche, lebendige *Kamele* aus dem Zoologischen Garten auf die Bühne, in den letzten Reihen wurde es lebendig, jeder wollte die Kamele genau sehen, die Tiere selbst sahen beschämt weg und ich erwarte, daß sie einen guten Eindruck von der menschlichen klassischen Musik behalten haben.

Mascagni erschien und 24000 Hände klatschten, 24000 Füße trampelten; er nahm Lorbeer- und Oleanderkränze entgegen, Kränze von überdimensionaler Sinnigkeit, die man den Maßen des Raumes angepaßt hatte. Von den Wänden klatschte es zurück, wie ein geschwollenes Ungeheuer spannte sich das Echo über die Halle und schleuderte aus tausend geöffneten Rachen Rufe, Drommeten, Gesang und Gestampfe wider. Es war, wie eine antediluviale Oper, eine

Musik aus prähistorischen Quadern, übermenschlich, ein köstliches Vergnügen für Giganten und Titanen.

Reise durch Galizien

Leute und Gegend

Das Land hat in Westeuropa einen üblen Ruf. Der wohlfeile und faule Witz des zivilisierten Hochmuts bringt es in eine abgeschmackte Verbindung mit Ungeziefer, Unrat, Unredlichkeit. Aber so treffend einmal die Beobachtung war, daß es im Osten Europas weniger Sauberkeit gebe als im Westen, so banal ist sie heute; und wer sie jetzt noch gebraucht, kennzeichnet weniger die Gegend, die er beschreiben will, als die Originalität, die er nicht besitzt. Dennoch ist *Galizien,* das große Schlachtfeld des großen Krieges, noch lange nicht rehabilitiert. Auch für diejenigen nicht, die Schlachtfelder für Felder der Ehre halten. Obwohl westeuropäische Leiber in galizischer Erde zerfallen, um sie zu düngen. Obwohl aus den faulenden Gebeinen der zerschossenen Tiroler, der Niederösterreicher, der deutschen Soldaten aus dem Reiche der Kukuruz dieses Landes blüht.

»Kukuruza« heißen die Maiskolben. Wenn sie reif geworden sind, säumen sie die Strohdächer der Bauernhütten, große, gelbe Naturtroddeln, von langen, gelben Haaren überweht. Man mästet die Schweine mit Kukuruz, die Gänse, die Enten, und bringt sie auf die Märkte in die großen Städte. Arme jüdische Händler in Galizien legen die Maiskolben in Töpfe voll kochenden Wassers, ziehen mit den siedenden Erdfrüchten durch die Straßen und verkaufen die Kolben an jene armen Juden, die mit alten Lumpen, Glasresten und Zeitungspapier handeln. So leben die Kukuruzhändler von den Lumpenhändlern. Von wem aber leben die Lumpenhändler?

Es ist schwer zu leben. Galizien hat mehr als acht Millionen

Einwohner zu ernähren. Die Erde ist reich, die Bewohner sind arm. Sie sind Bauern, Händler, kleine Handwerker, Beamte, Soldaten, Offiziere, Kaufleute, Bankmenschen, Gutsbesitzer. Zu viele Händler, zu viel Beamte, zu viel Soldaten, zu viel Offiziere gibt es. Alle leben eigentlich von der einzigen produktiven Klasse: den *Bauern.*

Die sind fromm, abergläubisch, furchtsam. Sie leben in scheuer Ehrfurcht vor dem Priester und haben einen maßlosen Respekt vor der »Stadt«, aus der die seltsamen Fuhrwerke kommen, die ohne Pferde fahren, die Beamten, die Juden, die Herrschaften, Ärzte, Ingenieure, Geometer, Elektrizität, genannt: Elektryka; die Stadt, in die man die Töchter schickt, auf daß sie Dienstmädchen werden und Prostituierte; die Stadt, in der die Gerichte sind, die schlauen Advokaten, vor denen man sich hüten muß, die gerechten Richter in den Talaren hinter den metallenen Kreuzen, unter dem bunten Bild des Heilands, in dessen heiligem Namen der Mensch verurteilt wird zu Monaten und zu Jahren und auch zum Tode durch den Strang; die Stadt, die man ernährt, damit man von ihr leben kann, damit man in ihr bunte Kopftücher kaufe und Schürzen, die Stadt, in der die »Kommissionen«, die Verordnungen, die Paragraphen, die Zeitungen ausbrechen.

So war's, als der Kaiser Franz Joseph regierte, und so ist es heute. Es sind andere Uniformen, andere Adler, andere Abzeichen. Aber die wesentlichen Dinge ändern sich nicht. Zu den wesentlichen Dingen gehören: die Luft, die menschliche Seele und Gott mit allen Heiligen, die seine Himmel bewohnen und deren Abbildungen an den Wegen stehen.

Diese Heiligenbilder zwischen den Ähren der weiten Felder, an den Wiesenrändern, in den Waldlichtungen sind im großen Kriege vernichtet worden, durchlöchert, zerhackt, verkrüppelt und dort wieder aufgerichtet, bemalt, mit Inschriften versehen, wo der Bauern Opfermut so groß war, wie ihre Frömmigkeit tief. So ist es nicht überall. Noch steht in dem kleinen galizischen Dorf jener berühmt gewordene Christus, dessen Kreuz von einem sarkastischen Geschoß zertrümmert wurde, so daß nur der steinerne Heiland blieb, an den Stumpf des Kreuzes die blutenden Füße genagelt und die Arme weit breitend im verzweifelten Nichtverstehen des schweigenden Gottes und der schießenden Welt; ein Erlöser, der gekreuzigt wird, ohne am Kreuz zu hängen; das symbolische Ergebnis eines martialischen Zufalls. Man hat dieses Wunder mit Recht so stehen lassen. Ringsum vernarben langsam die Schützengräben.

Aber die Narben sind häßlich und wie entstellende Hautkrankheiten der Erde. Ich möchte gerne die bequeme Art jener Berichterstattung vermeiden, die durch das Kupeefenster blickt und die zurückliegenden Impressionen mit hurtiger Genugtuung notiert. Aber ich kann es nicht. Mein Blick schweift immer wieder von den aufschlußreichen Physiognomien der Mitreisenden in die melancholische, ebene Welt ohne Grenze, in diese sanfte Trauer der Erde, in welche die Schlachtfelder hineingewachsen sind, Ergänzungen *a posteriori.* Und mag in meiner Nachbarschaft ein ebenso seltsamer wie typischer Mensch gerade im Begriff sein, eine Welt, seine Welt zu verraten – ich kann das Bild der kleinen Station nicht missen.

Alle diese Stationen sind eng, schmal, sie bestehen aus einem Trottoir und ein paar Schienen davor, der Bahnsteig sieht aus wie das Fragment einer Straße mitten zwischen Feldern. Als wäre es just die Straßenecke vor der Börse, so stehen hier jüdische Händler, schwarze und rothaarige. Sie erwarten niemanden, sie begleiten keinen Freund, sie gehen zur Bahn, weil es zum Beruf eines kleinen Händlers gehört, zur Bahn zu gehen, den ankommenden Zug zu sehen, die aussteigenden Leute, diesen Zug einmal im Tage, die einzige Verbindung mit der Welt, der ihren Lärm mitbringt und etwas von den großen Geschäften, die rund um den Globus abgeschlossen werden. Der Zug bringt deutsche Zeitungen aus Wien, aus Prag und aus Mährisch-Ostrau. Einer liest vor. Währenddessen gehen die Händler in Gruppen diskutierend nach Hause auf dem Feldweg, der den Marktflecken mit der Bahn verbindet, links sind Felder, rechts sind Felder, rechts ist das Christusbild, links ein Heiliger und zwischen beiden die Juden mit gesenkten Köpfen, die flatternden Röcke hebend, sorgsam bedacht, das Kreuz nicht zu berühren, dem Heiligenbild auszuweichen, zwischen Szylla und Charybdis des fremden, gewollt unverstandenen Glaubens. Es spritzt der graue Schlamm der Straße.

In der Ferne leuchtet der Schlamm wie schmutziges Silber. Man könnte die Straßen in der Nacht für trübe Flüsse halten, in denen sich Himmel, Mond und Sterne tausendfältig und verzerrt spiegeln wie in einem sehr schmutzigen Kristall. Zwanzig Mal im Jahr schüttet man Steine in den Schlamm, ungefüge, grobe Steinblöcke, Mörtel und rostbraune Ziegel und nennt es Schotterung. Aber der Schlamm bleibt doch am Ende siegreich, er verschlingt die Steinblöcke, den Mörtel, die Ziegel, und seine trügerische Oberfläche heuchelt glatte Ebenen, wo ganze Höhenzüge schlummern unter glucksenden Wassern, ein von Engpässen qualvoll durchfurchtes Kettengehügel. Viele Trainkolonnen sind über diese Straßen gezogen, schwere Geschütze haben tiefe Spuren hinterlassen, die Pferde sanken bis zum Sattel unter – ich weiß es noch, ich weiß es noch. Einmal zog ich diese und andere Straßen dahin, ein Lastmensch unter Lasttieren, und uns fraß der unsterbliche Schlamm, wie er die Schotterung der Straße frißt.

Wie ein Fluß im Gebirge Seen bildet, so weitet sich kreisrund die Straße zum Marktflecken. Hier sehe ich die Geburt einer Stadt. Sie ist ein Kind der Straße. Es sind geheime Gesetze, nach denen hier ein Städtchen entsteht und dort ein Dorf. Jenes breit und rund, dieses schmal und langgestreckt.

Montag ist der Markt. Der Markt erzeugt den Marktflecken. Dieser das Städtchen. Eine Stadt wird es nie. Schicksalhaft begrenzt sind die Karrieren der Ortschaften wie der Menschen.

Denn es scheint, daß in diesem Land die Bedingungen für die äußere Entwicklung der Organismen gering sind. Sie wachsen nicht ins Weite. Sie wachsen ins Groteske. In dieser mißhandelten, verpönten europäischen Ecke ist die Romantik noch lebendig. In manchen Gegenden ist alles unwirklich: Familien, die im Sommer vom Handel mit Gurkensaft leben und im Winter von Totengebeten; Grafenschlösser, in denen Geister gesehen werden; kleine, barfüßige Jungen, die Trinkwasser in den Stationen verkaufen, Trinkwasser, nichts anderes. In Lemberg ereignete es sich, daß ein großes Lastwagenpferd durch ein offenes Kanalgitter fiel. Die Kanalöffnungen in Lemberg sind nicht größer, die Pferde nicht kleiner als in der ganzen europäischen Welt. Aber Gott läßt Wunder geschehen. Jeden Tag läßt Gott Wunder geschehen. Jeden Sonntag übertrifft er sich selbst.

Anders als in den kleinen Städten Westeuropas ist der Mensch in den galizischen Kleinstädten. Dort wächst er in die Behaglichkeit hinein, die morgens vom Frühschoppen, abends vom Stammtisch begrenzt wird. Die galizische Kleinstadt aber ist ohne Behagen. Sie wandelt ihren Spießer selbst in eine Rarität. Sie fördert die Entwicklung zur Seltsamkeit. In den galizischen Kleinstädten hastet die Tobsucht der großen Weltstädte. Es ist Bewegung ohne sichtbaren Zweck und aus geheimnisvoller Ursache.

Aber über das flache Land wandelt unaufhörlich ein ewig gleicher Wind, den man kaum fühlt. Hügel, Verheißungen der Karpathen, blauen in der Ferne. Raben kreisen über den Wäldern. Sie waren hier immer zu Hause. Seit dem Krieg sind sie üppig geworden. Keine Fabrik, keine Reklame, kein Ruß. Auf den Märkten verkauft man primitive, hölzerne

Hampelmänner, wie in Europa vor 200 Jahren. Hat hier Europa aufgehört?

Nein, es hat nicht aufgehört. Die Beziehung zwischen Europa und diesem gleichsam verbannten Land ist beständig und lebhaft. In Buchhandlungen sah ich die letzten literarischen Neuerscheinungen Englands und Frankreichs. Ein Kulturwind trägt Samen in die polnische Erde. Der Kontakt mit Frankreich ist der stärkste. Über *Deutschland*, das im toten Raum zu liegen scheint, sprühen Funken herüber und zurück.

Galizien liegt in weltverlorener Einsamkeit und ist dennoch nicht isoliert; es ist verbannt, aber nicht abgeschnitten; es hat mehr Kultur als seine mangelhafte Kanalisation vermuten läßt; viel Unordnung und noch mehr Seltsamkeit. Viele kennen es aus der Zeit des Krieges, aber da verbarg es sein Angesicht. Es war kein Land. Es war Etappe oder Front. Aber es hat eine eigene Lust, eigene Lieder, eigene Menschen und einen eigenen Glanz; den traurigen Glanz der Geschmähten.

Lemberg, die Stadt

Es ist eine große Vermessenheit, Städte beschreiben zu wollen. Städte haben viele Gesichter, viele Launen, tausend Richtungen, bunte Ziele, düstere Geheimnisse, heitere Geheimnisse. Städte verbergen viel und offenbaren viel, jede ist eine Einheit, jede eine Vielheit, jede hat mehr Zeit als ein Berichterstatter, als ein Mensch, als eine Gruppe, als eine Nation. Die Städte überleben Völker, denen sie ihre Existenz verdanken und Sprachen, in denen ihre Baumeister sich verständigt haben. Geburt, Leben und Tod einer Stadt hängen von vielen Gesetzen ab, die man in kein Schema bringen kann, die keine Regel zulassen. Es sind Ausnahmegesetze.

Ich könnte Häuser beschreiben, Straßenzüge, Plätze, Kirchen, Fassaden, Portale, Parkanlagen, Familien, Baustile,

Einwohnergruppen, Behörden und Denkmäler. Das ergäbe ebensowenig das Wesen einer Stadt, wie die Angabe einer bestimmten Zahl von Celsiusgraden die Temperatur eines Landstriches vorstellbar macht. (In Berlin friert man schon bei plus 15 Grad Celsius.) Man müßte die Fähigkeit haben, die Farbe, den Duft, die Dichtigkeit, die Freundlichkeit der Luft mit Worten auszudrücken; das, was man aus Mangel einer treffenden Bezeichnung, mit dem wissenschaftlichen Begriff: »Atmosphäre« ausdrücken muß. Es gibt Städte, in denen es nach Sauerkraut riecht. Dagegen hilft kein Barock. Ich kam an einem Sonntagabend in eine kleine ostgalizische Stadt. Sie hatte eine Hauptstraße mit ganz gleichgültigen Häusern. Jüdische Händler wohnen in dieser Stadt, ruthenische Handwerker und polnische Beamte. Der Bürgersteig ist holprig, der Fahrdamm wie die Nachbildung einer Gebirgskette. Die Kanalisation ist mangelhaft. In den kleinen Seitengassen trocknet Wäsche, rotgestreift und blaukariert. Hier müßte es doch nach Zwiebeln duften, verstaubter Häuslichkeit und altem Moder?

Nein! In der Hauptstraße dieser Stadt entwickelte sich der obligate Korso. Die Kleidung der Männer war von einer selbstverständlichen, sachlichen Eleganz. Die jungen Mädchen schwärmten aus wie Schwalben, mit hurtiger, zielsicherer Anmut. Ein heiterer Bettler bat mit vornehmem Bedauern um ein Almosen – und es tat ihm leid, daß er gezwungen war, mich zu belästigen. Man hörte russisch, polnisch, rumänisch, deutsch und jiddisch. Es war wie eine kleine Filiale der großen Welt. Dennoch gibt es in dieser Stadt kein Museum, kein Theater, keine Zeitung. Aber dafür eine jener »Talmud-Thora-Schulen«, aus denen europäische Gelehrte, Schriftsteller, Religionsphilosophen hervorgehen; und Mystiker, Rabbiner, Warenhausbesitzer.

In dieser Stadt lernte ich zufällig einen Gymnasiallehrer kennen. Er sagte: »Sie sind aus Deutschland? Erklären Sie mir, was aus der Entdeckung des Professors geworden ist, der Gold aus Quecksilber gewinnt. Was bleibt dann noch? Was ist *außerdem* im Quecksilber enthalten? Ich muß fortwährend darüber nachdenken. Sie müssen wissen, daß ich sehr viel Zeit habe. Wenn ich so viel Geld hätte, ich würde nach Deutschland fahren und mich informieren. Es läßt mir keine Ruhe!« So sprach der Mann. Er wird wieder zwei Jahre warten, bis jemand aus Deutschland kommt.

Solche Menschen gedeihen in kleinen ostgalizischen Städten. In den größeren würden sie wahrscheinlich auch gedeihen. Aber es gibt keine größeren. In Ostgalizien gibt es nur eine: die Stadt *Lemberg*.

In diese Stadt bin ich zweimal gewissermaßen als ein Sieger eingezogen, und das war nicht ganz ungefährlich. Lange Zeit war sie eine »Etappe«, Sitz eines österreichischen Armeekommandos, einer deutschen Feldzeitung, vieler Militärämter, einer k. u. k. Personalsammelstelle, einer »Offiziersmenage«. Es gab eine Militärpolizei, eine »Kundschafter- und Nachrichtenstelle«, ein österreichisches und ein deutsches Bahnhofskommando, Krankenhäuser, Epidemien und Kriegsberichterstatter. Hier hauste der Krieg, hier hausten seine Begleiterscheinungen, die schlimmer, weil sie dauerhafter waren. Um diese Stadt kämpften nach dem Zusammenbruch Polen und Ruthenen, und hier ereignete sich der Novemberpogrom. Und heute noch sieht *Lemberg* wie eine Etappe aus.

Die Hauptstraße hieß einmal: »Karl-Ludwigstraße«, aus Loyalität gegenüber dem Herrscherhause. Heute heißt sie: »Die Straße der Legionen«. Es sind die polnischen Legionen gemeint. Hier war einmal der Korso der österreichischen Offiziere. Heute spazieren die polnischen Offiziere. Hier hörte man immer deutsch, polnisch, ruthenisch. Man spricht heute: polnisch, deutsch und ruthenisch. In der Nähe des Theaters, das am unteren Ende die Straße abgrenzt, sprechen die Menschen jiddisch. Immer sprachen sie so in dieser Gegend. Sie werden wahrscheinlich niemals anders reden.

Gegen diese Vielsprachigkeit wehrt sich das neugestärkte, durch die jüngste Entwicklung der Geschichte gewissermaßen bestätigte polnische Nationalbewusstsein – mit Unrecht. Junge und kleine Nationen sind empfindlich. Große sind es manchmal auch. Nationale und sprachliche Einheitlichkeit kann eine Stärke sein, nationale und sprachliche Vielfältigkeit ist es immer. In diesem Sinn ist Lemberg eine Bereicherung des polnischen Staates. Es ist ein bunter Fleck im Osten Europas, dort, wo es noch lange nicht anfängt, bunt zu werden. Die Stadt ist ein bunter Fleck: rot-weiß, blau-gelb und ein bißchen schwarz-gelb. Ich wüßte nicht, wem das schaden könnte.

Diese Buntheit schreit nicht, blendet nicht, macht kein Aufsehen, ist nicht um ihrer selbst willen da, wie die Buntheit balkanisch-orientalischer Städte, wie die Budapester zum Beispiel, das balkanischer ist als der Balkan. Die polyglotte Farbigkeit der Stadt Lemberg ist wie am frühen Morgen noch im Halbschlummer, schon in halber Wachheit. Es ist wie die erste Jugend einer Buntheit. Junge Bäuerinnen mit Körben fahren im Bauernwagen durch die Hauptstraße, Heu duftet. Ein Drehorgelmann spielt ein Volkslied. Stroh und Häcksel sind über den Fahrdamm gestreut. Die Damen, die in die Konditorei gehen, tragen die letzten Toiletten aus Paris, Kleider, die bereits den Anspruch erheben, »Schöpfungen« zu sein. In den Seitenstraßen staubt man Teppiche.

Adam *Mickiewicz*, der große polnische Dichter, steht in der Straßenmitte. Kaftanjuden patrouillieren zu seinen Füßen, die Wachtposten des Handels. Ein Mann mit einem Sack über der rechten Schulter schreit »Handele!« mit melodischer Weinerlichkeit. Das hindert keinen einzigen der schlanken, sehr kriegerischen Kavallerieoffiziere, mit seinem großen, gebogenen Säbel zu scheppern, mit den musikalischen Sporen zu klirren. Er klirrt, scheppert, schreitet mit anmutiger Männlichkeit in einer kleinen Wolke aus Kriegsmusik dahin und ist dennoch ein friedlicher Mensch – und, als hätte er keinen gewaltigen Schleppsäbel, sondern nur einen Regenschirm, so zwängt er sich durch die dichtgeballten Gruppen der Händler, welche die Politik der Welt besprechen und einen Handel abschließen und beides gleichzeitig. So demokratisch ist hier das Militär. Ich sah einen Oberleutnant mit vielen Kriegsauszeichnungen und bunten Bändchen an der Brust. In der Hand trug er ein Glas »Eingemachtes«. Seiner Frau hielt er den Marktkorb. Dieser Kopfsprung ins Ewig-Menschliche, ins Private, ins Häusliche versöhnt mit den kriegerischen Wolken aus Sporenklang und Ordensglanz. In anderen Städten trägt ein »Bursche«, drei Schritte hinter den Herrschaften Oberleutnants, das Eingemachte. Manchmal ist es gut zu sehen, daß ein Oberleutnant ein Mensch ist.

Die Stadt demokratisiert, vereinfacht, vermenschlicht, und es scheint, daß diese Eigenschaften mit ihren kosmopolitischen Neigungen zusammenhängt. [!] Die Tendenz ins Weite ist immer gleichzeitig ein Wille zur selbstverständlichen Sachlichkeit. Man kann nicht feierlich sein, wenn man *vielfältig* ist. Sakrales selbst wird hier populär. Die großen, alten Kirchen treten aus der Reserve ihres heiligen Zwecks und mischen sich unter das Volk. Und das Volk ist gläubig. Neben der großen Synagoge blüht der jüdische Straßenhandel. An ihren Mauern lehnen die Händler. Vor den Kirchenportalen hocken die Bettler. Wenn der liebe Gott nach Lemberg käme, er ginge zu Fuß durch die »Straße der Legionen«.

Straßen, Plätze, Häuser, die vornehm zu sein die Bestimmung und die Pflicht haben, Schlösser hinter Gittern, öffentliche Gebäude, zu denen man auf Stiegen emporschreitet – alle sind populär. Die strenge Form lockert sich volkstümlich.

Die Milderung der strengen Form artet auch in Unordnung aus, in zerstörende Langsamkeit, selbstmörderische Verwirrung. Die Gesetze sind zahlreich. Ihre Übertretung oberstes Gesetz, wenn auch ungeschriebenes. Der alte »österreichische Schlendrian« findet eine adäquate Fortsetzung in der Lässigkeit, die slawisch ist und eine Begleiterin der Melancholie.

Es gibt ein Literaten-Café, »Roma« heißt es. Gute Bürger besuchen es. Auch hier verwischen sich die Grenzen zwischen Seßhaftigkeit und Bohème. Der Sohn des bekannten Rechtsanwalts ist Stammgast, Regisseur, Literat. Am Nebentisch könnten seine Angehörigen sitzen. Alle Trennungsstriche sind mit schwacher, kaum sichtbarer Kreide gezogen.

Es ist die Stadt der verwischten Grenzen. Der östlichste Ausläufer der alten kaiserlich und königlichen Welt. Hinter Lemberg beginnt Rußland, eine andere Welt. Das weit westlichere Krakau ist weniger österreichisch. Es blieb immer ein nationales Museum. Zwischen Wien und Lemberg ist heute noch, wie immer, der Radioaustausch der Kultur. Aber Bukarest ist noch dazu gekommen. Der Umsturz hat nämlich alle galizischen Städte um einige Meilen nach Osten gerückt. Vielleicht zum Segen des Ostens...

Heimweh nach Prag

Wenn ich keine Sehnsucht nach Paris hätte, so hätte ich Heimweh nach Prag. Es ist eine Stadt, in der ich niemals zu Hause war und in der ich jeden Augenblick zu Hause sein kann. Man braucht in Prag nicht »verwurzelt« zu sein. Es ist eine Heimat für Heimatlose. Sie hat keine Sentimentalität.

Aber ich lebe seit fünf Jahren in Berlin. Ich sitze da, wie im Wartesaal eines großen Bahnhofs und warte auf den Zug. Um mir das Geld für die Fahrkarte zu verdienen, handle ich inzwischen mit Büchern und Zeitungsartikeln. Es ereignet sich viel in diesem Bahnhof, man kann schreiben, man sieht allerhand fremde Völkerstämme, Arier, Professoren und deutschnationale Juden, Generäle vom Bahnhofskommando und gefallene Soldaten. Eine Familie erwartet eine Tante aus Dresden mit Militärmusik, man spielt »Deutschland über alles«, und die Gepäckträger entblößen ihre Schultern von der Traglast und alle müssen aufstehen, auch wenn sie dabei sind, ein Wiener Schnitzel aus der Tunke zu heben.

Am Tage wandere ich durch den Bahnhof Berlin, die eiligen Reisenden stoßen mich, den Beamten bin ich im Weg, der Polizeipräsident mit der roten Mütze erteilt mir Verbote, der Schaffner ertappt mich bei ihrer Übertretung, die ebenfalls verboten ist. Des Nachts schlafe ich in leeren Wartesälen, die mit Frühstück zu vermieten sind und in denen sich Klaviere mit Hirschgeweihen befinden. Vom Standesamt erhalte ich die Erlaubnis zum Empfang nächtlicher Besuche, am Abend lasse ich mich trauen, des Morgens scheiden. Denn man achtet hier auf die Moral. In der Früh weckt mich die Witwe eines höheren Offiziers, die den Wartesaal in Stand hält und Mieter mit solider Konfession bevorzugt. Sie trägt ein Hakenkreuz am Adamsapfel.

Hierauf begebe ich mich in die Abteilung für Herren, erhalte Instruktionen vom Verwalter, der ein eisernes Kreuz trägt und mit seinen Besuchern Gelenksübungen macht. Der Vormittag findet mich in einer Fütterungsstelle, da stehen wir alle mit Eßnapf und Trinkeimer und bedienen die Kellner, die hier polizeilichen Charakter haben. Jede Unhöflichkeit einem Kellner gegenüber wird als Amtsehrenbeleidigung geahndet.

Am Nachmittag schreibe ich an einem Stollwerck-Automat: Ich werfe eine Münze in den Spalt, und unten fällt ein Einfall heraus, wenn man kräftig zieht. Manchmal ist der Automat verstopft. Dann müssen die Schriftsteller Konventionalstrafen zahlen. Um mir die Zeit zu vertreiben, gehe ich in die Polizeistation und schreibe Meldezettel. Dadurch [macht] man sich in Berlin beliebt.

Am Abend sitze ich im Kino. Man gibt den Kolossal-Monumental-Film der Decla-Bioscop: »Deutsche, trinkt deutsches Bier!« mit Massenszenen von Lubitsch und Henny Porten als deutscher Heldenmutter, und die Kapelle spielt den Fridericus-Rex-Marsch. Ein paar Wartesäle sind als Kaffeehäuser aufgemacht, sie dürfen ohne Perronkarten nicht betreten werden. Man muß sie vom Portier knipsen lassen.

Es ist mir gelungen, hier etwas Geld zu verdienen, mit dem ich mir verschiedene Sekkaturen leisten kann, den Ankauf von Briefmarken, die Bezahlung der Einkommensteuer und den Genuß des Kaffees. Ich bin auf dem Bahnhof geradezu schon heimisch. Die tiefe Kniebeuge ist mir wegen guten Verhaltens erlassen. Ich mache nur noch Salutierübungen.

Dennoch habe ich, wie gesagt, Heimweh nach Prag und im Paß ein tschechoslowakisches Jahresvisum. In Paris möchte ich die Sonntage verbringen und die Wochentage in Prag. Hier sind die abstrakten Kosmopoliten, in denen die Welt als Wille lebendig ist und die den Willen zur Welt nicht brauchen. Sie haben alle Schmerzen gelitten, alle Freuden genossen, und weil sie nichts mehr überraschen kann, suchen sie keine Überraschungen. Sie sind Skeptiker, aber sie lieben ihr Leben, das Leben in Prag. Alle Stimmen der Geister, die in der Welt verstreut sind, gelangen konzentrisch nach Prag, denn alle Geister in der Welt stammen aus dieser Stadt, oder es war ein Irrtum der Schöpfung. Wenn sie sentimental in Paris, pathetisch in Berlin, sachlich und roh in Amerika geworden sind, flugs kehren sie nach Prag heim, in den Schoß der mütterlichen Skepsis und lassen sich auslachen, bis sie gesund werden.

Ich muß es aus rhythmischen Gründen wiederholen, obwohl ich nicht zweifle, daß man es mir glauben wird: wenn ich nicht so viel Sehnsucht nach Paris hätte – ich hätte Heimweh nach Prag.

Das XIII. Berliner Sechstagerennen

In diesem Augenblick haben die eifrigen Radfahrer schon mehr als dreizehnhundert Kilometer zurückgelegt, ohne irgend wohin gekommen zu sein. Sie wollen ja gar nicht irgend wohin gelangen! Sie kreisen immer auf derselben Bahn, die zweihundert Meter lang ist und zwei Millionen Meter langweilig. Hätte diese Bahn ein Ende, man könnte sagen, an ihrem Ende warte ein Preis, für den es wert ist, sich sechs Tage lang zu martern. Aber die Bahn hat kein Ende und den Fahrern winkt dennoch ein Preis: so kindisch und nutzlos sind meine Gedanken, während ich dem Rennen zusehe. Es sind nur noch hundert Stunden bis zum Ende. Wenn ich dabliebe, ich bekäme die Physiognomie jenes Megaphons, durch das dem Publikum in diesem Irrenhaus diverse Mitteilungen gemacht werden. Eigentlich wunderbar, daß diese Menschen immerhin noch wie Menschen aussehen. Sie müßten aussehen wie Megaphone, wie Schreie, wie brutale Lüste, wie Bier-Ekstasen, wie Fahrrader, wie blinde Begierden, wie dekadente Barbarei. Aber so stark ist der unbewußte Trieb, ein Ebenbild Gottes zu sein, daß nicht einmal das Sechstagerennen den Menschen verändert. Er kommt wieder als ein Mensch zum Vorschein, obwohl er sechs Tage gerannt ist oder dem Rennen zugesehen hat. Sechs Tage hat Gott gewartet, ehe er den Menschen erschuf, damit er sechs Tage renne. Es hat sich gelohnt.

Es ist die Nacht von Samstag auf Sonntag. Überfüllte Autobusse mit dem Ziel: Kaiserdamm rasen durch die Straßen. Die Schutzpolizei ist hundert Mann stark. Vor den Kassen drängen sich die Menschen, wie – – es fehlt an Vergleichen und ich muß sagen: wie vor den Kassen einer Sechs Tage Rennbahn. Um acht Uhr abends hat das Megaphon verkündet, daß keine Karten mehr ausgegeben werden. Es gibt Resignierende, die still, traurig, mit hängenden Köpfen umkehren. Nichts kann sie mehr trösten. So sehen die Seelen aus, denen vor der metaphorischen Nase das Tor des Himmels zugeschlagen wurde. Ganze Familien kehren heim. Männer mit weinenden Kindern auf dem Arm. Männer, die selbst dem Weinen nahe sind. Ach! wohin werden sie jetzt gehen? Sechs Tage lang haben sie gearbeitet und jeden Abend vor dem Schlafengehen, haben sie einander und sich selbst aufs neue geschworen, am Samstag unbedingt zum Sechs-Tage-Rennen zu gehen. Was bleibt ihnen noch übrig? Ein freiwilliger Tod vielleicht! Aber sogar erfahrene Selbstmörder wissen zu erzählen, daß der eigene Tod noch lange keine solche Sensation ist, wie ein »Vorstoß« von Huschke.

Sprechen wir nicht mehr von diesen Unglücklichen! Wenden wir uns lieber jenen Vorsorglichen zu, die noch vor vier Tagen ihre Wohnung abgesperrt haben und mit Rucksäcken, Aftermietern, Kindeskindern, Hunden, Papageien und Kanarienvögeln nach dem Kaiserdamm gezogen sind, um sich dort häuslich niederzulassen. Sie haben alles mitgebracht, was mitzunehmen polizeilich verboten ist. In den Rucksäcken liegen die Haustiere und verraten sich von Zeit zu Zeit durch erbärmliche Hilferufe, gerichtet an eine Öffentlichkeit, die nicht gesonnen ist, ihre Menschlichkeit durch irgendwelche Mitgefühle kundzugeben. So oft ein gequälter Hund aufbellt, nimmt er sich in dieser Umgebung aus wie ein Mensch. Die ganzen hohen Wände entlang Gesichter, Gesichter, Gesichter. Die Ränge sehen aus wie Regale. Kopf steht gepreßt an Kopf, wie Bücher in einer großen Bibliothek. Man glaubt, einen und den andern Kopf mit einem sichern Ruck von seinem Ständer herunterholen zu können. Aber es ist ein Irrtum. Diese Köpfe stecken auf Körpern und die

Körper sind durch die Klebestoffe: Schweiß und Begeisterung mit den Sitzen verbunden. Aus zehntausend Kehlen fährt ein wilder Schrei, ein einziger Schrei, in dem der Kulturlaut bellender Hunde leider versinkt. Unten ist ein Fahrer »vorgestoßen«. Welch ein Ereignis!

Schmerzliches, tödliches Weiß der Scheinwerfer, der großen Lampen, die kalt und herzlos sind wie Sonnen der Unterwelt, vereiste Sonnen, die eine festliche Nordpolstimmung verbreiten. Im Glanz dieser Lichter greift man nach der Garderobe. Dort, wo der Lichtkegel mit messerscharfem Rand den Schatten schneidet, wirken Millionen Stäubchen. Wenn der Schrei der Menge ertönt, geraten sie in Unordnung und es kommen Tumult, Schrecken, Chaos in das gesetzmäßige Kreisen, Tänzeln, Fliegen der Stäubchen. So gewaltig ist die Erschütterung der Atmosphäre. Manchmal wirft der Wirbelsturm der Ekstase auch die festgefügten Menschenreihen durcheinander, schrille Frauenschreie, das Sprichwort vom schwachen Geschlecht desavouierend, fahren sägend durch die festgestampfte Tonmasse männlicher Bässe und man bekommt eine zwingende Vorstellung von der Existenz mythologischer Furien. Gleichzeitig packt eine sorgende Hausfrau lange abgelagerten Käse aus dem Leitartikel des Leibblattes und es stinkt nach Lebensmitteln und Politik. Der Geruch senkt sich, durch die schwere Luft niedergedrückt, schwebt, eine gedrängte Wolke über den Köpfen der Untensitzenden und sie sehen auf, neugierig, mit gehässigen Augen, als könnte man den Gestank erblicken und ihn töten. Jemand macht einen Witz, eine Reihe lacht, ein Zuruf entzündet sich am andern, wie Streichhölzer brennen sie ab.

Schutzleute klammern sich an Säulen, halten sich unter Umständen und wenn kein Ehrlicher in der Nähe ist, an den Rücken der Taschendiebe fest, um ein Stückchen Rennbahn zu erspähen. So geht die Würde des Staates in dem Jubel seiner Bewohner unter. Kriminalbeamte in Zivil sind, trotz vorgeschriebenem Kautschukkragen, nicht zu erkennen. Jetzt könnten sie ihren Zweck erfüllen — — wenn sie es noch könnten! Wenn es einem verfolgten Einbrecher gelänge, sich in die Rennbahn zu retten, er wäre gerettet. Durstige Menschen ziehen Schnapsflaschen aus dem Rock und trinken und bieten einen Schluck dem Nachbarn an. Man benimmt sich menschlich, wie bei einem gemeinsamen Unglück. Einer, der seinen Platz verlassen hat, um einem Bedürfnis zu genügen, das noch stärker ist als die Anziehungskraft des Sechstagerennens, findet den Platz besetzt. Sofort schlägt die menschliche Güte in ihr Gegenteil um und die Erbitterten gehen boxend vor. In der großen Sensation sind tausend Sensationen erhalten.

Unten, auf der spiegelglatten Bahn kreisen die Fahrer, den Rücken parallel zum Boden, kreisen, kreisen, kreisen, kreisen. Stunden, Stunden, Kilometer, Kilometer. Pedale drehn, rechts und links, Vorstöße machen, zurückbleiben, vor sich den Vordermann, Stahl und Gummi, ein Trikot, tropfender Schweiß, um sich die Menge, am Ende der sechs Tage ein Preis, ein Bad, ein langer Schlaf, ein Photograph, Blitzlicht, ein Sportbericht, eine Frau, ein Sekt, eine Reise. Jenseits der Tage ist das Leben, das man lebt, weil man sechs Tage gefahren ist und, um wieder sechs Tage zu fahren. Man ist noch nicht tot, aber man lebt auch noch nicht. Horch, die Posaune der sechs jüngsten Tage, das Megaphon, verkündet den Preis für einen Teilerfolg, gestiftet von einem Gönner, der sich langweilt und der nicht umsonst hierhergekommen ist. Er hat heute noch was zu tun, sein Chauffeur friert draußen und schlägt in die Hände. Also los: stiften wir ein Preischen, die faulen Kerle zu ermuntern, daß sie lebendig werden! Sie werden lebendig.

Die Mitternacht ist vorbei, ein kleines schlaftrunkenes Kind, Nachkomme eines Sportbegeisterten, weint mit kläglicher dünner Stimme, sein Wimmern bahnt sich mühsam einen schmalen Platz durch die verschmutzten Luftwellen; es ist eine kleine akustische Tragödie. Im Hintergrund wankt ein Betrunkener und seine Zunge kämpft gegen die Sprache erbittert, zäh, eine Stunde lang. Man mahnt ihn zur Ruhe. Er kann nicht. Es muß heraus, was ihn bewegt. Einige schlafen und schnarchen. Laut und gleichmäßig rasseln ihre Nasen, wie kleine Karren mit Alteisenbeständen auf schmalspurigen Bahnen. Glatzen leuchten, wie runde Spiegel aus den Logen. In welchem Zusammenhang steht das Kapital mit dem Haarausfall?

Halb graut der Morgen. Hierher wird keine Ahnung des jungen Tages kommen. Hier werden die eifrigen Sonnen der Unterwelt leuchten, die Räder werden kreisen, die Betrunkenen nüchtern werden, die Schlafenden erwachen – – indes draußen die Welt die Nacht abschüttelt und die Nebel von den Feldern steigen und die winterliche Sonne rot und zögernd ihren Weg beginnt. Noch hundert Stunden, neunundneunzig, achtundneunzig. Die Reste von vier Tagen und hundert Familien wehen durch diesen Raum.

Draußen schlummern die Chauffeure. Ein Teil von dem Geldregen, der drinnen niedergeht, tropft auch über sie. Darauf haben sie gewartet. So lebt eins vom anderen. Das ist der Sinn der Welt.

Totenfeier um Mitternacht

In der Nacht von Samstag auf Sonntag, zwischen zwölf und ein Uhr, fuhr man den toten Reichspräsidenten aus dem Sanatorium in seine Wohnung. Es ist ein weiter Weg von der Joachimsthaler in die Wilhelmstraße. Das Volk von Berlin säumte beide Straßenseiten. Der Tote fuhr zwischen zwei Reihen stummer dunkler Menschen. Die Reichsbannerleute entzündeten die Totenfackeln. Es wurden lange, unendlich lange Alleen aus roten Flammen. Der Dunst der nackten Lichter erhob sich in die Luft, hüllte die silbernen Laternen ein, und bald war nichts mehr sichtbar, als das Schwarz der Nacht und das Rot der Brände, welche die Nacht unterbrachen, ohne die feierliche Schwärze aufzuheben. Es war Mitternacht, mit Flammen bestickte Mitternacht. Nie habe ich eine geheimnisvollere erlebt.

Nie habe ich schweigsamere Menschen gesehn. Sie standen, wie an tausend Gräbern. Sie sprachen miteinander und waren doch stumm. Sie ließen einzelne schwere Worte in die Luft fallen, sie warfen sie wie Schollen auf einen Sarg. Jedes Wort hatte Gewicht, auch das einfachste, alltäglichste, banalste. Nichts war umsonst gesprochen. Jedes hatte seinen schicksalshaften Zweck. Wenn irgendwo ein Mensch ein kleines Lachen anschlug, so verlor es seine Heiterkeit und hüllte sich in den Dunst der Fackeln, es wurde rot, feierlich und schmerzhaft.

Autobusse und Straßenbahnen waren leer. Vehikel, Gegenstände, tote Dinge waren traurig. Pferde trabten leise, fast gespenstisch, als gingen sie nicht auf hartem Pflaster, sondern als träten sie mit ihren Hufen in weiche schmerzgefüllte Luft. Die Kommandos der Polizei und des Reichsbanners klangen wie in Watte gehüllt, unwirklich und fern. Zu beiden Seiten des Leichenwagens schritten Soldaten. Nur ihre Schritte hörte man, sie marschierten, wie Soldaten marschieren. Dennoch fügten sich selbst ihre mechanischen Tritte in das große Schweigen, so sehr, daß sie verhallten, aufgingen und auch Schweigen wurden.

Das traditionelle und bis zur Wirkungslosigkeit mißbrauchte Zeremoniell gewann in dieser Mitternacht seine alte längst vergessene Würde. Das Pathos der gedeckten Wagen, der dunklen Röcke, der Zylinder bekam in der düsteren Fackelbeleuchtung die Größe des Schmerzes und ein monumentales Gesicht. Es war wie eine Wiederkehr jener frühen

Zeit, in der die Gefühle noch Gehalt hatten und ihr Ausdruck noch ganz Gefühl war. Ich erlebte zum ersten Mal ein Pathos, dem die Skepsis nicht gewachsen war.

Ausflug nach Chorin

Im Lexikon findet man den nicht unrichtigen, aber immerhin lapidaren Satz: »Chorin ist eine Bahnstation zwischen Berlin und Stettin«. Zweifellos eine Bahnstation, an der kein D-Zug, aber fast alle Personenzüge halten. Leider sind es nicht viele Züge. Denn nach Chorin müßten aus Gründen, die später genannt werden sollen, den ganzen Tag über Züge fahren.

Vom *Stettiner Bahnhof* in Berlin gehen nur einige Züge täglich nach Chorin. Sie halten auch in Chorinchen, einem kleinen Dorf, dessen diminutive Bezeichnung ein wenig lächerlich klingt. Man hätte die beiden Stationen: Alt- und Neu-Chorin nennen sollen, um den Klang von Lächerlichkeit zu vermeiden. Aber wir befinden uns in einer Gegend des deutschen Vaterlandes, in der man wenig auf die Form gibt. Diese bedauerliche Tatsache ist auch der Grund dafür, daß die Berliner eines der wunderbarsten historischen Denkmäler nicht besuchen, obwohl es nur anderthalb Stunden von Berlin entfernt ist. Ich meine das *Choriner Zisterzienser-Kloster*.

*

Läge dieses Bauwerk (es ist leider nur eine gut erhaltene Ruine) in einer andern Gegend -- es wäre berühmt und sein Ruf hallte wider in allen Reiseführern. Da es aber auf der »Strekke zwischen Berlin und Stettin« liegt, weiß sogar das Lexikon nur drei Zeilen darüber zu berichten. Die Einheimischen sprechen von diesem Kloster wie von einer selbstverständlichen örtlichen Institution und sie weisen den Weg dahin, als hätte man sie nach der Ortsfeuerwehr gefragt. Gut gepflegte, behördlich sanktionierte Tafeln mit leuchtenden Pfeilen sind an den Wegkreuzungen angebracht. Als ob es so ganz selbstverständlich wäre, daß gerade »zwischen Berlin und Stettin« eines der wunderbarsten zierlichsten und zugleich erhabensten Bauwerke läge, eine Erinnerung an eine längst verwehte, wirklich große deutsche Zeit, in der wir noch *das* europäische Volk waren; eine mächtige Nation, deren weltgeschichtlicher Atem von der Ostsee bis zum Mittelländischen Meer zu fühlen war; eine Nation, berufen, die ganze christliche Welt zu einigen und im wahrsten Sinne des Wortes zu regieren, ohne zu »beherrschen«.

Die schmerzlichste Überraschung erlebt der Besucher, wenn er vor der Ruine angelangt ist: sie ist nämlich von *Stacheldraht eingezäunt.* Links »verbietet« eine Tafel den »Durchgang«. Rechts weist eine fast unsichtbare kleine Tafel darauf hin, daß »der Eingang *nur* dort« sei. Wenn man es für einen Augenblick vergessen hätte, man wüßte sofort wieder, daß man sich zwischen Berlin und Stettin befindet! Hätten das die Zisterzienser geahnt, die den Bau ausgeführt haben! Das »Feuermachen und Lagern ist verboten«. Der »Durchgang ist verboten«. Und weil sich links die »Försterei« befindet, ist »Unbefugten der Eintritt verboten«. Der Besucher muß einen großen Umweg machen, rechts um die Ruine herumirren, ein Gitter öffnen, das sofort wieder »zu schließen« ist. Und dann steht er vor einem Mann mit einer Amtskappe. Der zückt beim Anblick eines Fremden orangengelbe »Eintrittskarten« zu fünfundzwanzig Pfennig und gestattet uns, die Blicke schweifen zu lassen. Wir lassen sie schweifen.

*

Wir lassen sie schweifen und sehen einen lebendigen Bau aus rohen, roten Backsteinen, einen Überrest und dennoch vollendet, ein Fragment und dennoch vollkommen, tot und dennoch ewig, gewaltig im Umfang und lieblich als Erscheinung, primitiv und formal-raffiniert, eine Festung, ein Requisit der Frömmigkeit, in die Wolken strebend, im Irdischen wurzelnd, real und spielerisch, nüchtern und verträumt, sinnlich und abstrakt. Die zünftige Wissenschaft nennt es: »Backsteingotik«.

Das Kloster von Chorin ist ein Werk der »Backsteingotik«. Die Zisterzienser hatten es um das Jahr 1270 errichtet. Das Werk einer männlichen, *nur männlichen* Gemeinschaft. Es ist das Wesen der Männlichkeit ausgedrückt in diesem Bau, der das Produkt eines unerbittlichen harten Kampfes ist zwischen dem Willen des künstlerischen Formers und dem spröden, unnachgiebigen und widerwilligen Material. Denn es ist etwas ganz anderes um den harten Widerstand des *Steins*, des Kiesels sowohl, wie des Marmors: *dieser* Widerstand ist ein zeugender, befruchtender, der Kampf des Künstlers mit dem Stein ist ein ununterbrochener Triumph des Künstlers; er gleicht dem Kampf der Liebe zwischen Mann und Weib, einem Kampf, dessen Ausgang sicher ist und in dessen Verlauf der Widerstand eines Teilnehmers nur dazu dient, die Angriffskraft des andern zu stärken und zu beweisen. Aber der Kampf des Formers gegen den roten Ziegelstein scheint aussichtslos und fluchbeladen. Dieses Material ist anorganisch, künstlich, tot, spröde und dennoch schwach, bröckelnd und dennoch unnachgiebig, ohne Zusammenhang und künstlerisches Zielbewußtsein, höchstens dazu geschaffen, praktische Zwecke zu erfüllen, *nicht* dazu geschaffen, die Ehre Gottes zu singen.

Und trotzdem dieser Bau! Welche Mühsal gehörte dazu, dem Stoff seinen natürlichen Widerstand gegen künstlerische (also zwecklose) Verwendung zu entziehen und ihn zu unterwerfen einem Willen der Religiosität, der metaphysisch gerichteten Kraft! Jahrelang, jahrelang haben die Zisterzienser daran gebaut. Ein unwilliges, ein fast feindliches Volk ringsum. Wilde Tiere ringsum. Wald ringsum. Und der Boden karg, ärmlich, gibt nur Sand, nur Sand. Da sind dreißig Mönche mit zwanzig Reisigen. Sie bahnen sich Wege durch den Wald, durch Gefahren, durch Unwillen, durch Haß, durch Sand. Die Sehnsucht nach dem Süden im südlichen Herz. Das Wort Gottes in der vertrockneten Kehle. Die Liebe in der Seele. Das Heimweh in der Seele. Die Lust zum heiligen Krieg in der Seele. Eroberer und Pfadfinder. Sieger und Demütige. Tollkühne und Beter. Krieger und Fromme. Büßer und Helden.

*

Es ist das größte, das einzige große Denkmal der mittelalterlichen Welt im Norden Deutschlands. Rechts ist die Kapelle. Links waren die Zellen. Die großen schmalen Fenster in Übermannshöhe vermittelten Licht von oben. Es entsteht im Innern jenes lichte Dämmern, das hervorgerufen wird durch Sonne, die aus der Höhe dringt, und Schatten, der von unten aufsteigt. Die Wände verlangen nach Ornamenten. Die Pfeiler verlangen nach Ornamenten. Je drei kleine unbeholfene, kindische Blätter an den Pfeilerköpfen. Andeutungen von Blättern, Ahnungen von Blättern, entrissen, entlistet diesem Backstein, der nichts hergeben wollte. In einer Wand, die nur zu dem einen Zweck ausgehöhlt wurde: ein Fenster zu enthalten: Mittler zur Welt, zum Ausblick, zum »Horizont«. Das einzige Fenster, das ein Mann ersteigen konnte, um hinauszusehen. Sonst fiel nur ein Licht hinein. Niemand sah zum Licht hinaus. Drei Männer hätten aufeinandersteigen müssen, damit der dritte und oberste den untersten Rand des Fensters gerade noch mit den Händen erfasse.

1542, im Zeitalter der Reformation, wurde das Kloster leer. Ein Zufall bewahrte es vor der Zerstörung. Die Mönche flüchteten. Ein großer Teil wurde erschlagen. Ein Teil kam durch wilde Tiere um. Die Reformation zerriß das Volk. Der Schnee kam, der Regen, der Sturm. Die Eulen nisteten im

Gemäuer. Das Dach zerfiel. Die hölzernen Tore zersplitterten. Die Zeit fraß sich durch alles widerstandslose Material.

Bis »Ordnung und Zucht« in das Land kamen, Fürsten aufs Neue anfingen, was die Mönche längst vollendet hätten. Wege gehauen wurden, die längst vorhanden waren, Wald gerodet wurde, wo Acker schon gewesen war. Die letzten Konsequenzen sind: der Draht um die Ruine, der Mann mit der Amtsmütze und die Verbotstafeln. Es sind mit der Zeit mehr Verbotstafeln als Wegweiser geworden. Die Nation hat kein Verhältnis mehr zu diesem Denkmal. Es ist ein deutsches Denkmal, Backstein von unsern Backsteinen, Historisches von unserer Historie, Blut von unserm Blut.

*

Wer kommt heute nach Chorin? Ich war einer von zehn zufälligen Besuchern. Es waren Touristen, die anderen neun. Sie kannten den Gasthof zur alten Klosterruine. Der teuer ist. Der acht Mark achtzig »pro Kopf und Tag« verlangt.

Stünde dieses Kloster in einem andern Lande, – es hätte rings um sich zwanzig Gasthöfe und sein Ruf hallte wider in allen Reiseführern.

Im mittäglichen Frankreich

Lyon

Acht Stunden dauert die Fahrt von Paris nach Lyon. Unterwegs verändert sich die Landschaft sehr plötzlich. Nachdem man einen Tunnel passiert hat, ist man in einer südlicheren Welt. Steile Abhänge, gespaltene Felsen, die ihre steinerne Struktur enthüllen, tieferes Grün, weicher, blaßblauer Rauch vor stärkerem, entschiedenem Himmelblau. Ein paar Wolken stehen träge und massiv am Horizont, als wären sie nicht Dunst, sondern dunkles Gestein. Die Konturen aller Dinge sind schärfer. Die Luft ist unbeweglich, ihre Wellen umschmeicheln die festen Körper nicht mehr. Jeder hat seine unverrückbaren Grenzen. Nichts schwebt mehr zwischen hier und dort. Es ist unbedingte Sicherheit in allem, als wüßten die Gegenstände mehr von sich und ihrer Stellung in der Welt. Hier zweifelt man nicht mehr. Hier ahnt man nicht. Man weiß.

In *Lyon* zeigt das Thermometer 35 Grad. Es ist sehr heiß. Dennoch sind Straßen und Menschen nicht träge und müde, sondern heiter und bewegt. Jeder Mensch bemerkt: »Diese Hitze!« und beweist also, daß er sie noch frohgemut erträgt. Der Gepäckträger sagt es, der Chauffeur und der Liftboy. Nur der Zimmerkellner glaubt, es wäre eine unerlaubte Intimität, von der Temperatur zu sprechen. Er kämpft einen schweren Kampf mit sich. Da sage ich: »Diese Hitze!«, und er ist befreit, als hätte ich ihm Kühlung verschafft.

Dieser Kellner ist höflich, wie alle seine Lyoner Kollegen. Sie haben nicht die subalterne Höflichkeit des Bedienens, sondern die selbstbewußte des Bewirtens. Ich bin ihr »Gast« nicht nur im fachtechnischen Sinn. Wenn sie so beschäftigt sind, daß sie mich nicht anhören können, lächeln sie wenigstens. Ich weiß, daß sie mich nicht vergessen, daß sie wiederkommen. Sie erklären mir, wie die Speisen aussehen, die sie mir empfehlen, ohne Übertreibung, aber mit überzeugender Rhetorik. Sie unterscheiden sich sehr vorteilhaft von ihren Pariser Kollegen, die hastig sind und Geschäftsleute mit Bravour.

Die Lyoner sind höflicher als die Pariser, nicht nur weil sie ruhiger sind und mehr Zeit haben, sondern auch weil sie vornehmer sind. Lyon ist eine alte Stadt, es ist 43 Jahre vor Christi Geburt gegründet worden. Der Führer berichtet, daß Augustus in Lyon einen Palast, mehrere Monumente und einen Aquädukt von 84 Kilometern hat ausführen lassen. Dieses alte Lyon liegt am rechten, ziemlich jähen Ufer der Saône. Steinerne Treppen verbinden die übereinander liegenden Gassen. Die Häuser steigen steil an, ihre Dächer bilden Stufen. Eine Zahnradbahn führt zur Höhe und zur Kathedrale, die ihre stolze Front wie ein herrschendes und wachendes, breites Angesicht der Stadt zugewendet hat – der alten, der späteren zwischen Rhône und Saône und der jüngsten, am linken Ufer der Rhône entstandenen und immer noch wachsenden.

Es sind drei durch die Flüsse Saône und Rhône von einander getrennte Städte. Dank den Flüssen drei Städte von verschiedenem Charakter. Es ist an diesem Beispiel zu sehen, wie sehr Wasser scheiden kann. Im ältesten Teil mischt sich Heidnisches mit frühem Mittelalter und mit der Gegenwart in einer lebendigen und intimen Weise. Steine, Töpfe, Brunnen, Scherben, Tiergestalten überall. Das Steinbild eines Hundes vor einem Garten, in dem Rosen blühen, trägt die Inschrift »*Cave canem*«, und es ist beruhigend, zu sehen, daß die Schulgrammatik wirklich recht hatte.

*

In diesem ältesten Teil der Stadt ist kein historisches Andenken tot. Die alten Gegenstände liegen an den Wegen. Das neue Leben blüht nicht aus den Ruinen. Die Ruinen blühen im neuen Leben. In einem Museum wären sie Gegenstände der Bildung gewesen. Hier aber entdeckt jeder Vorübergehende jeden Stein aufs neue, und jeder fühlt die Wonnen des ersten Entdeckers.

*

In dieser Stadt wird die französische Seide erzeugt, die in alle Länder der Welt geht. Hier leben Chinesen, Levantiner, Spanier, Tunesier, Araber. Man arbeitet, wie man nur in einer deutschen Stadt zu arbeiten versteht. Aber man freut sich, ißt und lebt, wie man nur in einer französischen sich freuen, essen und leben kann. Ein Fremder ist hier weniger fremd als in Paris. Niemand wundert sich über ihn. Viele Welten stoßen hier zusammen. Griechische, polnische, spagniolische Juden machen hier Geschäfte. Die Seide ist ein edles Produkt. Ich glaube, daß es ein großes Vergnügen ist, an der Seide zu arbeiten. Aber ein größeres, an ihr zu verdienen.

Die Fabrikanten haben Villen jenseits der Rhône. Hier wohnen auch die Arbeiter – aber nicht in Villen, sondern in Mietskasernen. Am Abend gehe ich hierher. Nur bei den Armen fühlt man den Abend. Den andern ist er die Fortsetzung des Tages. Den Armen ist der Abend die Ruhe. Sie sitzen vor den Türen, sie stehen vor den Fenstern, sie wandeln langsam zu den Ufern und sehen ins Wasser. Aus ihren harten Händen rinnt die große Müdigkeit des Tages. – –

Stierkampf am Sonntag

Am Sonntag fahre ich nach *Nîmes.* In der großen Arena, die noch sehr gut erhalten ist, obwohl sie aus dem 2. Jahrhundert nach Christi Geburt stammt, finden am Nachmittag Stierkämpfe statt. Die provenzalischen Stierkämpfer halten einen Vergleich mit den berühmten spanischen nicht aus. Es gibt weniger Farben, weniger Kostüme, die Aufregung ist kleiner, und von Blutfließen kann keine Rede sein. Diese Stierkämpfe, scheint es, hat das internationale Völkerrecht geregelt. Die jungen Männer vom Lande begnügen sich damit, den Stier zu reizen, ein wenig mit eisernen Kämmen zu kratzen und mit Pfeilen zu kitzeln. Der Stier stirbt nicht, der Mensch verendet nicht. Das ist noch keineswegs ein Trost und eine Entschuldigung. Aber was soll man in einer so gut erhaltenen Arena machen? Schließlich ist es für die Ordnung des Staates gut, wenn die Regierten ihren Groll gegen Tiere auslassen. Dazu ist ja die kostspielige Arena gebaut worden. Die Römer wußten, daß sie immer noch billiger ist als eine Revolution. Und die Nachfolger der Römer wissen es auch.

Das denke ich auf der Fahrt und später im Gasthaus, wo neben mir die Bauern sitzen, denen die Stiere gehören und deren Söhne heute kämpfen werden. Die Bauern schneiden das Fleisch mit ihren großen, geschliffenen Taschenmessern vom Knochen, essen zierliche kleine Stückchen, trinken den guten roten Wein der Päpste, von dem eine halbe Flasche so viel kostet wie eine ganze Mahlzeit, haben lange, faltige Hälse, durch die man jeden Bissen gleiten sieht und große knöcherne und bedächtige Hände. Sie sprechen wenig, mit Ausnahme eines einzigen, städtisch gekleideten, mit Kragen und Krawatte ausgerüsteten, halb bäuerlich aussehenden Mannes, den man »Herr Direktor« nennt und der Präsident des Komitees für Stierkämpfe ist. Heute Nachmittag wird er in einer Loge sitzen und Preise verteilen. Jetzt ist er aufgeräumt, ein kleiner, dicker Schäker, witzig und herablassend. Die Hunde von Nîmes riechen die guten Knochen und schleichen um den Tisch herum. Die gutherzigen Bauern legen die Knochen, an denen für hündische Begriffe noch sehr viel Fleisch klebt, seitwärts auf einen Teller und geben nicht zu, daß die Kellnerin die Speisereste abräume. Es sind gute Seelen. Sie freuen sich am Appetit der Hunde und klopfen die Tiere wohlwollend ab. Sie sitzen sehr lange, trinken noch eine Flasche und noch eine und amüsieren sich auf ihre Art.

Langsam füllt sich die Arena. Die Erwachsenen, die Kinder und die Soldaten sitzen vom ersten, tiefsten Rang bis zum höchsten, und selbst am obersten Rande der Mauer hocken und stehen noch Zuschauer. Die Arena ist ungefähr drei Stockwerke hoch. Die steinernen Galerien sind mit Menschen gespickt, die ganz klein sind in diesem weißen runden Ungeheuer. Die vielen Köpfe neben- und übereinander wachsen aus dem Stein wie Rüben aus einem Feld. Es ist, als hätten sich die Menschen nicht gesetzt, sondern als hätte man sie gesät und sie wären aufgegangen. Die Sonne liegt weiß, schmelzend auf dem kahlen Rund in der Mitte. Ringsum ein Zaun aus roten Planken mit vielen Toren und mehreren verborgenen Ein- und Ausgängen. Aus einem dieser Tore stürzt nach einem feierlichen Trompetenstoß, der erste Stier, empfangen vom Geheul der Zuschauer und geblendet von der schmerzenden Sonne. Der Stier kommt aus dem guten, dunklen und kühlen Stall. Ihm ist diese Arena eine wüste Hölle aus weißgelbem Brand und Geschrei. Die Hörner gesenkt, die Vorderbeine geknickt, setzt er zum ersten Sprung an, der ihn retten soll. Nach einer Sekunde hat er bereits gesehn, daß aus diesem Ring kein Ausweg ist. Er läuft den runden Zaun entlang und säubert ihn von den Zuschauern, den Männern, die alle mit flinken Sprüngen über die Planken setzen. Sie schreien dabei, beschimpfen das Tier, werfen ihm Mützen in den Weg. Der Stier stößt gegen den Zaun. Indessen sind die jungen Leute wieder in der Mitte der Arena. Sie locken den Stier, schreien, schrecken ihn. Einer läuft dem Tier entgegen, streckt die Hand aus, der Stier stößt gegen den Mann vor, der Mann entweicht. Er ist flinker, er ist zweibeinig, er hat Genossen, die ihm helfen und den wütenden Stier ablenken, er ist in einer unvergleichlich besseren Situation, der tapfere Mensch. Er darf alle Waffen benützen: die List, die Feigheit, die Zweibeinigkeit, den Zaun, die Ausgänge, den eisernen Kamm. Der Stier hat nichts, man hat ihm über die Hörner Schläuche aus Leinwand gestülpt, um seine Stoßkraft zu mindern.

Der Stier ist schwarz, kräftig, um seinen Nacken kräuselt sich das Fell, sein guter, breiter Schädel glänzt bläulich in der Sonne, seine Augen sind groß, ratlos, dunkelgrün und in aller Wildheit noch fromm.

Die Menschen, die ihn reizen, sind jung, braunhäutig, dumm. Unter ihnen sind zwei, die ich nie vergessen werde: der eine dick, schwer, mit einem würfelförmigen Schädel, den linken Unterarm bandagiert, die Hände klotzig, die Finger aus primitiv geschnitztem Holz, die Nase kurz und stumpf, eine

Stirn, die aus zwei Querfalten besteht und zwei Wülsten, die Augen groß unter ganz kleinen Lidern. Das ist der flinkste Jäger, trotz seiner Körperschwere. Er setzt mit einem hohen Sprung über den Zaun. Er läßt sich im richtigen Moment fallen. Er vollführt fünf Drehungen in einer Sekunde. Er ritzt die Stirn des Stieres mit dem eisernen scharfen Kamm und ist im nächsten Augenblick verschwunden. Er wird zwanzigmal beklatscht, ein paar Mal von der Präsidentenloge geehrt, die Musik bläst ihm zu Ehren einen Tusch. Nichts kann seinem Ehrgeiz genügen. Das ist kein Spiel mehr. Dieser Mann haßt den Stier mit der ganzen Kraft seiner Seele. Das Tier ist sein Feind. Dieser Mann will den Stier bluten sehn.

Sein Kollege ist dünn, groß, schwarz, mit langen Gliedmaßen, die ihn hindern. Seine schmale Nase ragt wie ein Messer aus dem Gesicht. Dieser Mann haßt das Tier ebenfalls. Er greift zu Mitteln, die noch hinterhältiger sind als die üblichen. Er rächt sich am Stier für sein eigenes Ungeschick. Er spannt einen violetten Damenschirm auf und hält ihn dem Stier vors Angesicht. Verfolgt, und vom Schirm geschützt, kriecht er über den Zaun und stößt aus seiner feigen Sicherheit die Spitze des Schirms gegen das Geschlecht des Stieres. Großes Gelächter in der Arena. Die Zuschauer halten sich die Bäuche. Das häßlichste Requisit, das der Menschengeist erfunden hat, wird zur Waffe gegen das kräftigste der Tiere. Der Mann konnte kein besseres Symbol für die Würde der Menschheit finden.

Ratlos, erschöpft, mit fließendem Schaum steht der Stier, den Blick gegen das Tor gerichtet, hinter dem der gute, warme, riechende Stall ist, die bergende Heimat. Ach! das Tor ist geschlossen und öffnet sich vielleicht nicht wieder, die Menschen schreien und lachen und es scheint, daß der Stier jetzt schon zu unterscheiden weiß zwischen den reizenden Rufen und dem billigen Spott. Eine ungeheure Verachtung, größer als diese Arena, erfüllt die Seele des Stiers. Jetzt weiß er, daß man ihn auslacht. Jetzt ist er zu schwach, um wütend zu sein. Jetzt erkennt er seine Ohnmacht. Jetzt ist er kein Tier mehr. Jetzt ist er, in einem, die Verkörperung aller Märtyrer der Weltgeschichte. Jetzt sieht er aus wie ein verspotteter, geschlagener Jude aus dem Osten, jetzt wie ein Opfer der heiligen Inquisition, jetzt wie ein zerrissener Gladiator, jetzt wie ein gemartertes Mädchen vor dem mittelalterlichen Rad, und in seinem Blick liegt ein Schimmer von dem leuchtenden Schmerz, der im Auge des Gekreuzigten gebrannt hat. Der Stier steht und hofft nicht mehr.

Da erscheint hinter dem Zaun mein Tischgenosse, der Bauer, der so freundlich den Hund gefüttert hat, die gute Seele, mit einer langen Mistgabel und stößt zwei spitze Zinken in den Rücken des Tieres, um es aufzumuntern. Der Stier springt auf, schlägt aus, scharrt den Sand zu einer Wolke auf, rennt gegen den ersten Schreier, stößt mit dumpfem Laut gegen den Zaun, springt über das Geländer, rast im engen Raum zwischen Zaun und Zuschauern und der Jubel ist schauderhaft und betäubend. Man hört ihn gewiß eine Meile in die Runde.

Oh, jetzt werden noch die schönsten Dinge kommen! Noch wartet man auf den stolzen und rotgoldenen Reiter, die funkelnden Springer, die Träger der roten Tücher, die Pfeilewerfer. Alles, was sich bis jetzt ereignet hat, war nur ein Vorspiel. Die gutherzigen, wohlerzogenen, höflichen Bürger, die sich mit tapferen Zurufen und heroischen Taschentüchern am Spiel aus gesicherter Entfernung beteiligen, die Schneider und Friseure im Sonntagsanzug, sie sind schon aufgeregt. Der Schaum genügt ihnen nicht. Sie wollen Blut sehen, die Braven!

Ich werde die rotgoldenen Helden nicht mehr sehen. Wenn ich das Aussehen eines Tieres hätte unter diesen Menschen – ich bliebe vielleicht. Aber ein Stier könnte mich Unglücklichen für einen Menschen halten. Mein einziger Genosse ist ein kleiner, weißer Hund, den eine Frau mitgebracht hat. Der

Hund bellt immer aufgeregt, wenn ein Mensch dem Stier entflohen ist. Der Hund möchte dem Stier beispringen. Ich auch. Aber, ach! was können zwei arme Hunde gegen fünftausend Menschen?!

Marseille

Ich sehe vor lauter Mastbäumen nicht das Meer. Es riecht im Hafen nicht nach Salz und Wind, sondern nach Terpentin. Öl schwimmt an der Oberfläche der See. Boote, Barken, Flöße, Fußböden sind so eng nebeneinander gepflastert, daß man trockenen Fußes durch den Hafen spazieren könnte, wäre nicht die Gefahr, in Essig, Öl und Seifenwasser zu ertrinken. Ist hier das unermeßliche Tor zu den unermeßlichen Meeren der Welt? Das ist vielmehr das unermeßliche Magazin für die Bedarfsartikel des europäischen Kontinents. Da sind Fässer, Kisten, Balken, Räder, Hebel, Bottiche, Leitern, Zangen, Hämmer, Säcke, Tücher, Zelte, Wagen, Pferde, Motore, Autos, Gummischläuche. Da ist der berauschende kosmopolitische Gestank, der entsteht, wenn tausend Hektoliter Terpentin neben tausend Zentnern Heringen lagern; wenn Petroleum, Pfeffer, Tomaten, Essig, Sardinen, Juchten, Guttapercha, Zwiebeln, Salpeter, Spiritus, Säcke, Stiefelsohlen, Leinewand, Königstiger, Hyänen, Ziegen, Angorakatzen, Ochsen und Smyrnateppiche ihre warmen Dünste ausatmen; und wenn schließlich der klebrige, fette und lastende Rauch der Steinkohle alles Tote und Lebende umhüllt, alle Gerüche eint, alle Poren tränkt, die Luft sättigt, die Steine umflort, und endlich so stark wird, daß er die Geräusche dämpfen kann, wie er längst schon das Licht gedämpft hat. Ich habe hier die Grenzenlosigkeit des Horizonts erwartet, die blaueste Bläue des Meeres und Salz und Sonne. Aber das Meer des Hafens besteht aus Spülwasser mit riesenhaften graugrünen Fettaugen. Ich besteige einen der großen Passagierdampfer und hoffe, hier einen leisen Duft jener Fernen zu erhaschen, die das Schiff durchfahren hat. Aber hier riecht es wie zu Hause vor Ostern: nach Staub und gelüfteten Matratzen; nach Lack für die Türen; nach feuchter Wäsche und Stärke; nach angebrannten Speisen; nach geschlachtetem Schwein; nach gesäubertem Hühnersteig; nach Schmirgelpapier; nach einer gelben Paste für Messing; nach einem Mittel für Ungeziefer; nach Naftalin; nach Bohnerwachs; nach Eingemachtem.

In dieser Stunde stehen mehr als siebenhundert Schiffe im Hafen. Das ist eine *Stadt aus Schiffen.* Die Bürgersteige bestehen aus Booten, und die Straßenmitten aus Flößen. Die Einwohner dieser Stadt tragen blaue Kittel, braune Gesichter und harte, große schwarzgraue Hände. Sie stehen auf Leitern, streichen die Rümpfe der Schiffe mit frischem braunem Lack an, tragen schwere Eimer, wälzen Fässer, sortieren Säcke, werfen eiserne Haken aus und angeln Kisten, drehen an Kurbeln und ziehen auf eisernen Rollen Waren in die Höhe, polieren, hobeln, säubern und verursachen neuen Mist. Ich möchte zurück in den alten Hafen, wo die romantischen Segelschiffe stehen und die knatternden Motorboote und wo man die frischen, triefenden Muscheln verkauft, das Stück zu dreißig Centimes.

Ich habe ein Boot gemietet, aber wir können uns nicht bewegen. Unsere Ruder sind eingeklemmt wie die Arme eines Passagiers in einer überfüllten Straßenbahn. Wo immer wir uns auch hinwenden, wir stoßen an Holz, an Barken, an Fässer, an Ketten, an diese großen, klirrenden und rostigen Ketten, die in den modernen Meeren wachsen. Es ist keine Gefahr. Wir können nicht ertrinken. Auf diese dicke Ölschicht können wir uns auch ohne ein Boot wagen. Aber wir können erdrückt werden zwischen zwei hölzernen Bürgersteigen, die einander langsam, aber unerbittlich nahe kommen, um sich zu einem großen Holzplateau zusammenzuschließen. Also winken wir, obwohl uns niemand sieht, rufen wir, obwohl uns niemand hört, entgleiten wir diesem Chaos einer großartigen Ordnung und retten wir uns zu den Gefahren der offenen See und der wilden Wogen.

*

Ich habe hinter mir den eintönigen Gesang des Wassers, vor mir schon den bunten der Stadt und über mir eine große Wolke aus Lärm.

Ich liebe den Lärm von Marseille, voran reiten die schweren Glocken der Türme, stürmen die heiseren Pfiffe der Dampfer, aus blauen Höhen tropft die Melodie der Vögel. Dann kommt der ganze Heerbann der Alltagsstimmen, die Rufe der Menschen, das Tuten der Gefährte, das Klirren der Geschirre, der Schall der Schritte, das Klopfen der Hufe, das Gebell der Hunde. Es ist ein Festzug der Geräusche.

Langsam lösen sich aus dem Weiß des Stadtbilds die grauen Streifen der Gassen, das Zickzack gekrümmter und hastiger Treppen, die Gestalten der Menschen, die bunten Wäschefahnen über der Straßenmitte, die braunen Bottiche vor den Türen, die schmalen Bänder rinnenden Schmutzes, die grauen Zelte der Straßenhändler, die dunklen Berge der Muscheln, die bunten Schilder der Läden, die goldenen Fenster, in denen die Sonne schwimmt und das samtene Grün der Bäume. Ich liebe die schöne, bewegte, müßige und zwecklose Geschäftigkeit in den Straßen. Die meisten Menschen gehen nicht ihren Pflichten nach, sondern leben den Pflichten. Der exotisch gekleidete Fremdling, von fernen Küsten hergetrieben, reiht sich in den Gewändern seiner Heimat dem bewegten Zug der Straße ein und fühlt sich wie zu Hause. Er ändert weder Tracht noch Schritt, noch Bewegung. Er schreitet wie auf eigenem Boden, er trägt die Heimat an den Sohlen. Nichts kann so exotisch sein, daß es Aufsehen erregte. Der Bürgersteig gehört der ganzen Welt, den Passagieren von siebenhundert Schiffen aus allen Ländern.

Hier kommen die Reiter aus Turkestan in den breiten, an den Knöcheln gebündelten Hosen, welche die gekrümmten Beine verhüllen. Dann die kleinen chinesischen Matrosen in den schneeweißen Uniformen, wie Knaben im Sonntagsanzug; die großen Kaufleute aus Smyrna und Konstantinopel, die so mächtig sind, als handelten sie nicht mit Teppichen, sondern mit Königreichen; die griechischen Händler, die ein Geschäft nicht zwischen vier Wänden abschließen können, sondern nur unter freiem Himmel, wie um Gott noch mehr herauszufordern; die kleinen Schiffsköche aus Indochina, auf leichten Füßen durch den Abend huschen sie, schnell und lautlos wie Nachttiere; die griechischen Priester mit den langen Bärten aus Hanf; die heimischen Mönche, die eigene Fülle vor sich hertragend wie eine fremde Last; die schwarzen Nonnen im bunten Gewühl, jede ein kleiner, versprengter Leichenzug; die weißen Zuckerbäcker, die kandierte Nüsse verkaufen, freundliche Gespenster des Mittags; die Bettler mit dem Brotsack und Wanderstab, die nicht Requisiten des Elends, sondern Insignien der Würde sind; die weisen algerischen Juden, groß, hager, stolz, wie schwankende Türme; die wandernden Schuhputzer, Knaben und erwachsene Männer, Vertreter eines blühenden Gewerbes und einer Kunst.

Ich glaube, man muß lange lernen, ehe man mit dieser mütterlichen Zärtlichkeit einen grünen Plüschlappen über die Stiefelkappe gleiten läßt und dem Leder alle Nuancen entlockt, vom tristen-feuchten Matt bis zur strahlendsten, schwärzesten Trockenheit. Mit leichtem Knall fliegt die Bürste aus der Rechten in die Linke. Die Blechdose mit der Paste wirbelt wie ein Ball durch die Luft. Ihr Deckel springt automatisch ab und springt mit sanftem Klirren in die Utensilienkiste.

Und der Gast sitzt indessen hoch auf einem breiten, hölzernen Thron; und wenn nichts an ihm königlich ist, so werden es bald wenigstens die Stiefel sein …

Ein Bootsmann

Der Bootsmann ist alt. Seine Arme hängen schlaff wie Flossen von seinen krummen und schiefen Schultern. Seine Augen sind klein und haben den weißen Schleier, den das hohe Alter über menschliche Augen zieht. Sie haben schon genug gesehn. Aus den harten Ohrmuscheln wächst graues Moos. Die Hände sind wie zwei sehr alte Gesichter. Die Handrücken sind braungelb, und ihre dünne Haut bis zum äußersten gespannt. Die Stimme des Alten aber ist jung geblieben und männlich. Er spricht sehr kurze, sehr einfache Sätze, wie sie in Lesebüchern für Kinder stehn. Ihre Melodie ist immer ein bißchen fragend, das letzte Wort fällt jäh ab, von einer beträchtlichen Höhe – und kommt dennoch heil an:

»Ich bin aus Korsika, Herr. Korsika ist der Garten von Frankreich. Ich bin ein Landsmann Napoleons. Und hier ist sein Bild. Diese Mütze habe ich aus dem Krieg. Von 1870. Ich war bei der Marine. Ich kenne alle diese Schiffe. Auf vielen bin ich gefahren. Ich war in vielen Ländern. In Rußland auch. In England, in Deutschland, in Spanien, in Syrien, in Konstantinopel. Ich war niemals in Paris. Nach Paris kommt man nicht mit dem Schiff. Ich bin nur einmal mit der Bahn gefahren. In der zweiten Klasse. Da fährt man gut.

Ich bin fünfundsiebzig Jahre alt. Wenn ich zehn Jahre jünger wäre, bliebe ich nicht hier. Ich habe fünf Franken täglich Pension. Seit sechs Tagen sind Sie mein erster Gast. Dieses Boot hat dreihundert Franken gekostet. Da hab' ich das Segeltuch selbst geflickt. Diese Stricke hab' ich selbst gedreht. Die Ruder kosten sechzig Franken das Stück. Dann hab' ich das Boot getauft. Auf den Namen meines Vaters. Er hieß Jacques. Da steht ›Jacques‹. Mit weißer Farbe.

Mein Vater war ein Kapitän. Auf der ›Sphinx‹. Da drüben steht sie. Wir sind zwei Brüder. Mein Bruder war auch Kapitän. Jetzt ist er in Pension. Er bekommt eine große Pension. Ich schlafe bei ihm.

Ich wollte nicht in die Marineschule. Ich wollte gleich in die Welt. Deshalb bin ich heute arm. Meine Schwägerin ist gut. Um acht Uhr essen wir Nachtmahl. Dann lese ich Romane. Ich lese den ›Grafen von Monte Christo‹. Ich glaube diese Geschichte nicht. Es ist Phantasie.

Da sehen Sie unsere Kathedrale. Ein schönes Haus. Ich war zweimal dort. Ich geh' nicht oft in die Kirche. Alle Religionen sagen dasselbe. Ich bin ein Katholik. Aber ich war in einer Synagoge. Ich war in einer Moschee. Die Mohammedaner sagen Allah. Die Juden sagen Jehova. Wir sagen lieber Gott. Es ist immer dasselbe. Mein Freund ist ein Jude. Er war im Gefängnis. Seine Frau hat ihn betrogen. Er hat ihren Liebhaber beinahe erschlagen. Jetzt leben beide. Die Frau ist gestorben.

Da fahren die Fischer. Sie kommen erst morgen mittag zurück. Sie haben viele Netze mit. Ein guter Tag zum Fischen. Bei uns sind mehr Angler als Fische. Probieren Sie einmal zu angeln. Vielleicht haben Sie Glück. Weil Sie ein Fremder sind.

Für tausend Franken könnte ich mir einen Motor in meinen ›Jacques‹ bauen. Dann könnt' ich nach Korsika fahren. Unten ist es um die Hälfte billiger als in Marseille. Das ist eine teure Stadt. Aber ich zahle keine Miete.

Hier haben Sie meine Visitkarte. Ich heiße Buscia Pascal. Ein korsischer Name. Wir sprechen so ähnlich wie Italiener. Wir verstehn auch die Spanier. Alle Sprachen stammen aus dem Lateinischen. Englisch stammt aber aus dem Deutschen. Latein ist die älteste Sprache. Aber mein Freund sagt: Chinesisch ist älter.

Ich werde Sie im alten Hafen absetzen. Da können Sie abends spazierengehn. Lassen Sie das Geld zu Hause. Wenn Sie Geld haben …

Ich fahre jetzt nach Hause. Wir haben heute marinierte Heringe und junge Bohnen. Dann werde ich lesen. Um zehn werde ich schlafen gehen. Mit meinem Bruder werde ich nichts reden. Ich lebe schon fünf Jahre bei ihm. Das letztemal habe ich vor zwei Jahren gesprochen. Damals bekam er den vierten Enkel. Im Dezember kommt sein fünfter.

Am Sonntag kommt meine Schwester aus Ajacchio. Sie bringt mir Tabak. Ich aber brauche eine Pfeife.

Leben Sie wohl, Herr. Steigen Sie vorsichtig aus. Springen Sie nicht! Lassen Sie das Geld zu Hause!«

Die Gasse der Liebe

Die Gasse der Liebe hat ihren bürgerlichen Namen abgelegt und trägt keine Schilder. Man kennt und findet sie. Wer von der großen Kathedrale nach dem alten Hafen geht, hört die metallene Musik von fünfzig unaufhörlich spielenden Automaten aus fünfzig kleinen und schmalen Läden. Vor den Läden sitzen die Frauen, die ältesten und dicksten der Welt. Sie verkaufen Liebe den ganzen Tag, die ganze Nacht.

Männer, von den Schiffen kommend, durchziehen die Gasse in losen Trupps zu zehn und fünfzehn. Sie verlieren sich unterwegs in den Läden. Dann verstummt ein Automat, ein Vorhang aus Glasperlen fällt vor ein düsteres Kanapee und in der geraden Reihe der Verkäuferinnen vor den Türen entsteht eine Lücke.

Nichts mehr ereignet sich als Liebe und Musik. Manche Frauen halten ihre Kinder auf dem Schoß. In dieser Gasse wachsen viele Kinder heran, die traurigsten Kinder der traurigsten Mütter. An ihrer Wiege spielt ein Musikautomat. Seit dem Augenblick, in dem sie die Finsternis der Welt erblickt haben, kennen sie das Lager der billigsten Liebe. Die Rätsel der Welt werden ihnen mit der banalen Auflösung zugleich geliefert. Das Leben beschenkt sie verschwenderisch mit Erfahrungen. Die Spielgefährten ihrer ersten Jahre sind kranke Katzen, die Glück bringen, und das Spielzeug der Rinnsteine, eine Muschel oder ein Kiesel. Über die Strenge eines Vaterhauses brauchen sie nicht unglücklich zu sein. Statt der guten Sitten der menschlichen Gesellschaft lernen sie deren echte kennen. Nichts Schlimmeres kann ihnen zustoßen als ihre eigene Geburt.

Der Morgen, der Mittag, der Vorabend, der Abend, die Nacht, alle Tageszeiten sind hier gleich. Vom Himmel sieht man nur einen Streifen, von der Sonne nichts. Auch *diese* Liebe ist zeitlos. Auch *ihre* Trägerinnen haben kein Alter. Vor vierzig Jahren waren sie schon alt und häßlich. Vierzig Jahre noch können sie jung und schön sein. Vor 40 Jahren rasselte der Automat schon dieselben Melodien. Vierzig Jahre noch treibt er die göttliche Musik für die Ohren betäubter Menschen. Vor 40 Jahren schon trieb er die Lauscher in die Flucht. Und noch vierzig Jahre wird er Hörer anlocken. Was ist alt, was ist jung, was häßlich, was schön, was ein Lärm und was Musik? – – Wenn der Tag aus lauter Liebesnächten zusammengesetzt ist und ein Moment eine Liebesnacht ist, wenn die Ware aus einer Verkäuferin besteht, die Liebe einen Groschen wert ist und ein Groschen die ganze Liebe enthält. Wenn die Nacht ein betriebsamer Tag ist und der Schlaf ein Geschäft?

In dieser Gasse gelten nicht die Gesetze der Welt. Mit stieren Atropinaugen, die Brauen bis zu den Schläfen gemalt, mit falschem Haar, das niemals grau wird, mit einem geschminkten Alter, das von der ewigen Jugend nur die Stupidität hat, starren die Frauen, alle wie Zwillingsschwestern und also ohne Konkurrenzneid, immer auf denselben Rinnstein, dieselbe Katze, dasselbe Pflaster, – – und denselben Mann, den der Zufall in zehntausend Exemplaren durch die Gasse treibt. Wenn eine ihre Arme ausbreitet, verstummt der Automat, denn durch einen Mechanismus voller Kunst ist die Maschine mit der Maschine verbunden.

Der Kasten verschleudert Musik wie seine Besitzerin Liebe. Und alles für einen Groschen. Für einen Groschen.

Nizza

Nizza sieht so aus, als wäre es von den Autoren der Gesellschaftsromane begründet und von ihren Helden belebt worden. Die meisten Gestalten auf der Kurpromenade und am Strand kommen aus der Leihbibliothek und aus den Träumen kleiner Provinzmädchen. Diese Menschen kann Gott nicht erschaffen haben. Sie sind nicht aus gemeiner Erde gemacht, sondern aus mondänem Papierstaub. Schriftsteller haben sie so lange beschrieben, bis sie lebendig wurden. Ihre Bewegungen, ihr Gang, ihre Kleidung, ihre Sprache, ihre Gedanken, ihre Ziele, ihre Sehnsucht, ihre Schmerzen, ihre Erlebnisse sind wie literarisch gefiltert, außerordentlich und gesucht. Hier vollzog sich zum ersten Male ein umgekehrter Prozeß: Autoren erschufen Menschen nach origineller Konzeption und die Schöpfung machte es ihnen nach. Ein Verfasser diktierte eine Welt in die Schreibmaschine – und siehe da! – sie war, sie ist, sie geht spazieren, spielt Roulette, tanzt Java und nimmt Seebäder.

Eine ganze Saison in einer Romanwelt würde wahrscheinlich langweilig. Aber drei Tage sind beruhigend. Man erholt sich von den Strapazen gewöhnlichen Erdenlebens, von den Berührungen mit den gemeinen Alltagssorgen und von dem Waffengeklirr, den der Kampf ums tägliche Brot verursacht. In der Gesellschaft der echten, von Adam abstammenden Menschen umfängt uns der gewöhnliche Geruch gewöhnlicher Tragik. Hier aber, in Nizza, breitet sich der Weihrauch der romanhaften Tragik aus. Hier gibt es nur Luxusschicksale. Hier siehst du lauter Edelgeschöpfe. An ihren goldenen Wiegen standen gutbezahlte Domestiken. Ihre ganze Jugend war eine einzige gute Kinderstube, von Hausärzten persönlich gelüftet. Ihre Ehe ist eine außerordentlich günstige Kapitalanlage. Ihr Tod selbst wird keine Lücke, sondern eine Erbschaft hinterlassen.

Denn sie sind nicht notwendig im gemeinen Sinn, sondern im höhern. Sie sollen nur die Romanautoren bestätigen. Sie tun es in Nizza. Um die Aufregung kennenzulernen, geben sie viel Geld in Monte Carlo aus. Zu uns andern kommt Monte Carlo jeden Tag, und unser Leben ist ein Roulettespiel.

Hier aber ist kein Mensch aufgeregt, wenn er nicht auf Schwarz oder Rot gesetzt hat. Alle strömen selige Sicherheit aus. Auch den Unsichern begnadet sie. Den ganzen Tag liegt man im blauen Wasser. Die Sonne macht sich eine Ehre daraus, unaufhörlich, wolkenlos, in so guter Gesellschaft zu scheinen. Die Nächte bleiben so warm wie möglich und geben acht, daß sich die Kurgäste nicht erkälten. Die alten Herren aus England und Amerika gehen mit gemessenen Schritten, die so abgezählt sind wie Medizintropfen, vor dem Schlaf spazieren. Ihre Söhne und Töchter tanzen indes, lieben, leiden und heiraten nach den Vorschriften der Autoren. Die alten Damen, durch Gesichtsmassagen und Diät zehn Jahre jünger, auf achtzehnjährigen Beinen, in kurzen Röckchen, von riesigen Brillanten gefolgt und unwahrscheinlich kleinen Schoßhündchen geziert, sprechen von der Zukunft, nicht wie andere Alte von der Vergangenheit. Alle paar Minuten gleitet ein Herr im Zylinder nach Monte Carlo, auf der breiten schönen Straße, auf der kein Staub entsteht und die eigentlich ein vornehmer Korridor des vornehmen Volkes ist.

Nichts Schlimmes kann passieren. Die Schwachen werden stark, die Kranken gesund, die Gesunden glücklich, die Glücklichen erleben hier die ersehnte Tragik und sind noch glücklicher als im Glück – – und wenn einer Selbstmord begeht, so ist sein Tod durch einen romantischen Schleier dem gemeinen Bedauern und in die Sphäre der Bewunderung für die große Welt entrückt. Es ist wunderbar, in so guter Gesellschaft zu leben, die bei Tag nackt und abends im Smoking ist, abgebrannt und hygienisch, sauber und gut erzogen, aus Papier und dennoch aus Fleisch und Blut, ohne die Laster, welche eine Folge der Arbeit sind und so tugendhaft, daß sie vom Herrn selbst genährt werden, obwohl er sie nicht nach seinem Angesicht erschaffen hat …

Im Lande des ewigen Sommers

Nizza

Jeder Zug bringt einen neuen Schwarm alter Gäste, jener glücklichen Menschen, denen der Arzt den Winter verbietet und denen die Brieftasche den ewigen Sommer erlaubt.

Palmen stehen wie große, schwere, dunkelgrüne Fächer an den Rändern der Straßen und in der Mitte des Parks. Seltsame Kaktusbäume warten philosophisch, häßlich, wie Bäume aus einer anderen Welt, in den […] und scheinen tief versonnen. Von den Alpen her weht immer ein frischer Wind. Von der See her kommt der zweite. Zwischen zwei Luftschichten liegt Nizza, mit weißen Häusern, breiten, schattigen Straßen, kostbaren Läden, den reichsten der Welt, und mit luxuriösen Hotels.

Das Kostspieligste in diesem kostspieligen Kurort sind seine Besucherinnen. Nirgends ist die Nacktheit so teuer, nirgends sind die hauchdünnen Viertel-Kleider aus so hauchdünnen Stoffen. Man trägt kleine weiße Hermeline, von denen ein einziges Fell genügen würde, mir und meinesgleichen einen Monat in Nizza zu ermöglichen. Man sieht Brillanten von der Größe kleiner Kieselsteine. Man sieht kleine Schoßhündchen von einer Rasse, die in der ganzen Welt nicht mehr als tausend Vertreter haben soll. Hunde, wie künstlich hergestellt, nicht gezeugt und nicht geboren. Sie hocken auf dem nackten Arm ihrer Herrinnen, wie ein kostbares Pelzstück, unbeweglich, unendlich skeptisch, sehr vornehm und fortwährend zitternd vor Nervosität.

Den ganzen Tag sind Damen, Hunde, Herren, Kinder am Strand. Das Meer ist blau, die Sonne strahlend, die Körper glänzen feucht und braun, als wären sie aus Bronze. Am Abend sind die Damen in großer Abendtoilette, die Herren im Frack und im Smoking. Aus allen Lokalen dringt rötliches Licht. Man tanzt zu der sentimentalen modernen Musik, die afrikanisch ist, aus Tunis und Algerien kommt und, mit europäischen Motiven vermengt, zusammen einen modernen, wieder modern gewordenen »Boston« ergibt. Die Amerikaner tanzen ihn mit Vorliebe und ohne Temperament. Sie tanzen, als würden sie dafür bezahlt. Sie »erfüllen« einen Tanz wie ein Gebot.

Man hört alle Sprachen, auch Deutsch ziemlich oft. In Nizza sah ich zum ersten Male die Hotels wieder, an deren Schildern die Inschrift »Man spricht Deutsch« nicht überklebt ist wie in vielen französischen Städten. Es sind zwei Mächte, welche die Menschheit einigen und den Frieden der Nationen herstellen und die in Nizza Einfluß haben: das sind die Krankheit und die Lust, Geld zu verdienen. Vor beiden ist kein Volk geschützt.

In der Nähe, nur eine Straßenbahnfahrt entfernt, ist allerdings noch eine dritte internationale Macht: das Spiel, *Monte Carlo.* Und jeden Abend rollen die Automobile auf sanften Gummireifen die glatte breite Straße entlang, die zum Roulettetisch führt. In der Früh kommen die Automobile wieder zurück. Nicht mehr mit denselben und doch mit denselben Passagieren: immer diese bleichen glattrasierten Herren im Zylinder, immer diese Frauen in den Pelzen und mit den großartigsten Beinen in den teuersten Strümpfen.

Denn auch der Luxus hat seine Uniform. Er hat Regimenter von Dienenden; alle sind ihm untertan. Alle kämpfen für ihn, leben für ihn, sterben für ihn. Nizza ist sein großes Exerzierfeld, Monte Carlo sein Kriegsschauplatz. Jeden Winter finden die Manöver statt. Und kein Militärdienst der Welt kann langweiliger sein als der, den der Reichtum erfordert. Und keine Uniform ist eintöniger als jene, die von den Besitzenden getragen wird: jeden Abend ein Frack, jeden Tag eine Schwimmhose.

Der Dienst, den das Geld erfordert, ist strenger als die Armut.

Marseille
Das große Tor zum Orient

Den Beinamen »das große Tor zum Orient« haben nach den Angaben (unzuverlässiger) alter Chronisten die Römer selbst der großen Hafenstadt Marseille verliehen. Gleichviel, ob dieser Name älteren oder jüngeren Datums ist, er ist zutreffend, wie selten ein schmückendes Beiwort. Marseille führt den Orient in Europa ein. Marseille selbst ist nicht mehr europäisch. Es ist wie eine Stadt, an deren Gründung alle Nationen der Welt beteiligt sind. Es wird von allen Nationen der Welt bevölkert. Nirgends in Europa gibt es so viele Rassen nebeneinander. Nirgends gibt es diesen großen Zusammenklang aller Sprachen der Welt, nirgends diese großartige und betäubende Symphonie der Buntheit. Es ist ein riesiges Tor, unaufhörlich durchfahren, unaufhörlich durchschritten, alle Nationen gehen hier ein und aus. Millionen Schicksale einzelner vollziehen sich hier. Schicksale ganzer Nationen haben sich hier vollzogen. Man begreift in Marseille, wie nirgends sonst, den mächtigen Fluß der Geschichte und den Zusammenhang des Individuums mit der Menschheit.

Um 600 vor Christi Geburt haben die Phönizier Marseille gegründet. Phönizisches Blut fließt zweifellos noch in den Adern der einheimischen Bevölkerung, die lebhaft, tüchtig, abenteuerlustig zugleich ist, leichtsinnig und geschäftsbeflissen zugleich, romantisch und geldverdienend.

Marseille war die große Konkurrenz Carthagos, immer mit Rom verbündet, immer römisch-griechischen Kultureinflüssen unterlegen. Es hieß eine Zeitlang »das gallische Athen« – bis zum Einfall der Barbaren, der alten Normannen. An Frankreich fiel es erst 1481 mit dem ganzen übrigen Teil der Provence. Die Revolution begegnete bei dieser Bevölkerung einem gewaltigen Enthusiasmus. Vielleicht lebte in keiner französischen Stadt der Wille zur Freiheit so stark wie hier, wo jedermann jeden Tag das freie, blaue Meer vor Augen hatte und wo jeder zweite Bürger ein Seefahrer von Geburt und Natur war. Heute noch ist Marseille die freieste Stadt Frankreichs. Alle Einheimischen sprechen alle europäischen Sprachen, und in den Hotels wird jeder Fremde, auch der Deutsche, in seiner Muttersprache begrüßt.

*

Man wundert sich darüber nicht, wenn man nur eine halbe Stunde lang in der Hauptstraße von Marseille, der »Cannebiere« zugebracht hat. Diese Straße ist weltberühmt, weil der halben Welt bekannt. Keine einzige Hauptstadt Europas, auch Paris nicht, besitzt eine Straße solcher Buntheit, von dieser Bewegung, dieser Fülle der Verschiedenheiten. Diese Straße ist verhältnismäßig klein; sie zählt im ganzen 300 Meter Länge. Aber was enthält sie nicht alles: algerische Juden im feierlichen Weiß, Chinesen in grüner Seide, weiße und blaue Matrosen, große Inder, kleine Tataren, mongolische Reiter, japanische Händler, griechische Juweliere, jeder in der Tracht, mit dem Gang, dem Gehaben seiner Heimat. Dazu kommt die einheimische Bevölkerung: laut, lebhaft, immer scherzend, kleine Buben, unzählige Narren, Straßenfänger, Schuhputzer, Ansichtskartenhändler, Bettler in jedem Alter. Weit in den Bürgersteig hinein reichen die Terrassen der Kaffeehäuser. Immer ist Sonne, immer die zauberhafte Bläue des Himmels, immer Lärm in der Luft, vom Hafen her das

Rufen der Schiffer, die Glocken der Schiffe, hell und ungeduldig, die schweren sonoren Glocken der Kirchen, die heiteren Rufe der Turbinen, wie menschliche Schreie der Angst.

*

Noch bunter, weil auf engem Raum zusammengedrängt, ist das Leben in den krummen, unheimlichen, steilen, dunklen, feuchten und kühlen Gassen des »Alten Hafens«. Die Häuser sind so nahe, daß zwei Nachbarn an gegenüberliegenden Fenstern stehend sich über die Straßenmitte hinweg die Hände reichen könnten. Und unten verdichtet sich der Lärm, die Stimmen fließen ineinander, die Gerüche von Zwiebeln, Obst, Fleisch, Fischen, Muscheln, der Schweiß der Menschen, der Duft der Kanäle – alles bildet ein unentwirrbares Gemisch, man unterscheidet nichts, alles fließt, jedes verliert seine natürliche Grenze. Die verschiedensten Waren lagern nebeneinander: korsische Messer, Uhren, Teppiche, Gürtel, Seide, Papageien, Vogelfedern, Spiegel, Ketten, Seifen, Lebensmittel, Früchte. Zwei Schritte daneben ist das große Lager der Liebe, arme, alte, häßliche Mädchen, ebenso geschminkt wie schmutzig, vor jeder Tür eine, alle rufend, alle singend, in jedem Haus ein rasselnder Musikautomat und in jedem Haus ein anderes Lied.

*

Marseille ist, vom Hafen gesehen, wie eine geträumte Stadt. Hinter den Mastbäumen der tausend Schiffe die Kuppeln der Kirchen, spitze Türme, eine goldene Madonna, Millionen tanzender Schornsteine in einer unaufhörlich flimmernden, sonnegesättigten [*Zeile nicht lesbar*] Stadt ohne nationalen Charakter. Kosmopolitisch im tiefste Sinn des Worts, eine Stadt der Zukunft, wie sie die Welt in tausend Jahren erleben wird. Das »Tor zum Orient«. – Dieses Epitheton reicht nicht mehr aus. Es ist ein Tor zur Welt und ein großer Wartesaal der reisenden, der bewegten, der fortwährend veränderten Welt…

Die weißen Städte

(1925)

Als ich dreissig Jahre alt war, durfte ich endlich die weissen Städte sehn, die ich als Knabe geträumt hatte. Meine Kindheit verlief grau in grauen Städten. Meine Jugend war ein grauer und roter Militärdienst, eine Kaserne, ein Schützengraben, ein Lazarett. Ich machte Reisen in fremde Länder – aber es waren feindliche Länder. Nie hätte ich früher gedacht, dass ich so rapid, so unbarmherzig, so gewaltsam einen Teil der Welt durchreisen würde, mit dem Ziel, zu schiessen, nicht mit dem Wunsch, zu sehn. Ehe ich zu leben angefangen hatte, stand mir die ganze Welt offen. Aber als ich zu leben anfing, war die offene Welt verwüstet. Ich selbst vernichtete sie mit Altersgenossen. Die Kinder der andern, der früheren und der späteren Generationen, dürfen einen ständigen Zusammenhang zwischen Kindheit, Mannestum und Greisenalter finden. Auch sie erleben Überraschungen. Aber keine, die nicht in irgendeine Beziehung zu ihren Erwartungen zu bringen wäre. Keine die man ihnen nicht hätte prophezeien können. Nur wir, nur unsere Generation, erlebte das Erdbeben, nachdem sie mit der vollständigen Sicherheit der Erde seit der Geburt gerechnet hatte. Uns Allen war es, wie einem, der sich in den Zug setzt, den Fahrplan in der Hand, um in die Welt zu reisen. Aber ein Sturm blies unser Gefährt in die Weite und wir waren in einem Augenblick dort, wohin wir in gemächlichen und bunten, erschütternden und zauberhaften zehn Jahren hatten kommen wollen. Ehe wir noch erleben konnten, erfuhren wir's. Wir waren für's Leben gerüstet und schon begrüsste uns der Tod. Noch standen wir verwundert vor einem Leichenzug und schon lagen wir in einem Massengrab. Wir wussten mehr, als die Greise, wir waren die unglücklichen Enkel, die ihre Grossväter auf den Schoss nahmen um ihnen Geschichten zu erzählen.

Seitdem glaube ich nicht, dass wir, Fahrpläne in der Hand, in einen Zug steigen können. Ich glaube nicht, dass wir mit der Sicherheit eines für alle Fälle ausgerüsteten Touristen wandern dürfen. Die Fahrpläne stimmen nicht, die Führer berichten falsche Tatsachen. Die Reisebücher sind von einem stupiden Geist diktiert, der nicht an die Veränderlichkeit der Welt glaubt. Innerhalb einer Sekunde aber ist jedes Ding durch tausend Gesichter verwandelt, entstellt, unkenntlich geworden. Man berichtet über Gegenwart mit historischer Sicherheit. Man spricht über ein fremdes Volk, das lebt, wie über eines, das in der Steinzeit gestorben ist. Ich habe Reisebücher über einige Länder gelesen, in denen ich gelebt habe (und die ich so gut kenne, wie meine Heimat und die alle vielleicht meine Heimat sind.) Wie viele falsche Berichte sogenannter »guter Beobachter«. Der »gute Beobachter« ist der traurigste Berichterstatter. Alles Wandelbare begreift er mit offenem, aber starrem Aug'. Er lauscht nicht in sich selbst. Das aber müsste er. Er könnte dann wenigstens von seinen Stimmen berichten. Er verzeichnet die Stimme einer Sekunde in seiner Umgebung. Aber er weiss nicht, dass andere Stimmen ertönen, sobald er seine Horcherstellung verlassen hat Und ehe er's niederschreibt, ist die Welt, die er kennt, nicht mehr dieselbe.

Und ehe wir ein Wort niederschreiben hat es nicht mehr dieselbe Bedeutung. Die Begriffe, die wir kennen, decken nicht mehr die Dinge. Die Dinge sind aus den engen Kleidern herausgewachsen, die wir ihnen angepasst haben. Seitdem ich in feindlichen Ländern gewesen bin, fühle ich mich in keinem einzigen mehr »fremd«. Ich fahre niemals mehr in die »Fremde«. Welcher Begriff aus einer Zeit der Postkutsche. Ich fahre höchstens in's »Neue«. Und sehe, dass ich es bereits geahnt habe. Und kann nicht darüber »berichten«. Ich kann nur erzählen, was in mir vorging und wie ich es erlebte.

*

Ich war neugierig, zu erfahren, wie es hinter dem Zaun aussieht, der uns umgibt. Denn uns umgibt ein Zaun, uns Menschen, die wir zur deutschen Welt sprechen. In Deutschland ist der »Begriff« heilig und unwandelbar. Wir glauben an die Nomenklatur. In Deutschland erscheinen die »zuverlässigsten« Führer, die »gründlichsten« Beobachtungen und Forschungen. Alles Niedergeschriebene wird Gesetz. Man glaubt einem Buch aus dem Jahr 1880. Man dürfte nicht einmal einem aus dem Jahr 1925 glauben. Man glaubt, wie vor dem Krieg heute an die Bedeutung der alten Begriffe.

Jenseits, hinter dem Zaum, war die Nomenklatur niemals so heilig. Die Namen flossen immer weit um die Dinge, die Kleider waren lose. Man war nicht bestrebt, Alles unverrückbar zu fixieren. Man wandelt sich jeden Augenblick, drüben, hinter dem Zaun. Wir nennen das immer »Treulosigkeit« und Anpassung ist ein halber »Verrat«.

Hinter dem Zaun gewann ich mich selbst wieder. Ich gewann die Freiheit, die Hände in den Hosentaschen, eine Garderobemarke an den Hut geheftet, einen zerbrochenen Regenschirm in der Hand zwischen Damen, Herren, Strassensängern und Bettlern zu wandeln. Ich sehe in den Strassen und in der Gesellschaft genau so aus, wie zu Hause. Ja, ich bin *draussen* zu Hause. Ich kenne die süsse Freiheit, nichts mehr darzustellen, als mich selbst. Ich repräsentiere nicht, ich übertreibe nicht, ich verleugne nicht. Ich falle trotzdem nicht auf. Es ist in Deutschland fast unmöglich, nicht aufzufallen, wenn ich nichts spiele, wenn ich nichts verleugne und nichts übertreibe. Zwischen diesen zwei Arten, zu erscheinen, habe ich die traurige Wahl. Denn ich muss auch, wenn ich keinen Typus, keine Gattung, kein Geschlecht, keine Nation, keinen Stamm, keine Rasse repräsentiere, dennoch etwas zu repräsentieren suchen. Wir sind gezwungen, »Farbe zu bekennen«, und nicht etwa eine beliebige, sondern eine aus der offiziellen Farbenskala: Sonst sind wir »ohne Gesinnung«. Es ist das

Kennzeichen der engen Welt, dass sie das Undefinierbare verdächtigt. Es ist das Kennzeichen der weiten, dass sie mich gewähren lässt. Auch sie hat für mich noch keine Bezeichnung gefunden. Aber nennt sie mich so oder anders, so ist immer noch ein freier Raum zwischen der Bezeichnung und dem Begriff, den sie deckt, denn die Welt nimmt nicht alles wörtlich. Wir aber nehmen sie beim Wort, und nicht »bei der Sache« weil wir die Namen mit den Dingen verwechseln.

*

Deshalb verstehn wir sie nicht, deshalb versteht sie uns nicht. Hinter dem Zaun sind Ferien. Süsse, lange Sommerferien. Was ich sage, nimmt man nicht wörtlich. Was ich verschweige ist gehört worden. Mein Wort ist noch lange kein Bekenntnis. Meine Lüge noch lange keine Charakterlosigkeit. Mein Schweigen ist nicht rätselhaft. Jeder versteht es. Es ist, als zweifelte man an meiner Pünktlichkeit nicht, obwohl meine Uhr falsch geht. Man schliesst nicht aus der Eigenschaft eines meiner Attribute auf meine Eigenschaften. Niemand reguliert meinen Tag. Wenn ich ihn verliere, so ist es mein Tag gewesen. (Ein »Tagedieb«! Wie deutsch ist dieses Wort! Wem gehören die Tage, die Einer sich selbst gestohlen hat?)

*

Ich habe die weissen Städte so wiedergefunden, wie ich sie in den Träumen gesehn hatte. Wenn man nur die Träume seiner Kindheit findet, ist man wieder ein Kind.

Das zu hoffen hatte ich nicht gewagt. Denn unwiederbringlich weit lag die Kindheit hinter mir, durch einen Weltbrand getrennt, durch eine brennende Welt. Sie war nicht mehr als ein Traum. Sie war ausgelöscht aus dem Leben; verstorbene und begrabene, nicht entschwundene Jahre. Was dann kam, war wie ein Sommer ohne Frühling.

Ich fuhr mit der Skepsis in dieses Land, welche die Folge

eines Lebens ohne Kindheit ist. Alle Menschen meiner Generation sind in diesem Sinne »skeptisch«. Und während uns die Ältern Tag für Tag mit ihrer Mahnung zu »Aufbau« und »Positiv-sein« in den Ohren liegen, lächeln wir das wissende Lächeln derjenigen, die Ursache, Werkzeug und Opfer einer grossartigen Zerstörung gewesen sind. Oh, wenn sie uns nicht so stumm gemacht hätte, wir könnten ihnen sagen, was »Aufbau« ist! Wir glauben so wenig an ihn, dass wir nicht einmal imstande sind, seine Unmöglichkeit darzulegen. Der Vater, der seinen Sohn verloren hat, weiss von der Zerstörung weniger, als sein toter Sohn. Wer im Hinterland gewesen ist, hat den Weltuntergang doch nur aus historischer Perspektive erlebt, den grossen Weltkrieg unserer Jahre wie die Kriege Karthagos und Roms. Er lernte den Krieg seiner Zeit aus den Berichten, wie er die der Vergangenheit aus den Lehrbüchern gelernt hatte. Es ist immer noch ein Unterschied, ob man etwas am eigenen Leib oder an dem seiner Söhne erlebt hat.

Wir sind die Söhne. Wir haben die Relativität der Nomenklatur und selbst die der Dinge erlebt. In einer einzigen halben Stunde die einem Sturmangriff voranging, durcheilte unser Geist alle krummen und lächerlichen Wege, welche die Kultur unserer Väter zurückgelegt hatte. In einer einzigen Minute, die uns vom Tode trennte, brachen wir mit der ganzen Tradition, mit der Sprache, der Wissenschaft, der Literatur, der Kunst: mit dem ganzen Kulturbewusstsein. In einer einzigen Minute wussten wir mehr von der *Wahrheit*, als alle Wahrheitssucher der Welt. Wir sind die auferstandenen Toten. Wir kommen, mit der ganzen Weisheit des Jenseits beladen, wieder herab zu den ahnungslosen Irdischen. Wir haben die Skepsis der metaphysischen Weisheit.

Alles, was sich bei uns, im Norden und im Osten, seit unserer Wiederauferstehung zugetragen hat, konnte unsere Skepsis nur bestärken. Immer wieder entfernten wir uns von unserer Kindheit. Es war, als wären wir zurückgekehrt, um noch einmal alle Vernichtungen mitzumachen. Und uns, die wir geradezu unmittelbar vom Studium des 30jährigen Krieges weg in den Weltkrieg gezogen wurden, ist es heute, als hätte in Deutschland der 30jährige Krieg noch nicht aufgehört. Wir können nicht glauben, dass irgendwo noch weisse Städte leuchten, die Träume unserer Kindheit.

Wir können nicht glauben, dass irgendwo noch die Kontinuität des Friedens vorhanden ist und die grosse und mächtige Kulturtradition des antiken und mittelalterlichen Europas lebendig. Seit unserer Wiederauferstehung erleben wir das Werden einer ganz neuen Kultur, erleben wir die Revolution des nahen Ostens und das leise Erdbeben des fernen und gleichzeitig Amerikas technischen Zauber. Gefangen in einem Land, in dem ein kindischer Hang zur verstorbenen letzten Vergangenheit in denselben Menschen vorhanden ist, die eine Umwandlung des Menschen aus Fleisch und Blut in ein Wesen aus Stahl und Eisen wünschen, gefangen in einem sonderbaren Land, in dem die Hälfte der Nation gleichzeitig zwei so verschiedene und gegensätzliche Erscheinungen bewundern kann, wie eine Militärparade und einen Luftballon, gefangen in einem Land, in dem die Empfindsamkeit ebenso gross ist – wie das technische Bewusstsein – – erleben wir stündlich die kleinen Kämpfe und grossen Kriege zwischen Vergangenheit und Zukunft, den klassischen, katholischen, europäischen Einflüssen des Westens ebenso ausgeliefert, wie den revolutionären des Ostens und den kapitalistischen Amerikas. Das wird mehr als ein dreissigjähriger Krieg sein.

Denn es ist Krieg, wir wissen es, wir, die beeideten Sachverständigen für Schlachtfelder, wir haben sofort erkannt, dass wir aus einem kleinen Schlachtfeld in ein grosses heimgekehrt sind. Wenn wir dieses Land verlassen, ist es, als führen wir in Urlaub. Wie friedlich und ahnungslos ist unten noch alles! Wie wenig weiss diese Welt von den Lawinen, die langsam heranrollen! Werden sie nicht bis hieher gelangen? Wird ihre Macht hier schon gebrochen sein? Wird die neue Kultur, der die Zerstörung vorangeht, mit Respekt, wie schon einmal, vor den lebendigen Denkmälern der alten stehn bleiben, um ein Kompromiss zu schliessen?

Glückliches Land meiner Kindheit, das so vor den Stürmen geborgen liegt und Zeit hat zur Besinnung und zu Friedenskonferenzen, während wir oben preisgegeben sind dem ersten, verständnislosen und noch nicht verhandlungsbereiten Wüten der Elemente. Glückliches Land, in dem man wieder träumen kann und glauben lernt an die Mächte der Vergangenheit, von denen wir dachten, sie wären, wie so vieles, ein Irrtum und eine Lüge des Lesebuches!

Die Sonne ist jung und stark, der Himmel hoch und tief blau, die Bäume dunkelgrün, versonnen, uralt. Und weisse, breite Strassen, die seit Jahrhunderten Sonne getrunken haben und widerstrahlen, führen zu den weissen Städten mit den flachen Dächern, die so eben sind, als wollten sie zeigen, dass hier nicht einmal die Höhe gefährlich werden kann und dass man niemals, niemals hinunterfällt in schwarze Tiefen.

Tournon

Ich bin nicht mit der Bahn nach Tournon gekommen, sondern zu Fuss. Drei Tage war ich unterwegs. Ich bin die Rhône entlang gegangen, ohne Plan, ohne Führer und ohne länger, als eine Nacht zu rasten. Ich sah die dunklen Schiffer auf den breiten Flössen und auf den hochbeladenen Kähnen und die Angler, die stumm sind wie die Fische, die sich so selten fangen lassen. Immer hatte ich das leise Rauschen des Flusses im Ohr. Je weiter er fliesst und je näher er seinem Ziel kommt, desto jäher, desto lauter, desto gefährlicher ist er. Er verträgt keine Kähne mehr und er mag keine Schiffer. Dennoch hat er eine liebliche Melodie, wenn man neben ihm hergeht und seine Sprache ist sanfter, als sein Charakter. An seinen Ufern sind viele französische Dichter geboren worden. Flüsse befruchten nicht nur die Erde. Der Wein wächst auf den Hügeln und die Dichter blühen. Im Mittelalter haben hier die Troubadours gesungen. Ein paar Meilen weiter, Avignon schon nahe, liegt das Zauberschloss Les Baux, das weisse Schloss der Poesie. Wäre hier nicht die Stadt Tournon, ich ginge weiter, Tag und Nacht, um Avignon zu erreichen, die weisseste der Städte. Aber da erheben sich schon die Festungsmauern einer mittelalterlichen, einer romantischen, beinahe einer deutschen Stadt. Das ist Tournon.

War ich soeben nicht in Vienne, das niemals aufgehört hat, römisch zu sein, obwohl die Burgunder es eroberten und obwohl es eine Stadt der deutschen Kaiser wurde? Es sind kaum drei Tage her und mir ist, als wäre ich durch die grossen, brausenden, mit wilder Geschichte gefüllten Jahrhunderte gewandert, die zwischen römischer Weltherrschaft und der Weltherrschaft der lateinischen Sprache liegen. Der Siegeszug der Sprache war glänzender, dauernder, wichtiger, als der des Volks. Längst war die Erde verwandelt und noch einmal und immer noch sprach man Latein.

Es begann zu regnen, als ich in Tournon ankam. Vor mir erhoben sich die scharfen Mauern der Festungsreste und mir war, als gäbe es keinen andern Weg, in diese Stadt zu gelangen, als den, vorsichtig die gefährlichen Mauern hinaufzusteigen. Nirgends war ein Tor, nirgends ein Weg. Hoch oben sah ich die nassen Gitter vor den trüben Fensterscheiben. Ein paar Stufen führten zu einer schmalen Gasse, deren Ende man schon von Weitem sehen konnte. Es war eine blinde Gasse, sie lief, ohne zu wissen, wohin, geradeaus gegen eine Mauer, die noch glatter und steiler schien, als die Mauern der Festung. Niemand wohnte hier. Wie sollten auch Menschen in einer Gasse wohnen, in der man nicht weiss, wozu sie da ist? Gassen sollen verbinden. Sie führen das Lebendige zu Lebendigem. Diese aber führte den Stein zu den Steinen.

Aus der Ferne hörte ich durch das Rauschen des Regens gedämpft, Menschenstimmen, Pferde wiehern und den hellen, singenden und tröstlichen Klang von geschlagenem Eisen aus einer Schmiede. Nur wenige Geräusche noch können einen Einsamen und Abgeschiedenen so plötzlich mit dem Leben verbinden und mit der Gemeinschaft der Menschen. Der Klang eines Hammers auf Eisen ist wie die Stimme der Tat und wie eine Glocke ruft auch er zur Gemeinsamkeit. Als hätten die Hammerschläge mir einen Weg mitgeteilt, sah ich auf einmal einen andern kleinen Pfad, eine Gasse, schmal, eng, dunkel, wie ein Flaschenhals. Sie führte zur Stadt.

Ich liebe es, in den Städten die breiten Mitten zu finden, jene Plätze, von denen die Gassen nach verschiedenen Richtungen ausstrahlen und die nicht nur Mittelpunkte sind, sondern auch Anfänge zugleich. Von diesen Mittelpunkten aus erkennt man ebenso den Charakter, wie die Anlage der Stadt. Sie sind still, stiller, als andere Teile, oder laut, lauter, als alle Gassen. Sie sind entweder wie geweiht und geborgen, herrschaftlich und stolz, oder Brennpunkte des Lebens, von allen Geräuschen erfüllt, dienstbar und zweckbewusst.

Tournon aber hatte keinen Mittelpunkt. Tournon bestand aus Gassen, die unentwirrbar ineinander verflochten waren. Eine grausame Angst ergriff mich. Ich bin nicht in eine fremde Stadt gekommen. Ich bin in ein fremdes Jahrhundert geraten. Ich will in meine Gegenwart zurück. Und wie manchmal eine billige Allerweltsmeinung, die der kritische Sinn des wachen Bewusstseins negiert und weit von sich weist, in einem wüsten Traum von drohender substantieller Wirklichkeit erfüllt werden und uns bedrängen kann, so bekam auf einmal die Phrase vom »finstern Mittealter« gefährliches Leben und begann mich wahrhaft zu ängstigen. Ich will zurück in meine Zeit! Verziehen sei ihr das tote Wissen, das sie ausmacht und die stupide Mechanik, die sie bewegt! Ich bin ihr Kind, Teil von ihr, ich bin selbst Gegenwart. Und niemals fühlte ich mich so mit meinem Jahrhundert verbunden, niemals war ich so bewegt vom Gedanken an eine breite Strasse, ein Automobil, eine Wasserleitung und ein Flugzeug. Man kann in einem einzigen Augenblick ein unermessliches Zeitbewusstsein fühlen. Man kann mit wachen Sinnen, am lichten Tag, aus seiner eigenen Zeit hinausfallen und zwischen den Jahrhunderten der Geschichte herumirren, als wäre die Zeit ein Raum, als wäre eine Epoche ein Land. So ist es in Tournon.

Auf der einen Seite Hügel, auf der andern der Fluss. Es ist kein Platz, zu atmen. Die Häuser haben sich hier verfangen. Sie können nicht mehr hinaus. Eine ganze Stadt ist gefangen. Sie findet Schutz vor den Feinden, aber sie ist geschützt, wie ein Mensch, der nur deshalb niemanden mehr zu fürchten hat, weil er lebenslänglich eingesperrt ist. Mühsam bricht sich eine Gasse ihre Gasse. Ach, sie stösst an eine Mauer, engt sich noch mehr ein, drückt sich zusammen, zwängt sich durch und trifft eine Schwester, der es ebenso geht. Wie gekrümmte Würmer liegen die Gassen zwischen den Häusern. Diese drängen gegen den Fluss und würden ertrinken, wenn sie nicht die schroffe Festungsmauer aufhielte.

Ich gehe rechts, links, vor und zurück. Ich höre Menschen reden und sehe ihre Bewegungen, aber Alles ist weit von mir, wie durch Glaswände getrennt. Ein Kind lacht, aber es ist nicht das Gelächter, nicht das Kind meiner Zeit. Ich kann in fremden Ländern zu Hause und heimisch sein, aber nicht in fremden Zeiten. Unsere wahre Heimat ist die Gegenwart. Das Jahrhundert ist unser Vaterland. Unsere Stammesgenossen und Landsleute sind unsere Zeitgenossen.

Gäbe es hier nicht das berühmte Lyceum, dessen Gründer der berühmte Cardinal von Tournon gewesen ist, ich würde fortstürzen, zum Fluss, die Hängebrücke hinüber, die nach Taine führt. Dort ist der Bahnhof. Dort gehn die Züge ab, die mich zurück in die Gegenwart führen.

Das Monument des Cardinals, eine kleine Büste, steht sehr bescheiden vor dem Lyceum, in der linken Ecke, nicht im Hof, nicht vor dem Eingang. Als hätte der kluge Kardinal selbst diesen Platz bestimmt! Oh, welch eine weise Zurückhaltung! Wie würdig jesuitischer Tradition! Welch ein Gesicht! Was bist du? Kardinal, Höfling, Mönch, Gelehrter, Frauenliebling, Gläubiger, Menschenkenner, Verächter? Wenn ich Deine kleinen Augen sehe, Deinen schmalen, langen und etwas eingefallenen Mund, Dein kleines, aber plötzlich vorspringendes Kinn, Deine schmale und noch im Stein vibrierende Nase, glaube ich, dass Du entschlossen warst, Alles zu scheinen und nur etwas zu sein, was man nicht wissen darf. Ein Gelehrter warst Du nicht, denn Du hast Karriere gemacht. Ideale hattest Du nicht, denn Du warst der Freund eines Königs. Ein Frommer warst Du nicht, denn Du hast Ehrgeiz gehabt. Die himmlische Unsterblichkeit genügte Dir nicht, Du hast die irdische gewünscht. Ob Du jene erreicht hast, weiss ich nicht genau. Diese aber ist Dir gewiss. Dein Lyceum ist heute noch eine Schule, von mehr als hundert jungen Leuten besucht, und jeder nimmt Deinen Namen mit in's Leben und vererbt ihn seinen Kindern. Man halte sich an die Jugend und gründe Erziehungsanstalten, und nicht Altersheime und Krankenhäuser! …

Es sind Ferien im Lyceum. Die Abendsonne liegt in den Korridoren, die Fenster sind offen, die Pförtnerin wischt den Staub von den Pulten, nur der Herr Sekretär sitzt noch in seinem Büro und nimmt Inskriptionen entgegen. Ich möchte hineingehn und mich anmelden. Ach! ich bin dreissig Jahr alt! In dieser krummen und mittelalterlichen aber weissen, weissen Stadt möchte ich jung sein, ein Knabe, und auf den Festungsmauern spielen und auf der Rhône das Lyceum des Kardinals schwänzen. Aus diesem Mittelalter dann mitten in die Gegenwart hineinkommen – – das ist ein Schritt in's Leben. Wie anders würde ich es fühlen! In wie vielen Jahrhunderten wäre ich zu Hause! Und wie lebendig wäre in meinem Blut das Bewusstsein von der unbedingten Kontinuität der menschlichen Entwicklung und wie verknüpft in meiner Seele ein Jahrhundert mit dem nächsten und wie stolz wäre ich, ein Mensch zu sein! Die Kinder dieses Landes fühlen, dass wir Fortsetzung sein müssen der Vordern, um uns nicht zu verlieren. Sie haben die ganze Jugend in Geschichte getaucht. Getränkt mit dem Kulturbewusstsein vergangener Zeiten stehen sie kritisch und gewaffnet den neuen Entwicklungen gegenüber. Nichts kann sie so erschrecken, wie uns. Uns wirft jede Zeitungsnachricht aus dem Gleichgewicht. An diesem Land ist selbst der Weltkrieg vorbeigegangen, ohne mehr zu hinterlassen, als Trauer und Tränen. Uns aber bereitete er das Chaos.

Weitgestreckt, eine kleine abgesonderte Stadt, ist das Lyceum. Die kleine Kapelle hat die ganze Traulichkeit eines schmalen Klassenzimmers und noch liegen überall die jungen Stimmen und an der Wand, vor der ein Beichtstuhl steht, haben hundert Bleistifte törichte junge Zeichen gekritzelt und Namen von Mädchen und jeder Strich bedeutet eine geheime Regung, die man zwar keinem Beichtvater, wohl aber einer Wand mitteilt. Wie vortrefflich kann ich diese Zeichen lesen und wie klar ist mir diese Geheimschrift! Längst hat der Regen aufgehört. Die Abendröte eines klar gewaschenen Himmels färbt die Fenster und die Wände der Kapelle und das Gesicht der alten Pförtnerin. Das ist eine fromme himmlische Schminke für alte Frauen.

Die Stadt schläft am Abend, die krummen und ängstlichen Gassen ruhen von ihrer unermüdlichen Flucht aus. Jetzt gehe ich an den Fluss. Jetzt sehe ich den weissen, halbrunden Turm der Bastei, mit den schwarzen, schmalen Scharten im Leib und den winzigen, vergitterten Fenstern, die ganz willkürlich und ohne Plan über die ganze Mauer verstreut sind und hinter denen jetzt die Arrestanten von Tournon sitzen. Aber auch der Bürgermeister, der Unterpräfekt und der Gefangenenwärter leben hinter denselben Mauern. An den Turm drängen sich kleinere, jüngere Gebäude, aus der Ferne sieht man ein Bündel von Dächern, ein ungeordnetes, gleichsam frisch gepflücktes Häuserbukett.

So weiss, wie dieser einzelne Turm werden alle Türme von Avignon sein. In der Nacht gehe ich nach Avignon. In Avignon muss man bei Tag ankommen. Morgen werde ich dort sein.

Das Antlitz der Landschaft verändert sich oft und plötzlich. Nur die drei Grundfarben bleiben immer: weisser Stein, blauer Himmel, dunkles Grün der Gärten. Die Gestalt der Erde aber ist wechselreich. Die Hügel sind bald schroff und spitz, bald sanft und rund. Hier starrt der rissige Fels, dort lächelt schon die leisgeschwellte [Ebene] zwischen zarten Erhebungen. Daudet, der grosse Erzähler der Provence, hat die sehr treffende Beobachtung gemacht, dass die starke Sonne die Dimensionen vergrössert. Scharfes Licht erzeugt scharfe Schatten und stärkern Gegensatz zwischen belichtetem und beschattetem Teil. Die Sonne lässt die Details wachsen und vermehrt sie. In sonnenschwachen und nebelreichen Ländern verlieren sich die Einzelheiten und es ist, als drückte der tiefe und lastende Himmel das Ragende nieder. Ich bin immer nur durch nebelreiche Länder gewandert. Meine Wanderung war ein Kampf gegen die die unerforschten Verborgenheiten der Landschaft. Ich fühlte durch alle ihre Güte hindurch die Unverlässlichkeit der Natur, das, was man im vermenschlichendem Jargon »Tücke des Elements« nennt. Hier wanderte ich zum ersten Mal mit Behagen. Ich konnte das Glück der Menschen verstehn, die sich sorglos einem Weg überlassen dürfen. Nichts Schreckliches konnte sie unterwegs treffen. Ihnen fehlte nur eines: der Wald.

Ja, es fehlte hier der Wald. Es fehlte die süsse Feuchtigkeit und der geheime Gesang der Wälder. Wälder sind die Geheimnisse einer Landschaft. Diese Landschaft hat keine Geheimnisse. Ach, ich verstehe, dass hier die Rationalisten wachsen und anderswo die Mystiker blühn. Der Wind, der berühmte, besungene und gefürchtete Mistral ist voll Vehemenz und ohne Widerstand. Die Wälder halten anderswo die Winde auf, hüllen sie ein, besänftigen sie, wie es Mütter mit grossen, starken und wilden Kindern tun. Hier gibt es keine

Wälder. Hier gibt es nur Gärten. Die Hälfte der Natur ist Privateigentum. Welch ein reiches Land! Jeder zweite Einwohner hat eine riesige glatte Festungsmauer um seinen Besitz errichtet und ihren oberen Rand mit hässlichen Glasscherben bestreut. Hier darf kein Wanderer müde werden. Er müsste sich in den weissen, dichten, schweren Kreidestaub der Landstrasse legen. Alle Seitenwege führen zu verschlossenen Häusern, zu umzäunten Äckern. Ach, ich begreife: wo die Natur so liebenswürdig ist, können die Gärten verschlossen und hart sein. Die Sonne zündet die spärlichen Wälder an, sie brennen ab, einer nach dem andern. Die Wälder sterben, der Sonne ist es noch immer nicht klar, übersichtlich, scharf genug in diesem Land. Wie rücksichtslos kann das gepriesene Licht sein und wie gütig der gescholtene Nebel! ...

Avignon aber könnte nicht zwischen Wäldern stehn. Avignon braucht Licht. Avignon ist die weisseste aller Städte. Sie braucht keinen Wald. Sie ist ein steinerner Garten voll steinerner Blüten. Ihre Häuser, Kirchen und Paläste sind gewachsen und nicht gebaut. Um ihre klaren Formen noch webt ein Geheimnis. In ihren Mauern rauscht es, wie in Wäldern. Ihr Stein ist weiss und grenzenlos und tragisch, wie Alles Unermessliche. Einfältige Legendenbücher enthalten manchmal Bilder von solchen Städten. Töricht-fromme Menschen stellen sich so die himmlische Stadt vor, in der die Seligen wohnen. Knaben träumen vielleicht von solchen Städten mit weissen breiten Mauern, hundert Glocken, flachen Dächern, auf denen Königinnen spazieren gehn.

Mit dem Begriff Festung verbinden wir das Bild einer drohend gezackten Burg hinter einer grauen, bemoosten und schroffen Mauer. Siehe da: hier ist eine freundliche, beinahe einladende Festung. Sie zu belagern wäre ein Genuss. Vor Bewunderung würde man vergessen, sie zu bekämpfen. Um sie zu erobern, müsste man sie umwerben. Hier flösse kein

Blut. Hier gäbe es keinen grausamen Tod. Vor dem starken Klang der Glocken erstürbe jedes Getümmel.

Als ich vor einem der grossen Tore stand, die in die weissen Mauern der Festung eingefasst sind, wie graue Steine in einen silbernen Ring, als ich die flachgezackten Türme und die edle Stärke, die adlige Festigkeit, die unerschrockene Schönheit dieser Steine sah, begriff ich, dass eine himmlische Macht wohl ihren irdischen Ausdruck finden kann und dass sie kein Kompromiss zu schliessen braucht, wenn sie sich selbst den irdischen Bedingungen anpasst. Ich verstand, dass eine geistige Macht die Möglichkeit hat, ohne ihr Niveau zu verlassen, sich militärisch zu sichern und dass es einen himmlischen Militarismus gibt, der nicht einmal die Art der Bewaffnung mit dem irdischen gemein hat. Diese Festungen haben Päpste angelegt. Es sind religiöse Festungen. Es sind geweihte Kräfte. Ich verstehe, dass sie den Frieden sichern konnten. Es gibt pazifistische Festungen und Waffen, die dem Frieden dienen und den Krieg verhindern.

Ist das eine mittelalterliche, ist das eine römische Stadt? Ist sie orientalisch oder europäisch? Sie ist nichts von Alledem und Alles zusammen. Sie ist eine katholische Stadt. Und wie diese Religion alle Völker umfasst und wie diese Religion kosmopolitisch ist, so ist Avignon die Festung der katholischen Kirche, kosmopolitische, organische Verschmelzung aller Traditionen und Stile. Es ist Jerusalem und Rom, und es ist Altertum und Mittelalter.

Fünf Jahrhunderte lang regierte hier der vornehmste Geschmack. Fünf Jahrhunderte lang sammelten sich hier alle künstlerischen, politischen, literarischen Traditionen. Durch fünf Jahrhunderte lebte hier der geistige und der gesellschaftliche Adel Europas. Die Urbevölkerung dieser Stadt gehörte dem intelligenten, flinken und harten Volk der Kelten an. Aber Phönizier aus Marseille, Orientalen, die durch griechische Bildung gegangen waren, hatten Avignon begründet.

Viele phönizische Familien blieben hier. Es waren Händler. Aber Händler einer Zeit, in der Handel noch Heldentum bedeutete und jedes Geschäft neben dem materiellen Zweck noch einen völkerverbindenden, Horizont erweiternden, historischen Sinn hatte! Welch eine Zeit, in der die Kaufleute die Aristokratie an wirklicher Bildung, Weltkenntnis und Weitblick um ein Beträchtliches übertrafen und in der zum Abschluss eines Vertrages mehr Mut gehörte, als zu einem Krieg. In so einer Zeit, von einem Volk solch heldenhafter Kaufleute wurde Avignon begründet. Phönizisches Blut mischte sich mit keltischem, römischem, gallischem und germanischem. Aber es ging nicht unter. Im Mittelalter noch behielt diese Bevölkerung den heitern und offenen Sinn, der ein Erbgut der orientalischen und griechisch gebildeten Seefahrer ist und in der Hauptstadt der Kirche regierte ein fröhlicher Katholizismus, der Dionysos leben liess, ohne dass es dem Glauben und der Macht geschadet hätte. Heute noch sind die Bewohner von Avignon halbe Phönizier: laut, unternehmungsfroh, schnelldenkend, gute Rechner und Kosmopoliten.

Die eigentliche Geschichte Avignons beginnt im zwölften Jahrhundert. Die frühesten Bauten, die wir heute in Avignon sehen, stammen aus diesem Jahrhundert: Die Kathedrale und die noch ältere Brücke von Avignon, deren Bau 1177 begonnen wurde. Sie war nur für Fussgänger und Reiter bestimmt. Denn sie ist zwar 900 Meter lang, aber nur 4 Meter breit. Im XIII. Jahrhundert wurde sie abgebrochen. Heute sieht man nur noch eine halbe Brücke. Ihr letzter Pfeiler ruht in der kleinen Insel in der Mitte des Flusses. Ich habe einen alten farbigen Stich gesehn. Er stellt den traditionellen Tanz des Volkes auf dieser Brücke dar. Obwohl sie so schmal war, dass eine unvorsichtige Drehung gefährlich werden konnte, war sie doch der Tanzboden des Volkes von Avignon. Es rührt mich, dass die Leute hieher tanzen gingen, wo es am schmalsten und gefährlichsten war. Sie taten es sicherlich nicht bewusst und es kam ihnen wahrscheinlich nicht in den Sinn, dass sie buchstäblich hart über einem Abgrund tanzten. Sie narrten den Tod. Sie hüpften über dem Wasser. Ihre Heiterkeit spiegelte sich in den heitern Wellen des Flusses, und vom Wasser entliehen sie die Fröhlichkeit. Auf dem alten Stich ist zu sehen, wie Kinder, Bürger, Frauen, Bettler und Mönche sich bei den Händen halten. Welch ein Trubel unter dem Protektorat der Kirche! Welch ein Fest unter den Augen des Papstes! Man kennt die schöne Geschichte Daudet's vom »Esel des Papstes« und weiss, wie populär das Oberhaupt der Kirche in Avignons Strassen war. Hier, am Fluss, ging der Vater der Christenheit spazieren und lächelte. Es hätte wenig gefehlt und er hätte mitgetanzt.

Denn die Päpste hatten Ferien. Die Geschichte nennt ihren Aufenthalt in Avignon sehr feierlich: das babylonische Exil der Päpste – – aber es war das lustigste Exil, das die Welt je gesehn hat. »Rom« schreibt Renan »war in Wirklichkeit die turbulenteste italienische Republik – – – Seine Umgebung war eine Wüste, jedem Wanderer gefährlich. – – Der Aufenthalt in Rom war für die Päpste eine der unerträglichsten Gefangenschaften«. Clemens V. wanderte nach Avignon aus. Sein Nachfolger Johann XXII. begann zu bauen, er legte die Festungen an, die unter der Herrschaft Benedikts XII. verbessert und beinahe vollendet wurden. Drei grosse Kirchen haben die Päpste überdies in Avignon errichtet: Saint Agricol, St. Pierre und St. Didier.

Die imposanteste und dauerndste historische Erinnerung bleibt der Palast. Er ist im Innern durch die Ereignisse der Revolution fast vollständig vernichtet worden. Später war er lange Zeit und bis kurz vor dem Krieg eine Kaserne. Die Militärbehörde weigerte sich, den Palast zu räumen. Sein Inneres ist wüst, graue rissige Kalktünche klebt an den Wänden. Die Restaurierung, vor einigen Jahren begonnen, schreitet sehr langsam fort. Zweimal täglich ist er das Ziel neugieriger

Touristen und das Objekt falscher Erläuterungen, die ein Führer gegen Trinkgeld den Amerikanern erteilt.

Aber nichts kann vollkommen untergehn, was die Frömmigkeit gebaut hat und was in der Hoffnung auf eine ganz andere Unsterblichkeit, als es die irdische sein kann, entstanden ist. Hört nicht auf den Führer! Sondert Euch ein wenig vom Tross der Touristen ab und Ihr werdet ein Fenster sehn, »Fenêtre de l'Indulgence«, das wie ein Tor zum Reich der Sonne ist, von vier Säulen gestützt und fünf schmale Portale bildend unter einem halbgeschwungenen und überraschend spitz endenden Bogen, in dem ein grosses kreisrundes Ornament über zwei kleinen eingefasst ist, wie eine himmlische Blume; ein Rad, mit lebendigen Speichen, geschwungene Kreuze aus Licht und Glas; eine runde Ruhestatt für das Licht des Tages; die Sonne eingefangen in einem kunstvollen Netz. Ich bleibe einen Augenblick am Anfang der grossen Galerie stehn, die schmal und lang ist, deren Decke hundert Bogen gebärt, alle paar Sekunden einen Bogen, wie ein Vorhang aus gerafftem Stein, lebendig und wechselreich, wie aus weichem Stoff und eine Unendlichkeit vortäuschend, wie durch raffinierte Spiegelungen. Am Ende des Korridors ein schmaler Streifen einbrechender Sonne und hinter dieser rechteckigen Insel aus Licht, Gold, Silber und flimmernden Staub eine Treppe, die wer weiss wo hinaufführt, zum Himmel vielleicht, unzählige, kleine, schmale, steile Stufen, ohne Pause, ohne Rast, eine unermüdlich eilende Leiter.

Dann stehe ich im Hof. Er ist von vier Seiten eingeschlossen, wie ein Kleinod. Er hat viele schwarze Tore in den Wänden, aber man glaubt nicht, dass sie hinausführen. In diesem Hof müsste ein Gefangener seine Ohnmacht stärker fühlen, als in einer kleinen und finstern Zelle. Er könnte in Fenster hineinsehn, aber niemals durch Fenster hinaus. Da ist ein Brunnen, da liegt meterhoch der Sand, da lagern Holzklötze, und hier sind Bretter und alte Pfosten. Und dennoch ist es immer noch der Hof eines Palastes. Wunderbare Fenster sehen in diesen Hof hinaus. Hier haben Soldaten Schiessübungen veranstaltet und hier hat man exerziert. In diesen Torbögen lehnten die Gewehre. Und doch hat der Hof der Kaserne, in der ich »abgerichtet« wurde ganz anders ausgesehn. Ob es nicht eine Weihe gibt, die von einem Stein, einem Glas, einer Wölbung ausstrahlt und einen Hof vor der endgültigen Vernichtung schützen kann?

Die Militärbehörde wusste nicht, was sie tat, als sie die zarten Wandbilder übertünchen liess. Unter dem schwachen, aber dauernden Schutz des Kalks haben sie lange Jahre ausgehalten. Sie hatte recht, die Militärbehörde. Das ist kein Anblick für exerzierende Menschen. Solche Bilder könnten die Disziplin einschläfern. Gebt weissen Kalk darüber, Kalk darüber, Kalk darüber! Verdeckt die Fresken von Matteo Giovannetti de Viterbo, den Christus am Kreuz. Er hat die armseligsten hagersten Arme, sein Körper ist schmal, wie ein Bein, seine durchstossenen Hände sind halb gewölbt, noch offen, dem Betrachter zugekehrt, als schenkten sie noch im Tod, die Augen sind geschlossen, wie bei einem Schlafenden, es ist die erste Sekunde nach dem Tod, im Gesicht ist kein Schmerz mehr, sondern eine stille Zufriedenheit, die spitzen armen Knie ragen, beinahe starrend, und die Zehen sind schmal, stolz, lang, wie Finger. Weder das ist ein Bild für Soldaten, noch der schöne Kopf des Johannes, mit wallendem Haupt- und Barthaar, mit naiv gefurchter Stirn und klugen, bittern und guten Augen, ein Grossvater der die Welt kennt, mehr, als ein Heiliger, nämlich ein menschlicher Heiliger, ein Evangelist für fromme Kinder. Und auch die Jagdscenen, erst vor kurzer Zeit entdeckt und vom Kalk befreit, waren nichts für Krieger, obwohl die Jagd ja ein männliches Gewerbe ist. Nach diesen Bildern ist es allerdings keine Jagd, die eine Militärbehörde anerkennen könnte. Denn die Wälder, die Jäger, die Tiere sind nicht von dieser Welt, man hat die Überzeugung, dass diese Tiere noch leben, auch wenn sie erlegt sind. Sie sind flach, sie kleben an der Wand, es sind nur zweidimensionale Geschöpfe, sie werfen keinen Schatten, sie kommen aus dem Traum und bleiben ewig ein Traum und man weiss nie recht, ob sie wirklich mit irdischen Farben von irdischen Händen gemalt sind. Blätter, flach, schmal, immer unbeweglich, wie aus Gold gegossen; edle, schmale Hunde mit ornamental geringeltem zartem Schweif und flachem, schmalem Kopf, magere langgestreckte Körper auf dünnen, laufenden Beinen. Es ist unwirklich und von der tiefsten Wahrheit, die nur im Traum offenbar wird.

*

Die Mauern der Festung sind unregelmässig. Sie folgen den Launen des Felsens. Es ist eine fast demütige Nachgiebigkeit der Natur gegenüber. Das waren wirklich fromme Baumeister. Sie wollten nichts mehr, als die Stadt befestigen. Es kam ihnen auf eine schöne Wirkung gar nicht an. Aber die Schönheit erblühte aus der Zweckmässigkeit. Sie entspross dem frommen Sinn des Baumeisters. Er baute gegen feindliche Menschen und zur Ehre Gottes. Niemals ist eine Festung so sehr religiöser Lobgesang geworden. Gott liess den weissen Stein wachsen. Niemals wird er seine Farbe verändern. Er wird mit den Jahren immer weisser, immer festlicher, immer jünger. So wie jemand, der unaufhörlich, lange Jahre betet, immer verzückter, immer strahlender und himmlischer werden kann. Kathedrale und Palast schliessen sich an die Festungsmauern. Sie sind Anfang und Ziel. Und so bleibt auch die Mauer noch Teil des Palasts und der Kathedrale, Fortsetzung des Herrschaftlichen und des Heiligen.

Jenseits der Rhône liegt die Sommerresidenz der Päpste mitten im Grün. Dieselben Mauern, eine kleine Tochterfestung, sommerlich, ein Ferienschloss. Villeneuve ist ein kleiner Ort, Filiale von Avignon, ebenfalls mit alten Schätzen beladen.

Dort sah ich die marmorne Muttergottes mit den zwei Gesichtern, eine römische Reminiscenz, versprengt in die christliche Legende, und die Muttergottes aus Elfenbein, das Jesuskind auf dem linken Arm, mit einem römischen Gesicht, auch das Kind, wie ein kleiner Römer, mit rundem Kopf und welligem Haar. Die Augen der Jungfrau sind gesenkt, aus Scham vor den Betrachtern. In der Chapelle de l'Hospice ist das Grab Innozenz VI., eine kleine eigene Kirche für sich. Der Sarg steht zwischen eckigen Pfeilern, die oben in spitze Türme auslaufen. Das ganze Grabmal sieht aus, wie eine hohe Krone aus Stein. Der Sarg noch ist gekrönt. Er steckt in der Krone und füllt ihren unteren Teil ganz aus.

*

Keine einzige Kirche in Avignon, auch nicht die schöne St. Peterskirche ist an Pracht und weihevoller Grösse der Kathedrale zu vergleichen. Ihre runden weiten Wölbungen, haben himmlische Masse, das Tageslicht fällt reich und doch gemildert und milchig ein, es sind viele Fenster da, der Altar liegt in vollem Licht und eine unvergleichliche Atmosphäre entstand durch die Verbindung von Tag und Wölbung, durch die Sättigung des Schattens mit Licht und durch die gleichzeitige Dämpfung der starken südlichen Sonne mit Hilfe des Schattens: Eine gleichmässige Helle, aber auch ein gleichmässiges Dunkel. Ein bescheidenes Portal führt in die Kirche, verhältnismässig niedrig, von zwei Säulen flankiert, die sich, beinahe furchtsam in die Ecken drücken. Ein glattes Tor, ein altes verblasstes Bild darüber. Durch solche unscheinbare Tore führt der Weg zur Seligkeit, wie hier so im ganzen Schloss, in allen Gemächern. Überall bergen sich die Türen. Sie wollen die Wände nicht stören. Der Raum, seine Eintracht sind das Wichtigste.

*

In den Buchhandlungen von Avignon verkauft man das Bild Petrarcas, dessen Wahlheimat die Provence war, der 20jährig sich in Avignon ansiedelte, dem Geburtsort Lauras, der dann in Vaucluse lebte und sang und nach dem Tode der Geliebten nach Venedig zog, wo er die Stadtbibliothek anlegte. Aus Dankbarkeit überwies man ihm als Wohnstätte ein Schloss.

Ich glaube nicht an Zufälle. Dass in Avignon die berühmteste Frau aller Zeiten gelebt hat, das hätte ich dieser Stadt auf den ersten Blick zugetraut. Den Anspruch, von grossen Dichtern besungen, aber auch geliebt zu werden, könnten heute noch die Frauen dieser Stadt mit Recht erheben. Ich habe beobachtet, dass in den Gegenden, in denen häufige und günstige Rassenmischungen vorgekommen sind, die weiblichen Nachkommen am meisten gewinnen. Die Frauen von Avignon sind mit Unrecht weniger berühmt, als die Arleserinnen. Ich habe in Arles *einen* Frauentyp am häufigsten getroffen: den römisch-provencalischen, etwas herben, strengen, mit der schmalen, langen Nase und dem schmalen Mund, mit grossen Augen und einem spitzen Kinn, herzförmige Frauengesichter, geeignet, leidenschaftlich besungen, aber nur mit Bedacht geküsst zu werden und mit dem Bewusstsein, dass der Kuss eine Bindung ist. Andere Frauen leben in Avignon. Hier gibt es keinen einheitlichen Typus. Aber alle Mädchen gehn zart und flink auf hohen Beinen, alle, auch die blonden, haben die sanfte olivenfarbene Haut, die niemals braun, niemals rot wird und an welcher die Sonne, der Wind, der Regen und selbst das Alter machtlos vorübergleiten. Ja, auch das Alter! Denn obwohl das sagenhafte Vorurteil von Männermund zu Männermund geht, dass die südlichen Frauen schneller alt werden, als die nördlichen, sind in Avignon noch die Fünfzigjährigen mit jenem Liebreiz begabt, der die Treue der Männer erhält und ein temperamentvolles Altern verbürgt, das ich einem sanften Absterben vorziehe. Übrigens ist es kein Wunder. Die Liebe erhält jung und eine Lebensfreude, bei der das Wohlergehn nur eine angenehme Begleiterscheinung und bei der die Hauptsache ein geistiges Geniessen ist, verbürgt eine späte Beweglichkeit. In Avignon freuen sich alle Mädchen. In den engen Gassen, in denen alle Familien am Abend sitzen, mit Kindern, Hunden, Katzen, Papageien, Schwiegersöhnen und Grossmüttern habe ich immer nur Lachen gehört und mir, einem fremden Spaziergänger, dem man seine Fremdheit ansehen musste, rief man freundliche Grüsse zu, und wenn einer gerade mehr Wein getrunken hatte, als er gewöhnt war, wäre er bereit gewesen, mich in seinem Hause zu bewirten. Sein Haus war allerdings die Gasse.

Ich habe in den Lettres historiques galantes den Abschnitt über Avignon gelesen. Der Autor dieses Buches ist die kluge Frau Dunoyer, in der Literaturgeschichte besser bekannt durch eine Art schwiegermütterlicher Beziehung zum jungen Voltaire, als durch ihre Werke. Sie ist die Mutter jener Pimpette, welche die erste Geliebte Arouet's war. Frau Dunoyer, eine Journalistin mit Beziehungen, hatte es verstanden, das Verhältnis Voltaires zu ihrer Tochter durch List und Gewalt zu lösen. Bei den Voltaireforschern kommt sie schlecht weg, Brandes urteilt über sie am schärfsten. Aber sie war schliesslich eine Schriftstellerin. Als ich sie las, erfuhr ich wieder einmal, dass bei schreibenden Menschen, sogar bei schreibenden Frauen, Talent und Stil beurteilt werden wollen, nicht Charakter und Handlungen. Nie hätte ich, nach dem was vor ihr bekannt war, Frau Dunoyer eine so begabte Hand zugetraut. Sie schildert das Leben im Avignon des XVII. Jahrhunderts so lebendig, dass ich es ganz gegenwärtig fühlte. Wenn man der Autorin glauben soll, war Avignon galanter, als Paris. Da kamen die reichsten Lebemänner der Welt zusammen, es war ein Gedränge vornehmer Karossen, ein Korso der verschiedensten Stämme, Länder, Stände und Uniformen, man sah Diplomaten, Kardinäle, Edelmänner in bunten Uniformen.

Am meisten imponieren der Madame Dunoyer die goldbestickten Schweizer, die Garde der Legaten. Frau Dunoyer war schliesslich doch eine Frau. Und sie wird nicht die einzige gewesen sein, der diese Schweizer gefallen haben. So oft ich eine breitschultrige, starke Tellgestalt unter den schmächtigen, schlanken, knabenhaften Männern sah, dachte ich an die segensreiche Wirkung der päpstlichen Schweizer.

Sie sind nicht umsonst so lang noch, nach der Rückkehr der Päpste nach Rom, in Avignon geblieben. Wäre ich ein Papst, ich sässe heute noch dort. Ich sässe, was bestimmt keine Sünde wäre, vor dem Porträt von Delorme: »Eine Avignonerin in Gala-Toilette« im Musée Calvet und müsste lange, lange dieses Angesicht bewundern, ein kindlich spöttisches Gesicht mit vorgeschobener Unterlippe, den Blick erhoben, wie gegen einen Balkon gerichtet oder auch gegen den blauen Himmel von Avignon, die zarten, aber festen Bogen der schwarzen Brauen im sichern Schwung emporgezogen, ohne, dass ein Fältchen auf der glatten, freien runden Stirn entstanden wäre. Ein hochmütiger Augenaufschlag, ein bischen skeptisch, ein bischen spöttisch, und dennoch voll kindlicher Erwartung. Diese kurze aber sehr bestimmte Nase liebe ich und diese lange Oberlippe mit dem zarten Kanal in der Mitte. Eine galante Frau, eine aus den besten Ständen: sie ist dennoch volkstümlich, ein Kind vom Lande, sie könnte in einer andern Tracht eine Bäuerin sein. Denn dieses »Land« macht seine Töchter nicht grob und ich habe Mägde mit den zartesten Händen von der Welt gesehen. Es ist ein sehr kultivierter Boden, ein Land ohne Mais, ohne Kartoffeln und ohne Schwarzbrot. Es erzeugt gesunde, aber nervöse Menschen. Ich habe gesehn, mit welcher eleganten Sicherheit sich alte Bäuerinnen in ihrer ländlichen Tracht in den Luxuslokalen der Stadt benahmen. Es gibt in der Provence überhaupt nicht den Unterschied zwischen städtischer Dame und ländlicher Frau. Einer alten Führerin in Les Baux sagte ich, als sie mir ihre zwei

Photographien zur Wahl vorlegte – jeder alte Mensch in Les Baux verkauft seine eigene Ansichtskartenphotographie – dass ich nicht entschlossen wäre, weil sie auf beiden Bildern so verschieden schön sei. Sie antwortete sofort: »Oh, mein Herr, wenn Sie mir das vor 30 Jahren gesagt hätten!«

*

Wenn ich der Papst wäre – ich lebte in Avignon. Mich würde es freuen zu sehn, was dieser europäische Katholizismus zustande gebracht hat, welch grossartige Rassenmischung, welch einen farbigen Wirrwarr der verschiedenen Lebenssäfte und wie trotz dieser Vermengung kein langweiliges Einerlei entstanden ist. Jeder Mensch trägt in seinem Blut fünf Rassen, alte und junge und jedes Individuum ist eine Welt von fünf Erdteilen. Jeder versteht jeden und die Gemeinschaft ist frei, sie zwängt niemanden in eine bestimmte Haltung. Der höchste Grad von Assimilation: gerade so fremd, wie Einer ist, soll er bleiben, um heimisch zu werden.

Wird die Welt einmal so aussehn, wie Avignon? Welch eine lächerliche Furcht der Nationen, und sogar der europäisch gesinnten unter den Nationen, diese und jene »Eigenart« könnte verloren gehn und aus der farbigen Menschheit ein grauer Brei werden! Aber Menschen sind keine Farben und die Welt ist keine Palette! Je mehr Mischung, desto mehr Eigenart! Ich werde diese schöne Welt nicht erleben, in der jeder Einzelne das ganze repräsentieren wird, aber ich fühle diese Zukunft schon heute, wenn ich auf dem »Platz der Turmuhr« in Avignon sitze und alle Rassen der Erde im Gesicht eines Polizisten, eines Bettlers, eines Kellners leuchten sehe. Das ist die höchste Stufe der »Humanität«. Und »Humanität« ist die Kultur der Provence, deren grosser Dichter Mistral, auf die Frage eines Gelehrten, welche Rassen in diesem Teil des Landes leben, verwundert sagte: »Rassen? Aber es gibt ja nur eine Sonne!«

Les Baux.

Die verzauberte Welt der kleinen mittelalterlichen Epen romanisch-orientalischen Charakters ist verwüstet, aber noch nicht spurlos verschwunden. Ihre Heimat ist das »Herz der Provence«, die Gegend von Maillane und Les Baux. Ich kenne noch die Abenteuer der fahrenden Ritter. Sie reisen, von einem kleinen, bunten Vogel geführt, durch einen dichten Wald, kaum ein paar Meilen weit und befinden sich plötzlich in einem andern Land, in dem achzig Burgen ragen, in der Mitte die höchste, und Alles ist aus weissem Stein. Sie reiten über gläserne Brücken, an Felsen vorbei, die versteinerte Könige sind, versteinerte Bäume, versteinerte Seen. In der Burg lebt die schöne Königin, eine junge Witwe, die auf einen tapferen Mann wartet, oder die schöne, sanfte Tochter eines grimmigen Königs. Ich erinnere mich, dass das Glas-Motiv immer widerkehrt. Entweder bricht ein gläserner See und der stürzende Reiter ist im verzauberten Land, oder er schläft ein und träumt, dass er durch eine gläserne Mauer schreitet, hinter die unbekannte, überraschend weisse Welt sich auftut.

Als ich nach Les Baux kam, begriff ich die Häufigkeit des Glasmotivs in den Rittersagen des Mittelalters. Die Luft ist hier ganz klar und gläsern und ganz verschieden von der Wärme, in die ich noch vor einer halben Stunde wohlig eingehüllt war. Auf diesen Höhen bläst scharf der Mistral an manchen Tagen, er verfängt sich in den Höhlen des Kreidefelsens und in den hohen Ruinen der Türme und weiten fensterlosen Gemächer, er vertreibt die dichte Luft und putzt die Atmosphäre blank, so, dass man glaubt, den Felsen hinter Glas zu sehn und sich wundert, ihn mit der Hand greifen zu können. Alles Nahe rückt in die Ferne. Vielleicht, weil man sich wundern muss, ein so Fernes so nahe zu sehn. Weil man seinen Augen nicht traut, wenn mitten aus grünem Blühen eine weisse Kreidewüste dem Wanderer entgegenspringt.

Man muss nicht der naive Ritter des frühen Mittelalters sein, um zu glauben, dass man im Traum durch eine gläserne Mauer gestossen sei. Diese Berge sind aggressiv und man gelangt nicht zu ihnen, sondern sie überfallen den ahnungslosen Wanderer. Die breite Landstrasse wird immer steiler. Schon rücken die Felsen ganz nahe heran, schon säumen sie den Wegrand, auf einmal reisst ein Berg sein grünes Kleid von seinem kreidigen, zerklüfteten Leib, dann noch einer und ein Dritter. Jetzt sind sie ganz nackt. Jetzt ist weit und breit kein Baum, kein Strauch zu sehn, nur ein gefrorenes Kreidemeer, mit stehengebliebenen Wogen und Wellen, mit versteinerten Schiffen und seltsamen erfrorenen Tiergestalten. Kein Ufer, kein Rand, kein Land! Der tiefblaue Himmel säumt das unerbittliche Weiss von allen Seiten und die Sonne brennt schwer auf die Kreide. Aber das ist kein Eis, das schmelzen könnte. Das ist Glas, Glas, Glas.

Hier also liegen die Ruinen von Les Baux.

Es sind keine Ruinen in der üblichen Bedeutung. Sondern es ist die Rückkehr des Steins zum Stein. Kreide war einmal ein Schloss und ist wieder Kreide. Die ganze Burg lag im Felsen. Der Fels hatte sie geboren und einige Jahrhunderte in seinem Schoss gehalten. Jetzt ist der Fels wieder Fels. Er wächst wieder. Er erneuert sich und überwuchert die Formen der Burg. Und immer noch leben in seinen Eingeweiden Menschen. Die Bevölkerung von Les Baux zählt 300 Seelen. Von ihnen wohnen 100 in den Ruinen. Kinder werden geboren und wachsen auf zwischen wüstem Stein und historischen Monumenten. Verliebte junge Menschen wandern am Abend durch Kavernen. Sie umarmen sich auf Kreide. Sie zeugen in leeren Gräbern. Alle Alten werden hier »Fremdenführer«. An jeder zweiten Tür steht ein Mann, der ein Trinkgeld verdienen möchte. Es ist traurig, zu sehn, wie die Unproduktivität der Wüste die Menschen unproduktiv macht. Wie alle davon leben, dass sie einen Stein zeigen, den man ohnehin sieht. Und niemand weiss, wie hier in das grossartige Schweigen toter Geschichte der Lärm von sechzig Führern sechzig schreckliche Löcher schlägt.

Ach, man müsste hier schweigsam sein, wie der Stein und daran denken, dass dieses Schloss einmal das Symbol einer Epoche der Menschheit war. Die Herren des Schlosses – man sagt, es wären die von Hugues – waren die mächtigsten Fürsten im Land. Sie besassen achzig Schlösser und sie hatten tagsüber viel zu tun mit Kriegen, Belagerungen und kleinen Überfällen auf Kaufleute. Aber ihre schönen Frauen sassen zu Hause und es war jene grossartige Zeit, in der die »Heldheit« noch keine kitsche Bedeutung hatte und eine ehrliche Eigenschaft der Frauen war. Die Troubadours kamen von allen Seiten zur Burg Les Baux gezogen, die Kollegen unserer Minnesänger, wahrscheinlich ein wenig galanter, als diese und wahrscheinlich auch weniger innig. Aber alle schönen Worte von Liebe und der ganze Tross der Begriffe, die in den amoureusen Diensten stehn, waren noch funkelnagelneu, eben aus dem Volksmund gekommen und noch nicht zersungen. Noch im 15. Jahrhundert regierte hier eine Frau, die Königin Jeanne, und verspätete Troubadours, in anderen Kleidern, mit neuen Sitten, aber dem alten Gesang, pilgerten immer in dieses gläserne verwunschene Schloss, das unwahrscheinlich und furchtbar weiss und trotzig war und in dessen Innerm die Zartheit wohnte.

An die Königin Jeanne erinnert hier nur noch der kleine nach ihr benannte Renaissance-Pavillon, den Mistral so gut besang, dass man ihn zum Lohn in einem getreu nachgebildeten Pavillon begrub. Es ist ein kleines Schlösschen zwischen zwei Wänden mit einer kleinen moosbewachsenen aus Quadern zusammengewölbten Kuppel die an den Panzer einer Schildkröte erinnert, mit vier kleinen Säulchen und einem Miniaturtörchen, ein bischen zernagt vom Zahn der Zeit, von Touristen zu häufig besucht und ganz rührend in einer Bescheidenheit, die warm ist und beinahe menschlich. Viel imponierender ist das berühmte »Höllental«, eine 300 Meter lange Schlucht, von den Eingeborenen mit Scheu betrachtet. Höllengeister sollen hier wohnen. Noch zackiger ist der Stein, noch wüster die Kreide, es könnte der Rachen eines 300 Meter langen teuflischen Krokodils sein. In einigen Büchern steht es schwarz auf weiss, mit jener Sicherheit, die eine zweifelhafte Tugend der Historiker ist, dass Dantes Höllengesang durch dieses Tal verursacht wurde. Sicher ist nur, dass Dante sein grosses Lied zuerst in der provençalischen Sprache schreiben wollte. Man zeigte mir auch die »Feengrotte«, die in Mistral's »Mireille« besungen ist. Aber in der Nähe dieser Schlossruinen und in einer Welt, die so ungewöhnliche Formen aufweist, ist eine Feengrotte eine Kleinigkeit.

Nicht aber die Kirche St. Vincent aus dem XII, XIII, XIV, XV, XVI und XVII Jahrhundert. Es scheint, dass Menschen, die in einer Steinwüste leben, in dem Hause Gottes Erholung suchen, wie andere auf einer Wiese. Strenge, Schärfe, Unerbittlichkeit, war ringsum, soweit das Auge sehn konnte. In der Kirche aber blühte die Heiterkeit. Es ist eine wunderbare helle Kirche mit frischen, gesunden und lebensfreudigen Heiligen, mit viel hölzernem Zierat, das noch Waldgeruch auszuströmen scheint, mit niederen Bänken, wie für Kinder und einem menschlichen, nahen Altar. Als ich in die Kirche trat, rüstete man gerade zu einem lokalen Fest, der Pfarrer hatte die Soutane aufgeschürzt und die Ärmel hochgerückt, Kinder trugen Reisig, Frauen säuberten Teppiche, Säuglinge lagen in Wiegen neben Opferstöcken, das ganze Dorf war da; die Türen standen offen, die eigene Helligkeit der Kirche mischte sich mit der des Tags und es war wie ein Lichtaustausch zwischen zwei befreundeten und verwandten Welten. Ich glaube, die Leute könnten unter den Steinen niemals froh werden, wenn es diese Kirche nicht gäbe. Die Kinder, die in den Höhlen geboren werden, erblicken erst bei der Taufe das Licht der Welt.

*

Ich habe dann in St. Remy das berühmte Mausoleum und den Arc de Triomphe betrachtet, zwei kolossale Monumente der römischen Herrschaft, berühmt und oft beschrieben, imposante Zeugen einer imposanten Grösse, Stein, der so dauerhaft war, wie der Geist und der sich nichts aus den Jahrhunderten macht. Diese Monumente haben es allerdings leichter, als Bauten in anderen Ländern. Denn es regnet hier selten, der freie Himmel ist, wie ein schützendes Zelt, er selbst sendet keine vernichtenden Kräfte aus, sondern eher erhaltende. Hier haben die Steine ein gutes und langes Leben.

Diese Betrachtung allein aber war es nicht, die mich zwang, auch im Anblick eines alten Triumphbogens, eines Mausoleums, eines wunderbar erhaltenen römischen Theaters in Orange, fortwährend an das Mittelalter und Les Baux zu denken. Was also war es? Ist es nicht erhebend, die Ewigkeit Roms zu erleben, noch einmal die blühende Jugend Europas, unwiderleglich das Leben des längst Vergessenen zu sehn und zu erfahren, dass irgendwo noch die Steine beweisen können, was die Stumpfen nicht glauben wollen? Waren es nicht steinerne Seelen? Fühlte ich hier nicht noch den Weg nach Rom? Hier hinunter führte er über die Alpen schnurgerade, wie nur ein Weg, auf dem unverrückbare und ewige Ziele wandern. Felder und Städte verdecken ihn, aber sie schaffen ihn nicht aus der Welt. Auch die verdeckten Wege führen nach Rom. Wie hier, so stehen noch einige Triumphbogen in einigen Ländern und selbst, wo sie verfallen sind, weht noch immer ihr riesiger, steinerner, kühler Schatten Allen, die Geschichte fühlen.

Und dennoch kann ich Les Baux nicht vergessen. Hier, scheint es mir, siegten zum ersten Mal Trümmer über Monumente. Die Monumente sind erhaben. Aber die Trümmer sind tragisch. In aller Grösse des Triumphbogens ist noch die Heiterkeit einer singend siegenden Welt. In aller Kolossalität lauter Harmonie und nichts von Konflikten. Wie schlossen sie die heidnischen Augen vor dem Problem und wie kühn und licht überwölbten sie mit den schönen Bogen die Hässlichkeit und die Trauer!

Aber Les Baux ist zerklüftet. Das Mittelalter ist tragisch. Nicht weil es zerstört wurde. Ganz erhalten wäre es noch tragischer. Tragisch selbst der Troubadour, dessen Ankunft Frohsinn verbreitete. Tragisch die schöne Königin im schroffen Gemäuer. Tragisch der Tod, die Geburt, das Fest, die Hochzeit, das Mahl. Die Welt noch naiv, aber schon problematisch. Schon liegt der Schatten des Gekreuzigten, Stillen, Traurigen über den Jahrhunderten. Noch ist Pans Flöte nicht verklungen und schon erhebt sich die Stimme der Orgel.

Ein paar Kilometer liegen zwischen dem Triumphbogen und den weissen Ruinen. Schmal sind die Grenzen der Epochen. Ein Schritt trennt die Zeiten. Trennt er sie? Ist das eine Grenze? Ist das nicht ein Übergang? Liegen sie nicht heute friedlich nebeneinander, heute, da Beides ausgekämpft hat? Lag nicht Beides kindlich nebeneinander im Land meiner Kindheit? Floss nicht eins in's Andere in meinen Träumen? Ist es heute nicht wieder eine Welt, zusammengeschweisst von der Macht der Erinnerung? Lebt nicht der Orient im römischen Bogen, lebt nicht der Orient im mittelalterlichen Epos? Gibt es wirklich verschiedene Welten? Gibt es nicht eine einzige? Was uns trennend erscheint, ist es nicht einigend?

Kein Führer gibt Antwort. Wir sind da, um zu fragen. Wir sind da, um zu glauben.

Die Menschen.

Das, was ich in einer Stadt zu beobachten liebe, sind ihre Einwohner.

Stendhal.

Zuerst wohnten hier Ligurier. Rot war ihre Lieblingsfarbe. Die rote Farbe blieb, als die Phönizier kamen. Die Griechen, die Langebarden, die Sarazenen und die Visigothen. Rot ist die Freude. Man hat niemals in diesem Land aufgehört sich zu freuen. Alle geschichtlichen Schrecken wurden gemildert. Die Barbaren blieben nicht lange Barbaren, als sie einfielen. Wer in dieses Land mit dem Willen kam, es zu erobern, wurde erobert. Die Völker sanken linde in den Boden ein, wie eine Saat. Immer wieder kam eine Zeit der Ernte. Immer wieder erntete man Freude.

Ehe ich zu den weissen Städten fuhr, sah ich an einem Abend in Paris die provençalischen Festspiele, die jedes Jahr im Sommer die alte Volkskultur des Südens den Heimischen und den Fremden beweisen sollen. Die Hirten der Provence kamen mit ihren Frauen, zogen im Kreis um die Arena, die Pfeifer und Trommler an der Spitze. Es war eine sehr einfache, sehr helle, sehr heitere Marschmelodie. Sie hatte sanfte Töne, die an Mondlicht erinnerten, aber einen schnellen Rhythmus, der ein Ausdruck jener Art von Eile war, die nichts mit Geschäftigkeit zu tun hat. Es war die Eile, die Kinder erfüllt, wenn sie zu einem Fest gehn. Dazwischen schlugen die kleinen Trommeln, die zarten, die nicht mit Kalbfellen, sondern mit dünnen Silberhäuten bespannt zu sein schienen. Die Menschen marschierten mit kurzen leichten, beinahe weiblichen Schritten. Es waren dennoch männliche Erscheinungen. Es war eine gesunde Rasse. Die Männer in Hirtenkostümen, mit weissen Hosen, bunten Westen, schwarzen, kurzen Röcken und schwarzen Hüten, bunte Bänder um den Leib. Die Frauen in weiten Kleidern, ein kleines, weisses

Spitzenkrönchen auf den hohen Frisuren, bunte Mieder, hohe Schuhe. Es war eine echte Landbevölkerung. Es war echtes Bauernblut. Es waren Menschen, die zu Hause harte Arbeit verrichteten. Aber sie hatten die Bewegungen, die das Erbteil einer langen, reichen, wohlgebildeten Ahnenreihe sind. Die Frauen warteten, rote Rosensträusse in den Händen, auf die Männer. Einer nach dem Andern sprengte heran und nahm von seiner Dame einen Strauss entgegen, den er vor den Angriffen aller seiner Genossen zu verteidigen hatte. Zwölf Reiter umringten ihn, er entfloh ihnen immer, in der erhobenen Hand jubelte sein Strauss. Er hielt ihn fest, er brachte ihn bis zur geschützten Stelle. Er sprengte noch einmal zu seiner Dame, schwenkte den Hut, ritt zurück. Der nächste kam. Zwölfmal wiederholte sich das Spiel.

Es scheint, dass das Galante eine gesunde Reaktion gegen das gleichzeitige Rohe ist und dass die Troubadours ihre Existenz den Raubrittern zu verdanken haben. Der ritterliche Kampf um einen Blumenstrauss ist ebenso entzückend, wie ein Stierkampf abstossend ist. Dennoch musste ich diesen in Kauf nehmen, um jenen zu sehn.

Die Ritterlichkeit ist in der Provence zum Glück häufiger, als die Stierkämpfe. Alle Menschen leben wohlgeordnet, die Sitte ist alt, begründet und ohne Widerspruch und mit Freude ertragen. Man hat Ruhe genug, ritterlich zu sein. Jeden Tag guterhaltene Monumente aus einer sagenhaft weiten Zeit zu sehn, gibt ein ganz merkwürdiges Gefühl von Sicherheit. Man glaubt nicht an Änderungen und Wechsel. In Wirklichkeit vollziehen sich Wechsel und Änderungen sehr linde. Hieher kommen keine Stürme. Natur und Geschichte arbeiten nicht mit Überraschungen. Jeder hat sein Leben gesichert. Alle Bauern sind Grossgrundbesitzer. Um jeden Besitz erhebt sich eine Mauer. Zwar sind alle Tore offen. Man kann in einen fremden Garten gehn und schlafen. Niemand stiehlt, niemand verwehrt, niemand verwahrt. Jeder baut

Mauern, nicht, um sich abzusperren, aber, um die Grösse seines Eigentums zu kennzeichnen. Seine Mauer symbolisiert seine Macht. Aber Mauern sind herzlose Gegenstände. Auch der schöne weisse Stein verhärtet das Herz. Wer hinter den Mauern sitzt, sieht den hungernden Bettler auf der Landstrasse nicht. Und ehe man ein offenes Tor erreicht, ist man am Rande der Mauer vor Hunger gestorben.

Es gibt wenig Elend in diesem Land und infolgedessen mehr freundliche Gesichter, als offene Herzen. Alles ist ererbt, das Haus, der Schmuck und die Sitte. Kinder wachsen auf, die niemals gesehn haben, wie Hunger weh tut. Sie werden es niemals sehn. Jeder hat sein Brot. Es ist nicht schwarz, sondern schneeweiss. Man kennt die Kartoffel zu wenig, welche das Mannah der Armen ist. Alles ist billig. Aber wer hier das Geld nicht besitzt, das einen so geringen und so hohen Wert hat, kann auf Brot nicht rechnen. Die heiteren Menschen lieben die Heiterkeit. Und die Trauer ist ihnen so fremd, dass die Not ihnen verdächtig erscheinen muss. Die Menschen sind gut. Aber die Güte ruht tief und unverbraucht in ihnen, wie Wasser in einem vergessenen Brunnen. Niemand schöpft aus ihnen. Die Natur richtet kein Unheil an. Durch plötzliche Schläge ist niemand um sein tägliches Brot beraubt. Der Nachbar ist ein Freund. Aber er wird niemals ein Bruder. Alle Hunde und Katzen finden Nahrung an fremden Tischen. Man tötet überzählige Tiere nicht. Aber es gibt viel herrenlose Hunde und Katzen. Jedermann jagt und fischt. Man schiesst auf Singvögel. Man rodet Wälder. Es gibt keine Wälder und fast keinen Vogelgesang. Die Sonne zündet die Wälder an. Die Menschen trauern zu wenig um sie. Gute Geister wohnen in den Felsen. Aber das Volk glaubt kaum noch an sie. Seinen alten Sitten ist es treu. Es trägt die alten Trachten und spricht die schöne, alte, melodische provençalische Sprache. Jeder liebt sein Land. Aber es fällt niemandem schwer dieses Land zu lieben. Es fällt überhaupt nicht schwer, hier zu lieben. Man pflückt die Liebe am Wegrand. Sie wächst reich, wie die kostbarsten Früchte. Voll Kraft und Saft ist die Erde. Jeden nährt der Strauch. Man kann unter freiem Himmel schlafen. Aber vielleicht sehnt sich mancher nach einem Dach? Jeder hat Sonne. Aber vielleicht weint Einer um den Schatten?

Weisser Stein, weisser Stein, weisser Stein! Oliven zwischen weissem Stein. Aber Einer möchte Brot. Seht! das Brot ist hinter hohen Mauern! Kirchen, Kirchen, Kirchen! Reiche Portale, reiche Gemälde, goldene Altäre. Jeder betet um's tägliche Brot und weiss nicht, was sein Fehlen bedeutet. Jeder hat seinen Sitz mit Namen und Datum. Sein Verhältnis zu Gott ist verbürgerlicht. Sein Glauben wurde selten auf die Probe gestellt. Seine Sünden? Er hat keine Sünden, der hinter der Mauer starb. Denn wer kann durch diese Mauern sehn? Ist es eine Sünde sein Eigentum zu umgrenzen? Ist es eine Sünde, nicht durch Mauern zu sehn?

Aber, wie liebt man die Hilflosen, die Kinder und die Schwachen! Kein Schrei, kein Schlag, kein Weinen. Kein harter Vater. Katzen in jedem Haus. Weiche leise Tiere mit grossen klugen und ewig zielenden Augen. Gute Winkel, warme Winkel, stille Winkel. Hohe Fenster, tiefe Brüstungen, Sonne, Sonne, Sonne. Alte Paläste, warm im linden Winter, kühl im heissen Sommer. Steinerne Fussböden, ohne Fäulnis, leicht zu säubern. Aber wenig Kanäle, Schmalheit und Enge, Drang der Armen in die Gasse. Mächtige Arena, heilige Tempel, Museen voll steinerner Andenken, Tradition, Treue. Aber langsam ist der Blick in die Zukunft. Wie heiter ist das Leben! Aber wie leicht ist die Heiterkeit! Wie weit ist der Tod, obwohl überall Gräber sind, obwohl man täglich überall Menschenknochen findet und Monumente bloss legt.

*

Weites Land ist noch zu vergeben. Es fehlt an Volk. Der Boden ist hungrig nach neuer Saat. Er hat so viel verschiedenes verschlungen, soviel Verschiedenes geboren und heute sind alle gleich. Er hat sie gleichgemacht. Man wird Fremde kommen lassen. Auf meinem Weg, der nach Norden führt, in den Herbst, in den Nebel, in die Wälder, sehe ich sie wandern. Sie kommen ohne Schwerter. Aber selbst, wenn sie Waffen hätten, werden sie alles Tödliche ablegen. Hier ist das Leben stärker. Hier ist man nicht leicht bereit, sein Blut zu vergiessen. Hier findet man eine Kindheit, seine eigene und die Kindheit Europas. Nirgends wird man so leicht heimisch. Und selbst wer das Land verlässt, nimmt das Beste mit, das eine Heimat mitgeben kann: das Heimweh.

Juden auf Wanderschaft

(1927)

Vorwort.

Dieses Buch verzichtet auf den Beifall und die Zustimmung, aber auch auf den Widerspruch und sogar die Kritik derjenigen, welche die Ostjuden mißachten, verachten, hassen und verfolgen. Es wendet sich nicht an jene Westeuropäer, die aus der Tatsache, daß sie bei Lift und Wasserklosett aufgewachsen sind, das Recht ableiten, über rumänische Läuse, galizische Wanzen, russische Flöhe schlechte Witze vorzubringen. Dieses Buch verzichtet auf die »objektiven« Leser, die mit einem billigen und sauren Wohlwollen von den schwanken Türmen westlicher Zivilisation auf den nahen Osten hinabschielen und auf seine Bewohner; aus purer Humanität die mangelhafte Kanalisation bedauern und aus Furcht vor Ansteckung arme Emigranten in Baracken einsperren, wo die Lösung eines sozialen Problems dem Massentod überlassen bleibt. Dieses Buch will nicht von Jenen gelesen werden, die ihre eigenen, durch einen Zufall der Baracke entronnenen Väter oder Urväter verleugnen. Dieses Buch ist nicht für Leser geschrieben, die es dem Autor übelnehmen würden, daß er den Gegenstand seiner Darstellung mit Liebe behandelt, statt mit »wissenschaftlicher Sachlichkeit«, die man auch Langeweile nennt.

Für wen also ist dieses Buch bestimmt?

Der Verfasser hegt die törichte Hoffnung, daß es noch Leser gibt, vor denen man die Ostjuden nicht zu verteidigen braucht; Leser, die Achtung haben vor Schmerz, menschlicher Größe und vor dem Schmutz, der überall das Leid begleitet; Westeuropäer, die auf ihre sauberen Matrazen nicht stolz sind; die fühlen, daß sie vom Osten viel zu empfangen hätten und die vielleicht wissen, daß aus Galizien, Rußland,

Littauen, Rumänien große Menschen und große Ideen kommen; aber auch (in ihrem Sinne) nützliche, die das feste Gefüge westlicher Zivilisation stützen und ausbauen helfen – nicht nur die Taschendiebe, die das niederträchtigste Produkt des westlichen Europäertums, nämlich der Lokalbericht, als »Gäste aus dem Osten« bezeichnet.

Dieses Buch wird leider nicht imstande sein, das ostjüdische Problem mit der umfassenden Gründlichkeit zu behandeln, die es erfordert und verdient. Es wird nur die Menschen zu schildern versuchen, die das Problem ausmachen und die Verhältnisse, die es verursachen. Es wird nur Bericht erstatten über Teile des riesigen Stoffgebiets, das, um in seiner Fülle behandelt zu werden, vom Autor so viel Wanderungen verlangen würde, wieviel einige ostjüdische Generationen durchlitten haben.

I.

Ostjuden im Westen.

Der Ostjude weiß in seiner Heimat nichts von der sozialen Ungerechtigkeit des Westens; nichts von der Herrschaft des Vorurteils, das die Wege, Handlungen, Sitten und Weltanschauungen des durchschnittlichen Westeuropäers beherrscht; nichts von der Enge des westlichen Horizonts, den Kraftanlagen umsäumen und Fabrikschornsteine durchzacken; nichts von dem Haß, der bereits so stark ist, daß man ihn als Daseinerhaltendes (aber Lebentötendes) Mittel sorgfältig hütet, wie ein ewiges Feuer, an dem sich der Egoismus jedes Menschen und jedes Landes wärmt. Der Ostjude sieht mit einer Sehnsucht nach dem Westen, die dieser keinesfalls verdient. Dem Ostjuden bedeutet der Westen Freiheit, die Möglichkeit, zu arbeiten und seine Talente zu entfalten, Gerechtigkeit und autonome Herrschaft des Geistes. Ingenieure, Automobile, Bücher, Gedichte schickt Westeuropa nach dem Osten. Es schickt Propogandaseifen und Hygiene, Nützliches und Erhebendes, es macht eine lügnerische Toilette für den Osten. Dem Ostjuden ist Deutschland zum Beispiel immer noch das Land Goethes und Schillers, der deutschen Dichter, die jeder lernbegierige jüdische Jüngling besser kennt, als unser hakenkreuzlerische Gymnasiast. Der Ostjude hat im Krieg nur jenen General kennengelernt, der eine humane Ansprache an die Jidden in Polen affichieren ließ, die das Kriegspressequartier formuliert hatte, nicht aber den General, der kein schöngeistiges Buch gelesen hat und trotzdem den Krieg verliert.

Dagegen sieht der Ostjude nicht die Vorzüge seiner Heimat; nicht die grenzenlose Weite des Horizonts; nichts von der Qualität dieses Menschenmaterials, das Heilige und Mörder aus Torheit hergeben kann, Melodien von trauriger Größe und besessener Liebe. Er sieht nicht die Güte des slavischen Menschen, dessen Roheit noch anständiger ist, als die gezähmte Bestialität des Westeuropäers, der sich in Perversionen Luft macht und das Gesetz umschleicht, mit dem höflichen Hut in der furchtsamen Hand.

Der Ostjude sieht die Schönheit des Ostens nicht. Man verbot ihm, in Dörfern zu leben, aber auch in großen Städten. In schmutzigen Straßen, in verfallenen Häusern leben die Juden. Der christliche Nachbar bedroht sie. Der Herr schlägt sie. Der Beamte läßt sie einsperren. Der Offizier schießt auf sie, ohne bestraft zu werden. Der Hund verbellt sie, weil sie in einer Tracht erscheinen, die Tiere ebenso, wie primitive Menschen reizt. In dunklen »Chedern« werden sie erzogen. Die schmerzliche Aussichtslosigkeit des jüdischen Gebets lernen sie im frühesten Kindesalter kennen; den leidenschaftlichen Kampf mit einem Gott, der mehr straft, als er liebt, und der einen Genuß, wie eine Sünde ankreidet; die strenge Pflicht, zu lernen und mit jungen Augen, die noch hungrig nach der Anschauung sind, das Abstrakte zu suchen.

Ostjuden gehen meist nur als Bettler und Hausierer über Land. Die große Mehrzahl kennt den Boden nicht, der sie ernährt. Der Ostjude fürchtet sich in fremden Dörfern und in Wäldern. Er ist teils freiwillig teils gezwungen ein Abgesonderter. Er hat nur Pflichten und keine Rechte, außer denen auf dem bekannten Papier, das nichts verbürgt. Aus Zeitungen, Büchern und von optimistischen Emigranten hört er, daß der Westen ein Paradies sei. In Westeuropa gibt es einen gesetzlichen Schutz vor Pogromen. Juden werden in Westeuropa Minister und sogar Vizekönige. In vielen ostjüdischen Häusern ist das Bild jenes Moses Montefiore zu sehn, der am Tisch des Königs von England rituell gespeist hat. Der große Reichtum der Rothschilds wird im Osten märchenhaft übertrieben. Hie und da schreibt ein Ausgewanderter einen Brief, in dem er den Daheimgebliebenen die Vorzüge der Fremde schildert. Die meisten jüdischen Emigranten haben den Ehrgeiz, nicht zu schreiben, so lange es ihnen schlecht geht; und das Bestreben, die neue Wahlheimat vor der alten herauszustreichen. Sie haben die naive Sucht des Kleinstädters, den Ortsgenossen zu imponieren. In einer kleinen Stadt des Ostens wird der Brief eines Ausgewanderten eine Sensation. Alle jungen Leute des Orts – und sogar die Älteren – ergreift die Lust, auch auszuwandern; dieses Land zu verlassen, in dem jedes Jahr ein Krieg und jede Woche ein Pogrom ausbrechen könnte. Und man wandert, zu Fuß, mit der Eisenbahn und auf dem Wasser, nach den westlichen Ländern, in denen ein anderes, ein bischen reformiertes, aber nicht weniger grausames Ghetto sein Dunkel bereit hält, die neuen Gäste zu empfangen, die den Schikanen der Konzentrationslager halb lebendig entkommen sind.

Wenn hier die Rede von Juden war, die das Land nicht kennen, das sie ernährt – so war damit der größte Teil der Juden gemeint: nämlich der in Frömmigkeit und nach den alten Gesetzen lebende. Es gibt freilich Juden, die weder den Herrn, noch den Hund, weder die Polizei, noch die Offiziere fürchten, die nicht im Ghetto leben, Kultur und Sprache der Wirtsvölker angenommen haben, – den Westjuden ähnlich und eher gesellschaftliche Gleichberechtigung genießend, als diese; dennoch in der freien Entfaltung ihrer Talente immer noch gehemmt, so lange sie ihre Konfession nicht gewechselt und sogar, nachdem sie es getan haben. Denn unvermeidlich ist die durchaus jüdische Verwandschaft des glücklich Assimilierten und selten entgeht ein Richter, ein Advokat, ein Kreisarzt jüdischer Abstammung dem Schicksal, einen Onkel zu besitzen, einen Vetter, einen Großvater, der schon durch sein Aussehen die Karriere des Arrivierten gefährdet und dessen gesellschaftliche Achtung beeinträchtigt.

Diesem Schicksal entgeht man schwer. Und statt es zu fliehen, beschließen viele, sich ihm zu unterwerfen, indem sie ihr Judentum nicht nur nicht verleugnen, sondern sogar kräftig betonen und sich zu einer »jüdischen Nation« bekennen, über deren Bestand seit einigen Jahrzehnten kein Zweifel mehr ist und über deren »Berechtigung« unmöglich ein Streit entstehen kann, weil schon der Wille von einigen Millionen Menschen genügt, eine »Nation« zu bilden, selbst, wenn sie früher nicht bestanden haben sollte.

Der jüdisch-nationale Gedanke ist im Osten sehr lebendig. Sogar Menschen, die weder mit der Sprache, noch mit der Kultur, noch mit der Religion ihrer Väter viel gemein haben, bekennen sich, kraft ihres Blutes und ihres Willens, zur »jüdischen Nation«. Sie leben als »nationale Minderheit« im fremden Lande, um ihre staatsbürgerlichen und nationalen Rechte besorgt und kämpfend, teils der palästinensischen Zukunft entgegen, teils ohne den Wunsch nach einem eigenen Land, und mit Recht überzeugt, daß die Erde Allen gehört, die ihre Pflicht ihr gegenüber erfüllen; doch nicht imstande, die Frage zu lösen, wie der primitive Haß gelöscht werden könnte, der im Wirtsvolk gegen eine gefährlich scheinende Anzahl Fremder brennt und Unheil anrichtet. Auch diese Juden leben nicht mehr im Ghetto, ja, nicht einmal mehr in der wahren und warmen Tradition – heimatlos, wie auch die Assimilierten und zuweilen heroisch, weil sie freiwillig Opfer für eine Idee sind – und sei es auch für eine nationale …

Sowohl die nationalen, als auch die assimilierten Juden bleiben meist im Osten. Jene, weil sie ihre Rechte erkämpfen und nicht fliehen wollen, diese weil sie sich einbilden, die Rechte zu besitzen, oder, weil sie das Land lieben, wie der christliche Teil des Volkes – und mehr als dieser. Die Emigranten also sind Menschen, die müde werden dieser kleinen und grausamen Kämpfe und die wissen, fühlen, oder nur ahnen, daß im Westen ganz andere Probleme lebendig werden, neben den nationalen, und daß die nationalen Streitigkeiten im Westen ein lärmendes Echo von gestern sind, und nur ein

Schall von heute; daß im Westen ein europäischer Gedanke geboren ist, der übermorgen oder sehr spät und nicht ohne Leid zu einem Weltgedanken reifen wird. Diese Juden ziehen es vor, in Ländern zu leben, in denen die Rassen- und nationalen Fragen nur noch die stimmkräftigen und sogar mächtigen, aber zweifellos gestrigen und mit einem Geruch von Moder, Blut und Dummheit umherwandelnden Teile der Völker beschäftigt, in Ländern, in denen trotz Allem einige Köpfe an den Fragen von Morgen arbeiten. (Diese Emigranten stammen aus den russischen Grenzländern, *nicht* aus Rußland). Andere wandern aus, weil sie Beruf und Arbeit verloren haben oder nicht finden. Es sind Brotsucher, Proletarier, wenn auch nicht immer mit proletarischem Bewußtsein. Andere sind vor dem Krieg und der Revolution geflohen. Es sind »Flüchtlinge«, meist Kleinbürger und Bürger, verbissene Feinde der Revolution und konservativ, wie es kein bodenständiger Landadeliger sein könnte.

Viele wandern aus Trieb und ohne recht zu wissen, warum. Sie folgen einem unbestimmten Ruf der Fremde, oder dem bestimmten eines arrivierten Verwandten, der Lust die Welt zu sehen und der angeblichen Enge der Heimat zu entfliehen, dem Willen zu wirken und ihre Kräfte gelten zu lassen.

Viele kehren zurück. Noch mehr bleiben unterwegs. Die Ostjuden haben nirgends eine Heimat, aber Gräber auf jedem Friedhof. Viele werden reich. Viele werden bedeutend. Viele werden schöpferisch in fremder Kultur. Viele verlieren sich und die Welt. Viele bleiben im Ghetto und erst ihre Kinder werden es verlassen. Die Meisten geben dem Westen mindestens so viel, wieviel er ihnen nimmt. Manche geben ihm mehr, als er ihnen gibt. Das Recht im Westen zu leben, haben jedenfalls Alle, die sich opfern, indem sie ihn aufsuchen.

Ein Verdienst um den Westen erwirbt sich jeder, der mit frischer Kraft gekommen ist, die tödliche, hygienische Langeweile dieser Zivilisation zu unterbrechen – und sei es selbst um den Preis einer Quarantäne, die wir den Emigranten vorschreiben, ohne zu fühlen, daß unser ganzes Leben eine Quarantäne ist und alle unsere Länder Baracken und Konzentrationslager, allerdings mit modernstem Komfort. Die Emigranten assimilieren sich – leider! – nicht zu langsam, wie man ihnen vorwirft, sondern viel zu rasch an unsere traurigen Lebensbedingungen. Ja, sie werden sogar Diplomaten und Zeitungsschreiber, Bürgermeister und Würdenträger, Polizisten und Bankdirektoren und ebensolche Stützen der Gesellschaft, wie es die bodenständigen Glieder der Gesellschaft sind. Nur sehr wenige sind revolutionär. Viele sind Sozialisten aus persönlicher Notwendigkeit. In der Lebensform, die der Sozialismus erkämpfen will, ist die Unterdrükkung einer Rasse unmöglich. Viele sehen im Antisemitismus eine Erscheinung der kapitalistischen Wirtschaftsform. Sie sind nicht bewußt *deshalb* Sozialisten. Sie sind Sozialisten, weil sie Unterdrückte sind.

Die meisten sind Kleinbürger und Proletarier ohne proletarisches Bewußtsein. Viele sind reaktionär aus bürgerlichem Instinkt, aus Liebe zum Besitz und zur Tradition, aber auch aus der nicht unbegründeten Furcht vor einer veränderten Situation, die für Juden keine verbesserte sein könne. Es ist ein historisches Gefühl, genährt durch Erfahrungen, daß die Juden die ersten Opfer aller Blutbäder sind, welche die Weltgeschichte veranstaltet.

Deshalb ist vielleicht der jüdische Arbeiter ruhig und geduldig. Der jüdische Intelektuelle mag mit leidenschaftlicher Aktivität der revolutionären Bewegung Antrieb und Schärfe geben. Der ostjüdische Arbeiter ist in seiner Liebe zur Arbeit, seiner nüchternen Denkweise, seinem ruhigen Leben dem Deutschen zu vergleichen.

Es gibt nämlich ostjüdische Arbeiter – ich vermute, daß man diese Selbstverständlichkeit unterstreichen muß, in einem Land, in dem in so kurzen Abständen »Organe der Öffentlichkeit« das Wort von der »unproduktiven Masse der östlichen Einwanderer« wiederholen. Es gibt ostjüdische Arbeiter, Juden, die nicht feilschen, handeln, überbieten und »rechnen« können, alte Kleider nicht einkaufen, mit Bündeln nicht hausieren, die aber dennoch oft gezwungen werden, einen demütigenden und traurigen Handel zu betreiben, weil keine Fabrik sie nimmt, weil (gewiß notwendige) Gesetze die einheimischen Arbeiter vor der Konkurrenz Fremder schützen und weil, gäbe es selbst diese Gesetze nicht, das Vorurteil der Unternehmer, aber auch der Kameraden den jüdischen Arbeiter unmöglich machen könnte. In Amerika ist er nicht selten. In Westeuropa weiß man nichts von seiner Existenz und leugnet sie.

Man leugnet im Westen auch den jüdischen Handwerker. Im Osten gibt es jüdische Klempner, Tischler, Schuster, Schneider, Kürschner, Faßbinder, Glaser und Dachdecker. Der Begriff von Ländern im Osten, in denen alle Juden Wunderrabbis sind oder Handel treiben, die ganze christliche Bevölkerung aus Bauern besteht, die mit den Schweinen zusammen wohnen, und aus Herren, die unaufhörlich auf die Jagd gehen und trinken, diese kindischen Vorstellungen sind ebenso lächerlich, wie der Traum des Ostjuden von einer westeuropäischen Humanität. Dichter und Denker sind unter den Menschen im Osten häufiger, als Wunderrabbis und Händler. Im übrigen können Wunderrabbis und sogar Händler im Hauptberuf Dichter und Denker sein, was westeuropäischen Generälen zum Beispiel sehr schwer zu fallen scheint.

Der Krieg, die Revolution in Rußland, der Zerfall der österreichischen Monarchie haben die Zahl der nach dem Westen emigrierenden Juden bedeutend erhöht. Sie sind gewiß nicht gekommen, um die Pest zu verbreiten und die Schrecken des Krieges und die (übertriebenen) Grausamkeiten der Revolution. Sie sind von der Gastfreundschaft der Westeuropäer noch weniger entzückt gewesen, als diese von dem Besuch der geschmähten Gäste. (Die Ostjuden hatten die westeuropäischen Soldaten ganz anders aufgenommen.) Da sie nun einmal, diesmal nicht freiwillig, im Westen waren, mußten sie einen Erwerb suchen. Sie fanden ihn am leichtesten im Handel, der durchaus kein leichter Beruf ist. Sie gaben sich auf, indem sie Händler im Westen wurden.

Sie gaben sich auf. Sie verloren sich. Ihre traurige Schönheit fiel von ihnen ab, und eine staubgraue Schicht von Gram ohne Sinn und niedrigem Kummer ohne Tragik blieb auf ihren gekrümmten Rücken. Die Verachtung blieb an ihnen kleben, – früher hatten sie nur Steinwürfe erreicht. Sie schlossen Kompromisse. Sie veränderten ihre Tracht, ihre Bärte, ihr Kopfhaar, ihren Gottesdienst, ihren Sabbath, ihren Haushalt – sie selbst hielten noch an den Traditionen fest, aber die Überlieferung löste sich von ihnen. Sie wurden einfache kleine Bürger. Die Sorgen der kleinen Bürger waren ihre Sorgen. Sie zahlten Steuern, bekamen Meldezettel, wurden registriert und bekannten sich zu einer »Nationalität«, zu einer »Staatsbürgerschaft«, die ihnen mit vielen Schikanen »erteilt« wurde, sie benutzten die Straßenbahnen, die Lifts, alle Segnungen der Kultur. Sie hatten sogar ein »Vaterland«.

Es ist ein provisorisches Vaterland. Der jüdische Nationalgedanke ist im Ostjuden lebendig, auch dann noch, wenn er eine halbe Assimilation an die westlichen Sitten und Gebräuche vollzogen hat. Ja, Zionismus und Nationalitätsbegriff sind im Wesen westeuropäisch, wenn auch nicht im Ziel. Nur im Orient leben noch Menschen, die sich um ihre »Nationalität«, das heißt Zugehörigkeit zu einer »Nation« nach westeuropäischen Begriffen nicht kümmern. Sie sprechen mehrere Sprachen und sind ein Produkt mehrerer Rassenmischungen und ihr Vaterland ist dort, wo man sie zwangsweise in eine militärische Formation einreiht. Die kaukasischen Armenier waren lange Zeit weder Russen, noch Armenier, sie waren eben Mohammedaner und Kaukasier und sie lieferten den russischen Zaren die treuesten Leibgarden. Der nationale Gedanke ist ein westlicher. Den Begriff »Nation« haben westeuropäische Gelehrte erfunden und zu erklären versucht. Die alte österreichisch-ungarische Monarchie lieferte den scheinbar praktischen Beweis für die Nationalitäten-Theorie. Das heißt, sie hätte den Beweis für das Gegenteil dieser Theorie liefern können, wenn sie gut regiert worden wäre. Die Unfähigkeit ihrer Regierungen lieferte den praktischen Beweis für eine Theorie, die also durch einen Irrtum erhärtet wurde und sich durchgesetzt hat, dank den Irrtümern. Der moderne Zionismus entstand in Österreich, in Wien. Ein österreichischer Journalist hat ihn begründet. Kein anderer hätte ihn begründen können. Im österreichischen Parlament saßen die Vertreter verschiedener Nationen und waren damit beschäftigt, um nationale Rechte und Freiheiten zu kämpfen, die ganz selbstverständlich gewesen wären, wenn man sie gewährt hätte. Das österreichische Parlament war ein Ersatz für nationale Schlachtfelder. Versprach man den Tschechen eine neue Schule, so fühlten sich die Deutschen in Böhmen gekränkt. Und gab man den Polen in Ostgalizien einen Statthalter polnischer Zunge, so hatte man die Ruthenen beleidigt. Jede österreichische Nation berief sich auf die »Erde« die ihr gehörte. Nur die Juden konnten sich auf keinen eigenen Boden (»Scholle« sagt man in diesem Fall) berufen. Sie waren in Galizien in ihrer Mehrheit weder Polen, noch Ruthenen. Der Antisemitismus aber lebte sowohl bei Deutschen, als auch bei Tschechen, sowohl bei den Polen, als auch bei den Ruthenen, sowohl bei den Magyaren, als auch bei den Rumänen in Siebenbürgen. Die Juden widerlegten das Sprichwort das da sagt, der Dritte gewänne, wenn zwei sich stritten. Die Juden waren der Dritte, der immer verlor. Da rafften sie sich auf, und bekannten sich zu einer, zu ihrer Nationalität: zur jüdischen. Den Mangel an einer eigenen »Scholle« in Europa ersetzten sie durch ein Streben nach der palästinensischen Heimat. Sie waren immer Menschen im Exil gewesen. Jetzt wurden sie eine Nation im Exil. Sie entsandten jüdischnationale Vertreter ins österreichische Parlament und begannen ebenfalls um nationale Rechte und Freiheiten zu kämpfen, ehe man ihnen noch die primitivsten menschlichen zuerkannt hatte.

»Nationale Autonomie« war der Schlachtruf Europas, in den die Juden einstimmten. Der Versailler Friedensvertrag und der Völkerbund bemühten sich, auch den Juden das Recht auf ihre »Nationalität« zuzuerkennen. Heute sind die Juden in vielen Staaten eine »nationale Minderheit«. Sie haben noch lange nicht, was sie wollen, aber sie haben viel: eigene Schulen, das Recht auf ihre Sprache und einige solcher Rechte mehr, mit denen man glaubt, Europa glücklich zu machen.

Aber selbst, wenn es den Juden gelingen würde, in Polen, in der Tschechoslowakei, in Rumänien, in Deutschösterreich alle Rechte einer »nationalen Minderheit« zu erkämpfen, so erhöbe sich immer noch die große Frage, ob die Juden nicht noch viel mehr sind, als eine nationale Minderheit europäischer Fasson; ob sie nicht mehr sind, als eine »Nation«, wie man sie in Europa versteht; und ob sie nicht einen Anspruch auf viel Wichtigeres aufgeben, wenn sie den auf »nationale Rechte« erheben.

Welch' ein Glück, eine »Nation« zu sein, wie Deutsche, Franzosen, Italiener, nachdem man schon vor dreitausend Jahren eine »Nation« gewesen ist und »heilige Kriege« geführt und »große Zeiten« erlebt hat! Nachdem man fremde Generäle enthauptet und eigene überwunden hat? Die Epoche der »National-Geschichte« und »Vaterlandskunde« haben die Juden schon hinter sich. Sie besetzten und besaßen Grenzen, eroberten Städte, krönten Könige, zahlten Steuern, waren Untertanen, hatten »Feinde«, wurden gefangen genommen, trieben Weltpolitik, stürzten Minister, hatten eine Art Universität, Professoren und Schüler, eine hochmütige Priesterkaste und Reichtum, Armut, Prostitution, Besitzende und Hungrige, Herren und Sklaven. Wollen sie es noch einmal? Beneiden sie die europäischen Staaten?

Sie wollen gewiß nicht nur ihre »nationale Eigenart« bewahren. Sie wollen ihre Rechte auf Leben, Gesundheit, persönliche Freiheit, Rechte, die man ihnen in fast allen europäischen Ländern entzieht oder schmälert. In Palästina vollzieht sich tatsächlich eine nationale Wiedergeburt. Die jungen Chaluzim sind tapfere Bauern und Arbeiter und sie beweisen die Fähigkeit des Juden zu arbeiten und Ackerbau zu treiben und ein Sohn der Erde zu werden, obwohl er Jahrhunderte lang ein Buchmensch war. Leider sind die Chaluzim auch gezwungen, zu kämpfen, Soldaten zu sein und das Land gegen die Araber zu verteidigen. Und damit ist das europäische Beispiel nach Palästina übertragen. Leider ist der junge Chaluz nicht nur ein Heimkehrer in das Land seiner Väter und ein Proletarier mit dem gerechten Sinn eines arbeitenden Menschen; sondern er ist auch ein »Kulturträger«. Er ist ebenso Jude, wie Europäer. Er bringt den Arabern Elektrizität, Füllfedern, Ingenieure, Maschinengewehre, flache Philosophien und den ganzen Kram, den England liefert. Gewiß müßten sich die Araber über neue, schöne Straßen freuen. Aber der Instinkt des Naturmenschen empört sich mit Recht gegen den Einbruch einer angelsächsisch-amerikanischen Zivilisation, die den ehrlichen Namen der nationalen Wiedergeburt trägt. Der Jude hat ein Recht auf Palästina, nicht, weil er aus diesem Lande kommt, sondern, weil ihn kein anderes Land will. Daß der Araber um seine Freiheit fürchtet, ist aber ebenso verständlich, wie der Wille der Juden ehrlich ist, dem Araber ein treuer Nachbar zu sein. Und dennoch wird die Einwanderung der jungen Juden nach Palästina immer an eine Art jüdischen Kreuzzugs erinnern, weil sie leider auch schießen.

Wenn also auch die Juden durchaus die üblen Sitten und Gebräuche der Europäer ablehnten, sie können sie nicht ganz ablegen. Sie sind selbst Europäer. Der jüdische Statthalter von Palästina ist ohne Zweifel ein Engländer. Und wahrscheinlich mehr Engländer, als Jude. Die Juden sind Objekt oder ahnungslose Vollstrecker europäischer Politik. Sie werden benutzt, oder mißbraucht. Jedenfalls wird es ihnen schwer gelingen, eine Nation mit einer ganz neuen, uneuropäischen Physiognomie zu werden. Das europäische Kainszeichen bleibt. Es ist gewiß besser, selbst eine Nation zu sein, als von einer anderen mißhandelt zu werden. Aber es ist nur eine schmerzliche Notwendigkeit. Welch ein Stolz für den Juden, der längst abgerüstet hat, noch einmal zu beweisen, daß er *auch* exerzieren kann!

Denn es ist gewiß nicht der Sinn der Welt aus »Nationen« zu bestehen und aus Vaterländern, die, selbst, wenn sie wirklich nur ihre kulturelle Eigenart bewahren wollten, noch immer nicht das Recht hätten, auch nur ein einziges Menschenleben zu opfern. Die Vaterländer und Nationen wollen aber in Wirklichkeit noch mehr, noch weniger: nämlich Opfer für materielle Interessen. Sie schaffen »Fronten«, um Hinterländer zu bewahren. Und in dem ganzen tausendjährigen Jammer, in dem die Juden leben, hatten sie nur den einen Trost: nämlich den, ein solches Vaterland *nicht* zu besitzen. Wenn es jemals eine gerechte Geschichte geben wird, so wird sie es den Juden hoch anrechnen, daß sie die Vernunft bewahren durften, weil sie kein »Vaterland« besaßen, in einer Zeit, in der die ganze Welt sich dem patriotischen Wahnsinn hingab.

Sie haben kein »Vaterland«, die Juden, aber jedes Land, in dem sie wohnen und Steuer zahlen, verlangt von ihnen Patriotismus und Heldentod und wirft ihnen vor, daß sie nicht gerne sterben. In dieser Lage ist der Zionismus wirklich noch der einzige Ausweg: wenn schon Patriotismus, dann lieber einen für das eigene Land.

Solange aber die Juden noch in fremden Ländern leben, müssen sie für diese Länder leben und leider auch sterben. Ja, es gibt sogar Juden, die für diese Länder gerne leben und gerne sterben. Es gibt Ostjuden, welche sich an die Länder ihrer Wahl assimilieren und die Vorstellungen der einheimischen Bevölkerung von »Vaterland«, »Pflicht«, »Heldentod« und »Kriegsanleihe« vollkommen aufgenommen haben. Sie sind Westjuden, Westeuropäer geworden.

Wer ist »Westjude«? Ist es derjenige, der nachweisen kann, daß seine Ahnen in der glücklichen Lage waren, vor den westeuropäischen, bezw. deutschen Pogromen im Mittelalter und später, niemals fliehen zu müssen? Ist ein Jude aus Breslau, das lange Zeit »Wroclaw« hieß und eine polnische Stadt war, mehr Westjude, als einer aus Krakau, das heute noch polnisch ist? Ist derjenige schon Westjude, dessen Vater sich nicht mehr erinnern kann, wie es in Posen oder in Lemberg aussieht? Fast alle Juden waren einmal Westjuden, ehe sie nach Polen und Rußland kamen. Und alle Juden waren einmal »Ostjuden«, ehe ein Teil von ihnen westjüdisch wurde. Und die Hälfte aller Juden, die heute verächtlich oder geringschätzig vom Osten sprechen, hatte Großväter, die aus Tarnopol kamen. Und selbst, wenn ihre Großväter nicht aus Tarnopol kamen, so ist es nur ein Zufall, daß ihre Ahnen nicht nach Tarnopol hatten fliehen müssen. Wie leicht konnte einer im Gedränge eines Pogroms nach dem Osten geraten, wo man ihn noch nicht zu prügeln begonnen hatte! ... Es ist deshalb ungerecht, zu behaupten, daß ein Jude, der 1914 aus dem Osten nach Deutschland kam, den Sinn der Kriegsanleihe oder der Musterung weniger begriffen hätte, als ein Jude, dessen Ahnen schon seit 300 Jahren zur Musterung oder zum Steueramt gingen. Je dümmer der Einwanderer war, desto schneller zeichnete er Kriegsanleihe. Viele Juden, Ostjuden oder Söhne und Enkel von Ostjuden sind für alle europäischen Länder im Kriege gefallen. Ich sage es nicht, um die

Ostjuden zu entschuldigen. Im Gegenteil: *ich werfe es ihnen vor.*

Sie starben, litten, bekamen Typhus, lieferten »Seelsorger« für das Feld, obwohl Juden ohne Rabbiner sterben dürfen und der patriotischen Feldpredigt noch weniger bedurften, als ihre christlichen Kameraden. Sie näherten sich vollkommen den westlichen Unsitten und Mißbräuchen. Sie assimilierten sich. Sie beten nicht mehr in Synagogen und Bethäusern, sondern in langweiligen Tempeln, in denen der Gottesdienst so mechanisch wird, wie in jeder besseren protestantischen Kirche. Sie werden Tempeljuden, das heißt: guterzogene, glattrasierte Herren in Gehröcken und Zylindern, die das Gebetbuch in den Leitartikel des jüdischen Leibblattes packen, weil sie glauben, man erkenne sie an diesem Leitartikel weniger, als an dem Gebetbuch. In den Tempeln hört man die Orgel, der Kantor und der Prediger tragen eine Kopfbedeckung, die sie dem christlichen Geistlichen ähnlich macht. Jeder Protestant, der sich in einen jüdischen Tempel verirrt, muß zugeben, daß der Unterschied zwischen Jud und Christ gar nicht groß ist und daß man eigentlich aufhören müßte, ein Antisemit zu sein, wenn die jüdische Geschäftskonkurrenz nicht gar so gefährlich wäre. Die Großväter kämpften noch verzweifelt mit Jehovah, schlugen sich die Köpfe wund an den tristen Mauern des kleinen Bethauses, riefen nach Strafe für ihre Sünden und flehten um Vergebung. Die Enkel sind westlich geworden. Sie bedürfen der Orgel, um sich in Stimmung zu bringen, ihr Gott ist eine Art abstrakter Naturgewalt, ihr Gebet ist eine Formel. Und darauf sind sie stolz! Sie sind Leutnants in der Reserve und ihr Gott ist der Vorgesetzte eines Hofkaplans und just jener Gott, von dessen Gnaden die Könige herrschten.

Das nennt man dann: westliche Kultur haben. Wer diese Kultur hat, darf bereits den Vetter verachten, der, noch echt und unberührt, aus dem Osten kommt und mehr Menschlichkeit und Göttlichkeit besitzt, als alle Prediger in den theologischen Seminaren Westeuropas finden können. Hoffentlich wird dieser Vetter genug Kraft haben, nicht der Assimilation zu verfallen.

Im Folgenden werde ich versuchen, zu beschreiben, wie er und Menschen seiner Art in der Heimat und in der Fremde leben.

II.

Das jüdische Städtchen.

Die kleine Stadt liegt mitten im Flachland, von keinem Berg, von keinem Wald, keinem Fluß begrenzt. Sie läuft in die Ebene aus. Sie fängt mit kleinen Hütten an und hört mit ihnen auf. Die Häuser lösen die Hütten ab. Da beginnen die Straßen. Eine läuft von Süden nach Norden, die andere von Osten nach Westen. Im Kreuzungspunkt liegt der Marktplatz. Am äußersten Ende der Nord-Südstraße liegt der Bahnhof. Einmal im Tag kommt ein Personenzug. Einmal im Tag fährt ein Personenzug ab. Dennoch haben viele Leute den ganzen Tag am Bahnhof zu tun. Denn sie sind Händler. Sie interessieren sich auch für Güterzüge. Außerdem tragen sie gern eilige Briefe zur Bahn, weil die Postkasten in der Stadt nur einmal täglich geleert werden. Den Weg zur Bahn legt man zu Fuß in 15 Minuten zurück. Wenn es regnet, muß man einen Wagen nehmen, weil die Straße schlecht geschottert ist und im Wasser steht. Die armen Leute tun sich zusammen und nehmen gemeinsam einen Wagen, in dem sechs Personen zwar nicht sitzen können, aber immerhin Platz finden. Der reiche Mann sitzt allein in einem Wagen und bezahlt für die Fahrt mehr, als sechs Arme. Es gibt acht Droschken, die dem Verkehr dienen. Sechs sind Einspänner. Die zwei Zweispänner sind für vornehme Gäste, die manchmal durch einen Zufall in diese Stadt geraten. Die acht Droschkenkutscher sind Juden. Es sind fromme Juden, die ihre Bärte nicht schneiden lassen, aber keine allzulangen Röcke tragen, wie ihre Glaubensgenossen. Ihren Beruf können sie in kurzen Joppen besser ausüben. Am Sabbath fahren sie nicht. Am Sabbath hat auch niemand etwas bei der Bahn zu suchen. Die Stadt hat achtzehntausend Einwohner, von denen 15 000 Juden sind. Unter den 3000 Christen sind etwa 100 Händler und Kaufleute, ferner 100 Beamte, einer Notar, einer Bezirksarzt und acht Polizisten. Es gibt zwar zehn Polizisten. Aber von diesen sind merkwürdigerweise zwei Juden. Was die andern Christen machen, weiß ich nicht genau. Von den 15 000 Juden leben 8 000 vom Handel. Sie sind kleine Krämer, größere Krämer und große Krämer. Die anderen 7 000 Juden sind kleine Handwerker, Arbeiter, Wasserträger, Gelehrte, Kultusbeamte, Synagogendiener, Lehrer, Schreiber, Thoraschreiber, Tallesweber, Ärzte, Advokaten, Beamte, Bettler und verschämte Arme, die von der öffentlichen Wohltätigkeit leben, Totengräber, Beschneider und Grabsteinhauer.

Die Stadt hat zwei Kirchen, eine Synagoge und etwa 40 kleine Bethäuser. Die Juden beten täglich dreimal. Sie müßten sechsmal den Weg zur Synagoge und nach Hause oder in den Laden zurücklegen, wenn sie nicht so viele Bethäuser hätten, in denen man übrigens nicht nur betet, sondern auch jüdische Wissenschaft lernt. Es gibt jüdische Gelehrte, die von fünf Uhr früh bis zwölf Uhr nachts im Bethaus studieren, wie europäische Gelehrte etwa in einer Bibliothek. Nur am Sabbath und an Feiertagen kommen sie zu den Mahlzeiten heim. Sie leben, wenn sie nicht Vermögen oder Gönner haben, von kleinen Gaben der Gemeinde und gelegentlichen frommen Arbeiten, wie zum Beispiel: Vorbeten oder Unterricht oder Schofarblasen an hohen Feiertagen. Ihre Familie, das Haus, die Kinder versorgen die Frauen, die einen kleinen Handel mit Kukuruz im Sommer, mit Naphta im Winter, mit Essiggurken und Bohnen und Backwerken betreiben.

Die Händler und die andern im Leben stehenden Juden beten sehr schnell und haben noch hie und da Zeit, Neuigkeiten zu besprechen und die Politik der großen Welt und die Politik der kleinen. Sie rauchen Zigaretten und schlechten Pfeifentabak im Bethaus. Sie benehmen sich wie in einem Kasino. Sie sind bei Gott nicht seltene Gäste, sondern zu Hause. Sie statten ihm nicht einen Staatsbesuch ab, sondern versammeln sich täglich dreimal an seinen reichen, armen, heiligen Tischen. Im Gebet empören sie sich gegen ihn, schreien zum Himmel, klagen über seine Strenge und führen bei Gott Prozeß gegen Gott, um dann einzugestehn, daß sie gesündigt haben, daß alle Strafen gerecht waren und daß sie besser sein wollen. Es gibt kein Volk, das dieses Verhältnis zu Gott hätte. Es ist ein altes Volk und es kennt ihn schon lange! Es hat seine große Güte erlebt und seine kalte Gerechtigkeit, es hat oft gesündigt und bitter gebüßt und es weiß, daß es gestraft werden kann, aber niemals verlassen.

Dem Fremden erscheinen alle Bethäuser gleich. Aber sie sind es nicht und in vielen ist der Gottesdienst verschieden. Die jüdische Religion kennt keine Sekten, wohl aber verschiedene sektenartige Gruppen. Es gibt eine unerbittlich strenge und eine gemilderte Orthodoxie, es gibt eine Anzahl »aschkenasischer« und »sephardischer« Gebete und Textverschiedenheiten in denselben Gebeten.

Sehr deutlich ist die Trennung zwischen sogenannten aufgeklärten Juden und den Kabbalagläubigen, den Anhängern der einzelnen Wunderrabbis, von denen jeder seine bestimmte »Chassidim«gruppe hat. Die aufgeklärten Juden sind nicht etwa ungläubige Juden. Sie verwerfen nur jeden Mystizismus und ihr fester Glaube an die Wunder, die in der Bibel erzählt werden, kann nicht erschüttert werden durch die Ungläubigkeit, mit der sie den Wundern des gegenwärtigen Rabbis gegenüberstehn. Für die Chassidim ist der Wunderrabbi der Mittler zwischen Mensch und Gott. Die »aufgeklärten« Juden bedürfen keines Mittlers. Ja, sie betrachten es als Sünde, an eine irdische Macht zu glauben, die imstande wäre, Gottes Ratschlüssen vorzugreifen, und sie sind selbst ihre eigenen Fürsprecher. Dennoch können sich viele Juden, auch, wenn sie keine Chassidim sind, der wunderbaren Atmosphäre, die um einen Rabbi weht, nicht entziehen und ungläubige Juden und selbst christliche Bauern begeben sich in schwierigen Lagen zum Rabbi, um Trost und Hilfe zu finden.

Dem Fremden und dem Feind stellen alle Ostjuden eine geschlossene Front entgegen, oder eine scheinbar geschlossene Front. Nichts dringt an die Außenwelt von dem Eifer, mit dem einzelne Gruppen einander bekämpfen, von dem Haß und der Bitterkeit, welche die Anhänger des einen Wunderrabbis gegen die des andern aufbringen und von der Verachtung, die alle frommen Juden gegen jene Söhne ihres Volkes hegen, die sich äußerlich an die Sitten und die Tracht ihrer christlichen Umgebung angepaßt haben. Die meisten frommen Juden verurteilen einen Mann aufs Schärfste, der sich den Bart rasieren läßt – – wie überhaupt das rasierte Gesicht das deutliche Merkmal für den Abfall vom Glauben darstellt. Der rasierte Jude trägt nicht mehr das Kennzeichen seines Volkes. Er versucht, auch wenn er es nicht will, so auszusehen, wie einer der glücklichen Christen, die man nicht verfolgt und nicht verspottet. Auch er entgeht dem Antisemitismus nicht. Aber es ist eben die Pflicht der Juden, nicht von den Menschen, sondern von Gott eine Milderung ihres Schicksals zu erwarten. Jede, noch so äußerliche Assimilation ist eine Flucht, oder der Versuch einer Flucht aus der traurigen Gemeinschaft der Verfolgten; ist ein Versuch, Gegensätze auszugleichen, die trotzdem vorhanden sind.

Man hat keine Grenzen mehr, um sich vor Vermischung zu schützen. Deshalb trägt jeder Jude Grenzen um sich. Es wäre schade, sie aufzugeben. Denn so groß die Not ist, die Zukunft bringt die herrlichste Erlösung. Die scheinbare Feigheit des Juden, der auf den Steinwurf des spielenden Knaben nicht reagiert und den schmähenden Zuruf nicht hören will, ist in Wahrheit der Stolz Eines, der weiß, daß er einmal siegen wird und daß ihm nichts geschehen kann, wenn Gott es nicht will und daß eine Abwehr nicht so wunderbar schützt, wie Gottes Wille es tut. Hat er sich nicht schon freudig verbrennen lassen? Was tut ihm ein Kieselstein und was der Speichel eines wütigen Hundes? Die Verachtung, die ein Ostjude gegen den Ungläubigen empfindet, ist tausendmal größer, als jene, die ihn selbst treffen könnte. Was ist der reiche Herr, was der Polizeioberst, was ein General, was ein Statthalter gegen ein Wort Gottes, gegen eines jener Worte, die der Jude immer im Herzen hat? Während er den Herrn grüßt, verlacht er ihn. Was weiß dieser Herr von dem wahren Sinn des Lebens? Selbst, wenn er weise wäre, seine Weisheit schwämme an der Oberfläche der Dinge. Er mag die Gesetze des Landes kennen, Eisenbahnen bauen und merkwürdige Gegenstände erfinden, Bücher schreiben und mit Königen auf die Jagd gehn. Was ist das alles gegen ein kleines Zeichen in der Heiligen Schrift und gegen die dümmste Frage des jüngsten Talmudschülers?

Dem Juden, der so denkt, ist jedes Gesetz, das ihm persönliche und nationale Freiheit verbürgt, höchst gleichgültig. Von den Menschen kann ihm nichts wirklich Gutes kommen. Ja, es ist fast eine Sünde, bei den Menschen um etwas zu kämpfen. Dieser Jude ist kein »nationaler« Jude im westeuropäischen Sinne. Er ist Gottes Jude. Um Palästina kämpft er nicht. Er haßt den Zionisten, der mit den lächerlichen europäischen Mitteln ein Judentum aufrichten will, das keines mehr wäre, weil es nicht den Messias erwartet hat und nicht Gottes Sinnesänderung, die ja bestimmt kommen wird. Es liegt in diesem großen Wahn so viel Opfermut, wie in der Tapferkeit der jungen Chaluzim, die Palästina aufbauen – – mag diese auch zu einem Ziele führen und jene zur Vernichtung. Zwischen dieser Orthodoxie und einem Zionismus, der am Sabbath Wege baut, kann es keine Versöhnung geben. Einem ostjüdischen Chassid und Orthodoxen ist ein Christ näher als ein Zionist. Denn dieser will das Judentum von Grund aus verändern. Er will eine jüdische Nation, die ungefähr so aussehen soll, wie die europäischen Nationen. Man wird dann vielleicht ein eigenes Land haben, aber keine Juden. Diese Juden merken nicht, daß der Fortschritt der

Welt die jüdische Religion vernichtet und daß immer weniger Gläubige ausharren und daß die Zahl der Frommen zusammenschmilzt. Sie sehen die jüdische Entwicklung nicht im Zusammenhang mit der Entwicklung der Welt. Sie denken erhaben und falsch.

Viele Orthodoxe haben sich überzeugen lassen. Sie sehen nicht mehr im rasierten Bart das Abzeichen des Abtrünnigen. Ihre Kinder und Enkel gehen als Arbeiter nach Palästina. Ihre Kinder werden jüdisch-nationale Abgeordnete. Sie haben sich abgefunden und versöhnt und sie haben trotzdem nicht aufgehört, an das Wunder des Messias zu glauben. Sie haben Kompromisse geschlossen.

Unversöhnlich und erbittert bleibt noch eine große Masse der Chassidim, die innerhalb des Judentums eine sehr merkwürdige Stellung einnehmen. Sie sind für den Westeuropäer ebenso ferne und rätselhaft, wie etwa die Bewohner des Himalaja, die jetzt in Mode gekommen sind. Ja, sie sind schwerer zu erforschen, denn sie haben, vernünftiger, als die wehrlosen Objekte europäischen Forschungseifers, bereits die zivilisatorische Oberflächlichkeit Europas kennen gelernt und man kann ihnen weder mit einem Kinoapparat, noch mit einem Fernglas, noch mit einem Aeroplan imponieren. Aber selbst, wenn ihre Naivetät und ihre Gastfreundschaft so groß wären, wie die der andern fremden Völker, die von unserem Wissensdrang mißbraucht werden – – selbst dann fände sich schwerlich ein europäischer Gelehrter, der eine Forschungsreise zu den Chassidim unternehmen würde. Man betrachtet die Juden, weil sie überall in unserer Mitte leben, als bereits »erforscht«. Am Hof eines Wunderrabbis ereignet sich aber ebenso viel Interessantes, wie bei den indischen Fakiren.

Viele Wunderrabbis leben im Osten und jeder gilt bei seinen Anhängern als der größte. Die Würde des Wunderrabbis vererbt sich seit Generationen vom Vater auf den Sohn. Jeder hält einen eigenen Hof, jeder hat seine Leibgarde,

Chassidim, die in seinem Haus aus- und eingehn, die mit ihm beten, mit ihm fasten, mit ihm essen. Er kann segnen und sein Segen geht in Erfüllung. Er kann verfluchen und sein Fluch erfüllt sich und trifft ein ganzes Geschlecht. Wehe dem Spötter, der ihn leugnet. Wohl dem Gläubigen, der ihm Geschenke bringt. Der Rabbi verwendet sie nicht für sich. Er lebt bescheidener, als der letzte Bettler. Seine Nahrung dient nur dazu, sein Leben knapp zu erhalten. Er lebt nur, weil er Gott dienen will. Er nährt sich von kleinen Bissen der Speisen und von kleinen Tropfen der Getränke. Wenn er im Kreis der Seinen am Tische sitzt, nimmt er von seinem reichlich gefüllten Teller nur einen Bissen und einen Schluck und läßt den Teller rings um den Tisch wandern. Jeder Gast wird von des Rabbis Speise satt. Er selbst hat keine leiblichen Bedürfnisse. Der Genuß des Weibes ist ihm eine heilige Pflicht und nur deshalb ein Genuß, weil er eine Pflicht ist. Er muß Kinder zeugen, damit das Volk Israels sich vermehre, wie der Sand am Meer und wie die Sterne am Himmel. Immer sind Frauen aus seiner nächsten Umgebung verbannt. Auch das Essen ist weniger Nahrung, als ein Dank an den Schöpfer für das Wunder der Speisen und eine Erfüllung des Gebotes, sich von Früchten und Tieren zu nähren – denn alles hat *Er* für den Menschen geschaffen. Tag und Nacht liest der Rabbi in heiligen Büchern. Er kann viele schon auswendig, so oft hat er sie gelesen. Aber jedes Wort, ja, jeder Buchstabe hat Millionen Seiten und jede Seite kündet von der Größe Gottes, an der man niemals genug lernen kann. Tag für Tag kommen die Menschen, denen ein teurer Freund erkrankt ist, eine Mutter stirbt, denen Gefängnis droht, die von der Behörde verfolgt werden, denen der Sohn assentiert wird, damit er für Fremde exerziere und für Fremde in einem törichten Krieg falle. Oder solche, deren Frauen unfruchtbar sind und die einen Sohn haben wollen. Oder Menschen, die vor einer großen Entscheidung stehen und nicht wissen, was sie zu tun haben. Der Rabbi hilft und vermittelt nicht nur zwischen Mensch und Gott, sondern, was noch schwieriger ist, zwischen Mensch und Mensch. Aus weiten Gegenden kommen sie zu ihm. Er hört in einem Jahr die merkwürdigsten Schicksale und kein Fall ist so verwickelt, daß er nicht einen noch komplizierteren schon gehört hätte. Der Rabbi hat ebenso viel Weisheit, wie Erfahrung und ebenso viel praktische Klugheit, wie Glauben an sich selbst und sein Auserwählt-sein. Er hilft mit einem Rat ebenso, wie mit einem Gebet. Er hat gelernt, die Sprüche der Schriften und die Gebote Gottes so auszulegen, daß sie den Gesetzen des Lebens nicht widersprechen und daß nirgend eine Lücke bleibt, durch die der Leugner schlüpfen könnte. Seit dem ersten Tag der Schöpfung hat sich vieles geändert, nicht aber Gottes Wille, der sich in den Grundgesetzen der Welt ausdrückt. Man bedarf keiner Kompromisse, um das zu beweisen. Alles ist nur Sache des Begreifens. Wer soviel erlebt hat, wie der Rabbi, kommt bereits über den Zweifel hinaus. Das Stadium des Wissens hat er schon hinter sich. Der Kreis ist geschlossen. Der Mensch ist wieder gläubig. Die hochmütige Wissenschaft des Chirurgen bringt dem Patienten den Tod und die schale Weisheit des Physikers dem Jünger den Irrtum. Man glaubt nicht mehr dem Wissenden. Man glaubt dem Glaubenden.

Viele glauben ihm. Er selbst, der Rabbi, macht keinen Unterschied zwischen den treuesten Erfüllern der geschriebenen Gebote und den weniger treuen, ja, nicht einmal zwischen Jude und Nichtjude, nicht zwischen Mensch und Tier. Wer zu ihm kommt, ist seiner Hilfe gewiß. Er weiß mehr, als er sagen darf. Er weiß, daß über dieser Welt noch eine andere ist, mit anderen Gesetzen und vielleicht ahnt er sogar, daß Verbote und Gebote, in dieser Welt von Sinn, in einer anderen ohne Bedeutung sind. Es kommt ihm auf die Befolgung des ungeschriebenen, aber desto gültigeren Gesetzes an.

Sie belagern sein Haus. Es ist gewöhnlich größer, heller, breiter als die kleinen Judenhäuser. Manche Wunderrabbis können einen wirklichen Hof halten. Ihre Frauen tragen kostbare Kleider und befehlen Dienerinnen, besitzen Pferde und Ställe: nicht, um es zu genießen, sondern um zu repräsentieren.

*

Es war ein Tag im Spätherbst, an dem ich mich aufmachte, den Rabbi zu besuchen. Der Tag eines östlichen Spätherbstes, der noch warm ist, von einer großen Demut und einer goldenen Entsagung. Ich stand um fünf Uhr früh auf, die Nebel hoben sich feucht und kalt und über die Rücken der wartenden Pferde strichen sichtbare Schauer. Fünf jüdische Frauen saßen mit mir im Bauernwagen. Sie trugen schwarze wollene Tücher, sahen älter aus, als sie waren, der Kummer hatte ihre Leiber und ihre Gesichter gezeichnet, sie waren Händlerinnen, sie brachten Geflügel in die Häuser der Wohlhabenden und lebten von geringen Verdiensten. Alle führten ihre kleinen Kinder mit. Wo hätte man die Kinder lassen können, an einem Tage, an dem die ganze Nachbarschaft zum Rabbi fuhr?

Wir kamen, als die Sonne aufging, in die kleine Stadt des Rabbi und sahen, daß schon viele Menschen vor uns gekommen waren. Diese Menschen waren schon einige Tage da, sie schliefen in den Hausfluren, in Scheunen, in Heuschobern und die bodenständigen Juden machten gute Geschäfte und vermieteten Schlafstellen für gutes Geld. Das große Wirtshaus war überfüllt. Die Straße war holprig, verfaulte Zaunlatten ersetzten ein Pflaster und auf den Zaunlatten hockten die Menschen.

Ich trug einen kurzen Pelz und hohe Reitstiefel und sah aus, wie einer der gefürchteten Beamten des Landes, auf deren Wink man eingesperrt werden kann. Deshalb ließen mich die Leute vorgehen, sie machten mir Platz und wunderten sich über meine Höflichkeit. Vor dem Hause des Rabbi stand ein rothaariger Jude, der Zeremonienmeister, den alle mit Bitten, Flüchen, Geldscheinen und Stößen bedrängten, ein Mann von Macht, der keine Gnade kannte, und mit einer Art gemessener Roheit die Flehenden ebenso zurückstieß, wie die Scheltenden. Ja, es kam vor, daß er von Manchen Geld nahm und sie dennoch nicht einließ, daß er vergaß, von wem er Geld bekommen hatte, oder so tat, als hätte er es vergessen. Sein Angesicht war von wachsbleicher Farbe und von einem schwarzen, runden Samthut beschattet. Der kupferrote Bart sprang in dichten Haarknäueln vom Kinn aus den Menschen entgegen, war an den Wangen hier und dort ausgegangen, wie altes Futter und wuchs ganz nach seinem Belieben und ohne eine gewisse Ordnung zu beachten, welche die Natur auch für Bärte bestimmt hat. Der Jude hatte kleine gelbe Augen unter sehr spärlichen, kaum sichtbaren Brauen, breite harte Kinnbacken, die slavische Mischung verrieten und blasse, bläuliche Lippen. Wenn er schrie, sah man sein starkes gelbes Gebiß und wenn er jemanden zurückstieß, seine starke Hand, an der die roten Borsten starrten.

Diesem Mann gab ich einen Wink, den er verstehen mußte. Es bedeutete: hier ist etwas Außerordentliches und wir können nur unter vier Augen miteinander reden. Er verschwand. Er schlug die Tür zu, sperrte sie ab und kam, die Menschenmenge zerteilend, auf mich zu.

»Ich bin von weither gekommen, ich bin nicht von hier und möchte den Rabbi sprechen. Aber ich kann Ihnen nicht viel Geld geben.«

»Haben Sie einen Kranken, oder wollen Sie ein Gebet für seine Gesundheit, oder geht es Ihnen schlecht, dann schreiben Sie auf einen Zettel alles, was Sie wollen und der Rabbi wird es lesen und für Sie beten!«

»Nein, ich will ihn sehen!«

»Dann kommen Sie vielleicht nach den Feiertagen?«

»Das kann ich nicht. Ich muß ihn heute sehen!«

»Da kann ich Ihnen nicht helfen, oder Sie gehen durch die Küche!«

»Wo ist die Küche?«

»Auf der andern Seite.«

»Auf der andern Seite« wartete ein Herr, der offenbar viel gezahlt hatte. Es war ein Herr, in jeder Beziehung ein Herr. Man merkte es an seiner Fülle, an seinem Pelz und an seinem Blick, der weder ein Ziel suchte, noch eines gefunden hatte. Er wußte genau, daß die Küchentür aufgehen werde, in fünf, spätestens in zehn Minuten.

Aber, als sie wirklich aufging, wurde der reiche Herr ein wenig blaß. Wir gingen durch einen dunklen Korridor, dessen Boden holprig war, und der Herr entzündete Streichhölzer und schritt trotzdem unsicher.

Er verweilte lange beim Rabbi und kam in bester Laune wieder heraus. Später hörte ich, daß dieser Herr die praktische Gewohnheit hatte, zum Rabbi jedes Jahr einmal durch die Küche zu kommen, daß er ein reicher Naphtahändler war und Gruben besaß und so viel Geld unter Armen verstreute, daß er viele Pflichten umgehen durfte, ohne eine Strafe fürchten zu müssen.

Der Rabbi saß in einem schmucklosen Zimmer an einem kleinen Tisch vor dem Fenster, das auf einen Hof hinausging, und stützte die Linke auf den Tisch. Er hatte schwarzes Haar, einen kurzen schwarzen Bart und graue Augen. Seine Nase sprang kräftig, wie mit einem plötzlichen Entschluß, aus dem Gesicht und wurde am Ende etwas flach und breit. Die Hände des Rabbi waren dünn und knöchern und die Nägel weiß und spitz.

Er fragte mit starker Stimme nach meinen Wünschen und sah mich nur einen Augenblick flüchtig an, um dann in den Hof hinauszusehen.

Ich sagte, ich hätte ihn sehen wollen und von seiner Klugheit viel gehört.

»Gott ist klug!« sagte er und sah mich wieder an.

Er winkte mich an den Tisch, gab mir die Hand und sagte mit dem herzlichen Ton eines alten Freundes: »Alles Gute!«

Ich ging denselben Weg zurück. In der Küche aß der Rothaarige hastig eine Bohnensuppe mit einem Holzlöffel. Ich gab ihm einen Geldschein. Er nahm ihn mit der Linken und führte dabei mit der Rechten den Löffel zum Munde.

Draußen kam er mir nach. Er wollte Neuigkeiten hören und wissen, ob man in Japan noch einmal zum Kriege rüste.

Wir sprachen von den Kriegen und von Europa. Er sagte: Ich habe gehört, daß die Japaner keine Gojim sind wie die Europäer. Warum führen sie dann Krieg?

Ich glaube, daß jeder Japaner verlegen geworden wäre und keine Antwort gefunden hätte.

*

Ich sah, daß in dieser kleinen Stadt lauter rothaarige Juden wohnten. Einige Wochen später feierten sie das Fest der Thora und ich sah, wie sie tanzten.

Das war nicht der Tanz eines degenerierten Geschlechts. Es war nicht nur die Kraft eines fanatischen Glaubens. Es war gewiß eine Gesundheit, die den Anlaß zu ihrem Ausbruch im Religiösen fand.

Die Chassidim faßten sich bei den Händen, tanzten in der Runde, lösten den Ring und klatschten in die Hände, warfen die Köpfe im Takt nach links und rechts, ergriffen die Thorarollen und schwenkten sie im Kreis, wie Mädchen und drückten sie an die Brust, küßten sie und weinten vor Freude. Es war im Tanz eine erotische Lust. Es rührte mich tief, daß ein ganzes Volk seine Sinnenfreude seinem Gott opferte und das Buch der strengsten Gesetze zu seiner Geliebten machte und nicht mehr trennen konnte zwischen körperlichem Verlangen und geistigem Genuß, sondern Beides vereinte. Es war Brunst und Inbrunst, der Tanz ein Gottesdienst und das Gebet ein sinnlicher Exzeß.

Die Menschen tranken Meth aus großen Kannen. Woher stammt die Lüge, daß Juden nicht trinken können? Es ist halb eine Bewunderung, aber auch halb ein Vorwurf, ein Mißtrauen gegen eine Rasse, der man die Stäte der Besinnung vorwirft. Ich aber sah, wie Juden die Besinnung verloren, allerdings nicht nach drei Krügen Bier, sondern nach fünf Kannen schweren Meths und nicht aus Anlaß einer Siegesfeier, sondern aus Freude darüber, daß Gott ihnen Gesetz und Wissen gegeben hatte.

*

Ich hatte schon gesehen, wie sie die Besinnung verloren, weil sie beteten. Das war am Jom Kippur. In Westeuropa heißt er »Versöhnungstag« --- die ganze Kompromißbereitschaft des westlichen Juden liegt in diesem Namen. Der Jom-Kippur aber ist kein Versöhnungs- sondern ein Sühne-Tag, ein schwerer Tag, dessen 24 Stunden eine Busse von 24 Jahren enthalten. Er beginnt am Vorabend, um vier Uhr nachmittag. In einer Stadt, deren Einwohner in der überwiegenden Mehrzahl Juden sind, fühlt man das größte aller jüdischen Feste, wie ein schweres Gewitter in der Luft, wenn man sich auf hoher See auf einem schwachen Schiff befindet. Die Gassen sind plötzlich dunkel, weil aus allen Fenstern der Kerzenglanz bricht, die Läden eilig und in furchtsamer Hast geschlossen werden – und gleich so unbeschreiblich dicht, daß man glaubt, sie würden erst am jüngsten Tag wieder geöffnet. Es ist ein allgemeiner Abschied von allem Weltlichen: vom Geschäft, von der Freude, von der Natur und vom Essen, von der Straße und von der Familie, von den Freunden, von den Bekannten. Menschen, die vor zwei Stunden noch im alltäglichen Gewand, mit gewöhnlichen Gesichtern herumgingen, eilen verwandelt durch die Gassen, dem Bethaus entgegen, in schwerer schwarzer Seide und im furchtbaren Weiß ihrer Sterbekleider, in weißen Socken und lockeren Pantoffeln, die Köpfe gesenkt, den Gebetmantel unter dem Arm und die große Stille, die in einer sonst fast orientalisch lauten Stadt hundertfach stark wird, lastet selbst auf den lebhaften Kindern, deren Geschrei in der Musik des Alltagslebens der stärkste Akzent ist. Alle Väter segnen jetzt ihre Kinder. Alle Frauen weinen jetzt vor den silbernen Leuchtern. Alle Freunde umarmen einander. Alle Feinde bitten einander um Vergebung. Der Chor der Engel bläst zum Gerichtstag. Bald schlägt Jehovah das große Buch auf, in dem Sünden, Strafen und Schicksale dieses Jahres verzeichnet sind. Für alle Toten brennen jetzt Lichter. Für alle Lebenden brennen andere. Die Toten sind von dieser Welt, die Lebenden vom Jenseits nur je einen Schritt entfernt. Das große Beten beginnt. Das große Fasten hat schon vor einer Stunde begonnen. Hunderte, tausende, zehntausende Kerzen brennen neben- und hintereinander, beugen sich zueinander, verschmelzen zu großen Flammen. Aus tausend Fenstern bricht das schreiende Gebet, unterbrochen von stillen, weichen, jenseitigen Melodien, dem Gesang der Himmel abgelauscht. Kopf an Kopf stehen in allen Bethäusern die Menschen. Manche werfen sich zu Boden, bleiben lange unten, erheben sich, setzen sich auf Steinfließen und Fußschemel, hocken und springen plötzlich auf, wakkeln mit den Oberkörpern, rennen auf kleinem Raum unaufhörlich hin und zurück, wie ekstatische Wachtposten des Gebets, ganze Häuser sind erfüllt von weißen Sterbehemden, von Lebenden, die nicht hier sind, von Toten, die lebendig werden, kein Tropfen netzt die trockenen Lippen und erfrischt die Kehlen, die so viel des Jammers hinausschreien – – nicht in die Welt, in die Überwelt. Sie werden heute nicht essen und morgen auch nicht. Es ist furchtbar, zu wissen, daß in dieser Stadt heute und morgen niemand essen und trinken wird. Alle sind plötzlich Geister geworden, mit den Eigenschaften von Geistern. Jeder kleine Krämer ist ein Übermensch, denn heute will er Gott erreichen. Alle strecken die Hände aus, um Ihn am Zipfel seiner Gewänder zu erfassen. Alle, ohne Unterschied: die Reichen sind so arm, wie die Armen, denn Keiner hat etwas zu essen. Alle sind sündig und alle beten. Es kommt ein Taumel über sie, sie schwanken, sie rasen, sie flüstern, sie tun sich weh, sie singen, rufen, weinen, schwere Tränen rinnen über die alten Bärte und der Hunger ist verschwunden vor dem Schmerz der Seele und der Ewigkeit der Melodien, die das entrückte Ohr vernimmt.

*

Eine ähnliche Verwandlung der Menschen sah ich nur bei jüdischen Begräbnissen.

Die Leiche des frommen Juden liegt in einer einfachen Holzkiste, von einem schwarzen Tuch bedeckt. Sie wird nicht geführt, sondern von vier Juden getragen, im Eilschritt – auf dem kürzesten Wege, ich weiß nicht, ob es Vorschrift ist, oder ob es geschieht, weil den Trägern ein langsamer Schritt die Last verdoppeln würde. Man rennt fast mit der Leiche durch die Straße. Die Vorbereitungen haben einen Tag gedauert. Länger als 24 Stunden darf kein Toter auf der Erde bleiben. Das Wehklagen der Hinterbliebenen ist in der ganzen Stadt zu hören. Die Frauen laufen durch die Gassen und schreien ihren Schmerz hinaus, jedem Fremden entgegen. Sie reden zum Toten, geben ihm Kosenamen, bitten ihn um Vergebung und Gnade, überhäufen sich mit Vorwürfen, fragen ratlos, was sie jetzt tun würden, versichern, daß sie nicht mehr leben wollen – – und alles in der Straßenmitte, auf dem Fahrdamm, im eiligen Lauf – – während aus den Häusern teilnahmslose Gesichter sehen und Fremde ihren Geschäften nachgehen, Wagen vorbeifahren und die Ladenbesitzer Kunden heranlocken.

Auf dem Friedhof spielen sich die erschütterndsten Szenen ab. Frauen wollen die Gräber nicht verlassen, man muß sie bändigen, der Trost sieht wie eine Zähmung aus. Die Melodie des Totengebetes ist von einer grandiosen Einfachheit, die Zeremonie des Begrabens kurz und fast heftig, die Schar der Bettler, die um Almosen ringt, ist groß.

Sieben Tage sitzen die nächsten Hinterbliebenen im Hause des Toten auf dem Boden, auf kleinen Schemeln, sie gehen in Strümpfen und sind selbst wie halbe Tote. In den Fenstern brennt ein kleines, trübes Totenlicht vor einem Stückchen weißer Leinwand und die Nachbarn bringen den Trauernden ein hartes Ei, die Nahrung desjenigen, dessen Schmerz rund ist, ohne Anfang und ohne Ende.

*

Aber die Freude kann ebenso heftig wie der Schmerz sein.

Ein Wunderrabbi verheiratete seinen 14jährigen Sohn mit der 16jährigen Tochter eines Kollegen und die Chassidim beider Rabbis kamen zum Fest, das acht Tage dauerte und an dem etwa 600 Gäste teilnahmen.

Die Behörde hatte ihnen eine alte, unbenutzte Kaserne überlassen. Drei Tage dauerte die Wanderung der Gäste. Sie kamen mit Wagen, Pferden, Strohsäcken, Pölstern, Kindern, Schmuck und großen Koffern und quartierten sich in den Räumen der Kaserne ein.

Es war große Bewegung in der kleinen Stadt. Etwa 200 Chassidim verkleideten sich, zogen alte russische Gewänder an, umgürteten sich mit alten Schwertern und ritten auf Pferden ohne Sattel durch die Stadt. Es waren gute Reiter unter ihnen und sie desavouierten alle schlechten Witze, die von jüdischen Militärärzten handeln und zu berichten wissen, daß Juden sich vor Pferden fürchten.

Acht Tage dauerte der Lärm, das Drängen, das Singen, das Tanzen und das Trinken. Zum Fest wurde ich nicht zugelassen. Es war nur für die Beteiligten und ihre Anhänger arangiert. Die Fremden drängten sich draußen, sahen durch die Fenster und lauschten der Tanzmusik, die übrigens gut war.

*

Es gibt nämlich gute jüdische Musiker im Osten. Dieser Beruf ist erblich. Einzelne Musiker bringen es zu hohem Ansehen und zu einem Ruhm, der ein paar Meilen über ihre Heimatstadt hinausreicht. Einen größeren Ehrgeiz haben die echten Musiker nicht. Sie komponieren Melodien, die sie, ohne von Noten eine Ahnung zu haben, ihren Söhnen vererben und manchmal großen Teilen des ostjüdischen Volkes. Sie sind die Komponisten der Volkslieder. Wenn sie gestorben sind, erzählt man noch fünfzig Jahre lang Anekdoten aus ihrem Leben. Bald ist ihr Name verschollen und ihre Melodien werden gesungen und wandern allmählich durch die Welt.

Die Musiker sind sehr arm, denn sie leben von fremden Freuden. Man bezahlt sie miserabel und sie sind froh, wenn sie gute Speisen und Lebkuchen für ihre Familie mitnehmen dürfen. Sie bekommen von den reichen Gästen, denen sie »aufspielen«, Trinkgelder. Nach dem unerbittlichen Gesetz des Ostens, hat jeder arme Mann, also auch der Musiker, viele Kinder. Das ist schlimm, aber auch gut. Denn die Söhne werden Musiker und bilden eine »Kapelle«, die umsomehr verdient, als sie größer ist und der Ruhm ihres Namens umso weiter verbreitet wird, als es mehr Träger dieses Namens gibt. Manchmal geht ein später Nachkomme dieser Familie in die Welt und wird ein berühmter Virtuose. Es leben einige solche Musiker im Westen, deren Namen zu nennen keinen Sinn hat. Nicht, weil es ihnen etwa peinlich sein könnte, sondern weil es ungerecht wäre gegenüber den unbekannten Ahnen, die es nicht nötig haben, sich ihre Größe durch das Talent ihrer Enkel bestätigen zu lassen.

*

Zu einem künstlerischen Ruhm bringen es auch die Sänger, die Vorbeter, die man im Westen »Kantoren« nennt und deren Berufsname »Chasen« lautet. Diesen Sängern geht es meist besser, als den Musikern, weil ihre Aufgabe eine religiöse, ihre Kunst eine andächtige und weihevolle ist. Ihre Tätigkeit stellt sie in die Nähe der Priester. Manche, deren Ruf bis nach Amerika dringt, erhalten Einladungen in die reichen amerikanischen Judenviertel. In Paris, wo es einige reiche ostjüdische Gemeinden gibt, lassen die Repräsentanten der Synagogen jedes Jahr zu den Feiertagen einen der berühmten Sänger und Vorbeter aus dem Osten kommen. Die Juden gehen dann zum Gebet, wie man zu einem Konzert geht, und sowohl ihr religiöses, als auch ihr künstlerisches Bedürfnis wird befriedigt. Es ist möglich, daß der Inhalt der gesungenen Gebete, der Raum, in dem sie vorgetragen werden, den künstlerischen Wert des Sängers steigern. Ich habe nie nachprüfen können, ob die Juden recht hatten, die mir mit Überzeugung sagten, der und jener »Chasen« hätte besser gesungen, als Caruso.

*

Den seltsamsten Beruf hat der ostjüdische »Batlen«, ein Spaßmacher, ein Narr, ein Philosoph, ein Geschichtenerzähler. In jeder kleinen Stadt lebt mindestens *ein* Batlen. Er erheitert die Gäste bei Hochzeiten und Kindstaufen, er schläft im Bethaus, ersinnt Geschichten, hört zu, wenn die Männer disputieren und zerbricht sich den Kopf über unnütze Dinge. Man nimmt ihn nicht ernst. Er aber ist der ernsteste aller Menschen. Er hätte ebenso mit Federn und mit Korallen handeln können, wie jener Wohlhabende, der ihn zur Hochzeit lädt, damit er sich über sich selbst lustig mache. Aber er handelt nicht. Es fällt ihm schwer, ein Gewerbe zu betreiben, zu heiraten, Kinder zu zeugen und ein angesehenes Mitglied der Gesellschaft zu sein. Manchmal wandert er von Dorf zu Dorf, von Stadt zu Stadt. Er verhungert nicht, er ist immer am Rande des Hungers. Er stirbt nicht, er entbehrt nur, aber er will entbehren. Seine Geschichten würden wahrscheinlich in Europa Aufsehen erregen, wenn sie gedruckt würden. Viele behandeln Themen, die man aus der jiddischen und aus der russischen Literatur kennt. Der berühmte Scholem Alejchem war der Typus eines Batlen, – nur bewußter, ehrgeiziger und von seiner Kulturaufgabe überzeugt.

Die epischen Begabungen sind überhaupt häufig im Osten. In jeder Familie gibt es einen Onkel, der Geschichten zu erzählen weiß. Es sind meist stille Dichter, die ihre Geschichten vorbereiten, oder während sie erzählen, erfinden und verändern.

Die Winternächte sind kalt und lang und die Geschichtenerzähler, die gewöhnlich nicht genug Holz zum Heizen haben, erzählen gerne für ein paar Glas Tee und ein bißchen Ofenwärme. Sie werden anders, besser behandelt, als die Spaßmacher von Beruf. Denn jene versuchen wenigstens, einen praktischen Beruf auszuüben und sind schlau genug, vor dem durchaus praktisch gesinnten Durchschnittsjuden den schönen Wahn zu verbergen, den die Narren weithin verkünden. Diese sind Revolutionäre. Die Geschichtenerzähler aus Liebhaberei aber haben Kompromisse mit der bürgerlichen Welt geschlossen und sind Dilettanten geblieben. Der Durchschnittsjude schätzt Kunst und Philosophie, sofern sie nicht religiös sind, nur als »Unterhaltung«. Aber er ist ehrlich genug, es zuzugeben und er hat nicht den Ehrgeiz, von Musik und Kunst zu sprechen.

Das jiddische Theater ist seit einigen Jahren im Westen so bekannt geworden, daß an dieser Stelle eine Würdigung überflüssig wäre. Es ist fast mehr eine Institution des westlichen Ghettos, als der östlichen. Der fromme Jude besucht es nicht, weil er glaubt, es verstoße gegen die religiösen Vorschriften. Die Besucher des Theaters im Osten sind »aufgeklärte« Juden, die meist heute schon national fühlen. Sie sind Europäer, wenn auch noch weit entfernt vom Typus des westeuropäischen Theaterbesuchers, der den »Abend totschlägt«.

*

Man kennt im Westen den Typus des ostjüdischen Landmenschen überhaupt nicht. Er kommt nie nach dem Westen. Er ist mit seiner »Scholle« so verwachsen, wie der Bauer. Er ist selbst ein halber Bauer. Er ist Pächter oder Müller, oder Schankwirt im Dorf. Er hat nie etwas gelernt. Er kann oft kaum lesen und schreiben. Er kann gerade noch kleine Geschäfte machen. Er ist gerade noch klüger, als der Bauer. Er ist stark und groß und von einer unwahrscheinlichen Gesundheit. Er besitzt körperlichen Mut, liebt eine Schlägerei und scheut keine Gefahr. Viele nützen ihre Überlegenheit gegenüber den Bauern aus und gaben im alten Rußland Anlaß zu örtlichen Pogromen, in Galizien zu antisemitischen Hetzen. Aber viele sind von einer bäuerlichen Naturfrömmigkeit und einer großen Redlichkeit des Herzens. Viele haben den gesunden Menschenverstand, den man in allen Ländern findet und der sich dort entwickelt, wo eine vernünftige Rasse unmittelbar den Gesetzen der Natur ergeben ist.

*

Es fällt mir schwer, vom ostjüdischen Proletariat zu sprechen. Ich kann einem großen Teil dieses Proletariats nicht den schweren Vorwurf ersparen, daß es seiner eigenen Klasse feindlich gegenübersteht; und wenn nicht feindlich, so doch gleichgültig. Keiner der vielen ungerechten und sinnlosen Vorwürfe, die man im Westen gegen die Ostjuden erhebt, ist so ungerecht, so sinnlos wie der, daß sie Zerstörer der Ordnung sind, also das, was der Spießer Bolschewik nennt. Der arme Jude ist der konservativste Mensch unter allen Armen der Welt. Er ist geradezu eine Garantie für die Erhaltung der alten Gesellschaftsordnung. Die Juden in ihrer großen geschlossenen Mehrheit sind eine bürgerliche Klasse mit eigenen nationalen, religiösen und Rassenmerkmalen. Der Antisemitismus im Osten (wie übrigens auch im Westen) ist oft revolutionärer, nach dem bekannten Wort wirklich ein »Sozialismus der Trottel« – aber immerhin ein Sozialismus. Der slavische arme Teufel, der kleine Bauer, der Arbeiter, der Handwerker, sie leben in der Überzeugung, daß der Jude Geld hat. Er hat ebensowenig Geld, wie seine antisemitischen Feinde. Aber er lebt bürgerlich. Er hungert und darbt mehr geregelt, als der christliche Proletarier. Man kann sagen: er nimmt täglich zu bestimmten Stunden seine Mahlzeiten nicht ein. Nur einmal in der Woche – am Freitagabend ißt er, wie der wohlhabende Glaubensgenosse. Seine Kinder schickt er in die Schule, er kleidet sie besser, er kann sparen und er besitzt, weil er einer alten Rasse angehört, immer etwas: einen Schmuck, den er von den Urvätern ererbt hat, Betten, Möbel. Immer findet er noch eine wertvolle Kleinigkeit in seinem Hause. Er ist klug genug, nichts zu verkaufen. Er betrinkt sich nicht und hat nicht den traurigen, aber gesunden Leichtsinn des christlichen Proleten. Er kann seiner Tochter fast immer eine kleine Mitgift, immer eine Aussteuer geben. Er kann sogar seinen Schwiegersohn erhalten. Mag der Jude ein Handwerker, oder ein kleiner Händler sein, ein armer Gelehrter oder ein Tempeldiener, ein Bettler oder ein Wasserträger – er *will* kein Proletarier sein, er *will* sich von der armen Bevölkerung des Landes unterscheiden, er *spielt* einen Wohlsituierten. Er wird, wenn er ein Bettler ist, es vorziehen, in den Häusern der Reichen zu betteln, nicht auf der Straße. Er bettelt auch in den Straßen, aber seine Haupteinnahme bezieht er bei einer Art Stammkundschaft, die er sehr pünktlich aufsucht. Er wird beim reichen Bauern nicht betteln; aber beim weniger bemittelten Juden. Er hat immer einen bürgerlichen Stolz. Das bourgoise Talent der Juden, wohltätig zu sein, hat seinen Grund im Konservatismus des Judentums und es verhindert eine Revolutionierung der proletarischen Masse. Religion und Sitte verbieten jede Gewaltsamkeit, verbieten Aufruhr, Empörung und sogar offenen Neid. Der arme gläubige Jude hat sich mit seinem Schicksal abgefunden, wie der arme Gläubige jeder Religion. Gott macht den Einen reich, den Andern arm. Empörung gegen den Reichen wäre Empörung gegen Gott.

Bewußte Proletarier sind nur die jüdischen Arbeiter. Da gibt es einen Sozialismus verschiedener Schattierungen. Der ostjüdische Sozialist und Proletarier ist naturgemäß weniger Jude, als sein bürgerlicher oder halbproletarischer Stammesgenosse. Auch dann weniger Jude, wenn er sich zum nationalen Judentum bekennt und zum Zionismus. Der nationalste jüdische Sozialist ist der Poale-Zionist, der ein sozialistisches, mindestens ein Arbeiter-Palästina ersehnt. Zwischen jüdischen Sozialisten und Kommunisten sind die Grenzen weniger scharf und von einer Feindschaft unter Proletariern, wie bei uns, kann keine Rede sein. Viele jüdische Arbeiter gehören den sozialistischen und kommunistischen Parteien ihrer Länder an, sind also polnische, russische, rumänische Sozialisten. Bei fast allen steht die nationale Frage hinter der sozialen. Die Arbeiter aller Nationen denken so. »Nationale Freiheit« ist der Luxusbegriff eines Geschlechts, das keine anderen Sorgen hat. Wenn von allen Nationen eine berechtigt ist, in der »nationalen Frage« einen lebenswichtigen Inhalt zu erkennen, so sind es die Juden, die der Nationalismus der andern zwingt, eine »Nation« zu werden. Dennoch empfinden sogar die Arbeiter *dieser* Nation die größere Wichtigkeit des sozialen Problems. Sie sind stärker in ihrem proletarischen Empfinden, ehrlicher und konsequenter: sie sind also »radikaler«, was ja in Westeuropa durch den modernen Jargon der Parteiführer bereits eine schimpfliche Eigenschaft ist. Es ist nur ein Irrtum der Antisemiten, zu glauben, die Juden wären radikale Revolutionäre. Den bürgerlichen und halbproletarischen Juden ist ein jüdischer Revolutionär ein Greuel.

Ich bin in der großen Verlegenheit, Menschen gegen ihren Willen Proletarier nennen zu müssen. Einigen kann ich die mildernde, in Westeuropa erfundene unsinnige Bezeichnung: geistige Proletarier konzedieren. Es sind dies die Thoraschreiber, die jüdischen Lehrer, die Gebetmäntelhersteller und die Wachslichterzeuger, die rituellen Schlächter und die kleinen Kultusbeamten. Es sind, sagen wir: konfessionelle Proletarier. Dann aber gibt es noch eine ganze große Schar von Leidenden, Getretenen, Mißachteten, die weder im Glauben, noch in einem Klassenbewußtsein, noch in einer revolutionären Gesinnung Trost finden. Zu ihnen gehören zum Beispiel die Wasserträger in den kleinen Städten, die von morgens früh bis zum späten Abend die Fässer in den Häusern der Wohlhabenden mit Wasser füllen – gegen einen kargen Wochenlohn. Es sind rührende, naive Menschen, von einer fast unjüdischen körperlichen Kraft. Ihnen sozial gleichgestellt sind die Möbelpacker, die Kofferträger und eine ganze Reihe Anderer, die von Gelegenheitsarbeiten leben – aber von *Arbeiten*. Es ist ein gesundes Geschlecht, tapfer und gutherzig. Nirgends ist Güte so nahe bei körperlicher Kraft, nirgends Roheit so fern von einer groben Tätigkeit, wie beim jüdischen Gelegenheitsarbeiter.

Manche zum Judentum übergetretene slavische Bauern leben von solchen Gelegenheitsarbeiten. Derlei Übertritte sind im Osten verhältnismäßig häufig, obwohl das offizielle Judentum sich dagegen wehrt und die jüdische Religion unter allen Religionen der Welt die einzige ist, die nicht bekehren will. Ohne Zweifel ist in den Ostjuden viel mehr slavisches Blut, als etwa in den deutschen Juden germanisches. Wenn die westeuropäischen Antisemiten und deutschnationalen Juden also glauben, die Ostjuden wären »semitischer« und also »gefährlicher«, so ist das ebenso ein Irrtum, wie der Glaube eines westjüdischen Bankiers, der sich »arischer« fühlt, weil in seiner Verwandschaft schon Mischehen vorgekommen sind.

Die westlichen Ghettos.

I. Wien.

1.

Die Ostjuden, die nach Wien kommen, siedeln sich in der Leopoldstadt an, dem zweiten der zwanzig Bezirke. Sie sind dort in der Nähe des Praters und des Nordbahnhofs. Im Prater können Hausierer leben – von Ansichtskarten für die Fremden und vom Mitleid, das den Frohsinn überall zu begleiten pflegt. Am Nordbahnhof sind sie alle angekommen, durch seine Hallen weht noch das Aroma der Heimat und es ist das offene Tor zum Rückweg.

Die Leopoldstadt ist ein freiwilliges Ghetto. Viele Brücken verbinden sie mit den andern Bezirken der Stadt. Über diese Brücken gehen tagsüber die Händler, Hausierer, Börsenmakler, Geschäftemacher, also alle unproduktiven Elemente des eingewanderten Ostjudentums. Aber über dieselben Brücken gehen in den Morgenstunden auch die Nachkommen derselben unproduktiven Elemente, die Söhne und Töchter der Händler, die in den Fabriken, Büros, Banken, Redaktionen und Werkstätten arbeiten.

Die Söhne und Töchter der Ostjuden sind produktiv. Mögen die Eltern schachern und hausieren. Die Jungen sind die begabtesten Anwälte, Mediziner, Bankbeamten, Journalisten, Schauspieler.

Die Leopoldstadt ist ein armer Bezirk. Es gibt kleine Wohnungen, in denen sechsköpfige Familien wohnen. Es gibt kleine Herbergen, in denen fünfzig, sechzig Leute auf dem Fußboden übernachten.

Im Prater schlafen die Obdachlosen. In der Nähe der Bahnhöfe wohnen die Ärmsten aller Arbeiter. Die Ostjuden leben nicht besser, als die christlichen Bewohner dieses Stadtteils.

Sie haben viele Kinder, sie sind an Hygiene und Sauberkeit nicht gewöhnt und sie sind gehaßt.

Niemand nimmt sich ihrer an. Ihre Vettern und Glaubensgenossen, die im ersten Bezirk in den Redaktionen sitzen, sind »schon« Wiener, und wollen nicht mit Ostjuden verwandt sein oder gar verwechselt werden. Die Christlichsozialen und Deutschnationalen haben den Antisemitismus als wichtigen Programmpunkt. Die Sozialdemokraten fürchten den Ruf einer »jüdischen Partei«. Die Jüdischnationalen sind ziemlich machtlos. Außerdem ist die jüdisch-nationale Partei eine bürgerliche. Die große Masse der Ostjuden aber ist Proletariat.

Die Ostjuden sind auf die Unterstützung durch die bürgerlichen Wohlfahrtsorganisationen angewiesen. Man ist geneigt, die jüdische Barmherzigkeit höher einzuschätzen, als sie verdient. Die jüdische Wohltätigkeit ist ebenso eine unvollkommene Einrichtung wie jede andere. Die Wohltätigkeit befriedigt in erster Linie die Wohltäter. In einem jüdischen Wohlfahrtsbüro wird der Ostjude von seinen Glaubensgenossen und sogar von seinen Landsleuten oft nicht besser behandelt, als von Christen. Es ist furchtbar schwer, ein Ostjude zu sein; es gibt kein schwereres Los, als das eines fremden Ostjuden in Wien.

2.

Wenn er den zweiten Bezirk betritt, grüßen ihn vertraute Gesichter. Grüßen sie ihn? Ach, er sieht sie nur. Die schon vor zehn Jahren hierhergekommen sind, lieben die Nachkommenden gar nicht. Noch Einer ist angekommen. Noch Einer will verdienen. Noch Einer will leben.

Das Schlimmste: daß man ihn nicht umkommen lassen kann. Er ist kein Fremder. Er ist ein Jude und ein Landsmann.

Irgendjemand wird ihn aufnehmen. Ein anderer wird ihm ein kleines Kapital vorstrecken oder Kredit verschaffen. Ein Dritter wird ihm eine »Tour« abtreten oder zusammenstellen. Der Neue wird ein Ratenhändler.

Der erste schwerste Weg führt ihn ins Polizeibüro.

Hinter dem Schalter sitzt ein Mann, der die Juden im Allgemeinen und die Ostjuden im Besonderen nicht leiden mag.

Dieser Mann wird Dokumente verlangen. Unwahrscheinliche Dokumente. Niemals verlangt man von christlichen Einwanderern derlei Dokumente. Außerdem sind christliche Dokumente in Ordnung. Alle Christen haben verständliche europäische Namen, Juden haben unverständliche und jüdische. Nicht genug daran: sie haben zwei und drei durch ein »false« oder ein »recte« verbundene Familiennamen. Man weiß niemals, wie sie heißen. Ihre Eltern sind nur vom Rabbiner getraut worden. Diese Ehe hat keine gesetzliche Gültigkeit. Hieß der Mann: Weinstock und die Frau: Abramofsky, so hießen die Kinder dieser Ehe: Weinstock recte Abramofsky oder auch Abramofsky false Weinstock. Der Sohn wurde auf den jüdischen Vornamen: Leib Nachman getauft. Weil dieser Name aber schwierig ist und einen aufreizenden Klang haben könnte, nennt sich der Sohn: Leo. Er heißt also: Leib Nachmann genannt Leo Abramofsky, false Weinstock.

Solche Namen bereiten der Polizei Schwierigkeiten. Die Polizei liebt keine Schwierigkeiten. Wären es nur die Namen. Aber auch die Geburtsdaten stimmen nicht. Gewöhnlich sind die Papiere verbrannt. (In kleinen galizischen, littauischen und ukrainischen Orten hat es in den Standesämtern immer gebrannt.) Alle Papiere sind verloren. Die Staatsbürgerschaft ist nicht geklärt. Sie ist nach dem Krieg und der Ordnung von Versailles noch verwickelter geworden. Wie kam jener über die Grenze? Ohne Paß? Oder gar mit einem falschen? Dann heißt er also nicht so, wie er heißt und obwohl er so viele Namen angibt, die selbst gestehen, daß sie falsch sind, sind sie auch wahrscheinlich noch objektiv falsch. Der Mann auf den Papieren, auf dem Meldezettel ist nicht identisch mit dem Mann, der soeben angekommen ist. Was kann man tun? Soll man ihn einsperren? Dann ist nicht der Richtige eingesperrt. Soll man ihn ausweisen? Dann ist ein Falscher ausgewiesen. Aber, wenn man ihn zurückschickt, damit er neue Dokumente, anständige, mit zweifellosen Namen bringe, so ist jedenfalls nicht nur der Richtige zurückgeschickt, sondern eventuell aus einem Unrichtigen ein Richtiger gemacht worden.

Man schickt ihn also zurück, einmal zweimal, dreimal. Bis der Jude gemerkt hat, daß ihm nichts anderes übrig bleibt, als falsche Daten anzugeben, damit sie wie ehrliche aussehen. Bei einem Namen zu bleiben, der vielleicht nicht sein eigener, aber doch ein zweifelloser, glaubwürdiger Namen ist. Die Polizei hat den Ostjuden auf die gute Idee gebracht, seine echten wahren aber verworrenen Verhältnisse durch erlogene aber ordentliche zu cachieren.

Und jeder wundert sich über die Fähigkeit der Juden, falsche Angaben zu machen. Niemand wundert sich über die naiven Forderungen der Polizei.

3.

Man kann ein Hausierer oder ein Ratenhändler sein.

Ein Hausierer trägt Seife, Hosenträger, Gummiartikel, Hosenknöpfe, Bleistifte in einem Korb, den er um den Rükken umgeschnallt hat. Mit diesem kleinen Laden besucht man verschiedene Cafés und Gasthäuser. Aber es ist ratsam, sich vorher zu überlegen, ob man gut daran tut, hier und dort einzukehren.

Auch zu einem einigermaßen erfolgreichen Hausieren gehört eine jahrelange Erfahrung. Man geht am sichersten zu

Piowati, um die Abendstunden, wenn die vermögenden Leute koschere Würste mit Kren essen. Schon der Inhaber ist es dem jüdischen Ruf seiner Firma schuldig, einen armen Hausierer mit einer Suppe zu bewirten. Das ist nun auf jeden Fall ein Verdienst. Was die Gäste betrifft, so sind sie, wenn bereits gesättigt, sehr wohltätiger Stimmung. Bei niemandem hängt die Güte so innig mit der körperlichen Befriedigung zusammen, wie beim jüdischen Kaufmann. Wenn er gegessen hat und wenn er gut gegessen hat, ist er sogar imstande, Hosenträger zu kaufen, obwohl er sie selbst in seinem Laden führt. Meist wird er gar nichts kaufen und ein Almosen geben.

Man darf natürlich nicht etwa als der sechste Hausierer zu Piowati kommen. Beim Dritten hört die Güte auf. Ich kannte einen jüdischen Hausierer, der alle drei Stunden in denselben Piowati-Laden eintrat. Die Generationen der Esser wechseln alle drei Stunden. Saß noch ein Gast von der alten Generation, so mied der Hausierer dessen Tisch. Er wußte genau, wo das Herz aufhört und wo die Nerven beginnen.

In einem ganz bestimmten Stadium der Trunkenheit sind auch die Christen gutherzig. Man kann also am Sonntag in die kleinen Schenken und in die Cafés der Vororte eintreten, ohne Schlimmes zu befürchten. Man wird ein wenig gehänselt und beschimpft werden, aber so äußert sich eben die Gutmütigkeit. Besonders Witzige werden den Korb wegnehmen, verstecken und den Hausierer ein wenig zur Verzweiflung bringen. Er lasse sich nicht erschrecken! Es sind lauter Äußerungen des goldenen Wiener Herzens. Ein paar Ansichtskarten wird er schließlich verkaufen.

Alle seine Einnahmen reichen nicht aus, ihn selbst zu ernähren. Dennoch wird der Hausierer Frau, Töchter und Söhne zu erhalten wissen. Er wird seine Kinder in die Mittelschule schicken, wenn sie begabt sind, und Gott will, daß sie begabt sind. Der Sohn wird einmal ein berühmter Rechtsanwalt sein, aber der Vater, der so lange hausieren mußte, wird weiter hausieren wollen. Manchmal fügt es sich, daß die Urenkel des Hausierers christlich-soziale Antisemiten sind. Es hat sich schon oft so gefügt.

4.

Welch ein Unterschied zwischen einem Hausierer und einem Ratenhändler? Jener verkauft für bares Geld und dieser auf Ratenzahlung. Jener braucht eine kleine »Tour« und dieser eine große. Jener fährt nur mit der Vorortbahn und dieser auch mit der großen Eisenbahn. Aus jenem wird niemals ein Kaufmann, aus diesem vielleicht.

Der Ratenhändler ist nur in einer Zeit der festen Valuta möglich. Die große Inflation hat allen Ratenhändlern die traurige Existenz genommen. Sie sind Valutenhändler geworden.

Auch einem Valutenhändler ging es nicht gut. Kaufte er rumänische Leis, so fielen sie an der Börse. Verkaufte er sie, fingen sie an zu steigen. Wenn der Dollar in Berlin hochstand, die Mark in Wien ebenfalls, so fuhr der Valutenhändler nach Berlin, Mark einkaufen. Er kam nach Wien zurück, um für die hohen Mark Dollar einzukaufen. Dann fuhr er mit den Dollars nach Berlin, um noch mehr Mark einzukaufen. Aber so schnell fährt keine Eisenbahn, wie eine Mark fällt. Ehe er nach Wien kam, hatte er schon die Hälfte.

Der Valutenhändler hätte mit allen Börsen der Welt in telephonischer Verbindung stehen müssen, um wirklich zu verdienen. Er aber stand nur mit einer schwarzen Börse seines Aufenthaltsortes in Verbindung. Man hat die Schädlichkeit, aber auch die Informiertheit der schwarzen Börse gewaltig überschätzt. Noch schwärzer, als die schwarze Börse, war die offizielle, schneeweiße, in Unschuld prangende und von der Polizei geschützte. Die schwarze Börse war die schmutzige Konkurrenz einer schmutzigen Institution. Die Valutenhändler waren die gescholtenen Konkurrenten der ehrenhaft genannten Banken.

Nur die wenigsten kleinen Valutenhändler sind wirklich reich geworden. Die meisten sind heute wieder, was sie gewesen sind: arme Ratenhändler.

5.

Die Kunden des Ratenhändlers sind Leute, die kein Geld besitzen, aber ein Einkommen. Studenten, kleine Beamte, Arbeiter. Jede Woche kommt der Ratenhändler zu den Kunden, einkassieren und neue Ware verkaufen. Da der Bedarf der kleinen Leute groß ist, kaufen sie verhältnismäßig viel. Da ihr Einkommen sehr gering ist, zahlen sie verhältnismäßig wenig. Der Ratenhändler weiß nicht, worüber er sich freuen soll: über den steigenden Absatz oder über den fallenden. Je mehr er verkauft, desto langsamer bekommt er sein Geld.

Soll er die Preise erhöhen? Dann gehen die Leute in das nächste Warenhaus, deren es jetzt in allen kleinen Städten einige gibt. Der Ratenhändler ist für sie billiger, weil er die Eisenbahn bezahlt, die sie sonst bezahlen müssen. Mit ihm kommt das Warenhaus zu den Kunden. Er ist bequemer.

Infolgedessen ist sein Leben unbequem. Wenn er die Eisenbahn ersparen will, muß er, schwer bepackt, zu Fuß gehen. Also geht er langsam. Dabei kommt er nicht überall zurecht. Er muß Sonntag bei Allen sein, die ihm Geld schuldig sind. Der Lohn ist Sonnabend bezahlt worden, er ist also Montag nicht mehr vorhanden. Fährt der Ratenhändler aber Eisenbahn, so zahlt er auf jeden Fall, er kommt auch überall zurecht, aber sehr oft ist der Wochenlohn schon am Sonntag nicht mehr vorhanden.

So sind die jüdischen Schicksale.

6.

Was kann ein Ostjude sonst werden? Ist er Arbeiter, so nimmt ihn keine Fabrik. Es gibt viele heimische Arbeitslose. Aber selbst, wenn es sie nicht gäbe, – man nimmt nicht einmal christliche Ausländer, geschweige denn jüdische.

Es gibt auch ostjüdische Handwerker. In der Leopoldstadt und in der Brigittenau leben viele ostjüdische Herrenschneider. Die Juden sind begabte Schneider. Aber es ist ein Unterschied, ob man ein Lokal, einen »Modesalon« im ersten Bezirk, in der Herrengasse hat, oder eine Werkstatt in der Küche eines Hauses in der kleinen Schiffgasse.

Wer kommt in die kleine Schiffgasse? Wer nicht gezwungen ist, hinzugehen, der geht lieber an ihr vorbei. In der kleinen Schiffgasse riecht es nach Zwiebeln und Petroleum, nach Hering und Seife, nach Spülwasser und Hausrat, nach Benzin und Kochtöpfen, nach Schimmel und Delikatessen. Schmutzige Kinder spielen in der kleinen Schiffgasse. Man staubt Teppiche an offenen Fenstern und lüftet Betten. Flaumfedern schwimmen in der Luft.

In so einer Gasse wohnt der jüdische kleine Schneider. Aber wäre es nur die Gasse! Seine Wohnung besteht aus einem Zimmer und einer Küche. Und nach den rätselhaften Gesetzen, nach denen Gott die Juden regiert, hat ein armer ostjüdischer Schneider sechs und mehr Kinder, aber nur selten einen Gehilfen. Die Nähmaschine rasselt, das Bügeleisen steht auf dem Nudelbrett, auf dem Ehebett nimmt er Maß. Wer sucht einen solchen Schneider auf?

Er »zehrt« nicht »am Mark der Eingeborenen«, der ostjüdische Schneider. Er lockt keinen Kunden dem christlichen Schneider weg. Er kann zuschneiden, seine Arbeit ist vorzüglich. Vielleicht wird er nach zwanzig Jahren einen wirklichen Modesalon im ersten Bezirk, in der Herrengasse haben. Aber dann wird er ihn auch redlich verdient haben. Auch

Ostjuden sind keine Zauberer. Was sie erreichen kostet Mühsal, Schweiß und Not.

7.

Wenn ein Ostjude viel Glück und Geld hat, kann er unter Umständen eine »Konzession« erhalten und einen Laden aufmachen. Seine Kunden sind die kleinen armen Leute des Viertels. Zum Beispiel: der oben geschilderte Herrenschneider. Der zahlt nicht bar, er hat Kredit. Das sind die »Geschäfte« der Ostjuden.

Es gibt ostjüdische Intellektuelle. Lehrer, Schreiber und so weiter. Es gibt auch Almosenempfänger. Verschämte Bettler. Straßenbettler. Musikanten. Zeitungsverkäufer. Sogar Stiefelputzer.

Und sogenannte »Lufthändler«. Händler mit »Luftware«. Die Ware liegt noch irgendwo in Ungarn auf einem Bahnhof. Sie liegt aber gar nicht auf dem ungarischen Bahnhof. Sie wird am Franz-Josephs-Kai gehandelt.

Es gibt ostjüdische Betrüger. Freilich: Betrüger! Aber es gibt auch westeuropäische Betrüger.

8.

Die zwei großen Straßen der Leopoldstadt sind: die Taborstraße und die Praterstraße. Die Praterstraße ist beinahe herrschaftlich. Sie führt direkt in's Vergnügen. Juden und Christen bevölkern sie. Sie ist glatt, weit und hell. Sie hat viele Cafés.

Viele Cafés sind auch in der Taborstraße. Es sind jüdische Cafés. Ihre Besitzer sind meist jüdisch, ihre Gäste fast durchwegs. Die Juden gehen gerne in's Kaffeehaus, um Zeitung zu lesen, Tarok und Schach zu spielen und Geschäfte zu machen.

Juden sind gute Schachspieler. Sie haben auch christliche

Partner. Ein guter christlicher Schachspieler kann kein Antisemit sein.

In den jüdischen Cafés gibt es stehende Gäste. Sie bilden im wahren Sinne des Wortes: die »Laufkundschaft«. Sie sind Stammgäste, ohne Speise oder Trank einzunehmen. Sie kommen achtzehnmal im Lauf eines Vormittags ins Lokal. Das Geschäft erfordert es.

Sie verursachen viel Geräusch. Sie sprechen eindringlich, laut und ungezwungen. Weil alle Besucher Menschen von Welt und guten Manieren sind, fällt niemand auf, obwohl er auffällig ist.

In einem echten jüdischen Kaffeehaus kann man den Kopf unter den Arm nehmen. Niemand kümmert sich darum.

9.

Der Krieg hat viele ostjüdische Flüchtlinge nach Wien gebracht. So lange ihre Heimat besetzt war, gab man ihnen »Unterstützungen«. Man schickte ihnen nicht etwa das Geld nach Haus. Sie mußten in den kältesten Wintertagen, in den frühesten Nachtstunden anstehen. Alle: Greise, Kranke, Frauen, Kinder.

Sie schmuggelten. Sie brachten Mehl, Fleisch, Eier aus Ungarn. Man sperrte sie in Ungarn ein, weil sie die Nahrungsmittel aufkauften. Man sperrte sie in Österreich ein, weil sie nichtrationierte Lebensmittel ins Land brachten. Sie erleichterten den Wienern das Leben. Man sperrte sie ein.

Nach dem Krieg wurden sie, zum Teil gewaltsam, repatriiert. Ein sozialdemokratischer Landeshauptmann ließ sie ausweisen. Für Christlichsoziale sind's Juden. Für Deutschnationale sind sie Semiten. Für Sozialdemokraten sind sie unproduktive Elemente.

Sie aber sind arbeitsloses Proletariat. Ein Hausierer ist ein Proletarier.

Wenn er nicht mit den Händen arbeitet, so schafft er mit den Füßen. Wenn er keine bessere Arbeit findet, so ist es nicht seine Schuld. Wozu diese Selbstverständlichkeiten? Wer glaubt das Selbstverständliche?

II. Berlin.

1.

Kein Ostjude geht freiwillig nach Berlin. Wer in aller Welt kommt freiwillig nach Berlin?

Berlin ist eine Durchgangsstation, in der man aus zwingenden Gründen länger verweilt. Berlin hat kein Ghetto. Es hat ein jüdisches Viertel. Hierher kommen die Emigranten, die über Hamburg und Amsterdam nach Amerika wollen. Hier bleiben sie oft stecken. Sie haben nicht genug Geld. Oder ihre Papiere sind nicht in Ordnung.

(Freilich: Die Papiere! Ein halbes jüdisches Leben verstreicht in zwecklosem Kampf gegen »Papiere«.)

Die Ostjuden, die nach Berlin kommen, haben oft ein Durchreisevisum, das sie berechtigt, zwei bis drei Tage in Deutschland zu bleiben. Es sind schon manche, die nur ein Durchreisevisum hatten, zwei bis drei Jahre in Berlin geblieben.

Von den alteingesessenen Berliner Ostjuden sind die meisten noch vor dem Kriege gekommen. Verwandte sind ihnen nachgereist. Flüchtlinge aus den okkupierten Gebieten kamen nach Berlin. Juden, die in Rußland, in der Ukraine, in Polen, in Litauen der deutschen Okkupationsarmee Dienste geleistet hatten, mußten mit der deutschen Armee nach Deutschland.

Es gibt auch ostjüdische Verbrecher in Berlin. Taschendiebe, Heiratsschwindler, Betrüger, Banknotenfälscher, Inflationsschieber. Fast keine Einbrecher. Keine Mörder, keine Raubmörder.

Vom Kampf um die Papiere, gegen die Papiere ist ein Ostjude nur dann befreit, wenn er den Kampf gegen die Gesellschaft mit verbrecherischen Mitteln führt. Der ostjüdische Verbrecher ist meist schon in seiner Heimat Verbrecher gewesen. Er kommt nach Deutschland ohne Papiere oder mit falschen. Er meldet sich nicht bei der Polizei.

Nur der ehrliche Ostjude – er ist nicht nur ehrlich, sondern auch furchtsam – meldet sich bei der Polizei. Das ist in Preußen weit schwieriger als in Österreich. Die Berliner Kriminalpolizei hat die Eigenschaft, in den Häusern nachzukontrollieren. Sie prüft auch auf der Straße Papiere. In der Inflation geschah es häufig.

Der Handel mit alten Kleidern ist nicht verboten, aber er ist auch nicht geduldet. Wer keinen Gewerbeschein besitzt, darf meine alte Hose nicht kaufen. Er darf sie auch nicht verkaufen.

Dennoch kauft er sie. Er verkauft sie auch. Er steht in der Joachimsthalerstaße oder Ecke Joachimsthalerstraße und Kurfürstendamm und tut so, als täte er gar nichts. Er muß den Passanten ansehen, ob sie erstens alte Kleider zu verkaufen haben und zweitens, ob sie Geld gebrauchen.

Die gekauften Kleider verkauft man am nächsten Morgen an der Kleiderbörse.

Auch unter den Hausierern gibt es Rangunterschiede. Es gibt reiche, mächtige Hausierer, zu denen die kleinen sehr demütig aufblicken. Je reicher ein Hausierer ist, desto mehr verdient er. Er geht nicht auf die Straße. Er hat es nicht nötig. Ja, ich weiß nicht einmal, ob ich ihn wirklich »Hausierer« nennen darf. Eigentlich hat er einen Laden mit alten Kleidern und einen Gewerbeschein. Und wenn es nicht sein eigener Gewerbeschein ist, so ist es der eines Eingesessenen, eines Berliner Bürgers, der nichts vom Kleiderhandel versteht, aber prozentual am Geschäft beteiligt ist.

In der Kleiderbörse versammeln sich am Vormittag die

Ladeninhaber und die Hausierer. Diese bringen den Ertrag des vergangenen Tages, alle alten Röcke und Kleider. Im Frühling ist Hausse in Sommer- und Sportanzügen. Im Herbst ist Hausse in Cutaways, Smokings, und gestreiften Hosen. Wer im Herbst mit Sommer- und Leinenanzügen kommt, versteht das Geschäft nicht.

Die Kleider, die der Hausierer den Passanten für ein lächerliches Geld abgekauft hat, verkauft er mit einem lächerlich geringen Aufschlag an den Ladeninhaber. Dieser läßt die Kleider bügeln, »auffrischen«, richten. Dann hängt er sie vor sein Ladenschild und läßt sie flattern im Wind.

Wer alte Kleider gut zu verkaufen versteht, wird bald neue Kleider verkaufen können. Er wird ein Magazin eröffnen, statt eines Ladens. Er wird einmal Warenhausbesitzer werden.

In Berlin kann auch ein Hausierer Karriere machen. Er wird sich schneller assimilieren, als seine Standesgenossen in Wien. Berlin gleicht die Verschiedenen aus und ertötet Eigenheiten. Deshalb gibt es kein großes Berliner Ghetto.

Es gibt nur ein paar kleine Judenstraßen, in der Nähe der Warschauer Brücke und im Scheunenviertel. Die jüdischste aller Berliner Straßen ist die traurige Hirtenstraße.

2.

So traurig ist keine Straße der Welt. Die Hirtenstraße hat nicht einmal die hoffnungslose Freudigkeit eines vegetativen Schmutzes.

Die Hirtenstraße ist eine Berliner Straße, gemildert durch ostjüdische Einwohner, aber nicht verändert. Keine Straßenbahn durchfährt sie. Kein Autobus. Selten ein Automobil. Immer Lastwagen, Karren, die Plebejer unter den Fahrzeugen. Kleine Gasthäuser stecken in den Mauern. Man geht auf Stufen zu ihnen empor. Auf schmalen, unsauberen, ausgetretenen Stufen. Sie gleichen dem Negativ ausgetretener Absätze.

In offenen Hausfluren liegt Unrat. Auch gesammelter, eingekaufter Unrat. Unrat als Handelsobjekt. Altes Zeitungspapier. Zerrissene Strümpfe. Alleinstehende Sohlen. Schnürsenkel. Schürzenbänder.

Die Hirtenstraße ist langweilig vororthaft. Sie hat nicht den Charakter einer Kleinstadtstraße. Sie ist neu, billig, schon verbraucht, Schundware. Eine Gasse aus einem Warenhaus. Aus einem billigen Warenhaus. Sie hat einige blinde Schaufenster. Jüdisches Gebäck, Mohnbeugel, Semmeln, schwarze Brote liegen in den Schaufenstern. Ein Ölkännchen, Fliegenpapier, schwitzendes.

Außerdem gibt es da jüdische Talmudschulen und Bethäuser. Man sieht hebräische Buchstaben. Sie stehen fremd an diesen Mauern. Man sieht hinter halbblinden Fenstern Bücherrücken.

Man sieht Juden mit dem Talles unterm Arm. Sie gehen aus dem Bethaus Geschäften entgegen. Man sieht kranke Kinder, alte Frauen.

Der Versuch, diese Berliner langweilige, so gut wie möglich sauber gehaltene Straße in ein Ghetto umzuwandeln, ist immer wieder stark. Immer wieder ist Berlin stärker. Die Einwohner kämpfen einen vergeblichen Kampf. Sie wollen sich breit machen? Berlin drückt sie zusammen.

3.

Ich trete in eine der kleinen Schankwirtschaften. Im Hinterzimmer sitzen ein paar Gäste und warten auf das Mittagessen. Sie tragen die Hüte auf dem Kopf. Die Wirtin steht zwischen Küche und Gaststube. Hinter dem Ladentisch steht der Mann. Er hat einen Bart aus rotem Zwirn. Er ist furchtsam.

Wie sollte er nicht furchtsam sein? Kommt nicht die Polizei in diesen Laden? War sie nicht schon einige Male da? Der Schankwirt reicht mir auf jeden Fall die Hand. Und auf jeden

Fall sagt er: »Oh, das ist ein Gast! Sie sind schon so lange nicht dagewesen?« Niemals schadet eine herzliche Begrüßung.

Man trinkt das Nationalgetränk der Juden: Meth. Das ist der Alkohol, an dem sie sich berauschen können. Sie lieben den schweren, dunkelbraunen Meth, er ist süß, herb und kräftig.

4.

Manchmal kommt nach Berlin der »Tempel Salomonis«. Diesen Tempel hat ein Herr Frohmann aus Drohobycz getreu nach den genauen Angaben der Bibel hergestellt, aus Fichtenholz und Pappmaché und Goldfarbe. Keineswegs aus Cedernholz und echtem Gold wie der große König Salomo.

Frohmann behauptet, er hätte sieben Jahre an diesem Miniaturtempelchen gebaut. Ich glaube es. Einen Tempel wiederaufzubauen, genau nach den Angaben der Bibel, erfordert ebensoviel Zeit wie Liebe.

Man sieht jeden Vorhang, jeden Vorhof, jede kleinste Turmzacke, jedes heilige Gerät. Der Tempel steht auf einem Tisch im Hinterzimmer einer Schenke. Es riecht nach jüdischen zwiebelgefüllten Fischen. Sehr wenige Besucher kommen. Die Alten kennen den Tempel schon und die Jungen wollen nach Palästina, nicht um Tempel, sondern um Landstraßen zu bauen.

Und Frohmann fährt von einem Ghetto zum andern, von Juden zu Juden und zeigt ihnen sein Kunstwerk, Frohmann, der Hüter der Tradition und des einzigen großen architektonischen Werkes, das die Juden jemals geschaffen haben und das sie infolgedessen niemals vergessen werden. Ich glaube, daß Frohmann der Ausdruck dieser Sehnsucht ist, der Sehnsucht eines ganzen Volkes. Ich habe einen alten Juden vor dem Miniaturtempel stehen gesehen. Er glich seinen Brüdern, die an der einzig übrig gebliebenen, heiligen Mauer des zerstörten Tempels in Jerusalem stehen, weinen und beten.

5.

Das Kabarett fand ich zufällig, während ich an einem hellen Abend durch die dunklen Straßen wanderte, durch die Fensterscheiben kleiner Bethäuser blickte, die nichts anderes waren, als simple Verkaufsläden bei Tag und Gotteshäuser des morgens und des abends. So nahe sind den Juden des Ostens Erwerb und Himmel; sie brauchen für ihren Gottesdienst nichts als zehn erwachsene, das heißt über dreizehn Jahre alte Glaubensgenossen, einen Vorbeter und die Kenntnis der geographischen Lage, um zu wissen, wo Osten ist, der Misrach, die Gegend des heiligen Landes, der Orient, aus dem das Licht kommen soll.

In dieser Gegend wird alles improvisiert: der Tempel durch die Zusammenkunft, der Handel durch das Stehenbleiben in der Straßenmitte. Es ist immer noch der Auszug aus Ägypten, der schon Jahrtausende anhält. Man muß immer auf dem Sprung sein, alles mit sich führen, das Brot und eine Zwiebel in der Tasche, in der anderen die Gebetriemen. Wer weiß, ob man in der nächsten Stunde nicht schon wieder wandern muß. Auch das Theater entsteht plötzlich.

Jenes, das ich sah, war im Hof eines schmutzigen und alten Gasthofes etabliert. Es war ein viereckiger Lichthof, Gänge und Korridore mit Glasfenstern klebten an seinen Wänden, und enthüllten verschiedene Intimitäten der Häuslichkeit, Betten, Hemden und Eimer. Eine alte, verirrte Linde stand in der Mitte und repräsentierte die Natur. Durch ein paar erleuchtete Fenster sah man das Innere einer rituellen Gasthofküche. Der Dampf stieg aus den kochenden Töpfen, eine dicke Frau schwang einen Löffel, ihre fetten Arme waren halb entblößt. Unmittelbar vor den Fenstern und so, daß es sie zur Hälfte verdeckte, stand ein Podium, von dem aus man direkt in den Flur des Restaurants gelangen konnte. Vor dem Podium saß die Musik, eine Kapelle aus sechs Männern, von denen die Sage ging, daß sie Brüder sind und Söhne des großen Musikers Mendel aus Berdyczew, an den sich noch die ältesten Juden aus dem Osten erinnern können und dessen Geigenspiel so herrlich war, daß man es nicht vergessen kann, weder in Littauen, noch in Wolhynien, noch in Galizien.

Die Schauspielertruppe, die hier bald auftreten sollte, nannte sich »Truppe Surokin«. Surokin hieß ihr Direktor, Regisseur und Kassierer, ein dicker, glattrasierter Herr aus Kowno, der schon in Amerika gesungen hatte, Vorbeter und Tenor, Synagogen- und Opernheld, verwöhnt, stolz und herablassend, Unternehmer und Kamerad zu gleichen Teilen. Das Publikum saß an kleinen Tischen, aß Brot und Wurst und trank Bier, holte sich Speise und Trank selbst aus dem Restaurant, unterhielt sich, schrie, lachte. Es bestand aus kleinen Kaufleuten und deren Familien, nicht mehr orthodox, sondern »aufgeklärt«, wie man im Osten Juden nennt, die sich rasieren lassen (wenn auch nur einmal wöchentlich) und europäische Kleidung tragen. Diese Juden befolgen die religiösen Bräuche mehr aus Pietät als aus religiösem Bedürfnis: sie denken an Gott nur, wenn sie ihn brauchen und es ist ihr Glück, daß sie ihn ziemlich oft brauchen. Unter ihnen finden sich Zyniker und Abergläubische, aber alle werden in bestimmten Situationen sentimental und in ihrer Gerührtheit rührend. Sie sind in Dingen des Geschäftes rücksichtslos gegeneinander und gegen Fremde – und doch braucht man nur an eine bestimmte verborgene Saite zu rühren, um sie opferwillig, gütig und human zu machen. Ja, sie können weinen, besonders in einem solchen Freilufttheater, wie es dieses war.

Die Truppe bestand aus zwei Frauen und drei Männern –

und bei dem Versuch zu schildern, wie und was sie auf dem Podium aufgeführt haben, stocke ich. Das ganze Programm war improvisiert. Zuerst trat ein dünner kleiner Mann auf, in seinem Gesicht saß die Nase, wie ein Fremdes, sehr Verwundertes; es war eine impertinente, zudringlich fragende und dennoch rührende, lächerliche Nase, eher slawisch als jüdisch, breite Flügel mit einem unvermutet spitzen Ende. Der Mann mit dieser Nase spielte einen »Batlen«, einen närrisch-weisen Spaßmacher, er sang alte Lieder und verulkte sie, indem er ihnen überraschende komische widersinnige Pointen anhängte. Dann sangen beide Frauen ein altes Lied, ein Schauspieler erzählte eine humoristische Geschichte von Scholem Alechem, und zum Schluß rezitierte der Herr Direktor Surokin moderne hebräische und jiddische Gedichte lebender und jüngst verstorbener jüdischer Autoren; er sprach die hebräischen Verse und gleich darauf ihre jüdische Übersetzung, und manchmal begann er zwei, drei Strophen leise zu singen, als sänge er so für sich, in seinem Zimmer, und es wurde totenstill, und die kleinen Kaufleute hatten große Augen und stützten das Kinn auf die Faust und man hörte das Rauschen der Linde.

Ich weiß nicht, ob Sie alle die jüdischen Melodien des Ostens kennen und ich will versuchen Ihnen eine Vorstellung von dieser Musik zu geben. Ich glaube sie am deutlichsten gekennzeichnet zu haben, wenn ich sie bezeichne als eine Mischung von Rußland und Jerusalem, von Volkslied und Psalm. Diese Musik ist synagogal-pathetisch und volkstümlich naiv. Der Text scheint, wenn er nur gelesen wird, eine heitere, flotte Musik zu erfordern. Hört man ihn aber gesungen, so ist es ein schmerzliches Lied, das »unter Tränen lächelt«. Hat man es einmal gehört, so klingt es wochenlang nach, der Gegensatz war ein scheinbarer, in Wirklichkeit *kann* dieser Text in keiner anderen Melodie gesungen werden. Er lautet:

»Ynter die griene Beimelach
sizzen die Mojschelach, Schlojmelach,
Eugen wie gliehende Keulalach«
(Augen wie glühende Kohlen)

Sie sitzen! Sie tummeln sich nicht etwa unter den grünen Bäumen. Tummelten sie sich – dann wäre der Rhythmus dieser Zeilen so flott, wie er es auf den ersten Blick zu sein scheint. Aber sie tummeln sich nicht, die kleinen Judenknaben.

Ich hörte das alte Lied, das Jerusalem, die Stadt singt, so wehmütig, daß ihr Schmerz über ganz Europa weit hinein nach dem Osten weht, über Spanien, Deutschland, Frankreich, Holland, den ganzen bitteren Weg der Juden entlang. Jerusalem singt:

»Kim, kim, Jisruleki I aheim (nach Hause)
in dein teures Land arain« …

Diesen Sang verstanden alle Kaufleute. Die kleinen Menschen tranken kein Bier und aßen keine Würste mehr. So wurden sie präpariert für die schöne ernste, sogar schwierige und manchmal abstrakte Poesie des großen hebräischen Dichters *Bialik*, dessen Lieder in fast alle Kultursprachen übersetzt sind und von dem eine Wiederbelebung der hebräischen Schriftsprache ausgegangen sein soll, die sie endgültig zu einer lebendigen macht. Dieser Dichter hat den Zorn alter Propheten und die süße Stimme eines jubelnden Kindes.

III. Paris.

1.

Die Ostjuden haben nicht leicht den Weg nach Paris gefunden. Sie kamen viel leichter nach Brüssel und Amsterdam. Der direkte Weg des jüdischen Juwelenhandels führt nach

Amsterdam. Einige armgewordene und einige reich werdende jüdische Juwelenhändler bleiben aus Zwang im französischen Sprachgebiet.

Der kleine Ostjude hat eine übertriebene Furcht vor einer *ganz* fremden Sprache. Deutsch ist beinahe seine Muttersprache. Er wandert viel lieber nach Deutschland, als nach Frankreich. Der Ostjude lernt leicht fremde Sprachen verstehen, aber seine Aussprache wird niemals rein. Er wird immer erkannt. Es ist sein gesunder Instinkt, der ihn vor den romanischen Ländern warnt.

Auch gesunde Instinkte irren. Die Ostjuden leben in Paris fast wie Gott in Frankreich. Niemand hindert sie hier Geschäfte und sogar Ghettos aufzumachen. Es gibt einige jüdische Viertel in Paris, in der Nähe des Montmartre und in der Nähe der Bastille. Es sind die ältesten Pariser Stadtteile. Es sind die ältesten Pariser Häuser mit der billigsten Miete. Juden geben nicht gerne Geld für »unnützen« Komfort aus, solange sie nicht sehr reich sind.

Sie haben es schon aus äußeren Gründen in Paris leicht. Ihre Physiognomie verrät sie nicht. Jhre Lebhaftigkeit fällt nicht auf. Ihr Witz begegnet dem französischen auf halbem Weg. Paris ist eine wirkliche Weltstadt. Wien ist einmal eine gewesen. Berlin wird erst einmal eine sein. Die wirkliche Weltstadt ist objektiv. Sie hat Vorurteile, wie die andern, aber keine Zeit, sie anzuwenden. Im Wiener Prater gibt es beinah keine antisemitische Äußerung, obwohl nicht alle Besucher Judenfreunde sind und obwohl neben ihnen, zwischen ihnen die östlichsten der Ostjuden wandeln. Weshalb? Weil man sich im Prater freut. In der Taborstraße die zum Prater führt, fängt der Antisemit an, antisemitisch zu sein. In der Taborstraße freut man sich nicht mehr.

In Berlin freut man sich nicht. Aber in Paris herrscht die Freude. In Paris beschränkt sich der grobe Antisemitismus auf die freudlosen Franzosen. Das sind die Royalisten, die

Gruppe um die Action française. Es wundert mich nicht, daß sie in Frankreich ohnmächtig sind und immer bleiben werden. Sie sind zu wenig französisch. Sie sind zu pathetisch und zu wenig ironisch.

Paris ist sachlich, obwohl Sachlichkeit eine deutsche Tugend sein mag. Paris ist demokratisch. Der Deutsche ist menschlich. Aber in Paris hat die praktische Humanität eine große starke Tradition. In Paris erst fangen die Ostjuden an, Westeuropäer zu werden. Sie werden Franzosen. Sie werden sogar Patrioten.

2.

Der bittere Lebenskampf der Ostjuden, der gegen »die Papiere«, wird in Paris gemildert. Die Polizei ist von einer humanen Nachlässigkeit. Sie ist zugänglicher der Individualität und dem Persönlichen. Die deutsche Polizei hat Kategorien. Die Pariser Polizei läßt sich leicht überreden. In Paris kann man sich anmelden, ohne viermal zurückgeschickt zu werden.

Die Pariser Ostjuden dürfen leben, wie sie wollen. Sie können ihre Kinder in rein jüdische Schulen schicken oder in französische. Die in Paris geborenen Kinder der Ostjuden können französische Staatsbürger werden. Frankreich braucht Menschen. Ja, es ist geradezu seine Aufgabe, schwach bevölkert zu sein und immer wieder Menschen zu brauchen, Fremde französisch zu machen. Es ist seine Stärke und seine Schwäche.

Freilich lebt ein französischer Antisemitismus auch in den Nicht-Royalisten. Aber kein hundertgrädiger. Die an einen viel stärkeren, rüderen, brutaleren Antisemitismus gewohnten Ostjuden geben sich mit dem französischen zufrieden.

Sie dürfen sich zufrieden geben. Sie haben religiöse, kulturelle, nationale Freiheiten. Sie dürfen jiddisch reden, so viel und so laut sie wollen. Sie dürfen sogar schlecht französisch sprechen, ohne daß man sie verdächtigt. Die Folge dieses Entgegenkommens ist, daß sie französisch lernen, daß ihre Kinder kein jiddisch mehr sprechen. Sie verstehen es gerade noch. Es hat mich belustigt, in den Straßen des Pariser Judenviertels die Eltern jiddisch, die Kinder französisch sprechen zu hören. Auf jiddische Fragen erfolgen französische Antworten. Diese Kinder sind begabt. Sie werden es in Frankreich zu etwas bringen, wenn Gott will. Und Gott will es, wie mir scheint.

Die Berliner jüdischen Schenken in der Hirtenstraße sind traurig, kühl und still. Die Pariser jüdischen Gasthäuser sind lustig, warm und laut. Sie machen alle gute Geschäfte. Ich habe manchmal bei Herrn Weingrod gegessen. Er führt ausgezeichnete Bratgänse. Er braut einen guten starken Schnaps. Er amüsiert die Gäste. Er sagt zu seiner Frau: »gib mir das Soll und Haben, s'il vous plait.« Und die Frau sagt: »Nehmen Sie sich vom Bufett si vous voulez!« Sie sprechen ein wirklich heiteres Kauderwelsch.

Ich habe Herrn Weingrod gefragt: Wie sind Sie nach Paris gekommen? Da sagte Herr Weingrod: Excusez, monsieur, pourquoi nicht nach Paris? Aus Rußland schmeißt man mich hinaus, in Polen sperrt man mich ein, nach Deutschland gibt man mir kein Visum. Pourquoi soll ich nicht kommen nach Paris?

Herr Weingrod ist ein tapferer Mann, er hat ein Bein verloren, er hat eine Prothese und ist immer guter Laune. Er hat sich in Frankreich freiwillig zum Kriegsdienst gemeldet. Viele Ostjuden haben freiwillig und aus Dankbarkeit im französischen Heer gedient. Aber das Bein hat Weingrod nicht im Krieg verloren. Er kam gesund zurück, mit heilen Knochen. Da sieht man, wie das Schicksal lauert, wenn es will. Weingrod verläßt den Laden, will über die Straßenmitte. Niemals, einmal in der Woche vielleicht, fährt ein

Auto durch diese Gasse. Gerade jetzt kommt es, da Weingrod hinüber will. Fährt ihn nieder. So verlor er ein Bein.

3.

Ich habe ein jiddisches Theater in Paris besucht. In der Garderobe wurden Kinderwagen abgegeben, Regenschirme nahm man in den Saal. Im Parkett saßen Mütter mit Säuglingen. Die Stuhlreihen waren lose, man konnte die Sessel herausnehmen. An den Seitenwänden lustwandelten Zuschauer. Der Eine verließ seinen Platz, der Andere setzte sich. Man aß Orangen. Es spritzte und roch. Man sprach laut, sang mit, klatschte den Darstellern auf offener Szene. Die jungen jüdischen Frauen sprachen nur französisch. Sie waren pariserisch elegant. Sie waren schön. Sie sahen aus, wie Frauen aus Marseille. Sie sind pariserisch begabt. Sie sind kokett und kühl. Sie sind leicht und sachlich. Sie sind treu, wie die Pariserinnen. Die Assimilation eines Volkes beginnt immer bei den Frauen.

Man gab einen Schwank in drei Akten. Im ersten Akt will die jüdische Familie eines kleinen russischen Dorfes auswandern. Im zweiten kriegt sie die Pässe. Im dritten ist die Familie in Amerika, reich geworden und protzig, und im Begriff, ihre alte Heimat zu vergessen und die alten Freunde aus der Heimat, die nach Amerika kommen. Dieses Stück gibt reichlich Gelegenheit, amerikanische Schlager zu singen und alte russisch-jiddische Lieder. Als die russischen Lieder und Tänze kamen, weinten die Darsteller und die Zuschauer. Hätten nur jene geweint, es wäre kitschig gewesen. Aber als diese weinten, wurde es schmerzlich. Juden sind leicht gerührt – das wußte ich. Aber ich wußte nicht, daß ein Heimweh sie rühren könnte.

Es war eine so innige, beinahe private Beziehung von der Bühne zum Zuschauer. Für dieses Volk Schauspieler sein, ist schön. Der Regisseur trat vor und kündigte die nächsten Programmwechsel an. Nicht durch die Zeitung, nicht durch Plakate. Mündlich. Von Mensch zu Mensch. Er sprach: »Ihr werdet Mittwoch den Herrn X. aus Amerika sehen.« Er sprach wie ein Führer zu seinen Getreuen. Er sprach unmittelbar und witzig. Seinen Witz verstand man. Ahnte beinahe voraus. Er witterte die Pointe.

4.

Ich sprach in Frankreich mit einem jüdischen Artisten aus Radziwillow, dem alten russisch-österreichischen Grenzort. Er war ein musikalischer Clown und verdiente viel. Er war ein Clown aus Überzeugung und nicht von Geburt. Er entstammte einer Musikantenfamilie. Sein Urgroßvater, sein Großvater, sein Vater, seine Brüder waren jüdische Hochzeitsmusikanten. Er, der einzige konnte seine Heimat verlassen und im Westen Musik studieren. Ein reicher Jude unterstützte ihn. Er kam in eine Musikhochschule in Wien. Er komponierte. Er gab Konzerte. Aber, sagte er, was soll ein Jude der Welt ernste Musik machen? Ich bin immer ein Clown in dieser Welt, auch wenn man ernste Referate über mich bringt und Herren von den Zeitungen mit Brillen in den ersten Reihen sitzen. Soll ich Beethoven spielen? Soll ich Kol-Nidre spielen? Eines Abends, als ich auf der Bühne stand, begann ich mich vor Lachen zu schütteln. Was machte ich der Welt vor, ich, ein Musikant aus Radziwillow? Soll ich nach Radziwillow zurückkehren und bei jüdischen Hochzeiten aufspielen? Werde ich dort nicht noch lächerlicher sein?

An jenem Abend sah ich ein, daß mir nichts anderes übrig blieb, als in den Circus zu gehen, nicht, um ein Herrenreiter zu sein oder ein Seiltänzer! Das ist nichts für Juden. Ich bin ein Clown. Und seit meinem ersten Auftreten im Circus ist es mir ganz klar, daß ich die Tradition meiner Väter gar nicht verleugnet habe und daß ich bin, was sie hätten sein sollen. Zwar würden sie erschrecken, wenn sie mich sehen würden. Ich spiele Zieh- und Mundharmonika und Saxophon und es freut mich, daß die Leute gar nicht wissen, daß ich Beethoven spielen kann.

Ich bin ein Jud aus Radziwillow.

Ich habe Frankreich gern. Für alle Artisten ist die Welt vielleicht überall gleich. Aber für mich nicht. Ich gehe in jeder großen Stadt Juden aus Radziwillow suchen. In jeder großen Stadt treff ich zwei oder drei. Wir reden miteinander. In Paris leben auch einige. Sind sie nicht aus Radziwillow, so sind sie aus Dubno. Und sind sie nicht aus Dubno, so sind sie aus Kischinew. Und in Paris geht es ihnen gut. Es geht ihnen gut. Es können doch nicht alle Juden beim Circus sein? Wenn sie nicht beim Circus sind, müssen sie mit allen fremden und gleichgültigen Menschen gut sein und mit niemandem dürfen sie es sich verderben. Ich brauche nur in der Artistenliga eingeschrieben zu sein. Das ist ein großer Vorteil. In Paris leben die Juden frei. Ich bin ein Patriot, ich hab' ein jüdisches Herz. –

5.

In dem großen Hafen Marseille kommen jährlich ein paar Juden aus dem Osten an. Sie wollen ein Schiff besteigen. Oder sie kommen gerade von Bord. Sie haben irgendwohin fahren wollen. Das Geld ist ihnen ausgegangen. Sie mußten an Land gehen. Sie schleppen alles Gepäck zum Postamt, geben ein Telegramm auf und warten auf Antwort. Aber Telegramme werden nicht schnell beantwortet und solche überhaupt nicht, in denen um Geld gebeten wird. Ganze Familien nächtigen unter freiem Himmel.

Manche, Einzelne bleiben in Marseille. Sie werden Dolmetscher. Dolmetscher sein ist ein jüdischer Beruf. Es handelt sich nicht darum, zu übersetzen, ins Französische aus dem

Englischen, ins Französische aus dem Russischen, ins Französische aus dem Deutschen. Es handelt sich darum, den Fremden zu übersetzen, auch, wenn er nichts gesprochen hat. Er braucht den Mund nicht aufzumachen. Christliche Dolmetscher übersetzen vielleicht. Jüdische erraten.

Sie verdienen Geld. Sie führen die Fremden in gute Wirtsstuben, aber auch auf die Dörfer. Die Dolmetscher beteiligen sich am Geschäft. Sie verdienen Geld. Sie gehen zum Hafen, besteigen ein Schiff und fahren nach Südamerika. Nach den Vereinigten Staaten kommen die Ostjuden schwer. Die erlaubte Zahl ist längst und oft überschritten.

6.

Einige ostjüdische Studenten sind nach Italien gefahren. Die italienische Regierung – sie hat manches gutzumachen – verleiht Stipendien jüdischen Studenten.

Viele Ostjuden haben sich nach dem Zerfall der Monarchie in das neuerstandene Südslavien begeben.

Aus Ungarn werden Ostjuden prinzipiell ausgewiesen. Kein ungarischer Jude wird sich ihrer annehmen. Die Mehrzahl der ungarischen Juden sind – trotz Horthy – nationalmagyarisch. Es gibt ungarische nationalistische Rabbiner.

7.

Wohin können die Ostjuden sonst fahren?

Nach Spanien kommen sie nicht. Es ruht ein Bannfluch der Rabbis auf Spanien, seitdem die Juden dieses Land hatten verlassen müssen. Auch die Nichtfrommen, »die Aufgeklärten«, hüten sich, nach Spanien zu fahren. Erst in diesem Jahr erlischt der Bannfluch.

Von einigen ostjüdischen Studenten hörte ich, daß sie nach Spanien fahren wollten. Sie werden gut daran tun, die polnischen Universitäten, auf denen der numerus clausus herrscht, die Wiener Universität, auf der außer dem numerus clausus auch noch die Borniertheit herrscht und die deutschen Universitäten, an denen der Bierkrug herrscht, zu verlassen.

8.

Es wird noch einige Jahre dauern. Dann werden Ostjuden nach Spanien kommen. Alte Legenden, die man sich im Osten erzählt, knüpfen an den langen Aufenthalt der Juden in Spanien an. Es ist manchmal wie eine stille Sehnsucht, ein verdrängtes Heimweh nach diesem Lande, das so stark an die Urheimat, an Palästina erinnert.

Man kann sich freilich keinen stärkeren Gegensatz denken, als den zwischen Ostjuden und spaniolischen. Die spaniolischen Juden verachten die »Aschkenasim« im allgemeinen, die Ostjuden im besonderen. Die spaniolischen Juden sind stolz auf ihre alte adelige Rasse. Mischehen zwischen Spaniolen und Aschkenasim kommen selten, zwischen Spaniolen und Ostjuden fast niemals vor.

9.

Nach einer alten Legende sind einmal zwei Ostjuden durch die Welt gezogen, um Geld zum Bau einer Synagoge zu sammeln. Sie kamen zu Fuß durch Deutschland, sie kamen an den Rhein, gingen nach Frankreich und begaben sich in die alte jüdische Gemeinde Frankreichs, nach Montpellier. Von hier zogen sie ostwärts, ohne Karte, ohne die Wege zu kennen und verirrten sich. Sie gelangten in einer finstern Nacht in das lebensgefährliche Spanien, wo sie getötet worden wären, wenn sich nicht ihrer die frommen Mönche eines spanischen Klosters angenommen hätten. Die Mönche luden die jüdischen Wanderer zu einem Disput ein, waren über die

Gelehrtheit der Juden sehr erfreut, brachten sie sicher über die Grenze zurück und gaben ihnen noch einen Klumpen Gold, zum Bau der Synagoge. Beim Abschied mußten die Juden schwören, das Gold wirklich zum Bau der Synagoge zu verwenden.

Die Juden schworen. Aber die Sitte (wenn auch nicht das Gesetz) verbot ihnen, das Gold, das aus dem Besitz eines Klosters, wenn auch eines freundlichen kam, für das Heiligtum zu benutzen. Sie überlegten lange und kamen endlich auf die Idee, aus dem Goldklumpen eine Kugel zu formen und sie auf dem Dach der Synagoge als eine Art Wahrzeichen anzubringen.

Diese goldene Kugel leuchtet noch auf dem Dach der Synagoge. Und sie ist das Einzige, das die Juden des Ostens noch mit ihrer alten spanischen Heimat verbindet.

Diese Geschichte erzählte mir ein alter Jude. Er war Thoraschreiber von Beruf, ein Sophar, ein frommer und ein weiser und ein armer Mann. Er war ein Gegner der Zionisten.

Jetzt, sagte er, wird der Cherim (der Bannfluch) gegen Spanien erlöschen. Ich habe nichts dagegen, daß meine Enkel nach Spanien gehen. Es ist den Juden nicht immer dort schlecht gegangen. Es gab fromme Menschen in Spanien und wo fromme Christen sind, können auch Juden leben. Denn die Gottesfurcht ist immer noch sicherer als die sogenannte moderne Humanität.

Er wußte nicht, der Alte, daß die Humanität nicht mehr modern ist. Er war nur ein armer Thoraschreiber.

IV.

Ein Jude geht nach Amerika.

1.

Immer noch und obwohl die erlaubte Zahl für die östlichen Einwanderer schon einigemal überschritten war, und obwohl die amerikanischen Konsulate so viele Papiere verlangen, wie kein Konsulat der Welt, immer noch wandern viele Ostjuden nach Amerika aus.

Amerika ist die Ferne. Amerika heißt die Freiheit. In Amerika lebt immer irgendein Verwandter.

Es ist schwer, eine jüdische Familie im Osten zu finden, die nicht irgendeinen Vetter, irgendeinen Onkel in Amerika besitzen würde. Vor zwanzig Jahren ist einmal einer ausgewandert. Er floh vor dem Militär. Oder er desertierte, nachdem er assentiert worden war.

Wenn die Ostjuden nicht soviel Angst hätten, sie könnten sich mit Recht rühmen, das militärfeindlichste Volk der Welt zu sein. Sie waren lange Zeit von ihren Vaterländern, Rußland und Österreich, nicht würdig befunden worden, Militärdienst zu leisten. Erst als die staatsbürgerliche Gleichberechtigung der Juden kam, mußten sie einrücken. Es war eigentlich eine Gleichverpflichtung, keine Gleichberechtigung. Denn hatten bis dahin nur die Zivilbehörden die Juden schikaniert, so waren sie nun auch den Schikanen der Militärbehörden ausgeliefert. Die Juden trugen den Schimpf, nicht dienen zu müssen, mit großer Freude. Als man ihnen die große Ehre, kämpfen, exerzieren und fallen zu dürfen verkündete, herrschte unter ihnen Trauer. Wer sich dem 20. Lebensjahr näherte und so gesund war, daß er annehmen mußte, man würde ihn assentieren, floh nach Amerika. Wer kein Geld hatte, verstümmelte sich. Die Selbstverstümmelung grassierte ein paar Jahrzehnte vor dem Krieg unter den Juden des Ostens. Die so große Furcht vor dem Soldatenleben hatten, ließen sich einen Finger abhakken, die Sehnen an den Füßen durchschneiden und Gifte in die Augen schütten. Sie wurden heldenhafte Krüppel, blind, lahm, krumm, sie unterwarfen sich dem langwierigsten, häßlichsten Leid. Sie wollten nicht dienen. Sie wollten nicht in den Krieg ziehen und fallen. Ihre Vernunft war immer wach und rechnete. Ihre helle Vernunft berechnete, daß es immer noch nützlicher ist, lahm zu leben als gesund zu sterben. Ihre Frömmigkeit unterstützte die Überlegung. Es war nicht nur dumm, für einen Kaiser, für einen Zaren zu sterben, es war auch eine Sünde, fern von der Thora und entgegen ihren Geboten zu leben. Eine Sünde, Schweinefleisch zu essen. Am Sabbath eine Waffe zu tragen. Zu exerzieren. Gegen einen unschuldigen, fremden Menschen die Hand, geschweige denn das Schwert zu erheben. Die Ostjuden waren die heldenmütigsten Pazifisten. Sie litten für den Pazifismus. Sie machten sich freiwillig zu Krüppeln. Noch hat niemand das Heldenlied von diesen Juden gedichtet.

»Die Kommission kommt!« Es war ein Schreckensruf. Gemeint war die militärärztliche Musterungskommission, die alle kleinen Städte bereiste, um Soldaten auszuheben. Wochen vorher begann das »Plagen«. Die jungen Juden plagten sich, um schwach zu werden, um Herzfehler zu bekommen. Sie schliefen nicht, sie rauchten, sie wanderten, sie liefen, sie wurden ausschweifend zu frommen Zwecken.

Auf jeden Fall aber bestach man noch die Militärärzte. Die Vermittler waren höhere Beamte und ehemalige Militärärzte, die wegen dunkler Affären den Dienst hatten quittieren müssen. Ganze Scharen von Militärärzten wurden reich, verließen das Heer und eröffneten eine Privatpraxis, die zum Teil darin bestand, Bestechungen zu vermitteln.

Wer Geld besaß, überlegte sich, ob er es mit einer Bestechung oder einer Flucht nach Amerika versuchen sollte. Die Mutigsten gingen nach Amerika. Nie mehr durften sie zurück. Sie verzichteten. Sie verzichteten schweren Herzens auf die Familie und leichten Herzens auf das Vaterland.

Sie gingen nach Amerika.

2.

Das sind heute die sagenhaften Vettern der Ostjuden. Die früheren Deserteure sind drüben reiche, zumindest wohlhabende Kaufleute. Der alte jüdische Gott war mit ihnen. Er belohnte ihre Militärfeindschaft.

Dieser Vetter in Amerika ist die letzte Hoffnung jeder ostjüdischen Familie. Er hat schon lange nicht geschrieben, dieser Vetter. Man weiß nur, daß er sich verheiratet und Kinder gezeugt hat. Irgendein altes vergilbtes Bild hängt an der Wand. Vor zwanzig Jahren kam es an. Zehn Dollar lagen dabei. Man hat lange nichts mehr von ihm gehört. Dennoch zweifelt die Familie in Dubno nicht, daß man ihn in New-York oder Chicago finden wird. Freilich heißt er nicht mehr so jüdisch, wie er zu Hause genannt worden war. Er spricht englisch, er ist amerikanischer Staatsbürger, seine Anzüge sind bequem, seine Hosen sind weit, seine Röcke haben breite Schultern. Man wird ihn doch erkennen. Der Besuch wird ihm vielleicht nicht angenehm sein. Hinauswerfen wird er seine Verwandten sicherlich nicht.

Und während man so seiner gedenkt, kommt eines Tages der Briefträger mit einem dicken Einschreibebrief. Dieser Brief enthält Dollars, Anfragen, Wünsche und Grüße und verspricht »bald eine Schiffskarte«.

Von diesem Augenblick an »fährt man nach Amerika«. Die Jahreszeiten wechseln, die Monate reihen sich aneinander, das Jahr verrollt, man hört nichts von einer Schiffskarte, aber »man fährt nach Amerika«. Die ganze Stadt weiß es, die umliegenden Dörfer wissen es und die benachbarten kleinen Städte.

Ein Fremder kommt und fragt: »Was macht Jizchok Meier?« »Er fährt nach Amerika«, erwidern die Einheimischen; indessen Jizchok Meier noch heute und morgen, wie gestern und vorgestern, seinen Geschäften nachgeht und scheinbar sich nichts in seinem Hause verändert.

In Wirklichkeit verändert sich viel. Er stellt sich nämlich um. Er rüstet innerlich für Amerika. Er weiß schon genau, was er mitnehmen und was er behalten wird, was er zurücklassen und was er verkaufen wird. Er weiß schon, was mit dem Viertelhaus, das auf seinen Namen intabuliert ist, geschieht. Er hat einmal ein Viertelhaus geerbt. Die andern 3 Viertel besaßen drei Verwandte. Die sind gestorben oder ausgewandert. Die 3 Viertel gehören jetzt einem Fremden. Diesem könnte man noch das letzte Viertel abtreten. Allein er zahlt nicht viel. Wer also sonst in aller Welt kauft ein Viertel von einem Haus? Man wird also, wenn es »hypothekenfrei« ist, noch möglichst viel Schulden aufzunehmen trachten. Das gelingt nach einiger Zeit. Man hat Bargeld oder Wechsel, die so gut sind, wie Bargeld.

Der Jude, der nach Amerika will, lernt nicht etwa englisch. Wie er im fremden Land zurechtkommen wird, weiß er schon. Er spricht jiddisch, die am weitesten verbreitete, geographisch, nicht zahlenmäßig verbreitete Sprache. Er wird sich verständigen. Er braucht nicht englisch zu verstehen. Die seit 30 Jahren im Judenviertel von New York ansässigen Juden sprechen auch noch jiddisch und können ihre eigenen Enkel nicht mehr verstehen.

Die Sprache des fremden Landes also kann er schon. Es ist seine Muttersprache. Auch Geld hat er. Ihm fehlt nur noch der Mut.

Er fürchtet nicht Amerika, er fürchtet den Ozean. Er ist gewohnt, durch weite Länder zu wandern, aber nicht über Meere. Einmal, als seine Vorfahren ein Meer zu überqueren hatten, geschah ein Wunder und die Wasser teilten sich.

Wenn er durch den Ozean von seiner Heimat getrennt ist, so trennt ihn eine Ewigkeit von ihr. Vor Schiffen hat der Ostjude Angst. Dem Schiff traut er auch nicht. Seit Jahrhunderten lebt der Ostjude im Binnenland. Er fürchtet die Steppe nicht, nicht die Grenzenlosigkeit des Flachlandes. Er fürchtet die Desorientierung. Er ist gewohnt, dreimal im Tag sich gegen Misrach, den Osten, zu wenden. Das ist mehr als eine religiöse Vorschrift. Das ist die tiefgefühlte Notwendigkeit, zu wissen, wo man sich befindet. Seinen Standpunkt zu kennen. Von der Sicherheit des geographischen Standpunkts aus kann man seinen Weg am besten finden und Gottes Wege am besten erkennen. Man weiß ungefähr, wo Palästina liegt.

Auf dem Meer aber weiß man nicht, wo Gott wohnt. Man erkennt nicht, wo der Misrach liegt. Man kennt seine Stellung zur Welt nicht. Man ist nicht frei. Man ist abhängig vom Kurs, den das Schiff genommen hat. Wer so tief das Bewußtsein im Blut hat wie der Ostjude, daß es jeden Augenblick gelten kann zu fliehen, fühlt sich auf dem Schiff nicht frei. Wohin kann er sich retten, wenn etwas geschieht? Seit Jahrtausenden rettet er sich. Seit Jahrtausenden geschieht immer etwas Drohendes. Seit Jahrtausenden flieht er immer. Was geschehen kann? – Wer weiß es? Können nicht auch auf einem Schiff Pogrome ausbrechen? Wohin dann?

Wenn einen Passagier auf dem Schiff der Tod überrascht, wo begräbt man den Toten? Man versenkt die Leiche ins Wasser. Die alte Legende aber von der Ankunft des Messias beschreibt genau die Wiederauferstehung der Toten. Alle Juden, die in fremder Erde begraben sind, werden unterirdisch rollen müssen, bis sie in Palästina angelangt sind. Glücklich diejenigen, die schon in Palästina begraben werden. Sie ersparen sich die weite und mühevolle Reise. Die unaufhörliche, meilenlange Drehung. Werden aber auch die Toten erwachen, die ins Wasser versenkt worden sind? Gibt es Land unter dem Wasser? Welch seltsame Geschöpfe wohnen dort unten? Eine jüdische Leiche darf nicht seziert werden, ganz, unversehrt muß der Mensch dem Staub wieder übergeben werden. Fressen die Haifische nicht die Wasserleichen?

Außerdem ist die versprochene Schiffskarte noch nicht da. Sie muß freilich kommen. Aber sie allein genügt ja auch noch nicht. Man muß die Einreisebewilligung haben. Die bekommt man ohne Papiere nicht. Wo sind die Papiere?

Und nun beginnt der letzte erschütterndste Kampf gegen die Papiere, um die Papiere. Ist dieser Kampf siegreich, dann braucht man nichts mehr. Drüben, in Amerika, kriegt jeder sofort einen neuen Namen und ein neues Papier.

Man wundere sich nicht über die Pietätlosigkeit der Juden gegen ihre Namen. Mit einer Leichtfertigkeit, die überraschend wirkt, wechseln sie ihre Namen, die Namen ihrer Väter, deren Klang doch immerhin für europäische Gemüter irgendeinen Gefühlswert hat.

Für die Juden hat der Name deshalb keinen Wert, weil er gar nicht ihr Name ist. Juden, Ostjuden, haben keine Namen. Sie tragen aufgezwungene Pseudonyme. Ihr wirklicher Name ist der, mit dem sie am Sabbath und an Feiertagen zur Thora aufgerufen werden: ihr jüdischer Vorname und der jüdische Vorname ihres Vaters. Die Familiennamen aber von Goldenberg bis zu Hescheles sind aufoktroyierte Namen. Die Regierungen haben den Juden befohlen, Namen anzunehmen. Sind es ihre eigenen? Wenn einer Nachman heißt und seinen Vornamen in ein europäisches Norbert verändert, ist nicht »Norbert« die Verkleidung, das Pseudonym? Ist es etwa mehr als Mimikry? Empfindet das Chamäleon Pietät gegenüber den Farben, die es fortwährend wechseln muß? Der Jude schreibt in Amerika Greenboom statt Grünbaum. Er trauert nicht um die veränderten Vokale.

3.

Leider ist er noch immer nicht so weit, sich nennen zu können wie er will. Noch ist er in Polen, in Littauen. Noch muß er »Papiere« haben, die seine Geburt, seine Existenz, seine Identität beweisen.

Und er fängt an, die Wege zu wandern, die genau so unübersichtlich, verworren, ziellos und tragisch, lächerlich im Kleinen sind, wie einst die Wege seiner Väter im Großen waren. Man schickt ihn nicht von Pontius zu Pilatus, man schickt ihn vom Vorzimmer des Pontius zum geschlossenen Tor des Pilatus. Überhaupt sind alle Staatstüren verschlossen. Nur mit Kanzleisekretären sperrt man sie auf. Wenn aber überhaupt jemand am Zurückschicken seine Freude haben kann, so sind es die Kanzleisekretäre.

Man kann sie bestechen? Als ob eine Bestechung leicht wäre! Weiß man, ob eine Bestechung nicht einen großartigen Prozeß einträgt und mit Gefängnis endet? Man weiß nur, daß alle Beamte bestechlich sind. Ja, alle Menschen sind bestechlich. Die Bestechlichkeit ist eine Tugend der menschlichen Natur. Aber wann und ob einer seine Bestechlichkeit eingesteht, kann man nie wissen. Man kann nicht wissen, ob der Beamte, der schon zehnmal Geld genommen hat, beim elften Mal die Anzeige erstattet, einfach, um zu beweisen, daß er zehnmal nichts genommen hat und um noch weitere hundert Mal nehmen zu können.

Glücklicherweise gibt es fast überall Leute, die ganz genau um die Seele des Beamten Bescheid wissen und die davon leben. Auch diese Kenner sind Juden. Aber weil sie so selten vorkommen und vereinzelt in jeder Stadt und weil sie die Fähigkeit haben, mit den Beamten in der Landessprache zu trinken, sind diese Juden beinahe selbst schon Beamte und sie selbst muß man zuerst bestechen, um überhaupt erst einmal bestechen zu können.

Aber auch die vollendete Bestechung erspart keine Demütigungen und keine unnützen Wege. Man erträgt Demütigungen und wandert nutzlose Wege.

Dann hat man die Papiere.

4.

Wenn also alles klappt, macht Amerika die Grenze wieder zu, sagt, für dieses Jahr hätte es schon der Ostjuden genug und nun sitzt man da und wartet auf das nächste Jahr.

Dann, endlich, fährt man vierter Klasse Personenzug sechs Tage nach Hamburg. Man wartet weitere zwei Wochen auf das Schiff. Schließlich besteigt man es. Und während alle Passagiere mit Schnupftüchern winken und dem Weinen nahe sind, ist der jüdische Emigrant zum ersten Mal in seinem Leben froh. Er hat Angst, aber auch Gottvertrauen. Er fährt in ein Land, das alle Ankommenden mit einer riesengroßen Freiheitsstatue grüßt. Diesem riesigen Monument muß die Wirklichkeit einigermaßen entsprechen.

Einigermaßen entspricht die Wirklichkeit dem Symbol. Aber nicht etwa deshalb, weil man es drüben mit der Freiheit aller Menschen so ernst nimmt, sondern weil es drüben noch jüdischere Juden gibt, nämlich: Neger. Dort ist ein Jude zwar ein Jude. Aber er ist in der Hauptsache ein Weißer. Zum ersten Mal bietet ihm seine Rasse einen Vorteil.

Der Ostjude fährt dritter Klasse, beziehungsweise Zwischendeck. Die Überfahrt ist besser, als er es sich vorgestellt hat, aber die Landung ist schwieriger.

Schon die ärztliche Untersuchung im europäischen Hafen war übel genug. Nun kommt auch noch eine strengere Untersuchung. Und irgendwo stimmen die Papiere nicht ganz.

Es sind zwar richtige, mit großer Mühe erhaltene Papiere. Aber sie sehen dennoch so aus, als ob sie nicht stimmten.

Möglich auch, daß auf dem Schiff ein Ungeziefer sich ins Hemd des Juden geschlichen hat.

Alles ist möglich.

Und der Jude kommt in eine Art Gefangenschaft, die man Quarantäne nennt, oder ähnlich.

Ein hoher Zaun schützt Amerika vor ihm.

Durch die Gitter seines Kerkers sieht er die Freiheitsstatue und er weiß nicht, ob er, oder die Freiheit eingesperrt ist.

Er darf nachdenken, wie es in New-York sein wird. Er kann sich's kaum vorstellen.

So aber wird es sein: er wird zwischen zwölfstöckigen Häusern, zwischen Chinesen, Ungarn und anderen Juden wohnen, wieder ein Hausierer sein, wieder die Polizei fürchten, wieder schikaniert werden.

Seine Kinder werden vielleicht Amerikaner werden. Vielleicht berühmte Amerikaner, reiche Amerikaner. Könige irgendeines Materials.

Davon träumt der Jude hinter den Gittern seiner Quarantäne.

Die Lage der Juden in Sowjetrußland.

Auch im alten Rußland waren die Juden eine »nationale Minderheit«; aber eine mißhandelte. Durch Verachtung, Unterdrückung und Pogrom kennzeichnete man die Juden als eine eigene Nation. Man war nicht etwa bestrebt, sie durch Vergewaltigung zu assimilieren. Man war bestrebt, sie abzugrenzen. Die Mittel, die man gegen sie anwandte, sahen so aus, als wollte man sie vertilgen.

In den westlichen Ländern war der Antisemitismus vielleicht ein primitiver Abwehrinstinkt. Im christlichen Mittelalter ein religiöser Fanatismus. In Rußland war der Antisemitismus ein Mittel, zu regieren. Der einfache »Mushik« war kein Antisemit. Der Jude war ihm kein Freund, sondern ein Fremder. Rußland, das für so viele Fremde Raum hatte, war auch frei für diesen. Der Halbgebildete und der Bürger waren Antisemiten – weil der Adel es war. Der Adel war es, weil der Hof es war. Der Hof war es, weil der Zar, für den es sich nicht schickte, seine eigenen rechtgläubigen »Landeskinder« zu fürchten, vorgab, nur die Juden zu fürchten. Man schrieb ihnen infolgedessen Eigenschaften zu, die sie allen Ständen gefährlich erscheinen ließen: für den einfachen »Mann aus dem Volke« wurden sie Ritualmörder; für den kleinen Besitzer Zerstörer des Eigentums; für den höheren Beamten plebejische Schwindler, für den Adel gefährliche, weil kluge Sklaven; für den kleinen Beamten endlich, den Funktionär aller Stände, waren die Juden alles: Ritualmörder, Krämer, Revolutionäre und Pöbel.

In den westlichen Ländern brachte das 18. Jahrhundert die Emanzipation der Juden. In Rußland begann der offizielle, legitime Antisemitismus in den 80er Jahren des neunzehnten Jahrhunderts. In den Jahren 1881–82 organisierte Plehwe, der spätere Minister, die ersten Pogrome in Südrußland. Sie sollten die revolutionären jungen Juden abschrecken. Aber der gedungene Pöbel, der sich nicht für Attentate rächen, sondern nur plündern wollte, überfiel die Häuser der reichen konservativen Juden, auf die man es gar nicht abgesehen hatte. Man ging deshalb zu den sogenannten »stillen Pogromen« über, schuf die bekannten »Ansiedlungsbereiche«, vertrieb die jüdischen Handwerker aus den großen Städten, bestimmte einen Numerus clausus für die jüdischen Schulen (3:100) und unterdrückte die jüdische Intelligenz an den Hochschulen. Da aber gleichzeitig der jüdische Millionär und Eisenbahn-Unternehmer Poljakow ein intimer Freund des Zarenhofes war und man seinen Angestellten den Aufenthalt in den großen Städten gestatten mußte, wurden Tausende russischer Juden Poljakows »Angestellte«. Derlei Auswege gab es viele. Der Schlauheit der Juden entsprach die Bestechlichkeit der Beamten. Deshalb ging man in den ersten Jahren des zwanzigsten Jahrhunderts wieder zu den offenen Pogromen über und zu den kleinen und großen Ritualmordprozessen ...

Heute ist Sowjetrußland das einzige Land in Europa, in dem der Antisemitismus verpönt ist, wenn er auch nicht aufgehört hat. Die Juden sind vollkommen freie Bürger – mag ihre Freiheit auch noch nicht die Lösung der jüdischen Frage bedeuten. Als Individuen sind sie frei von Haß und Verfolgung.

Als Volk haben sie *alle* Rechte einer »nationalen Minderheit«. Die Geschichte der Juden kennt kein Beispiel einer so plötzlichen und einer so vollkommenen Befreiung.

Von den zwei Millionen, siebenhundertfünfzigtausend Juden in Rußland sind: 300 000 organisierte Arbeiter und Angestellte; 130 000 Bauern; 700 000 Handwerker und freie Berufe. Der Rest besteht: a) aus Kapitalisten und »Deklassierten«, die als »unproduktive Elemente« gelten; b) aus kleinen Händlern, Vermittlern, Agenten, Hausierern, die als nicht produzierende, aber proletarische Elemente angesehen werden. Die *Kolonisation* der Juden wird eifrig betrieben – zum

Teil mit amerikanischem Geld, das vor der Revolution fast ausschließlich der Palästina-Kolonisation zu Gute kam. Es gibt jüdische Kolonien in der Ukraine, bei Odessa, bei Cherson, in der Krim. Seit der Revolution sind 6000 jüdische Familien zur Landarbeit herangezogen worden. Im Ganzen wurden 102000 Desjatinen Acker den jüdischen Bauern zugeteilt. Gleichzeitig »industrialisiert« man die Juden, das heißt: man versucht, die »unproduktiven Elemente« als Arbeiter in den Fabriken unterzubringen und die Jugend in den (etwa 30) jüdisch »professionell-technischen« Schulen zu Facharbeitern heranzubilden.

In allen Orten mit starker jüdischer Bevölkerung gibt es Schulen mit jüdischer Unterrichtssprache; in der Ukraine allein 350000 Frequentanten jüdischer Schulen, in Weißrußland ungefähr 90000. Es gibt in der Ukraine 33 Gerichtskammern mit jüdischer Verhandlungssprache, jüdische Vorsteher in Kreisgerichten, jüdische Miliz-(Polizei)-Verbände. Es erscheinen drei große Zeitungen in jüdischer Sprache, drei Wochenschriften, fünf Monatshefte, es gibt einige jüdische Staatstheater, an den Hochschulen bilden die nationalen Juden einen starken Prozentsatz, in der kommunistischen Partei ebenfalls. Es gibt 600000 jüdische Jung-Kommunisten.

Man sieht aus diesen paar Zahlen und Fakten, wie man in Sowjetrußland an die Lösung der jüdischen Frage herangeht: mit dem unbeirrbaren Glauben an die Unfehlbarkeit der Theorie, mit einem etwas unbekümmerten, undifferenzierten, aber edlen und reinen Idealismus. Was verordnet die Theorie? – Nationale Autonomie! – Aber, um dieses Rezept vollständig anwenden zu können, muß man aus den Juden erst eine »richtige« nationale Minderheit machen, wie es zum Beispiel die Grusinier, die Deutschen, die Weißrussen sind. Man muß die unnatürliche soziale Struktur der jüdischen Masse verändern, aus einem Volk, das von allen Völkern der Welt am meisten Bettler, amerikanische »Pensionen-Empfänger«, Schnorrer und Deklassierte hat, ein Volk mit einer landesüblichen Physiognomie machen. Und weil dieses Volk in einem sozialistischen Staat leben soll, muß man seine kleinbürgerlichen Elemente und die »unproduktiven« verbauern lassen und proletarisieren. Schließlich wird man ihnen ein geschlossenes Gebiet anweisen müssen.

Es ist selbstverständlich, daß ein so kühner Versuch nicht in einigen Jahren gelingen kann. Das Elend der armen Juden ist vorläufig nur gemildert durch die Freizügigkeit. Aber so viele auch in die neuerschlossenen Gebiete abwandern, – die alten Ghettos sind immer noch überfüllt. Ich glaube, daß der jüdische Proletarier schlechter lebt, als jeder andere. Meine traurigsten Erlebnisse verdanke ich meinen Wanderungen durch die »Moldowanka«, das Judenviertel in Odessa. Da geht ein schwerer Nebel herum, wie ein Schicksal, da ist der Abend ein Unheil, der aufsteigende Mond ein Hohn. Die Bettler sind hier nicht nur die übliche Fassade der Straße, hier sind sie dreifache Bettler, denn hier sind sie zu Hause. Jedes Haus hat fünf, sechs, sieben winzige Läden. Jeder Laden ist eine Wohnung. Vor dem Fenster, das zugleich die Tür ist, steht die Werkstatt, hinter ihr das Bett, über dem Bett hängen die Kinder in Körben – und das Unglück wiegt sie hin und her. Große, vierschrötige Männer kehren heim: es sind die jüdischen Lastträger vom Hafen. Inmitten ihrer kleinen, schwachen, hysterischen, blassen Stammesgenossen sehen sie fremd aus, eine wilde barbarische Rasse, unter alte Semiten verirrt. Alle Handwerker arbeiten bis in die späten Nachtstunden. Aus allen Fenstern weint ein trübes gelbes Licht. Das sind merkwürdige Lichter, die keine Helligkeit verbreiten, sondern eine Art Finsternis mit hellem Kern. Sie sind nicht verwandt mit dem segensreichen Feuer. Sie sind nur Seelen von Dunkelheiten ...

*

Die alte, die wichtigste Frage stellt die Revolution überhaupt nicht: ob die Juden eine Nation sind, wie jede andere; ob sie nicht weniger, oder mehr sind; ob sie eine Religionsgemeinschaft, eine Stammesgemeinschaft oder nur eine geistige Einheit sind; ob es möglich ist, ein Volk, das sich durch die Jahrtausende nur durch seine Religion und die Ausnahmestellung in Europa erhalten hat, um abhängig von seiner Religion als »Volk« zu betrachten; ob in diesem besondern Fall eine Trennung von Kirche und Nationalität möglich ist; ob es möglich ist, aus Menschen mit ererbten geistigen Interessen Bauern zu machen; aus stark geprägten Individualitäten Individuen mit Massenpsychologie.

Ich habe jüdische Bauern gesehn: sie haben freilich keinen Ghetto-Typus mehr, sie sind Landmenschen, aber sie unterscheiden sich sehr deutlich von anderen Bauern. Der russische Bauer ist zuerst Bauer und dann Russe; der jüdische zuerst Jude und dann Bauer. Ich weiß, daß diese Formulierung jeden »konkret eingestellten« Menschen sofort zu der höhnischen Frage reizt: Woher wissen Sie das?! – Ich sehe das. Ich sehe, daß man nicht umsonst 4 000 Jahre Jude gewesen ist, nichts als Jude. Man hat ein altes Schicksal, ein altes, gleichsam erfahrenes Blut. Man ist ein geistiger Mensch. Man gehört einem Volk an, das seit zweitausend Jahren keinen einzigen Analphabeten gehabt hat, einem Volk mit mehr Zeitschriften als Zeitungen, einem Volk, wahrscheinlich dem einzigen der Welt, dessen Zeitschriften eine weit höhere Auflage haben, als seine Zeitungen. Während ringsum die andern Bauern erst mühselig zu schreiben und zu lesen anfangen, wälzt der Jude hinter dem Pflug die Probleme der Relativitätstheorie in seinem Hirn. Für Bauern mit so komplizierten Gehirnen sind noch keine Ackergeräte erfunden worden. Ein primitives Gerät erfordert einen primitiven Kopf. Ein Traktor selbst ist, verglichen mit dem dialektischen Verstand des Juden, ein einfaches Werkzeug. Die Kolonien der

Juden mögen gut erhalten, sauber, ertragreich sein. (Bis jetzt sind es nur sehr wenige.) Aber sie sind eben »Kolonien«. Sie werden keine Dörfer.

Ich kenne den billigsten aller Einwände: daß die Ahle, der Hobel, der Hammer der jüdischen Handwerker gewiß nicht komplizierter sind als der Pflug. Aber dafür ist die Arbeit eine unmittelbar schöpferische. Den schöpferischen Prozeß bei der Entstehung des Brotes besorgt die Natur. Aber die Erschaffung eines Stiefels besorgt der Mensch ganz allein.

Ich kenne auch den andern Einwand: daß so viele Juden Fabriksarbeiter sind. Aber erstens: sind die meisten gelernte Facharbeiter; zweitens halten sie ihr hungriges Gehirn schadlos für die mechanische Handarbeit durch geistige Nebenbeschäftigung, durch künstlerischen Dilettantismus, durch eine verstärkte politische Tätigkeit, durch eifrige Lektüre, durch Mitarbeit an Zeitungen; drittens: kann man gerade in Rußland eine zwar nicht zahlenmäßig starke, aber ständige Abwanderung jüdischer Arbeiter aus Fabriken beobachten. Sie werden Handwerker, also selbständig – wenn auch nicht Unternehmer.

Ein kleiner jüdischer »Heirats-Vermittler« – kann er ein Bauer werden? Seine Beschäftigung ist nicht nur unproduktiv, sie ist in einem gewissen Sinn auch unmoralisch. Er hat schlecht gelebt, wenig verdient, mehr »geschnorrt«, als gearbeitet. Aber welch eine verwickelte, schwierige, wenn auch verwerfliche Arbeit hat sein Gehirn geleistet, um »eine Partie« zu vermitteln, einen geizigen reichen Volksgenossen zu einem beträchtlichen Almosen zu veranlassen? Was soll dieses Gehirn in der tödlichen Ruhe?

Die »Produktivität« der Juden ist ja niemals eine grob sichtbare. Wenn zwanzig Generationen unproduktiver Grübler nur dazu gelebt haben, um einen einzigen Spinoza hervorzubringen; wenn zehn Generationen Rabbiner und Händler nötig sind, um *einen* Mendelssohn zu zeugen; wenn dreißig

Generationen bettelnder Hochzeitsmusikanten nur dazu geigen, damit *ein* berühmter Virtuose entstehe, so nehme ich diese »Unproduktivität«, in Kauf. Vielleicht wären auch Marx und Lassalle ausgeblieben, wenn man aus ihren Vorfahren Bauern gemacht hätte.

Wenn man also in Sowjetrußland Synagogen in Arbeiterklubs verwandelt und die Talmud-Schulen verbietet, weil sie angeblich religiöse sind, so müßte man sich zuerst ganz klar darüber sein, was bei den Ostjuden Wissenschaft, was Religion, was Nationalität ist. Aber Wissenschaft ist ja bei ihnen Religion, und Religion – Nationalität. Ihren Klerus bilden ihre Gelehrten, ihr Gebet ist eine nationale Äußerung. Was aber jetzt in Rußland als »nationale Minderheit« Rechte und Freiheit genießen wird, Land bekommt und Arbeit – das ist eine ganz andere jüdische Nation. Das ist ein Volk mit alten Köpfen und neuen Händen; mit altem Blut und verhältnismäßig neuer Schriftsprache; mit alten Gütern und neuer Lebensform; mit alten Talenten und neuer Nationalkultur. Der Zionismus wollte Tradition *und* neuzeitliches Kompromiß. Die nationalen Juden Rußlands blicken nicht zurück, sie wollen nicht die *Erben* der alten Hebräer sein, sondern nur ihre Nachkommen.

Selbstverständlich weckt ihre plötzliche Freiheit hier und dort einen heftigen, wenn auch stillen Antisemitismus. Wenn ein arbeitsloser Russe sieht, daß ein Jude in einer Fabrik Aufnahme findet, um »industrialisiert« zu werden, wenn ein Bauer, den man enteignet hat, von der jüdischen Kolonisation hört, so regt sich gewiß in beiden der alte, häßliche, künstlich gezüchtete Instinkt. Aber während er im Westen eine »Wissenschaft« geworden ist, der Blutdurst bei uns eine politische »Gesinnung« ist, bleibt im neuen Rußland der Antisemitismus eine Schande. Die öffentliche Scham wird ihn umbringen.

Wird in Rußland die Judenfrage gelöst, so ist sie in allen

Ländern zur Hälfte gelöst. (Jüdische Emigranten aus Rußland gibt es noch kaum, eher jüdische Einwanderer.) Die Gläubigkeit der Massen nimmt in einem rapiden Tempo ab, die stärkeren Schranken der Religion fallen, die schwächeren nationalen ersetzen sie schlecht. Wenn diese Entwicklung dauert, ist die Zeit des Zionismus vorbei, die Zeit des Antisemitismus – – und vielleicht auch die des Judentums. Man wird es hier begrüßen und dort bedauern. Aber Jeder muß achtungsvoll zusehn, wie ein Volk befreit wird von der Schmach, zu leiden und ein anderes von der Schmach, zu mißhandeln; wie der Geschlagene von der Qual erlöst wird und der Schlagende vom Fluch, der schlimmer ist, als eine Qual. Das ist ein großes Werk der russischen Revolution.

Feuilletons, Reportagen, Rezensionen

(1925–1932)

Bekehrung eines Sünders im Berliner Ufa-Palast

Nicht nur in den Zeitungen, sondern auch auf hundert Plakaten, bunten und lauten, war der heiterste Film Amerikas angekündigt, der stärkste Lacherfolg garantiert. Draußen, vor den drei hohen und weiten Portalen, stand ein goldbetresster Portier, hingen die komischen Anzeigen und ein sehr bekanntes Clowngesicht in Rot und Gelb. Eine große Schar fröhlicher Menschen drängte sich vor den Schaltern und löste Billetts. Nichts verriet den tiefen Ernst, der mich drinnen im Saale erwartete, und ich hatte keine Ahnung, von den Erschütterungen, denen meine unfromme Seele ausgesetzt werden sollte …

Längst hatte ich schon die Gewohnheit abgelegt, in jeder Berliner Moschee ein mohammedanisches Gotteshaus zu sehen. Ich wußte, daß hierzulande die Moscheen Kinos sind und der Orient ein Film. Und einmal, vor vielen Jahren, als ich noch fromm war, wollte ich zu einer Frühmesse. Ich trat in eine Kirche – aber es war ein Bahnhof. Später erfuhr ich, daß die Bauart nichts besagen will und daß in den mit Blitzableitern versehenen Magazinen aus roten Backsteinen die Altäre stehn und Gottes Wort vernommen wird …

Diesmal kam es anders:

Ich saß in der dritten Reihe vor dem Vorhang aus grünem Samt. Plötzlich verdunkelte sich der Saal, der Vorhang teilte sich langsam, und ein geheimnisvolles Licht, das Gott nicht erschaffen haben konnte und das die Natur in tausend Jahren nicht zustande bringen wird, rann in weichen Strömen über die silbern verschleierten Mauern des Saales und über die Bühnenfront. Es war, als hätte man Wasserstürze in langen Jahren gezähmt und für den Hausgebrauch abgerichtet und an den Wänden dieses Palastes angebracht, von denen sie ganz behutsam rannen, zivilisiert, den Bedürfnissen des Menschen dienstbar gemacht, Elementargewalten mit guten Manieren, Naturkräfte, denen man gut zugeredet hat. Die Beleuchtung bestand aus Morgendämmer und Abendröte zugleich, aus Himmelsklarheit und Höllendunst, aus Stadtatmosphäre und Waldesgrün, aus Mondenschein und Mitternachtssonne. Was die Natur in langweiligem Nacheinander und auf weite Entfernungen zustande bringt, war jetzt in *einem* Raum und in *einer* Minute komprimiert. Und also ward es klar, daß hier eine unbekannte und mächtige Gottheit ihre Hand im Spiel, beziehungsweise im Ernst hatte. Es war zu eng, um auf die Knie zu sinken, denn wir saßen dicht gedrängt beieinander. Aber, wenn das Bild möglich ist: Die Knie sanken gleichsam auf sich selber …

Ringsum saßen, so weit man Konfessionen an Gesichtern sehen kann, Vertreter aller Glaubensarten. Dissidenten und Gottlose auch. Alle waren ergriffen. Und als ein junger schwarzer Mann auf einer Orgel zu beten begann und die mächtigen Klänge des göttlichen Instruments die geöffneten Herzen der Anwesenden füllten, wurde es so still im Saal, daß man in den Bauten nur den Atem der Menschen hören konnte, wie bei einer ärztlichen Untersuchung beim Kommando: Tief atmen! …

Dann läutete ein silbernes Glöckchen und aus Gewohnheit senkte ich den Kopf und blickte dennoch, wie ich es als Knabe getan hatte, nach vorn. Da teilte sich der Vorhang rechts und links und aus den Spalten tropften schwarze Männer einzeln die Stufen von der Bühne herunter, Männer mit Musikinstrumenten. Zum Schluß, sehr eilig und wie ein Lehrer die Klasse betritt, sprang ein schmächtiger, junger Mann mit Brille in den Orchesterraum und vor ihm wehte sein langes Haar im Wind, den er selbst angerichtet hatte.

Es war der Kapellmeister …

Und nun war es herrlich, zu sehen, wie er große Pfauenräder mit den Armen schlug, wie er mit seinem hurtigen Stab gegen die ganze Kapelle Florett focht, die Geigen reizte und den Baß zum ernsten Protest brachte, die Segel der Trommel erschütterte und den Flöten silberne Serpentinen entlockte – und alles war von Offenbach.

Je nach der Schwere und Leichtigkeit der Melodie wechselte der Scheinwerfer von Blau zu Rot und Gelb, Gespenster waren die Musikanten und des Kapellmeisters Haar brannte manchmal, eine heilige Flamme, zum Susfit. Immer noch rannen die Hauswasserfälle. Und schließlich entlud sich unsere Andacht in heftigem Klatschen, und am lautesten klatschten die Dissidenten. Alle erkannten wir den Willen einer überirdischen Macht, einer metaphysischen Kinodirektion, einer himmlischen Branche …

Dann begann der Operateur von Harold Lloyd zu zelebrieren. Aber wer konnte lachen? Kein Spaß mehr drang zu einem Zwerchfell. Ich dachte an den Tod, an das Grab und an das Jenseits. Und während jener eine glänzende komische Idee ausführte, beschloß ich, mein Leben Gott zu weihen und Einsiedler zu werden.

Nach Schluß der Vorstellung wanderte ich schnell in einen großen, dichten Wald, den ich seitdem nicht verlassen habe …

Einbruch der Journalisten in die Nachwelt

Wenn deutsche Journalisten Bücher schreiben, bedürfen sie beinahe einer Entschuldigung. Wie kamen sie dazu? Wollen die Eintagsfliegen in den Rang höherer Insekten aufsteigen? Wollen sie, die dem Tag angehören, in die Ewigkeit eingehen? Professoren und Kritiker säumen den Weg, der in die Nachwelt führt. Dichter, die gleichsam schon von Geburt eingebunden waren, wollen manchmal eine genaue Grenze zwischen Journalistik und Literatur ziehen und im Reich der Ewigkeiten den *Numerus clausus* für *»Tagesschriftsteller«* einführen.

Fremdwörter sind sehr selten glücklich und gültig verdeutscht worden. Sie bekamen meist einen präzisen, aber schiefen Sinn (einen undeutschen), wie zum Beispiel das Wort: Tagesschriftsteller. Ein Journalist aber kann, er soll ein Jahrhundert-Schriftsteller sein. Die echte Aktualität ist keineswegs auf 24 Stunden beschränkt. Sie ist zeit- und nicht tagesgemäß.

Diese Aktualität ist eine Tugend, die nicht einmal einem Dichter schaden könnte, der niemals für die Zeitung schreibt. Ich wüßte nicht, weshalb ein ausgeprägter Sinn für die Atmosphäre der Gegenwart die Unsterblichkeit behindern soll. Ich wüßte nicht, weshalb Menschenkenntnis, Lebensklugheit, Orientierungsvermögen, die Gabe zu fesseln und andere solcher Schwächen, die man dem Journalisten vorwirft, die Genialität beeinträchtigen können. Das echte Genie erfreut sich sogar dieser Fehler. Das Genie ist nicht weltabgewandt, sondern ihr ganz zugewandt. Es ist nicht zeitfremd, sondern zeitnahe. Es erobert das Jahrtausend, weil es so ausgezeichnet das Jahrzehnt beherrscht. Das Unglück, mißverstanden und verkannt zu werden, ist nicht das Kennzeichen, sondern ein Unfall des Genies. Es teilt diesen Schmerz sogar mit durchschnittlich begabten Journalisten. Auch gute Handwerker werden zuweilen verkannt.

Ich hege deshalb – und obwohl ich selbst Journalist bin – kein Mißtrauen gegen die Bücher der Autoren, die für Zeitungen schreiben. Es ist schon so manche Dichtung durch die Rotationsmaschinen einer Zeitung gelaufen, und ewige Wahrheiten haben den Wert des Papiers erhöht, dessen Schicksal es ist, in verschwiegenen Gegenden zu enden.

Das Zeitungspapier hat *Alfred Polgar* und *Egon Erwin Kisch* viel mehr zu verdanken, als Honorare abzahlen können.

Was Polgar, dem eigenen Trieb gehorchend, »an den Rand« der Zeit geschrieben hat, war, auf Befehl der Not, unter dem Strich der Zeitung gedruckt. Das Tempo einer »Hetzjagd durch die Zeit«, die Kisch ausführt, bestimmt nicht die Flüchtigkeit seiner Beobachtung und nicht die kurze Dauer seiner Feststellungen. Sie können ewiger sein als die Langeweile der sogenannten »Beschaulichkeit« ...

Kisch gibt in seiner »Hetzjagd durch die Zeit« (bei Erich Reiß, Berlin) nicht etwa nur eine Fortsetzung seines »Rasenden Reporters«, wie es scheinen könnte. Der Titel ist journalistisch, seiner Bestimmung nach gehörte er über einen Zeitungsaufsatz. Aber die Aufsätze, die er zusammenfaßte, die Reportagen, Novellen, Tagebuchblätter sind Stoffe für sechsundzwanzig Romane – die nicht etwa eine Behandlung durch den Roman-Autor erwarten. Sie haben ihr Schicksal bereits gefunden. Die Reportage braucht nicht erst in den Rang einer »Kunstgattung erhoben« zu werden. Sie hat die künstlerische Form, ihre eigene, – eben weil sie »nur Tatsachen« berichtet. Was Kisch mitteilt, ist Wirklichkeit von sensationellem Rang. Wieviel »Kunst« gehört dazu, eine nackte Realität zu einer künstlerischen Wahrheit zu machen? In einer Novelle (»Der tote Hund und der lebende Jude«) zeigt der Verfasser sein rein poetisches *Können*, das Handwerk des Dichtens. Im übrigen benutzte er es, um tatsächlichen Erlebnissen formal Gültigkeit zu verleihen. Über Kisch hat Polgar einmal geschrieben:

> Heute noch auf stolzen Rossen,
> morgen: Garamond fett durchschossen ...

Die Schnelligkeit ist eine Tugend des guten Journalisten. Die Langsamkeit aber ist noch lange kein Beweis für die Echtheit des Dichters, wenn er das Tempo verachtet und dafür vom Tempo verachtet wird.

Alfred *Polgars* Buch heißt »An den Rand geschrieben« (bei Rowohlt, Berlin). Der bescheidene Titel ziert den ironischen

Autor und wird den Käufer ehren. Große Wahrheiten werden an den Rand geschrieben.

Polgar schreibt kleine Geschichten ohne Fabel und Betrachtungen ohne Resümee. Er bedarf keines eigentlichen »Inhalts«, weil jedes seiner meisterlich gemundhabten Worte voller Inhalt ist. Kein Anlaß ist ihm zu gering. Gerade an den geringen Anlässen zeigt er seine Meisterschaft. Er poliert das Alltägliche so lange, bis es ungewöhnlich wird. Was soll er noch mit dem Ungewöhnlichen? Es ist ihm nicht gewachsen. Was soll er mit »spannenden Ereignissen«? Jeder seiner Sätze enthält sensationelle Sprachereignisse. Seine Form ist so subtil, daß sich kein grober Stoff, keine handgreifliche Handlung in sie trauen. Die Sensationen gehen behutsam mit dem Dichter um und meiden seine Nähe. Sie fürchten ihn. Er könnte sie verspotten und – wehe ihnen! – sie wären keine Sensationen mehr! Seine Form besticht die Wahrheit. Wenn er eine schwere Tragik in einem Witz münden läßt, merkt man nicht einmal, daß dieser willkürlich war und jene schwer. Wenn er über etwas schreibt, hat er doch das »Etwas« geschrieben. Nirgends gibt es noch einen Beobachter (deutscher Sprache), der so einem Gestalter gliche, der so hundert Gestalter überträfe.

Unsere Setzerei

In den Setzkästen liegen alle Buchstaben aller Schriftgattungen, in Fächer geordnet, den sehenden Fingern der Setzer sofort erreichbar. Das ganze Sprachgut des Volkes ist in Blei gegossen, die Vokale und Konsonanten warten in den Maschinen, sprungbereit, ihrer Erfüllung: der Geburt der Worte und der Sätze.

Ein dünner Bleistaub ist immer in der Luft, der Kohlenstoff der atmenden Buchstaben. Denn sie atmen, die Buchstaben, und sind lebendiger als die geschriebenen Bücher und gedruckten Zeitungen, so wie die Steine lebendiger sind als die Häuser, die ja aus Steinen bestehen. Das Material ist Blei; aber seines spezifischen Gewichts lediges und mit geistigem Federgewicht begabtes Blei. Alle Buchstaben sind wie kleine schwarze und silbergraue Vögel.

Der Druck eines Fingers auf die Taste der Klaviatur der Setzmaschine rührt an ihre zauberhafte Seele. Sofort lösen sich im Magazin Matrizen und lassen sich in den Sammler gleiten wie spielende Kinder einen Abhang hinunter. Jetzt fallen sie in den Sammelelevator, jetzt sind hundert Buchstaben nebeneinander, jetzt sind sie ein Satz, ein Absatz und ein Aufsatz, und der Setzer hebt den Satz mit dem Manuskript aus, das die Urform des Artikels war. In der göttlichen Setzerei des Himmels werden so die Urformen der Menschen in Fleisch und Blut und Muskeln umgesetzt und dem Storch übergeben, damit er sie hinuntertrage zum irdischen Licht, zum Sein und leider auch zum Druck.

Unaufhörlich geht der endlose Sammelriemen. So lautet sein technischer Name, das ist kein *epitheton ornans.* So eindringlich war das romantische Wesen dieses Riemens, daß die sachliche Technik nicht umhin konnte, bei der literarischen Sprache ein Adjektiv zu entlehnen. Auf eine ähnliche Weise entstand der Name des »Fiebersterns«, jenes rastlosen, kleinen Rädchens, zwischen dessen Felgen die Buchstaben ein Stückchen ihrer weiten Reise zurücklegen. Beim Setzer begegnen sich Literatur und Technik. Er bildet die besten Metaphern. Er nennt eine Störung in der Maschine: »Spritzer«; ein ausgelassenes Wort: Leiche; ein überflüssig wiederholtes: Hochzeit; und die letzte Zeile eines Absatzes, die einsam als erste in die kahle, boshafte Welt einer neuen Spalte hinausgestoßen wird: Hurenkind …

Ich liebe die »Spatienkeile«, die »Schlußstriche«, die »Divise« und den »Durchschuß«. Das sind die kleinen und wichtigen Ornamente der gedruckten Sprache, die Schönheiten der Satz-Fassade. Es gibt Striche, die aussehen wie gradgestreckte Bogenbügel, andere wie zweiseitig gespitzte Pfeile und solche wie geplättete Haare. Es gibt Spatien wie aus einem Baukasten für Kinder. Ich spiele damit.

Aber mehr noch als die Schlußstriche liebe ich die *Setzer.* Sie tragen blaue Schürzen, das Abzeichen der Arbeit, aber über den Aberglauben vom Ernst und vom Segen der Arbeit sind sie schon hinaus. Sie kennen nämlich die Ironie der Arbeit. Da sind endlich Menschen, die vor dem gedruckten Wort keinen Respekt haben. Sie kennen den Wert des jungfräulichen Papiers und den Unwert des durch Worte geschändeten. Sie allein können die Sätze von rechts nach links lesen, sie kennen den eigentlichen, den Ur-Sinn des Gedruckten und wissen, daß eigentlich alles verkehrt ist, die Grundsätze, die Wetterprognosen und die Leitartikel. Erst durch die Auflegung eines Papiers bekommt die ursprüngliche Verkehrtheit den Schein eines vernünftigen Sinns.

Ja, ich liebe deswegen die Setzer und der Literatur wegen, die sie so unbekümmert ablegen, der Zeilen wegen, die sie wegwerfen. Sie gingen nicht mehr in die Spalten, die Zeilen, jetzt liegen sie am Boden. Ach! Wenn der Autor sie hier sähe! Wenn er dabeistünde, wie der Metteur die Stimmungsbilder, gezeugt in langen Nächten an gramvoll zerfurchten Schreibtischen und durch ein Versehen des Redakteurs dem Papierkorb entgangen, – in den Bleikasten und auf den Fußboden mit jenem schönen Schwung schleudert, den nur eine praktisch, aber nicht ästhetisch wertende Verachtung hervorbringt! Es klirrt, wenn die fliegenden Zeilen aneinanderschlagen, obwohl der Inhalt keineswegs gehärteter Stahl war. Es war immer schon Blei gewesen. Wäre dieser Klang dem Autor ein Trost?

Nein, so was tröstet ihn nicht. Viel mannigfaltige Schriften liegen in den Schubläden und wären bereit, den schwachen

Gedanken einen schönen Halt zu geben, ein Kleid, eine Form, einen Ausdruck. Alle Schubläden sind mit Namen versehen, wie die Fächer für Gewürz, für Pfeffer, Zimt und Paprika in einer Küche. Woher kommen die Namen Nonpareille, Colonel, Petit, Borgis, Garamond, Cicero, Mittel, Tertia, Text, Doppelmittel; Kursiv, Säkulum, Schmale Romanisch, Kaleidoskop? Es sind Namen für die Phantasie. Es könnten Namen von Spielzeugen sein oder von Kobolden. Was machen sie in der Nacht, wenn niemand da ist, wenn unten in der Druckerei die Maschinen das Gesetzte schon rücksichtslos und unaufhaltsam auf hunderttausend Bogen prägen, die Kaleidoskop, Dido und Säkulum? Sie hüpfen aus den Schubläden, die Alphabete, und die ewigste Rangordnung, die der Buchstaben, ist zerstört, von A bis Z.

Das geschieht in später Nacht, wenn die Setzer ihre blauen Schürzen abgelegt und ihr Zivil angezogen haben und die Setzmaschinen nicht mehr singen. Am Tag aber ist ihr Gesang so schön wie betäubend. Und dennoch hört ein andächtiger Lauscher noch das leise Klingen der Matrizen durch das Rasseln der Räder und das Geschnurr der Riemen. Mit leisem Schlag fallen die gegossenen Zeilen zueinander. Diese Maschine hat nichts von der Brutalität ihrer Schwestern in der Druckerei und in den Fabriken. Es ist eine kultivierte Maschine, sie klappert nicht, sie rasselt, sie klingt wie ein großer Schleifapparat, sie hat vorn an der Klaviatur ein kleines, liebes, ewiges Lämpchen für die tote Seele der zerschnittenen Manuskripte und der Setzer spielt auf ihr wie ein Organist.

Deshalb und weil der Tag sehr stolz und vornehm durch viele hohe Glasfenster eindringt, ist es manchmal in der Setzerei wie in einer Kirche, in der niemand angebetet wird, nicht einmal der Leser. An allen Tischen stehen ehrfürchtig gebeugte Männer, aber sie beten nicht, sie setzen. Manchmal aber fangen sie an, aneinander vorbeizuhasten, große, heilige

Platten in Händen, wie flache Weihbecken. Dann entsteht der Lärm, der sich aus Rufen, dem dumpfen Heulen des Kalanders, und dem Aufschlagen von »Klopfholz« auf »Kolumnen« zusammensetzt. In seinem Rhythmus, der keineswegs profaniert, setzen die Setzer. Sie setzen und umbrechen, sie frisieren die Aufsätze und machen sie schön und geben dem Langweiligen ein bißchen von der Pikanterie des Amüsanten und verleihen dem Flüchtigen den Schein der Ewigkeit.

Sogenannte goldene Worte adeln sie durch klappernde Verwandlung in Blei …

Reise in Rußland

Gespenster in Moskau

Wer leuchtet mir von den Plakatwänden entgegen? – Der *»Maharadschah«*. Mitten in Moskau! Gunnar Tolnaes, der stumme Tenor aus dem hohen Norden, schreitet siegreich durch Kanonendonner, Blut, Revolution, unverletzbar wie jedes echte Gespenst. In seinem Gefolge befinden sich die ältesten Kinodramen Europas und Amerikas. Die Häuser in denen sie gespielt werden, sind überfüllt. Hoffte ich nicht, den Maharadschahs und ihresgleichen zu entkommen, als ich hierherfuhr? Um ihn zu erblicken, bin ich nicht gekommen. Schicken sie uns den »Potemkin« und lassen sich dafür den Gunnar kommen, die Russen? Welch ein Tausch! Sind *wir* die Revolutionäre und sie die Spießer? Welch eine verrückte Welt! – – Mitten in Moskau spielt man den »Maharadschah« …

In den Auslagen der wenigen Frauen-Mode-Läden hängen alte Kostüme, lange, breite Glockenformen. Bei den Modistinnen kann man die ältesten Hutformen sehen. Auf den Köpfen der Bürgerinnen auch. Sie tragen breitrandige Hüte mit Reihern; Napoleonische Dreispitze; Kolpaks mit Schleiern; lange Haare und lange Kleider bis zu den Knöcheln. Und diese Tracht ist nicht nur die Folge einer Not, sondern zum Teil auch eine Manifestation konservativer Gesinnung. Justament bleiben sie beim Sonnenschirm.

Ich ging in den »Maharadschah«, um zu sehen, wer ihn besuchte: es waren die alten Kolpaks, die Schleier, die Mieder und die Sonnenschirme.

Es kam die alte, geschlagene Bourgeoisie. Man sieht es ihr an, daß sie die Revolution nicht überlebt sondern nur überstanden hat. Ihr Geschmack hat sich in den letzten Jahren nicht gewandelt. Sie ist den Weg der europäischen und amerikanischen oberen und mittleren Gesellschaftsschichten nicht gegangen, den Weg vom Sommernachtstraum zur Negerrevue, von Kriegs-Auszeichnungen zu Gedenktagen, von der Helden-Verehrung zur Boxer-Verehrung, vom Ballett-Corps zum Girl-Bataillon und von der Kriegsanleihe zum Grab des Unbekannten Soldaten. Das alte russische Bürgertum ist im Jahre 1917 stehen geblieben. Es möchte im Kino die Sitten, Gebräuche Schicksale, Möbelstücke seiner Zeitgenossen sehen: Offiziere, die nicht etwa bei der Roten Armee sind, sondern noch im feudalen Kasino verkehren; Liebes-Leidenschaften, die zum Polterabend führen und nicht zur zeremonielosen Sowjet-Ehe vor einem Matrikel-Schreiber; Duellmöglichkeiten zwischen Ehrenmännern Schreibtische mit Dachgiebeln; Speiseschränke mit Nippes-Sachen; und romantische Exotik. Man möchte die Welt wiedersehen, in der man zwar auch schon unsicher gelebt hat, von der man aber heute glaubt, sie wäre paradiesisch gewesen. Deshalb sind die alten Kinodramen ausverkauft. In Paris werden sie schon unter dem höhnischen Titel: »20 Minuten vor dem Krieg« gegeben. Der französische Bürger lacht über dasselbe Schicksal, das sein russischer Klassengenosse mit ernster Spannung verfolgt.

Ich spreche jetzt vom *alten* russischen Bürger. Denn schon wächst ein *neuer* heran, mitten in der Revolution entsteht er, von ihr am Leben gelassen. Von ihren Gnaden darf er Geschäfte machen, und ihre Einschränkungen versteht er zu umgehen. Stark, lebendig, aus einem ganz andern Material als sein Vorgänger ein Freibeuter halb und halb ein Händler, trägt er mit einem gewissen Trotz seinen Namen »Nepmann«, der im ganzen Land und jenseits der Grenzen einen degradierenden Klang hat. Ohne Sentimentalität, wie er ist, läßt er sich nicht bannen, weder von einer Weltanschauung noch von Gegenständen noch von Moden noch von literarischen und künstlerischen Erzeugnissen noch von einer Moral. Er unterscheidet sich ganz deutlich vom alten Bürger ganz deutlich vom Proletariat. Er wird erst in einigen Jahrzehnten seine ihm passenden Formen, Traditionen und konventionellen Lügen haben – – wenn er am Leben bleibt …

Ich spreche also nicht von ihm, sondern vom alten Bürger und vom alten »Intellektuellen«. Er hat keine Lebenskraft mehr. Sein ehrlicher kleiner revolutionärer Idealismus, seine gutherzige, aber enge Liberalität ist vom großen Brand der Revolution erstickt worden – wie eine Kerze erlischt in einem brennenden Hause. Er leistet dem Sowjetstaat Dienste. Er lebt von kargen Gehältern und er führt immer noch seine alte Lebensweise in einem sehr reduzierten Umfang weiter. Er hat noch ein paar häßliche Andenken aus Karlsbad, ein Familienalbum, ein Lexikon, einen Samowar und Bücher mit Lederrücken. An stillen Abenden spielt seine Frau auf dem Klavier. Aber der Sinn seines Daseins war: ein nützliches Mitglied der bürgerlichen Gesellschaft zu sein und seinen Sohn, wenn möglich, zu einem bedeutenden zu machen. Die äußeren Weihen seiner stillen Existenz waren kleine Auszeichnungen und kleine Rangerhöhungen, Gehaltszulage, private Familienfeier und zuverlässiger Schwiegersohn.

Nichts von all dem ist geblieben. Seine Tochter fragt ihn nicht, bevor sie zu irgendeinem Mann ins Zimmer zieht. Seinem Sohn kann er keine »Grundsätze« mehr fürs Leben geben. Der Sohn kennt sich in der russischen Gegenwart genauer aus, und er führt seinen Vater in ihr herum wie einen Blinden. Der Vater wird ohne Rang und ohne Ehren zu Grabe getragen werden. (Auch der Tod hat seine Feierlichkeit verloren.) Zwar dient er heute dem neuen Auftraggeber mit der alten Ehrlichkeit und Treue, die des Bürgers schönste Tugend ist. Er mag sogar mit dieser Welt zufrieden sein und sie bejahen. Und dennoch, dennoch ist er fremd und tot in ihr. Schon, daß er sie nicht ersehnt und nicht erkämpft hat und daß sie dennoch geworden ist, stellt ihn außerhalb ihrer eigentlichen, ihrer inneren Grenzen. Die blutige Entschiedenheit, mit der sie geworden ist, wird ihm immer unbegreiflich sein. Sein stark ausgeprägtes Gerechtigkeitsgefühl kann sich mit der Unvollkommenheit neuer Einrichtungen nicht zufrieden geben. Die Fehler der neuen Welt erspäht er mit einem viel schnelleren und kritischeren Auge als dereinst die Fehler der alten. Auch gegen diese hatte er sich aufgelehnt. Aber er war schließlich ihr Kind, auch als stiller Empörer (Ein lauter ist er niemals gewesen.) Und so kommt es, daß in Rußland dasselbe liberale Bürgertum das im Jahre 1905 mit dem *wirklichen* meuternden Panzerkreuzer »Potemkin« sympathisierte, das in Odessa die rote Flagge der Rebellen grüßte und das schließlich von den Kosaken niedergeschossen wurde – daß dieses Bürgertum heute den *gefilmten* »Potemkin« nicht mehr sehen will.

*

Die Geschmacksverirrungen des Vorkriegsbürgers; eine gewisse frisch-fröhliche ahnungslose Ekstase der Vorkriegsjugend; ein ganz bestimmter enger Eifer, der wie ein stumpfer Pfeil ist und infolgedessen nur Oberfläche trifft; eine *bewußte*

Abgrenzung gegen alles, was man irrtümlicherweise »Luxus« und »nutzlos« in den neunziger Jahren genannt hat; ein *freiwilliger* Verzicht auf geistige Verwöhntheit und auf jene Anmut des Menschen, die bereits ins Metaphysische hineinreicht; eine hartnäckige Verwechslung der großen und weiten, allerdings nicht tagespolitischen Tendenz mit Tendenzlos-Nur-Schönem und »Bürgerlich Spielerischem« – – das alles ist wieder das *Gespenst der Revolutionären*. Das haben sie vom aufgeklärten Liberalismus der kleinen französischen Bourgeoisie übernommen. Das sind die gesunden, rotwangigen, robusten Tages-Gespenster. Sie haben *zu* viel Fleisch und Blut, um lebendig zu sein.

Man hat Homer als eine Art »Religionsunterricht« vollkommen aus den Schulen abgeschafft. Nie mehr soll in Rußland ein Hexameter skandiert werden. Es ist sozusagen eine vollkommene Trennung von Staat und Humanismus durchgeführt worden. Sophokles, Ovid, Tacitus müssen also als Repräsentanten »bourgeoiser« Geistigkeit verstanden worden sein. Was die bürgerlichen Oberlehrer der klassischen Philologie am Altertum gesündigt haben, muß es selbst offenbar büßen. Welch eine Gelegenheit wäre hier gewesen, die Verlogenheiten alter Kommentare in wirklich revolutionärer Weise aufzudecken! Zu zeigen, wie weit entfernt die historische Wirklichkeit und auch die innere Wahrheit von der überlieferten edlen und »klassischen« Gebärde war; wie groß der Unterschied zwischen den aristokratischen Helden war, welche die Dreiruderer befehligen und den tausend Sklaven, die eng an die Ruderbänke gefesselt, die Flotte gegen einen »Feind« führen, der ihr Bruder ist; wie grausam, sinnlos und barbarisch der Tod der Dreihundert in den Thermopylen war – für ein Vaterland, das seinen Opfern zwei ganze Verszeilen schenkt; zu fragen, was mit den Witwen und Waisen dieser Dreihundert geschehen ist; zu lehren, daß Patroklus immer begraben liegt und daß Thersites immer zurückkehrt; die fürchterliche Leichenschändung die Achilles an Hektor begeht, *so* zu lesen, wie Homer sie beschreibt – nämlich so, daß jeden ein Grauen schüttelt vor dem Protektionskind blinder, ungerechter, grausamer Götter – einer sozusagen herrschenden Klasse des Altertums; Ovids untertänige Schmeichelwidmungen nicht nur als Beispiele lateinischen »früh-epischen« Stils vorzutragen, sondern als abschreckendes Exempel einer Zeit, in der ein schaffender Mensch, also immerhin auch ein Arbeiter, seine Arbeit verrät und seine Würde verleugnet. – –

Das alles will also die Revolution in Rußland versäumen! Sie protegiert in der Schule das »Praktische«, das ohne Zweifel für morgen taugt, aber nicht mehr für übermorgen. Sie verzichtet auf das fundamentale Material, auf dem sie ihre Häuser bauen könnte, wie die alte Welt ihre Tempel und Paläste gebaut hat …

Es geht der Atem durch einen großen Teil des geistigen Lebens in Rußland, der bei uns vor zwanzig Jahren ein frischer war. Es war die Zeit, in der der »Schillerkragen« Rationalismus mit Naturbegeisterung auf jeder männlichen Brust entblößte. Neben ihm grassiert die »sexuelle Aufklärung«, die, wie man weiß Schleier lüften will, aber Türen aufreißt. Hygiene wird Epidemie. Eine Literatur, die mit kleinbürgerlichen artistischen Mitteln arbeitet, hält schützend vor sich die dick aufgetragene Tendenz, so, daß man sie nicht treffen kann, will man die Revolution nicht verletzen. Eine billige Symbolik, die sprachliche Metaphern ins ursprünglich Gemalte und Geformte zurück-übersetzt also gesprochene Bilder in Farben ausdrückt kennzeichnet viele Ausstellungen der bildenden Kunst. Es gibt Plakate mit Buchstaben, die vor lauter Deutlichkeit unleserlich werden, Bögen, die in Giebel verwandelt sind, Kreise in Rechtecke, schwingende Rundungen in stumpfe Trapeze.

Daß Gott aufgehört hat, zu existieren, weil die Popen nicht mehr vom Staat erhalten werden, scheint die Überzeugung der meisten zu sein. Die Naivität in metaphysischen Fragen findet man in dieser Art und Vollkommenheit nur noch in Amerika. Und in Moskau kam es wirklich zu einem öffentlichen Disput zwischen dem Führer einer der häufigen amerikanischen Delegationen und einem Moskauer Professor über die Existenz Gottes und über die Verträglichkeit des Glaubens mit der marxistischen Weltanschauung. Und es war ganz wie in einem New Yorker Klub ... Es wäre freilich anders kaum möglich. Vielleicht muß die große Masse zuerst durch die Oberfläche der Erkenntnis. Sie ist ja kaum einige Jahre befreit von der tiefsten Blindheit! Wahrscheinlich muß es dauern, bis allgemein wird, was wirklich neu im Schöpferischen ist. Denn eine neue Art, zu schaffen und aufzunehmen, zu schreiben und zu lesen, zu denken und zu hören, zu lehren und zu erfahren, zu malen und zu betrachten, ist *hier* entstanden. Daneben bleibt alles andere, was es ist: gespenstisch. –

Der neunte Feiertag der Revolution

Der *siebente November* 1926 ist der neunte Feiertag des revolutionären Rußland. Am sechsten abends ist Illumination. Sie fällt diesmal sparsamer aus als in den letzten Jahren. Es ist feucht, frühwinterlich, nebelig. Auch bei völliger Dunkelheit fühlt man den schwerbewölkten Himmel. Mit dem Nebel kämpfen silbern und rot leuchtende Inschriften. Porträts und Büsten von Lenin stehen in den Schaufenstern, etwas streng drapiert. Die Kaufläden werden geschlossen. Man hört diesen ganz bestimmten Tschinellenklang der Schlüssel, der nur am Vorabend der Feiertage ertönt. An Wochentagen ist es ein gewöhnliches Rasseln. Auch die Menschen haben den schlendernden Sonnabend-Schritt, mit dem man freien Tagen entgegenwandelt. Aber nirgends entsteht die aufgeregte Festlichkeit illuminierter Nächte. Dampf steigt aus der nassen Erde, Nebel schwebt über den Dächern ... Man sollte überall sparen – nur nicht an Illuminationen.

Am nächsten Morgen, Sonntag, um neun Uhr früh beginnt die berühmte, schon historisch gewordene *Parade der Roten Armee* auf dem Roten Platz im Kreml. Diese Szenerie und diese Parade hätte Shakespeare dichten können. Der Rote Platz ist so groß, daß er mindestens drei moderne breite Großstadt-Boulevards in sich fassen könnte. Ein Tor eröffnet ihn, eine vielkupplige Kirche schließt ihn ab. Vor der gezackten Kreml-Mauer steht das hölzerne Grabmal Lenins. Es ist eine ungewollte, aber symbolisch wirkende Mischung von Denkmal und Rednertribüne. Der viereckige umgitterte Rasen, der es einsäumt, ist nur wie eine leise Andeutung von Friedhof.

Auf diesem Platz stehen in breiten dichten Karrees die Soldaten: gelbgraue Mäntel, Gewehrläufe, gelbe Riemen, russische Mützen mit stumpfer, niedriger Scheitelspitze; Gewehre, Mäntel, Mützen; Mützen, Mäntel, Gewehre. Im Hintergrund warten: Kavallerie, dann die »Budjonnyj-Kavallerie« mit Maschinengewehren auf kleinen flinken Wagen, die Artillerie und die Tanks. Nichts rührt sich. Man hört aus der Ferne heranziehende Musik. Ein nasser November-Morgen geht über den Platz in leisen Galoschen.

An dem niedrigen Turm klebt das große, deutliche, etwas drastische Zifferblatt der Uhr.

Der schwere Zeiger tastet vorsichtig die Minuten ab, er geht auf ihnen, wie auf Sprossen, der römischen Neun entgegen. Wenn er sie erreicht, schlägt die Uhr stark, metallen, mit einem fremden, fernen Goldklang in der Kehle, halb eine Uhr und halb ein Musikinstrument, präzise und etwas kirchlich. In diesem Augenblick wird es noch stiller als vorher. Ein Kommando knallt plötzlich, ganz unerwartet, obwohl es alle erwartet haben. Drei Reiter sprengen vor. Galopp. Lange Mäntel wehen. Der Kommandeur der Armee und zwei Begleiter. Vor jedem Soldaten-Karree reißen sie die Pferde nach rechts. Jede Abteilung ruft: »Hurra!« Eine Minute Galopp, eine Sekunde Hurra. Rings um den Platz! Wendung! Zurück! Musik spielt die Internationale. – Der Kommandeur geht auf die Terrasse des Grabmals. An zwei Pfählen stecken zwei große Trichter, Lautsprecher, schwarze Münder. Sie tragen die Stimme nach links und nach rechts. Es ist nicht mehr die Stimme des Sprechers. Es ist, als hätten ihm die Instrumente die Worte aus dem Mund genommen; er macht nur die Gesten zu ihren Reden. Was sagt er? – Feiertägliches, Zeitungsmäßiges: Armee, Proletariat, Arbeiter und Bauern, Bereitschaft, vorläufig noch keine Gefahr, immerhin kapitalistische Welt. Deren Vertreter stehen unten, einer im demonstrativen Zylinder, die meisten in steifen Hüten, in Pelzen, mit nassen Füßen. Schwer ist das Schicksal der Diplomaten.

Pause. – Wink von oben. – Kommando. – Dreimal wiederholtes Kommando. – Erster Zug. – Rechtswendung. – Musik. – Vorbeimarsch.

Dieser Vorbeimarsch ist das stärkste militärische Schauspiel der Gegenwart und – seit Napoleon – wahrscheinlich der Geschichte. Es ist auch das stärkste Schauspiel Sowjet-Rußlands. Es verliert – soundsovielmal wiederholt – nichts von seiner Kraft. Es bleibt immer frisch, wie ein gutes Stück nach zwanzig Aufführungen. Das ist die einzige Parade, die nichts Überflüssiges hat, keinen glänzenden Knopf, keinen Theaterblitz, keine eitle Geste. Sie hat nur einen einzigen Traditionsfehler: Die Soldaten rufen – zum zweitenmal – »Hurra«, wenn sie am Kommandeur vorbeigehen. Stehende Massen sollen, marschierende dürfen nicht den Mund öffnen.

Kein übertriebener Schritt, keine unnatürliche Kopfwendung. Das Militärische ist ganz menschlich. Breite Reihen marschieren, lebendige Wände. Die langen Mäntel bedecken die breiten ausschreitenden Beine. So entsteht eine Art wallenden Marsches, temperamentvolle Feierlichkeit, exakte Prozession.

Sie hört nicht auf. Obwohl sie immer dasselbe bleibt, ist sie spannend. Man blickt jeder Abteilung entgegen wie einem neuen Dramen-Akt – und weiß doch schon, was man sehen wird: graugelb, graugelb, graugelb, Mäntel, Gewehre, Mützen. Bis die letzten Abteilungen eine unerwartete Abwechslung bringen: nämlich Gesichter. Es sind Elite-Truppen: Eisenbahner, Sappeure, Techniker, Sicherheitstruppen. Die Mützen werden bunt, die Gesichter individuell.

Die Infanteriemusik verstummt. Eine ferne dünne silberne Musik ertönt. Es sind reitende Töne, die Melodie zieht daher, eine musikalische Reiterkavalkade vor der körperlichen Kavallerie.

Galopp, Galopp!

Eben noch körperlich nahe, schon geisterhaft verschwunden. Ihnen nach die leichten Wagen mit den leichten Maschinengewehrchen: stehende Kutscher, scharf gezogene Zügel, flatternde Mähnen: Die Wagen erinnern an römische Rom-Quadrigen. Sie streifen den Boden im Flug, während die Artillerie schon rollt, schwerer, irdischer, stabiler. Die Tanks weinen. Es schlägt irgendwo in ihnen, es klingt ein gespannter Draht, es heult ein metallenes Tier. –

*

Die fremden Militär-Attachés stehen pflichtgemäß da. Zwei polnische Offiziere sind hart an den Rand des Trottoirs getreten. Die Rotarmisten sehen die Offiziere an. Die fremden Offiziere sind ganz offiziell, ganz Dienst, ganz internationales Völkerrecht, all das, was die rätselhafte Existenz eines uniformierten Militär-Attachés zwar nicht begründet, aber wenigstens garantiert.

Dann ist die große Pause, in der die Attachés und die Diplomaten nach Hause gehen.

Die Arbeiter kommen von weither, mit Fahnen, nach stundenlangem Warten. Es ist naß, es ist November, und es ist das neunte Jahr der Revolution. Und Regen, Nässe und neun, revolutionäre Jahre, ein harter Wiederaufbau, ein bißchen Krise, ein bißchen Angina, ein bißchen schlechte Kleidung: das alles macht so müde, so mürbe, so »zivilistisch«. Man wartet Monate lang, jetzt: ein Augenblick, wo man den Genossen oben ins Gesicht sehen könnte, dem Präsidenten Kalinin, der da mit dem Taschentuch winkt, den Männern der Partei – kann man aus Gesichtern die Zukunft lesen? Soll man rufen, soll man schauen? Und ehe man sich noch entschieden hat (noch ruft man: es lebe die einige Partei!), ist man schon vorbei, schon vorwärts gedrängt von anderen – vorbei, vorbei, noch ein Feiertag vorbei – und hinter dem Roten Platz, in der Straße, steht die Weltgeschichte mit verschleiertem Gesicht. –

Der liebe Gott in Rußland

Der liebe Gott geht inkognito durch die Straßen des russischen Landes, aller lästigen Aufgaben ledig, die ihm die alte Staats-Religion aufzuerlegen sich vermessen hatte, mit der gesetzlichen Verpflichtung ausgestattet, sich um die Politik nicht zu kümmern, von den Staatsmännern als eine Art unfähiger Konkurrenz gar nicht als existent betrachtet. In seinem Namen macht man keine Pogrome mehr, in seinem Namen vereidigt man keine Soldaten mehr. Polizeiliche Maßnahmen irdischer Natur braucht er nicht mehr zu ergreifen. Gott hat Ferien.

Für Donner, Blitz und Hagel macht man ihn nicht verantwortlich. Den irdischen Begriffen von Recht und Unrecht braucht er sich nicht mehr anzupassen. Zum Schutz der Großen leiht er nicht mehr seinen Namen her, den Kirchenglokken hört er mit halbem Ohr zu. Die Ehen schließt er nicht mehr im Himmel – zur Sicherheit lösen die Menschen sie doch im Standesamt. Der liebe Gott lebt noch in veralteten Redewendungen, in erschrockenen Ausrufen weiblicher Wesen, in Beteuerungen lügender NEP-Männer, in allerhand gedankenlos ausgesprochenen Schwüren, die vor Gericht nicht gelten würden, Gott ist eine bedeutungslose Invocation.

Den größten Teil seiner Funktionen hat die Kommunistische Partei übernommen und auf mehrere kleine Götter aufgeteilt. Souverän geht der Mensch auf seiner Erde umher, alles kann ihm zustoßen, aber nichts kann ihm noch passieren. Die Talente der Allsichtigkeit und des Allwissens hat die Staatspolizei geerbt. Gott kann sich nur noch seinen unerforschlichen Ratschlüssen widmen, er wurde beschränkt auf die Verwaltung der Unermesslichkeit und die Erhaltung des Ewigen. Die Regierung über das Vergängliche aber liegt nicht mehr in seinen Händen. So oft er noch etwas in Rußland zu sagen hat, gesteht er aufrichtig, daß er froh ist.

»Sagen Sie mir«, fragte mich ein Mann –, »wie kann ein gebildeter Mensch an Gott glauben? –« »Wir sind mit Stolz und Absicht Atheisten,« sagte mir ein hoher Beamter des Staates. »Dieser Onkel glaubt noch an Gott!,« so stellte mich eine Mutter ihrem zwölfjährigen Kinde vor. Sie besaß ein Grammophon, und in stillen Abendstunden lauschte sie den Klängen eines Walzers von Strauß. »Der Himmel ist blaue Luft«, sagte das Kind. »Wo soll Gott sitzen?« »Gott lag vor uns auf den Knien, als er zu uns um ›Java‹ (eine Zigarettensorte) flehte,« – dichtet ein moderner Lyriker, der die Zigaretten besingt. »Als Lenin starb«, so berichtete mir ein bigotter Kommunist, »ging ich gar nicht hin, die Leiche sehen. Ich verehre keinen Toten, ich überlasse es den Gläubigen.« »Wir erziehen den Menschen zur Selbständigkeit«, sagte ein Arbeiter, »deshalb haben wir Gott vertrieben.« – »Wir bauen eine elektrische Bahn. Sie können sie sehen«, sagte mir ein Ingenieur in Baku.

»Hat uns Gott je eine Bahn gebaut?« Der Mensch glaubt, was er sieht, hört und riecht. Gott ist, wo er in der Literatur vorkommt, eine licentia poetica, bei Dostojewskij zum Beispiel eine direkte Folge epileptischer Veranlagung.

Was hat Gott noch zu tun? Er geht spazieren, unerkannt, ein alter Herr, ausländisch gekleidet. Ein Berichterstatter begegnet ihm in einer stillen Straße, nach einem Regen, das schadhafte Pflaster ist naß, und voller Pfützen. Ein abendlicher Regenbogen wölbt sich im Osten. Die Sonne geht im Westen unter.

»Ich war heute im »Institut für die kulturelle Verbindung mit dem Auslande««, sagt Gott. »Sie haben Mich herumgeführt. Ich sollte den Kreml sehen, man zeigte Mir ausgeräumte Kirchen. Ein englischer Dolmetsch übersetzte Mir alles. Ich interessiere Mich nicht für Baustile und Sarkophage toter Zaren. Ich muß den Leuten sehr komisch erschienen sein. Eine Fliege summte, eine grüne, spanische Fliege summte in einem Zimmer. »Übersetzen Sie Mir«, sagte Ich zum Dolmetscher, »was die Fliege sagt.« »Blöder Amerikaner«, sagte der Dolmetscher auf russisch zu dem Führer; und zu Mir: »Die Wissenschaft ist bei uns noch nicht soweit. Die Sprache der Fliegen kennen wir nicht.« Auf dem Schnurrbart des Führers hing ein Brotkrümchen. »Sie kommen aber vom Frühstück«, sagte Ich. Der Dolmetscher übersetzte es. Wissen Sie: Ich habe mich immer für die ganz kleinen Sachen interessiert. Man zeigte Mir das Mausoleum Lenins, aber vor dem Eingang lag ein verrosteter Nagel. Ich hob ihn auf, fragte: »Was glauben Sie, woher mag dieser Nagel kommen?« Und sie wußten nicht, was Mir zu sagen. Ich trete in eine Kirche, gebe den Bettlern ein Almosen, um nicht aufzufallen. Die Gläubigen singen ganz hübsch. Der Pope hat einen tiefen, schönen Baß. Ich sehe den Fuß eines knienden Mannes und ein Loch in einer Schuhsohle. »Wo hat er sich das Loch ausgetreten?« frage Ich meinen Begleiter. Er weiß es nicht.

Er weiß, wie der Blitz entsteht, aber Ich habe es ja niemals verheimlicht. Sehen Sie, die kleinen Dinge aber wissen die Menschen immer noch nicht, obwohl sie nicht mehr an Mich glauben. Bei Mir, Sie werden kaum glauben, wie froh Ich bin, aus diesem Komplex von Staat, Regierung, Industrie, Politik entlassen zu sein. Man mutet Mir nicht mehr zu, für die Gesundheit der Oberhäupter zu sorgen, für die Moral der Kinder, für die Koalition zwischen Generälen und Chemie. Ich segne keine Gasmasken, sogar die Weißgardisten haben eingesehen, daß Ich Ihnen nicht mehr helfen werde. Ich wohne im ›Savoy‹, zahle zwanzig Rubel täglich und lasse Mich verleugnen. Jetzt gehe Ich in das Theater Meyerholds, man gibt dort ein Stück, in dem Ich gelästert werde. Ich brauche ja nicht mehr zu strafen, Sie glauben gar nicht, welch ein schöner Abend es wird!«

Es wurde Abend, Gott rief einen Iswoschtschik und handelte lange. »Wieviel Knoten hat deine Peitsche?« fragte Gott. »Herr, ich kann nicht solche Kleinigkeiten zählen,« sagte der Kutscher. »Gott allein weiß es, Herr.«

Der Berichterstatter ging und schrieb in sein Tagebuch: »Heute sprach ich mit dem lieben Gott. Er lebt in Rußland wie Gott in Frankreich.«

Die Frau von den Barrikaden

Larissa Reißner wurde 1895 in Lublin geboren, am ersten Mai, dem proletarischen Weltfeiertag. Ich bin geneigt, an der Zufälligkeit dieses Datums zu zweifeln, wenn ich an das spätere Schicksal der Larissa Reißner denke, das ihr den Titel: Die Frau von den Barrikaden verlieh. (Ihre Genossen, die Matrosen und Soldaten im russischen Bürgerkrieg, nannten sie so.) Ihr Vater war Professor, Sozialist, deutscher Abstammung, ihre Mutter Polin. Als Kind lebte Larissa Reißner einige Zeit in Deutschland. Bei Leonid Andrejew lernte sie schreiben. Im Jahre 1914 wurde sie Mitarbeiterin an der Zeitschrift ihres Vaters. In der Februar-Revolution schrieb sie Artikel in Gorkijs Zeitschrift »Nascha Schisn«. Sie ging an die Rote Front, war im Dienst der Revolution Soldat, Spion, Kundschafter, Redner, Kommissar, Journalist, Leitartikler und Berichterstatter, Kommandeur, sie ritt, marschierte, schoß, verurteilte, schlich sich hinter den Rücken des Feindes, wurde erkannt, floh, kehrte zurück, sie hungerte, fror, erkrankte, gesundete, tröstete Kranke, sah Kameraden sterben, begrub Tote, liebte, siegte im großen Sieg der Revolution, kehrte heim, ging mit ihrem Mann nach Afghanistan, schrieb darüber, kam nach Deutschland und schrieb darüber, ging in den Ural und beschrieb ihn, erkrankte 1925 an Typhus und starb so schnell, so vehement, so überraschend, wie sie gelebt und geschrieben hatte. Nach acht Tagen war sie tot.

Ihre »Ausgewählten Schriften« sind jetzt, von Karl Radek herausgegeben und eingeleitet, im Neuen Deutschen Verlag, Berlin, erschienen, unter dem Titel: »*Oktober*«. (XXXI, 495 S. Geb. *M.* 6.50).

Von den Fingern eines alten Platin-Suchers im Ural schreibt Larissa Reißner: »... sie sind wie zehn weiße Blinde, die sich führerlos, aber sicher umherbewegen, sie sind wie zehn schneeweiße Windhunde, welche die Spur eines silbernen Hirsches verfolgen.« Über die Augen eines alten Kohlengräbers schreibt sie: »Die Augen sind fast farblos, wie Kerzen bei Sonnenlicht«. Wenn sie erklären will, wie unvermittelt einem eine bestimmte Erkenntnis kam, sagt sie: »Diese Erkenntnis kam ganz von selbst, wie der Kuckuck aus der Wanduhr«. Sie hat übrigens nicht nur für die Revolution gekämpft, gegen die Weißen. Sie kämpfte auch nach der gelungenen Revolution für die Arbeiter gegen die rote Bürokratie: »Der bürokratische Ring schließt sich mit Befriedigung – – der Arbeiter wird in ein Wanzen-Nest eingesperrt, weil wir auf dem Papier beschlossen haben, die von der Revolution angegriffene Waldwirtschaft zu retten.« Von allen russischen Schriftstellern der jüngsten Zeit gehört sie zu den vier, fünf, die eine literarische Kultur, eine sprachliche Tradition, eine handwerkliche Zucht haben. Ihr eigentliches großes Talent ist eine Art Schlagfertigkeit der Feder. Ihre schriftstellerische Methode ist die Offensive auf das Objekt. Sie erstürmt das »Thema«. Ihre starke Wirkung kommt von ihrer absoluten Subjektivität, ihrer anarchistischen Willkür, ihrer aggressiven Melodie. Die lebendige Bildlichkeit ihrer Sprache ist das Produkt russisch volkstümlicher Unmittelbarkeit. Die Sicherheit ihrer trefflichen Metaphern und Vergleiche ist die Folge ihrer eigenen (weiblichen) Sensibilität. Die Unerbittlichkeit ihres Urteils diktiert ihr ein klares, scharfsichtiges, detailliertes Auge. Die Wärme ihrer Sprache liefert ein großes, edles, menschliches Herz. Ihr Charakter ist human und ihre Überzeugung entschieden. Ihr Instinkt ist hell wie eine Vernunft, ihre Hand flink wie ein Gedanke, ihr Hohn scharf und kalt wie eine Woge, ihr Spott grausam wie ein Fluch, ihr Werkzeug elegant wie ein Scherz, ihr Pathos dunkel wie eine Nacht. Ihr Thema ist die Wirklichkeit, ihre Gedichte sind journalistische Nachrichten, ihre Romane sind Reportagen, ihr großes Drama ist ihr Leben, ihre Liebe und ihr Tod.

Im Krieg und manchmal auch später trug sie Hosen, Gamaschen, eine Soldatenmütze und eine rubaschka. In Berliner, Leipziger, Hamburger Proletariervierteln trug sie Rock und Bluse, die Uniform der Proletarierin. In den Häusern, den Salons, den Direktorskanzleien berühmter deutscher und französischer Industrieller verkehrte sie unter falschem Namen, unter falschen Voraussetzungen empfohlen, eingeführt und eingeladen, in der kostspieligen, eleganten Tracht einer Dame von Welt. Im »Romanischen Café« saß sie, sehr selten, sehr gelangweilt, unerkannt und unter Pseudonym, in der Kleidung, die einen symbolischen Kompromiß der literaturnahen Frauen mit den herrschenden Gesetzen der bürgerlichen Mode darstellt. Ihre Schlauheit war so groß wie ihr Talent. Ihre Schauspielerei so überzeugend wie ihre Taten im Bürgerkrieg. Ihre Macht über Menschen und Männer so siegreich wie ihre Schönheit.

Sie war schön. Ihr Angesicht war kühn, licht und entschieden. Ihr Haar hatte den Glanz des Kupfers, es klang beinahe, wenn man es ansah. Ihre Augen waren klug und stolz, wie zwei Gedanken. Ihre Stirn war klar wie ein Mittag. Man sagt, daß ihre Liebe so groß war wie ihr Mut. Diese Frau scheint dagewesen zu sein, um in Legenden weiterzuleben.

Ich sah im letzten Winter – sie war ein Jahr vorher gestorben – ein mittelmäßiges primitives Porträt von ihr, im Kreml, im Zimmer Karl Radeks. Das Bild war mäßig, aber der Tod hatte es geweiht. Es wurde nicht besser, aber es wurde schöner. Radek sprach von der Toten, mit der stillen, lebendigen, gütigen Wärme, die nur in seltenen Fällen über scharfe dialektische Zungen kommt, wie eine Gnade. Es war ein Winterabend, eine schüchterne grüne Schreibtischlampe brannte, draußen fiel Schnee auf den Kreml, drinnen lagen tausend Bücher in Regalen, auf Stühlen, auf dem Tisch, auf dem Boden, das Bild von der jungen, toten, schönen Frau hing halb im Schatten wie in einem jenseitigen Dämmer.

Es war wahrscheinlich gut und in Ordnung, dachte ich später, als ich das stille, verschneite Kreml-Tor verließ, es ist vielleicht gut und in Ordnung, daß sie tot ist, die junge Larissa Reißner. Sie wäre wahrscheinlich heute in der stärksten »Opposition« – »der bürokratische Ring schließt sich mit Befriedigung« – – vielleicht in Sibirien – – es ist nicht viel Platz in der Welt für eine Frau von den Barrikaden, wenn die Barrikaden abgebaut werden.

Reise auf dem westlichen Balkan

Die Hauptstadt Tirana

Die Einwohner von Tirana lieben Blumen und Musik. Man sieht diese Männer mit Rosen im Mund. Sie benutzen ihn als Knopfloch.

Ein andrer Teil der Bevölkerung hat sich den Blasinstrumenten geweiht. Man hat Bläser für die albanische Armee rekrutiert, Hornisten fürs Vaterland. Sie beleben den Marsch der Soldaten, bestimmen und begrenzen ihren Tag durch Reveille und Retraite.

Der Präsident hat eine Leibkapelle. Der Kapellmeister trägt einen Kneifer und ist aus Triest. Die Bläser stammen aus Karca, dem sangesfreudigen Süden des Landes, und aus der Tschechoslowakei, die einmal, als sie noch das Königreich Böhmen war, der k. u. k. Armee die herrlichsten Musik-Feldwebel geliefert hat. Jeder Musikant erhält fünfzehn Napoleons monatlich. Dafür muß er sich selbst die schöne, schwarze, goldverzierte Uniform anschaffen. Auf der Mütze trägt jeder Musikant das beliebte Symbol der Musik: eine goldene Leier.

Um sieben Uhr morgens, just, wenn die Soldaten blasen, erheben sich die Musiker, den Lerchen gleich, und proben Fragmente aus Märschen und Ouvertüren mitten in der Hauptstraße. Die Einwohner haben in sechs Petitionen an den Magistrat gebeten, die Proben der Musik auf eine Wiese außerhalb der Stadt zu verlegen. Aber sie haben sechsmal vergessen, ihren Gesuchen Argumente beizufügen. Nichts geht ohne Argumente.

Diejenigen, die weder bei der Armee noch bei der Kapelle sind, lieben den zarten Klang der Mandoline. Sie waren meist in Amerika. Dort haben sie sich die Zähne golden plombieren lassen und Zupfinstrumente angeschafft. Sie singen das Lied von den Bananen, zum Zeichen dafür, daß sie große

Welt gesehen haben, vielleicht auch als Ausdruck schmerzlicher Sehnsucht nach Amerika, das sie wieder aus Sehnsucht nach Tirana verlassen haben. Ihr Herz schwimmt auf dem Ozean, aber die Ware, die aus Kämmen, Spiegeln, Briefpapier besteht, liegt in Tirana. Es bleibt ihnen nichts übrig, als Mandoline zu spielen.

Stundenlang sitzen sie in der Sonne vor ihrem Laden. Es ist sehr still. Tirana ist, sieht man von seiner musikalischen Begabung ab, eine ruhige Stadt. Wenn zufällig nicht geblasen wird, hört man die Hähne krähen, die Hämmer der fellachischen Schmiede aus dem Basar und das regelmäßige Rufen von den Minaretten. Die Sonne brütet auf dem Staub der Straße. Er kocht in ihrer Wärme, zerfällt gleichsam in noch feineren, dünneren Staub, löst sich in der Atmosphäre auf, verschwindet in der blauen Luft, ohne daß man die Straße gesprengt und gesäubert hätte. Man erzählt sich, daß jeden Morgen ein junger Mann mit einer Gießkanne vom Magistrat ausgesandt wird, zur Einhaltung der *Hygiene.* Niemand hat ihn mit eigenen Augen gesehen. Dagegen werden für den Fortschritt Kasernen gebaut. Der Motor, der die elektrische Beleuchtung nähren soll, ist zu schwach für die sechzig Glühbirnen. In der Nacht entzünden sie sich. Aber sie sehen aus wie glühende Kohlen. Sie hängen auf den Drähten, eine Art hingerichteter Leuchtkäfer.

Man hat Straßenzüge durchbrochen, Häuser gespalten und skalpiert, um Tirana modern und residenzfähig zu machen. Die halben Häuser stehen da, mit schwarzen, offenen Eingeweiden, auf den Herden verrichten Eingeborene exotisch ihre Notdurft, ohne Pistolen und Gewehre abzulegen. Keinen Augenblick ist man vor Blutrache sicher. Schwarz und weiß verschleierte Frauen erinnern an Leichenzüge und Ku-Klux-Klan, ewige Jalousien haben sie vor den Augen, in Stoff und Gaze sind sie eingemauert. Ich wüßte gern, was sie hinter ihren Wänden machen. Sie machen mich neugierig, sie sind wie fremde, beleuchtete und verhüllte Fensterscheiben. Sie sind stumm wie Tiere und abwehrend wie Tote. Weinen ihre Augen? Man kann es nicht sehen. Sie sprechen miteinander. Aber ihre Laute sind gefangen, und ihre Stimmen sickern kärglich durch die Poren der Stoffe wie klares Wasser durch ein dichtes und schmutziges Sieb.

Diese verschleierten Frauen, diese Hunderte herrenlosen Hunde, die der Wind an der Leine führt, diese Fese auf den fetten Köpfen und die Turbane über bärtigen Gesichtern, diese farbigen Ansichtskarten-Bluträcher mit dem Trommelrevolver statt des Bauches, mit dem Gewehr statt des Regenschirmes – alle diese Geld verdienenden, Geschäfte machenden, in den Ämtern Bestechungen vermittelnden exotischen Philister sind überzählig und jenseits der Zeit. Es gibt nichts Langweiligeres als sogenannte Volkssitten, die schon in den Leichenkammern der Ethnologie, in den Büchern und Seminarien seit dreißig Jahren seziert und immer noch spazieren geführt werden, als wären sie lebendig. Schon gibt es ein Parlament mit einer Präsidentenloge, mit einer Glocke, mit Papier für Interpellationen, mit einer Pressetribüne; schon gibt es eine Bank mit italienischen, langsamen Beamten, mit Kursen, aufgespießt auf Tafeln wie Schmetterlinge, mit einem Direktor, der Transaktionen hingegeben ist. Schon trägt der Wirt meines Hotels in der ledernen Pistolentasche Kleingeld, auf seinem Büfett sammeln sich die ersten Schwalben der Zivilisation, Gießhübler, Whisky, Wermut, Fernet-Branca. Zusammen mit den Goldplomben und dem New Yorker Slang, der Halbbildung und den Mandolinen der aus Amerika Zurückgekehrten, zusammen mit den Ford-Autos, die an zertrümmerte Leierkästen gemahnen, bilden sie den Übergang von der »nationalen Kultur« zur Forderung auf »staatliche Selbständigkeit«.

Albanien ist just auf dem Wege von der Blutrache zum Völkerbund.

Die albanische Armee

Die albanische Armee exerziert am Vormittag von fünf bis zwölf und am Nachmittag von drei bis sieben. Während der Mittagspause exerziert sie. Vor dem Schlafengehen exerziert sie, und in der Nacht, wenn die Soldaten schlafen, blasen in allen Moscheen (in denen die Armee kampiert) vielhundert Trompeten. Daraus schließe ich, daß die albanische Armee auch im Schlaf exerziert. Ich frage mich, wann die albanische Armee *nicht* exerziert.

Warum sie exerziert, weiß ich auch nicht. Es scheint in allen Menschen männlichen Geschlechts ein unbändiger Trieb zum Exerzieren vorhanden zu sein – ich bin die einzige Ausnahme, die mir bekannt ist. Die Albanier sind nämlich von Geburt an gute Kämpfer, auch das Schießen macht ihnen schon im Mutterleib Spaß – warum in aller Welt exerzieren sie noch? Wenn unsereins exerziert, so ist das im Gesetz begründet. Man steht in einer Stammrolle, wird einberufen, exerziert oder wird erschossen. Man exerziert also, um sich am Leben zu erhalten. In Albanien aber ist gar nichts im Gesetz begründet. Rekruten sollen – so sagt man ihnen – nur sechs Monate dienen und dann heimkehren. Ferner sollen sie Löhnung erhalten. In Albanien aber behält man die Rekruten zwei Jahre, zahlt ihnen keinen Groschen – sogar die Offiziere erhalten nur gegen Erpressung die drei Monate rückständigen Gehälter (den Stabsoffizieren ist der Staat nur zwei Monate schuldig), die Gendarmeriekommandanten leben von Requisitionen –, warum exerziert man also in Albanien? Es kommt noch dazu, daß Desertion nicht bestraft wird. Rekruten, die, ohne ein Wort gesagt zu haben, in ihre Heimatdörfer zurückkehren, werden von einem Gendarmen einem zufällig vorüberfahrenden Chauffeur übergeben, der zufällig in dem Garnisonsort des Deserteurs stationiert ist. Die Aussicht, in einem Fordautomobil zu fahren, veranlaßt den Deserteur, wieder einzurücken, nämlich um zu exerzieren. Die Disziplin läßt nichts zu wünschen übrig. Die Soldaten, die zufällig nicht desertiert sind, salutieren jedem Offizier sehr stramm, freuen sich dabei offenbar – denn wer zwingt sie zur Strammheit? Sie marschieren, machen tiefe Kniebeugen, Wendungen, Halt, sie laufen, knien, »lösen sich auf« in Schwarmlinien und erhalten keinen Groschen, und ihre Kommandanten erhalten auch nichts. Warum desertieren sie nicht? Warum exerzieren sie?

Ferner: *Wozu* exerzieren die albanischen Soldaten? Im Gebirge wissen sie gut Bescheid, alle Schlupfwinkel kennen sie, alle Hinterhalte, klettern können sie wie Gemsen. Man will sie doch nicht etwa in einem Weltkrieg verwenden? Gegen Giftgase hilft die tiefe Kniebeuge doch gar nichts. Albanien denkt doch etwa nicht daran, Italien zu erobern? Aber selbst wenn es daran dächte, mit dem Exerzieren ist es doch nicht gemacht. Man muß doch schießen? Nun hat aber die albanische Armee österreichische Gewehre und italienische Munition, Patronen, die im Lauf stecken bleiben, Magazine, die nicht eingeschoben werden können, englische Rucksäcke, die nicht zu den italienischen Riemen passen, Futterale für Spaten und keine Spaten, um Schützengräben auszuheben, italienische Offiziere, die albanisch nicht kommandieren können, österreichische Offiziere, die von den italienischen nicht als Kameraden behandelt werden, weißgardistische russische Offiziere, die überhaupt nicht exerzieren, sondern nur hierhergekommen sind, um die Uniform nicht ablegen zu müssen und die Vernichtung der Sowjets abzuwarten, englische Offiziere, die weder Albanisch noch Italienisch, noch Deutsch, noch Russisch verstehen und mit schönen Reitgerten spazieren gehen, um zu beweisen, daß England eben dabei ist. Das ist die merkwürdigste Armee der Welt. Sie hat kein einheitliches Reglement, kein einheitliches Kommando, sie hat nur eine Militärmusik, viele Trompetensignale,

Trommeln, und sie lernt exerzieren. Den Soldaten, die gewöhnt sind, in leichten Pantoffeln ohne harte Sohlen über die Felsen zu laufen, hat man schwere, benagelte Stiefel angezogen, in denen sie die Füße nicht heben können. Sie brauchen kein Gepäck, denn sie kommen mit Brot, Käse und Wasser monatelang aus. Aber sie tragen schwere Rucksäcke mit unnützem Inhalt an falschem Riemen. Sie wurden gezwungen, ihre eigene, österreichische Munition zu Hause zu lassen, man gab ihnen italienische Munition, weil die Mailänder Fabrikanten verdienen wollen, jetzt können sie nicht einmal schießen – was sie doch in Zivil konnten. Aber sie exerzieren.

Für wen exerzieren sie? Doch nicht für das Vaterland? Denn immer ist ein halbes Vaterland mit der jeweiligen Regierung unzufrieden – aus idealistischen Gründen. Immer ist ein weiteres Viertel Vaterland von Südslawien gekauft und das letzte Viertel von Italien bestochen. Mittendrin exerzieren die Soldaten. Exerzieren sie für Achmed Zogu, den Präsidenten? Der hat seine Leibgarde, die im Notfall gegen die Soldaten schießt, die, obwohl sie exerzieren, nicht zuverlässig sind und denen man absichtlich schlechte Munition und schwere Stiefel gibt, damit sie nichts gegen den Präsidenten unternehmen können. Nur die Leibgarde hat passende Munition zu passenden Gewehren, keine Rucksäcke, leichte Stiefel, einheitliches Kommando und persönliche Freunde des Präsidenten als Offiziere.

Ich frage also noch einmal: Warum, für wen, wozu exerziert die albanische Armee? Ich weiß nur, warum:

Weil sie dumm ist. Weil es ihr Spaß macht, zu schwitzen, angebrüllt, schikaniert zu werden, unterdrückt zu werden. Ich habe den Verdacht, daß es nicht nur den Albaniern so geht. Genauso geht es den Europäern. Sagte ich früher, die albanische Armee sei die merkwürdigste der Welt? Es stimmt nicht. *Alle* Armeen in der ganzen Welt sind merkwürdig; sehr merkwürdig.

Wo der Weltkrieg begann

Der Weltkrieg begann in *Sarajevo,* an einem heißen Sommertag 1914. Es war Sonntag, ich war Student. Am Nachmittag kam ein Mädchen, man trug damals Zöpfe. Sie trug einen großen gelben Strohhut in der Hand, er war wie ein Sommer, erinnerte an Heu, Grillen und Mohn. Im Strohhut lag ein Telegramm, die erste Extraausgabe, die ich je gesehen hatte, zerknüllt, furchtbar, ein Blitz in Papier. »Weißt«, sagte das Mädchen, »sie haben den Thronfolger erschossen. Mein Vater ist aus'm Kaffeehaus hamkumma. Gelt, mir bleiben net hier?«

Den Ernst des Vaters, der aus dem Kaffeehaus hamgekummen war, brachte ich nicht auf. Wir fuhren auf der Plattform einer Tramway. Es gab draußen einen Weg, wo die Straßenbahn den Jasmin streifte, die Bäume standen hart an den Schienen. Man fuhr, kling-klang, es war eine Art Schlittenfahrt für Sommertage. Das Mädchen war hellblau, weich, nahe, mit kühlem Atem, ein Morgen am Nachmittag. Sie hatte mir die Nachricht gebracht, aus Sarajevo, der Name stand über ihr, aus dunkelrotem Rauch, wie ein Brand über einem ahnungslosen Kind.

Anderthalb Jahre später – wie dauerhaft war Liebe aus Friedenszeiten! – stand sie schon, auch sie mitten in der Rauchwolke, am Güterbahnhof römisch zwei, unaufhörlich schmetterte die Musik, Waggons kreischten, Lokomotiven pfiffen, kleine, fröstelnde Frauen hingen wie welke Kränze an den grünen Männern, die neuen Uniformen rochen nach der Appretur, wir waren eine Marschkompanie, Reiseziel dunkel, mit Ahnung: Serbien. Wahrscheinlich dachten wir beide an den Sonntag, das Telegramm, Sarajevo. Ihr Vater ging nie mehr ins Kaffeehaus, er lag schon in einem Massengrab.

Heute, dreizehn Jahre seit dem ersten Schuß, sehe ich Sarajevo. Unschuldige, aber fluchbeladene Stadt! Sie steht noch! Traurige Hülle der schauderhaftesten Katastrophen. Sie rührt sich nicht vom Fleck! Es ist kein Feuerregen niedergegangen, die Häuser sind heil, Mädchen kommen aus den Schulen, man trägt keine Zöpfe mehr. Es ist ein Uhr nachmittags. Der Himmel ist aus blauem Satin. Der Bahnhof, in dem der Erzherzog angekommen war, den Tod im Rücken, steht weit außerhalb der Stadt. Links führt eine breite, staubige, ein wenig asphaltierte, ein wenig geschotterte Straße nach der Stadt. Bäume, dichtbelaubt, dunkel und bestaubt, Überreste einer Zeit, in der die Straße noch eine Allee war, sind unregelmäßig am Rande verstreut. Man sitzt in einem geräumigen Autobus des Hotels. Man fährt durch die Straßen den Kai entlang – – dort an der Ecke begann der Weltkrieg. Nichts hat sich geändert. Ich suche nach Blutspuren. Sie sind fortgewaschen. Dreizehn Jahre, unzählige Regen, Millionen Menschen haben das Blut verwischt. Die Jugend kommt aus den Schulen; lernt man dort Weltkrieg?

Die Hauptstraße ist sehr still. An ihrem oberen Ende liegt ein kleiner türkischer Friedhof, Blumen aus Stein in einem kleinen Totengarten. An ihrem unteren Ende beginnt der orientalische Bazar. Ungefähr in der Mitte stehen, schräg einander gegenüber, zwei große Hotels, mit Caféterrassen. In alten Zeitungen blättert der Wind wie in vorjährigem Laub. Kellner stehen wartend an den Türen, eher Wahrzeichen als Funktionäre des Gastgewerbes. Alte Dienstmänner lehnen an den Mauern, sie erinnern an den Frieden, an die Vorkriegszeit. Einer hat einen Backenbart, ein Gespenst aus der Doppelmonarchie. Ganz alte Männer, wahrscheinlich Notare außer Dienst, sprechen das ärarische Deutsch aus österreichischen Zeiten. Ein Buchhändler verkauft Papier und Bücher und literarische Zeitschriften – aber mehr zu repräsentativen Zwecken. Ich erstehe bei ihm einen Maupassant (obwohl er auch schon Dekobra auf Lager hat) für eine Nacht im Zug ohne Schlafwagen. Ein Wort gibt das andere. Ich erfahre, daß das literarische Interesse in Sarajevo abgeflaut ist. Ein Lehrer nur abonniert zwei literarische Wochenblätter. (Wie tröstlich zu wissen, daß solche Lehrer existieren!)

Am Abend ist Korso von schönen Frauen, sittenstrengen. Das ist der Korso einer kleinen Stadt. Die schönen Frauen gehen zu zweit und dritt, wie Mitglieder eines Pensionats. Die Herren ziehen die Hüte tief und unaufhörlich, die Menschen kennen einander so gut, daß ich dreifach fremd bin. Ich bin nahe daran, einen Film zu sehn, einen historischen Kostümfilm, dort kennen die Menschen einander gar nicht, die Szenen, in denen sie sich grüßen, sind fortgelassen, man ist fremd unter Fremden, der Zuschauerraum ist dunkel; nur vor den lichterfüllten, grausamen Pausen bangt mir. Auch Zeitung lesen ist gesund, man erfährt was aus der Welt, die man eben verlassen hat, um die Welt zu sehn.

Um zehn Uhr ist alles still, ein Nachtlokal schimmert ferne, aus einer dunklen Straße, es lockt: ein Familienfest. Jenseits des Flusses, in der türkischen Stadt, steigen die Häuser in Terrassen an, ihre Lichter verschwimmen im Nebel, sie erinnern an ferne Kerzen auf den breiten Treppen eines weiten und hohen Altars.

Es gibt ein Theater, man spielt eine Oper, es gibt ein Museum, es gibt Spitäler, einen Magistrat, Polizisten, alles, was eine Stadt brauchen kann. Eine Stadt! Als wäre Sarajevo eine Stadt wie jede andere! Als hätte in Sarajevo nicht der größte aller Kriege angefangen! Alle Heldengräber, alle Massengräber, alle Schlachtfelder, alle Giftgase, alle Krüppel, alle Kriegswitwen, alle unbekannten Soldaten: Hier haben sie angefangen. Ich wünsche dieser Stadt nicht den Untergang, wie sollte ich! Sie hat gute, liebe Menschen, schöne Frauen, wunderbar unschuldige Kinder, Tiere, die sich des Lebens freuen, Schmetterlinge auf den Steinen im Türkenfriedhof. Dennoch hat hier der Krieg angefangen, die Welt ist vernichtet, und Sarajevo steht. Es sollte keine Stadt sein, es sollte ein Denkmal sein, allen zum schrecklichen Gedächtnis.

Blick nach Südslawien

Belgrad im Juli

Man nennt Belgrad das Paris des Balkans. Lippenstifte, Wachsbüsten, Haarschnitte und Damenmoden, die Einrichtung der Kaffeehäuser und der Restaurants, der Geschmack der Hors d'œuvres und der Aperitifs, eine ganz bestimmte Sorglosigkeit in der Atmosphäre des abendlichen Korsos, ein ganz bestimmter Glanz über jenem heiter bewegten Straßenbild, das man »Leben und Treiben« nennt eine gewisse phosphoreszierende Oberfläche: all das ist Pariser Konvenienz. Es gibt auch eine französische Buchhandlung – allerdings. Aber führte sie nicht den »Sourire« auf Lager, man könnte von einem geistigen französischen Einfluß überhaupt nicht sprechen. Dekobra, Claude Anet und andere von der französischen Schriftstellersorte, die den literarischen Qualitätsexport Frankreichs bildet und den geistigen Charakter ihres Landes fälscht, während sie es in fernen Gegenden repräsentiert, verleihen ihren jugendlichen Lesern die bekannte pseudofranzösische Haltung, deren Kennzeichen Unbeständigkeit, Nachtleben-Erotik und Kinogalanterie sind. Die jungen Männer von Belgrad sind sehr elegant. Noch stundenlang, nachdem sie ihr Haus verlassen haben, sieht man ihnen an, wie lange sie vor dem Spiegel gestanden sind. Etwas vom Widerschein des Quecksilbers ist auf ihren piekfeinen Anzügen liegen geblieben, eine Art Silberpatina der Eitelkeit. Alle Männer unter dreißig – ich meine natürlich alle Männer jener Gesellschaftsschicht, für die Kaffeehäuser, Hauptstraße und Dancings gebaut sind – tragen breite, wallende, schlotternde, amerikanische Hosen, Hosenschöße sozusagen, die sich im Winde blähen, Bein-Segel für Flanierer. Sie tragen helle, weiche, zartgetönte, leise und wie von einem immer wiederkehrenden, hartnäckigen Modezufall eingeknickte Hüte, bunte Schleifchen am Hals, an dem nur noch ein silbernes Glöckchen fehlt, um aus dem Träger ein etwas großgeratenes Schoßtier für verwöhnte Damen zu machen. In keinem Lande der Welt – ausgenommen in Polen – gibt es so schlecht bezahlte und gleichzeitig so elegant gekleidete Staatsbeamte. Es ist Sitte in Südslawien, nicht von seinem Gehalt zu leben, wenn man z. B. junger Attaché im Auswärtigen Amt ist. Man lebt nach alter Tradition von seinem Vater. Hat man keinen – und ein Vater, von dem man nicht leben kann, ist noch schlimmer als überhaupt kein Vater –, so wird man auch nicht so leicht Attaché im Auswärtigen Amt. Die sogenannten Zuschüsse sind das Gehalt, und das Gehalt ist ein Zuschuß.

Nirgends sind mir so elegante, flotte und – begabte Journalisten begegnet, nirgends auch so allmächtige. In Belgrad herrscht die Diktatur der Presse. Die Journalisten warten den ganzen Vormittag vor den Ministerien, mit Bleistift und Papier, sie erwarten die kommenden und gehenden Minister, Politiker stehen unter der ständigen, unerbittlichen Kontrolle der Reportage, es gibt da eine geheimnisvolle Beziehung zwischen der Geschichte des Landes und dem Zeilenhonorar der Reporter. Im Vestibül des Ministeriums des Äußern telefonieren die Berichterstatter die Resultate ihrer historischen Begegnungen. Diese Journalisten haben Eisenbahn und Schiffahrt (erster Klasse) umsonst. In Agram schenkt die Gemeinde der Presse einen Platz, auf dem ein Journalistenhaus gebaut werden soll. Von allen eleganten Männern, die man auf der Hauptstraße sehen kann, sind (natürlich nicht statistisch nachweisbar) dreißig Prozent Staatsbeamte und dreißig Prozent Journalisten. Bleiben vierzig Prozent. Von diesen sind zwanzig Prozent Anwärter auf Beamtenposten und zwanzig Prozent gewesene Beamte. Denn in diesem außerordentlich parlamentarischen Land wechseln die Beamten mit den herrschenden Parteien und den Ministern. Die Beamten steigen und fallen, kommen und gehen mit den Ministern. Es ist ein flotter Handel von Menschen und

Schicksalen, die Regierenden und die Regierten wechseln miteinander die Plätze wie bei einem Gesellschaftsspiel. Es gibt nur *eine* Klasse, die immer regiert wird: Das sind die Arbeiter. Ich habe die proletarische Maifeier in Belgrad gesehen. Die Proletarier gingen in den Wald, tranken Sodawasser, aßen Butterbrot und sangen – weil revolutionäre Lieder verboten sind – nationale. Trotzdem waren die friedlichen Wälder voll von Polizisten und Spitzeln. Gegenüber dem Wald steht eines der neuen Schlösser des Königs, umgeben von Kasernen, kein Schloß ohne Kasernen. Kein König ohne Untertanen.

Und kein König ohne Leibgarde. Vor dem Schloß stehen zwei unbewegliche Leibgardisten. Wenn sie abgelöst werden, sieht man, daß sie nicht aus Holz waren. Fangen sie aber an, in freien Stunden spazieren zu gehen, so sind sie bunte Reklamegegenstände für den Royalismus. Auf den Umschlagseiten der illustrierten Blätter ist oft der Kronprinz photographiert. Ein heiterer Knabe. Er kostet ein paar Millionen monatlich. Vor ihm präsentierten die hölzernen Leibgardisten das Gewehr. Die Burgmusik – am Nachmittag um 6 Uhr –, die zur Belebung des Korsos wie der Untertanentreue gleichermaßen dient, macht dem Kleinen Spaß. Gerne mischt sich der König unters Volk. Das heißt: Er geht im Park spazieren, wo das Volk aus Journalisten, Beamten und Abgeordneten besteht. Wenn man einen vernünftigen Südslawen fragt: »Wozu braucht ihr einen so kostspieligen König?«, so antwortet er: weil unser Volk noch nicht so fortgeschritten ist, um republikanisch regiert zu werden. Indessen ist gerade das südslawische Volk intelligent, aufgeweckt, diszipliniert, politisch selbständig, kritisch, mit einem hellen, gesunden, ländlichen Verstand begabt, human, heiter, kultiviert, von einer guten, südlichen Sonne gesegnet, ohne nationalistische Vorurteile, ohne jeden religiösen Fanatismus, loyal gegen andere Nationen, Stämme und Rassen. Nirgends sah ich einen solchen Gegensatz zwischen dem Geist der

Verordnungen und Gesetze und dem Charakter des Volkes. Die Verwaltung ist reaktionär, das Volk ist fortschrittlich. Die Polizei ist brutal, die Menschen sind freundlich. In den Ämtern herrscht Korruption, und die Bevölkerung ist ehrlich. Die Regierung ist reichlich naiv, und die Regierten sind klug. Der König hat diktatorische Gelüste und das Volk demokratische Neigungen.

Die Sittlichkeit ist zu einer Seuche geworden, die »uneheliche Liebe« ist beinahe verboten, jedenfalls erschwert. In manchen Städten geht hinter jeder Prostituierten ein Polizist einher. Es ist den Mädchen verboten, Passanten anzusprechen. Jede Frau, die sich mit einem Mann in ein Hotel begibt, gerät in Gefahr, wegen »gewerblicher Unzucht« verhaftet zu werden. Öffentliche Häuser sind nur in bestimmten Städten erlaubt. Es gibt engbegrenzte erotische Rayons. Liebe in Wäldern ist gesetzlich verboten. Hinter jedem zehnten Baum lauert ein Polizist. Die ungesetzliche Fortpflanzung ereignet sich unter zahlreichen Vorsichtsmaßregeln. Die Frauen sind schön wie Göttinnen und keusch wie Engel. Ein Ehebruch ist leichter als eine Liebschaft. Die Liebe führt schnurstracks zur Ehe. Und diese erst ist gefährdet. Sicher ist nur die Nachkommenschaft. Denn das Volk ist Gott sei Dank fruchtbar.

Seine K. und K. Apostolische Majestät

Für Stefan Zweig

Es war einmal ein Kaiser. Ein großer Teil meiner Kindheit und meiner Jugend vollzog sich in dem oft unbarmherzigen Glanz seiner Majestät, von der ich heute zu erzählen das Recht habe, weil ich mich damals gegen sie so heftig empörte. Von uns beiden, dem Kaiser und mir, habe ich recht behalten – was noch nicht heißen soll, daß ich recht hatte. Er liegt begraben in der Kapuzinergruft und unter den Ruinen seiner Krone und ich irre lebendig unter ihnen herum. Vor der Majestät seines Todes und seiner Tragik – nicht vor seiner eigenen – schweigt meine politische Überzeugung und nur die Erinnerung ist wach. Kein äußerer Anlaß hat sie geweckt. Vielleicht nur einer jener verborgenen, inneren und privaten, die manchmal einen Schriftsteller reden heißen, ohne daß er sich darum kümmerte, ob ihm jemand zuhört.

Als er begraben wurde, stand ich, einer seiner vielen Soldaten der Wiener Garnison, in der neuen feldgrauen Uniform, in der wir ein paar Wochen später ins Feld gehen sollten, ein Glied in der langen Kette, welche die Straßen säumte. Der Erschütterung, die aus der Erkenntnis kam, daß ein historischer Tag eben verging, begegnete die zwiespältige Trauer über den Untergang eines Vaterlandes, das selbst zur Opposition seine Söhne erzogen hatte. Und während ich es noch verurteilte, begann ich schon, es zu beklagen. Und während ich die Nähe des Todes, dem mich noch der tote Kaiser entgegenschickte, erbittert maß, ergriff mich die Zeremonie, mit der die Majestät (und das war: Österreich-Ungarn) zu Grabe getragen wurde. Die Sinnlosigkeit seiner letzten Jahre erkannte ich klar, aber nicht zu leugnen war, daß eben diese Sinnlosigkeit ein Stück meiner Kindheit bedeutete. Die kalte Sonne der Habsburger erlosch, aber es war eine Sonne gewesen.

An dem Abend, an dem wir in Doppelreihen in die Kaserne zurückmarschierten, in den Hauptstraßen noch Parademarsch, dachte ich an die Tage, an denen mich eine kindische Pietät in die körperliche Nähe des Kaisers geführt hatte, und ich beklagte zwar nicht den Verlust jener Pietät, aber den jener Tage. Und weil der Tod des Kaisers meiner Kindheit genau so wie dem Vaterland ein Ende gemacht hatte, betrauerte ich den Kaiser und das Vaterland wie meine Kindheit. Seit jenem Abend denke ich oft an die Sommermorgen, an denen ich um sechs Uhr früh nach Schönbrunn hinausfuhr, um den Kaiser nach Ischl abreisen zu sehen. Der Krieg, die Revolution und meine Gesinnung, die ihr recht gab, konnten die sommerlichen Morgen nicht entstellen und nicht vergessen machen. Ich glaube, daß ich jenen Morgen einen stark empfindlichen Sinn für die Zeremonie und die Repräsentation verdanke, die Fähigkeit zur Andacht vor der religiösen Manifestation und vor der Parade des neunten November auf dem Roten Platz im Kreml, vor jedem Augenblick der menschlichen Geschichte, dessen Schönheit seiner Größe entspricht, und vor jeder Tradition, die ja zumindest eine Vergangenheit beweist.

An jenen Sommermorgen regnete es grundsätzlich nicht und oft leiteten sie einen Sonntag ein. Die Straßenbahnen hatten einen Sonderdienst eingerichtet. Viele Menschen fuhren hinaus, zu dem höchst naiven Zweck der Spalierbildung. Auf eine sonderbare Weise vermischte sich ein sehr hohes, sehr fernes und sehr reiches Trillern der Lerchen mit den eilenden Schritten Hunderter Menschen. Sie liefen im Schatten, die Sonne erreichte erst die zweiten Stockwerke der Häuser und die Kronen der höchsten Bäume. Von der Erde und von den Steinen kam noch nasse Kühle, aber über den Köpfen begann schon die sommerliche Luft, so daß man gleichzeitig eine Art Frühling und den Sommer fühlte, zwei Jahreszeiten, die übereinander lagen, statt aufeinander zu folgen. Der Tau glänzte noch und verdunstete schon und von den Gärten kam der Flieder mit der frischen Vehemenz eines süßen Windes. Hellblau und straff gespannt war der Himmel. Von der Turmuhr schlug es sieben.

Da ging ein Tor auf und ein offener Wagen rollte langsam heraus, weiße Pferde mit zierlichem Schritte und gesenkten Köpfen, ein regloser Kutscher auf einem sehr hohen Bock, in einer graugelben Livree, die Zügel so locker in der Hand, daß sie eine sanfte Mulde über den Rücken der Pferde bildeten und daß es unverständlich blieb, warum die Tiere so straff gingen, da sie doch offensichtlich Freiheit genug hatten, ein ihnen natürliches Tempo anzuschlagen. Auch die Peitsche rührte sich nicht, kein Instrument der Züchtigung, nicht einmal eins der Mahnung. Ich begann zu ahnen, daß der Kutscher andere Kräfte hatte als die seiner Fäuste und andere Mittel als Zügel und Peitsche. Seine Hände waren übrigens zwei blendende weiße Flecke mitten im schattigen Grün der Allee. Die hohen und großen, aber zarten Räder des Wagens, deren dünne Speichen an glänzende Dirigentenstäbe erinnerten, an ein Kinderspiel und eine Zeichnung in einem Lesebuch – diese Räder vollendeten ein paar sanfte Drehungen auf dem Kies, der lautlos blieb, als wäre er ein feingemahlener Sand. Dann stand der Wagen still. Kein Pferd bewegte den Fuß. Kaum, daß eines ein Ohr zurücklegte – und schon diese Bewegung empfand der Kutscher als ungeziemend. Nicht, daß er sich gerührt hätte! Aber ein ferner Schatten eines fernen Schattens zog über sein Angesicht, so daß ich überzeugt war, sein Unmut käme nicht aus ihm selbst, sondern aus der Atmosphäre und über ihn. Alles blieb still. Nur Mücken tanzten um die Bäume, und die Sonne wurde immer wärmer.

Polizisten in Uniform, die bis jetzt Dienst gemacht hatten, verschwanden plötzlich und lautlos. Es gehörte zu den kalt berechneten Anordnungen des alten Kaisers, daß kein sichtbar Bewaffneter ihn und seine Nähe bewachen durfte. Die Polizeispitzel trugen graue Hütchen statt der grünen, um nicht erkannt zu werden. Komiteemänner in Zylindern, mit schwarzgelben Binden, erhielten die Ordnung aufrecht und die Liebe des Volkes in den gebührenden Grenzen. Es wagte nicht, die Füße zu bewegen. Manchmal hörte man sein gedämpftes Gemurmel, es war, als flüsterte es eine Ehrenbezeugung im Chor. Es fühlte sich dennoch intim und gleichsam im kleinen Kreis eingeladen. Denn der Kaiser war gewohnt, im Sommer ohne Pomp abzureisen, in einer Morgenstunde, die von allen Stunden des Tages und der Nacht gewissermaßen die menschlichste eines Kaisers ist, jene, in der er das Bett, das Bad und die Toilette verläßt. Deshalb hatte der Kutscher die heimische Livree, dieselbe fast, die der Kutscher eines reichen Mannes trägt. Deshalb war der Wagen offen und hatte hinten keinen Sitz. Deshalb befand sich niemand neben dem Kutscher auf dem Bock, solange der Wagen nicht fuhr. Es war nicht das spanische Zeremoniell der Habsburger, das Zeremoniell der spanischen Mittagssonne. Es war das kleine österreichische Zeremoniell einer Schönbrunner Morgenstunde.

Aber gerade deshalb war der Glanz besser wahrzunehmen, und er schien mehr vom Kaiser selbst auszugehen als von den Gesetzen, die ihn umgaben. Das Licht war besänftigt und also sichtbar und nicht blendend. Man konnte gleichsam seinen Kern sehen. Ein Kaiser am Morgen, auf einer Erholungsreise, im offenen Wagen und ohne Gesinde: ein privater Kaiser. Eine menschliche Majestät. Er fuhr von seinen Regierungsgeschäften weg, in Urlaub fuhr der Kaiser. Jeder Schuster durfte sich einbilden, daß er dem Kaiser den Urlaub gestattet hatte. Und weil Untertanen sich am tiefsten beugen, wenn sie einmal glauben dürfen, sie hätten dem Herrn etwas zu gewähren, waren an diesem Morgen die Menschen am untertänigsten. Und weil der Kaiser nicht durch ein Zeremoniell von ihnen getrennt wurde, errichteten sie selbst, jeder für sich, ein Zeremoniell, in das jeder den Kaiser und sich selbst einbezog. Sie waren nicht zu Hof geladen. Deshalb lud jeder den Kaiser zu Hof.

Von Zeit zu Zeit fühlte man, wie sich ein scheues und fernes Gerücht erhob, das gleichsam nicht den Mut hatte, laut zu werden, sondern nur gerade noch die Möglichkeit, »ruchbar« zu sein. Es schien plötzlich, daß der Kaiser schon das Schloß verlassen hatte, man glaubte zu fühlen, wie er im Hof das Gedicht eines deklamierenden Kindes entgegennahm, und wie man von einem herannahenden großen Gewitter zuerst den Wind verspürt, so roch man hier von dem herannahenden Kaiser zuerst die Huld, die vor den Majestäten einherweht. Von ihr getrieben, liefen ein paar Komiteeherren durcheinander, und an ihrer Aufregung las man wie an einem Thermometer die Temperatur, den Stand der Dinge ab, die sich im Innern zutrugen.

Endlich entblößten sich langsam die Köpfe der vorne Stehenden, und die rückwärts standen, wurden plötzlich unruhig. Wie? Hatten sie etwa den Respekt verloren? Oh, keineswegs! Nur ihre Andacht war neugierig geworden und suchte heftig ihren Gegenstand. Jetzt scharrten sie mit den Füßen, sogar die disziplinierten Pferde legten beide Ohren zurück, und es geschah das Unglaublichste: der Kutscher selbst spitzte die Lippen wie ein Kind, das an einem Bonbon lutscht, und gab dermaßen den Pferden zu verstehen, daß sie sich nicht so benehmen dürfen wie das Volk.

Und es war wirklich der Kaiser. Da kam er nun, alt und gebeugt, müde von den Gedichten und schon am frühen Morgen verwirrt von der Treue seiner Untertanen, vielleicht auch ein wenig vom Reisefieber geplagt, in jenem Zustand, der dann im Zeitungsbericht »Die jugendliche Frische des Monarchen« hieß, und mit jenem langsamen Greisenschritt, der »elastisch« genannt wurde, trippelnd fast und mit sachte klirrenden Sporen, eine alte schwarze und etwas verstaubte Offiziersmütze auf dem Kopf, wie man sie noch zu Radetzkys Zeiten getragen hatte, nicht höher als vier Mannesfinger. Die jungen Leutnants verachteten diese Mützenform. Der Kaiser war der einzige Angehörige der Armee, der sich so streng an die Vorschriften hielt. Denn er *war* ein Kaiser.

Ein alter Mantel, innen verblaßtes Rot, hüllte ihn ein. Der Säbel schepperte ein wenig an der Seite. Seine stark gewichsten, glatten Zugstiefel leuchteten wie dunkle Spiegel, und man sah seine schmalen, schwarzen Hosen mit den breiten, roten Generalsstreifen, ungebügelte Hosen, die nach alter Manier rund waren, wie Röllchen. Immer wieder hob der Kaiser seine Hand salutierend an das Dach seiner Mütze. Dabei nickte er lächelnd. Er hatte den Blick, der nichts zu sehen scheint und von dem sich jeder getroffen fühlt. Sein Auge vollzog einen Halbkreis wie die Sonne und verstreute Strahlen der Gnade an jedermann.

An seiner Seite ging der Adjutant, fast ebenso alt, aber nicht so müde, immer einen halben Schritt hinter der Majestät, ungeduldiger als diese und wahrscheinlich sehr furchtsam, von dem innigen Wunsch getrieben, der Kaiser möchte schon im Wagen sitzen und die Treue der Untertanen ein vorschriftsmäßiges Ende haben. Und als ginge der Kaiser nicht selbst zum Wagen, sondern als wäre er imstande, sich irgendwo im Gewimmel zu verlieren, wenn der Adjutant nicht da wäre, machte dieser fortwährend winzige, unhörbare Bemerkungen an dem Ohr des Kaisers, der sich wirklich nach jedem Flüstern des Adjutanten in eine andere Richtung, fast unmerklich, wandte. Schließlich hatten beide den Wagen erreicht. Der Kaiser saß und grüßte noch lächelnd im Halbkreis. Der Adjutant lief hinten um den Wagen herum und setzte sich. Aber ehe er sich noch gesetzt hatte, machte er eine Bewegung, als wollte er nicht an der Seite des Kaisers, sondern ihm gegenüber Platz nehmen, und man konnte deutlich sehen, wie der Kaiser etwas rückte, um den Adjutanten aufzumuntern. In diesem Augenblick stand auch schon ein Diener mit einer Decke vor den beiden, die sich langsam über die Beine der beiden Alten senkte. Der Diener machte eine scharfe Wendung und sprang, wie von einem Gummi gezogen, auf den Bock, neben den Kutscher. Es war des Kaisers Leibdiener. Er war fast so alt wie der Kaiser, aber gelenkig wie ein Jüngling; denn das Dienen hatte ihn jung erhalten, wie das Regieren seinen Herrn alt gemacht hatte.

Schon zogen die Pferde an, und man erhaschte noch einen silbernen Glanz vom weißen Backenbart des Kaisers. Vivat! und Hoch! schrie die Menge. In diesem Augenblick stürzte eine Frau vor, und ein weißes Papier flog in den Wagen, ein erschrockener Vogel. Ein Gnadengesuch! Man ergriff die Frau, der Wagen hielt, und während Zivilpolizisten sie an den Schultern griffen, lächelte ihr der Kaiser zu, wie um den Schmerz zu lindern, den ihr die Polizei zufügte. Und jeder war überzeugt, der Kaiser wisse nicht, daß man jetzt die Frau einsperren würde. Sie aber wurde in die Wachstube geführt, verhört und entlassen. Ihr Gesuch sollte schon seine Wirkung haben. Der Kaiser war es sich selbst schuldig.

Fort war der Wagen. Das gleichmäßige Getrappel der Pferde ging unter im Geschrei der Menge. Die Sonne war heiß und drückend geworden. Ein schwerer Sommertag brach an. Vom Turm schlug es acht. Der Himmel wurde tiefblau. Die Straßenbahnen klingelten. Die Geräusche der Welt erwachten.

Leningrad

I

Nach Leningrad kam ich an einem eisigen Sonntagsmorgen. Die Luft war aus Glas. Es klirrte. Die Straße war Schnee; weißbesonnter Schnee auf der einen Seite, auf der anderen beschatteter Schnee. Die Bürgersteige waren von der Straßenmitte getrennt durch Schneehaufen, die sich in regelmäßigen Abständen erhoben. Sie erinnerten an markierte Grenzlinien. Von den Schlitten kam ein fröhliches Klingeln, von den Fußgängern ein Knirschen und ein Schnaufen. Der Gummi der Galoschen quietschte auf dem widerspenstigen Schnee, der bei jedem Schritt seufzte, als litte er unter dem Getretenwerden. Der Atem entströmte hörbar den Mündern und den Nasen der Menschen. Vor jedem Angesicht eine kleine Wolke, die sich immer wieder erneuerte. Vor den Häuptern der Schlittenpferde größere Wolken. Hoch unter dem blaßblauen Himmel schien der Frost zu singen, dünn, ein Wimmern, aber nicht eines, das Schmerz ausdrückt, sondern kalte Wollust am kalten Schmerz. Dieser Gesang des unsichtbaren Frostes unter dem winterlichen Himmel war der deutliche akustische Gegensatz zum unaufhörlichen Geschmetter unsichtbarer Lerchen unter einem sommerlichen. Obwohl die Sonne sehr stark war, konnte man dennoch in sie sehen. Denn ihr weißer Glanz war im Verhältnis zum blendenden Schnee eine Beruhigung dem Auge. Und ebenso wie man etwa im Sommer, nachdem man in den Himmel geblickt, das Auge über das Grün der Erde schweifen läßt, um den geblendeten Sinn zu beruhigen, so schickte ich meinen Blick, der sich am Weiß des Bodens weh tat, zur Erholung in das Blau des Himmels. Der Schnee war stark wie die Sonne und die Sonne sanft wie Schnee. Und während von ihr Kälte kam, schien ihm Wärme zu entströmen. Man zählte 28 Grad unter Null. Vor der Nase stand der Frost wie eine doppelt geschliffene Klinge. In den Ohrmuscheln brannte ein stechendes Feuer aus dünnen, rohen Nadeln. Man fühlte das Blut im eigenen Körper kreisen und die Schnelligkeit mit der es sich selbst heizte. Infolgedessen, und nicht weil man etwa fror, beschleunigte man den Schritt. Alles Lebendige bewegte sich sehr schnell. Die Menschen liefen fast aneinander vorbei, jeder durch den Frost vom andern isoliert. Die Schlitten huschten. Ein oder zwei der seltenen Automobile sausten. Die Schellen an dem hohen Joch der kleinen Pferde galoppierten. Die einzelnen Klänge verbanden sich zu Melodien. Es war kein Klingeln mehr, es waren geklingelte Lieder.

Aber alles Stehende schien doppelt unbeweglich. Die Häuser, die Brücken, die Buden, die Laternen waren für alle Ewigkeit hingestellt, und ihre Lage schien unveränderlich wie die der Pyramiden. Ja, selbst der Schatten, den die Objekte warfen, war nicht mehr ein Spiel des Lichts, sondern eine dunkle Fläche, hingemalt mit grauer Farbe auf den weißen Schnee und unabhängig von dem wechselnden Stand der Sonne. Die Paläste, die in Leningrad so dicht nebeneinanderstehen wie in anderen Städten die Mietshäuser, erhielten in der Atmosphäre dieses Vormittags eine doppelte Festigkeit. Zu der Kraft des Dauerns, die ihnen ihre Erbauer verliehen hatten, kam die monumentalisierende Kraft des Lichts, das die Paläste gleichsam noch einmal stehen ließ, als wäre vorher Gefahr gewesen, sie könnten sich, obwohl gründlich fundamentiert, dennoch bewegen. Aus dem Gegensatz aber zwischen der Schnelligkeit alles Beweglichen und der für Jahrtausende garantierten Unbeweglichkeit alles Stehenden ergab sich ein mir ungewohnter Reiz, ein fruchtbarer, der die Produktivität des Auges steigerte und es zwang, den Zauber der Geschwindigkeit wie die Winde des Dauernden zu verzeichnen. Die Fassaden erhöhten sich zu Symbolen der Ewigkeit. Die eilenden Menschen und Wagen und Pferde verringerten sich zu beispielhaften Objekten des ewigen Wechsels und der Nichtigkeit alles Lebens. Und ich sah wie auf eine Bühne auf der ein ergreifendes Spiel von der bedauerlichen Rapidität des Werdens und Vergehens und der grausamen Gleichgültigkeit der ewigen Mächte gespielt wird.

So sah ich Leningrad zum erstenmal. Es repräsentierte sich mir als die Stadt Peters des Großen, des universalen Europäers, der von dieser Stadt aus Asien zu regieren gedachte und der sich nicht, wie andere Herrscher, ein steinernes Denkmal stellte, sondern eine ganze Residenz, am Zipfel seines riesigen Reiches, einem Kapitän vergleichbar, der die Kommandobrücke an dem Bug seines Schiffes plaziert. Die Stadt jenes Zaren, der einen so starken Sinn für die Ewigkeit hatte, daß er seinen eigenen Leichnam im Sarkophag durch die Jahrhunderte erhielt, daß er, als man nach der Revolution seinen Sarg öffnete, noch ganz und unversehrt dalag und daß man vor ihm erschrak – wie man dereinst vor dem Lebendigen erschrocken war.

2

Am nächsten Morgen war der Frost gebrochen. Er war aufgelöst in Nebel. Der Nebel stieg aus dem Fluß. Der Schnee war noch hart, aber er knirschte nicht mehr. Der Himmel war grau und kündigte neue Schneefälle an. Die Luft war nicht mehr aus Glas, sondern aus milchigem Porzellan. Die Sonne war nicht mehr als ein Himmelskörper wahrnehmbar, sondern hinter den Wolken wie gleichmäßig verschüttet über den ganzen Horizont. Über den Dächern der Häuser und der Paläste lag unbeweglich ein graublauer Dunst, und stand man auf einem erhöhten Punkt der Stadt oder auf einem weiten Platz, auf dem die Distanz einen Überblick erlaubte, so war es, als sähe man auf eine versunkene Stadt unter einem leichten Meer aus Rauch. Glocken, Schlittenschellen und andere Geräusche gelangten zu mir aus einer verhüllten Nähe. Es war, als würde es mir nie gestattet sein, die Ursachen dieser Geräusche mit eigenen Augen zu sehen. Ging ich dann hinein, um die Türme, die Menschen, die Straßen wahrzunehmen, so war es, als hätte ich einen Bann aus Nebeln durchbrochen. Nicht mehr für alle Ewigkeit schienen die Fassaden auf das vergängliche Leben vor ihnen zu blicken. Sie zitterten vielmehr, sie schwankten, veränderten fast ihre Formen, wie Mauern, die man aus einer sehr großen Entfernung sieht. Es war immer noch kalt. Aber die Kälte hüllte sich gleichsam in wärmende Wolken wie in Pelz – in ihnen war schon die besänftigende Weichheit des Schnees, den sie enthielten. Vor mir glänzte aus graublauem Nebel die Spitze des Admiralsplatzes auf, wie eine goldene Lanze, die den Rauch durchstochen und aufgespießt hat. Es war ein unwahrscheinlicher Triumph im Glanz dieser Lanze. Sie triumphierte wie das Wahrzeichen einer Welt, die den Nebel, der sie zu verschlingen droht, nicht fürchtet, weil sie ihn selbst geboren hat. Wie der ausgestreckte mahnende Finger einer Macht, die noch gefährlich werden kann, einfach weil sie noch da ist.

Den Rauch, der sie einhüllte, gebar die Stadt Leningrad wirklich selbst. Denn sie steht auf Sümpfen, weich und tükkisch ist der Boden, in den die schweren Fundamente der schweren Paläste und Kirchen mehr versenkt als gebaut sind. Ein großer und eigenwilliger Zar hat seine Macht auch noch über den Sumpf beweisen wollen. Und wie Venedig über das Wasser, so triumphiert Leningrad über den Sumpf. Aber es identifiziert sich mit ihm, seine Mauern werden feucht, sie sinken ein, und wenn es die starken Fröste seines Klimas nicht immer wieder befestigten und den weichen Boden hart machten, vielleicht stünden die Häuser nicht mehr so hoch, wie sie heute noch sind. Aber an den meisten Tagen des Jahres liegt die Stadt im sanften Nebel ihrer eigenen Sümpfe, wie ein Zeichen des Friedens, den Stein und Wasser geschlossen haben, und aus der Ferne sieht die Stadt nicht aus wie eine Wirklichkeit, sondern wie der Traum von ihr, den Sümpfe träumen. Eines Tages – sagte Dostojewski – würde man erwachen, und Petersburg wäre nicht mehr da. Ein lebendiger Peter hat es errichtet, vielleicht wird es ebenso wunderbar ein toter wieder in nichts verwandeln. Denn diese Stadt kann nicht zerstört werden. Sie kann sich auflösen – in den Dunst, der über ihr lagert.

3

Oh, sagten mir die Patrioten von Petersburger Färbung, hätten sie die Stadt früher gekannt. Sie war europäischer, lebhafter, reicher als Paris! – Denn es gibt eine bestimmte

Schicht überzeugter Petersburger in allen Teilen Rußlands, die immer gegen die überzeugten Moskauer waren. Moskau hatte seine alten historischen und ethnographischen Rechte nicht aufgegeben. Es hielt eine »echtere«, »russischere« Tradition der »europäischen« und höfischen Petersburgs entgegen. Es entstand in Petersburg, das die Zaren in ziemlich sicherer Entfernung von ihren Untertanen hielt, eine noch merkwürdigere Art Russentum. Es entstand der gehobene russische Bürokrat mit fast deutscher Pünktlichkeit, aber mit einer leisen Verrücktheit, jene Mischung, die den »Sonderling« ergibt. Da waren die breiten europäischen Straßen mit der mangelhaften russischen Kanalisierung. Man sprach französisch und deutsch und fluchte auf russisch. Man war in der Nähe des Auslands, am Rande des Meeres und der fremden Schiffe, die fremden Diplomaten wohnten um die Ecke – und während man so in Rußland zu Hause blieb, sah man Europa in die Fenster. Petersburg hieß die Stadt, sie hatte keinen russischen Namen. Als der Zar Nikolaus II. sie im Kriege in »Petrograd« umtaufte wehklagten gerade die russischen Patrioten, denen der deutsche Name ihrer Stadt heilig geworden war. »Petersburg« bedeutete universale Vornehmheit, von dem größten Zaren gewollt und deshalb russisch. »Petrograd« bedeutete eine billige Konzession an den kleinbürgerlichen Nationalismus, den pöbelhaften, eigentlich westeuropäischen Sprachpuritanismus, der die Schilder mit fremdklingendem Namen zerstört. Petersburg in Petrograd umzutaufen – das bewies die kleinbürgerliche Gesinnung des letzten Zaren, der sein Nationalgefühl von den Straßendemonstrationen bezog. Eine Stadt, die schon Petrograd hieß, mußte schließlich Leningrad heißen – meinen heute die russischen Reaktionäre. Sie halten noch bei Peter dem Großen. Nikolaus II. ist ihnen ein Vorläufer der Revolution.

Diese Reaktionäre leben noch in Petersburg. Manche blieben von der Revolution verschont, weil sie sich um die

Politik nicht kümmerten. Sie waren zu stolz, um sich zu kümmern. Sie standen von den Schreibtischen auf, legten ihre Uniformen ab und sahen dem Untergang ihrer Welt mit der stolzen Verachtung zu, die sie auch gegen sich selbst hatten. Eine Art von aristokratischem Nihilismus. Ein Heroismus der Gleichgültigkeit. Gespenstisch wandeln sie durch die Straßen. Gespenstisch waren sie schon damals, als sie noch vor den Schreibtischen saßen. Gespenster der Sümpfe mit höfischen Manieren. Sie werden Petersburg niemals freiwillig verlassen. Der Hof ist nicht mehr da, aber die Sümpfe sind geblieben, ihre Heimat, deren Feuchtigkeit alte Gespenster konserviert.

4

Der Platz vor dem Winterpalast ist weit und der Schnee verwischt seine Grenzen. Er ist als Platz so unermeßlich wie Rußland als Reich unermeßlich ist. Durch die Fensterscheiben, die eine gelbliche Tönung haben, sieht man auf ihn wie auf einen erstarrten See. Eine Wehmut aus Stein und Eis steigt aus ihm auf wie Nebel aus einem lebendigen. Menschen, die ihn überqueren, sehen winzig aus wie verkleidete Streichhölzer. Rings eingeschlossen, nur durch schmale Auswege mit der Stadt verbunden, ist er wie deren eigene Abkehr, eine Form ihrer Entrücktheit. Der Zar war winzig diesem Platz gegenüber, ein kleiner Gefangener. Wie furchtsam wird ein Herrscher, wenn ihn ein Platz, groß, weiß und schweigsam belagert! Wer nicht groß genug ist, zu regieren, wird hier, vor lauter Weite ein Tyrann.

Ein früher Winterabend brachte frischen, weichen Schnee, der zusammen mit der Dunkelheit herabfiel, wie um sie zu beleuchten. Aber soviel es auch schneite, der Platz blieb tief, und sein Niveau schien sich nicht um einen Zentimeter zu heben. Zu weit ist dieser Platz! – dachte ich. – Zu weit! …

Konzert im Volksgarten

Das Konzert im Volksgarten begann um fünf Uhr nachmittags. Es war Frühling, die Amseln flöteten noch in den Sträuchern und auf den Beeten. Die Militärkapelle saß hinter dem eisernen, an den Spitzen vergoldeten Gitter, das die Terrasse des Restaurants von der Allee des Gartens trennte und also die zahlenden und sitzenden Gäste von den unbemittelten Zuhörern. Unter ihnen befanden sich viele junge Mädchen. Sie waren der Musik hingegeben. Aber die Musik bedeutete an jenen Abenden mehr als Musik, nämlich: eine Stimme der Natur und des Frühlings. Die Blätter überwölbten die schmetternde Wehmut der Trompeten – und ein Wind, der kam und ging, schien für kurze Weilen die ganze Kapelle samt allen Geräuschen auf der Terrasse in entlegene Gebiete zu entführen, aus denen sie mehr geahnt als vernommen wurden. Gleichzeitig hörte man die langsam knirschenden Schritte der Fußgänger in der Allee. Aus ihrem gemächlichen Tempo klang das Behagen wieder, das die Musik den Ohren bescherte. Wenn die Instrumente laut wurden, die Trommeln zu wirbeln begannen oder gar die Pauken zu dröhnen, so war es, als rauschten auch die Bäume stärker und als hätten die heftigen Arme des Herrn Kapellmeisters nicht nur den Musikern zu gebieten, sondern auch den Blättern. Wenn aber plötzlich ein Flötensolo den Sturm unterbrach, so klang es in diesem Garten nicht wie die Stimme eines Instruments, sondern wie eine Pause, die singt. Dann fielen auch die Vögel wieder ein – als hätte der Komponist an dieser Stelle Amseln vorgesehen. Der Duft der Kastanien war so stark, daß er selbst die süßesten Melodien überwehte und daß er dem Gesicht entgegenschlug wie ein Bruder des Windes. Und von den vielen jungen Mädchen in der Allee kam ein Glanz, ein Geflüster und besonders ein Lachen, das noch näher war als die Mädchen selbst und vertrauter als sie.

Sprach man dann mit einer Fremden, so glaubte man, sie schon gehört zu haben. Und entfernte man sich mit ihr aus dieser Allee in eine andere, eine einsame, so hatte man nicht nur ein Mädchen mitgenommen, sondern auch etwas von der Musik, und man trat in die Stille ein wie in eine jener singenden Pausen.

Es galt nicht für angemessen, draußen am Gitter zu lehnen und die Mädchen merken zu lassen, daß man leider nicht in der Lage war, drinnen einen Kaffee zu trinken. Deshalb ging ich auf und ab in der Allee, verliebte mich, verzweifelte, vergaß, verschmerzte, trauerte nach und verliebte mich wieder – und alles innerhalb einer Minute. Ich hätte gerne stehend zugehört und nichts weiter. Aber hätte mir es selbst die Bekanntschaft mit einem Leutnant gestattet, der oft elegant und klirrend innerhalb des Gitters Butterkipfel aß – ich wäre doch der fernen und unerreichbaren Anmut der Damen erlegen, die leicht und hingeweht an den weißen Gartentischen saßen, eine Art irdischer Frühlingswolken, niemals anzusprechen, weil niemals zu Fuß in den Straßen anzutreffen. In jener Zeit befand sich auf der Terrasse des Restaurants ein Teil der »großen Welt«, und das Gitter war die Schranke, die mich von ihr trennte. Und wie mich das kleine Mädchen, das ich küßte, für einen mächtigen Ritter hielt, so sah ich auf den Terrassen der großen Restaurants lauter Damen, für die ich sterben wollte. Das sollte sich später noch ereignen. Aber das große Leben heute schon auf- und abgehend und unauffällig zu beobachten und so zu tun, als wäre es eigentlich gar nicht verschlossen, war wie ein Vorschuß, den ich mir selbst darauf gegeben hatte.

Gelegentlich erhaschte ich eine graziöse Schleife, die der schwarzlackierte Dirigentenstab mit der silbernen Spitze in der Luft geschlungen hatte. Sie blieb vor meinen Augen, eine ständig wehende Erinnerung. Manchmal, wenn ich zufällig am Ausgang stand, traf mich der verführerische, schnelle und etwas spöttische Blick einer Dame. Sie bestieg, von Herren gefolgt, einen Wagen. Aber auf dem kurzen Weg von der Schwelle des Gartens bis zum Trittbrett des Wagens forderte sie noch von meinem anbetenden Auge die Bestätigung, daß sie schön sei. Ich verliebte mich im Nu – indes der Wagen dahinrollte und das flinke Getrappel der Hufe den Schlag meines Herzens bestimmte. Noch beklagte ich die Verschwundene – und schon erblühte aus der Wehmut die Hoffnung, die Dame würde morgen zur selben Stunde das Restaurant verlassen und ich, ein zufälliger Passant, vorhanden sein, um zu sehen und bemerkt zu werden. Und obwohl ich, von der Musik gerufen, heute noch in die Allee zu vulgären Abenteuern zurückkehrte, war ich bereits gewiß, an der Schwelle eines großartigen Lebens zu stehen, das morgen eröffnet werden sollte.

In der Allee lag schon die Nacht mit einigen Laternen im Laub, und die kleinen Mädchen hörte man nur – man konnte sie kaum sehen. Sie schienen in der Dämmerung zahlreicher. Das Kichern wurde ihre eigentliche Muttersprache. Nun da man ihre billigen blauen Kleider nicht sah, konnten es die Kleinen mit den Damen innerhalb des Gitters fast aufnehmen. Der öffentliche Teil des Gartens wurde übrigens geschlossen und die Kapelle rüstete zur großen Abendpause. Einer der Musikanten ging von Pult zu Pult und sammelte die Notenblätter ein wie Schulhefte. Das letzte Stück – es war fast immer der Radetzky-Marsch – wurde nicht mehr vom Blatt gespielt, sondern vor leeren Pulten. Der Marsch existierte gewissermaßen gar nicht mehr auf dem Papier. Er war sämtlichen Musikanten in Fleisch und Blut übergegangen, sie spielten ihn auswendig, wie man auswendig atmet. Nun erklang dieser Marsch – der die Marseillaise des Konservatismus ist – und während die Trommler und Trompeter noch auf ihren Plätzen standen, glaubte man die Trommeln und Trompeten schon selbständig marschieren zu sehen, mitgezogen von den Melodien, die ihnen eben entströmten. Ja, der ganze Volksgarten befand sich auf dem Marsch. Man wollte gemächlich schlendern, aber der Trommelwirbel selbst begann, die Gelenke zu bewegen. Er hallte noch lange in der Straße nach und er begleitete den Lärm der abendlichen Stadt wie ein lächelnder und hurtiger Donner.

Briefe aus Polen

Abreise und Ankunft

Lieber Freund,
seit zwei Wochen reise ich durch Polen – über eine alte Erde und durch einen neuen Staat. Wenn Sie nach Beispielen dafür suchen wollten, daß ein Ressentiment stärker ist als eine Erfahrung und eine durch romantische Vorstellungen genährte Tradition wirkungsvoller als ein Augenschein – – hier hätten Sie ein ausgezeichnetes Beispiel. Obwohl große Teile dieses Landes unsere Etappe waren und unser Schlachtfeld, obwohl wir in seinen Städten und Dörfern gelebt und seine Frauen geliebt haben, seine Bürger, seine Bauern, seine Juden sehen und zumindest sprechen hören konnten, war doch die Vorstellung, mit der die meisten von uns nach Polen gekommen waren, das Fundament der Urteile, die wir sammelten, und die Schublade, in der wir seit langen Jahrzehnten Land und Leute eingereiht hatten, blieb der Behälter auch unserer neuen Beobachtungen. Es gibt eben Fälle, in denen Kenntnisse nicht mehr wieder gutzumachen sind. Ereignisse und Tatsachen politischer Natur, mitgeteilt in dem überlieferten Jargon abstrakter Zeitungsberichte, trennen gleichsam die lebendige Körperlichkeit eines Landes von der unkörperlichen Tätigkeit seiner politischen Repräsentanten und lassen jene verschwinden und diese bestehen. Übrig bleibt in der Vorstellung des Zeitungslesers an Stelle eines Volkes ein Außenminister, statt

eines nationalen Charakters ein Gesandter mit Legationsräten, statt eines Ereignisses ein Drahtbericht und statt einer Darstellung bestenfalls ein Spezialkorrespondent. Entstehen auf diese Weise schon die falschen Schablonen, so schafft eine sogenannte nationale Gesinnung noch die gehässigen. Und also glauben wir, daß die polnischen Frauen schwarzhaarig und verräterisch, die polnischen Bauern schmutzig, die polnischen Juden Gauner und die polnischen Schlachzizen Betrunkene sind. Selbst noch die anerkennenden Schlagworte vermitteln falsche Begriffe, wie zum Beispiel jenes, das Warschau das »Paris des Ostens« nennt und jede Polin »elegant und dämonisch«. Das leichtsinnige und blinde Generalisieren ist der Punkt, in dem Journalisten und Historiker einander nahekommen. Die apodiktische Arroganz der oberflächlichen Formulierer beeinflußt die politischen Handlungen selbst auf dem berüchtigten Boden der Tatsachen. Die Schlagworte sind kaum noch von den Erkenntnissen zu unterscheiden. Deshalb will ich in den Briefen, die ich Ihnen schreiben werde, versuchen, die Schlagworte, die über Polen im Umlauf sind, zu dementieren und Erkenntnisse zu vermitteln.

Ich fuhr, wie Sie wissen, vom Schlesischen Bahnhof in Berlin ab. Der Schnellzug, der aus Paris kommt, führt heute schon direkte Wagen aus großen europäischen Städten nach Moskau. Die schönen weißen Tafeln, auf denen zwei so entfernte Welten wie Holland und Rußland nur durch einen Bindestrich getrennt sind, sehen aus, als hätten sie nicht eine geographische Richtung anzugeben, sondern eine zeitliche, und als wiesen sie nicht nach dem Osten, sondern in die Zukunft. Zwischen der optimistischen Harmlosigkeit, mit der eine solche Tafel an einem Waggon angebracht wird, und der umständlichen Qual, der sich jeder Insasse dieses Wagens unterziehen muß, ehe er die Visa erhält, ist ein Unterschied wie etwa zwischen einem Gedanken und seiner Ausführung, zwischen der Idee: Europa und der europäischen Realität. Dennoch genügt der Anblick eines Wagens, der befugt ist, einen ganzen Erdteil ohne Anstand zu durchrollen, um in uns den verfrühten Stolz auf eine vernünftige Welt zu wekken und jenes falsche Gefühl einer Wanderleichtigkeit, für die gar kein Hindernis in Betracht kommt. Erst an der polnischen Grenze – an der sich übrigens die Züge fast regelmäßig verspäten – fand ich mich wieder in meine alte Skepsis zurück. Denn ist an vielen Grenzen die Untersuchung der Koffer schon auf ein paar symbolische Handbewegungen reduziert, so glaubt der polnische Zollrevisor seiner politischen Bedeutung noch eine gewisse Gründlichkeit schuldig zu sein. Die Reisepässe, die zum Abstempeln von den Passagieren eingesammelt werden wie Stimmzettel, holt nicht ein Beamter in Zivil, sondern ein uniformierter Polizist, gestiefelt, gespornt, bewaffnet und das Angesicht mittels eines Lederriemens an die Mütze geschnallt. Und obwohl er selbstverständlich zu Fuß durch den Korridor geht, sieht es doch so aus, als *ritte* er an den offenen Coupétüren vorbei und als wollte er die Pässe auf einer Lanze aufspießen, um sie dann draußen vielleicht zu braten.

Hatte nun vorher der Anblick einer kleinen Tafel genügt, die Gegenwart in eine Zukunft umzulügen, so verwandelte jetzt der kavalleristische Aspekt des Bewaffneten den Schlafwagen eines Schnellzuges in eine Postkutsche. Die nächtliche Abgeschiedenheit der Station, die wie alle Grenzen außerhalb der Welt zu hängen scheint; die grillenumzirpte Ländlichkeit und die verlorenen Geflügelsignale aus den Gehöften; die undurchdringliche Rätselhaftigkeit eines bewölkten Nachthimmels und eines stundenlangen Aufenthalts; das absolute, einem Reisenden unerklärliche Geheimnis, das eine Grenze, ihre Beamten und ihre Zwecke umhüllt: all das verstärkt den Eindruck, daß wir aus dem Jahr, in dem wir gelebt haben, in ein längst verflossenes zurückgefallen sind und daß wir den sichernden und schützenden Bestimmungen eines Fahrplans nicht mehr unterliegen. Der Willkür einer zwar stillen, aber immerhin unbekannten Natur preisgegeben, können wir nicht mehr mit Sicherheit darauf rechnen, daß wir am Ziel ankommen. Vielleicht verglimmen irgendwo unsere Pässe zu Asche, vielleicht rosten unter unseren Füßen die Räder. Man hört das Gras über den Schienen zusammenwachsen. Man ist geneigt, Gott seine Seele zu empfehlen und alles übrige auch. Und nichts ist so überraschend auf Reisen wie die Tatsache, daß sich ein Schnellzug schließlich dennoch von einer Grenze losreißt.

Er fuhr in den Morgen hinein, nicht wie vom Dampf der Lokomotive getrieben, sondern wie von der aufgehenden Sonne herbeigezogen. Das Fenster griff unaufhörlich weite, zartgrüne Flächen Landes auf und ließ sie wieder zurück. Einsame Weidenbäume standen zärtlich über dem dunkleren Grün der Erde und streichelten sie mit sachten Zweigen. Ein Knabe, der zwei leidenschaftslos grasende Kühe hütete; verlorene Häuser, aus denen Frauen mit Eimern traten, als hätten sie den Augenblick abgewartet, in dem der Zug vorbeifuhr; ein Zaun und ein Bauer und ein Pferd; ein Wägelchen, leicht und hüpfend, das man rollen zu hören vermeinte; ein Dreieck Wald und der silberne Glanz einer kleinen, wehenden Birkenfamilie; ein blaues Loch Himmel und ein düsterer Streifen Wolke über dem Rande des Horizonts; die vertraute Nähe der Telegraphenstangen, die sich auf der gleichen Ebene mit dem Zug befanden, weil er nicht auf einem Damme fährt, sondern mitten durch die Fläche wie ein Wagen; all das winkte dem Auge zu, und man glaubte es schon zu grüßen, während man es nur ansah. Wenig Schornsteine, keine Radiostationen, keine Gleisdreiecke, eine noch scheinbar unparzellierte Erde und schmale Ackerstreifen, eingebettet im endlosen fetten Grün der Weiden, ein großer Atem, den man zu sehen glaubte und der nur aus einem schlafenden, noch nicht ausgenutzten Reichtum kommen kann. Durch das geschlossene Fenster – und als wäre Glas keine Materie, drang der Wind, indem sich draußen die Gräser wölbten. Und auf einmal entstand auf der Fensterscheibe das Wort: Friede, als hätte man es niemals gehört noch gelesen.

Ich versuche, Ihnen einigermaßen den Charakter der Erde zu beschreiben, weil Polen noch zu den Ländern gehört, in denen die Natur das öffentliche Leben so beeinflußt, als wäre sie die Industrie. Beachten Sie zum Beispiel die Chauffeure in Warschau: Sie sehen aus, als hätten sie mit Pferden und nicht mit Motoren zu tun. Sie sitzen gleichsam provisorisch am Steuer, und erfreulicherweise ist in ihren Gesichtern kein Zug von jener markanten Kälte technischer Physiognomien zu finden, die bei uns den neuen Typ des maschinenvertrauten Menschen übertrieben kennzeichnet. Die Warschauer Chauffeure sind Brüder und Söhne der Landleute, die auf ihren niederen Bauernwagen durch die Stadt rollen und Stroh und Häcksel auf den Straßen verstreuen. In dieser großen Stadt mit einer Million Einwohnern sind die Manifestationen des Dorfes keineswegs merkwürdig, sondern sogar heimisch. Eine heitere Zufälligkeit weht in kleinen Läden überraschend zusammenhanglose Waren zueinander, die von einem einzigen Firmenschild hinreichend legitimiert werden. Mädchen aus dem Volk auf nackten Füßen vor Kinoplakaten, weitgewanderte Bettler, auf denen der Staub der Landstraßen liegt, die derbe Ländlichkeit frisch eingerückter Soldaten und schließlich die überall fühlbare Nähe von Erde und Grün mischen der historischen Urbanität jenen echten Geruch von Sommer und Wiese bei, der den Unterschied zwischen Natur und Steinpflaster aufhebt. Der silberne Glanz eines Schimmels, der an manchen Mittelpunkten der Stadt einen Polizisten trägt und einen Verkehrsturm ersetzt, vermittelt eine angenehme Ahnung von einer Art feudaler Intention, welche die Maßnahmen der Behörde zu bestimmen scheint. Eine bereits historisch anerkannte Eleganz, eine traditionelle Beziehung zur Kultur der äußeren Form kennzeichnen das Leben dieser Stadt ebenso wie die Arbeit und die katholische Religion. Und der agrarische Charakter des ganzen Staates setzt die Umgangsformen der Städter fest wie die Speisekarten ihrer Gasthäuser.

Sie mögen aus diesen angedeuteten Zusammenhängen schon ersehen, wie vielen Mißverständnissen ein Westeuropäer erliegt, wenn er nach den Normen seiner Heimat das öffentliche Leben Polens beurteilen will. In meinen nächsten Briefen werde ich einiges ausführen von dem, was hier angedeutet ist, aber auch von manchem, was ich Ihnen heute gar nicht erwähnt habe.

Inzwischen begrüße ich Sie als Ihr ergebener
Joseph Roth

Die ukrainische Minderheit

Lieber Freund,
während ich mich anschicke, Ihnen über das *Volk der Ukrainer* zu schreiben, habe ich den Klang seiner Lieder im Ohr und vor meinem Auge das Angesicht seiner Dörfer. Meine ständige Bemühung, Ihnen lieber eine statistische Tatsache, als einen lyrischen Eindruck zu vermitteln und bei der Schilderung einer Stadt etwa über der Beschreibung ihrer Atmosphäre die Zahl ihrer Einwohner nicht zu vergessen, störte in diesem Fall der besondere Charakter einer Nation, die niemals dazu kommt, ihre eigenen Statistiken selbst anzulegen, sondern das Unglück hat, von Völkern, von denen sie regiert wird, gezählt, eingeteilt und überhaupt »behandelt« zu werden. In diesem Europa, in dem die möglichst große Selbständigkeit der Nationen das oberste Prinzip der Friedensschlüsse, Gebietsteilungen und Staatengründungen war, hätte es den europäischen und amerikanischen Kennern der Geogra-

phie nicht passieren dürfen, daß ein großes *Volk von 30 Millionen* in mehrere nationale Minderheiten zerschlagen, in verschiedenen Staaten weiterlebe. Zwingt man sich (wider sein besseres Wissen) zu jener naiven Anschauung, daß die Nationen in Europa in säuberlich voneinander getrennten Gebieten leben, wie auf Schachbrettern, so ist nicht einzusehen, weshalb man ein großes Volk einfach vergaß und weshalb man das Gebiet, auf dem es lebt, nicht zusammenzuschließen versuchte, sondern neuerlich aufteilte. Die Ukrainer, die in Rußland, in Polen, in der Tschechoslowakei, in Rumänien vorhanden sind, verdienten gewiß einen eigenen Staat, wie jedes ihrer Wirtsvölker. Aber sie kommen in den Lehrbüchern, aus denen die Weltaufteiler ihre Kenntnisse beziehen, weniger ausführlich vor als in der Natur – und das ist ihr Verhängnis.

Wie Sie wissen, gehört heute das größte geschlossene ukrainische Gebiet zum Verband der Sowjetstaaten. Ihre weitesten nationalen Freiheiten und Rechte haben die Ukrainer in Sowjet-Rußland, weil dort die nationale Autonomie der Minderheiten ein heiliges Prestige-Gebot ist. In der polnischen Republik dagegen sind von allen nationalen Minderheiten – Weißrussen, Juden, Deutschen – die Ukrainer neben den Litauern die unzufriedensten. Der plötzlich nach einer jäh unterbrochenen Entwicklung wiedererstandene polnische Staat versuchte automatisch (und jedenfalls mehr aus einer Reaktion gegen das eben überwundene Unglück als aus einer natürlichen Veranlagung, die man ihm vorwirft), sich als einen Nationalstaat zu betrachten und danach seine Minderheiten zu behandeln. Er, der erst vor zehn Jahren entstanden war, muß langsam die Entwicklung nachholen, die andere Staaten in den letzten 50 Jahren gemacht haben.

Die Ukrainer begrüßten ihn nicht freundlich. Ihre vollendete Niederlage in Ostgalizien, das Unverständnis, dem ihre Vertreter bei den Siegerstaaten begegneten, bestimmten ihr feindseliges, zumindest mißtrauisches Verhalten gegen den polnischen Staat seit dem ersten Tag seiner Entstehung. Es hat sich bis heute nichts geändert. Das Verhältnis zwischen Ukrainern und Polen wird heute gestört: durch eine aktive Propaganda der Sowjets und noch mehr durch eine Art passiver Vorbildlichkeit. Denn selbst der dümmste ukrainische Bauer bedarf nicht erst eines sowjetrussischen Agitators, um jenseits der nahen Grenze die vollkommene und beinahe übertriebene nationale Autonomie zu sehen, deren sich die Sowjet-Ukrainer bedienen dürfen. Schließlich kommt noch ein soziales Moment hinzu: die große Masse der ukrainischen Landbevölkerung bilden kleine und arme Bauern, die von polnischen Grundbesitzern abhängig sind. Vielleicht würde den kleinen Bauer, der nicht lesen und schreiben kann, die Frage der ukrainischen Universität gar nicht bekümmern, wenn er nicht wüßte, daß Schulen und Universität ihm von jener Seite verweigert werden, die er die »herrschaftliche« nennt. Nur durch die materielle Abhängigkeit der Bauern von den polnischen Besitzern kam es zu dieser überraschenden Popularisierung der national-ukrainischen Idee, deren Träger und Verbreiter noch vor ein paar Jahrzehnten eine geringe Schicht Intellektueller gewesen war.

Eigentlich gehörte sie einer anderen Welt an als die geführten Bauernmassen – und wenn nicht einer anderen Welt, so doch einer anderen Interessensphäre. Ein Teil der Intellektuellen erlag der zaristischen allrussischen Propaganda gegen Österreich, nannte sich »russophil« und vermochte eine große Anzahl der Bauern für Rußland zu gewinnen. Diese »Russophilen« sind heute im Aussterben begriffen. Denn immer – und heute wie vor dem Krieg – werden die Tendenzen und Strömungen in den außerrussischen Teilen der ukrainischen Nation *von Rußland bestimmt.* Als der Zar noch regierte und keine Ukrainer, sondern nur »Klein-Russen« kennen wollte, neigten Teile der österreichischen Ukraine zum Zarentum, zum orthodoxen Glauben und zum Russentum. Heute, da die Sowjets regieren und die ukrainische Nation anerkennen, neigen Teile der polnischen Ukrainer zum Kommunismus.

Darüber täuscht die politische Parteiengruppierung der Ukrainer in Polen auch nicht hinweg. Charakteristischer als die große bürgerliche Partei der nationalen Ukrainer, die »Undo« und als die noch bedeutendere Partei der »ukrainischen Radikalsozialisten« scheinen mir die Vorgänge zu sein, die ich selbst beobachten durfte und ich Ihnen zusammenfassend etwa so formulieren würde: Ein großer Teil der ukrainischen intellektuellen Jugend sympathisiert mit Sowjetrußland und dem Kommunismus. Aus ihren Reihen rekrutieren sich die fleißigsten Agitatoren, die bei den armen Bauern williges Gehör finden. Allmählich und ständig wächst die Zahl der sowjetfreundlichen ukrainischen Bauern, die *nur von einer sozialen Revolution eine nationale Befreiung erhoffen* und denen beides gleich erstrebenswert erscheint. Die vielen Hochverratsprozesse, die der polnische Staat gegen Ukrainer inszeniert, können nur noch die bürgerlichen Teile der ukrainischen Nation ebenfalls für Sowjetrußland gewinnen.

Ich hoffe, lieber Freund, daß Sie mir bis hierher gefolgt sind, ohne ungeduldig geworden zu sein. Die Gewissenlosigkeit, die ich haben müßte, um Ihnen in einigen Zügen den sogenannten »Nationalcharakter« der Ukrainer zu schildern, besitze ich nicht. Nur der Vollständigkeit halber – und ohne seine Meinung zu teilen – übermittle ich Ihnen hier, was mir ein polnischer Freund über die Ukrainer gesagt hat. Er nannte sie dickköpfig, harthörig und grob. Von ihren intellektuellen Führern und Politikern behauptete er, sie hätten die »falsche Eleganz von Provinzphotographen« und »die elastische Charakterstärke halbgebildeter Fanatiker«. Ähnliche Urteile höre ich oft, wenn auch nicht so scharf und höhnisch formulierte.

Was ich selbst von den Ukrainern weiß? Nicht sehr viel: Ich erinnere mich an einen griechisch-katholischen Feiertag im Sommer. Auf dem Hügel über dem Dorf leuchtete die weiße Kirche, von einem grünen Friedhof umgeben. Auf ihrer Kuppel aus grauem Blech glänzte ein goldenes Kreuz. Man konnte, wenn man die Hand über die Augen hielt, die große Glocke in der Mitte des Glockenstuhls schwingen sehn und links und rechts von ihr die zwei kleinen. Auf den tiefen, dichten und dicken Strohdächern der niedrigen Hütten lag die Sonne wie in mehreren Schichten, ein Haufen aufgebetteter Sonne. Stand man vor dem Eingang zur Kirche, so sah man rings im flachen Land die vielen geraden und gewundenen Straßen und in der Ferne ein zweites Dorf und dann noch ein drittes. Aus allen Dörfern – in denen es keine Kirchen gab – strömten die Menschen herbei. Die Bäuerinnen trugen grüne, rote und weiße Schürzen über weißen Kleidern und die Bauern große gelbe Strohhüte, weiße Hemden und schwarze Stiefel mit kurzen Schäften. Die Bäuerinnen trugen hohe Schnürstiefel an den Senkeln zusammengebunden über der Schulter und gingen barfuß. Die ganze Welt war voller Licht, der blaue Himmel ging in einer ganz weiten Ferne in einen schmalen silbernen Streifen über, mit dem er rings um die Erde geschmiedet zu sein schien. Alles war klar, es gab kein Geheimnis in der Welt, keine zweideutige Farbe, keine Ahnung. Sogar die Bettler vor der Kirche steckten in scharf konturierten Lumpen aus einem selbstverständlichen Braun, und die Krüppel, denen Beine und Arme fehlten, waren nicht wie Verstümmelte, sondern in ihrer Mangelhaftigkeit Vollkommene.

Ich behalte dieses Bild in der Erinnerung, wie unter einer gläsernen Decke, und glaube, daß es charakteristisch ist für das simple ukrainische Land. Wäre ich jetzt bei Ihnen, ich versuchte, Ihnen ein ukrainisches Lied vorzusingen. Diese Lieder sind die schönsten, die ich im Osten Europas gehört habe. Sie sind so einfache Äußerungen der Natur und des täglichen Lebens wie Gras auf einer Wiese und ein junges Mädchen, das eine Sichel trägt. Ebenso einfach wie die zakkigen bunten Muster an den Kragen und Manschetten der Hemdblusen, die das Volk trägt und in denen ein tiefes, fast bräunliches Rot mit einem ganz dunklen Gewitterwolkenblau abwechselt.

Einen ukrainischen Bauern behalte ich im Gedächtnis, der noch nie eine Eisenbahn gesehn hatte und der mir einmal sagte: »Zu Fuß komme ich später an als Sie mit der Eisenbahn, aber ich will ja auch gar nicht dorthin, wo Sie ankommen wollen.« Er hatte ein winziges Gesicht aus braunem Leder. Seine Augen verbarg er, wenn er sprach, unter den Lidern, als wäre es ihm zu verschwenderisch erschienen, zu sprechen und auch noch zu schauen.

Erklären Sie sich, lieber Freund, aus diesen Brocken den »Charakter des Volkes«, wenn Sie Lust haben. Es ist von der Zivilisation weiter entfernt als seit der Revolution das russische und als (seit jeher) das polnische. Es ist unwissend, arm, zerschnitten und schön.

Ich werde Ihnen bei einer anderen Gelegenheit von seiner Literatur berichten.

Ihr ergebener
Joseph Roth.

Das vierte Italien

Erste Begegnung mit der Diktatur

Im Jahre 1922 bekannte Mussolini einem Sonderberichterstatter des Pariser »Temps«, daß er »nur dreimal in seinem Leben in einem Museum« gewesen sei, weil er »keine Zeit habe, sich im Reich der Schatten Träumereien hinzugeben«. Kaum anderthalb Jahre später, im April 1924, als er Bürger von Rom wurde, erklärte er, daß er sich gezwungen sehe, »dem Mysterium von der Ewigkeit Roms nachzusinnen, sooft er über die lebendigen Ruinen des Forums wandere«. Er hat sich also, wie man sieht, mit dem Reich der Schatten ausgesöhnt, denen man seitdem keine Ruhe mehr in Italien läßt. Denn in vielen italienischen Städten graben fleißige Archäologen nach neuen Altertümern, und der faschistische Staat ist bestrebt, die Zeugen der großen Vergangenheit möglichst komplett auf Lager zu haben.

Ein Berichterstatter aber, der heute nach Italien fährt, hat Anlaß genug, es so zu machen wie der Mussolini vom Jahre 1922. Er sollte höchstens dreimal in ein Museum gehen. Wenn er einen Baedeker nimmt, dann nur, um durch eine ostentative Wanderung mit einem Führer in der Hand sich in den Straßen der italienischen Städte den harmlosen Aspekt eines kulturbeflissenen Fremden zu geben. Denn Italien ist immer noch – und mehr als in vergangenen Zeiten – ein Land für Hochzeitsreisende und nicht für Journalisten. Es wünscht Fremde mit einem unzweideutigen Interesse für die Vergangenheit, für Ruinen, Museen, den Lido und den Vesuv. Fremde mit einer Leidenschaft für die italienische Aktualität, mit einem Interesse für die Pressefreiheit, für die Lage des Proletariats und für die Finanzgebarung des Staates kann der Fascismus nicht brauchen. In Italien ist man darauf eingerichtet, es der harmlosen Gattung von Reisenden so bequem zu machen, wie es im Rahmen einer Diktatur überhaupt möglich ist; und es den anderen so unbequem zu machen, wie es *nur* im Rahmen einer Diktatur möglich ist.

Der erste Fascist zeigte sich mir am Bahnhof. An seinem schwarzen Hemd war er leicht zu erkennen. Außerdem trug er einen feldgrauen Anzug, dessen Schnitt an die Uniform englischer und amerikanischer Offiziere erinnerte. Der Kragen und die Rockklappen waren schwarz umsäumt. Unwahrscheinlich breite Reiterhosen mündeten in schönen, glänzenden, gelben Ledergamaschen. Die Hosen erinnerten an große Schmetterlingsflügel. Wenn der Fascist ging, glaubte man, daß er wehte. An seiner rechten Hüfte hing in einem neuen braunen Lederetui ein winziges, reizendes Pistölchen, eher einem Schmuckstück ähnlich als einer Waffe. Die Hand des Fascisten fuchtelte mit einer eleganten Reitgerte, metallener Knopf und Lederschlaufe am Ende. Außer einem Pferd und Sporen besaß der Mann alle kavalleristischen Zubehöre. Übrigens ging er auf dem Bahnsteig auf und ab, wie einer, der soeben aus dem Sattel kommt und sich ein bißchen Bewegung machen will. Vielleicht wieherte sein Roß irgendwo in der Nähe der Lokomotive.

Er war jung, er mochte etwa achtundzwanzig Jahre zählen. Er hatte ein glattrasiertes Gesicht mit den markanten Zügen, die man halb der Natur zu verdanken hat und halb einem breiten weichen Filzhut mit einseitig aufgeschlagener Krempe. Es bestand kein Zweifel, daß der junge Mann die Herbheit seines Profils kannte. Er schien es durch eine wohlerwogene Kopfhaltung den Passagieren darzubieten, die zu den Fenstern hinaussahen. Manchmal blieb er stehn, machte Front und zeigte sich auch *en face.* Er musterte die Fremden, dienstlich und zugleich selbstgefällig. Und obwohl sein Blick sich sozusagen im Dienste des Vaterlandes befand, war es doch, als forderte er uns alle auf: »Seht mich an! Ich bin der Blick eines Fascisten! ...«

Es war übrigens in diesem Bahnhof kaum etwas Undienstliches zu sehen. Es gab vielmehr eine militärische Bahnhofskommandantur. Ich erinnere mich noch gut an diese Kriegseinrichtung. Man meldete sich an, bekam eine Anweisung auf Quartier im Hotel, ließ sich eine echte oder fiktive Zugverspätung bescheinigen. Am Tisch saß der Unteroffizier und bediente das Telephon. In der Ecke kauerte die Ordonnanz. Ich hatte gedacht, daß ich bis zum nächsten Krieg warten müßte, um noch einmal eine Bahnhofskommandantur zu sehen. Nun ist sie da und sieht genau so aus wie bei uns. Die Ordonnanz holt für den Herrn Oberleutnant ein Glas Bier aus dem Restaurant II. Klasse. An der Wand hängt das Bild Seiner Majestät. Statt der Armbinde mit dem Flügelrad trägt der Bahnhofsoffizier eine großartige Schärpe in den italienischen Landesfarben, wie ein Fahnenjunker aus dem Siebenjährigen Krieg. Er ist, versteht sich, ein flotter Offizier. Seine hohe, zylinderartige Mütze ist unten schmal und wird oben breit. Sie hat ein abschüssiges, fast steiles ledernes Dach und sitzt ein wenig schief. Der Säbel, dessen Griff im linken Arm liegt, wie ein Kind, ist viel zu lang im Verhältnis zur Kürze des ganzen Mannes. Das Gesicht, dessen obere Hälfte das Dach der Mütze beschattet, sieht leider nicht so herb imperatorisch aus wie das des Fascisten. Aber dafür sind seine Bewegungen noch lockerer, sein Schritt breit, und es sieht aus, als säße der Offizier eigentlich bequem, während er sich fortbewegt. Es ist, wie ich später in den Städten bemerken sollte, ein Flanierschritt, eine Art Korso-Gang der Offiziere. Vielleicht lehrt man ihn in den Kadettenschulen. Er ist jedenfalls nicht leicht nachzumachen. Der Oberkörper muß straff in den Hüften sitzen und darf sich dennoch sachte drehen. Die Knie sind leicht geknickt wie beim allerersten Anfang einer Kniebeuge. Und das Bein vollzieht einen unvollkommenen Halbkreis, ehe es den Fuß hinsetzt.

Ich bin nicht neugierig, aber schließlich wüßte ich gern, was eine Bahnhofskommandantur mitten im Frieden zu tun hat. Vielleicht ist sie der vielen Rekruten wegen da, die mit hölzernen Koffern und weißen Bündeln auf den Bahnsteigen sitzen und mit neugierigen Augen die Fernzüge betrachten und die freien Reisenden in den englischen Anzügen und die eleganten Damen, die sich zum Lido begeben. Aber neben jedem ratlosen Rekrutenhäufchen steht ein Fascist. Sie sind nicht so schön anzusehen wie jener einsame Oberfascist, aber alle tragen die gleichen reizenden Pistölchen in braunen

Etuis. Sie begleiten die einrückenden Rekruten und bewahren sie vor falschen Zugverbindungen. Ich glaube, man kann sich auf die jungen Leute verlassen.

Was also soll die Kommandantur? Vielleicht muß sie die vielen Truppen bewachen, die man auf allen Bahnhöfen in Italien sieht. Man fängt an zu glauben, daß die italienischen Regimenter fortwährend ihre Garnisonen wechseln, Gewehre, Bajonette, Säbel, Uniformen, Schärpen, Kommandos. Welch ein kriegerischer Elan auf diesen Bahnhöfen, wo so viel museumsbeflissene Fremde ankommen, friedliche und wohlhabende Naturen, für die man eher kundige Kunsthistoriker aufstellen sollte!

Aber alles ist bewaffnet – und die gewöhnlichen italienischen Polizisten sind in diesen Kriegslagern noch harmloser als in den Städten. Mit ihrem schwarzen Cutaway, dem krummen Säbel, den weißen Handschuhen, den roten Generalsstreifen, dem traditionellen Zweispitz sehen sie überflüssig aus. Sie waren einmal Organe, jetzt sind sie Ornamente der Sicherheit. Neben der Schützengraben-Koketterie der Fascisten und dem bellikosen Korso-Schmiß der Offiziere stellen sie eine Art männlicher Bonnen dar, bestimmt, auf Kinder und Minderjährige achtzugeben, die sich den Geleisen nähern. Es ist, als trügen sie Säbel aus Holz. Sie imponieren mir gar nicht.

Es bedarf keiner besonderen Beobachtungsgabe, um neben den Uniformierten auch Polizeispitzel in Zivil wahrzunehmen. Sie sind nicht etwa, wie die Polizeiagenten diktaturloser Staaten, an biederen Stiefeln und Plastrons zu erkennen, sondern eher an einer plebejischen Auffassung vom Wesen der Eleganz. Und insofern eine allgemeine Beurteilung einer ganzen Kategorie zulässig ist, kann man sagen, daß die Spitzel in Italien eine besondere Vorliebe für lange und sehr schmale Manschetten haben und für grelle Krawatten, die sich aus winzigen Knoten zu breiten, bauschigen Fähnchen über der

Brust entwickeln. Diese Spitzel scheinen selbst eine naive Freude an ihrer Auffälligkeit zu finden. Ihre Methode ist nicht Bewachung, sondern Einschüchterung. Es ist kaum glaubhaft, daß so viele Menschen in Italien den Provokateuren hereinfallen. Bei all ihrer Gefährlichkeit kommen sie mir infantil vor.

Es ist überhaupt der erste – und notwendigerweise oberflächliche – Eindruck, den ich nur der Genauigkeit halber verzeichne: infantil ist der Glanz der Ledergamaschen, die kokette Pistole, die bunte Schärpe, die viel zu hohe Mütze, der viel zu lange Säbel. Infantil ist der Gruß mittels erhobener Hand, die halb zu einer Ohrfeige und halb zu einem Segen ausholt. Infantil ist die zudringliche Neugier der Spitzel, die von mir nichts erfahren werden, weil sie sich vor mir verraten. Infantil sind über den Brunnen, an den Rändern der Plakate, an den Wänden der Pissoirs die simplen Zeichnungen, die Mussolini in einer cäsarischen Pose darstellen. Und ernst scheint nur das Rizinusöl zu sein.

Nicht, als ob ich es für notwendig und gerecht hielte, die Besonderheiten eines Staates mit denen eines andern zu vergleichen! Wenn ich mich an der Grenze Italiens an die Grenze Rußlands erinnere, so geschieht es nur, weil täglich in Zeitungen, Zeitschriften und Broschüren der Fascismus mit dem Bolschewismus verglichen wird, die Diktatur mit der Diktatur und Mussolini mit Lenin. Ich erliege gewissermaßen einem Wunsch, aber auch dem Einfluß der öffentlichen Meinung, wenn ich vergleiche. *Aber ich finde vorläufig nur Unterschiede.* Die Sowjet-Spitzel waren unauffällig und unsichtbar und wußten längst, noch ehe ich sie bemerkt hatte, wer ich sei und was ich wollte. Der Rotgardist an der russischen Grenze war einfach und massiv. Er hatte kein imperatorisches Profil und keine kokette Pistole. Weit und breit kein Bahnhofskommandant mit Schärpe. Der Rotgardist hob nicht die Hand, wenn er grüßte, er grüßte überhaupt nicht. Einfache Frauen untersuchten das Gepäck – aber sehr genau. An der Wand hing eine billige Photographie von Lenin, der aussah wie ein Beamter, ohne die Pose Cäsars, mit einer schlechten und schiefen Krawatte für zwei Francs fünfzig, in Zürich gekauft. Ich hatte nicht den Eindruck, von der durchsichtigen Romantik eines Kriminalfilms empfangen zu werden, sondern von einer gefährlichen, schweren Unerbittlichkeit.

Ich wehre mich dagegen, zu glauben, daß diese Pistölchen knallen können. Und doch können sie knallen.

Die allmächtige Polizei

Nach zwei Tagen ist mir der römische Hotelportier unsympathisch. Seine professionelle Freundlichkeit mischt sich mit jener schlecht verhehlten Neugier, die den mittelmäßigen Spitzel verrät. Er ist nicht dazu geboren, der Polizei Dienste zu leisten. Er ist – er sagt es selbst – seit zwanzig Jahren im Hotelgewerbe, er war noch in einer Zeit Hotelportier, in der jeder Fremde in Italien nur ein Gast war, kein Gegenstand behördlicher Zweifel. Den Wandel des Regimes erkennt der Fremde zuerst am Portier. Er nimmt bei der Begrüßung sofort den Reisepaß ab. Ich gestehe, daß ich ein tiefes Mißtrauen gegen die Staaten habe, in deren Hotels man den Paß abliefern muß. (Es gibt Reisende, die das gleichgültig läßt.) Die ganze traditionelle Gastfreundschaft eines Landes, das seit vielen Jahren vom Fremdenverkehr lebt und aller Voraussicht nach noch viele Jahre ohne ihn nicht wird leben können, wird mir verdächtig, wenn das Hotelpersonal behördliche Funktionen auszuüben beginnt und mir den Reisepaß, also meine Bewegungsfreiheit, auch nur für einen halben Tag nimmt. Aber der Hotelportier tut noch mehr. Wenn ich ihn um Briefmarken bitte, nimmt er sich die Mühe, die Namen meiner Adressaten zu lesen, und, besorgt um meine Bequemlichkeit, verhindert er mich, den einen Schritt zum Briefkasten zu machen. Er hält darauf, den Brief selbst zu expedieren. Infolgedessen kommen sie um einen oder zwei Tage später an, als sie sollen.

Er hat merkwürdige Freunde, der Hotelportier. Man trifft in seiner Umgebung, ein paarmal im Tag, zwei, drei Männer, die bestimmt nicht zu den Gästen des Hotels gehören. Neugierige Männer, die sofort ein beredtes Schweigen anknüpfen, wenn ich den Schlüssel abgebe. Während ich mich entferne, fühle ich ihre Blicke im Nacken. Manchmal treffe ich im Kaffeehaus den Mann, den ich vor einer halben Stunde mit dem Portier schweigen gehört habe. Wir kennen einander! Alala!

Ich weiß: es gibt Fremde, die über dem Anblick der Ruinen den der Spitzel vergessen. Aber meine Empfindlichkeit, erfahren und gezüchtet durch einen Aufenthalt in Polizeistaaten – das heißt in Staaten mit einer furchtsamen Polizei – läßt sich durch keine antike Fremdenverkehrsattraktion vom lebhaften Spitzelverkehr ablenken.

Wenn ich den Herrn besuche, an den mich mein Mailänder Freund empfohlen hat, betrachtet mich der Hausmeister genau. Dieser Herr, ein Kaufmann, ein frommer Katholik, war eine Zeitlang der Polizei verdächtig gewesen. Wenn wir zusammen das Haus verlassen, grüßt er lächelnd und um zwei Grade zu höflich den Portier, dem er zuweilen Trinkgelder gibt. »Ein gefährlicher Mann« – sagt mein Gastfreund. »Er kann mich jeden Augenblick anzeigen.« – »Weswegen?« »Kann man wissen?« –

Man kann in der Tat nicht wissen, aus welchem Grund man dem Hausbesorger, dem Vertrauten der Polizei, verdächtig wird. Der Bürger lebt unaufhörlich in der Angst, er könnte verdächtig werden. Das Gesetz liefert ihn ganz der Willkür der Polizei aus. Es ist nötig, hier einen kurzen Überblick über die Ohnmacht des Bürgers im heutigen Italien einzuschalten.

Nach den Mitteilungen Mussolinis (am 26. Mai 1927) gibt es im fascistischen Italien: 60000 Gendarmen, 15000 Polizisten, 5000 Polizisten in Rom, 10000 Mann der Eisenbahn-, der Post- und Telegraphen-Miliz. Dazu kommen die Grenz-Miliz und 300000 Mann der freiwilligen Fascisten-Miliz »für die nationale Sicherheit«.

Allein schon die Existenz dieser Streitkräfte würde genügen, die persönliche Freiheit des italienischen Staatsbürgers zu beschränken. Aber es gibt die fascistischen Gesetze, die sie *vollkommen* aufheben.

Der Italiener kann in seinem eigenen Lande nicht reisen, wenn er nicht die vorgeschriebene Identitätskarte von der Polizeibehörde seines ständigen Aufenthaltsortes bekommen hat. Kein Hotel darf ihn beherbergen. Nicht einmal in einem Spital findet er Aufnahme. Die Auswanderung ist praktisch unmöglich. Die Behörden geben keine Pässe fürs Ausland. Zwanzigtausend Lire und mindestens drei Jahre Gefängnis für denjenigen, der den Versuch macht, die Grenze ohne Paß zu überschreiten.

Ferner gibt es in Italien den Begriff des sogenannten »übel beleumundeten« Bürgers. Ein Bürger dieser Art hat keine persönliche Freiheit mehr. Die Polizei beziehungsweise die Gendarmerie überwacht ihn ständig. Sie schreibt ihm genau die Zeiten vor, in denen er seine Wohnung verlassen kann. Eine polizeiliche Kommission kann ihm einen Aufenthaltsort zuweisen – in Italien oder in den Kolonien. Die Polizei allein bestimmt über seinen Tag, seine Arbeit, seinen Schlaf, seinen Spaziergang, seine Ruhe. Die Erklärung Mussolinis für diese Art Maßnahme lautet: »Wir entfernen diese Individuen aus dem normalen Getriebe, ebenso wie die Ärzte von ansteckenden Krankheiten Befallene isolieren.«

Um bei dem Bild zu bleiben, das der Diktator selbst gebraucht: so sollte man meinen, daß die Isolierung der an Antifascismus Erkrankten genügt und daß die Gesunden machen können, was sie wollen! Alala! Sie können es nicht! Jede öffentliche Veranstaltung – ob sie einen wissenschaftlichen, einen sportlichen, ja einen *wohltätigen* Zweck hat – muß mindestens einen Monat vorher dem Polizeipräfekten mitgeteilt werden. Er approbiert den Ort und die Stunde. Er kann die Veranstaltung verbieten. Eine Kommission berät ihn in seiner Entschließung. Und wer gehört zu dieser Kommission? – Der Sekretär der Fascistenvereinigung der betreffenden Provinz und neben dem »Podesta« – der *Kommandant der Garnison.* Professoren, Beamte, Hochschüler und Mittelschüler dürfen keine Vereinigungen bilden – auch nicht Vereinigungen zu wissenschaftlichen Zwecken. (Weder im zaristischen noch im gegenwärtigen Rußland gab es und gibt es diese Gesetze.) Nicht einmal eine *Gedenkfeier* darf ohne die Erlaubnis der Polizei abgehalten werden. Die Polizei hat das Recht, die Zeit und den Ort einer öffentlichen Veranstaltung zu bestimmen. Und es ist leicht, sich vorzustellen, daß die Polizei dort, wo sie aus bestimmten Gründen nicht verbieten will oder kann, sie die Zeit und den Ort so festsetzt, daß die Veranstaltung von vornherein unmöglich oder wirkungslos bleibt.

Man wird begreifen, weshalb mein Gastfreund seinen Hausbesorger fürchtet. Der Hausbesorger ist durch die polizeiliche Praxis eine Art Faktor der öffentlichen Meinung geworden. Das Gesetz kennt Bürger, »denen die öffentliche Meinung einen üblen Ruf« anhängt, und die Handlanger dieses Gesetzes können nicht in die Häuser kommen und horchen und die Quellen des üblen Leumunds gewissenhaft prüfen. Man verläßt sich auf Denunzianten. Seit Metternich sind die Hausmeister die Augen und die Ohren der Polizei.

Der italienische Bürger fürchtet den Zeitungshändler an der Ecke, den Zigarettenverkäufer und den Friseur, den Portier und den Bettler, den Nachbar in der Straßenbahn und den Schaffner. Und der Zigarettenhändler, der Friseur, der Nachbar, der Fahrgast und der Schaffner fürchten sich untereinander. Als ich meinen Freund in einem Mailänder Kaffeehaus am Tag der Ankunft Nobiles, ohne eine ernste Antwort zu erwarten und nur um seine düstere Schweigsamkeit zu unterbrechen, fragte: »Was sagen Sie zu Nobile?« – antwortete er mir prompt: »Ich kümmere mich nicht um die Politik.« »Um den Nordpol wollen Sie sagen?!« »Nein« – beharrte er – »um die Politik!« Und er entfaltete seine Zeitung und begann, sich in einen Bericht über die Manöver zu vertiefen.

Indessen blättere ich in den »Gesammelten Reden« Mussolinis, und mein Blick fällt auf die Sätze: «Ihr müßt überzeugt sein, daß im fascistischen Staat alle Minister und alle Staatssekretäre nichts anderes sind als Soldaten. Sie gehen, wohin der Chef ihnen zu gehen befiehlt, und sie bleiben, wenn ich ihnen befehle zu bleiben.« Ich blicke auf und begegne einem wohlbekannten Angesicht. Zwei Tische von mir entfernt, eine flatternde rot-weiß-gestreifte Krawatte an der Brust, einen glatt pomadisierten Kopf lauschend vorgeneigt, ein dünnes Rohrstäbchen neben sich auf dem Stuhl, eine Hand mit blitzenden, rosa gefärbten Fingernägeln über der Lehne, ein Lächeln der Feigheit – er hält es für verbindlich – um den Mund: sitzt der Freund meines Hotels. Er hat gehört, daß wir uns in einer fremden Sprache unterhalten. Welch ein wichtiges Moment! Für zwei Lire fünfzig teilt er es der Polizei mit. Alala!

Hotelpersonal

Ankunft im Hotel

Das Hotel, das ich wie ein Vaterland liebe, liegt in einer der großen europäischen Hafenstädte, und die schweren goldenen Antiqua-Lettern, in denen sein banaler Name über den Dächern der langsam emporsteigenden Häuser aufleuchtet, sind für mein Auge lauter metallene Fahnen, stehende Fähnchen, die zur Begrüßung glänzen, statt zu flattern. Wie andere Männer zu Heim und Herd, zu Weib und Kind heimkehren, so komme ich zurück zu Licht und Halle, Zimmermädchen und Portier -- und es gelingt mir immer, die Zeremonie der Heimkehr so vollendet abrollen zu lassen, daß die einer förmlichen Einkehr ins Hotel gar nicht beginnen kann. Der Blick, mit dem mich der Portier begrüßt, ist mehr als eine väterliche Umarmung. Und als wäre er wirklich mein Vater, bezahlt er aus eigener Westentasche den Chauffeur, um den ich mich nicht mehr kümmere. Der Empfangschef im Cutaway tritt aus seinem gläsernen Verschlag und lächelt mehr, als er sich verbeugt. So selig scheint ihn meine Ankunft zu machen, daß sein Rücken seinem Mund Freundlichkeit abgibt und das Berufliche sich mit dem Menschlichen in der Begrüßung teilt. Er würde sich schämen, mir einen Meldezettel vorzulegen; so genau weiß er, daß ich das Gesetz als eine persönliche Beleidigung empfinde. Meinen Meldezettel schreibt er später, wenn ich schon im Zimmer bin, mit eigener Hand, obwohl er keine Ahnung hat, woher ich komme. Nach Lust und Laune schreibt er irgendeinen Namen hin, einen der Städte, die er für würdig hält, von mir besucht zu werden. Meine Daten sind ihm geläufiger als mir selbst. Wahrscheinlich kehren im Laufe der Jahre noch andere Männer bei ihm ein, die so heißen wie ich. Aber ihre Daten kennt er nicht, und stets erscheinen sie ihm ein wenig verdächtig, als wären sie illegale Usurpatoren meines Namens. Der Liftboy nimmt meine Koffer unter seine Arme. So dürfte ein Engel seine Flügel ausbreiten. Niemand fragt, wie lange ich zu bleiben gedenke, ob eine Stunde oder ein Jahr: dem Vaterland ist beides lieb. Der Portier flüstert mir zu: »627! ist Ihnen recht?« -- als wüßte ich so genau wie er, was es für ein Zimmer ist ...

Nun – ich weiß es ja auch! Ich liebe das »Unpersönliche« dieses Zimmers, wie ein Mönch seine Zelle lieben mag. Und wie andere erfreut ihre Bilder wiedersehen mögen, ihre Teller, ihre Löffel, ihre Kinder und ihre Bibliotheken, begrüße ich die billige Tapete, das schimmernde, unschuldige Porzellan der Schüssel, die weißen, metallenen, blinkenden Hähne der Wasserleitung und das weiseste aller Bücher: das Telephonbuch. Mein Fenster geht natürlich nie in den Hof. Es ist das Fenster eines Stammgastes, es hat kein »vis-à-vis« und führt dennoch in eine Straße. Gegenüber sind: ein Schornstein, der Himmel und eine Wolke ... Aber es ist immerhin nicht so entlegen, daß nicht die summarische Melodie des großen benachbarten Platzes als ein Echo der lieben Welt an meine Wände heranschlüge; dermaßen, daß ich einsam bin und nicht vereinsamt, allein und nicht verlassen, abgesondert und nicht getrennt. Wenn ich das Fenster öffne, ist die Welt bei mir zu Gast. Von weither dröhnen die heiseren Sirenen der Schiffe. Ganz nahe klingeln die törichten Schellen der Straßenbahnen. Die Autohupen scheinen mich beim Namen zu rufen – wie zu einem Landesvater grüßen sie zu mir herauf. Der Schutzmann in der Mitte regelt die Manifestation. Die Zeitungsjungen werfen Blätternamen empor wie Bälle. Und kleine Straßenszenen arrangieren sich wie Theaterstücke. Ein Druck auf den Knopf aus falschem Elfenbein: und rückwärts im Korridor leuchtet ein grünes Lämpchen auf, Signal für den Kellner. Da ist er schon! Seine berufliche Beflissenheit ist nur noch in seinem Frack vorhanden – in seiner Brust unter dem steifen Hemd wohnt die menschliche Wärme; eigens für mich aufbewahrt, gehütet während der ganzen Zeit meiner Abwesenheit. Wenn er der Küche tief unten telephonisch meine Bestellung weitergibt, vergißt er nicht hinzuzufügen, für wen er bestellt; und wie mein Druck auf den Knopf das grüne Lämpchen im Korridor entzündet hat, so ruft der Klang meines Namens im Gedächtnis des Kochs eine bestimmte Erinnerung an die Wünsche meines Geschmacks hervor. Der Kellner lächelt. Hier ist es ihm erspart zu reden. Er braucht nichts mehr zu fragen. Er hat keinen Irrtum zu befürchten. Er ist bereits so mit mir vertraut, daß er mir gerne das Trinkgeld stunden würde – – gegen Zinsen. Sein Glaube an die Unerschöpflichkeit meiner Einnahmequellen ist selbst unerschöpflich. Und käme ich in Lumpen und als ein Bettler daher, er hielte es für eine witzige Verkleidung. Er weiß, daß ich nur ein Schriftsteller bin. Und dennoch gibt er mir Kredit …

Ich hebe das Telephon ab. Nicht, um zu telephonieren – – nur, um dem Telephonisten in der Zentrale des Hotels Guten Tag! zu sagen. Er verbindet mich oft und fleißig. Er verleugnet mich. Er warnt mich. Er teilt mir des Morgens wichtige Begebenheiten aus der Zeitung mit. Und wenn der Geldbriefträger zu mir kommt, verkündet er es mir mit einem diskreten Jubel. Er ist ein Italiener. Der Kellner ist ein Österreicher. Der Portier ein Franzose aus der Provençe. Der Empfangschef ein Mann aus der Normandie. Der Oberkellner ein Bayer. Das Zimmermädchen eine Schweizerin. Der Lohndiener ein Holländer. Der Direktor ein Levantiner; und seit Jahren hege ich den Verdacht, daß der Koch ein Tscheche ist. Aus den übrigen Teilen der Welt kommen die Gäste. Die Kontinente und die Meere, die Inseln, die Halbinseln, die Schiffe, die Christen, die Juden, die Buddhisten, die Mohammedaner und selbst die Dissidenten sind in diesem Hotel vertreten. Der Kassier addiert, subtrahiert, zählt, schwindelt in allen Sprachen, wechselt alle Geldsorten. Von der Enge ihrer Heimatliebe befreit, von der Dumpfheit ihrer patriotischen Gefühle gelöst, von ihrem nationalen Hochmut ein wenig beurlaubt, kommen hier die Menschen zusammen und scheinen wenigstens, was sie immer sein sollten: Kinder der Welt.

Bald werde ich hinuntergehen – – und das erst wird meine echte Ankunft sein. Der Empfangschef wird herankommen, um mir Neuigkeiten zu erzählen und von mir Neuigkeiten zu hören. Sein Interesse gilt mir ganz, wie das des Astronomen dem Kometen in der ersten Stunde des Wiedererscheinens am Horizont. Habe ich mich verändert? Bin ich überhaupt noch derselbe? Das Auge, delikat und genau wie ein Fernrohr, mustert den Stoff meines Anzugs, die Form meiner Stiefel – – und die Versicherung: »Sie sehen erfreulich gut aus!« – bezieht sich weniger auf den Zustand meiner Gesundheit als auf den scheinbaren meiner Zahlungsfähigkeit. Ja, noch sind Sie der Alte! – sagt eigentlich dieses Kompliment. – Noch sind Sie Gott sei Dank nicht so tief gesunken, um in ein anderes Hotel gehen zu müssen. Sie sind unser Gast und unser Kind! Sie bleiben es!

Mein Interesse hinwiederum gilt allem, was das Hotel betrifft, als hätte ich wirklich einmal Anteile zu erben. Wie die Geschäfte in diesem Monat gehen? Welche Schiffe in diesem Monat ankommen? Lebt der alte Kellner noch? Der Direktor war krank? Kein internationaler Hoteldieb dagewesen? – In dieser schönen Stunde kümmert mich alles! Ich möchte die Bücher nachsehen, die Einnahmen kontrollieren. Unterscheide ich mich etwa von einem Mann, der aus Patriotismus das Budget seines Staates kontrolliert, die politische Richtung seiner Minister, die Gesundheit des Staatsoberhauptes, die Organisation der Polizei, die Ausrüstung des Heeres, die Panzerkreuzer der Marine? Ich bin ein Hotelbürger, ein Hotelpatriot.

Bald, bald kommt der Augenblick, wo der Portier in ein entlegenes Fach greift und ein Bündel Briefe, Telegramme, Zeitschriften für mich hervorlangt. Ein schneller Blick fliegt aus der Loge zu mir herüber, der Vorbote der Botschaften. Veraltet und dennoch neu sind die Briefe. Sie haben lange auf mich gewartet. Ihren Inhalt kenne ich schon zum Teil, habe ihn auf anderen Wegen bereits erfahren. Aber wer weiß?! Unter den Briefen, die ich vermute, sind vielleicht andere, die mich überraschen, vielleicht gar aus dem Gleichgewicht bringen, in eine neue Bahn stoßen?! Wie kann der Portier so ruhig lächeln, während er mir die Post übergibt? Seine Ruhe ist die Folge einer langen Erfahrung, einer väterlichen, bittersüßen Weisheit. Er weiß schon, daß nichts Überraschendes kommt, er weiß von der Monotonie des bewegten Lebens, und niemand kennt so gut wie er die Lächerlichkeit meiner vagen romantischen Vorstellungen. An den Koffern erkennt er die Passagiere und an den Umschlägen die Briefe. »Hier ist die Post!« sagt er gleichgültig. Und dennoch vollführt seine Hand, die mir das Paket reicht, noch eine höfliche Wendung im Gelenk, sie verbeugt sich gleichsam selbständig, nach einem uralten Brauch, einem Ritus der Portierhände ...

Hier, in der Halle, bleibe ich sitzen. Sie ist die Heimat und die Welt, die Fremde und die Nähe, meine ahnenlose Galerie! Hier beginne ich über das Hotelpersonal, meine Freunde, zu schreiben. Es sind lauter Persönlichkeiten! Weltbürger! Menschenkenner! Sprachenkenner, Seelenkenner! Keine Internationale neben der ihrigen! Sie sind die wahrhaft Internationalen! (Der Patriotismus beginnt erst bei den Aktionären des Hotels.)

Ich fange an, meinen Freund, den Portier, zu beschreiben.

Der alte Kellner

Dieser Kellner ist so alt, daß man ihn im ganzen Hause nur »den Alten« ruft, die Angestellten wie die Gäste von ihm als »dem Alten« sprechen und daß er selbst wahrscheinlich sich nur gelegentlich erinnert, wie sein Name lautet, den er seit so vielen Jahren nicht mehr brauchte. Ja, es ist so, als hätte er gar keinen mehr, weil er, ähnlich einer mythologischen Halbgottheit, in die Kategorie der Wesen eingegangen ist, deren Namen gar keine Rolle spielt, weil sie ein bestimmtes Phänomen repräsentieren. Dieser Kellner repräsentiert in diesem Hotel das Alter – und erst in zweiter Linie das Kellnertum. Er war mehr als vierzig Jahre Kellner, nun ist er schon mehr als zehn Jahre »alt«. Und der Frack, den er jeden Nachmittag anzieht, ist bereits aus einem beruflichen Gewand ein symbolisches geworden -- und sieht man den Kellner im Frack, so ist es, als wäre dieses Kleidungsstück eine passende Uniform des Greisenalters überhaupt.

Ich muß erwähnen, daß diesem Alten die gewohnten Zeichen des Greises vollkommen fehlen. Er ist glattrasiert, sein Schädel ist ganz kahl, und selbst seine Augenbrauen sind dank einer merkwürdigen Laune der Natur hellblond geblieben. Das ehrwürdige Silber des Alters scheint er abgelehnt zu haben. Oder er ist bereits so alt, daß er auch die Periode des weißen Haares hinter sich hat und daß er auf dem Wege ist, zu versteinern, eine Art menschliches Mineral zu werden, vielleicht zurückzukehren zu dem Ur-Ur-Anfang der Welt, der Regungslosigkeit des sogenannten Unorganischen. Wenn man ihn manchmal eine Stunde lang an einer der dikken Säulen in der Hotelhalle lehnen sieht, eine kleine erloschene Tonpfeife im linken Mundwinkel, die Unterlippe vorgeschoben, die etwas hängenden Wangen vom wächsernen schimmernden Rot bestimmter Tiroler Äpfel, die kleinen Augen aus glänzendem, tiefem Kobalt-Blau blicklos in unbekannte Welten gerichtet, die steife Hemdbrust von einem reinen, fast unirdischen Weiß-Lack, das tiefe Schwarz des tadellos passenden Fracks ohne Stäubchen und ohne Falte, in den blitzenden Schuhen die unveränderlichen Reflexe der Lampen und Lichter -- so könnte man glauben, der Kellner wäre ein Standbild, ein Hausgott des Hotels und des Fremdenverkehrs, und man könnte ohne eine kleine Verbeugung keineswegs an ihm vorbeigehn. Auf einmal aber – und gerade wenn man es am wenigsten erwartet, setzt er sich in Bewegung -- und dieser Anblick ist so unwahrscheinlich, daß man auch der Säule nicht mehr traut, daß sie stehen bleiben wird. Wohin geht der Alte? – Ins Restaurant. Er geht nur von den Knien abwärts, seine Füße machen winzige Schritte, wenn ihm jemand in den Weg kommt, bleibt er stehen, irgendein Mechanismus stockt, und man glaubt gehört zu haben, wie ein Rädchen, unter den Frackschößen verborgen, plötzlich stehen geblieben ist. Dann rührt er sich wieder. Eine Viertelstunde später ist der Alte im Restaurant.

Er setzt sich, obwohl man es nicht immer sofort erkennen kann, niemals ohne eine Absicht in Bewegung. Es sind Gäste gekommen, die er schon vor zwanzig oder dreißig Jahren bedient hat und die er kommen sah, während er an der Säule lehnte und seine Augen auf irgendein Jenseits gerichtet zu sein schienen. Seine Aufmerksamkeit ist noch die alte, nur seine Gliedmaßen sind langsamer geworden. Genau so beobachtete er die Ankunft der Menschen schon vor vierzig Jahren. Nur lief er damals schneller, im Nu stand er vor ihnen, rannte er zur Küche, kam er wieder zurück. Ganz unmerklich, aber unaufhaltsam wurden im Laufe der Jahre und Jahrzehnte seine Füße schwächer, seine Hände zittriger, seine Bewegungen langsamer – unmerklich wie der Weg des Stundenzeigers auf den Uhren ist, aber ebenso sicher wie dieser, war der Weg der Schwäche und des Alters im Körper des Kellners. Jeden Tag wurde sein Lauf ein winziges bißchen schwerer – bis es endlich nach vierzig Jahren ein schleppender Gang war.

Nun steht er vor seinen Stammgästen, verbeugen kann er sich immer noch. Ein anderer, ein junger und flinker Kellner kommt an die Seite des Alten, den Block in der Hand, um »aufzunehmen«. Es ist, als sprächen die Stammgäste eine Sprache, die dem jungen Kellner nicht verständlich sein kann, eine Sprache einer verschwundenen Generation, einer verschwundenen Welt vielleicht. Denn der Alte wiederholt dem Jungen wortwörtlich alles, was ihm die Gäste gesagt haben – – aber es sieht aus, als übersetzte er. Es ist, als würden die bestellten Speisen erst von dem alten Kellner zu eßbaren Speisen ernannt, zu Gerichten erhoben, zu Leckerbissen geadelt. Würde der Junge sie direkt aufnehmen, sie wären vielleicht ungenießbar. Obwohl die Gäste leise sprechen (der Tisch, an dem sie sitzen, eine Stille in den von Tellergeklapper, Gesprächen, Gläserklang erfüllten Raum ausströmt), hört der Alte genau, was sie sagen – der Junge könnte es wahrscheinlich nicht. Denn jener hat die Gabe der Ahnungen; er errät, was seine Stammgäste wollen – und im übrigen kann er unter Umständen ihre Bestellung auch verändern – wenn er mag. Denn es kann vorkommen, daß sie ein Gericht bestellen, dessen Qualität der Alte an diesem Tage nicht verantworten will. Dann tut er so, als wäre ein anderes bestellt worden. Und deshalb warten die Gäste, bis er sich ihnen so langsam genähert hat. Es besteht eine uralte Beziehung zwischen ihnen und ihm, sie und er stammen aus einer ganz bestimmten Zeit, wie man aus einer Heimat stammt, sie und er sind gewissermaßen Patrioten jener Zeit, die wichtiger und teurer sein kann als ein Vaterland, weil die Zeiten schnell verschwinden und die Vaterländer gewöhnlich bleiben, weil man diese wechseln und verlieren kann, und jene uns festhalten. Die Gäste und der Alte: sie sprechen alle die Muttersprache ihrer vergangenen Epoche. Deshalb verstehen sie einander, deshalb warten sie aufeinander.

Es kommt manchmal vor, daß eine uralte Dame, mit dem kalten abweisenden Blick, der die Folge eines langen, reichen und sorgenlosen Lebens ist, mit einem Stock, auf den sie sich stützt, in einem ernsten Abendkleid aus dunkelgrauer Seide, ein leuchtendes Perlenkollier (auf das die Erben schon warten) um den vielgefalteten Hals – daß diese furchtsam oder ehrfürchtig behandelte Frau geradewegs auf den alten Kellner zugeht und ihm die Hand reicht, ohne ihm ein Wort zu sagen. Dann verneigt er sich tief und lächelt ein wenig. Die alte und allem Anschein nach nicht gutherzige Dame und der Kellner kennen einander schon seit Jahrzehnten – – und gewiß hat sie ihm nicht immer die Hand geboten. Als sie beide noch jung waren, standen die unerbittlichen Unterschiede des Standes zwischen ihnen. Nun, da sie alt geworden sind, fängt schon langsam die Annäherung an, die schließlich in der Gleichheit des Todes münden wird. Schon bereiten sich beide auf das Grab vor, auf die gleiche Erde, den gleichen Staub, die gleichen Würmer – – und vielleicht, wenn ein so langes Leben nicht wieder ungläubig macht – auf dasselbe Jenseits.

Eine Stunde nach Mitternacht besteigt der Alte den Fahrstuhl – den für Gäste – und läßt sich in den höchsten Stock hinauffahren. Dort bewohnt er ein kleines Zimmer, ein Ehrenzimmer. Er hat nie eine Frau gehabt, keine Kinder, keine Geschwister. Er war immer allein, ein Kellner in diesem Hotel, ein Kind dieses Hotels. Nichts mehr als ein Kellner. Seit zehn Jahren wohnt er in diesem Zimmer. Er wollte sich nicht pensionieren lassen. Er konnte nicht mehr in der Nacht auf die Straße und in seine Wohnung. Also blieb er im Hotel, wie eine alte Wanduhr. Eines Tages wird er in seinem Ehrenzimmer sterben. Kein Zweifel. Seine Leiche wird man durch den rückwärtigen Ausgang des Hotels tragen und in ein schwarzes Auto verladen, in dem es keine Fenster geben wird. Denn durch den Haupteingang eines Hotels kann unmöglich eine Leiche getragen werden. –

»Madame Annette«

Als Annette 28 Jahre alt wurde und noch immer keinen Mann gefunden hatte, begab sie sich zu einem der Juweliere in der Rue de la Providence, in dessen Schaufenstern die Eheringe aus Gold, Silber und »Doublé«, zu Dutzenden über konische Türmchen aus Samt gestülpt, an winzige schimmernde Denkmäler erinnern, errichtet zu Ehren der Monogamie. Sie erstand einen silbernen Ehering und steckte ihn an den linken Ringfinger, getreu der Sitte des Landes. Im stillen gedachte sie, den silbernen Ring gegen einen goldenen umzutauschen, sobald sich ein Mann gemeldet haben würde. Vorläufig genügte der silberne, gewissermaßen als eine Mahnung an den lieben Gott, als ein moralischer Zwang, den sie dem Schicksal auferlegte, damit es sich endlich bemüßigt sehe, ihr einen Gatten zu bescheren. Im übrigen hatte der Ring auch einen unmittelbaren Zweck: er konnte das Mädchen vor Zudringlichkeiten unerwünschter Männer, die gewöhnlich auch feige sind, bewahren, indem er in ihnen die Vorstellung von einem irgendwo vorhandenen eifersüchtigen und kräftig gebauten Mann Annettens hervorrief. Er erzeugte ferner auch einen gewissen Respekt für seine Trägerin bei ihren Kolleginnen, den anderen Mädchen. In der Tat begann, kurze Zeit nachdem Annette den Ring gekauft hatte, das ganze Personal, das früher »Mademoiselle Annette« gesagt hatte, »Madame Annette« zu sagen. Bei dieser Gelegenheit ist es vielleicht günstig zu bemerken, daß der Titel einer Frau auch heute noch manchem ledigen Mädchen aus besserer Familie imponiert, das niemals die traurige Aussicht hat, fremden Menschen dienen zu müssen; wie erst einem Mädchen, das beruflich immer ein Fräulein bleiben soll, selbst wenn sie eine Großmutter wird! – – Den Kolleginnen von Annette, die so wenig Gelegenheit hatten, sich »Madame« nennen zu hören, bedeutete dieser Titel einen gesellschaftlichen Rang. Sie schenkten ihn Annette, obwohl sie ahnen mochten, daß der silberne Ehering nur ein Vorwand war. Sie fühlten sich selbst gehoben, wenn sie »Madame Annette« sagen konnten.

Seit ihrem sechzehnten Lebensjahr war sie Dienstmädchen. Ihr Vater, ein Fischer aus der Normandie, schickte sie zu der Wirtin eines kleinen Hotels in Le Havre, zu der er alte Beziehungen aus seiner Matrosenzeit hatte. Es scheint, daß in Le Havre die Mädchen nicht lange geduldet werden. Knapp vier Wochen nach ihrer Ankunft erlag Annette dem verspäteten Liebesröhren eines fünfzigjährigen Reeders, der sie zu heiraten versprach, aber durch seine vor zwanzig Jahren geschlossene Ehe daran verhindert war. Annette bekam ein Kind und kurze Zeit darauf eine gute Stelle bei feudalen Leuten in der Nähe von Paris, die auch aus der Normandie stammten und ihr Dienstpersonal aus ihrer Heimat zu holen pflegten. Das Kind blieb in Kost bei der Wirtin in Le Havre und starb aus diesem Grunde sechs Monate später. Annette schickte Geld fürs Begräbnis und erstand, da sie kein Bild von ihm besaß, aber ein Andenken daran behalten zu müssen glaubte, in einem Papierladen eine Ansichtskarte, die Photographie von einem gelungenen Säugling, die sie in einen schwarzen Rahmen spannte und in ihrem Koffer verbarg.

Durch ihre Erfahrungen in Le Havre gewitzigt und von dem ländlich-normannischen Vorurteil befangen, daß jede Liebesbeziehung zu einem Kind führen müsse, widerstand Annette den Werbungen des Herrn von L., ihres Dienstgebers – – obwohl es ihr leid tat. Ja, um vor sich selbst ein für allemal sicher zu sein, erzählte sie der Frau von L. von den Versuchen des Mannes. Selbstverständlich wurde Annette sofort gekündigt und, damit sie ja nicht mehr Verwirrung in einem herrschaftlichen Hause stifte, an ein großes Pariser Hotel empfohlen, zu dessen Aktionären Herr von L. gehörte.

Also begann ihre bescheidene Karriere.

Sie hielt es (nicht mit Unrecht) für angenehmer, im Laufe eines Vormittags zwanzig Zimmer unbekannter und immer wechselnder Bewohner zu säubern, als nur acht oder zehn Räume für alle Ewigkeiten eingesessener Menschen, von denen sie Lohn und Brot entgegenzunehmen hatte. Ihr waren Trinkgelder, von Abreisenden als eine Art Steuer hinterlassen, lieber als Weihnachtsgeschenke, von der Frau des Hauses im Dezember feierlich überreicht und noch im April, zu Ostern, vorgehalten. Sie gewöhnte sich an ihren Beruf, weil er nicht die Eintönigkeit einer Dienstboten-Existenz hatte, nichts von dem faulen Glanz einer patriarchalischen Hausordnung, sondern etwas von der kalten, klaren Sachlichkeit eines

Geschäfts, eines Amtes fast und weil er obendrein noch eine Ahnung von der Vielfalt und Buntheit der Welt, ihres Reichtums, ihrer Bewohner vermittelte. Sie gelangte, weil sie hellhörig und neugierig war, mit der Zeit zu einer Kenntnis verschiedener Sitten der wohlsituierten Kreise, verschiedener Intimitäten des Luxus, des Liebeslebens in der Kultur und einer Noblesse, die ihre wirtschaftlichen Grundlagen hat. Diese Erfahrungen erhöhten ihre Ansprüche an die Männer, mit denen sie durch Zufall zusammenkam. Und obwohl ihr der und jener gefiel, konnte sie sich dennoch nicht entschließen, den und jenen zu heiraten. Der einzige Mann, mit dem sie auf einem Ball zusammengekommen war und der die ritterlichen Formen zu beherrschen schien, die nach der Meinung der Zimmermädchen den Herren der gehobenen Schichten eigen sind, war ein Zuave, ein Feldwebel aus den Kolonien. Offen gestanden, hatte sie ein wenig Angst vor Farbigen. Wenn einer gelb oder schwarz war, so mußte es sich doch eines Tages auf irgendeine Weise äußern: in einem plötzlichen Wahnsinn, in einer unerwarteten Gewalttat oder auch nur in einer merkwürdigen Krankheit. Trotzdem wollte sie es wagen. Da brach der Krieg aus – und der Zuave starb, wie es sich gehörte, für Elsaß-Lothringen ....

Ihre Trauer war größer, als ihre Liebe jemals gewesen war. Denn sie verlieh dem Toten noch mehr Vorzüge, als der Lebendige besessen hatte. Sie hinterblieb in der Überzeugung, das Ideal der Männlichkeit verloren zu haben. Mit dem Bild verglichen, das sie sich von dem Toten gemacht hatte, waren alle vornehmen Gäste des Hotels mißlungene Exemplare des männlichen Geschlechts. Selbst Boxer und Aviatiker blieben weit hinter dem toten Zuaven zurück. Da sie kein Bild von ihm besaß und Ansichtskarten von Ideal-Zuaven nicht hergestellt werden, dichtete sie ihm die Züge aller photographierten Heroen in den illustrierten Zeitungen an. In ihrem pietätvollen Gehirn, das im Laufe weniger Jahre die Arbeit verrichtete, die sonst einigen Generationen zu einer Legendenbildung nötig ist, wurde der Tote ein farbiger Halbgott. Die Erinnerung an ihn bewahrte sie, nebenbei gesagt, vor den Verführungsversuchen weißer, etwas angetrunkener und sorgloser Hotelgäste.

Wenn man einen großen Schmerz hat, ist es gut, seinen Aufenthaltsort zu wechseln. Sie kam hierher, in dieses Hotel, von dem ich eben berichtete, verhältnismäßig leicht, denn es gehört derselben Aktiengesellschaft, die das Pariser Hotel Annettens besitzt. Hier kaufte sie den Ehering, hier bekam sie den Titel: Madame und damit im Zusammenhang einen leichteren Dienst. Sie ist jetzt gewissermaßen die rechte Hand der Wirtschafterin, hat nur fünf, sechs Zimmer zu besorgen und die Mädchen zweier Stockwerke zu beaufsichtigen. Sie trägt nicht mehr ein blaues Kleid, sondern ein schwarzes und ist auch nicht zu dem traditionellen weißen Häubchen verpflichtet. Doch legt sie es gerne an – aus Koketterie, obwohl sie behauptet, es geschehe aus Bescheidenheit. Immerhin ist sie außergewöhnlich hübsch. Ja, es scheint mir manchmal, daß sie selbst nicht weiß, wie schön sie sein kann. Denn gerade zum Bewußtsein der eigenen Schönheit gehören Muße und eine gewisse materielle Unabhängigkeit. Es scheint mir manchmal, daß ihr ein Mann sagen müßte:

»Hören Sie, Madame Annette! (oder auch nur: »Annette!«) Ihre schwarzen Haare, Ihre hellgrauen Augen und Ihr braungelber Teint sind eine seltene Komposition der Natur! Obwohl Sie nur am Mittwoch, an Ihrem freien Tag, seidene Strümpfe tragen, sieht man auch sonst den reizvollen Schwung Ihrer Beine, einen sanften, leise abschwellenden Übergang vom Muskel der Wade zu den Sehnen des Fußgelenks. Glauben Sie ja nicht, daß man Ihren schmalen Hüften, Ihrer kleinen Brust und Ihren kräftigen, verarbeiteten, aber schönen Händen ansehen muß, daß Sie nicht zu der Gesellschaft gehören, die Sie für die gute halten. Sie können ohne Zweifel wie eine Dame aussehen, selbst wenn Sie einen Befehl entgegennehmen, die hellen Augen auf den Gast gerichtet und doch noch in die leere Luft hinter seinem Rücken, Ihren schmalen, merkwürdig roten Mund (für den Sie Ihres Teints wegen einen etwas helleren Stift brauchen müßten) fest geschlossen, wie zur Abwehr jeglicher Unart und das weiche Kinn ein wenig gehoben, als wäre es der Sitz der Aufmerksamkeit, aber auch des Hochmuts. Es ist kein Zweifel, daß Sie schön sind, Annette!«

Das dürfte man ihr leider nicht gesagt haben. Die Spiegel, vor denen sie gerne stehen bleibt, sind gefällig, aber stumm. Und die Zeit ist flink und kurz. Annette hat zwar eine oberflächliche Übung im Aufräumen. Der Waschtisch dauert fünf Minuten, das Bett drei, der Tisch zwei. Herren lassen gerne Anzüge über Stühlen hängen. Das ergibt Komplikationen. Ferner Papiere, Bücher, Briefe auf dem Schreibtisch. Die Hausordnung verbietet eine Veränderung der von den Gästen auf den Schreibtischen hinterlassenen Unordnung. Gesäubert aber müssen sie werden! Jeder Zettel muß in seiner Lage verharren. Das dauert manchmal zwanzig Minuten. Dann muß man die Mädchen kontrollieren. Sie schwatzen. Signale leuchten, grün und dauerhaft, und die Mädchen rühren sich nicht. Annette ermuntert sie. Sie arbeitet von zwölf Uhr mittags bis neun Uhr abends. Eine Stunde Mittagspause. Unten, neben der Küche, an dem langen Tisch fürs Personal, der an Mittagstische in Waisenhäusern erinnert. Wenn Annette noch fünf Jahre so arbeitet, wird sie bestimmt Wirtschafterin – – um weiterzuarbeiten.

Einmal, es war ein Mittwoch, traf ich sie vor dem Eingang zu einem der großen Kinos. Sie betrachtete die Bilder, Szenen aus reichen Milieus. (Denn nichts interessiert die Armen so sehr wie das Leben der Reichen.) Ich erlaubte mir, weil wir uns schon so lange kennen, sie einzuladen. Wir sahen einen jener Filme, die von der großen Internationale der »Branche« seit zwanzig Jahren immer wieder als Zeugnis für ihre »soziale Gesinnung« hergestellt werden. Es war einer jener Filme, in denen immer wieder ein junger Mann aus besseren Sphären ein armes Mädchen aus niederen zu sich und zu einem Souper emporzieht, bei dem es nicht weiß, ob man Eis mit der Gabel nimmt oder einen Apfel mit dem Nußknacker öffnet. Das Publikum weiß es und wiehert der Filmindustrie zu. An jenem Abend wieherte es ebenfalls. Madame Annette meinte: »Immerhin könnte das Mädchen es nach den vielen Filmen schon gelernt haben! Sie wird doch schon ein paarmal im Kino gewesen sein, da ja der Film in New York spielt!«

Hierauf bat ich – aus einer etwas zu hastigen, zu ehrlichen Reaktion gegen die »Branche« – Madame Annette in ein gutes Restaurant zum Abendessen. Hier und dort saß ein Gast aus dem Hotel. Hie und da traf Madame Annette ein werbender Blick, kein erkennender – – denn ein richtiger Herr glaubt niemals, daß in dem Lokal, in dem er speist, ein Zimmermädchen sitzen könnte. Nur nebenbei erwähne ich, daß Madame Annette ein hochgeschlossenes dunkles Kleid trug, das sie blaß machte, ihren Mund noch röter – und eine Schnur falscher Perlen, die einen bläulich-silbernen Widerschein auf die untere Partie ihres braungelben Gesichts warfen. Wichtiger scheint es mir zu betonen, daß sie mit dem Besteck besser umzugehen wußte als die paar Herren vom Film, in deren Gesellschaft ich hie und da Gelegenheit hatte, zu Abend zu essen – oder wie sie selbst sagten: zu »soupieren« …

Abschied vom Hotel

Ich hätte noch gern den und jenen meiner Freunde in diesem Hotel wiedergesehen, aber ich muß es morgen schon verlassen. Lange genug bin ich diesmal hier gewesen. Ich wäre unwürdig des großen Glücks, ein Fremder zu sein, wenn ich noch länger bliebe. Ich könnte dieses Hotel zum Heim degradieren, wenn ich es nicht ohne Not verließe. Ich will hier heimisch sein, aber nicht zu Hause. Ich möchte kommen und gehen, kommen und gehen. Es ist schöner zu wissen, daß hier ein Hotel auf mich wartet. Ich weiß schon, daß auch dies eine Sentimentalität ist und daß ich aus Angst vor der überlieferten einer Original-Sentimentalität erliege. Aber so beschaffen ist das menschliche Herz.

Ich werde heute schon meine Abreise dem Portier ankündigen. Oh, nicht etwa, weil es hier eine Vorschrift erforderte! In diesem Hotel gibt es keine »Avisos« in den Zimmern, keinen »Auszug aus den Polizeiverordnungen, betreffend das Gastgewerbe aus dem Jahre 1891, A IV, §§ 18 und 22 ff.«, keine »Hausordnung«, und nirgends »werden die p. t. Gäste gebeten, die Abreise rechtzeitig bekanntzugeben, da andernfalls noch eine Nacht berechnet werden müßte, Hochachtungsvoll, die Direktion.« Nein, in diesem Hotel gibt es keine Sprüche an den Wänden! Auch daß ein »Restaurant im Hause« ist, bedarf hier keiner besonderen Betonung, denn das Restaurant ist gut, und also speist man dort gerne. Wenn ich heute schon dem Portier meine Abreise ankündige, so geschieht es, weil ich so maßlos viel Güte brauche und weil ich heute schon hören will, wie er sagt: »Ach, schon wieder?!« – Welch unbeschreiblicher Ton! Das wird ganz leise gesprochen, als wäre es ein Geheimnis; als könnte der Entschluß abzureisen, solange nur wir zwei davon wissen, immer noch aufgeschoben werden … Das ist so langsam, so gedehnt wie eine Klage, die für eine lange Zeit jetzt ausgedrückt sein soll. Das scheint aus jener unwahrscheinlichen Ferne zu kommen, in die ich eben zu gehen gedenke. Guter Mann! – Was wird er ohne mich machen? Wen wird er grüßen, wenn er am Abend in seinem noblen Zivil das Hotel verläßt? Wie gut haben wir uns verstanden! Mit Hilfe von Blicken pflegten wir uns auseinanderzusetzen: die wirklich internationale Sprache der Stenoskopie! Das ist nun zu Ende …

Aber Männer müssen hart sein, und also erkundigt sich der Portier nach dem Zug oder dem Schiff, die ich zu nehmen entschlossen bin. Ich sage nur das Ziel und ungefähr die Zeit, etwa »am Abend«. Und er präzisiert: da ist Zug Nummer 743 mit Schlafwagen 18 Uhr 32, zweimal Aufenthalt, Speisewagen bis zweiundzwanzig, das heißt zehn Uhr abends. Und es folgt eine Reihe anderer Vorschläge. Ich überlasse ihm die Auswahl. Es gehört zu den Tugenden eines guten Portiers, daß er die besten Züge von den weniger guten unterscheiden kann, obwohl er so selten fährt und die Gäste immer. Ich verlasse mich darauf. Und wenn der Zug, den er mir empfohlen hat, gelegentlich um drei Stunden verspätet ankommt, so bin ich überzeugt, daß alle anderen Züge entgleist sind. So grausam wird man, wenn man sich selbst trösten will …

Morgen wird der längste aller Tage sein. Man fährt schon und bewegt sich noch nicht von der Stelle. Es hat sich übrigens inzwischen schon herumgesprochen. Der Zimmerkellner, der am Nachmittag abgelöst wird, wünschte mir schon am Vormittag eine gute Reise. Das ist zwar mit der Aussicht auf ein Trinkgeld gesagt, aber deshalb nicht weniger aufrichtig. Was mich betrifft, so habe ich die Erfahrung gemacht, daß die guten Wünsche derjenigen am ehrlichsten sind, die dafür ein Trinkgeld bekommen. Wer nichts von mir erwartet, der wünscht mich zum Teufel. Wohl dem, der Trinkgelder geben kann! Alle braven Leute segnen ihn, denn sie hoffen, daß er bald wiederkommen wird. Es ist lehrreich zu sehen, wie der Kellner mir die Ehre erweist, meine Menschlichkeit ebenso zu schätzen wie meine geringe Gabe. Ich bin ihm ebenso sympathisch wie Geld. (Allen meinen Freunden ist Geld sympathischer.) Und in seinem Auge unterscheide ich genau neben dem jubelnden Fünkchen ein wehmütiges Licht. In die Freude über den Gewinn mischt sich der Kummer des Abschieds. Leb' wohl!

Das wird der längste aller Tage sein. In diesem Zimmer gibt

es ja glücklicherweise gar nichts, nicht ein einziges Stück, auf das sich das Auge mit Schmerz heften könnte! Keine alte Zuckerdose, kein Schreibtisch des Onkels, kein Porträt des Großvaters mütterlicherseits, kein Waschbecken mit zinnoberroten Blümchen und einem Sprung dazwischen, kein Dielenbrett, das heimatlich knarrt und das man plötzlich zu lieben beginnt, nur weil man verreist, keinen Rostbratenduft aus der Küche und keinen Parademörser aus Messing auf dem Kleiderschrank des Vorzimmers! – Nichts! Wenn meine Koffer weg sind, werden andere hier stehen. Wenn meine Seife eingepackt ist, wird eine andere neben dem Waschbekken liegen. Wenn ich nicht mehr an diesem Fenster stehen werde, wird ein anderer hier stehen. Dieses Zimmer macht sich und dir und mir und keinem Menschen Illusionen. Wenn ich es verlasse und noch einen Blick darauf werfe, ist es nicht mehr mein Zimmer. Der Tag ist lang, denn es gibt keine Wehmut, ihn auszufüllen.

In dieser Stadt brauche ich auch nicht etwa Abschiedsbesuche zu machen. Mit Freuden denke ich daran, daß hier nicht jener ältliche Mann wohnt, der mich haßt, den ich hasse und dem ich immer wieder: Guten Tag! sage. Auch nicht ein jüngerer, der zerspringt, wenn er mich am Leben sieht, und beleidigt wäre, wenn er mich nicht sähe. Auch nicht ein guter Freund, der mich zur Bahn begleitet und noch beim letzten Gruß überzeugt ist, er machte an unserer Freundschaft ein weniger gutes Geschäft als ich. Nicht einmal eine Dame, in die man (aus Galanterie) verliebt ist und die, während ihr Auge die Träne zurückhält, sich schon freut, daß sie auf einen andern Passagier Eindruck gemacht hat. Ich bin fremd in dieser Stadt. Deshalb war ich hier so heimisch.

Es wird nur einen einzigen kurzen sentimentalen Augenblick geben: wenn der Hausdiener meine Koffer untergebracht hat und nun auf dem Perron steht, die Mütze in der Hand und die andere Hand unter der Schürze verborgen, aus

Angst, sie könnte sich selbsttätig ausstrecken. Dann ist es ziemlich kompliziert mit dem Trinkgeld. Er nimmt es schnell, aber ungeschickt. Es wird fast ein Händedruck, flüchtig, wie verfehlt. Dann geht er zwei Schritte zurück, der Alte, das Gesicht mir zugewendet. Er setzt die Mütze auf. Noch einmal leuchten auf ihr die Buchstaben, die den teuren Namen des Hotels ausmachen.

Dann hisse ich die Segel und steige in den Zug ...

Der Nachtredakteur Gustav K.

Gustav K. war ein Nachtredakteur.

Das Blatt erschien jeden Morgen um drei Uhr. Jede Nacht um elf Uhr dreißig erschien der Nachtredakteur.

Er war frisch rasiert, frisch gewaschen, ausgeruht, nach Seife duftend und Menthol. Ein vorausgeeilter Teil des nächsten Morgens.

Er schien die Müdigkeit der anderen nicht zu begreifen. Erfrischt von seiner Morgenwanderung durch die nächtlichen Straßen betrat er ahnungslos die Gesellschaft der Erschlafften, klopfte den Stehenden auf die Schultern, den Sitzenden auf die Knie und wunderte sich, daß sie zusammenfielen, morsche Gerüste.

Er schien sich für den Gesundesten zu halten. Ja, es war, als ob er sich jede Nacht aufs neue seine eigene Stärke absichtlich demonstrierte, um sein schwächliches Aussehen, seine mageren Glieder, sein blaßgelbes Gesicht zu dementieren.

Zwei Stunden später war auch er verwandelt. In zweimal sechzig Minuten hatte er einen zwölfstündigen Arbeitstag zurückgelegt.

In seinem dünnen Angesicht flossen die Schatten der Sorgen mit den zufälligen fetten Spuren der Druckerschwärze zusammen, die ein achtloser Finger hinterlassen hatte. Die gescheitelten dünnen schwarzen Haare standen wie Drähtchen und winzige Spirälchen. Die Ränder der Fingernägel waren auf einmal schief geschnitten, wenigstens schienen die lila Flecken unaufhörlich nachgespitzter Tintenstifte die Unregelmäßigkeit der Nagelformen sichtbar zu machen. Als wäre die Arbeit am Schreibtisch ein unfehlbares Haarwuchsmittel, begann der Bart des Nachtredakteurs, kaum eine Stunde, nachdem er rasiert worden war, üppig und grauschwarz aus den Poren der Wangen zu dringen. Die weißen Manschetten klebten am Handgelenk, dahin war ihr halbgesteifter Glanz. Der Knoten der Krawatte wurde locker, schob sich zwischen die Wände des »Stehumleg-Kragens« und ließ ein glänzendes goldenes Knöpfchen sehen, an dem nicht nur der Kragen und das Hemd, sondern auch die ganze Kleidung des Mannes, ja, er selbst zu hängen schienen. Erhob sich Gustav K. aus seinem Lehnstuhl, so sah man plötzlich die Holzwolle aus einem Loch im dünnen Lederbezug dringen – und zwar mit einem solchen Ungestüm, daß man glauben konnte, das Loch wäre früher nicht dagewesen, sondern erst von der Wirbelsäule des Redakteurs ausgebohrt worden. Er selbst ging mit vorgeneigtem Oberkörper und lockeren, seitwärts schlendernden Beinen die Stiege zur Setzerei hinauf. Er erinnerte an einen Lahmen, der die Krücken abgelegt hat. Oben, in der Setzerei, lehnte er sich mit aufgestützten Ellenbogen an einen der langen metallbeschlagenen Tische, einen Kopierstift zwischen den Lippen, den er hin und her gleiten ließ, wie eine natürliche Fortsetzung der Zunge. Der Bleistift begleitete so die Bewegungen der Augen, die einen Bürstenabzug lasen. An der und jener Stelle blieben sie haften, und auch der Bleistift stand still. Manchmal löste sich die Hand von der Wange, der Ellenbogen vom Tisch. Gustav K. ergriff ein Stück Papier, zerknüllte es langsam, formte es zu einem Ball und schleuderte es einem der ahnungslosen Setzer zu, der eine erschrockene Bewegung machte. Das war ein

Witz gewesen. Es war, als hätte sich der Nachtredakteur nur überzeugen wollen, ob er noch zielen könne. Einen Augenblick nur hatte sein Angesicht den Ausdruck einer knabenhaften Verspieltheit gezeigt. Man konnte ihn sehen, wie er in kurzen Höschen vor dreißig Jahren am Ufer eines Wassers Steinchen in die Wellen schleudert.

Er wurde sofort wieder ernst. Er vergaß nicht einen Augenblick, daß er die »ganze Verantwortung« für »das Blatt« trug und daß er unaufhörlich Gefahr lief, eine falsche Nachricht für eine richtige zu halten, eine richtige für falsch, eine wichtige für belanglos, eine Kleinigkeit für wichtig. Er kannte die ganze Welt, obwohl er nur einen kleinen Teil von ihr gesehen hatte. Wenn ein Telegramm aus Peru meldete, eine Brücke wäre eingestürzt, so schien es Gustav K., weil er mit Peru so vertraut war, daß der Einsturz der Brücke wichtig genug sei, in »Borgis« gesetzt zu werden. Kam ein Bericht über Heuschrecken im Kaukasus, so hätte Gustav K., weil er die Heuschrecken so genau kannte und den Kaukasus, am liebsten einen Aufsatz von einem Naturforscher gebracht. Für ihn gab es keine geographische Ferne. Er beschwerte »das Blatt« mit fünfzig überflüssigen Nachrichten. Hielt ihm der Chefredakteur am nächsten Abend vor, daß die Nachricht über den General Correira in Mexiko niemanden etwas angehe, so erwiderte Gustav K.: »Sie täuschen sich! Der General Correira hat eine außergewöhnliche Laufbahn! Im Jahre 1874 geboren, ist er 1894 schon Oberst der Truppen von Vera Cruz, und der nächste Aufstand machte ihn zum Kommandanten der Hauptstadt. Sogar seine Feinde achten ihn. Und jetzt hat er eine schwere Rippenfellentzündung ...!« Ging es schon nicht an, die Rippenfellentzündung in »Petit« zu bringen, so erschien sie wenigstens in »Nonpareille« unter den »Vermischten Nachrichten«. Eine Tollwut unter den Hunden von Konstantinopel hatte Anspruch auf zehn Zeilen auf der dritten Seite, links oben, weil die Hunde in Konstantinopel eine Gefahr für die ganze Menschheit werden konnten. »Unter Umständen«. – »Unter Umständen« – pflegte Gustav K. zu sagen – »kann so eine Tollwut die Matrosen großer Dampfer ergreifen«. Es gab also nichts »Unwichtiges«. Wenn der Nachtredakteur eine Nachricht über ein kleines Ereignis in einem weit entfernten Lande schon in den Papierkorb getan hatte, so bückte er sich nach fünf Minuten, holte das zerknüllte Papier hervor, glättete es und wandelte es künstlich wieder in den Zustand einer eben eintreffenden, noch unbekannten Nachricht. Er zwang sich, sie zu vergessen, um sie hierauf noch einmal zu erfahren. Noch einmal tauchten die alten Argumente gegen ihre Veröffentlichung auf; und noch einmal warf er sie weg.

Aber wahrscheinlich tat sie ihm noch lange leid. Und fand er sie am nächsten Tag in einem anderen Blatt, so empfand er Gewissensbisse über seine Gleichgültigkeit der Zeit und ihren Ereignissen gegenüber, und er beneidete seinen Kollegen, der die Nachricht »ins Blatt« gebracht hatte. Ja, es ist anzunehmen, daß er in solchen Augenblicken beschloß, bei dem »Umbruch« der folgenden Nummer vorsichtiger mit den kleinen und vermischten Nachrichten umzugehen. Aber saß er dann wieder vor dem aufgehäuften »Material«, las er die Berichte aus der näheren Umgebung, so erinnerte er sich mit einem wehen Schrecken an die unbarmherzige Wirklichkeit einer in Nationen, Staaten, Länder, Städte aufgeteilten Welt und an die Tatsache, daß er selbst der Redakteur eines bestimmten national bestimmten Blattes war, das in einer bestimmten Stadt erschien. Daß es also Grenzen gab zwischen nahen und den fernen Ereignissen und daß »der Leser« kein Kosmopolit war, dem die ganze Erde ein gleichmäßig interessantes Angesicht bot, sondern ein festgesessener Mensch, den der Nachbar mehr interessierte als der Ausbruch des Vesuvs. Und er sortierte die Ereignisse, wie es seine Pflicht war, nach nahen und fernen, nach Garmond, Borgis, Petit und Nonpareille, und die nächsten Dinge bekamen die größten Schriften.

Gegen drei Uhr morgens wusch er sich die Hände an der Wasserleitung in der Setzerei, langsam, gründlich mit Streusand und scharfer Seife. Dann warf er noch einen Blick in den halberblindeten Spiegel, fuhr mit den Fingern über das Haar und wischte mit einem Taschentuch die schwarzen Flecken aus seinem Angesicht. Er erinnerte an einen Schauspieler, der sich abschminkt. Im Sommer war, wenn er die Straße betrat, der Himmel schon klar. Die ersten Amseln begannen zu flöten. Die Milchwagen ratterten. Die Bäckerjungen flatterten weiß von Haus zu Haus. Gustav K. begab sich in ein Kaffeehaus in der Nähe des großen Marktes. Es öffnete sich sehr früh, der Händler wegen. Über dem Büfett brannte trüb und gelb die Lampe, ein schon gestorbenes Licht von gestern. Der Redakteur, dem gestern nachts bereits der heutige Morgen gewesen war, erinnerte heute morgen an die gestrige Nacht. Er saß zwischen den rüstigen ländlichen Frauen und Männern, die nach Rüben und Karotten rochen, doppelt bleich, zehnfach einsam, der intellektuelle Repräsentant der Stadt, der echteste aller Städter: ein Redakteur. Er entfaltete das erste der Morgenblätter, und sofort vertrieb die Druckerschwärze den Geruch der Rüben und Karotten. Es war der Geruch der Stadt. Er erinnerte an den des schmelzenden Asphalts und des Terpentins und des Pechs, mit dem die Straßen ausgebessert wurden. Gustav K. wartete auf die anderen Morgenblätter, fand in ihnen kleine Nachrichten, die er selbst nicht »gegeben« hatte, und ging verärgert zur Haltestelle der Straßenbahn. Mit dem ersten Wagen, der frisch und munter aus der Garage kam, fuhr er nach Hause.

Nur einmal im Monat, am Dreißigsten, kam er am hellen Mittag in die Redaktion, um auf den weißen Umschlag zu warten, in dem der kümmerliche Rest eines Gehalts lag. Auf dem Umschlag stand der Name Gustav K. unversehrt neben der schwerverletzten, durch Subtraktionen mißhandelten Summe. Gustav K. war sauber, rasiert, feucht gekämmt, wie um Mitternacht. Aber ernst und nicht zu kräftigen Späßen aufgelegt. Ein rebellischer Geist erfüllte ihn. War es die ungewöhnliche Stunde, zu der er das Bett verlassen hatte? War es das geringe Gehalt, dessentwegen er aufgestanden war? – Um die Mittagsstunde eines jeden Dreißigsten verkündete Gustav K. kommunistische Grundsätze. Er verfluchte die demokratische Gesinnung des Blattes. Er nannte den Chefredakteur einen »Lakaien der Finanz«. Er schwor, nächstens sozialistische »Kuckuckseier« ins Blatt zu legen. Und nach einem Monat zu kündigen. Ja, er trat mit dem weißen Umschlag in der Hand in das Konferenzzimmer, wo einige Redakteure saßen, und sagte: »Ich kündige, meine Herren!« – Niemand sah auf. Alle hatten es schon zwanzigmal gehört. »Ich arbeite nicht mehr in diesem Schweinestall!« – fuhr Gustav K. fort.

Da ereignete es sich manchmal, daß einer sagte: »Haben Sie gelesen, wie uns die Sozialdemokraten heute angreifen?«

»Wo steht das?« – sagte der Nachtredakteur. »Diese Bande! Sehen Sie, wie schlecht sie das Blatt aufmachen! Daß überhaupt jemand dieses Blatt liest! Das sind keine Journalisten! Das sind …« und Gustav K. suchte lange nach einem beleidigenden Ausdruck, bis er endlich die schimpflichste aller Bezeichnungen fand: »Parteipolitiker sind sie!« ..

Und er steckte den Umschlag in die Tasche.

Die neue Boheme

In einer der westlichen Straßen Berlins versucht ein kleines Lokal, dessen Spezialität seine Kundschaft ist, sich dermaßen bescheiden zu verbergen, daß es nach der stadtüblichen Weise seine Verborgenheit demonstriert. In den Räumen, in denen das Lokal stattfindet – denn schon seine Existenz ist ein Schauspiel – befand sich früher ein Zigarrenladen, von dem man sagt, er wäre nicht gut gegangen. Das Lokal dagegen »floriert« – um ein Wort zu gebrauchen, daß die Beziehung zwischen dem Kommerz und der Botanik herstellt. Es gehört zu den Lokalen, deren Begründer einer sogenannten »Idee« gefolgt sind, ein sogenanntes »Bedürfnis« geschaffen haben und ihm nunmehr sozusagen »abhelfen«. Die Idee bestand darin, daß man den Montparnasse, Schwabing und das alte Café des Westens zu imitieren beschloß. Man ging von dem Grundsatz aus, daß auch heute noch das »Künstlervölkchen« von Natur lustig sei und keinen geschlossenen Raum mehr habe, um sich »auszutollen«. Nun gibt es in der Tat eine bestimmte Gattung Menschen, die nach Tracht, Haltlosigkeit und Ideologie als Künstlervölkchen bezeichnet werden können; nun brauchen sie in der Tat einen Raum und eine Möglichkeit zu tollen. Aber ihr Dasein, wie ihr Treiben und ihre Bedürfnisse sind von einer grauenhaften schattenhaften Qualität, sie scheinen verdammt, eine Rolle zu spielen, deren Träger schon längst gestorben sind und ein Fraß der Würmer, und Texte zu sprechen, deren Sinn verweht ist, deren Klang aber ein neuer, frecher, untergeschobener ist. Solange sie keinen Raum haben, verlieren sie sich in einer berechtigten Anonymität in der Welt, die andere Sorgen hat. In der Stunde aber, in der sie sich unter einem Dach versammeln können, gewinnen sie die penetrante Widerlichkeit von Erscheinungen, die um so lauter werden, je fraglicher ihre Wesenhaftigkeit ist. Die »Boheme« vor hundert, vor fünfzig und vor dreißig Jahren war auch nichts anderes als ein Ausdruck des Bürgertums, gegen das sie kämpfte, dem sie entnommen war. Wenn ein Bürger rebellierte, wurde er ein Bohemien. Die Gemütlichkeit einer Künstlerkneipe und eines Ateliers war nichts anderes als die gelockerte Gemütlichkeit eines trauten Heims. Es war die Libertinage der

Gartenlaube. Die schauderhafte Seligkeit, mit der sich die Boheme dem Alkohol ergab wie dem »Chanson«, dem revolutionären Ideal wie der materiellen Armut als Sport, Zeitvertreib und Manifestation unterschied sich nicht von der Seligkeit, mit der die Väter der Rebellen die silberne Hochzeit feierten und das Jubiläum des zwanzigsten Seitensprungs. Sie waren nur amusisch, die Väter. Sie dichteten nicht dazu. *Diese* Boheme ist tot. Ihre profanen Reliquien sind gegen Eintrittsgeld in jenen versteckten Winkeln von Paris zu finden, zu denen die prozentual beteiligten Führer romantische amerikanische Gemüter leiten und deren Adressen jeder deutsche Reisende nach Paris von einem »Kenner« aufgeschrieben bekommt. Und selbst hier, in Paris, das doch ein gewisses historisches Recht auf die Bewahrung musealer Erinnerungen für sich beanspruchen darf, ist der theatralische Effekt der Boheme-Reste schäbig genug und nur durch die wohltätige Hilfe des Reisefiebers selbst für Banalitätensucher erträglich. Die Krawatten, die ihre Extravaganz vor dem Bürger zur Schau stellen, sind nicht mehr Proteste gegen diesen Bürger, sondern eben sein Amüsement. Aber immerhin: auch das Gesetz der Trägheit, demzufolge eine faule Tradition ihre »Stätten« nicht verlassen will, kann man noch respektieren.

Etwas anderes aber, wenn in *Berlin* sich plötzlich eine »Künstlerkneipe« auftut und ein jedenfalls nützlicher Zigarrenladen geschlossen wird. Der sanfte Modergeruch, der schon jenen Pariser Leichenkammern der Boheme entströmt, vermischt sich in Berlin mit dem Geruch des Asphalts, und die Lustigkeit eines Berliner Künstler-Völkchens vollzieht sich mit der Schnelligkeit des »Tempos«, das schon den bürgerlichen Verkehr in dieser Stadt so arg behindert. Natürlich heißt das Lokal »Die Lunte« – eine vage Beziehung zu einem aktiven Anarchismus, der auch nicht mehr vorhanden ist, der auch schon seine Bomben dem rechten Radikalismus vererbt zu haben scheint. Das traurigste aber ist – wie in jedem Lokal – das Publikum. Junge Leute, die in fünf Jahren die Buch-, Theater- und Filmkritik an den führenden Tageszeitungen inne haben werden und die heute mit der Wollust, sich arm zu fühlen, ihr Essen selbst vom Küchentisch holen. Dabei schrein sie. So werden sie in fünf Jahren schreiben, ihr Stil kündigt sich bereits akustisch an. Manche in ledernen Gamaschen, wildledernen Hosen, in einer Art Tscheka-Uniform, die eine, wenn auch entfernte, Beziehung zum Osten anzudeuten scheint, zu einem mißverstandenen, theatralisch gedeuteten. Hier und dort verstreute Bürgerliche, die gekommen sind, eine »Sehenswürdigkeit« kennen zu lernen und zu der Freude an dieser noch die über die ersparte Reise nach Paris addieren dürfen. Eine Wirtin, die von Natur Zigarren raucht, junge Männer, die dem Sinn der Zeit gemäß, aus Mangel an Begabung nicht etwa Maler geworden sind, sondern z. B. Taxichauffeure und die eine Atmosphäre demonstrativer Sachlichkeit zu verbreiten entschlossen sind. (Also heben sie selbst die Nützlichkeit ihres Berufes auf. Denn sie wählen ihn, um zu beweisen, daß sie ihn innehaben.) All das ergibt zusammen eine laute anspruchsvolle Mischung aus toten Imitationen, ausgeführt von übertriebenen Lebewesen, einer tollen Lustigkeit, die nur als Epitheton ornans vorhanden ist, einer rebellierenden Phrase, die an den Rändern der Weltrevolution herumgestikuliert, einem künstlichen Chaos aus Pappendeckel und entlehnten Kulissen. Es ist selbstverständlich harmlos, und man hätte es nicht nötig, sich darüber aufzuregen – wäre es nicht symptomatisch für die hitzigen Bestrebungen dieser großen Stadt, überall Anleihen zu machen, wo es nicht geht: in Neuyork und in Madrid, beim Vatikan und im Prater, in Schwabing und in Buenos Aires, beim 19. Jahrhundert und bei der Zukunft, in Paris und in Moskau, beim Kreml und beim Pantheon – und all das mit Tempo. Natürlich mit Tempo ...

Bücherbesprechung

Die Bücher kommen zentnerweise in die Redaktionen der Zeitungen und werden in einem wenig benutzten Zimmer aufgestapelt. So dürften die Leichenkammern zu Zeiten der Pest ausgesehen haben. Die Bücher beginnen zu modern, noch ehe sie aufgeschnitten oder aufgeschlagen werden, schöne, gutgebundene, solide Leichen. Allmählich setzen sie fremden Staub an und entwickeln eigenen. Nichts zu machen: Jeder Tag bringt neue Bücher.

Fast jeden Tag kommen immerhin auch Rezensenten oder junge und ältere Leute, die sich berufen fühlen, Bücher zu rezensieren. Von allen Möglichkeiten, Honorare bei einer Zeitung zu verdienen, scheint die Buchrezension die ergiebigste. Zu einer »Reportage« gehört Phantasie. Um eine politische Nachricht von Bedeutung zu erfahren: dazu gehören Verbindungen, Geschicklichkeit und Glück. Gedichte, zu deren Herstellung man gar keine Verbindungen und möglichst wenig Glück braucht, die man also immer bei sich trägt, werden nur zu Ostern und zu Weihnachten gedruckt. Feuilletons sind überflüssig und meist schon an stabilere Mitarbeiter voraushonoriert. Leitartikel schreiben seit dreißig Jahren Männer von Ruf, deren Unsterblichkeit garantiert ist. Auch Theaterkritiker bleiben am Platz und leben lange. Nur die Buchrezensenten sind sterblich, auswechselbar und nicht fest besoldet.

Übrigens gibt es so viele Bücher, daß ein Drittel der Bevölkerung von ihnen leben könnte, wenn man alle Publikationen rezensieren lassen wollte. Nur ein kleiner Teil der Bücher wird rezensiert. Immerhin werden manche Bücher nur deshalb rezensiert, weil ein Teil der Bevölkerung von nichts anderem zu leben hat, als von Rezensionen. Das Angebot von Rezensenten ist größer als das Angebot von Autoren. Über Bücher zu schreiben, fühlen sich sowohl jene berufen, die selbst Bücher schreiben, als auch jene, die selbst nicht Bücher schreiben. Der Redakteur, der die Literatur verwaltet, führt einen verzweifelten Defensivkrieg gegen zwei Fronten: gegen die Masse der Bücher und gegen die der Buchbesprecher. Seine Tätigkeit besteht oft in strategischen Rückzügen. Viele Rezensionen, die in der Zeitung erscheinen, sind sozusagen aufgegebene Stützpunkte des Redakteurs. Sturmerprobte Rezensenten entreißen ihm zehn, zwanzig Bücher auf einmal – besonders vor Weihnachten, wenn das Trommelfeuer der Verleger den Redakteur vollends verwirrt. Er glaubt, ein Hindernis losgeworden zu sein. Aber es ist ein Trug. Statt der zwanzig Bücher hat er nun zwanzig Referate. Und es ist leichter, zwanzig Bände in einem Zimmer unterzubringen als zwanzig Referate auf einer Zeitungsseite.

Die meisten Rezensenten leben in der verderblichen Täuschung, daß es »leichter sei«, über ein Buch zu schreiben, weil es etwas bereits Geschriebenes ist. Es kann doch »nicht schwer sein«, aus 300 Seiten zehn Zeilen zu machen! Man würde gern zwanzig Zeilen schreiben. Aber ein tüchtiger Rezensent weiß, daß er weniger Bücher bekommt, wenn er lange von *einem* Buch spricht. Die Bücher braucht er. Nicht nur, um sie zu besprechen, sondern auch für seine Bibliothek. Denn nach einer uralten Tradition gehören die Bände ein für allemal ihrem Besprecher. Daher kommt es, daß man in den Wohnungen der Leute von der Literatur so viele Bücher sieht. Obwohl die Einnahmen der Leute von der Literatur so gering sind. Sie leben von Zeilen und besitzen Hunderte von Bänden.

Sie haben keine Zeit, kein Geld, keinen Raum zu schreiben; nur Bibliotheken. Selbst, wenn hie und da ein Rezensent schon weiß, was er über ein Buch zu sagen hätte, weiß er nicht, wie es kurz zu sagen und wo es ausführlich zu sagen. Daher kommt es, daß in *einer der größten Zeitschriften Deutschlands* ein Buch dermaßen *gelobt* wird: »Man hört hier die Sprache wirklich einer jungen Generation, die nur die nackten präzisen Tatsachen erfahren hat und entschlossen ist, *nicht über sie hinauszugehen.* Dieser ... hat die Fähigkeit, mit den Tatsachen *umzuspringen,* ein Lebensschicksal ist für ihn *tatsächlich eine Lappalie«* .... usw.

Welch ein Lob! Der Autor, um den es sich hier handelt, gehört zu den besseren, der Rezensent offenbar zu den hastigen. Welch ein Lob! Mit den Tatsachen »umzuspringen«. (Hoppla, wir leben!) Welch eine Tugend eines Schilderers von Menschen: »ein Schicksal ist für ihn eine Lappalie«! Welch ein Gedränge von Tatsachen! Tatsächlich eine Lappalie!

In einer *der größten Zeitungen Deutschlands*: .... »dies Buch der Enttäuschung, das für alle Enttäuschten auftritt als ein Fürsprech. *Und deren laufen ja heute so viele herum* ....«. »Dies Buch ... ist doch *so etwas wie* eine Gestaltung der erotischen Krise von heute: die sich *dahin* äußert ...« »Er enthüllt die *Fundamente des Menschseins.«* »Das Unterbewußte ... taucht an die Oberfläche und *vergällt* ihren Spiegel ....«

In einem führenden Blatt der Sozialdemokratie: »Und hier geschieht etwas Sonderbares:« Nämlich: »Man nennt S... einen .... Stimmungsmenschen und rümpft über ihn die Nase ....«

*

Man könnte die Beispiele beliebig vermehren. Man kann im allgemeinen nur mit dem oben zitierten Rezensenten sagen: »Das taucht an die Oberfläche und vergällt ihren Spiegel.« Selbst den Spiegel dieser Oberfläche! Angefangen von dem primitiven und rührenden Buchreferenten, der etwa so spricht: »Vor mir auf dem Schreibtisch liegen drei Bücher ...« bis zu dem Anspruchsvollen, Komplizierten, der sich schon erlauben darf, die starken Artikel wegzulassen, etwa dermaßen: »Intensive Kraft strotzt aus gestufter Schilderung« – – – vergällen sie alle die Oberfläche.

Briefe aus Deutschland

Brief aus dem Harz

Lieber Freund,
in jeder anderen Jahreszeit als im späten Herbst ist eine Harzreise lediglich ein literarisches Wagnis. Im November gebührt ihr bereits der Rang jener beharrlichen Fahrten, die man als »Unternehmungen« bezeichnet. Den gefährlichen und ein wenig eitlen Versuch, den Spuren genialer Harzreisender (im wörtlichen Sinne der Wendung) zu folgen, läßt die betrübliche Aussicht auf Regen, Nebel und Wind noch bedrohlicher erscheinen. Am schlimmsten aber ist die Gewißheit, daß es kleine Städte sind, in denen der Wind weht, der Regen regnet und der Nebel durch die Gassen dahinzieht, über die niedrigen Dächer, die gleichsam zu tief sind, um ihn aufhalten zu können. Wahrscheinlich wissen sie nicht, was das heißt: fremd in einer kleinen Stadt zu sein, in welcher der November herrscht. Jede Stunde ist lang wie ein Bußtag, unheimlich wie ein Totensonntag, von einer geradezu spiritistischen Feierlichkeit, bei der man nicht nur Gespenstern begegnet, sondern auch sich selbst in ein Gespenst verwandelt. Der Tag ist nicht wie ein Tag, sondern wie eine Ausgeburt der Nacht. Zwischen Morgen- und Abendgrau lagert ein Stück dichter und nasser Watte: Atmosphären-Watte; dies ist der Tag. Was ist mit ihm anzufangen? Steht man morgens auf, ist er noch nicht angebrochen, erwacht man um die Mittagsstunde, befindet er sich gerade im Zenit seines Grauens, ja, im Zenit seines Grauens befindet man sich selbst. Und dennoch ist er ein Lichtblick – und wahrlich nicht mehr –, verglichen mit dem Abend, der immer eiliger und drängender heranrückt, mit spärlichen und trüben Laternen, die an eingefangene und in erhöhten Glaskäfigen eingesperrte Irrlichter erinnern, mit völlig überflüssigen und zwecklosen Windstößen, die nur aus Bosheit kommen und

um uns einen rechten Schrecken einzujagen; mit wehenden Regenschirmen, die wie gezähmte ungeheuerliche Fledermäuse von geschäftigen Passanten geführt und gesteuert werden; mit kümmerlichen Lichtreklamen, die die Warnungen vor den Waren sind zu denen sie ja anlocken sollten. Oh, welche Abende!

Ich habe nichts anderes vorausgesehen. Wie geahnt, so geschehen! Der Harz ist ein braves deutsches Mittelgebirge, Mittelstand unter den Gebirgen, mit Recht seiner landschaftlichen Schönheit wegen berühmt, er hat ein gesundes Klima, ich kann jedem Deutschen raten, den Harz zu besuchen, bei Sonne und Schnee. Als ich ihn besuchte, regnete es leider. Selbst die eingesessenen Harzer Patrioten mußten zugeben, daß es regnete. Die kleinen Städte im Harz werden im Regen noch kleiner. Sie ziehen sich zusammen, ihre gekrümmten, alten, geringelten Gassen krümmen sich noch mehr, die Häuser ziehen ihre schönen Schiefervorsprünge tiefer in die Stirn und drücken sich in den Schatten ihrer Dachränder, Fenster und Türen schließen sich fester, bestimmter ist's den Heimischen gemütlicher, dem Fremden aber wird alles noch fremder. Ich sitze in kleinen Konditoreien, ich gehe in mittelgroße Kinos, ich esse in großen Bierlokalen, ich wandle durch späte Kneipen. Ich absolviere ein Museum nach dem andern, eine Kirche nach der anderen, ich weiß nicht mehr, ob es in meiner Absicht liegt, die Zeit zu gewinnen oder sie totzuschlagen. Ich kenne keinen Menschen, geschweige denn eine Seele. Reichswehrsoldaten kommen mir vertraut vor nur weil ich auch einmal ein fremder Soldat in kleinen Garnisonen war. Aber ich sehe mir die Gesichter der Soldaten an: nun sind sie mir fremd. Zu jung, zu fern! Kein Kanonenfutter mehr, Giftgas-Futter, Nitroglyzerin-Futter. Nun sind mir ihre Seitengewehre vertrauter als ihre Persönlichkeiten. Auch die Schulkinder scheinen mir nah und verwandt. Aber ich erblicke zufällig ihren Lehrer, er könnte mein Schüler gewesen sein, vom großen Krieg weiß er gar nichts. Ja, lieber Freund! Erst in kleinen Städten sehen wir, daß wir gealtert sind. Hier rinnt die Zeit so langsam, daß wir mit freiem Auge ihren gemütlichen Fluß verfolgen können. Und während wir feststellen, daß sie den andern nur sanft und behaglich entgleitet, so daß deren Älterwerden wie ein weicher, lautloser und verlockender Gang in den süßen Traum der Ewigkeit ist, erkennen wir die erschreckende Rapidität, in der unsere Jugend dahingerast ist, dem Rachen des Todes entgegen, dem schwarzen und leeren Schlund entgegen; und es ist, als erwarte uns, die wir uns so beeilen, das Nichts und jene, die sich Zeit lassen, als Belohnung ein anderes Leben; als beweise man durch abwartende Geduld sein Talent für die Ewigkeit und durch hastiges Gebaren seine Unfähigkeit weiter zu bestehen. Und auch diese Gedanken fördern nicht gerade meine gute Laune. Vergeblich bemühe ich mich, gemächlich durch alte Gassen zu schlendern. Mein Schritt ist ungeduldig, mein Auge verschlingt im Nu alles, was ringsum zu sehen ist, und meine Langsamkeit ist nur eine scheinbare, gleichsam durch eine Zeitlupe zerteilte Schnelligkeit. Oh, welche Tage! Oh, welche kurzen Tage und welch langer Ärger! Dies mißtrauische Vorurteil, das man den sauren Verhältnissen und Zuständen entgegenbringt, und diese späte Kontrolle, die man darüber ausübt, auf daß es nicht übermäßig groß werde und ein legitimer Anlaß zum Selbstmord! Wie eine billige Beschwörungsformel des seligen Herrn Coué wiederhole ich mir den Satz: »Es ist im Grunde doch ganz nett!« und ich weiß, wie hohl die Worte »im Grunde« und »ganz nett« immer gewesen sind und immer bleiben werden. »Im Grunde« ist es gar nicht »nett«, und der optimistische Zauberspruch ist so fadenscheinig, daß sein pessimistisches Unterfutter unaufhörlich sichtbar bleibt. Da lockt das bescheidene Schild einer kleinen »Konditorei«. Solange mich noch zwanzig Schritte von ihr trennen, enthält sie eine lauschige Süßigkeit, in ihr werde ich geborgen sein vor Kummer, Fremdheit und Regen, der warme Duft gekochter Schokolade, seit Jahrzehnten eingefangen in ihrem kleinen Raum, wird mich an die Vesperstunden der Kindheit erinnern. Ich werde bestimmt eintreten. Ich trete ein. An der Glastür verkündet frohlockend ein Schild: »Eine Tasse Bouillon zu jeder Tageszeit«; »Ein paar Würstchen mit Kraut«; »Kulmbacher, Dortmunder«; und jenen »Saazer Urstoff«, der wie eine Phrase aus der Chemie ist und anklingt an Hypothesen von der Entstehung der Welt und ihrer unzerlegbaren Elemente. Verweht ist der süße Duft warmer Schokolade! Nahrung wird hier nicht dem Gaumen geboten, sondern dem Ärger! Nun frißt er mit grimmigem Behagen den stillen Krieg, der zwischen den gezuckerten Kringeln und den kochenden Würstchen ausgefochten wird, und den sauren Schweißgeruch, der aus der feindlichen Nachbarschaft von Bier und Kaffee resultiert. Dort ein bekümmerter Gast vor einer Tasse heißer, dampfender Brühe, den Löffel in der Rechten, in der Linken den eingespannten »Fridericus«. Die Zigarre verkohlt inzwischen auf der soliden Opferschale aus bläulichem Steingut und entwickelt dünne, blaue Fäden aus Rauch. Haschisch des Mittelstandes. Das Radio ist eingestellt auf irgendeinen benachbarten Sender: Er verbreitet im Raum den uralten Schlager der »Mädis vom Chantant«, von denen uns ein ganzer Weltkrieg getrennt hatte, bevor wir in diese Konditorei gekommen waren. Nun ist alles ausgelöscht, was dazwischen gewesen. Eine wohlgelaunte Stimme aus dem Grab, Welle Friedhof, wiederholt mit robuster Ausdauer den Refrain:

> Alle sind wir Sünder, …
> Und nimmt sich, nimmt sich, nimmt sich, nimmt sich
> Eine Neu – – – eh!

Es nimmt sich grauenhaft aus, mit lebendigem Ohr Gesänge aus der Unterwelt zu vernehmen. Eine elektrische Uhr tickt mit hartem, metallischem Schlag zwischen jede Pause, die der Sänger macht. Der Herr gegenüber raschelt mit dem »Fridericus« und schlürft seine Brühe mit dem Schnurrbart. Und am Fenster vorbei rinnt der Regen, rinnt der Regen, rinnt der Regen. Schon wälzt sich der Abend heran wie eine dunkle, graue Lawine. Ganz allein werde ich mich gegen ihn stemmen müssen (denn Flucht vor ihm ist unmöglich), bis er zur Mitternacht erstarrt ist und liegen bleibt, schweigsam und gefroren. Dann werde ich schlafen. Schlafen und nichts wissen ...

Ich weiß, lieber Freund, was Sie an dieser Stelle sagen werden: »Übertreiben Sie nicht! Pointieren Sie nicht! Lügen Sie nicht!« – kurz und gut. Allein, ich bin es nicht, der übertreibt und zuspitzt. Die Dinge treiben sich selbst auf die Spitze, ein destruktiver Satiriker hat sie geschaffen. Es ist mir, als schriebe ich sie nur ab. Ich schildere sie nicht. In einer gespielten boshaften Ahnungslosigkeit liegen sie da, als wären sie Idyllen, diese Satiren, dargeboten dem heiteren Gemüt des Wandervogels und der optimistischen Gesinnung des Vereins zur Hebung des Fremdenverkehrs. O, nicht daß es mir an jenem bescheidenen Sinn für die Schönheiten der Natur und der Baudenkmäler fehlte, der jedem Ferienreisenden und Kunsthistoriker so prompt zur Verfügung steht! Bewahre, lieber Freund! Auch ich kenne natürlich die vernebelte Trauer des Herbstes über den braunen Hängen und in der dunklen Schlucht, und ich schätze den zarten Odem der feuchten Wälder, der in Gestalt von zerrissenen Schleiern aus dem Gestrüpp der verflochtenen Wipfel steigt, zu mir heransteigt, wenn ich auf erhöhten Pfaden wandle. Auch mich rührt die steinerne Anmut der alten Kirchen, die gewölbte Kraft und Sanftheit der alten Portale, die edle, natürliche Traulichkeit der alten Fenster, in denen sich auch dem Fremden die Ruhe des unbekannten Hausinnern zu spiegeln scheint – und mit gerührtem Blick verfolge ich die ewigen Spuren längst verdorrter, gottesfürchtiger Künstlerhände im ewigen Stein. Aber ich muß Ihnen gestehen, daß ich keineswegs gesonnen bin, mich von einer schönen Vergangenheit über eine trostlose Gegenwart täuschen zu lassen und von den Zeugnissen einer verschwundenen großen Gesinnung über die einer lebendigen, kleinlichen und häßlichen. Kein Museum, keine Kirche, kann mich für den unheilvollen Anblick entschädigen, den mir zum Beispiel das Schaufenster der Buchhandlung in einer kleinen Stadt liefert: eine repräsentative Fülle von Dummheit, lyrischem Dilettantismus, mißverstandener idyllischer »Heimatkunst« und eine phrasenreiche Anhänglichkeit an eine »Scholle« aus Zeitungspapier und Pappendeckel, in der man höchstens einen Zylinder einpacken kann, die niemals ein Gefühl birgt, keinen Keim und keinen Samen. Aus einem gespenstischen, aber über Millionen Volksgenossen verbreiteten Halbdämmer steigt da eine Literatur ans Tageslicht mit Namen schreibender Gespenster, die sich großer Auflagen erfreuen und die aller Gesetze gegen Schmutz und Schund spotten dürfen, weil sie die »Keuschheit« im Schilde führen und die vollbärtige »Männlichkeit« und weil sie die gesamte Zukunft des Dritten Reiches vorwegnehmen. Wieviel Gift in veilchenblauen Kelchen! Vom energiegeladenen Antlitz des welschen, aber großmütig dem Norden zugeneigten Antlitz des faschistischen Diktators, dessen Kinn an einen umgekehrten Stahlhelm erinnert, bis hin zu Adolf Hitlers Physiognomie, die alle Gesichter seiner Wähler vorweggenommen hat und in die jeder Anhänger sehen kann, wie in einen Spiegel: alles ist da, alles auf Lager, der Dinter und der Lauff, die Bestie und das Gemüt, der Goldschnitt und der Blutstreifen. Tischlein, deck dich, Eslein streck dich, Knüppel aus dem Sack! Nein, lieber Freund! Die adligen Porträts längst verwester Kulturträger in den Galerien verschwinden vor der Fülle der lebendigen zeitgenössischen Gesichter, in denen lediglich der Leitartikel des hirnlosen Provinzblättchens seine Spuren eingegraben hat und über denen das unausrottbare, kecke grüne Hütchen wie der Gipfel einer konfektionierten Natur aus wasserdichtem Lodenfilz schimmert. Tradition ist überall wohlverwahrt und gegen Entree zu besichtigen. Mit Recht ist sie in Schutzhaft genommen vor dieser Gegenwart, die sich so verdächtig hartnäckig auf die verlorene, gradezu abgetrennte Vergangenheit beruft. Die hurtige Oberflächlichkeit der großen Städte – und der Snobismus der mittelgroßen – sind mir, wie Sie wissen, verhaßt. Aber die Dumpfheit des öffentlichen Lebens in den kleinen Städten ist tödlich.

Ich werde Ihnen in den folgenden Briefen Näheres, das heißt, Detailliertes erzählen.

Inzwischen bin ich Ihr getreuer und äußerst trauriger

Joseph Roth.

Der Merseburger Zauberspruch

Lieber Freund,

versprach ich Ihnen nicht letzthin, Details aus dem Harz zu berichten? Ich möchte Sie bitten, noch einige Zeit darauf zu warten. Ich will Sie heute, wie ich hoffe, reichlich entschädigen. Bei dieser Gelegenheit bitte ich Sie auch, die unsystematische, ja bewußt systemlose Art meiner brieflichen Berichte zu entschuldigen. Sie entspricht der systemlosen Art meines Reisens. Wie rührend gläubig hatte ich noch vor einer Woche versucht, den Spuren Heines zu folgen! Und wie bald gab ich es auf! Mag seine klassisch gewordene Harzreise seinen eigenen Anforderungen damals entsprochen haben und denen seiner Leser, mag sie heute durch den Glanz erhöht sein, der die unsterbliche Persönlichkeit des toten großen Schriftstellers umgibt: Die Harzreise verträgt keine genaue Kontrolle mehr, ich muß sie leider desavouieren. Heinrich Heine war, im Harz wenigstens, ein oberflächlicher Reisender. Was er sah und hörte, ward ihm vom Zufall zugeweht, dem trügerischen und gefährlichsten Freund der Schriftsteller. Es stieß ihm zu. Mit heiterem Gleichmut nahm er es auf, schrieb er es hin. Ich bewundere den graziösen Leichtsinn mit dem dieser anmutige Sohn der Musen den Ursprung des Namens Goslar – die Stadt, in der er sich gerade aufhält – in dem Fluß »Gose« vermutet, statt sich bei einem beliebigen Einwohner die Bestätigung zu holen. Es war der Hochmut des Romantikers gegenüber den Tatsachen. Die zufällige Begegnung mit dem und jenem Reisenden, der ihm ebenso in Schwaben wie in Pommern über den Weg hätte laufen können, schien dem Dichter wichtiger. Uns aber, lieber Freund, denen in einem langen und mörderischen Kampf mit den steinharten Tatsachen dieser Welt die Grazie allmählich abhanden kommt und denen Gott wahrlich keine Gunst mehr erweist, wenn er sie durch eine immer grausiger werdende Welt schickt, uns steht es nicht mehr an, die Anekdoten aufzulesen, die im Winde des Zufalls einherwehn und von Begegnungen zu plaudern, die zu dem Ort, an dem sie stattgefunden haben, keine gültige Beziehung haben. Ja, und die Welt hat sich außerdem verändert. Die kleinen Orte gleichen einander wie ein Ei dem anderen. Manches von dem, was man vor hundert Jahren auf sechzig Seiten schildern durfte, kann heute gerade noch in sechzig Zeilen mitgeteilt werden.

In anderen Orten dagegen ereignet sich heutzutage so manches Seltsame, ja Ungeheuerliche, und geht dennoch unter in der grauen Anonymität des polyphonen Geschehens dieser Zeit. Der dichte und schnelle Staub des Vergessens bedeckt im Nu Begebenheiten, von denen man eigentlich ausdauernd singen und sagen müßte und deren Überlieferung an Enkel und Urenkel die vornehmste Pflicht unserer schreibenden Männer wäre. Die hurtigen Berichterstatter der hurtigen Zeitungen, die sich doch mit so jäher Begeisterung dem

Unheil zuwenden und mit so großen Lettern die Katastrophen, die sich abspielen, zu geschilderten Katastrophen potenzieren, haben merkwürdigerweise manchmal die Neigung, den Donner, der einen Schrecken kündet, zu überhören und den Flammenschein einer unwahrscheinlichen Feuersbrunst zu übersehen. Ja, lieber Freund! Es gibt große, ehrliche Katastrophen, die in der geradezu lächerlichen Form von kleinen Mitteilungen in die Zeitungen gelangen, und im unübersichtlichen Wirrwarr des Nonpareille für eine Nachricht »aus der Gesellschaft« gehalten werden können. Sie sind ja in der Tat Nachrichten aus der Gesellschaftsordnung sozusagen, und die Zurückhaltung, mit der sie mitgeteilt werden, dekuvriert sie eigentlich als große Skandale. Es scheinen die einzigen zu sein, bei denen die Journalistik eine unerwartete Delikatesse anwendet. Denn weshalb haben Sie noch nichts von dem Dorf *Runstedt bei Merseburg* gehört? Und wenn Sie es zufällig gehört haben, weshalb haben Sie es vergessen? Es wurde totgeschwiegen, bewußt oder unbewußt. Es wurde, das Dorf, nicht nur umgebracht, sondern auch totgeschwiegen. Zwar wurde es im Interesse der Allgemeinheit vernichtet. Allein, gerade in diesem verzweifelten Krieg, den »die Allgemeinheit« gegen das Einzelne führt, der »Fortschritt« gegen den Bestand, das Wandelbare gegen das Historische, die Technik gegen die Natur, entwickelt sich ja die echte Tragik unserer Zeit – und ihre Kinder: die Zeitungen, hätten eigentlich die Hälfte ihrer Spalten mit den Schicksalen des Dorfes Runstedt füllen müssen. Nur scheint die unbewußte Scham der Öffentlichkeit in diesem Falle stärker gewesen zu sein, als man noch hätte hoffen dürfen. Die Scham überwinden und dennoch darüber schreiben: dazu mangelt es offenbar an Talent. Die nackten Tatsachen in ihrem grauenhaften Ausmaß zu berichten, verhinderte wahrscheinlich einfach die Furcht. Denn das Dorf Runstedt wurde von einem mächtigen Gegner vernichtet, jenem gewaltigen

Unternehmen, das von unserer merkwürdigen technischen Begabung zeugt, dem Lande ohne Zweifel unermeßlichen Nutzen bringt, dessen Namen ehrfurchtsvolles Schweigen in der Welt auslöst und das dennoch, wie ein häßliches und notwendiges Geschwür, die Natur in Mitteldeutschland frißt, Gestank verbreitet und produktive Wüsten schafft, das Gesicht der Erde vernichtet und in ihren Eingeweiden ruchlos und zweckhaft kramt. Ich meine die wunderbaren *Leunawerke*.

Steigen Sie in Merseburg in die Straßenbahn, die nach Frankleben führt, und Sie werden bald in die Gegend gelangen, von der Sie kaum werden sagen können, ob sie verzaubert oder verflucht ist. In der Nacht wird Sie wohl schon oft der Zug an diesen Stätten vorbeigeführt haben. Blickten Sie durch das Fenster, so sahen Sie sich an einem immensen Lichtermeer vorbeigleiten, einer festlich illuminierten Welt. Labsal dem Aug'. Wie ein großer See aus silbernem Feuer liegen die Werke, eingetaucht in die Schwärze der Nacht, und noch lange verharrt der Reisende in dem Gefühl, an einer außerordentlichen Kirmes vorbeigefahren zu sein, und in dem Bedauern, den Zug nicht angehalten zu haben. Sehen Sie, mein Lieber, das ist gewissermaßen unsere place de la Concorde. Leider stinkt sie nach Ammoniak, es ist streng verboten, sie zu betreten, die Menschen, die dort beschäftigt sind, sind Arbeiter, das Gift frißt an ihren Lungen, wie die Bagger in der Erde wühlen, aber sie erzeugen Kunstdünger, dem wir unser Brot verdanken. Hier stinkt's wie Giftgas – und es ist in der Tat ein leichtes, die Stoffe, aus denen man den Dünger herstellt, in Gift zu verwandeln und die Geräte, in denen der Segen quirlt, zu Gasherden umzugestalten. Hielten sie wirklich einmal an und stiegen Sie hier aus, Sie würden sehen, wie mörderisch der Kampf ist, den die Technik gegen das Land führt. Hier vollzieht sich der Untergang der Welt, auf daß sie gedüngt werde. Noch läuten hier und dort die Glocken von den kleinen Kirchtürmen der Dörfer, aber sie läuten mit jeder Stunde ihren eigenen Tod ein. Noch wiehert ahnungslos das Pferd im Stall, nicht wissend, daß es in dieser Gegend des eklatanten Fortschritts ein Überrest aus einer verschwundenen Zeit ist, anachronistischer als ein Mammut. Noch ertönt von den Weiden her das tiefe, friedliche Blöken der gehörnten Tiere, noch geht der Bauer im bäuerlichen Gang, mit geknickten Knien, über die Schollen, noch riecht es aus den Gehöften her warm und heimlich nach Mist und Tier und Milch und Heu. Aber die Vögel, die ahnungsvollsten und sensibelsten unter den Geschöpfen dieser Welt, sind seltener geworden und werden immer spärlicher, und ein alter Bewohner des Landes, Hüter eines Friedhofs, erzählte mir mit sachlichem Gleichmut, daß im Frühling die Lerchen nicht mehr trillerten, wie noch vor zwanzig Jahren. Er war kein Poet, der Mann, der es mir sagte, und er wußte wohl, daß ihn bald die Erde des Friedhofs decken würde, den er betreute. Er sagte es gleichgültig wie eben einer, der ohnehin nicht mehr lange den Gesang der Lerchen gehört hätte und der schon seit geraumer Zeit bereit ist, die Stimmen der Engel zu vernehmen. Er war ein genauer Beobachter, ich glaube ihm alles, ich kann den Lerchen nicht zumuten, in dieser Gegend zu trillern. Die riesigen Schornsteine der Leunawerke senden den tödlichen Gestank in die himmlische Bläue jener Regionen, in denen sich Lerchen wohlfühlen. Wer kann singen, wenn es stinkt? Nur die Haustiere bleiben, weil sie an den Menschen gebunden sind. Nur die Wiesen grünen, weil Gras ausdauernd ist. Nur spärlicher Wald ist hier und dort noch vorhanden, weil die Bäume erst der Sprengkapsel weichen und der Axt. Es sind die letzten Grüße der Natur, ihre letzten Versuche, mit ihrem Frieden, der ihre Waffe ist, der Fabrik standzuhalten und mit ihrem Segen, der ihr einziges Argument ist, dem Gestank zu begegnen. Umsonst, umsonst! In zehn Jahren wächst hier kein Gras mehr. Umgestülpt wird der Leib der Erde, ihr Inneres zuoberst gekehrt, geringgeschätzt werden die Früchte, die ihr Schoß freiwillig gespendet hat, die geheimen Schätze und Urgründe dieser Früchte werden aus dem aufgeschnittenen Schoß hervorgezerrt und in jene Nahrung verwandelt, die eine Zwillingsschwester des Giftes ist und die nährt, indem sie tötet und umbringt, indem sie nährt. Wie diese Nahrung eine Schwester des Giftes ist, so ist unser Friede ein Bruder des Krieges. Wir können düngen, aber wir können auch schießen. Auf unserem Segen ruht unser Fluch.

Dieser Art Segen ist nun ein ganzes Dorf zum Opfer gefallen, und ich fuhr hin, seine Überreste zu sehen. Und ich ging zu Fuß durch die sterbende Natur, es war wie ein Krankenbesuch, nein, wie ein Leichenzug. Und der Sterbende war schon eine Leiche und sein eigener Friedhof zugleich, aber nicht er, sondern sein Mörder roch nach Verwesung, und verglichen mit ihm, der den Verurteilten ja überleben sollte, war die Agonie noch lebendig und das Überlebende war leichenhaft. Oh, welch eine Welt! Der Moder ist hier gesünder als das Leben, die Fäulnis ist fruchtbar und mordet die Gesundheit, der Gestank tötet den Duft, und das Geheul betäubt den Gesang: und davon leben wir! Ja, die Dörfer sind noch an einigen Stellen, wie Dörfer sein sollen, mit Hütten und Gehöften und einer holperigen Straße, mit Geflügelstimmen, Bauernjoppen und Mägden mit Kopftüchern. Der Himmel ist zartblau, wir befinden uns mitten in einem rostgoldenen Herbsttag, am Horizontrand umzingelt von nebligem Silberring. Aber was sag' ich? Horizont? Nebel? Von einer Seite her umstellen Mauern und Schornsteine das Land, und ob es wirklich Herbstnebel sind, die ich sehe, und nicht Gase? Mischen sich diese gar mit jenen? Ahnungslose, gescheckte, fromme Kühe spazieren langsam einen Hügel hinan, geradewegs den Schornsteinen entgegen, der steinernen Festungsmauer, und zupfen Gras wie vor tausend Jahren und mahlen es mit geduldigen Kiefern, als hätten sie noch lange zu leben. Fromm, wie die großen Kühe lustwandeln, wachsen unter ihnen die kleinen Gräser, die bescheidenen, demütigen, dazu bestimmt, von den großen roten Kiefern zermahlen zu werden und gekaut und wiedergekaut und sich in natürlichen Dünger zu wandeln, der so weit zurückbleibt hinter dem Ammoniak! Im Wettlauf mit der jungen Chemie hat die alte Natur eine Niederlage nach der anderen erlitten. Die Retorte ist klüger als die Erde.

Also nähere ich mich dem Dorfe Runstedt, das nicht mehr vorhanden ist. Es war ein stattliches Dorf, mit zwei Rittergütern, vierundzwanzig Hofbesitzern, sieben Hausbesitzern ohne Grund, zweihundert Hektar Gesamtgemarkung, mit einer alten Kirche, deren Grundmauern noch aus dem Jahre 1350 stammten. Es war ein altes Dorf, mit einem ehrwürdigen Namen, eine Stätte der Runen war es, benachbart der Heimat der ehrwürdigen Merseburger Zaubersprüche, nach einer Chronik wird Runstedt 1085 zum erstenmal genannt, schon im dritten Jahrhundert war es eine germanische Siedlung, Hermunduren dürften an dieser Stelle gewohnt haben, an der heute die Industrie die Vandalen übertrifft. Um das Jahr 1900 nach Christi Geburt beginnt man nach Kali zu graben, der Michel-Konzern und die Mansfeld-AG kaufen das Land auf, man zahlt das Vierfache des Bodenpreises, und die Bauern sind glücklich. Sie ahnen nicht, was in der Welt der Generaldirektionen, der Börsen, der Wirtschaft vorgeht. Sie haben Geld und legen es in sichern Papieren an und leben vorderhand noch auf ihren alten Gehöften. Aber der Krieg kommt, die Inflation, die sicheren Papiere lösen sich auf, die hungrige Weltwirtschaft schreit immer heftiger nach Kali und Kohle, die Besitzer fangen an, das Dorf Runstedt niederzureißen. Die Bauern ziehen mittellos weiter, hinein ins Land, mit wertlosen, sicheren Papieren. Und der Bagger kommt, der große Bagger, wie ein Tank rollt er heran und untergräbt die steinernen Wurzeln der Häuser und stößt seine eisernen Zähne in die alte Erde und reißt Fleischklumpen aus ihrem lebendigen Leib. Und der graue Schutt rieselt über die grünen Felder, und die Häuser klaffen auseinander, und man kann noch an den verbleibenden Wänden die schattenhaften Spuren der Möbel sehn, die seit Jahrhunderten dieser Wände Zierat und Hausrat waren, die letzten Grüße der Geschlechter, die längst verweht sind wie Spreu im Lande. Schon taumelt die Kirche, schon neigt sich das Kreuz. Da ist es, als riefe die Erde von Runstedt ihre Kinder. Die ehemaligen Runstedter kamen im Sommer 1929 in der taumelnden Kirche mit dem Rest der Einwohner zusammen. Sie veranstalteten einen Gottesdienst. Sie beten. Sie beten für das Seelenheil des gemordeten Dorfes. Sie schütteln sich die Hände und gehen wieder auseinander. Dann ergreift der Bagger die Kirche. Die bunten Scheiben zersplittern zuerst, die heiteren Filter der Sonne, mit wehmütigem Klirren. Dann lockern sich knirschend Steine und Ziegel, bröckeln ab, stürzen aus der Höhe mit dumpfem Schlag. Dann ist's ein Trümmerhaufen, das Gotteshaus.

Ich sehe mich um. Mitten durch das Land ist ein weiter, tiefer Graben gelegt, braun und flach ist die Erde, Schienenstränge ziehn sich schimmernd bis zu den Mauern der unheimlichen Festung. Zu meiner Rechten stehn noch ein paar Ruinen. Altwarenhändler laden auf Gefährte aller Art Mobiliare aller Art. Ein alter, triefäugiger Hund, er stammt aus dem edlen Geschlecht homerischer Hunde, zottelt verlegen und wankend durch die Reste von Gärten, reibt sein altes Fell an Resten von Zäunen, es ist, als suchte er, ein Wächter und Nachkomme von Wächtern, nach Gegenständen zur Bewachung. Wo habe ich diesen Anblick schon erlebt? Im Kriege, im großen Kriege. Arbeiter stehn gebückt mit Schaufeln und Spaten, schwere Lastautos zeichnen tiefe, schmale Wunden in den weichen Weg. »Ja« –, sagt ein Arbeiter »weg ist weg! Ab mit Schaden! Gegen die Technik kommt keener an!« »Und wo« – frage ich ihn – »sind die Toten?« Er zeigt mit der Hand in eine leere Stelle. »Hier war einmal der Friedhof! Man hat sie übersiedelt, die Toten, sie liegen jetzt in Frankleben!«

In der Tat, sie liegen jetzt in Frankleben, die Toten! Aus der ewigen Ruhe, zu der man sie einst bestattet hatte, mußte man sie für eine Weile wecken, zwecks Übersiedlung. Und sie erhoben sich, mit Kreuz und Kegel, sie verließen den Boden, der aus den Gebeinen ihrer verstorbenen Ahnen bestand und der sich leider in Kali verwandelt hatte, und sie zogen auf Geheiß der Weltwirtschaft nach Frankleben und legten sich wieder unter einen frischen Rasen. Ich gehe ihnen nach, auf den neuen Friedhof von Frankleben. Ich sehe Stein um Stein und frage den alten Wächter, wie lange es wohl dauern wird, bis die Toten die Erde wieder verlassen müssen. Bald wird man in Frankleben Kali oder Kohle oder Nitroglyzerin entdecken. Die Weltwirtschaft veranstaltet ihre eigenen Jüngsten Gerichte, weil das wirkliche so lange auf sich warten läßt. Die Weltwirtschaft übersiedelt die Toten. Sie geht über Leichen und verschafft ihnen dann neue Quartiere. Sie zieht Christi Kreuze aus der Erde und fabriziert Gelbkreuze unter dem Schutz von Hakenkreuzen. Weg ist weg! Ab mit Schaden! Gegen die Technik kommt keener an!

Begreifen Sie, lieber Freund, daß ich mich einen halben Tag lang von dieser Stätte der Weltwirtschaft nicht trennen konnte, als wäre ich ein geborener Runstedter? Ja, so war es. Erde ist Erde, überall meine Heimat, denn die Technik ist immer meine Fremde. Ich sah die riesenhaften Schlote im Halbkreis heranrücken, gegen Tote und Lebende, gegen Friedhöfe und Höfe, immer näher rückten sie, den Rauch, der alles zuerst verpesten sollte, schickten sie voraus. Es war ein Generalangriff der Schlote, immer enger wird ihr Halbkreis, immer dichter schließt sich ihr fürchterlicher Bogen.

Und ich stand da, wissend wie ein Mensch und ohnmächtig, wie jene blökende Kuh, und ich begriff, daß wir zueinandergehörten, sie und ich. Leidensgefährten waren wir, Todesgefährten.

Entschuldigen Sie, lieber Freund, diesen trostlosen Brief Ihrem ergebenen

Joseph Roth

»Bekenntnis zu Deutschland.«

Dem aufrichtigen Bekenntnis zu dem Lande, das man aus geheimnisvollen und also nicht zu erörternden Gründen sein Vaterland heißt, muß man, beinahe aus ebenso unerklärlichem Grund, eine Art Erläuterung vorausschicken. Nirgends und niemals noch hat ein Bekenntnis zur Heimat einer Entschuldigung bedurft. Heute und bei uns sieht man sich gezwungen, vorerst die Bekenntnisformel von der schwülstigen Verlogenheit zu säubern, mit der man sie beworfen hat, von der papiernen Phraseologie, von der es seit Jahrzehnten um sie raschelt, von der blutrünstigen Roheit, die seit Jahrzehnten den Patriotismus, die Liebe zur Nation und die Sprache in Pacht hält und vergewaltigt.

Dem Vaterland kann man seine Anhänglichkeit nur in einer Form erklären, die sich unzweideutig scheidet von den üblichen Formen patriotischer Liebeserklärungen. Es gab eine Zeit in Deutschland, wo die stille Würde des Gelehrten, die behutsame Scheu des Dichters, die staatsmännische Vernunft des Politikers und alle einfachen Herzen der privaten Menschen mit natürlicher Selbstverständlichkeit die Liebe zum Vaterland gestanden und bekannten, in Briefen, in Werken, in Äußerungen jeder Art. Es gab keine patriotisch privilegierten Parteien, und die vaterländischen Bekenntnisse waren noch keine demonstrativen Schlachtrufe. Das Nationalgefühl war die stillschweigende Voraussetzung *jeder* Gesinnung – so wie die menschliche Solidarität die stille Voraussetzung jeder wahrhaft menschlichen Existenz ist. Wie unsicher müssen jene Nationen geworden sein, bei denen ganze Parteien ein jahrzehntelanges Leben von der selbstverständlichen und keineswegs politischen Überzeugung bestreiten, daß sie national seien, und von der unermüdlichen Äußerung dieser Überzeugung. Sich innerhalb einer Nation heimisch fühlen ist eine primäre Regung des zivilisierten europäischen Menschen, keineswegs eine »Weltanschauung« und niemals ein »Programm«. Es wäre infolgedessen nur konsequent anzunehmen, daß jene Parteien die wahrhaft »nationalen« sind, die es nicht erst ausführlich bekennen, sondern das nationale Gefühl als selbstverständlich voraussetzen.

Das scheint aber nicht der Fall. Denn die Heftigkeit, mit der große und edle Teile der Nation ihren Patriotismus wiederholen, die Leidenschaft, mit der ein großer Teil der Jugend sich in hitzige Kämpfe einläßt, um nichts anderes zu erreichen als eine Stärkung und Sicherung des nationalen Gefühls: es läßt uns annehmen, daß in den anderen Lagern das primäre nationale Gefühl geschwächt worden ist, im Laufe der Zeiten und der Kämpfe, verschüttet von Mißverständnissen, von Debatten, von Idealen sogar. Und doch ist die Vorstellung absurd, daß ein deutscher Mensch, das heißt: ein Individuum, das innerhalb des deutschen Kultur-, Denk- und Sprachgebiets die Quellen seines geistigen Lebens findet, deutscher sein könnte oder weniger deutsch als ein anderer. Wo gäbe es in der Natur Beispiele dafür, daß sich eine Scholle eines bestimmten Ackers besser dünken könnte als ihre Schwester? Wie unaussprechlich undenkbar etwa die Vorstellung, daß es Eichen gäbe, von denen die eine eichenhafter wäre als die andere? Warum dieser Streit, der die Gleichheit aller leugnet und alle scheidet und alle umbringt?

Wieviel weither geholte Beweise für etwas Unbeweisbares, weil längst Bewiesenes? Die Nation, ein Begriff, den man nicht eindeutig definieren kann, eben weil sie so eindeutig besteht – wer wollte zum Beispiel die Natur definieren? – bedarf keiner besonderen Beweise durch ihre Angehörigen, und wer sich zu ihr bekennt, hat nichts anderes gesagt, als was wir schon längst wissen. Es scheint nun aber so zu sein, daß diejenigen, die seit Jahrzehnten ihr nationales Bekenntnis *nicht* ablegen, es verschüttet oder gar vergessen haben! Denn es muß doch irgendeine Beziehung sein zwischen der nationalen Lautheit der einen und der nationalen Stummheit der anderen; es muß doch eine Beziehung sein zwischen dem Zwang des einen, immer lauter zu rufen, und der immer stärkeren Taubheit des andern! Vielleicht rufen die einen so stark, weil die andern kein Echo geben? Vielleicht aber – und wahrscheinlich ist dem so – geben diese andern aus Schamhaftigkeit kein Echo? Vielleicht ist es zu spät und zu laut um »das Nationale« geworden? Ja, so ist es vielleicht, und deshalb halten wir es für nötig, einen Versuch zu wagen – und mag er kümmerlich ausfallen. Und das Wort, das mißbrauchte, abgehetzte, durch alle Gossen geschleifte und durch alle undurchsichtigen Parteienkanäle: das Wort: Deutschland, deutsches Land, mit jener stillen Ehrfurcht zu wiederholen, mit der allein es ausgesprochen werden darf. Dennoch ein deutsches Wort: Wort einer tausendmal mißhandelten, durch Revolverpresse und Reklamewesen verschandelten, zu Programmen und Annoncen verwandelten Sprache! Sie lebt ja noch, sie lebt, wie die heimatliche Erde, die den künstlichen Dünger aus Ammoniak übersteht und überdauern wird, und wie der heimatliche Bauer, der stärker ist als die Partei, die er wählte. Ja, sie lebt in dem Maße, daß ihre geheime Leuchtkraft sogar noch durch die sprachlichen Vergewaltigungen strahlt und noch die häßlichsten Worte am Leben erhält, ihre kranken, verkrüppelten Kinder. Sie lebt noch in den Menschen, die sie nicht mehr beherrschen, und sogar noch in dem Zeitungspapier, auf dem sie täglich hundertmal mißhandelt und mißbraucht wird. Sie macht selbst noch den schlechten Geschäftsbrief wirksam, der sie desavouieren will, und die »Geschäftsanzeige«, in der sie zu einem Kauderwelsch verarbeitet pro Zeile erscheint. In sechzig Millionen Menschen, die sie nicht mehr alle richtig sprechen können, in mehr als hundert Millionen, wenn man das ganze deutsche Sprachgebiet mitzählt, lebt die deutsche Sprache. Mißachtet und verhunzt und lediglich zu einem Verkehrsmittel degradiert, hat diese Sprache noch die Kraft, Dichter hervorzubringen, Begeisterte, Propheten und viele Millionen, die in ihr schweigen und lesen. Über die ganze Welt gehen unsere Bücher – und selbst in den schlechten, gegen die sie sich sträubt, lebt sie. Wer in ihr denkt, handelt auch nach ihren uralten Gesetzen, die festgefügt sind, seit mehr als einem Jahrtausend, in Büchern, die noch Jahrtausende überdauern werden. Ihre Gesetze, die Gesetze der deutschen Sprache, sind die einzig unwandelbar gültigen im Verlauf des jahrhundertelangen deutschen nationalen Lebens. Und ihre Unwandelbarkeit ist noch so stark, daß sie Fremde assimiliert, anzieht und heimisch macht, aufzieht und wandelt. In der Mitte liegt sie, wie das Land, zwischen Ost und West, Nord und Süd. In der Mitte ist sie, wie wir alle. Aber entschiedener als wir alle, die wir aus unserer Lage unsere Tugenden beziehen und unsere Laster, unsere Unentschiedenheit, unsere Neuerungssucht, unsere Unsicherheit, unsere Vorurteilslosigkeit und unsere Maßlosigkeit, unsere Freiheit und unser Schwanken, unsere Nachahmungssucht und auch unsere Kunst nachzuahmen: entschiedener als wir alle wahrt die deutsche Sprache die alten Gesetze der alten nationalen Form, einzige Hüterin der nationalen Form ist die deutsche Sprache. Andere Völker haben ihre einheitliche Geschichte, eine Religion, einen regelmäßigeren Ablauf der Überlieferung und schließlich keine Scham, bevor sie sich bekennen. Zwischen ihrem Glauben und ihrer Hymne ist völlige Übereinstimmung, zwischen ihrem Ideal und ihrer Phrase ist nicht der weite Weg, den wir zurücklegen müssen, wenn wir eine nationale Parole aussprechen. Denn diese Sprache, in der wir reden, ist keusch. Es ist nicht leicht, in ihr Liebe zu bekennen, ohne schal oder schamlos zu werden. Und ehe ein Deutscher ein Gefühl ausspricht, muß er es sich dreimal überlegen und sechsmal müßte er es formen. Andere Sprachen sind wohltätiger vielleicht, andere Menschen hurtiger und findiger. Und glücklicher auch. Ja, andere Länder sind auch glücklicher.

Es wird überliefert, daß Napoleon von diesem Land gesagt habe: »Acht Monate Schnee, zwei Monate Regen, und das nennt die Bande Vaterland!« Zu diesem Schnee, zu diesem Regen und zu diesem Vaterland sich bekennen heißt: eine europäische, eine kosmopolitische, eine große Gesinnung bekennen. Noch peinlichere Dinge als Schnee und Regen haben wir zu dulden und vielleicht, hoffentlich auch: zu überwinden: den törichten Ehrgeiz und die Rekordsucht, den eitlen Stolz auf die Maschine und die Phrase, die unglückliche Veranlagung, sich nicht aussprechen zu können, also: nicht aussagen zu können, die sprachliche Unbegabtheit, die Langsamkeit des Denkens und also den leichtfertigen Griff nach der papiernen Wendung, die Liebe zum Klischee und den großen, großen Abstand zwischen dem, was wir fühlen, und dem, was wir sagen. Also: die Unverstandenheit. Und dies ist unser wahres Unglück: die Unverstandenheit. Den großen Vorrat an Mißverständlichkeiten, der in der Sprache aufgespeichert ist, wenn man sie nicht sehr überlegt anwendet. Wenn man Deutschland über alles sagt; wenn man den Rhein den deutschen Strom nennt; wenn man »deutsches Wesen« sagt: immer, immer diese Leichtfertigkeit zu formulieren, die von der Schwerfälligkeit auszusagen stammt, und die Geschäftigkeit der andern: das Ungeschickte schlecht zu finden, böse das Hilflose und Übermut das Schüchterne. Und immer die Scham der Sprachbeherrscher und der Wortgewandten, vaterländisch zu reden, die Furcht der Gewissenhaften – wie sie die Gewissenhaften anderer Nationen nicht kennen – mit den Gewissenlosen verwechselt zu werden. Denn die Leichtsinnigen haben im wörtlichen Sinne das nationale Bekenntnis den Sprachwissenden aus dem Munde genommen. Unerträglich: das Vaterland als Objekt der Litfaßsäulen an den Straßenecken zu sehn. Das Bekenntnis erstirbt auf den Lippen, weil es von andern in den Straßen gebrüllt wird. Und der Schwur verliert seine Gültigkeit, die Beschwörung ihre Kraft, und der Ruf wird ein Geschrei. Wie schwierig ist es da, ein Patriot zu bleiben! Und wie notwendig ist es aber auch! Kein Land hat dermaßen Liebe nötig. Ein junges Land, ein wandelbares auch, von dem ein kranker und heimwehkranker, verlorener und launischer, genialer und entfremdeter Sohn gesungen hat:

> Deutschland ist noch ein kleines Kind.
> Aber die Sonne ist seine Amme,
> sie säugt es nicht mit frommer Milch,
> sie säugt es mit nährender Flamme.

Vorwort zu meinem Roman: »Der Radetzky-Marsch«

Ein grausamer Wille der Geschichte hat mein altes Vaterland, die österreichisch-ungarische Monarchie, zertrümmert. Ich habe es geliebt, dieses Vaterland, das mir erlaubte, ein Patriot und ein Weltbürger zugleich zu sein, ein Österreicher und ein Deutscher unter allen österreichischen Völkern. Ich habe die Tugenden und die Vorzüge dieses Vaterlands geliebt, und ich liebe heute, da es verstorben und verloren ist, auch noch seine Fehler und seine Schwächen. Deren hatte es viele. Es hat sie durch seinen Tod gebüßt. Es ist fast unmittelbar aus der Operettenvorstellung in das schaurige Theater des Weltkriegs gegangen. Die Militärkapelle, die meine Marschkompagnie zum Wiener Nordbahnhof begleitete, spielte ein Potpourri aus den Melodien von Lehár und Strauß, und der Pfiff der Lokomotive, die uns zum Schlachtfeld führen sollte, verlor sich in den verwehenden Klängen der zurückgebliebenen Trommeln und Trompeten, während unser Zug dem Tod entgegenglitt. Es war eine Woche nach dem Tode des alten Kaisers. In der funkelnagelneuen Felduniform, die wir bei der Abfahrt trugen, hatten wir bei seinem Begräbnis vor der Kapuzinergruft Spalier gebildet. Und es war, als schickte uns noch der tote Kaiser in den Tod. Und während er mit dem gedämpften Pomp begraben wurde, den das ewige Schweigen der Gefallenen und die lauten Wehrufe der Verkrüppelten dem Zeremonienmeister diktiert hatten, wußten wir alle, seine Soldaten, daß unser letzter Kaiser dahingegangen war und mit ihm unsere Heimat, unsere Jugend und unsere Welt. Sein Nachfolger war lediglich der ohnmächtige und vorläufige Verwalter und Zusammenhalter eines Erbes, dessen neue Besitzer schon warteten, das verbriefte Recht der Weltgeschichte in Händen. Den Willen der Weltgeschichte erkannte ich wohl, ihren Sinn verstehe ich nicht immer. Wenn sie wirklich das Weltgericht ist, so erscheint sie mir zuweilen nicht weniger frei von Rechtsirrtümern und -Fehlern, als ein gewöhnliches Bezirks- oder Landesgericht. Denn auf eine äußerst sorglose Weise überläßt sie gelegentlich das Urteil über die alte österreichisch-ungarische Monarchie, dem Kino, der Tonfilmoperette und den lächerlichen Verkündern der landläufigen Schablonen-Weisheiten. Und man mag daran erkennen, daß die bitter-ernste Klio ihre Aufgaben manchmal ihren leichteren Schwestern übergibt.

Mir und vielen anderen meiner internationalen Landsleute, die gleich mir ein Vaterland und damit eine Welt verloren haben, ist ein ganz anderes Österreich bekannt und vertraut als jenes, das sich in seinen Export-Operetten zu Lebzeiten offenbart hat und das sich nach dem Tode nur noch in seinem billigsten Export bewahrt. Ich habe die merkwürdige Familie der Trottas, von dene n ich in meinem Buch »Der Radetzky-Marsch« berichten will, gekannt und geliebt, die Spartaner unter den Österreichern. An ihrem Aufstieg, an ihrem Untergang glaube ich den Willen jener unheimlichen Macht erkennen zu dürfen, die am Schicksal eines Geschlechts das einer historischen Gewalt deutet.

Die Völker vergehn, die Reiche verwehn. (Aus den Vergehenden besteht die Geschichte.) Aus dem Vergehenden, dem Verwehenden das Merkwürdige und zugleich das Menschlich-Bezeichnende festzuhalten, ist die Pflicht des Schriftstellers. Er hat die erhabene und bescheidene Aufgabe, die privaten Schicksale aufzuklauben, welche die Geschichte fallen läßt, blind und leichtfertig, wie es scheint.

Zu einer Schrift über Stifters »Witiko«

Als ein Sonderdruck aus der Stifter-Ausgabe erschien im Sudetendeutschen Verlag Franz Kraus in Reichenberg eine recht ausführliche Studie zu Adalbert *Stifters* historischem Roman »*Witiko*«. Der Verfasser dieser Studie heißt Franz *Hüller.* Von ihm stammt eine bereits in germanistischen Kreisen löblich bekannt gewordene, im Jahre 1930 herausgegebene Untersuchung über den »Witiko«, die in der jetzt vorliegenden Studie zum größten Teil verarbeitet zu sein scheint. Die »Deutsche Gesellschaft der Wissenschaften und Künste für die Tschechoslowakische Republik«, die Adalbert Stifters sämtliche Werke herausgibt und unter ihnen eine dreibändige kritische Ausgabe des »Witiko«, verwendet innerhalb dieser die Schrift Professor Hüllers. Es sei bei dieser Gelegenheit auf die im Deutschen Reich (und selbst in Fachkreisen) sehr wenig bekannte »Deutsche Gesellschaft der Wissenschaften und Künste« besonders hingewiesen. Sie genießt – so viel der Verfasser dieser Zeilen unterrichtet ist – die unvoreingenommene Wertschätzung der tschechoslowakischen Behörden und zahlreicher Gelehrter der tschechischen Nation. Jenseits aller nationalen Politik arbeitet sie für die »Erhaltung des Deutschtums« – des wirklichen Deutschtums – nachhaltiger, als die meisten politischen Vereine der Deutschen in der Tschechoslowakei. Um nun zu unserem eigentlichen Gegenstand zurückzukehren: durch die Herausgabe des »Witiko« Stifters – der Roman ist übrigens schon *ins Tschechische übersetzt* – wurde für den Frieden zwischen Deutschen und Tschechen mehr getan als durch radikal-nationale Bestrebungen mancher Vereine. Man darf bei dieser Gelegenheit (und gerade in dieser Zeit) die Tatsache hervorheben, daß die offiziellen Kultur-Stellen der Tschechoslowakei den Zeugnissen deutsch-böhmischer Literatur kein geringeres Interesse entgegen bringen, als der rein tschechischen – – mögen auch die politischen Behörden der tschechoslowakischen Republik gelegentlich einen törichten und nutzlosen »nationalen« Eifer gegenüber der deutschen Minderheit beweisen. (Adalbert Stifter ist zwar der glänzendste, aber nicht der einzige Vertreter der deutschen Literatur innerhalb des heutigen tschechoslowakischen Gebiets.) Der Roman »Witiko«, der einen bedeutsamen Stoff aus der Geschichte der Tschechen behandelt, wäre ein klassisches Zeugnis für die – übrigens selbstverständliche – nationale Vorurteilslosigkeit der Literatur und des Dichters. Unter diesem Gesichtswinkel gewinnt der »Witiko« sogar eine gewisse aktuelle Bedeutung. Jener bornierten – und heutzutage allgemeinen – Auffassung, daß ein Werk der nationalen Literatur nur dann recht angehöre, wenn es einen

»nationalen Stoff« behandle, wäre immer wieder der Roman Adalbert Stifters vorzuhalten, der einen *tschechischen* Stoff behandelt; der Roman »Witiko«, den kein noch so radikaler Nationalist heute aus der deutschen Nationalliteratur gestrichen wissen möchte. Ähnlich den heutzutage allseits hörbar und autoritär gewordenen *Fanatikern der »Aktualität«*, die ihr Urteil über ein literarisches Werk zuerst von der Frage abhängig machen, ob es auch einen Stoff behandle, der uns »Menschen von heute« angehe – als ob die *Formung* des Stoffes nicht wichtiger wäre, als der Stoff –, wollen die Fanatiker des »nationalen Materials« ihr Urteil abhängig machen von der Frage, ob ein Buch einen »heimischen« oder einen »fremden« Stoff behandle. Und ebenso wenig wie der Rufer nach der »Aktualität«, ahnen die Rufer nach der »nationalen« Materie, daß sie durch ihre Rufe ihre beinahe erschütternde Literatur-Fremdheit decouvrieren, die Ahnungslosigkeit innerhalb eines Fachs, von dessen vorgetäuschter Kenntnis sie leben – in einem glatt materiellen Sinne leben. (Es ist leider an der Zeit, ausdrücklich *Banalitäten* zu wiederholen: Ein »deutscher« Stoff, behandelt in miserablem Deutsch, gehört der deutschen Literatur *nicht* an; ein *»fremder«* Stoff, in *echtem* Deutsch geformt, *ist ein Bestand der deutschen Literatur.*)

*

Liest man die vom Verfasser der hier besprochenen Schrift, Professor Franz *Hüller,* zitierten Kritiken der *Mitwelt* Stifters, so ist man beinahe getröstet. Herr *von Thaler,* den Kennern der österreichischen literarischen Journalistik bekannt als der Repräsentant der öffentlich kritisierenden Mittelmäßigkeit des nationalistischen Liberalismus, erklärt in der »Neuen Freien Presse«: ihn kümmerten all diese »vertrackten« böhmischen Namen nichts und die »Leser von heute« auch nicht. Ihn beleidigen zum Beispiel die Vorstellungen des Dichters Stifter, die Tschechen des XI. Jahrhunderts könnten parlamentarische Sitten gehabt haben, wie die Engländer einer späteren Zeit. Den *liberalen und nationalen* Kritiker einer Zeit (in der der Liberalismus noch nationalistischer war als das moderne »Hakenkreuz«) beleidigt einfach die Tatsache, daß ein deutscher Schriftsteller die Historie eines Volkes zu behandeln wagt, das von der herrschenden Schicht der damaligen Monarchie als ein Volk von Köchinnen und k. u. k. Amtsdienern betrachtet wurde. Der liberale Nationalismus empörte sich gegen Stifter: dieser Autor hatte gewagt, nicht nur »böhmische« Geschichte zum Gegenstand seines Werkes zu machen, sondern auch zu den einfachsten Formen »objektiver« Epik zurückzukehren – – ohne Rücksicht auf den »Fortschritt« und die technisch-literarischen Mittel, die die Welt seit dem »überholten« Homer gemacht hatte. – Es ist fast wie heute: der Vorwurf der Kritiker: erstens: ließe die »nationale Gesinnung« des Autors zu wünschen übrig; zweitens: wäre seine Unkenntnis des »literarischen Fortschritts« tadelnswert. – – – Es ist fast genauso wie heute …

*

Bis zum Erscheinen *Nietzsches* haben Stifter und sein letztes Werk: »Witiko« warten müssen. Die »national« und »fortschrittlich« gesinnte Mittelmäßigkeit – damals waren (mit Recht) »national« und »fortschrittlich« noch identisch; sie sind es noch heute; – die natürlichen Gegner, ja die *Feinde* des Dichters Stifter. (Er wußte es nicht.) Allmählich – und das scheint das tragische Gesetz einer »Entwicklung« zu sein, wird Adalbert Stifter zum »nationalen Eigengut« – wie man heutzutage sagt; und »Witiko«, sein letzter Roman, der einen »tschechischen Stoff« behandelt und der vom nationalistischen Liberalismus verrissen ward, ersteht als ein großes »nationales Werk«. – – Ist es ein Trost? Ist's eine Quelle des Kummers?

Texte aus den Jahren des Exils

(1933–1939)

Der Antichrist

Der Antichrist ist gekommen

»Wie einsam wird es in solchen Zeiten um den, der nur am Geistigen hängt! Ach, für wen soll man noch schreiben, wenn inmitten des politischen Gebelfers und Geschreis die Ohren taub geworden sind für die feinen Zwischentöne, ... mit wem über die Gotteslehre theologisch disputieren, seit sie in die Hände der Doktrinäre und Zeloten gefallen ist, die als letztes und bestes Argument ihres Rechthabens die Soldateska aufrufen, die Reiterhaufen und die Kanonen? Eure Treibjagd ... hat begonnen: mit Morgensternen und Henkerschwertern glaubt man dem Christentum zu dienen ... Rom, die Herrlichkeit der Welt, haben die Landsknechte verwüstet – o Gott, welche bestialischen Instinkte toben sich in Deinem Namen aus! Nein, die Welt hat keinen Raum mehr für die Freiheit des Herzens ...! Stirb auch du, Erasme! –«

Stefan Zweig, *Erasmus von Rotterdam*

Der Antichrist ist gekommen: derart verkleidet, dass wir, die wir ihn, seit Jahren zu erwarten gewohnt sind, ihn nicht erkennen. Schon wohnt er mitten unter uns, in uns selbst. Und über uns lastet der schwere Schatten seiner niederträchtigen Fittiche. Schon schwelen wir in der eisigen Glut seiner höllischen Augen. Unseren ahnungslosen Kehlen nähern sich bereits seine würgbereiten Hände. Schon beleckt er mit seiner lästerlichen brandtragenden Zunge unsere Welt. Schon hebt er seine feurigen Füsse, sie auf die schwachen und leichtentzündlichen Dächer unserer Häuser zu setzen. Längst hat er Gift gestreut in die unschuldigen Seelen unserer Kinder. Aber wir merken es nicht!

Denn mit der Blindheit sind wir geschlagen, mit der Blindheit, von der geschrieben steht, dass sie uns befallen wird vor dem Ende der Zeiten. Wir erkennen in der Tat nicht mehr, seit langem nicht mehr, das Wesen und das Angesicht der

Dinge, die uns begegnen. Ähnlich den körperlich Blinden haben wir lediglich Namen für alle Dinge dieser Welt, die wir nicht mehr sehen: Namen! Namen! Laute ohne Gestalt: hohltönende Gewänder für unvorstellbare, also körper- und lebenslose Erscheinungen. Sind es Gestalten? Sind es Schatten? Der Blinde unterscheidet nicht die einen von den andern. Wir, die Blinden unterscheiden sie nicht. Echten Dingen geben wir falsche Namen. Hohle Klänge tönen in unseren armen Gehirnen, wir wissen nicht mehr genau, was welchen Namen zu tragen hat. Wir erkennen keine Formen, keine Farben, keine Masse mehr. Wir haben nur die Namen und die Bezeichnungen für Formen, Farben und Masse. Da wir blind geworden sind, wenden wir Namen und Bezeichnungen unrichtig an. Wir nennen einen Grossen klein, einen Kleinen gross, das Schwarze weiss und das Weisse schwarz; den Schatten Licht und das Licht Schatten; das Bunte tot und das Tote bunt. Also verlieren Namen und Bezeichnungen Inhalt und Bedeutung. Es ist schlimmer, als zur Zeit des Turmbaus zu Babel. Damals waren nur die Sprachen verwirrt, und Einer verstand den Andern nicht, weil Jeder die gleichen Dinge verschieden benannte. Heute aber sprechen Alle die gleiche, aber falsche Sprache, und alle Dinge haben die gleichen, aber falschen Bezeichnungen. Es wird gleichsam ein horizontaler babylonischer Turm gebaut, aber die Blinden, die das Mass nicht kennen, glauben, der Turm sei vertikal und würde immer höher; und alles sei in Ordnung, denn sie verständigten sich einträchtig untereinander ... während sie sich doch über die Masse, Gestalten, Farben der Dinge lediglich so verständigten wie Blinde, das heisst: sie wenden ursprünglich richtig angewandte, den Erscheinungen dieser Welt angepasste Bezeichnungen falsch und verkehrt an: das Erhabene nennen sie flach und das Ebene erhaben; das Ragende liegend und das Liegende ragend. Denn ein Blinder weiss nicht, was hoch und was flach ist. Zur Zeit des Turmbaus zu Babel waren lediglich die Zungen und die Ohren der Menschen verwirrt. Immer noch konnten sich ein paar unter den Erbauern durch Blicke verständigen, durch die Sprache der Augen, den Spiegel der Seele, wie man sagt. Jetzt aber sind die Augen der Menschen geblendet (und die Zungen sind nur Knechte, dieweil die Augen Herren sind, innerhalb der Hierarchie der menschlichen Sinne). Wie kann man noch hoffen, der Antichrist sei noch nicht gekommen? Auch dieser Glaube noch, auch diese Hoffnung noch sind Beweise für unsere Blindheit. Denn, ebenso wie man einem Blinden einreden könnte, die Nacht sei der Tag und der Tag sei die Nacht, so kann man uns, die Geblendeten, glauben machen, der Antichrist sei nicht in der Welt, wir schwelten nicht im Feuer seiner Augen, wir stünden nicht im Schatten seiner Fittiche.

Aber noch schlimmer ist unsere Blindheit als die gewöhnliche körperliche Blindheit, deren Eigenschaften wir uns eben zugeschrieben haben. Denn unsere Blindheit ist eben eine, mit der man nur vom Antichrist geschlagen werden kann, und von der wir im Anfang sagten, sie sei uns voraus bestimmt vor dem Ende der Zeiten. Eine höllische Blindheit: denn obwohl wir geblendet sind, glauben wir zu sehen. Wir sind in der Tat eher »Geblendete« als »Blinde«. Wir erkennen den Antichrist nicht, weil er im Gewande des kleinen Bürgers daherkommt, im Gewande des kleinen Bürgers eines jeden Landes. Nach der legendarischen Vorstellung, die wir von ihm hatten, hätte er mit dem höllischen Zubehör kommen müssen, mit den überlieferten Attributen: Hörner, Schwanz und Hinkefuss, im Gestank von Pech und Schwefel, mit dem gesamten theatralischen Requisit, das unsere kindliche Phantasie von einem Wesen seiner Art und Herkunft verlangt. Der Mensch liebt es nicht, sich vorzustellen, dass er durch ein ihm gleiches, ähnliches oder ebenbürtiges Wesen untergehen könnte. Unsere Eigenliebe verlangt in der Stunde unseres endgültigen Todes nach einem gewissen Zeremoniell. Der Antichrist aber versucht uns zu überlisten. Im alltäglichen bescheidenen Gewand des Kleinbürgers ist er angekommen, ja, sogar ausgestattet mit allen Abzeichen der kleinen Gottesfurcht des kleinen Bürgers, seiner niedrigen Frömmigkeit, seiner ungefährlich scheinenden gemeinen Gewinnsucht und seiner grossartig, sogar erhaben dünkenden Liebe für bestimmte Ideale der Menschheit: wie zum Beispiel: Treue bis zum Tode, Liebe zum Vaterland, heroische Bereitschaft zum Opfer für die Gesamtheit, Keuschheit und Tugend, Ehrfurcht vor der Überlieferung der Väter und der Vergangenheit, Zuversicht für die Zukunft, Achtung vor sämtlichen Paraden der Phrasen, von denen der durchschnittliche Europäer zu leben gewohnt und sogar genötigt ist. In dieser ungefährlich scheinenden Maskerade ist der Antichrist neulich in die Welt gekommen. Sein grossartig theatralisches Auftreten hatten wir seit Jahrhunderten erwartet. Nun aber, da er ankam, nicht als ein nach Schwefel stinkender Zerstörer, sondern sogar manchmal als ein nach Weihrauch duftender Frommer; nun, da er sich bekreuzigt und gleichzeitig salutiert, Vaterunser betet und an der Börse spielt; die menschliche (und zur »bürgerlichen« herabgesunkene) Tugend preist, um sie zu zerstören; die europäische Kultur mit den Waffen zu verteidigen vorgibt, mit denen er sie vernichtet; die Vergangenheit zu ehren verspricht und eine Zukunft verheisst (weil er weiss, dass es nach ihm keine mehr geben wird); die Menschlichkeit und die Menschheit erlösen zu helfen verspricht und zugleich Menschen umbringt – als wüsste die lügende Zunge nicht, was die mordende Hand verübt: nun, da er also verlogen und verkleidet gekommen ist, haben wir ihn nicht erkannt, den Antichrist.

Ich aber habe ihn erkannt: ich durchschaue ihn, wenn er im Osten dieses untergehenden Kontinents die Arbeiter zu befreien verheisst und die Arbeit zu adeln; wenn er im Westen die Freiheit der Kultur zu verteidigen verspricht und die falschen Fahnen der Humanität über den Dächern der Gefängnisse hisst; wenn er in der europäischen Mitte (das heisst zwischen Osten und Westen) einem Volk Segen und Wohlfahrt verheisst und den Krieg vorbereitet, in dem es untergehen soll; wenn er das insularische Volk Europas, die Engländer, die Matrosen des alten Kontinents, zur Gleichgültigkeit überredet gegenüber all dem, was auf dem Festland noch vorgehen kann – wie man die seefahrenden Matrosen, die Söhne der Festländischen, überreden kann, sich nicht mehr um das Schicksal der Häuser zu kümmern, in denen sie geboren wurden; wenn er den Söhnen der europäischen Berge, den Schweizern, und den harmlos rührenden Kindern der Küste, den Holländern, Segen und Gewinn verspricht, sobald die anderen sich zu töten beginnen; wenn er Gelbe gegen Weisse, Schwarze gegen Gelbe und Weisse ausspielt; wenn er den Italienern die Macht des alten Roms zusagt und den heutigen Griechen den Glanz des alten Hellas. Ja, selbst wenn er, der Fürst der Hölle, den Vatikan besucht und ihm Konkordate diktiert ... erkenne ich ihn, den Antichrist.

Und obwohl seine Macht weit grösser ist, als die meine, fürchte ich ihn nicht – und will versuchen, ihn zu entlarven.

In der Kapuzinergruft

Hier schläft mein alter Kaiser, Seine *k. k. Apostolische Majestät, Franz Joseph der Erste.* Er schläft in einem einfachen Sarg, der noch einfacher und schmaler und anspruchsloser ist als das Bett, in dem er Zeit seines Lebens im Schloß zu Schönbrunn zu schlafen gewohnt war, und die Majestät, die ihn Zeit seines Lebens umglänzt und die er dargestellt hatte, verbündete sich mit der Majestät des Todes, des Kaisers aller Kaiser. …

Als man ihn begrub, den Kaiser Franz Joseph, stand ich, einer der zahllosen Soldaten seiner Armee, ein namenloses Glied des Spaliers, das wir damals bildeten, knapp vor der Kapuzinergruft, um seinen hohen Leichnam zu begrüßen. Es war Herbst, ein dunkelgrauer Regen regnete auf unsere Felduniformen, auf die blanken bläulichen Läufe und die braunen polierten Schäfte unserer Gewehre, auf die Kappen und auf die Gesichter und auf die frischgewichsten Stiefel, auf die weinenden Frauen und Männer in Zivil hinter unseren Rücken und auf die umflorten Laternen. Es regnete sacht und eindringlich und unaufhörlich – – – und nie im Leben werde ich diesen Regen vergessen. Ich habe viele Arten von Regen gesehn, Regen im Krieg und Regen im Frieden, Regen vor dem Feind, Regen auf dem Vormarsch, Regen auf dem Rückzug; jener Regen aber vor der Kapuzinergruft, an dem Tage, an dem man den Kaiser begrub, scheint mir ein ganz besonderer Regen gewesen zu sein, gewissermaßen ein Regen, den der Himmel selbst aufbewahrt hatte, bis zu der Stunde, in der Franz Joseph der Erste begraben wurde. Es war, als würfe der Himmel Wasser auf ein Grab; wie Menschen, die einen Leichnam bestatten, Schollen auf Schollen auf den Toten zu werfen pflegen. Es war – so scheint es mir – ein ganz besonderer Regen. Nie mehr habe ich später seinesgleichen gesehen. Es regnete nicht vom Himmel her, es weinte von ihm hernieder. Und damals an jenem Tage, empfand ich zum erstenmal (und zum einzigenmal) die Wahrheit der so oft und billig mißbrauchten Metapher: Der Himmel weint. Mein Herz, gewißlich kleiner als der Himmel, weinte damals noch heftiger als er; und nicht einmal das k. u. k. Dienstreglement, das damals meine Empfindungen regelte, dämpfte und unterdrückte, konnte mich hindern, zu weinen.

Ich stand reglos in der »Habt Acht«-Stellung. Aber mein Herz war schwer, und meine Augen, befehlsgemäß und soldatisch dem Kondukt zugewandt, füllten sich mit Thränen, so, daß ich zwar blickte, aber gar nichts sah. – Wem weinte ich damals nach? – Gewiß dem Kaiser Franz Joseph: Aber auch mir selbst, meiner eigenen Kindheit, meiner eigenen Jugend. Und obwohl ich in jener Stunde wußte, daß ich bald, bald für den toten Kaiser und für seinen Nachfolger zu sterben befohlen und bestimmt war, und obwohl ich damals noch so jung war, schien es mir, daß es beinahe unschicklich sei, später zu sterben als der Kaiser, dessen Glanz meine Jugend erleuchtet und dessen Leid meine Jugend verdüstert hatten. Damals fühlte ich, daß ich ein Österreicher bin: ein alter Österreicher. Alle Kaiser von Österreich waren meine Kaiser gewesen. Alle Kaiser von Österreich, die noch kommen könnten, werden *meine* Kaiser sein. Aber das Fürwort: »mein«, auf den Kaiser Franz Joseph angewandt, bekommt eine besondere Bedeutung: es wird gewissermaßen, der adjektivischen Steigerung fähig, es wird »meiner«, als mein. Alle österreichischen Kaiser sind meine Kaiser. Aber Kaiser Franz Joseph I. ist mein *besonderer* Kaiser, der Kaiser meiner Kindheit und meiner Jugend. …

Deshalb pilgere ich, wenn ich das Glück habe, nach Österreich heimkehren zu können, in die Kapuzinergruft, meinen Kaiser zu begrüßen. Und, während der brave Führer mein Herz erfreut (indem er in altem kaiser- und königlichen Deutsch die Relativsätze mit einem »was« einleitet, statt mit einem »der« oder »die«), halte ich folgende stumme Ansprache an meinen alten Kaiser Franz Joseph:

»Lieber Kaiser! Ich habe Dir gedient, ich habe Dich begraben, ich habe einmal, vielleicht im Übermut, versucht, Dich zu gestalten – – – und ich habe Dich überlebt. Im Tode noch aber bist Du stärker als ich. Vergib mir meinen Übermut! Alle österreichischen Kaiser liebe ich: jenen, der Dir gefolgt ist und alle, die Dir noch folgen werden. Aber Dich, mein Kaiser Franz Joseph, suche ich auf, weil Du meine Kindheit und meine Jugend bist. Ich grüße Dich, Kaiser meiner Kinderzeit! Ich habe Dich begraben: für mich bist du niemals gestorben!

Dein Joseph Roth.«

Zur geplanten Neuflage von ›Juden auf Wanderschaft‹

Zweites Vorwort
Die Juden in Deutschland

Als ich vor vielen Jahren dieses Buch schrieb, das ich jetzt in abgeänderter Fassung den Lesern wieder darbieten möchte – gab es noch kein akutes Westjuden-Problem. Es handelte sich mir damals in der Hauptsache darum, den Nichtjuden und Juden Westeuropas Verständnis für das Unglück der Ostjuden beizubringen; insbesondere im Lande der unbegrenzten Möglichkeiten, das nicht etwa Amerika heißt, sondern Deutschland. Ein latenter Antisemitismus war freilich immer dort (wie überall) vorhanden. In dem begreiflichen Bestreben, ihn entweder nicht zur Kenntnis zu nehmen oder ihn zu übersehen, und in jener tragischen Verblendung, die bei vielen, bei den meisten Westjuden den verlorenen oder verwässerten Glauben der Väter zu ersetzen scheint und die ich den Aberglauben an den Fortschritt nenne, fühlten sich die deutschen Juden trotz allerhand bedrohlichen antisemitischen Symptomen als ebenbürtige Deutsche; an hohen Feiertagen bestenfalls als jüdische Deutsche. Manche unter ihnen waren leider oft versucht, für die Äußerungen der antisemitischen Instinkte die nach Deutschland eingewanderten Ostjuden verantwortlich zu machen. Es ist eine – oft übersehene – Tatsache, daß auch Juden antisemitische Instinkte haben können. Man will nicht durch einen Fremden, der eben aus Lodz gekommen ist, an den eigenen Großvater erinnert werden, der aus Posen oder Kattowitz stammt. Es ist die ignoble, aber verständliche Haltung eines gefährdeten Kleinbürgers, der eben im Begriff ist, die recht steile Leiter zur Terrasse der Großbourgeoisie mit Freiluft und Fernaussicht emporzuklimmen. Beim Anblick eines Vetters aus Lodz kann man leicht die Balance verlieren und abstürzen.

In dem Bestreben, jene Terrasse zu erreichen, auf der sich Adelige, christliche Industrielle und jüdische Finanzmenschen unter bestimmten Umständen geneigt waren, vorzugeben, daß sie alle gleich seien und ihre Gleichheit so nachdrücklich betonten, daß jeder Empfindliche deutlich hätte hören können, daß sie eigentlich alle ihre Ungleichheit betonten, warf der deutsche Jude seinem Glaubensgenossen sehr schnell ein Almosen zu, um nur nicht am Aufstieg behindert zu werden. Almosen einem Fremden geben ist die schimpflichste Art der Gastfreundschaft; aber immerhin noch Gastfreundschaft. Es gab aber manche deutsche Juden – und einer ihrer Repräsentanten büßt heute im Konzentrationslager – die sich nicht nur einbildeten, ohne den Zuzug der ostjüdischen Menschen wäre alles in Butter, schlimmstenfalls in deutscher Margarine, sondern die sogar auch den plebejischen Büttel auf den hilflosen Fremdling hetzten, wie man Hunde hetzt auf Landstreicher. Als aber dann der Büttel zur Macht kam, der Hausmeister die »herrschaftliche Wohnung« okkupierte, alle Kettenhunde sich losrissen, sah der deutsche Jude, daß er heimatloser und schutzloser war, als noch vor einigen Jahren sein Vetter aus Lodž. Er war hochmütig geworden. Er hatte den Gott seiner Väter verloren und einen Götzen, den zivilisatorischen Patriotismus, gewonnen. Ihn aber hatte Gott nicht vergessen. Und der schickte ihn auf die Wanderung: ein Leid, das den Juden gemäß ist – – und allen andern auch. Auf, daß sie nicht vergessen, daß nichts in dieser Welt beständig ist, auch die Heimat nicht; und daß unser Leben kurz ist, kürzer noch als das Leben der Elephanten, der Krokodile und der Raben. Sogar Papageien überleben uns.

II.

Nun scheint es mir an der Zeit, die deutschen Juden vor ihren Lodzer Vettern ebenso zu verteidigen, wie ich damals die Lodzer Vettern vor den Deutschen zu verteidigen versucht hatte. Der deutsche Jude ist nicht einmal ein Ostjude. Das Wandern hat er verlernt, das Leiden und das Beten. Er kann nur arbeiten – und gerade dieses erlaubt man ihm nicht. Von den 600.000 deutschen Juden sind etwa 100.000 ausgewandert. Die Mehrzahl findet nirgends Arbeit. Ja, sie dürfen nicht einmal Arbeit suchen. Die Reisepässe laufen ab und werden ungültig. Und man weiß, daß die zeitgenössischen Menschenleben fast ebenso von den Pässen abhängig sein können, wie die altertümlichen von den bekannten Fäden. Mit den von den klassischen Parzen ererbten Scheren stehen sie da, Gesandtschaften, Konsulate, Geheime Staatspolizisten. Unglückliche werden von niemandem geliebt, nicht einmal von ihren nächsten Kollegen, den Unglücklichen; lediglich von Frommen und Heiligen, die man in dieser plebejisierten Welt ebenso verachtet, wie die Juden. Wohin soll man gehn? Der Emigrant errät dank der Feinfühligkeit seiner Wirrnis, die den sechsten Sinn verleiht, jene unsichtbare Inschrift, die ringsum, an allen Grenzen, ihm zuruft: »Bleibe im Lande und stirb elend!«

Diese ausgewanderten deutschen Juden bilden gleichsam ein ganz neues Volk: Sie haben verlernt, Juden zu sein; sie fangen an, das Jude-sein langsam zu erlernen. Sie können nicht vergessen, daß sie Deutsche sind, und sie können auch ihr Deutschtum nicht verlernen. Wie Schnecken sind sie, die zwei Häuser zugleich auf ihrem Buckel tragen. In allen fremden Ländern, in den exotischen gar, wirken sie deutsch. Sie können es nicht so leicht leugnen, wenn sie nicht lügen wollen. Ach! die gemeine Welt denkt in herkömmlichen, faulen, abgegriffenen Schablonen. Sie fragt einen Wanderer nicht nach dem Wohin, sondern nach dem Woher. Indessen ist einem Wanderer doch das Ziel wichtig, und nicht der Ausgangspunkt.

III.

Wenn eine Katastrophe hereinbricht, sind die Menschen nebenan hilfreich aus Erschütterung. Das ist die Wirkung akuter Katastrophen. Es scheint, daß die Menschen wissen, daß Katastrophen kurz sind. Aber chronische Katastrophen können die Nachbarn so wenig ertragen, daß ihnen allmählich Katastrophe und deren Opfer gleichgültig, wenn nicht unangenehm werden. So tief eingepflanzt ist in den Menschen der Sinn für Ordnung, Regel und Gesetz, daß sie der gesetzlosen Ausnahme, der Verwirrung, dem Wahn und dem Irrsinn nur eine knappe Zeitspanne zugestehen wollen. Wenn der Wahn aber lange dauert, erlahmen die hilfreichen Arme, erlischt das Feuer der Barmherzigkeit. Man gewöhnt sich an das eigene Unglück, weshalb nicht an das Unglück des Nächsten, insbesondere an das Unglück der Juden?

Viele Wohltätigkeitskomitees haben sich aufgelöst, freiwillig und unfreiwillig. Ein paar großzügige Wohltäter können einem Massenelend nicht steuern. Den sogenannten »intellektuellen« emigrierten Juden sind alle europäischen Länder als Berufsstätte versperrt, ebenso alle Kolonien. Palästina hat, wie man weiß, nur ein paar tausend aufnehmen können. Aus Argentinien, Brasilien, Australien kommen viele nach kurzer Zeit zurück. Die Länder hielten nicht, was die Komitees versprochen hatten – sich selbst, wie den Emigranten. Von jenen, die dort bleiben, weiß ich nicht, in welchem Zustand sie sich befinden: das heißt im lebenden oder im toten. Einzelnen gelingt manches: es ist ein ewiges Naturgesetz. Gründlich geholfen hat die Welt nicht; nicht einmal zweckmäßig. Wie hätte man es auch von dieser Welt erwarten können?

IV.

In einer solchen Welt ist es nicht nur unmöglich daß die Emigranten Arbeit und Brot bekommen: das ist beinahe selbstverständlich. Aber es ist auch unmöglich, daß sie ein sogenanntes »Papier« bekommen. Und was ist ein Mensch ohne Papiere? Weniger, als ein Papier ohne einen Menschen! Der sogenannte »Nansen-Paß«, mit dem die russischen Emigranten nach der Revolution ausgestattet wurden und der ihnen – nebenbei gesagt – auch keine ungehinderte Bewegungsfreiheit verschafft hat, kommt für die deutschen Emigranten nicht in Frage. Freilich gibt es beim Völkerbund eine Stelle – einen englischen Kommissar – dessen Aufgabe es ist, die »Papier-Verhältnisse« der deutschen Emigranten zu regeln. Allein, wir kennen den Völkerbund, seine schwerfällige Administration, und die goldenen Ketten, mit denen die Hände seiner auch gutwilligen Kommissare gebunden sind. Der einzige Staat, der bis jetzt den deutschen Emigranten gültige Papiere ausgestellt hat – die aber auch nicht volle Bewegungsfreiheit bedeuten –, ist Frankreich. Auch diese Papiere wurden nur einer beschränkten Anzahl deutscher Emigranten ausgefolgt, jenen, die vor einem bestimmten Termin nach Frankreich geflüchtet waren – und nur unter gewissen Bedingungen. Es ist schwierig, wenn nicht unmöglich, selbst auf einem solchen legalen Papier ein Visum eines anderen beliebigen Staates zu erhalten. Italien, Polen, Littauen, England sogar lassen Staatenlose ungern ins Land. Mit einem solchen Papier kann eigentlich nur ein »prominenter« Flüchtling reisen: ein jüdischer Journalist, Zeitungsherausgeber, Filmschauspieler, Regisseur: sie kennen die Botschafter und Gesandten meist persönlich. Aber man frage sich, auf welche Weise zum Beispiel ein armer jüdischer Schneider in die Kanzlei eines Legationsrates gelangt? Es ist ein abstruser Zustand: man ist ein Wanderer und dennoch festgeklemmt; man flüchtet und ist zurückgehalten; man muß unstät sein und darf sich nicht rühren. Und man muß noch Gott und insbesondere der Polizei dafür danken.

In manchen Kulturländern Europas veranstalten alljährlich die Tierschutzvereine seltsame Flugexpeditionen nach dem Süden: man sammelt die Zugvögel, die von ihren Artgenossen im Herbst zurückgelassen wurden und befördert sie in Käfigen nach Italien – wo sie übrigens vom Volke abgeschossen und gebraten werden. Wo gibt es einen Menschen-Schutzverein, der unsere Artgenossen ohne Paß und ohne Visum in das von ihnen ersehnte Land bringen wollte? Fünftausend Schwalben, die doch offenbar einem unerforschlichen, unerforschten Naturgesetz zufolge zurückgeblieben sind, haben mehr Wert, als 50000 Menschen? Ein Vogel braucht keinen Paß, kein Reisebillett, kein Visum – und ein Mensch wird eingesperrt, wenn ihm eins von den dreien fehlt? Sind die Menschen bereits den Vögeln näher, als den Menschen? Tierpeiniger werden bestraft und Menschenpeiniger mit Orden ausgezeichnet. Den Zugvögel gleich – obwohl sie es nicht so nötig haben – werden auch sie zuweilen von Nord nach Süd, von Süd nach Nord in Flugzeugen befördert. Kein Wunder, daß der Tierschutz-Verein in allen Ländern, in allen Schichten der Bevölkerung populärer ist, als der Völkerbund.

V.

Zum Wandern verurteilt sind auch jene Juden, die in Deutschland geblieben sind. Aus den ganz kleinen Städten müssen sie in größere ziehn, aus den größeren in große und, hier und dort aus den großen ausgewiesen, wieder zurück in kleinere. Aber, selbst, wenn sie faktisch seßhaft bleiben, welch eine Wanderung vollzieht sich mit ihnen, in ihnen, um sie herum! Man wandert von Freunden fort, vom gewohnten Gruß, vom vertrauten Wort. Man schließt die Augen, um es nicht wahr sein zu lassen, was sie soeben wahrgenommen haben, und es ist eine Wanderung in eine gelogene, gewollte, falsche Nacht. Man wandert vom Schrecken, den man eben erfahren hat, in die Furcht, die gewaltigere Schwester des Schreckens, und man versucht, sich in ihr, der unheimlichen, behaglich und wohlig zu fühlen. Man wandert in die Lüge – – in die schlimmste Art der Lüge, nämlich: in die Selbstlüge. Man wandert aber auch von einer Behörde zu andern, vom Polizei-Kommissariat zum Polizeipräsidium, vom Steueramt zur nationalsozialistischen Parteistelle, man wandert vom Konzentrationslager zur Polizei, von hier zum Gericht, vom Gericht ins Gefängnis, aus dem Gefängnis ins Besserungslager. Das jüdische Kind in Deutschland beginnt im zarten Alter seine unheimliche Wanderung aus dem natürlichen, der kindlichen Seele gemäßen Vertrauen in Angst, Haß, Fremdheit und Mißtrauen. Es wandert in der Klasse, die Schulbänke entlang, von der ersten bis zur letzten, und selbst, wenn es schon Platz genommen hat, scheint es ihm, als ob es wanderte. Man wandert von einem Nürnberger Gesetz zum andern. Man wandert von einem Zeitungsstand zum andern, als hoffte man, eines Tages würden doch dort die Wahrheiten feilgeboten werden. Man wandert in jenen gefährlichen opiatischen Spruch hinein, der da heißt: »Alles nimmt ein Ende!« – und bedenkt nicht, daß man selbst wahrscheinlich früher ein Ende nehmen wird. Man wandert – nein, man torkelt in die lächerliche Hoffnung: »Es wird nicht so schlimm werden!« – und diese Hoffnung ist nichts anderes, als eine moralische Korruption.

Man bleibt und wandert dennoch: eine Art Akrobatie, derer nur die Unglücklichsten fähig sind, die Sträflinge vom Bagno. Es ist das Bagno der Juden.

VI.

Es ist schlimmer, als die babylonische Gefangenschaft. An den Ufern der Spree, der Elbe, des Mains, des Rheins und der Donau darf man nicht nur nicht baden, sondern auch nicht sitzen und weinen; höchstens im sogenannten »Kulturbund«, dem staatlich erlaubten geistigen Zentrum des neuen Gettos.

Dieser Kulturbund, so edlen Intentionen er auch seinen Ursprung verdanken mag, scheint mir eine unerlaubte Konzession der Juden an die barbarischen Theorien des Nationalsozialismus. Denn er basiert nicht auf der Voraussetzung – der auch so viele Juden heute zustimmen – daß sie eine eigenartige Rasse seien, sondern auf dem Zugeständnis (implicite), daß sie eine *inferiore* seien. Während man zum Beispiel einem tibetanischen, japanischen, kaukasischen Kulturbund keineswegs verboten hätte, Goethe oder Beethoven aufzuführen, verbietet man's den Juden des Kulturbunds. Gesetzt den Fall, die deutschen Juden gingen mit den Nationalsozialisten in der Auffassung ganz konform, daß die Juden ein anderes Volk seien, als die Deutschen, (es sei auch deren »Gastvolk« seit langer Zeit), so liegt eine schwere Diskriminierung in der Tatsache, daß man einem fremden Volk verbietet, deutsche Kunst aufzuführen. Eine Diskriminierung, die die Juden des Kulturbunds ohne Weiteres akzeptiert haben: und a priori. Nicht als eine Minderheit wurden sie behandelt, sondern als eine *Minderwertigkeit.* Es erschien ihnen selbstverständlich. Ihre Vorstellungen, ihre Konzerte, ihre Versammlungen werden von einem Kommissar überwacht, dem sie außerdem noch ihre Reverenz erweisen müssen, wie seinerzeit am Berliner Alexanderplatz die »Witwenbälle« von Kriminalkommissären überwacht waren, in den Kaschemmen. Kann man von einem Mangel an Stolz der deutschen Juden sprechen? Mein Mitgefühl für sie bekäme jenen verdächtigen Beigeschmack der Sentimentalität, die in Wahrheit ein echtes

Mitgefühl ausschließt oder aufhebt. Man kann nicht »ein Auge zudrücken«, wenn von den Fehlern der deutschen Juden die Rede ist. Nachsicht verdienen sie, aber keine Blindheit. Bei den Pogromen in Kischinew – wie lang ist es her, daß Europa noch Europa war und daß England dem Zaren zu verstehen gab, was es heute dem Gefreiten des Weltkriegs bescheiden vorenthält – setzten sich die Juden zur Wehr. Sie erschlugen 61 Kosaken. Die jüdischen Fleischhauer in Ungarn stellten sich den »weißen« Horden entgegen, schlugen sie oft in die Flucht. In Deutschland hat ein einziger Jude geschossen – am »Tag des Boykotts« (Er wurde selbstverständlich umgebracht.)

Womit sollte man diese fischblutige Art erklären, auf die perfidesten Infamien zu reagieren? Etwa mit der Gläubigkeit? Die Mehrzahl der deutschen Juden zahlte Steuern an die israelitische Kultusgemeinde, mehrere abonnierten das Hamburger Israelitische Familienblatt: damit erschöpfte sich ihre Beziehung zum Judentum. (Ich spreche hier selbstverständlich nicht von den Zionisten und den »bewußt-nationalen« Juden, sondern von den »Deutschen Staatsbürgern jüdischer Konfession«.) Wenn man die Namen ihrer für Deutschland gefallenen Brüder von Ehrentafeln und Denkmälern auslöscht und also mit *einem* Schlag an den Juden sowohl Leichen- als auch Lebendigen-Schändung vornimmt, wenn man ihnen Brot, Ehre, Erwerb, Besitz gesetzmäßig raubt, schweigen sie und leben weiter. Nicht weniger als fünfhunderttausend Menschen leben in dieser Schmach weiter, gehen auf die friedliche Straße, fahren Tramway und Eisenbahn, zahlen Steuern, schreiben Briefe: es ist nicht vorstellbar, wieviel ein einmal Gedemütigter an Schimpf ertragen kann. Die deutschen Juden sind doppelt Unglückliche: sie erleiden nicht nur die Schmach, sie ertragen sie sogar. Die Fähigkeit, sie zu ertragen, ist der größere Teil des Unglücks.

VII.

Es gibt keinen Rat, keinen Trost, keine Hoffnung. Möge man sich darüber klar sein, daß der »Rassismus« keine Kompromisse kennt. Millionen von Plebejern brauchen dringend ein paar armselige Hundertausende Juden damit sie bestätigt erhalten, schwarz auf weiß, daß sie bessere Menschen sind. Die Hohenzollern (und mit ihnen der deutsche Adels-Klub) haben den Hausmeistern ihre Reverenz erwiesen. Was können da noch Juden erwarten? Der Pöbel ist schon unerbittlich genug, wenn er sich gesetzlos und blinden Instinkten gehorchend zusammenrottet. Wie erst, wenn er sich organisiert? – Wenn es den deutschen Juden ein Trost sein kann, so mögen sie daran denken, daß sie in einer ähnlichen Weise den Schimpf ertragen, wie das Haus der Hohenzollern – – (das allerdings bedeutend jünger ist als das Geschlecht der Juden.)

Nichts hätte dem Nationalsozialistischen Regime so sehr geschadet, als etwa die wohlorganisierte, prompte Auswanderung aller Juden und aller Judenstämmlinge aus Deutschland. Der Nationalsozialismus gibt sich selbst auf, sobald er irgendeinen Kompromiß mit Juden schließt. Er zielt ja weiter, in eine Richtung, die Juden gar nicht unmittelbar angeht. Er spricht von Jerusalem, und er meint: Jerusalem und Rom.

VIII.

Es ist nur sehr wenigen, sehr auserlesenen gläubigen Christen klar, daß hier – zum erstenmal innerhalb der langen und beschämenden Geschichte der Judenverfolgungen – das Unglück der Juden mit dem der Christen identisch ist. Man prügelt den Moritz Finkelstein aus Breslau, und man meint in Wirklichkeit jenen Juden aus Nazareth. Man entzieht dem jüdischen Viehhändler aus Fürth oder Nürnberg die Konzession, aber man meint jenen Hirten in Rom, der die fromme Herde weidet. Es genügt ja in der Tat nicht, daß man ein paar hunderttausend Menschen einer bestimmten Herkunft diffamiert und schändet. Die Söhne der Zollwächter fordern Revanche für die Austreibung der Zöllner. Das ist die echte »Stimme des Bluts«. Sie brüllt aus jedem Lautsprecher. Freilich sind viele gläubige Christen – und selbst hohe christliche Würdenträger – dieser Einsicht unzugänglich. Die Vorgänge im Dritten Reich werden sie belehren. In ihrer Verblendung gleichen diese frommen Christen fast den deutschen Juden. Man wird zur Einsicht kommen müssen, daß jenes banale Witzwort, auf die Juden geprägt, das da lautete: »Sie sind nicht zu dertaufen«, lediglich für das Dritte Reich gilt. Es ist »nicht zu dertaufen«.

Auch nicht durch Konkordate.

IX.

Von den Juden, die heute noch in Deutschland leben, wird höchstwahrscheinlich nur noch ein unwesentlicher Bruchteil auswandern können – – und wollen. Denn auch nach einer hundertjährigen Emanzipation und einer Schein-Gleichberechtigung, die etwa 50 Jahre gedauert hat, besitzen die Juden wenn auch nicht die göttliche Gnade, leiden zu können, wie ihre gläubigen Brüder, so doch die merkwürdige Fähigkeit, Unsagbares zu erdulden. Sie werden bleiben, sie werden heiraten, sich vermehren, ihre Finsternisse und Bitterkeiten vererben – und hoffen, daß eines Tages »alles anders« werde.

Eines Tages – und gewiß früher, als in 1000 Jahren – wird sich freilich Manches in Deutschland ändern. Aber mit der Generation, die jetzt in der Hitler-Jugend heranwächst, werden weder die Juden noch die Christen, noch die kulturbewußten Europäer erfreuliche Erfahrungen machen können Es ist Jasons Drachensaat, die da aufgehn wird. Um die nächsten zwei Generationen der deutschen Heiden zu taufen, wird es einer ganzen Armee von Missionaren bedürfen. So lange die Deutschen nicht Christen sind, haben die Juden wenig von ihnen zu erhoffen.

Es ist also menschlichem Ermessen nach wahrscheinlich, daß die Juden noch lange Parias unter den Deutschen bleiben werden. Es sei denn, man rechnete mit der beinahe utopischen Vorstellung, daß Europa zu seinem Gewissen zurückfindet; daß ein gemeinsam anerkanntes Gesetz den törichten Standpunkt der sogenannten »Nicht-Einmischung« verbietet, der sich aus dem vulgären und plebejischen Sprichwort herleitet: »Jeder kehre vor seiner Tür.« Es ist wahrhaftig die Hausmeister-Philosophie, die seit einigen Jahrzehnten die Welt bestimmt. Vielmehr sollte Jeder vor der Tür des Andern kehren. Es kann mir nicht verwehrt sein, in das Haus meines Nachbarn einzudringen, wenn er im Begriff ist, seine Kinder mit der Hacke zu erschlagen. Es kann keine europäische und auch keine europäisch-christliche Moral geben, solange der Grundsatz der »Nicht-Einmischung« besteht. Weshalb denn maßen sich die europäischen Staaten an, Zivilisation und Gesittung in fernen Erdteilen zu verbreiten? Weshalb nicht in Europa? Eine Jahrhunderte alte Zivilisation eines europäischen Volkes beweist noch lange nicht, daß es durch einen unheimlichen Fluch der Vorsehung wieder barbarisch wird. Auch unter den Völkern in Afrika, die heute der Protektion zivilisierter Völker bedürfen, hat es bestimmt einige gegeben, deren Jahrtausende alte Kultur eines Tages, eines Jahrhunderts möchte man sagen, aus unergründlichen Ursachen verschüttet worden ist. Die europäische Wissenschaft selbst beweist es. Man redet konstant von einer »europäischen Völkerfamilie«. Wenn diese Analogie stimmen soll: Wo hätte man je gesehn, daß ein Bruder dem andern nicht in den Arm fällt, wenn dieser im Begriff ist, eine Dummheit oder eine Bestialität zu begehn? Ist es mir lediglich erlaubt, dem schwarzen Kopfjäger bessere Sitten beizubringen, nicht aber dem weißen? Fürwahr eine seltsame Art von Familie, diese »Völkerfamilie«! ... Der Vater ist fest entschlossen, nur vor seiner eigenen Tür zu kehren; und aus dem Zimmer seines Sohnes stinkt schon der Mist zum Himmel.

X

Ich wollte, ich besäße die Gnade und die Einsicht, einen Ausweg auch nur andeuten zu können Die Aufrichtigkeit, eine der oft verkannten bescheidenen Musen des Schriftstellers, zwingt mich zu einem pessimistischen Schluß dieses meines zweiten Vorworts:

1.) Der Zionismus ist nur eine Teillösung der Judenfrage.

2.) Zu vollkommener Gleichberechtigung und jener Würde, die die äußere Freiheit verleiht, können die Juden erst dann gelangen, wenn ihre »Wirtsvölker« zu innerer Freiheit gelangt sind und zu jener Würde, die das Verständnis für das Leid gewährt.

3.) Es ist – ohne ein Wunder Gottes – kaum anzunehmen, daß die »Wirtsvölker« zu dieser Freiheit und dieser Würde heimfinden. Den gläubigen Juden bleibt der himmlische Trost. Den andern das »vae victis«.

Joseph Roth

Nachwort

Es ist mir eine höchst erwünschte Pflicht, den geschätzten Leser zum Schluß auf die Tatsache hinzuweisen, daß sich wahrscheinlich die Verhältnisse der Juden in Sowjet-Rußland, so, wie ich sie im letzten Abschnitt zu schildern versucht habe, geändert haben dürften. Zahlen und Ziffern stehen mir nicht zur Verfügung. Meine im Vorliegenden mitgeteilten Angaben hatte ich von einer Studienreise in Rußland mitgebracht. Die gewiß unzuverlässigen, weil tendenziösen Angaben, die ich vielleicht aus Moskau erhalten könnte, darf ich nicht verwenden, wenn ich nach bestem Wissen und Gewissen Zeugnis ablegen soll. Aber ich bin gewiß, daß sich in der *prinzipiellen* Haltung Sowjet-Rußlands den Juden gegenüber nichts geändert hat. Auf dieses Prinzip aber kommt es an; nicht auf die Zahlen.

Es ist vielleicht gestattet, an dieser Stelle auf das schauerlichste Ereignis des letzten Jahres hinzuweisen, und zwar mit Bezug auf meine Mitteilungen über den jüdischen Bannfluch, der nach der Vertreibung der Juden aus Spanien von den Rabbinern ausgesprochen wurde: auf den spanischen Bürgerkrieg. Wenigen Lesern wird wahrscheinlich die Version bekannt sein, der zufolge in diesen Jahren der »Cherem«, der große Bannfluch, erlöschen sollte. Ich darf mir selbstverständlich nicht anmaßen, eine deutliche Beziehung zwischen dem Metaphysischen und der so grauenhaften Realität herzustellen. Aber ich darf es wohl verantworten, wenn ich auf diese immerhin frappierenden Tatsachen hinweise.

Ich will nicht etwa die Formulierung gelten lassen: just, wenn der Bannfluch erlischt, beginnt die größte Katastrophe, die Spanien jemals gekannt hat. Ich will nur auf diese – gewiß mehr, als nur kuriose – Gleichzeitigkeit hingewiesen haben; und auf jenen Satz der Väter der lautet: »Das Gericht des Herrn tagt zu jeder Stunde, hier unten und dort oben.«

Es vergehen manchmal Jahrhunderte – aber das Urteil ist unausbleiblich.

im Juni 1937
Joseph Roth

Grillparzer. Ein Portrait

I.

Verdrossen, verschlossen, griesgrämig, verbarg er seine Scheu vor der Welt hinter einer scheltbereiten Demut, einer Bescheidenheit, die in Wirklichkeit eine hochmütige Haltung war. Er war kein »liebenswürdiger Österreicher«, sondern das Gegenteil: ein höchst unbequemer, sogar ein düsterer. Es war, als fühlte er, kraft seiner Verpflichtung, ein klassischer Repräsentant der Monarchie zu sein, vor allem die Notwendigkeit, die Ansichtskarten-Vorstellung, die sich die anderen deutschen Stämme (noch *vor* der Erfindung der Ansichtskarte) vom »Österreicher« gebildet hatten, zu widerlegen. Zugleich widersprach er auch der in seinem Lande höheren Orts so beliebten Auffassung von dem bequemen, lebensfreudigen Untertan. Er revoltierte niemals, er rebellierte immer, und zwar aus konservativer Neigung, als Bekenner hierarchischer Ordnung und als Verteidiger traditioneller Werte, die ihm nicht von unten, sondern, im Gegenteil, von oben her vernachlässigt, angegriffen, verletzt erschienen. Dem Hause Habsburg und dem grossdeutschen, wie dem übernationalen Gedanken ergeben, den es symbolisierte, stand er mit einiger grollenden Kühlheit der Person des Kaisers gegenüber und, erbittert durch die Erfahrungen, die ihm bewiesen, dass die Verantwortlichen leider nicht Berufene waren, stellte er sich, ein armer schwacher Beamter und launisch behandelter, der Gunst, der Gleichgültigkeit und der Ungunst ausgesetzter Dramatiker, vor das Erbe hin, das grosse, missverstandene Erbe des Römischen Kaisers. Er genoss zwar »Allerhöchste Anerkennung«, die er sich wünschte und die er als eine formale Bestätigung seines idealisierenden Bildes – nicht aus billigen Gründen idealisierenden, eher rekonstruierenden Bildes – lebhaft brauchte: diese Anerkennung war eine Sonne, die Kälte spendet. Und es fröstelte ihn so sehr! Misstrauen hatte er! Seine grossen hellen Augen schienen ebenso zum Lauschen wie zum Schauen geschaffen zu sein, horchende Lichter waren sie. Sie schufen ihm Gegner und weckten neues Misstrauen. Man liebt in Österreich nicht die Menschen mit hörenden Augen. (Nur Beethoven erlaubte man sie: Er war nämlich taub.)

Selten ergriff ihn das Fernweh, die Sehnsucht, die Grenzen seines weitläufigen, bunten, Fremde und Heimat zugleich bildenden Vaterlands zu verlassen. Einmal machte er sich auf, Goethe zu besuchen. Die »Gebildeten« kennen den kläglichen Verlauf dieser Begegnung eines Demütigen, der seine Bescheidenheit überbetonte, mit dem Grossmächtigen, der sich durch distanzierende Allüren ebenso die Welt vom Leibe hielt, wie der Besucher, dem es kaum gelang, zum Gast zu avancieren, durch Verdriesslichkeit, den Panzer der Geringen und äusserlich Machtlosen. Es sah aus, wie die Begegnung des Kahlenbergs mit dem Olymp: Tragisch, weil der Kahlenberg unterschätzt wurde. Grillparzer hoffte, für eine Weile der Mesquinerie seiner Heimat zu entgehen und die Atmosphäre weltenweiter Horizonte zwei Tage lang, zwei arme Tage lang wenigstens, atmen zu können. Und er kehrte, mehr erschüttert als gebrochen heim, eher traurig als enttäuscht, um jene Erfahrung bereichert, die sein katholischer Glaube bestätigte: dass ein Mensch kein Halbgott wird und dass auch einem Genie nicht mehr zugezählt sind als fünf Sinne, ein paar Gran Ahnungsvermögen – und manchmal ein äusserliches Glück, das nichts ist gegen die Gnade des Leides.

Er tat diese Erfahrung zu den andern. Er forderte ja selbst die Ungunst des Schicksals heraus. Vielleicht war er zu Goethe gegangen, um das Glück eines irdisch Begünstigten mit eigenen Augen zu sehen, seine Korrektur und sein Gegenteil. Es war, als ob ein Freitag hätte erfahren wollen, wie ein Sonntag aussieht, und, als ob er dann zurückgekehrt wäre, zufrieden und traurig, dass er ein Freitag sei.

II.

Die Liebe ist ein Wagnis. Man hat einen legitimen Horror vor Wagnissen. Sie sind entfernte Verwandte von Revolten, von Umstürzen, von Störungen. Der Gegenstand der Liebe ist allerdings nicht verantwortlich für den abenteuerlichen, bedrohlichen Charakter des Gefühls, das ja eine »Leidenschaft« genannt wird. Für all dies ist der Gegenstand der Liebe, die Frau, allerdings nicht verantwortlich, aber nur als die Eine, die besondere, die bestimmte Frau. Als Gattung, als »Weib«, repräsentiert sie das Gefährliche, nicht Voraussehbare, Revolutionsherd und Sünde. In einer Welt, in der ohnehin fast nichts mehr fest ist, kann sie noch leichter Veranlassung zum Umsturz geben, zur Plötzlichkeit. Sie kann die Stufen der hierarchischen Skala zersplittern, wie etwa ein Kind Gefallen daran finden könnte, die Stufen einer Leiter aus den beiden Rahmen zu lösen und zu zerbrechen. Grillparzer ist glücklich verliebt. Er fürchtet nur das Geschlecht. Merkwürdiger Nachkomme österreichischer Troubadours, verkehrt er das Gebot der Minnesänger und liebt, vor allem, *bevor* er verehrt: ein Moralist, kein Höfling – ebensowenig wie er Höfling war in seiner Beziehung zum Kaiserhaus. Denn er schmeichelte nicht, er schwieg: er schwieg Tadel.

So, wie er war – und so, wie er sich darstellte – hätte er geliebt sein wollen: nicht nur als ein Gramvoller, sondern auch als ein Griesgrämiger, ein »Raunzer« (auf österreichisch), unbequem und penibel, wissend, dass diese Eigenschaften ein Frauenherz störten. Es war Hochmut, Unsicherheit und Wollust des Verzichts. Er erfüllte, nährte, fütterte das Begehren mit der Entsagung.

Also »erkannte« er die Frau nicht, wie es in der Bibel heisst. Und auch Männer wurden nicht seine wirklichen Freunde. Die Liebe berührte ihn zutraulich, körperlich. Er hätte sie greifen können, und er schob sie weg; einem seltsamen Wanderer in der Wüste ähnlich, der eine reale Oase als eine Fata Morgana betrachtet und in die unerreichbare Bläue des Horizonts *freiwillig* verlegt. Er »trat« das Glück, wo es sich ihm bot, nicht »mit den Füssen«: er schob es mit den Händen weg, er lehnte ab, vermied und wich aus.

III.

Er hatte die Gabe, in die Ferne zu ahnen, und er tauchte in die Zukunft, wie andere in die Vergangenheit. So klar sah keiner seiner beruflich mit dem politischen Klarsehen beschäftigten Zeitgenossen das Kommende, wie er, der das Wort schrieb: »Von der Humanität durch Nationalität zur Bestialität«: kein Aperçu, sondern ein Angstschrei, angesichts des nahenden Zerfalls der Monarchie, des Endsiegs der erwachenden nationalen Barbarei. Ein Angstschrei, nachzufühlen selbst in dem Siegesruf an Radetzky: »In deinem Lager ist Österreich!« Im Hinterland war dieses nämlich nicht mehr intakt, und die Armee allein repräsentierte es. Sadowa warf seine gewaltigen kleindeutschen Schatten, und Österreich war nur noch bei Lissa, nicht im Norden. Dort wurde nicht die österreichische Armee allein, sondern der Typus des deutschen Weltbürgers zerschlagen von seinem Stiefbruder, dem national gebundenen Deutschen, dessen Devisen waren: zentralisieren, besiegen, unterwerfen, herrschen, – die Gegensätze der lateinischen, zu Unrecht verscholtenen, weil missverstandenen und missbrauchten, für innerstaatliche Verhältnisse falsch angewandten Devise: divide et impera!, in der sinngemässen Übersetzung heisst es: dezentralisiere und übe Einfluss aus! *Nicht: trenne und unterdrücke!*

Aber: wie wenige konnten – damals schon! – richtig Latein verstehen? Seit Joseph II., der den preussischen Zentralismus, die Aufklärung nach friderizianischem Muster nachzuahmen versuchte, der die Kirche beschränkte und – sicherlich ohne es zu wollen und zu wissen – die moralische und geistige Basis für den späteren nationalistischen Hochmut der deutschen Österreicher gegenüber den anderen Österreichern schuf (die »Diktatur« könnte man sagen): war eine der letzten Zufluchtsstätten des universal Lateinischen von oben her zerstört, obwohl dem katholischen Kaiser selbstverständlich der protestantische und voltairianische »Elan« (heute »Dynamismus«) fehlte. Vielleicht begann mit Grillparzer der (politische) »Weltschmerz« des österreichischen Dichters. Jedenfalls hat ihm Grillparzer den klassischen gültigen Ausdruck verliehen: dem Weltschmerz, der weiss, dass dem Europa des universalistischen, lateinischen, einigenden, die nationalen Verschiedenheiten aufhebenden Mittelalters – das in Österreich immer noch bestand und Kraft hatte – unweigerlich das Europa der Reformation, der Französischen Revolution, das Europa Napoleons und das Bismarcks folgen musste. »Von der Humanität durch Nationalität zur Bestialität!« heisst: von Erasmus durch Luther, Friedrich, Napoleon, Bismarck zu den heutigen europäischen Diktaturen.

Es gab um jene Zeit wenige Vertreter dieses (katholischen, politischen) Weltschmerzes: Der Liberalismus begann, die Tugenden des Österreichischen in Attrappen zu verwandeln, die Leichtigkeit in Leichtfertigkeit; aus dem »Heurigen«, der in Wirklichkeit herb ist, machten Gedichte, Lieder eine süsse Limonade. Ein feinhöriges konservatives Ohr vernahm schon den Weltsieg des Walzers und seiner Kinder, der Lehárschen Operetten. Aus der »Grazie«, die ihren Namen mit dem gleichen Recht aus der hellenischen Antike wie von der katholischen Gratia bezog, wurde der Exportartikel: »österreichischer Frohsinn«, aus der Etikette, der strengen Tochter Spaniens, die seichte »Liebenswürdigkeit«. Kein Wunder, diese Melancholie Grillparzers! Es war so viel Jubel rings um ihn, dass er sich nur in der Trauer behaupten konnte. Grundloses Lachen verwundete ihn, auch im privaten Verkehr. Ein äusserst geringer Verstoss gegen die Form, ein unangebrachtes Wort, ja selbst eine ungeschickte Geste verbitterten ihn. Er reagierte aus einer Überempfindlichkeit – die rachsüchtigste aller menschlichen Schwächen – mit manchmal verletzendem Hochmut (der niemals aber die Grenze überschritt, hinter der das Vulgäre beginnt). Und derlei Eskapaden machten ihn noch trauriger. Er hatte eine Art Katzenjammer nach einem Ingrimm wie andere nach einem Leichtsinn.

IV.

Spanien grenzt historisch an Österreich. Die Gegenreformation ist eine entfernte, raisonnable gewordene und veredelte, späte Verwandte der Inquisition. Die Habsburger sind Spanier, die österreichischen Charakter angenommen und das spanische Zeremoniell behalten haben. Dieses Zeremoniell, rigoros und dennoch assimilierend, hält in Österreich der wachsenden Leichtfertigkeit stand. In der Fahne liegt das Schwarze über dem Gelben. Das Schwarze behütet das Gelbe. Der Doppeladler, golden, über beiden Hälften, behütet die Einheit. Spanien grenzt nicht nur historisch an Österreich, sondern auch literarisch an Grillparzer.

Es gibt keinen Klassiker deutscher Sprache, der vom Spanischen herkäme, ausser Grillparzer. Er stammt aus Spanien – wie die Habsburger. Er stammt von Calderón. Es ist nicht nur das Versmass der »Ahnfrau«. Es ist nicht der Versfuss, sondern eher die »Kadenz«. Es ist der Versuch, das Stark-Hurtige der Kastagnette der dem Jambus ergebenen deutschen Sprache anzupassen. Ein vergeblicher Versuch übrigens. Die »Ahnfrau« bleibt eine klassische Rarität, eine Verpflichtung des Wiener Burgtheaters und der Schulbücher, herausgegeben mit Bewilligung des k. u. k. Kultus- und Unterrichtsministeriums.

Den Vers, den Rhythmus gab Grillparzer später auf, *nicht die Melodie.* Sie floss, die Spanierin, ganz natürlich in die heimische Wiener Sprache: Die Grandezza des spanischen Zeremoniells vereinigte sich ebenso geschwisterlich mit der österreichischen Leichtigkeit. (Wen die Anfangstrommeln des »Radetzky-Marsch« nicht an Kastagnetten erinnern, hat kein musikalisches Ohr.)

Die Melancholie der erzählenden Prosa ist nicht goldbeglänzte »Wehmut«, – der eingeborene Ausdruck österreichischer Traurigkeit, – sondern von strengem Antlitz: Man stelle sich eine liebliche Landschaft schwarz umrandet vor. Die aphoristische Prosa ist nicht satirisch, auch nicht kämpferisch – wie die Prosa Grillparzers – sondern zornig. Es ist die Aphoristik eines Richters, eines öffentlichen Anklägers; sagen wir's: eines Inquisitors, der Opposition gegen sein eigenes Amt treibt; manchmal mit den Mitteln eines legitimierten Propheten. Niemals wird die Bitterkeit ein Hohn. Niemals wird der Hohn ein Spott. Niemals wird der Spott ein »Witz«. Strenge Zucht gegenüber den literarischen Kategorien. Auch hier, hier erst recht, gelten die Gesetze der Hierarchie. Es ist übrigens ein spanischer Groll, wenn Grillparzer »schimpft«. In Österreich gibt es keinen Zorn, er schmilzt zu einem »Raunzen«: auch der Groll findet noch ein »Hintertürl«.

Der Groll Grillparzers war der Ausdruck einer durch das lateinische Österreich gemilderten und durch Spanisches wiederum korrigierten, gleichsam in hartem Profil dargebotenen Unerbittlichkeit. Seine Empörung war eine begrenzte, egozentrische, durchaus nicht exzitierende, also ansteckende, im Gegenteil: eine der innerhalb der *individuellen Grenzen* beschränkte Rebellion der Noblesse. Er bot das klassische Muster eines Rebellen also, der zugleich ein wahrer Reaktionär ist: eine Erscheinung, die nur die in jüngster Zeit fast obligatorisch gewordene Mode, alles Rebellische, alles sich Empörende, alles Sondergestellte und mit Bewusstheit abseitig Stehende als »revolutionär« zu deklarieren, niemals verstehen kann. Wenn Grillparzer im Gegensatz zum Kaiser steht, so ist er kaiserlicher als der Kaiser. Er rebelliert gegen die Auflockerung des »Zeremoniells« von oben. Er wacht über die berufenen, geborenen Beschirmer der Hierarchie. Er ist: man gestatte den Ausdruck: ein reaktionärer Individualanarchist, also ein »Reaktionär« *par excellence.* Einer frech, diktatorisch die Vergangenheit okkupierenden Nachwelt blieb es vorbehalten, Grillparzer als ein Opfer des reaktionären Österreichs auszugeben, als wäre er eines der ohnmächtigen gewöhnlichen, sozusagen landesüblichen Opfer der Reaktion schlechthin. Indessen war er ein Rebell aus reaktionärer Gesinnung, freiwillig. Sein Groll gegen das Herrschende kam – um mit heutigen Begriffen zu reden – von »rechts«, nicht von »links«. Spanisch war er wie die Habsburger, römisch wie der Papst: der einzige konservative Revolutionär, den die Geschichte Österreichs kennt.

V.

Äussere Erfolge genoss er mit Bitterkeit, beinahe wie Misserfolge. Es gab ja übrigens in Österreich präsumtive Misserfolge, Vor-Misserfolge, eine Parallelerscheinung der Vor-Zensur. Ein Missbehagen bei Hof, nicht einmal ein ursprüngliches, sondern durch Gebärdenspäher und Geschichtenträger gezüchtetes, durch Intrige, Verleumdung, Mesquinerie genährtes, konnte ja selbst einen »Durchfall« verhindern, nahm ihn vorweg und entzog dem Dichter die Möglichkeit, die Stimme des Publikums zu hören. Vom Spielplan abgesetzt werden, von den Zuschauern verhöhnt, abgelehnt, »ausgepfiffen« werden, bedeutet einen ehrlichen, gewissermassen wohlverdienten Misserfolg. Aber »Anstoss erregen«, bevor man noch das dem Dichter gemässe Schicksal herausfordern darf, gleichsam einem Schicksal unterworfen sein, das selbst herausfordert, und das zu mächtig ist, als dass man es wagen könnte, sich mit ihm zu messen, ist ein unheimliches Los, ein österreichischer Fluch. Es ist, wie wenn einer eingesperrt würde, ohne vorher verhaftet worden zu sein. Auch ein Erfolg, nicht einmal eine Ehrung konnte, unter diesen Umständen, Befriedigung, Genugtuung, geschweige denn wirkliche Freude verschaffen. Mit Bitterkeit also genoss man Erfolge ebenso, wie Misserfolge. Vielleicht bereitete der Erfolg sogar Schmerz, der Misserfolg lediglich eine längst, von vornherein erwartete, beinah' schon ersehnte Trübsal. Im Kummer war man heimisch, man begann allmählich, ihn zu lieben, wie einen treuen Feind. Es gibt einen Zustand, in dem man sich vor freudigen Überraschungen fürchtet, vor Weihnachten, die zur Unzeit hereinbrechen, vor Geschenken, die Überfälle sind und in deren Anblick man noch lächeln muss. Auch ein Erfolg kann eine Qual sein.

Man hat die Hoffnung entlarvt, deshalb den Zweifel liebgewonnen, aber den Glauben nicht verloren. Den Glauben kann man ja gar nicht verlieren: es ist der Glaube an Gott. Die Skepsis beleidigt diesen Glauben nicht; im Gegenteil: sie begleitet ihn, manchmal unterstützt sie ihn sogar. Die Unzuverlässigkeit der Welt ist eine Folge ihrer Unzulänglichkeit. Ihrem Druck, ihrer Laune, ihrer Despotie widersetzt man sich nicht durch offene Revolte, deren Folge nichts anderes sein kann, als geradezu katastrophale Unzulänglichkeit, das heisst: Unordnung, die grösste aller Gefahren, die der Mensch läuft; sondern durch einen Rückzug in die Tiefe, in die Geborgenheit der Höhle seiner selbst. Eine nicht abzuweisende Assoziation an das Bild der düsteren spanischen Majestät, die sich selbst lebendig begräbt. Man lebt nicht abseits der Welt, sondern in ihrer Tiefe. Von unten aus sieht man auch gesicherter, gerechter, mit einer abwägenden Erbitterung und einer zuchtvollen Bitterkeit die Leichtfertigkeit, die Armseligkeit des Oben und deutlicher das Hoch des

Himmels; am Tage die Sterne, die ihn bevölkern (auch am Tage!). Ringsum die Toten sind näher, als die Lebendigen einem oben sein können. Man hört ihren ewigen Atem, den lautlosen Schlaf der Zeitüberwinder. Diese Zeit haben sie überwunden, die einem so missgünstig ist und die ein so verdächtiges Kolorit hat. Es besteht aus Finsternis und falscher »Morgenröte«, begrüsst von ahnungslosen, optimistischen, edlen, revolutionären Biedermeierhüten, gefürchtet von Griesgrämigen unserer Sorte, die nicht farbenblind ist und genau weiss, wieviel Menschenblut dieses Morgenrot so kräftig macht. Getränkt ist es vom Blut der Grossen Revolution, von den Kriegen Napoleons, in denen zum erstenmal der Ruf erscholl: »Nationen, erwachet!« Das Echo, mit dem unsere griesgrämige Spezies darauf antwortet, lautet: »Von der Humanität durch Nationalität zur Bestialität.«

Ach! Welch ein Zeitkolorit! Die hierarchischen Institutionen sind noch unversehrt, aber ihre verantwortlichen Verwalter sind säumige, unbedenkliche und sogar gewissenlose Statthalter. Der Willkür und der Unordnung, die sie zu bekämpfen bestellt sind, geben sie selbst das Beispiel. Sie sind bestellt und nicht berufen. Sie haben die rätselhafte Fähigkeit, – eigentlich den Fluch, – unterdrücken und gleichzeitig zurückweichen zu können. Von der herben, im Dienst einer unerbittlichen Idee geschaffenen Grausamkeit der Ahnen und der Erblasser unterscheidet sich die leichtfertige, illegitime Sucht, zu drücken, der Tyrannei von Herrschertum; wie finster von Schwarz. Die Anarchie trägt die Maske der Legalität. Sie zu bekämpfen bereit ist die Anarchie, die andere, die der ersten folgen möchte. Einsam und furchtsam ist man auf der Oberfläche, geschützt in der Tiefe. Karl der Düstere ging lebendig ins Grab; auch er fühlte den Untergang, und auch er hatte keine Bundesgenossen.

VI.

Der Untergang des grossen, aber fühlbar restringierten und ständig im Zurückweichen begriffenen Reiches hat immer noch einen noblen Aspekt, trotz inneren Brüchen, Verfehlungen, Kleinlichkeiten, Fäulnissen. Man stirbt edel. Die siegreichen Truppen haben etwas vom klassischen Elan der Lipizzaner Schimmel, der ritterlichsten Tiere Europas, denen die symbolische Adligkeit der Wappentiere gegeben ist. Die österreichischen Truppen ziehen ja auch in schneeweissen Waffenröcken in die Schlacht. Ihre Siege sind klassische Erfolge einer überlebten Tradition. Ihre Niederlagen haben symbolische Bedeutung. Es ist der letzte Abglanz des alten Rittertums, der gegen die plebejische Technik unterliegt: der ungedeckte Angriff der ungedeckten geschlossenen Reihen gegen aufgelöste getarnte kleinere Einheiten; das weithin sichtbare Schneeweiss, eine edle Zielscheibe, gegen das im Nebel unsichtbare Blau (das seither »Preussisch Blau« heisst); das alte Gewehr gegen den modernen Hinterlader; die Kavallerie-Attacke gegen unsichtbar gemachte Kanonen. So ist der Untergang des Feudalen: es stirbt in der alten Rüstung, im Kampf gegen den Parvenü, der sich bald die falsche Krone aufsetzen wird, ein juristisch konstruierter Kaiser. Von einem höheren Aspekt aus betrachtet, wird der Junker ein ahnungsloser Nutzniesser der Grossen Revolution und des einzigen genialen Emporkömmlings in der Geschichte: Napoleon.

*

Solcher Art ist die Katastrophe, die Grillparzer umweht. Seine Zeitgenossen – auch die bedeutendsten – halten ihr nicht stand. Sie sind zu klein für eine so grosse Niederlage, für die Entschiedenheit dieser Niederlage, die den Untergang Karls, des Fünften, bestätigt, und den Karls, von 1918, vorauskündet. Sie flüchten sich in die Schatzkammer des Heimischen, des Österreichischen, das immer noch weit und bunt genug ist und Atem genug hat, aber nur noch mehr »Folklore« als »Welt« ist. Die influenzierenden Ströme, die sie von nun an erzeugen, werden eine andere Richtung nehmen: nach Agram, Sarajevo, Belgrad, Teheran, Konstantinopel; nicht mehr nach Gent, Brügge, Antwerpen, Amsterdam, Köln, Frankfurt am Main, Mailand, Rom, Hannover und – nach dem brüderlichen Erbfeind Berlin. Die Grossen und Bedeutenden in Österreich gewinnen den peripherischen Charakter der Spezialitäten, – der Dialekt färbt sie alle, sogar die kosmopolitischen Wiener, nicht nur die provinziellen »Heimatdichter« und »Landesgrössen«. Grillparzer allein hat sich den Ausblick in die Welt erhalten, weil er der einzige ist, der den Schmerz um die verlorene grosse herbe Welt leidet. Der Zeit immer ferner wird Calderón, die spanische Herkunft Habsburgs, das heisst: seine moralische und geistige Herkunft ist noch weniger gegenwärtig als seine materielle Heimat die Schweiz. Vor zwanzig Jahren noch war lebendig die Vergangenheit da. Jetzt ist es nebelhafte Urzeit. Grillparzer allein bleibt noch, ein Mal, lebendig im Grab, lebendig ein Denkmal, und schon verwitternd. Sein Antlitz erinnert an verwitternden Stein, an gelblichen, als gäbe es eine bestimmte seltsame Materie: steinernes Pergament. Sein Körper auch, mager, knorrig, gebeugt, erinnert an Holz, Wurzel, Stein. Das wirkliche steinerne Monument, das ihn darstellen will, ist weniger Stein, verglichen mit seiner realen Physis. Das Herz leuchtet nur in den grossen Augen, treuen grauen Spiegeln einer versunkenen Welt, grossen hellen Lichtern, die in die Zukunft lauschten, den Schrecken des endlichen Untergangs schon vernahmen. Als er sie für immer schloss, nicht vorzeitig, nicht rechtzeitig, sondern eher zu spät, denn der Tod ist manchmal so grausam wie das Leben, – Charon mit Verspätung, – wusste man nur, dass ein »Klassiker«, ein »Repräsentant«, ein »Burgtheater-Dichter«, österreichische

Spezies des französischen »Académicien«, ein höherer, pensionsberechtigter Beamter dahingegangen war; und man weiss heute noch weniger als damals, wie weitgespannt der Bogen seines Lebens war, nämlich vom Alcazar bis zu Königgrätz; nicht mehr und nicht weniger als von der Grandezza und dem Zeremoniell bis zur Vulgarität und zu Preussen, von Habsburg bis zu Hohenzollern: von der Humanität durch Nationalität zur Bestialität.

Österreich hat nur Friedhöfe und eine Kapuzinergruft und kein Pantheon. Es ist recht so. Unterm Rasen liegen sie alle: Beethoven, Bruckner, Stifter, Raimund, Nestroy, Grillparzer. Österreichisches repräsentieren heisst: zu Lebzeiten missverstanden und misshandelt, nach dem Tod verkannt und durch Gedenkfeiern gelegentlich zur Vergessenheit emporgehoben werden.

Ödön von Horváths Tod

Ödön von Horváth, einer der besten österreichischen Schriftsteller, deutschsprachiger Ungar von Geburt, ist vorgestern in Paris das Opfer einer jener Unfälle geworden, die wir als »sinnlose« zu bezeichnen pflegen, weil uns das Unerklärliche sinnlos erscheint. Ödön von Horváth wurde bei einem Spaziergang auf den Champs-Elysées von einem umstürzenden Baum getroffen und auf der Stelle erschlagen. Er war gerade vor Hitler aus Österreich geflüchtet, nachdem er schon vorher aus Deutschland vor dem gleichen Hitler geflüchtet war. Er war heiter und glücklich, der Pest entronnen zu sein, hierher, zu uns gekommen. Bei einem heiteren Spaziergang durch das Paris, das er liebte, traf ihn der unheimliche, unbegreifliche Baum.

Man kennt Ödön von Horváth. Man kennt sein berühmt gewordenes Drama »Geschichten aus dem Wiener Wald«, ein Stück voll starker Grazie und boshafter Ironie, ein Stück, das den Autor selbst am besten kennzeichnet. Denn er war ein starker Mensch, leichtfertig scheinbar, kindlich und boshaft und mit der scharfen Beobachtungsgabe ausgestattet, die Kinder besitzen. Man wird seinen ersten Roman »Jugend ohne Gott« nicht vergessen. In dem sich der Charme mit der tragischen Bosheit dermaßen innig verbindet, daß man kaum das eine vom andern zu unterscheiden weiß. Ödön von Horváth hat einen neuen Roman hinterlassen, genannt »Ein Kind unserer Zeit«. Dieses Buch wird bald erscheinen.

Wir werden hier dem toten Freund und unserem Gesinnungsgenossen noch einen besonderen Nachruf widmen.

Wir wollen heute nur diesen uns blinden Menschen blind erscheinenden Tod beklagen. Horváth ging durch die Champs-Elysées, die er liebte, wie er die Freiheit geliebt hat. Und während der fünf Minuten, in denen ein Sturm über Paris wehte, traf ihn der Tod. Gewiß ist dieser Tod besser, als ein Leben im Österreich Hitlers.

Die »Bergbahn« war das erste Stück des so unbegreiflich Verstorbenen. »Kasimir und Karoline«, von Reinhardt aufgeführt, brachte ihm den ersten frühen Erfolg. Vor einem halben Jahr erst wurde in Prag »Figaros Rückkehr« aufgeführt, eine Art Fortsetzung des Beaumarchais'schen Dramas. In allen Stücken Horváths, in jeder Zeile seiner Prosa, äußert sich ein unverkennbarer Haß gegen jene deutsche Spießigkeit, die den deutschen Mord, nämlich das Dritte Reich, geboren hat.

Ödön von Horváth war 35 Jahre alt.

Rast angesichts der Zerstörung

Gegenüber dem Bistro, in dem ich den ganzen Tag sitze, wird jetzt ein altes Haus abgerissen, ein Hotel, in dem ich sechzehn Jahre gewohnt habe – die Zeit meiner Reisen ausgenommen. Vorgestern abend stand noch eine Mauer da, die rückwärtige, und erwartete ihre letzte Nacht. Die drei anderen Mauern lagen schon, in Schutt verwandelt, auf dem halb umzäunten Platz. Wie merkwürdig klein erscheint mir heute dieser Platz im Verhältnis zu dem grossen Hotel, das einst auf ihm gestanden hatte! Man müsste glauben, ein leerer Platz sei weiter als ein bebauter. Aber wahrscheinlich kommen mir die sechzehn Jahre, nun sie vergangen sind, so köstlich vor, ja, von Kostbarem erfüllt, dass ich nicht begreifen kann, wie sie auf einem so kargen Platz abrollen konnten. Und, weil das Hotel jetzt ebenso zerschmettert ist, wie die Jahre, die ich darin verlebt hatte, verronnen sind, erscheint mir in der Erinnerung auch das Hotel weit grösser, als es gewesen sein mochte. An der einzigen Wand erkannte ich noch die Tapete meines Zimmers, eine himmelblaue, zart goldgeäderte. Gestern zog man schon ein Gerüst, auf dem zwei Arbeiter standen, vor der Wand hoch. Mit Pickel und Steinhammer schlug man auf die Tapete ein, auf meine Wand; und dann, da sie schon betäubt und brüchig war, banden die Männer Stricke um die Mauer – die Mauer am Schafott. Das Gerüst ging mit den Arbeitern nieder. An beiden Rändern der Mauer hingen die Strickenden herunter. Jeder der beiden Männer zog an je einem Strickende. Und mit Gepolter stürzte die Mauer ein. Eine weisse, dichte Wolke aus Kalk und Mörtel verhüllte das Ganze. Aus ihr traten jetzt weissbestaubt, gewaltigen Müllern ähnlich, die Steine mahlen, die zwei Männer. Sie kamen mir geradewegs entgegen, wie jeden Tag, ein paarmal am Tage. Sie kennen mich, seitdem ich hier sitze. Der jüngere deutete mit dem Daumen über die Schulter rückwärts und sagte: »Jetzt ist sie weg, Ihre Tapete!« – Ich lud beide ein, mit mir zu trinken, als hätten sie mir eine Wand aufgebaut. Wir scherzten über die Tapete, die Mauern, meine teuren Jahre. Die Arbeiter waren Demolisseure; Niederreissen war ihr Beruf, für Aufbauen kamen sie niemals in

Betracht. Und das ist recht so, sagten sie. Jedem sein Beruf und jedem sein Verdienst! Dies ist der König der Demolierer, sagte der Jüngere. Der Ältere lächelte. So heiteren Sinnes waren die Zerstörer; und ich mit ihnen.

Jetzt sitze ich gegenüber dem leeren Platz und höre die Stunden rinnen. Man verliert eine Heimat nach der anderen, sage ich mir. Hier sitze ich am Wanderstab. Die Füsse sind wund, das Herz ist müde, die Augen sind trocken. Das Elend hockt sich neben mich, wird immer sanfter und grösser, der Schmerz bleibt stehen, wird gewaltig und gütig, der Schrekken schmettert heran und kann nicht mehr schrecken. Und dies ist eben das Trostlose.

Unfassbares geschieht, die Hand bleibt ruhig und greift nicht an den Kopf. Rechts neben mir liegt das kleine Postamt, der Briefträger tritt heraus und legt mir Briefe auf den Tisch, böse Briefe meist; als das Hotel noch stand, pflegte er mir gute zu bringen. Eine Frau kommt, – geliebt, und ich lächle, Abglanz eines alten Lächelns, nach dem ich mich auch nicht mehr sehne. Ein Greis in Hauspantoffeln schlurft vorbei, und ich beneide ihn um sein Recht, Greis zu sein und zu schlurfen. Lärmfrohe Gäste stehen um den Schanktisch, sei streiten sich munter. Sie tragen unvereinbare, freilich eng miteinander verwandte Meinungsverschiedenheiten aus: Feuerzeuge, Radio-Apparate, Rennpferde, Gattinnen, Automobil-Marken, Aperitifs und manch anderes, was Gemüter ernstlich beschwert. Ein Chauffeur tritt ein. Der Kellner gibt ihm Rotwein. Das Taxi wartet. Der Chauffeur trinkt. Bald steht er allein, der Wirtin gegenüber an der Theke. Der Kellner hängt eine leere Blechbüchse an ein Autorad. Die Gäste lachen. Sie fordern von mir, dass ich mitlache. Warum nicht? Ich stehe auf und lache. Wer lacht denn da aus mir? An meinem Tisch wartet das sanfte, grosse Elend. Wart, ich lache nur ein bisschen!

Schräge gegenüber steht der Friseur, weiss wie eine Kerze, vor der Tür. Bald werden Kunden kommen, nach des Tages

Arbeit werden sie kommen, wenn mir der Händler die Abendzeitungen bringt, jene, in denen von heissen Gefechten und kaltem Blut die Rede ist und die sich – man sollte es nicht glauben – dennoch wie riesengrosse abendmüde Frieden-Tauben raschelnde auf die Tische der Terrasse heimretten. Den ganzen Schrecken der Welt enthalten sie, den Schrecken des ganzen grausigen Tages, davon sind sie so müde. Wenn die ersten silbernen Laternen erglimmen, kommt gelegentlich ein Vertriebener, ohne Wanderstab, ganz, als wäre er zu Hause, und so, als wollte er in einem Atem zu erkennen geben, dass er zu Hause sei, wie daheim, aber auch durchaus in der Fremde heimisch, sagt er: Ich weiss, wo man hier gut und billig essen kann. Und es ist gut so, dass er es glaubt. Es ist gut, dass er unter der silbernen Lichterschnur der Laternen dahingeht und nicht den jetzt, in der anbrechenden Nacht, immer gespenstischer bleichenden Kalk auf dem Platz gegenüber sieht. Nicht alle müssen sich an Schutt gewöhnen und an zerpulverte Mauern.

Der Heimatlose hat die Zeitungen mitgenommen. Er will sie im guten, billigen Restaurant lesen. Vor mir der Tisch ist leer.

Alte Kosaken

Vor zwanzig Jahren kam die Truppe eben aus Russland, singende Kosaken. Ich kannte sie. Sie machten Halt in Berlin zuerst. Dann spielten sie ein paar Wochen in Wien. Dann sah ich sie in Zürich wieder, später in Belgrad, in Bukarest. Ihr Schicksal, das Schicksal fahrender Sänger, das in Konzert-Agenturen gesponnen wird, trieb sie nordwärts, nach Prag, dann nach Kopenhagen. Von hier kamen sie nach London. Von London nach Paris. Junge, gesunde Kosaken waren sie, in weiss-seidenen Rubaschkas, mit kaukasischen Gürteln und in hohen Stiefeln. Jeder spielte ein anderes Instrument, und jeder konnte jedes Instrument spielen. Sie waren freilich Musikanten und Sänger von Beruf, aber ihr Geschäft verlangte es, daß sie sich: Kosaken nannten. Nur einige unter ihnen stammten von authentischen Kosakenfamilien ab. Aber, wenn Kleider auch nicht Leute machen, so machen Lieder Kosaken, und meine Sänger sangen und musizierten so, wie es die Originale am Don auch nicht besser konnten. Sie hatten freilich das Heimweh in den Herzen und in den Kehlen und in den obligaten Balalaikas. Aber sie gehörten noch zu den ersten Opfern einer Welt, die damals gerade anfing, Heimatlose zu schaffen und noch lange nicht, sie zu jagen. Auch konnten meine Kosaken noch hoffen, daß sich die »Verhältnisse ändern« würden. Also lebten sie von der Vergangenheit in den Tag hinein, aber in der Hoffnung, daß gerade er die Zukunft sei. Von der Politik hatten sie keine Ahnung. Sie waren die beruflichen Sänger eines vertriebenen Publikums gewesen und einfach ihren Zuhörern in die Fremde gefolgt.

Auch Frauen gab es unter ihnen, junge, kräftige. Am Vormittag sahen sie vergrämten Mädchen aus dem russischen Volke ähnlich; immerhin waren ihre Gesichter breit und schön, ganze Landschaften. Der Blick spazierte darin umher. Aber am Abend waren sie Prinzessinnen in blauen Kleidern, silbernen Krönchen im Haar und silberne Schuhe an den Füssen, die wie Kleinodien unter den langen Schleppen hervorlugten. Von einer Stadt zur anderen fuhren sie zwar in reservierten Cupés, aber dritter Klasse. Eigentlich reisten sie gar nicht: sie wurden befördert.

Vor einigen Tagen traf ich sie wieder. Noch einmal hatte sie die Konzertagentur nach Paris geschickt, sie und die Balalaikas und die blauen Kleider, die silbernen Krönchen, die silbernen Schuhe, die weissen Rubaschkas und die kaukasischen Gürtel. Die Frauen trugen mehr Schminke, mehr Puder, mehr »Intimes«, und die Stiefel der Männer glänzten wie eh' und je. Aber, wie müde waren die Füsse in diesen Stiefeln, weitgewanderte Füsse in sorgfältig geschonten Stiefeln! Und die Kosakengesichter waren schwammig geworden. Und zwanzig Jahre sind eine lange Zeit! Das Heimweh altert, und die Hoffnung ist schon tot ...

Neue Emigranten sind gekommen. Du und ich zum Beispiel, mit einem Weh, das zwanzig Jahre jünger ist. Und unsere Schicksale werden eher in Ministerien gesponnen als in Konzertagenturen. Aber viele »Tourneen« werden wir noch antreten; und man müsste schon ein echter Kosak sein, um sie zu überstehen.

Die Eiche Goethes in Buchenwald

Der Wahrheit die Ehre! Man verbreitet falsche Nachrichten über das Konzentrationslager Buchenwald; man möchte sagen: Greuelmärchen. Es ist, scheint mir, an der Zeit, diese auf das rechte Maß zu reduzieren ...

Erstens hat Buchenwald nicht immer so geheißen, sondern: *Ettersberg.* Unter diesem Namen war es unter den Kennern der Litteraturgeschichte dereinst berühmt: Goethe pflegte sich dort oft mit der Frau von Stein zu treffen; unter einer schönen, alten Eiche. Diese steht unter dem sogenannten »Natur-schutz-Gesetz«. Als man in Buchenwald, will sagen: in Ettersberg, den Wald zu roden begann, um dort für die Bewohner des Konzentrationslagers eine Küche südlich, eine Wäscherei nördlich einzurichten, ließ man allein die Eiche stehn; die Eiche Goethes; die Eiche der Frau von Stein.

Die Symbolik ist niemals so billig gewesen wie heutzutage. Es ist beinahe ein Kinderspiel, heutzutage sg. »Glossen« zu schreiben. Sie werden Einem von der Weltgeschichte gratis und franco ins Haus, in die Feder, in die Schreibmaschine geliefert. Es ist geradezu für einen Schriftsteller eine Angelegenheit der Schamhaftigkeit eine Glosse zu schreiben, die das Dritte Reich betrifft. Die deutschen Eichen unter denen Goethe mit Fr. v. Stein gesessen ist, bleiben lediglich dank einem Naturschutzgesetz zwischen der Küche des Konz.-lagers und seiner Wäscherei bestehen. Zwischen dem »Naturschutzgesetz«, das längst vor den Jahren entstanden war, und dem Un-naturgesetz, das nach diesen Jahren ausgebrochen ist, also s. z. sg.: Um im neudeutschen Tone zu reden, zwischen Wäscherei u. Küche steht die Naturschutzeiche der Fr. v. Stein und Goethes.

An dieser Eiche gehen jeden Tag die Insassen des Kz.tr.lagers vorbei; das heißt: sie werden dort vorbeigegangen. Fürwahr! man verbreitet falsche Nachrichten über das K-lager Buchenwald; man möchte sagen: Greuelmärchen. Es ist, scheint mir, an der Zeit, diese auf das rechte Maß zu reduzieren: an der Eiche, unter der Goethe mit Fr. v. Stein gesessen ist und die dank dem Naturschutzgesetz noch wächst, ist bis jetzt, meines Wissens, noch kein einziger der Insassen des K-lagers »angebunden« worden; vielmehr an den anderen Eichen, an denen es in diesem Wald nicht mangelt.

Anhang

Editorische Notiz

Die vorliegende Auswahl journalistischer Arbeiten Joseph Roths folgt in ihrer Textgestalt, sofern nicht anders vermerkt, den Erstdrucken. Ausnahmen bilden zum einen die ungedruckten Texte aus dem Nachlass, die nach den Originaltyposkripten bzw. Handschriften Roths wiedergegeben werden, sowie die Artikel, die Roth in seine Sammlung »Panoptikum« aufgenommen hat; hier diente die Buchveröffentlichung von 1930 als Druckvorlage.

Die Wiedergabe der Texte folgt in Orthographie und Interpunktion den zugrunde gelegten Vorlagen. Offenkundige Druckfehler sowie Fehlschreibungen von Eigennamen (z. B. *Les Beaux* statt *Le Baux*, *Viterbio* statt *Viterbo*, *Rhone* statt *Rhône*) wurden stillschweigend korrigiert. Lediglich in Zweifelsfällen werden einzelne korrigierende Texteingriffe im Kommentar dokumentiert (z. B.: *Gebäuse* statt *Gebäude* oder *Gehäuse*?). Beim Verdacht einer bewussten Abweichung von den damaligen orthographischen und syntaktischen Regeln oder bei der Verwendung historischer Schreibweisen (z. B. *Fascismus, Schlachzizen, Reminiscenz, Kompagnie, Telephon, hieher, bischen*) folgt der Text immer der Vorlage. Belassen wurden außerdem sowohl häufig wiederkehrende, für Roth als auch für die Zeit typische Eigenheiten betreffend die Getrennt- und Zusammenschreibung (*an Stelle*, *genau so*) und die Groß- und Kleinschreibung (*babylonische Gefangenschaft*). Ebenso erhalten bleibt Roths eigenwilliger Gebrauch von Kommata, die bei Reihungen von Adjektiven häufig fehlen (*die armseligsten hagersten Arme*), dafür bei vergleichenden Konjunktionen umso häufiger gesetzt werden (*sein Körper ist schmal, wie ein Bein*). Die drucktechnisch bedingte Wiedergabe der Umlaute durch Ae, Oe, Ue in einigen der Druckvorlagen wird hier einheitlich zu Ä, Ö, Ü normalisiert. In den Erstdrucken durch Sperrungen, halbfett, Unterstreichungen oder Schriftwechsel markierte Hervorhebungen werden einheitlich *kursiv* wiedergegeben. Zusätze des Herausgebers stehen in eckigen Klammern.

Werke Roths, die nicht Bestandteil unserer Auswahl sind, werden im Anhang nach der im Verlag Kiepenheuer & Witsch, Köln 1989-91 erschienenen Ausgabe der »Werke«, hrsg. von Fritz Hackert und Klaus Westermann (= Werke 1989-91), zitiert; wenn dort nicht enthalten, nach der späteren Sammlung »Unter dem Bülowbogen. Prosa zur Zeit«, hrsg. von Rainer-Joachim Siegel, Köln 1994 (= Roth 1994). Auf die große Ausgabe bezügliche Stellenangaben verzeichnen lediglich Band (römische Ziffer) und Seite (arabische Ziffer).

Das Titelzitat »Ich zeichne das Gesicht der Zeit« ist Roths Brief an Benno Reifenberg vom 22. April 1926 (Briefe 1970, S. 88) entnommen.

BBC: Berliner Börsen-Courier. Tageszeitung für alle Gebiete. Berlin
Bienert 1996: Michael Bienert, Joseph Roth in Berlin. Ein Lesebuch für Spaziergänger. Köln 1996 (4. Aufl. 1999)
Briefe 1970: Joseph Roth. Briefe 1911-1939. Hrsg. u. eingel. von Hermann Kesten. Köln, Berlin 1970
Briefe 2005: Geschäft ist Geschäft. Seien Sie mir *privat* nicht böse. Ich brauche Geld. Der Briefwechsel zwischen Joseph Roth und den Exilverlagen Allert de Lange und Querido 1933-1939. Hrsg. u. eingel. von Madeleine Rietra. In Verbindung mit Rainer-Joachim Siegel. Köln 2005
Bronsen 1974: David Bronsen, Joseph Roth. Eine Biographie. Köln 1974
Bronsen 1975: Joseph Roth und die Tradition. Aufsatz- und Materialsammlung. Hrsg. u. eingel. von David Bronsen. Darmstadt 1975 (Agora; 27)
Chambers 1991: Co-existent contradictions: Joseph Roth in retrospect. Papers of the Roth-Symposium at Leeds University. Ed. by Helen Chambers. Riverside, California, 1991
CS: Der Christliche Ständestaat. Österreichische Wochenhefte. Wien
D: Druckvorlage. Soweit nicht angegeben, der Erstdruck (E)
DD: Der Drache. Eine ungemütliche sächsische Wochenschrift. [Neuer Untertitel ab 6.1.1925:] Eine republikanische satirische Wochenschrift. Leipzig und Dresden
DF: Der Friede, Wochenschrift für Politik, Volkswirtschaft und Literatur«. Wien
DLA: Deutsches Literaturarchiv, Marbach
DNT: Der Neue Tag, Wien
DNTB: Das Neue Tage-Buch. Paris, Amsterdam
Dohrn 1991: Verena Dohrn, Reise nach Galizien. Grenzlandschaften des alten Europa. Frankfurt am Main 1991
Eicher 2010: Joseph Roth und die Reportage. Hrsg. von Thomas Eicher. Heidelberg 2010
E: Erstdruck
FDB: Freie Deutsche Bühne – Das blaue Heft, Berlin
FW: Die Filmwelt. Illustrierte Kino-Revue. Wien
FZ: Frankfurter Zeitung und Handelsblatt. Frankfurt a. M.
Hackert 1967: Fritz Hackert, Kulturpessimismus und Erzählform. Studien zu Joseph Roths Leben und Werk. Bern 1967 (Diss. Tübingen 1967)
Herrenalber Forum 1994: »Die Schwere des Glücks und die Größe der Wunder«. Joseph Roth und seine Welt. Hrsg. von der Evan-

gelischen Akademie Baden. Karlsruhe 1994 (Herrenalber Forum. 10)

J. R.: Joseph Roth

Katalog 1979: Joseph Roth. 1894-1939. Eine Ausstellung der Deutschen Bibliothek Frankfurt am Main. (Hrsg. Günther Pflug, Ausstellung und Katalog: Brita Eckert und Werner Berthold. Frankfurt/Main 1979. (Sonderveröffentlichungen der Deutschen Bibliothek; 7)

Katalog 1994: Joseph Roth 1894-1939. Ein Katalog der Dokumentationsstelle für neuere österreichische Literatur zur Ausstellung des Jüdischen Museums der Stadt Wien, 7. Oktober 1894 bis 12. Februar 1995. Katalog: Heinz Lunzer u. Victoria Lunzer-Talos. Wien 1994 (Zirkular; Sondernummer 42)

Katalog 2008: Joseph Roth im Exil in Paris 1939 bis 1939. Hrsg. von Heinz Lunzer in Zusammenarbeit mit Victoria Lunzer-Talos. Wien 2008 (Zirkular; Sondernummer 68)

Kessler / Hackert 1990: Joseph Roth. Interpretation. Kritik. Rezeption. Akten des internationalen, interdisziplinären Symposions 1989, Akademie der Diözese Rottenburg-Stuttgart. Hrsg. von Michael Kessler u. Fritz Hackert. Tübingen 1990 (Stauffenburg Colloquium; 15)

Kiefer 2001: Sebastian Kiefer, Braver Junge – gefüllt mit Gift. Joseph Roth und die Ambivalenz. Stuttgart u. Weimar 2001 (M-&-P Schriftenreihe für Wissenschaft u. Forschung)

LBI: Archiv des Leo Baeck Institute, New York

Linden 1949: Joseph Roth. Leben und Werk. Ein Gedächtnisbuch. Gesammelt, ausgew. u. eingel. von Hermann Linden. Köln, Hagen 1949

Lipiński 1995: Krzysztof Lipiński, Interpretation Rezeption Translation. Aufsätze zur österreichischen Literatur im 20. Jahrhundert. Czestochowa 1995

Lipiński 2000: Krzysztof Lipiński, Auf der Suche nach Kakanien. Literarische Streifzüge durch eine versunkene Welt. St. Ingbert 2000 (Österr. u. internationale Literaturprozesse; 9)

Lit: Quellen u. weiterführende Literatur

LL: Lachen Links. Das republikanische Wochenblatt. Berlin

LN: Les Nouvelles Littéraires. Paris

LuK: Literatur und Kritik. Salzburg

Lunzer 1994: Heinz Lunzer, Victoria Lunzer-Talos, Joseph Roth. Leben und Werk in Bildern. Köln 1994

LW: Die literarische Welt. Berlin

LWU: Literatur in Wissenschaft und Unterricht. Würzburg

Magris 2000: Claudio Magris, Der habsburgische Mythos in der modernen österreichischen Literatur. Wien 2000 (Italienische

Originalausgabe »Il mito absburgico nella letteratura austriaca moderna«. Turin 1963; deutsche Erstausgabe 1964

MNN: Münchner Neueste Nachrichten. Handels- und Industriezeitung. Alpine und Sport-Zeitung. Theater- und Kunst-Chronik. München

Mo: Der Morgen. Berlin

Morgenstern 1994: Soma Morgenstern, Joseph Roths Flucht und Ende. Erinnerungen. Hrsg. u. mit einem Nachw. von Ingolf Schulte. Lüneburg 1994

Müller-Funk 1989: Wolfgang Müller-Funk, Joseph Roth. München 1989 (Beck'sche Reihe Autorenbücher; 613)

NAUB: Neues Acht-Uhr-Blatt. Wien

NBZ: Neue Berliner Zeitung – 12-Uhr-Blatt. Berlin

Nervik 2002: Astrid Cecilie Nervik, Identität und kulturelle Vielfalt. Musikalische Bildsprache und Klangfiguren im Werk Joseph Roths. Hamburg 2002 (Poetica – Schriften zur Literaturwissenschaft; 65)

Nürnberger 1985: Helmuth Nürnberger, Wien im Werk Joseph Roths. LWU 18 (1985). Heft 4, S. 193-211.

Nürnberger 2006: Helmuth Nürnberger, Joseph Roth mit Selbstzeugnissen und Bilddokumenten. 11. Aufl. Reinbek bei Hamburg 2006 (Erste Aufl. 1981)

NZB: National-Zeitung, Basel

Ochse 1999: Katharina Ochse, Joseph Roths Auseinandersetzung mit dem Antisemitismus. Würzburg 1996 (Epistemata. Würzburger wissenschaftliche Schriften. Reihe Literaturwissenschaft; 273). Zugleich Freie Univ. Berlin Diss. 1996

ÖIZ: Österreichs Illustrierte Zeitung. Modernes Familienblatt. Wien

ÖP: Die Österreichische Post / Courrier Autrichien. Paris

Panoptikum: Joseph Roth, Panoptikum. Gestalten und Kulissen. München 1930

PT: Prager Tagblatt. Prag

PTB: Pariser Tageblatt. Paris

PTZ: Pariser Tageszeitung. Paris

Roth 1994: Joseph Roth. Unter dem Bülowbogen. Prosa zur Zeit. Hrsg. von Rainer-Joachim Siegel. Köln 1994

Siegel 1995: Joseph Roth-Bibliographie. Bearbeitet von Rainer-Joachim Siegel. Morsum/Sylt 1995

Steinmann 1984: Esther Steinmann, Von der Würde des Unscheinbaren. Sinnerfahrung bei Joseph Roth. Tübingen 1984 (Untersuchungen zur Literaturgeschichte; 35)

Sternburg 2009: Wilhelm von Sternburg, Joseph Roth. Eine Biographie. Köln 2009

Stillmark 1996: Joseph Roth. Der Sieg über die Zeit. Londoner Symposium. Hrsg. von Alexander Stillmark. Stuttgart 1996
Sültemeyer 1970: Joseph Roth, Der Neue Tag. Unbekannte politische Arbeiten 1919 bis 1927 Wien, Berlin, Moskau. Hrsg. u. mit e. Vorw. von Ingeborg Sültemeyer. Köln, Berlin 1970 (pocket; 9)
Sültemeyer 1976: Ingeborg Sültemeyer, Das Frühwerk Joseph Roths 1915-1926. Studien und Texte. Wien u. a. 1976
u. d. T.: unter dem Titel
TB: Das Tage-Buch, Berlin
T+K: Joseph Roth. Hrsg. von Heinz Ludwig Arnold. Edition Text + Kritik. Sonderband. München 1974 [Zweite, erweiterte Ausgabe München 1982]
Vo: Vorwärts. Berliner Volksblatt. Zentralorgan der Vereinigten Sozialdemokratischen Partei Deutschlands. Berlin
Wa: Die Wahrheit, Prag
Werke 1956: Joseph Roth. Werke [in drei Bänden]. Einleitung von Hermann Kesten. Köln u. Berlin 1956
Werke 1975-76: Joseph Roth. Werke [in vier Bänden]. Hrsg. u. eingel. von Hermann Kesten. Köln 1975-1976
Werke 1989-91: Joseph Roth. Werke. Köln 1989-1991. [Band I: Das journalistische Werk 1915-1923. Hrsg. von Klaus Westermann. Mit einem Vorw. zur Werkausgabe von Fritz Hackert u. Klaus Westermann. Köln 1989. – Band II: Das journalistische Werk 1924-1928. Hrsg. von Klaus Westermann. Köln 1990. – Band III: Das journalistische Werk 1929-1939. Hrsg. u. mit e. Nachw. von Klaus Westermann. Köln 1991. – Band IV: Romane u. Erzählungen 1916-1929. Hrsg. u. mit e. Nachw. von Fritz Hackert. Köln 1989. – Band V: Romane u. Erzählungen 1930-1936. Hrsg. u. mit e. Nachw. von Fritz Hackert. Köln 1990. – Band VI: Romane u. Erzählungen 1936-1940. Hrsg. u. mit e. Nachw. von Fritz Hackert]
Westermann 1987: Klaus Westermann, Joseph Roth, Journalist. Eine Karriere 1915-1939. Bonn 1987 (Abhandlungen zur Kunst-, Musik- und Literaturwissenschaft; 368)
Wirtz 1997: Irmgard Wirtz, Joseph Roths Fiktionen des Faktischen. Das Feuilleton der zwanziger Jahre und »Die Geschichte von der 1002. Nacht« im historischen Kontext. Berlin u. a. 1997 (Philologische Studien u. Quellen; 144)
Zeman 1989-1990: Die österreichische Literatur. Ihr Profil von der Jahrhundertwende bis zur Gegenwart. 1880-1980. Hrsg. von Herbert Zeman. Teil 1, Graz 1989; Teil 2, Graz 1990
WSMZ: Wiener Sonn- und Montagszeitung. Wien
ZfKuB: Zeitschrift für Kultur- und Bildungswissenschaften / Flensburger Universitätszeitschrift. Flensburg

Anmerkungen

Feuilletons, Glossen, Reportagen (1915–1925)

Roths Mitarbeit an Zeitungen begann im Herbst 1915 in Wien, im zweiten Jahr des Ersten Weltkriegs, mit Gedichten und kleiner Prosa des Germanistikstudenten. Sie endete 1939 in Paris mit einem anklagenden Artikel »Die Eiche Goethes in Buchenwald«, den er sicherlich für eines der Exilblätter bestimmt hatte, für die er schrieb. Sein Tod verhinderte zunächst das Erscheinen. Die genannten Daten umschließen nicht zufällig Roths literarische Tätigkeit insgesamt, die Biographie des Schriftstellers ist von der des Journalisten nicht zu trennen. Fragt man nach diesem im engeren Sinn, als Roth im Hauptberuf für Zeitungen schrieb, im ›Brotberuf‹, den er brauchte, so ergibt sich freilich ein engerer Zeitraum, und der entspricht, wiederum nicht zufällig, in etwa den Jahren der Republik zwischen dem Sturz der mitteleuropäischen Kaiserreiche und dem Beginn der Diktatur. Der weitaus größte Teil seiner journalistischen Arbeiten ist in dieser Zeit entstanden. Im Untertitel der vorliegenden Auswahl und als Leitbegriff für den ersten und vierten Abschnitt unserer Auswahl ist von »Feuilletons« nicht allein im engeren Sinn des Gattungsbegriffs die Rede; gemeint ist immer auch die Rubrik, alles was in der Zeitung traditionell ›unter dem Strich‹ seinen Platz fand, eine Trennung, die nach dem Ersten Weltkrieg allerdings bereits obsolet geworden war.

Bereits als Gymnasiasten drängte es Roth zur Literatur. Ganz sicher war es auch sein Bestreben, sich alsbald gedruckt zu sehen, aber er spielte zunächst wohl mit verschiedenen Berufswünschen. Auch seinen akademischen Lehrern fiel der begabte Germanistikstudent alsbald auf. Der mittellose Kriegsheimkehrer konnte sein Studium jedoch nicht fortsetzen. Eine kurzfristige Sicherheit bot ihm erstmals die Wiener Zeitung »Der Neue Tag«, die, 1919 gegründet, allerdings schon im folgenden Jahr wieder eingestellt wurde. Danach schrieb Roth, überwiegend als freier Mitarbeiter, zunächst für verschiedene, zumeist Berliner Blätter. Er arbeitete als Lokal- und Gerichtsreporter, Sonderkorrespondent, Film- und Buchrezensent – ein Vielschreiber, der sich gleichwohl nicht erschöpfte, zeitweilig auch vermehrt politisch agitierte. Seine Beobachtungsgabe ist oft gerühmt worden, Witz, Phantasie und Sentiment, über die er wie sein Lieblingsdichter Heinrich Heine in ungewöhnlichem Maße verfügte, fanden Niederschlag in brillanten Glossen. Schon bald schrieb er nebenher auch Romane. Wie seine journalistischen Arbeiten behandelten sie aktuelle Themen; die Texte waren in kurze Abschnitte untergliedert, wie es der Vorabdruck in Zeitungen wünschenswert sein ließ.

Ein Feuilletonist, versicherte er mahnend Bernhard von Brentano, könne auch Romane schreiben, typisch deutsche Unfähigkeit sei es, »eine Sache ›für den Tag‹ auf keinen Fall um des Tages willen« zu tun (7.5.24). Der erste von Roths Romanen (»Das Spinnennetz«) erschien zu seinen Lebzeiten nie als Buch, später begann er zu glänzen als ein Zeugnis geradezu hellsichtig anmutender politischer Intelligenz. Am 6. November 1923 schloss der Vorabdruck, drei Tage später scheiterte in München der Putschversuch von Hitler und Ludendorff, die im Roman namentlich erwähnt waren.

Künstlerisch blieb Roths eigentliche Domäne zunächst das Feuilleton, wienerisch geprägt und zuletzt nur beiläufig politisch, so leichtfüßig und zart melancholisch wie keine andere literarische Gattung; das Feuilleton, wie er es bei Alfred Polgar und Peter Altenberg vorfand und weiterentwickelte.

Roth fühlte sich dem »Marquis Prosa« (wie Polgar scherzhaft genannt wurde) tief verpflichtet: »Unter den deutschen Schriftstellern der Gegenwart ist er einer der behutsamsten. Die sprachliche Behutsamkeit habe ich von ihm gelernt. Ich gestehe, daß ich versucht habe, sie ihm abzulauschen; daß ich versucht habe, den Geheimnissen der deutschen Sprache nachzuspüren, so, wie er unter wenigen es kann, dank seiner Gnade, zu hören und zu fühlen.« (»Dank an Alfred Polgar«)

Peter Altenberg ehrte er, indem er erklärte, wie man ihn nicht ehren dürfe: »Der Bildhauer, der den Auftrag bekäme, dem Wiener Dichter Peter Altenberg ein Denkmal zu setzen, stünde verzweifelnd vor einem Problem. Peter Altenbergs Antlitz schließt eine stilisierte Übertragung in ewigem Marmor an sich schon aus. Diese Züge vertragen kein idealisiertes Pathos und bedürfen keiner Übersetzung ins traditionell Heroenhafte eines Monuments. Ein Denkmal Peter Altenbergs müßte ungefähr im Wiener Volksgarten stehen, in jenem Park, in dem die kleinen Mädchen aus den Büros, den Schulen und den Werkstätten wandeln am Abend wenn die Sonne untergeht, und auch lang noch später, wenn die dunkle Nacht als eine Wohltat Gottes empfunden wird. In jenem Park steht ein anderer großer Dichter: Grillparzer. In antik stilisiertem Gewand, von den unsterblichen Gestalten seiner Dichtungen umgeben. So könnte Peter Altenberg nicht dastehen.« (»Ein Denkmal«)

Zehn Jahre nachdem er zu veröffentlichen begonnen hat, macht Roth eine Erfahrung, die ihn tief bewegt und über die er sich so erschüttert und hingerissen geäußert hat wie wohl kein anderer Schriftsteller deutscher Zunge. Er empfindet seinen ersten Aufenthalt in Frankreich wie eine Befreiung aus langer Gefangenschaft. Paris entzückt ihn, die Provence ist für ihn ein einziges Glück der Sinne, zuvörderst der Augen, ein Helligkeitserlebnis, Mystik des Lichts. In seiner Reportagenfolge »Im mittäglichen Frankreich« versucht er ein erstes Mal seine Eindrücke wiederzugeben. Ganz zu verstehen, vermöchte ihn wohl nur der, der Erfahrungen mitbringt wie er.

Lit: Briefe 1970, S. 42. – »Dank an Alfred Polgar«, III, 684 (NZB, 17.10.1935). – »Ein Denkmal«, I, 768f. (BBC, 14.3.1922). – Sültemeyer 1976 passim. – Westermann 1987, passim. – Wirtz 1997, passim.

Über die Satire. Eine Plauderei

E: »Österreichs Illustrierte Zeitung«, Wien, Jg. 25, Nr. 14, 2.1.1916. – S. 338

Roth hatte die Beziehung zu dem wöchentlich erscheinenden »Familienblatt – mit Kunstrevue« in einem werbenden Brief gesucht, siehe Nachwort, S. 504-506.

Wiener Operette

E: »Der Friede«, Wien, Bd. 1, Nr. 3, 9.2.1918. – S. 71. – Sign. h.

»Der Friede«] Roths kleiner Artikel bildet seinen ersten Beitrag zu der neugegründeten Wiener Zeitschrift »Der Friede. Wochenschrift für Politik, Volkswirtschaft und Literatur«, die vom 26. Januar 1918 bis zum 17. Januar 1919 erschien und es sich zum Ziel gesetzt hatte, im erschöpften, längst kriegsmüden Österreich für einen baldigen Frieden vorbereitend tätig zu sein. Obwohl nur wenige Beiträge des noch unerfahrenen Neulings in dem Blatt zum Abdruck gelangten, ist es dennoch für ihn wichtig gewesen. Benno Karpeles (1868-1938), der verantwortliche Herausgeber, und Alfred Polgar, der das literarische Programm redigierte, hatten der Wochenschrift hervorragende Mitarbeiter gewonnen: Paul Claudel, Albert Ehrenstein, Albert Paris Gütersloh, Peter Altenberg, Oskar Baum, Richard A. Bermann, Max Brod, Egon Erwin Kisch, Anton Kuh, Erich Mühsam, Robert Musil, Romain Rolland, René Schickele, Johannes Urzidil, Berthold Viertel, Franz Werfel, Walt Whitman, um nur diese zu nennen. Es überrascht daher nicht, dass in der von Fritsch/Kriegleder zusammengestellten Liste der Autoren Roths Name nicht erscheint. Einer der Redakteure des Blatts, Fred Heller, hat, wie Bronsen mitteilt, in einer nicht mehr sicher zu bestimmenden Publikation (Emigrantenzeitung in Argentinien 1938[?]), Erinnerungen an Roths Besuche in der Redaktion veröffentlicht: Ein schlecht genährter, fröstelnder Soldat in einer abgetragenen Uniform, der Gedichte mitbrachte, die Heller gefielen. Noch mehr sagte ihm zu, was deren Verfasser erzählte; Heller ermutigte ihn, Prosa zu schreiben. Roth schloss damals erste kollegiale Bekanntschaften mit Menschen, die beruflich für ihn wichtig werden sollten. In Polgar gewann er ein bestimmendes Vorbild, die freundschaftlichen Beziehungen zu Kisch und Schickele überdauerten

viele Jahre. Als Karpeles, Polgar und Heller nach der Einstellung des Blattes im Frühjahr 1919 zur neugegründeten Zeitung »Der Neue Tag« wechselten, wurde Roth dort fester Mitarbeiter und gewann schnell ein eigenes Profil.

Edmund Eysler] Edmund Salomon Eisler (1874-1949). Der im Volksmund »Mundi« getaufte populäre Komponist schrieb über 60 Operetten. »Die gold'ne Meisterin« (1927) soll eine der Lieblingsoperetten Adolf Hitlers gewesen sein. In der NS-Zeit als Jude unterdrückt, erlebte er mit »Wiener Musik« im Burgtheater noch 1948 einen Erfolg.

Lit: C. Fritsch u. W. Kriegleder, Wiener Literaturzeitschriften um das Ende des Ersten Weltkrieges, In: Zeman 1989-1990, Teil 1, S. 221-243, hier 236ff. – Bronsen 1974, S. 186f.

Wo die Kartousch singt

E: »Der Friede«, Wien, Bd. 1, Nr. 11, 5.4.1918. – S. 266, Sign. h.

Roths Kritik der Operette seiner Zeit und wie er sie kannte, wandelte sich von frühem Spott in einen lange währenden Vorwurf. Er sah in der Operette ein typisch ›österreichisches‹ Produkt, geeignet, Österreich ungewollt zu schaden. Ihr Stilgemisch unterschiedlicher Volksmusiken stimmte mit dem Geltungsbereich der schwarz-gelben Grenzpfähle recht genau überein, die malerischen Schauplätze nicht gerechnet. Der Groll, mit dem er die eingängigen Melodien verfolgte, hatte auch einen tragikomischen Zug, denn eigentlich kannte er sich in ihnen recht gut aus. Möglicherweise hat er bereits im »Klein-Wien« genannten Lemberg der Vorkriegszeit die Vorkenntnisse erworben, die er offensichtlich besaß. Als junger Journalist trifft er auch fern vom einstigen Österreich-Ungarn auf die populären Zugstücke: In Königsberg bricht 1920 im Café bei Stromausfall die Musik nicht ab, »aber sie rutscht aus dem Dreimäderlhaus in den Grafen von Luxemburg«. Nachher macht im Kino »Püppchen, du bist mein Augenstern« den fatalen Beschluss (»Mosaik aus Ostpreußen«). In Berlin sah Roth sich gar beauftragt, über Operettenpremieren zu berichten. Nur gelegentlich zollte er Anerkennung: »Hansi die Niese aber, die ›Botschafterin Leni‹, wächst hier zum weiblichen Girardi heran« (»Hansi Niese«). Insgesamt kritisierte er das Genre an der Spree noch deutlicher als an der Donau, beobachtete missfällig Hauptstadttouristen, »von Kellnern umwedelt, von Direktoren lächelnd begrüßt, von roten Liftboys umsäumt«, die sich für die Fünfuhrtee-Musik anfällig erwiesen. »Sie lieben ein fröhlich Lied, die Fremden, und bestellen beim Kapellenober akustische Leiblecker-bissen; ein Vorspeisepotpourri; eine Lehár-Cremetorte; eine Robert-Stolz-Konfitüre aus Wien, der Stadt der Sacheroperetten.« (»Die fremden Bürger«) Also grollte er »der nachsichtigen Schwachheit«

der Theaterberichterstattung in der sommerlichen Stadt, genügte sie doch nicht ihrer »Pflicht, entweder die Sommerspielzeit zu ignorieren oder vor ihrer täppischen Lächerlichkeit zu warnen« (»›Die dumme Liebe‹ und die Berliner Kritik«). Einige seiner Besprechungen sind, wie Siegels Bibliographie ausweist, noch nicht wieder gedruckt, so 1920 zu Leo Aschers »Botschafterin Leni«, 1921 zu Eduard Künnekes »Der Vetter aus Dingsda«, Franz Lehárs »Zigeunerliebe« und Leo Falls »Der fidele Bauer«.

Der k. u. k. Militärmusik allerdings begegnete Roth, ob nun im Wiener Volksgarten oder auf dem Balkan (s. »Die Hauptstadt Tirana«, S. 253), zumeist mit heiterer Zustimmung. Es kann ihm nicht entgangen sein, dass Lehár, wie andere Operettenkomponisten, ein ehemaliger Militärmusiker war. Roths »Ambivalenz« (Kiefer) – er teilt sie mit seinen Figuren – ist auch in solchem Zusammenhang mit Händen zu greifen. »Mit einem glücklichen Geschick vereinigte er also die Sättigung seiner Lust mit den Forderungen der Pflicht«, lesen wir über den Herrn von Trotta im »Radetzkymarsch«. »Er war ein Spartaner. Aber er war ein Österreicher.« Ein Spartaner war Roth allenfalls – wenn es darauf ankam – als Stilist. Ein Österreicher war er gelegentlich sogar als Stilist, zu melodischer Klage, Spott und Verklärung begabt. Er verstand sich als Betroffener: Wie die leichtfertige Epoche insgesamt waren er und seine Kameraden verwöhnt, »fast unmittelbar aus der Operettenvorstellung in das schaurige Theater des Weltkriegs gegangen« (»Vorwort zu meinem Roman: ›Der Radetzky-Marsch‹«, S. 348).

»Wo die Kartousch singt«] Ironische Anspielung auf den im Text ungenannt bleibenden Titel von Franz Lehárs Operette »Wo die Lerche singt«. Der ungarischen Uraufführung von »A Pacsirta« im Königlichen Theater in Budapest folgte die deutsche Premiere am 27. März 1918 im Theater an der Wien, an dem die aus Linz stammende Schauspielerin und Sängerin Louise Kartousch (1886-1964) seit 1907 als gefeierte Soubrette wirkte. Ihre Beschreibung als »liebes älteres Kindchen« ist ebenfalls Persiflage; bereits in Linz hatte sie auch Kinderrollen gespielt. In der neuen Operette war sie die Enkelin eines Bauern. In dieser Rolle stand sie 1918 auch das erste Mal vor der Kamera. Noch 1942 wirkte sie in dem Mozart-Film »Wen die Götter lieben« mit.

Marischka] Hubert M. (1882-1959), Schauspieler, Sänger, Regisseur und Drehbuchautor, aus einer Wiener Künstlerdynastie, Bruder von Ernst Marischka (1893-1963), Drehbuchautor und Regisseur der »Sissi«-Filmtrilogie (1954-57).

Neutitschein] dt. Name von Nový Ji∞ín (Mähren), im »Kuhländchen«, das seinen Namen der dortigen vorbildlichen Rindviehhaltung verdankte.

der lustige Bauer Tautenhayn] der Buffo-Bassist Ernst Tautenhayn (1874-1944), mit dem gemeinsam Louise Kartousch oft aufgetreten ist.

zwei berühmte Librettisten] Heinz Reichert (1877-1940) und der angesehene Alfred Maria Willner (1859-1929). Die Handlung spielt in einem ungar. Dorf und in Budapest.

Lit: Roth 1994, S. 139 u. 149. – »Mosaik aus Ostpreußen«, I, 325f. (NBZ, 9.8.1920). – »Hansi Niese«, I, 412f. (FDB, 5.12.1920). – »›Die dumme Liebe‹ u. die Berliner Kritik«. In: Roth 1994, S. 182f. – »Die fremden Bürger«, I, 1006. (Vo, 27.5.1923). – Kiefer 2001, passim. – »Radetzkymarsch«, V, 162. – Nervik 2002, S. 69 ff. (»Operettenfeuilletons«).

Der Tendenzfilm

E: »Die Filmwelt«, Wien, Jg. 1, Nr. 8, 2.5.1919. – S. 9, Sign. Jos. R.

Seit März 1919 schrieb Roth für die neugegründete Wiener Zeitschrift »Die Filmwelt«, eine, wie der Untertitel lautete, »Illustrierte Kino-Revue«, die in erster Linie Reklamezwecken diente und für redaktionelle Beiträge nur sehr begrenzt Raum bot. Für den jungen Mitarbeiter handelte es sich um den bescheidenen Beginn seiner Tätigkeit für ein Medium, das in den folgenden Jahren schnell an Bedeutung gewann. Roths Verhältnis zum Film war – ungleich intensiver noch als das zur Operette – aus Abneigung und Faszination gemischt. Eine größere Anzahl von einschlägigen Besprechungen, hauptsächlich aus Roths Berliner Jahren, ist in den Werk- und Nachlasssammlungen wieder erschienen, andere sind zumindest bibliographisch bekannt, weitere vermutlich noch nicht ermittelt. Der Kritiker sparte nicht mit Spott und Ironie, ließ sich aber als Erzähler durch Stoffe und Techniken des Films auch anregen. Die Tiefe seiner Abneigung spiegelt der große Essay »Der Antichrist«, in dem vor allem der amerikanische Film (Hollywood, von Roth zu »Höllenwut« dämonisiert) als Inbegriff lügnerischen Wesens erscheint. In der Bedrängnis der Exiljahre, auf einen Vertrag hoffend, der ihm die Ausreise in die USA ermöglichen sollte, hat Roth sich – wohl im Frühjahr 1939 – auch selbst an einem Film-Exposé versucht (die Geschichte eines jüdischen Viehzüchters in der Eifel, s. Katalog 1979). Bei anderer Gelegenheit wirkte er an einem Film-Drehbuch mit (»Der letzte Karneval von Wien«). Das Exposé blieb Entwurf, das Drehbuch fand keine Verwendung.

Lit: Lunzer 1994, S. 91f. – L. Quaresima, Der Schatten, die Stimme. J. R. als Filmkritiker. In: Kessler / Hackert 1990, S. 245-259. – M. Carbone, J. R.s Filmrezensionen als literarische Reportagen. In: Eicher 2010, S. 49-67. – »Der Antichrist« III, 571ff. (»Hollywood, der Hades des modernen Menschen«). – Katalog 1979, S. 286ff. – B. Eckert, J. R. und der Film. Anmerkungen zu J. R.s und Leo Mittlers Scenario »Der letzte Karneval von Wien«. In: Kessler / Hackert 1990, S. 99-106.

Knigge im Film

E: »Die Filmwelt«, Wien, Jg. 1, Nr. 9, 16.5.1919. S. (I), Sign. Jos. R.

deutsch-mährische Städtchen] Roth denkt möglicherweise an die nicht weiter bekannte mährische Stadt, von der er 1914 Soma Morgenstern erzählte, dass er sie zu besuchen gedächte, weil er dort Verwandte habe. Auch in dem Artikel »Die k. u. k. Veteranen« bildet die »kleine(n) mährische(n) Provinzstadt, in der ich zwei Jahre zubrachte«, den Schauplatz, ohne dass ein Ortsname genannt wird. Der Roman »Radetzkymarsch« spielt partienweise in der »kleinen Bezirksstadt W. in Mähren«, in der Herr von Trotta als Bezirkshauptmann residiert, auch die erste Garnison seines Sohnes ist in Mähren gelegen. Unverkennbare Eigenart gewinnt der Ort in keinem dieser Texte, was ihn charakterisiert, ist vielmehr gerade das Typische seines Erscheinungsbildes, wie es mit wenigen Strichen angedeutet wird. Mit der kleinen (Garnisons-)Stadt in Galizien, wie sie wiederholt von Roth beschrieben wird, trägt sie zum Teil übereinstimmende Züge. Mähren ist als eine zweite slawische Provinz in Roths Erzählwerk von Galizien jedoch deutlich abgehoben, zeigt keine Spuren des Verfalls, sondern, der fruchtbaren Landesnatur entsprechend, soliden Wohlstand. Roths Darstellung lässt eigene Erfahrungen vermuten, über seine Aufenthalte in Mähren ist jedoch nichts Näheres bekannt. Topographische Details, »Radetzkymarsch« betreffend, haben neuerdings auf Wischau (Vyškov), nordöstlich von Austerlitz (Slavkov), schließen lassen. (Bellmann)

Asta Nielsen] Asta N. (1881-1972), dänische Schauspielerin, die in Deutschland zu einem der größten Stummfilmstars (»die Duse des Films«) und dem ersten weiblichen Filmstar überhaupt wurde, Zu ihren bekanntesten Filmen gehören »Hamlet« (1920, Regie: Sven Gade), »Fräulein Julie« (nach August Strindberg, 1921, Regie:) und »Die freudlose Gasse« (1925, Regie: G. W. Pabst).

Henny Porten] s. Anm. S. 433 zu »Heimweh nach Prag«.

Harry Walden] Harry W. (1875-1921), deutscher Theater- und Filmschauspieler.

Psylander] Waldemar P. (1884-1917), populärer dänischer Stummfilmstar.

R. M. Meyer] Richard Moritz M. (1860-1914), Germanist und Mäzen, 1901 Professor der dt. Literaturgeschichte in Berlin (»Die deutsche Literatur des 19. Jahrhunderts«, 1900).

Das Kino als ... Knigge] Vgl. die Wiederaufnahme dieses Motivs in »Madame Annette« (S. 316f.).

Lit: Morgenstern 1994, S. 23. – »Die k. u. k. Veteranen«, III, 64-70 (FZ, 18.6.1929). – »Radetzkymarsch«, V, 256 u. 192 – J. R., Radetzkymarsch. Hrsg. v. W. Bellmann. Stuttgart 2010, S. 482.

Verschneite Welt

E: »Der Neue Tag«, Wien, Jg. 1, Nr. 236, 19.11.1919. – S. 5, Sign. J.r.

»Der Neue Tag«] linksliberale Tageszeitung in Wien, wie »Der Friede« von Benno Karpeles gegründet, im Besitz des »Elbemühlkonzerns«, der auch andere Wiener Zeitungen finanzierte, der Redaktion jedoch vertraglich Unabhängigkeit zugesichert hatte. Die insofern der »Frankfurter Zeitung« und dem »Berliner Tageblatt« vergleichbare Neugründung verfügte über einen mit den besten Kräften des Wiener Journalismus besetzten Mitarbeiterstab. Als Chef vom Dienst wirkte Karl Tschuppik, der später einer der engsten Freunde Roths werden sollte. Die Zeitung begann im März 1919 zu erscheinen. Für Roth handelte es sich um die erste beruflich geregelte Tätigkeit, er gehörte der Redaktion 13 Monate (bis zur Einstellung des Blattes wegen Unrentabilität) an. Bekannt sind rund 140 Artikel aus seiner Feder, ein erster Beitrag stammt vom 20. April 1919. Als Lokalreporter schrieb er für die Serie »Wiener Symptome«, zu der auch Richard A. Bermann (1883-1939) und Rudolf Olden (1885-1940) Beiträge lieferten, berichtete aus dem politisch aufgeheizten Westungarn und wandte sich auch schon seiner eigentlichen Domäne zu – dem Feuilleton. Zumindest in Kollegenkreisen gewann Roth jetzt schnell Anerkennung und festigte persönliche Kontakte. Die Bedeutung dieses Jahres für sein künstlerisches und politisches Frühwerk hat zuerst Sültemeyer, gestützt auf die von ihr aufgefundenen Texte, einsichtig gemacht und damit eine längere Forschungsdiskussion ausgelöst.

Lit: Sültemeyer 1970, passim. – Sültemeyer 1976, S. 46-63.

Stadtfrühling

E: »Der Neue Tag«, Wien, Jg. 2, Nr. 80, 21.3.1920. – S. 6, Sign. Josephus.

am Gürtel] 1873 eröffnete Straße, die zwischen den ›inneren‹ Bezirken (2. bis 9., den ehemaligen Vorstädten) und den ›äußeren‹ Bezirken (10. bis 23., den eingemeindeten Vororten) auf der Trasse des alten Linienwalls verläuft, einer zur Zeit des Prinzen Eugen zum Schutz der Vorstädte errichteten Befestigungsanlage.

tabes dorsalis] Spätform der Syphilis (»Rückenmarksschwindsucht«).

M. P. A. Der Kommunistenprozeß – Namen und Schicksale – Familie Fichtmann – Die Mutter des Häftlings

E: »Neue Berliner Zeitung – 12-Uhr-Blatt«, Berlin, Jg. 2, Nr. 145, 3.7.1920. – S. (I) -2

Bereits in Wien hatte Roth für den »Neuen Tag« erste Gerichtsreportagen geschrieben; der Prozess gegen den als »Gesundschreiber«

berüchtigten Feldmarschallleutnant Teisinger konfrontierte ihn sogleich mit Untaten des zurückliegenden Krieges. Als Stadtreporter der »Neuen Berliner Zeitung« und weiterer Blätter wurde er, wiederum ohne eigentliche Vorbereitung, in Gerichtssäle gesandt. Das Genre war populär, die Redaktionen überließen unspektakulär scheinende oder prekäre Fälle aber auch nicht ungern jüngeren Kollegen. Roth hat das wiederholt genutzt, um für soziale und historische Gerechtigkeit einzutreten. Seine Berichterstattung über den Rathenau-Prozess 1922 hat Sternburg als Roths »vielleicht beste politische Reportagenserie« bezeichnet: »Kaum eine direkte Zeile über den politischen Hintergrund des Attentats findet sich in Roths Artikeln. Aber die Porträts, die er von den Verteidigern, den Richtern, den Zuschauern entwirft, bieten tiefere Einblicke in das politische Drama der Republik als viele der Leitartikel, die zu diesem Thema erscheinen.« Damals und später hat Roth in solchem Zusammenhang auch die »Dichter am Schreibtisch« nicht geschont: »Wer von den deutschen berühmten Schriftstellern hat sich um schwarze Reichswehr, massakrierte Arbeiter, bayrische Justiz [...] gekümmert? Wie viele Dreyfus-Affären hatten wir seit 1918?« Aber Roth berichtete auch mit spöttischem Interesse über den Hochstapler Harry Domela, der erfolgreich als Prinz Louis Ferdinand von Preußen aufgetreten war.

Im Zuge der Roth-Renaissance, die in den fünfziger Jahren des vorigen Jahrhunderts begann und zunächst den Dichter der »Welt von Gestern« (S. Zweig) und des »Habsburgischen Mythos« (Magris) ins Licht setzte, später auch zur Wiederentdeckung seines Frühwerks führte, haben Roths politische Äußerungen unterschiedliche Auslegungen gefunden. An keine der in der Republik etablierten Parteien hat er sich gebunden gefühlt, hat sich auch zu keiner der ihren Programmen zugrunde liegenden Denkrichtungen längere Zeit positiv bekannt. Viel stärker neigte er zu kritischer Auseinandersetzung mit dem, was ihm missfiel, politisch, moralisch, nicht zuletzt ästhetisch. Aus ihm sprach in den ersten Nachkriegsjahren immer auch der um Anerkennung ringende, mittellose junge Literat. Das Meinungsspektrum, das er durchlief und partiell offensiv vertrat, führte vom deutschnational gesinnten Studenten und Kritiker der Monarchie bis hin zum Parteigänger linker Blätter und zum gesellschaftlich ortlosen Romancier der aus dem Krieg heimgekehrten »verlorenen Generation«, der sich über die »kleinbürgerlich« gewordene Revolution, aber auch über die anscheinend ohnmächtige Republik gleichermaßen enttäuscht zeigte. Nicht selten war er klarsichtiger als die unmittelbar Verantwortlichen, frühzeitig nahm er das Hakenkreuz als Menetekel des Untergangs wahr. Über Jahre dominierten eine eher konservative Weltsicht, Enttäuschung und

Resignation, die ihn auch am demokratischen System insgesamt zweifeln ließen. Zugleich beherrschten seine familiären und wirtschaftlichen Sorgen ihn so sehr, dass die Bedeutung des Politischen vorübergehend sogar zurücktrat. Roth arbeitete fernerhin künstlerisch zwar sehr erfolgreich, aber seine tiefe Niedergedrücktheit ist unübersehbar.

Lit: »Teisinger«, (DNT, 21.1.1920). – Sternburg 2009, S. 259ff. – »Emile Zola – Schriftsteller ohne Schreibtisch«. II, 823-825, hier 824f. (Die Neue Bücherschau, 1927). – »Der falsche Kronprinzensohn, II, 744-746 (FZ, 12.7.1927). – F. Hackert, »Der fleißige Chroniker kriminalistischer Ereignisse«. Die Gerichtsreportagen J. R.s. In: Eicher 2010, S. 69-81.

Feuilleton

E: »Berliner Börsen-Courier«, Berlin, Jg. 53, Nr. 341, 24.7.1921. 1. Beilage. – S. 5-6

Für den Berliner Börsen-Courier, die angesehene »Tageszeitung für alle Gebiete«, verzeichnet Siegels Bibliographie zwischen dem 9. Januar 1921 und dem 15. April 1923 nicht weniger als 228 Beiträge aus Roths Feder. Wahrscheinlich hat sich Roth schon bald nach seiner Ankunft in Berlin (Juni 1920) um Kontakte zum BBC bemüht. Der damalige Chefredakteur der Zeitung Emil Faktor (1876-1942), gebürtiger Prager, einer der großen Figuren des deutschen Journalismus der Weimarer Republik, später im Lodzer Ghetto gestorben, favorisierte den in Wien und Prag gepflegten Stil des Feuilletons und er förderte Begabungen. Als Mitarbeiter an Wiener Zeitungen und am »Prager Tagblatt« durfte Roth hoffen, ihm nicht mehr unbekannt zu sein. An Unstimmigkeiten scheint es jedoch schon früh nicht gefehlt zu haben: Patkas Kisch-Monographie zitiert aus einer bei Siegel nicht verzeichneten Rezension Roths über Kischs »Abenteuer in Prag« vom 19.9.1920. Die redaktionelle Vorbemerkung zu dieser Rezension lautete: »Wir veröffentlichen die nachfolgende Würdigung eines Prager Buches, trotzdem der Verfasser von der hunderttürmigen Stadt bloß eine literatenhafte Vorstellung hat. Wir empfehlen den persönlichen Augenschein.«

Der Neuankömmling in der Redaktion schrieb zunächst hauptsächlich für den Lokalteil, schon bald auch für das Feuilleton. In einem Brief an den bekannten Theaterkritiker der Zeitung Herbert Ihering nannte Roth 1923 – sachlich wenig plausibel – als Grund für die Beendigung der Zusammenarbeit mit dem BBC, er könne »wahrhaftig nicht mehr die Rücksichten auf ein bürgerliches Publikum teilen und dessen Sonntagsplauderer bleiben, wenn ich nicht täglich meinen Sozialismus verleugnen will«. Er erklärte jedoch auch, von Faktor, nicht hinreichend anerkannt, vielmehr mit »lächelnde(r) Überhebung« behandelt worden zu sein. Roth gab sich in Briefen oft selbst recht überheblich, sogar aggressiv, war aber auch im Berufsleben persönlicher Zuwendung und Anerkennung sehr bedürftig. Von der »Menschlichkeit« und »litterarischen Wirksamkeit« Iherings schrieb er mit dankbarer Sympathie (17.9.1922).

König Rotherlied] mittelhochdt. Verserzählung, um 1160. (Hin und wieder meldet sich in dem jungen Feuilleton-Schreiber der einstige Germanistikstudent zu Wort.)

Heines Reisebriefe] Heinrich H. (1797-1856) war der Lieblingsdichter bereits des Gymnasiasten. Aus der Wiener Studienzeit berichtete ein Vetter, Roth habe in einer Gesellschaft »Das Buch Le Grand« hervorgeholt, daraus vorgelesen, zuweilen aber das Buch sinken lassen und mit »glühender Begeisterung« auswendig weiterzitiert. Diese Bewunderung und Sympathie blieben zu jeder Zeit lebendig, sie sind auch noch spürbar, wenn Roth in einem Detail Kritik übt (s. »Der Merseburger Zauberspruch«, S. 339). Für dic in französischer Sprache erschienene Biographie »Henri Heine« von Antonina Vallentin hat er beredt geworben: »Von großer literarhistorischer Gewissenhaftigkeit zeugt dieses Werk. Aber die sachte Hand und das ahnungsvolle Herz einer Frau allein vermochten das Wissen so zu ordnen, daß es lediglich als Material-*Hintergrund* erkennbar wird. Es ist manchmal, als hätte die Autorin persönlich und intim ihren Gegenstand gekannt und nur gleichsam, wie um sich ihres Eindrucks zu vergewissern, die gewichtigeren objektiveren Zeugen noch einmal gewissenhaft befragt. Dabei wird nicht einen Augenblick das Angesicht der Epoche, die Heine krönt und repräsentiert, vergessen und nicht seine ewige Aktualität [...]. Ein sehr wacher publizistischer Sinn zwingt das zärtliche Auge der Autorin, das gerührt den kranken Liebling der Musen betrachtet, immer wieder die Aktualität wahrzunehmen und die Analogie zu erfassen zwischen Gegenwart und Vergangenheit.« (»Fern von der Scholle«)

Herodot] (korrigiert aus: »Herodes«) Herodotos (um 490 v. Chr. – um 424 v. Chr.), der Begründer der griechischen Geschichtsschreibung, dessen Darstellungsweise sachlichen Bericht mit Novellen und (mehr oder weniger fiktiven) Anekdoten kunstvoll verknüpfte.

Kraus, den Stilmenschen] Karl K. (1874-1936), der als Sprachkritiker berühmte und gefürchtete Gründer, Herausgeber und fast alleinige Autor der Zeitschrift »Die Fackel«, auch Lyriker und Dramatiker. In »Heine und die Folgen« (1910) polemisierte Kraus gegen das Feuilleton, die »Franzosenkrankheit«, die Heine eingeschleppt habe. »Wie leicht wird man krank in Paris! Wie lockert sich die Moral des deutschen Sprachgefühls.«.

Es gibt nämlich ganz entsetzliche Feuilletonisten] Roths Kritik an einem zweitklassigen Feuilletonwesen war auch in seinem engeren Kollegenkreis verbreitet, nicht zuletzt Alfred Polgar konnte ihm dabei als Vorbild dienen. Gleichwohl blieben diese Kritiker selbst weiterhin »Feuilletonisten«, es ging ihnen positiv um einen sprachlichen Erneuerungsprozess; dem ungeteilt ablehnenden Urteil eines Karl Kraus folgten sie nicht.

Lit: Siegel 1995, S, 479ff. – M. G. Patka, Egon Erwin Kisch. Stationen im Leben e. streitbaren Autors. Wien u. a. 1997, S. 276 (Literatur in der Geschichte, Geschichte in der Literatur; 41). – Briefe 1970, S. 40. – Bronsen 1974, S. 87 (Int. M. Grübel). – H. Kesten, Heinrich Heine u. J. R. In: Year Book of the Leo Baeck Institute 20 (1975), S. 259-273. – K. Täubert, Emil Faktor. Ein Mann und (s)eine Zeitung. Berlin 1994 (Deutsche Vergangenheit; 109). – »Fern von der Scholle«, III, 513-516, hier 514 (DNTB, 14.7.1934). – Wirtz 1997, S. 29, S. 26.

Der Prinz

E: »Vorwärts«, Berlin, Jg. 39, Nr. 319, 8.7.1922. Abend-Ausgabe – S. (2)

Für den »Vorwärts«, das »Berliner Volksblatt. Zentralorgan der Vereinigten Sozialdemokratie Deutschlands« hat Roth zwischen Sommer 1922 und Herbst 1924 um 90 Glossen und Feuilletons geschrieben. Ob er den Kontakt zur Redaktion der auflagenstarken, entschieden parteipolitisch geprägten Zeitung selbst gesucht hat oder auf welch andere Weise die Verbindung zustande kam, ist nicht bekannt. Sicher ist, dass das Feuilleton des »Vorwärts« der Gesamtlinie des Blattes verpflichtet war, auch Roth sich also entsprechend einzurichten hatte. Bei dem genannten Zeitraum handelte es sich um schwerste Krisenjahre der Republik (Ruhrkampf, Inflation, separatistische Bestrebungen und Putsche). Die wirtschaftliche Not erfasste weiteste Kreise und ließ naturgemäß auch die Presse nicht unberührt. Nun zeichnet Roth gelegentlich als »Der rote Joseph«. Zeitweise kehrte er aus wirtschaftlichen Gründen nach Wien zurück.

Der Prinz] Roth hat gegen die Mitglieder der abgedankten Fürstenhäuser, besonders die Hohenzollern, wiederholt polemisiert. Den Hochstapler Harry Domela (1904-1977), der sich, wie ein zweiter Hauptmann von Köpenick, wochenlang als Prinz Louis Ferdinand, ältester Sohn des einstigen Kronprinzen Wilhelm, ausgab, hat er noch 1927 im Gerichtssaal spöttisch beobachtet: »Er macht einen guten Eindruck. Abgesehen von einigen kleinen, merkwürdigen Sitten, die in Militärkreisen, bei den Saxo-Borussen und den märkischen adeligen Familien zum guten Ton gehören mögen, […] abgesehen von diesen Nebensachen macht Domela wirklich eine halbwegs gute Figur. Das heißt, man könnte ihn für einen Hohenzollernprinzen halten.«

Stratz] Rudolf S. (1864-1936), deutscher Schriftsteller, Verfasser stark national gefärbter Unterhaltungsliteratur, die um 1900 sehr beliebt war, z. B. »Alt-Heidelberg, du feine ...« (1902).

Lit: Der falsche Prinz. Leben und Abenteuer von Harry Domela, im Gefängnis zu Köln von ihm selbst geschrieben, Januar bis Juni 1927. Berlin 1927. – Sültemeyer 1976, S. 66ff. – »Der Prinz und die Toten«, II, 29 (LL, 1.8.1924). – »Der falsche Kronprinzensohn«, II, 744-746, hier 744 (FZ, 12.7.1927).

Interview mit dem blonden Neger Guilleaume

E: »Neues Acht-Uhr-Blatt«, Wien, Jg. 10, Nr. 2756, 24.12.1923. – S. 7.

schwarzen Schmach] In seinem Artikel »Rehabilitierung der Schwarzen« hatte Roth sich 1921 mit dem Film »Die schwarze Schmach« und dem Begriff insgesamt kritisch befasst und ihm, unter Hinweis auf die »weiße«, die »einzige große *Menschen*schmach« entgegengestellt. Bereits im Ersten Weltkrieg war die Mobilisierung Farbiger gegen Weiße als »Schande« bezeichnet worden. Hier handelte es sich um rassistische Propaganda gegen die Beteiligung französischer Truppen aus nord- und westafrikanischen Kolonien bei der Besetzung des Rheinlands und später des Ruhrgebiets. Die Kampagne wurde auch von deutschen Regierungsvertretern und Behörden unterstützt, obwohl die angeblichen Gräuel erfunden waren und sich die schwarzen Besatzungssoldaten nachweislich disziplinierter verhielten als die weißen.

eine Dinter-Gestalt] Artur D. (1876-1948), Schriftsteller und Regisseur, führte in Thüringen in den zwanziger Jahren zeitweilig die NSDAP, war 1933 Gauleiter. Gründete 1927 die »Geistchristliche Religionsgemeinschaft«, seit 1934 »Deutsche Volkskirche«. Antisemitischer Hetzer, bekannt geblieben durch seinen Roman »Die Sünde wider das Blut« (1918).

Elvestad] Sven E. (1884-1934), norwegischer Journalist und Autor zahlreicher, in viele europäische Sprachen übersetzter Kriminalromane. Auch in Deutschland viel gelesen.

Freytagh-Loringhoven ... Roethe] s. Anm. zu »Der Korpsstudent«.

Lenau] Nikolaus L. (d. i. Nikolaus Niembsch, Edler von Strehlenau, 1802-1850), aus Ungarn stammender, spätromantischer Dichter, vor allem als Lyriker berühmt.

Lit: »Rehabilitierung der Schwarzen«, I, 558-562, hier 561f. (BBC, 15.5.1921).

Der Korpsstudent

E: »Vorwärts«, Berlin, Jg. 41. Nr. 93, 28.2.1924. – S. 2

In seinen »Erinnerungen an Joseph Roth« hat Józef Wittlin berichtet, dass ihre in der Wiener Studentenzeit entstandene lebenslange Freundschaft beinahe mit einem Duell begonnen hätte. Der mit seinen Landsleuten polnisch sprechende Wittlin fühlte sich durch den (ein Monokel tragenden) deutschen Kommilitonen »fixiert«. Wie Morgenstern sich erinnert, »flirtete« Roth als Studienanfänger »mit den deutschnationalen Studenten [...], die zu schlagenden Verbindungen gehörten«. Ein eher vergebliches Unterfangen: »Seit Ende des 19. Jahrhunderts wurden jüdische Studenten aus den Studentenverbindungen an deutschen und österreichischen Universitäten ausgegrenzt.« (Rürup) Ob Roth sich irgendwann für jüdische Korporationen interessiert hat, ist nicht bekannt. Nach der Rückkehr aus dem Kriege und auch nachdem er selbst das Studium aufgegeben hatte, beschäftigte ihn in den Gesprächen mit Morgenstern weiterhin das Problem der Assimilation oder, wie er selbst es nannte, als handele es sich um eine Krankheit, die »Assimilitis«. Zugleich empfand er in den Krisenjahren der Republik wohl umso stärker das reaktionäre Element in der Gedankenwelt und im Auftreten ihm bekannter akademischer Lehrer und Studenten. Seine Einstellung scheint sowohl durch persönliche Erfahrungen während seiner Studienzeit in Wien als auch durch ferneren gesellschaftlichen Anschauungsunterricht in Berlin und nicht zuletzt durch das Kino geprägt. In seinem einer bescheidenen Berliner Papierhändlerin gewidmeten Artikel »Anna Witte« hat Roth später von der »falschen Romantik« gesprochen, »die heute die deutsche Studentenschaft mit schäbigem Glanz umhüllt«.

Roethe] Gustav R. (1859-1926), Germanist, seit 1902 Ordinarius in Berlin, seit 1911 ständiger Sekretär der Preußischen Akademie der Wissenschaften. Mit nicht geringerer Abneigung als Roth hat Victor Klemperer Roethe beschrieben: »Er ist unter allen Lehrern meiner gesamten Schul- und Studienzeit [...] der absolut einzige, den ich nicht nur seinerzeit gehaßt habe, sondern noch immer verabscheue. [...] Ernsten oder komischen Effekt zu erzielen, waren ihm die rohesten Mittel recht; seine Deutschheit posaunte er allstündlich als Teutschtum heraus [...]. Auch verging keine einzige Stunde, ohne daß Roethe zur Politik der Gegenwart abschweifte; mit Leichtigkeit gelangte er von einem Dichter des zwölften Jahrhunderts zu einer Reichstagsrede oder einem Zeitungsartikel von gestern. Liberalismus, Parlamentarismus, Aufklärung waren Schimpfworte für ihn [...].« Nach 1933 hat Roth die deutschnationalen Hochschullehrer als mitschuldig am Erstarken des Nationalsozialismus bezeichnet.

Freytagh-Loringhoven] Axel Freiherr von F. (1878-1942), Jurist, 1915 o. Prof. in Dorpat, erhielt 1918 eine Professur in Breslau, Mitbegründer der Deutschnationalen Volkspartei, 1924 Reichstagsabgeordneter, Gegner des parlamentarischen Systems, nach 1933 politisch nicht mehr aktiv.

mit einer goldenen Phrase] Der preußische Landwehrmann trug zu seiner Kennzeichnung 1813 vorn an der Mütze ein aus weißem Blech gefertigtes Kreuz mit der Inschrift »Mit Gott für König und Vaterland«; möglicherweise anknüpfend an »Pro deo, rege et patria«, schon früher als Fahnenaufschrift von Landmilizen verwendet.

Zeit … aus den Fugen] Anspielung auf Shakespeares »Hamlet«, I, 5.

Lit: J. Wittlin, Erinnerungen an J. R. In: Bronsen 1975, S. 17-26. – Morgenstern 1994, S. 31ff. – »Anna Witte«, I, 1012-1014, hier 1014 (TB, 16.6.1923). – M. Rürup, Ehrensache. Jüdische Studentenverbindungen an deutschen Universitäten 1886-1937). Göttingen 2008 (Hamburger Beiträge z. Geschichte der deutschen Juden; 33), S. 13. – V. Klemperer, Curriculum vitae. Jugend um 1900. Bd. 1. Berlin 1989, S. 356f.

Gespräch über den deutschen Professor

E: »Vorwärts«, Berlin, Jg. 41, Nr. 177, 13.4.1924. – S. 2, Sign. Josephus.

Ansätze zu dialogischer Gestaltung finden sich schon früh in Roths Beiträgen für den »Neuen Tag« und die Zeitschrift »Filmwelt«. Das »Gespräch über den deutschen Professor« entstand im Zusammenhang eines Vorhabens, über das ein Brief vom 22.1.1925 an Erich Lichtenstein (1888-1967), Besitzer eines von ihm 1920 in Weimar gegründeten Verlags, auch Theater- und Literaturkritiker, Auskunft gibt: »So habe ich seit Langem den Plan, ein Buch Dialoge zu schreiben, frech und witzig über ›Tagesfragen‹ in weitestem Sinn. Das Buch könnte z. B. ›Alfred und Eduard‹ heißen, die Namen der Sprechenden […]«. Das geplante Buch kam nicht zustande, aber drei solcher Dialoge sind bereits 1924 im »Vorwärts« erschienen. Im »Dialog über das Wochenereignis«, in dem Alfred und Eduard sich noch siezen und ein Erzähler nicht ohne Grund kommentierend eingreift, weil die Überlänge eines Gesprächsbeitrags den Partner zu ermüden beginnt, geht es um die »geringer geschätzten Begleiterscheinungen« der politischen Vorgänge, die wichtiger seien als diese selbst. Konkret handelt es sich um die Auflösung des Reichstags und die Duellforderung dreier völkischer Abgeordneter an einen Abgeordneten der deutschen Volkspartei. Der »Dialog über Walhall« erörtert die Aufnahme Ludendorffs und Hitlers im »germanische(n) Jenseits« (die Plätze dort werden etwa nach denselben Grundsätzen verteilt wie die Ehrendoktorate der deutschen Universitäten). Roths Witz ist in der gewählten Form stilsicher am Werk. Die dialogische Struktur und die Titelidee erinnern an Flauberts »Bouvard et Pécuchet«, freilich mit dem Unterschied, dass diese nicht »frech und witzig«, sondern borniert und halbgebildet gezeichnet sind.

kriegerische Lied] F. Schiller, »Wallensteins Lager«, Schlusschor.

Roethe] s. Anm. zu »Der Korpsstudent«. In einer Glosse im »Vorwärts« (»Wohlauf, Kameraden, aufs Pferd ...«) hat Roth nicht Roethe, sondern den Physikochemiker und Nobelpreisträger Walther Nernst (1864-1941) als Initiator genannt.

Lit: Briefe 1970, S. 44. – »Dialog über das Wochenereignis«, II, 84-86, hier 84 (Vo, 9.3.1924). – »Dialog über Walhall«, II, 140-142, hier 140 (Vo, 30.3.1924). – »Dialoge«, I, 69f. (FW, 30.5.1919). – »Wohlauf, Kameraden, aufs Pferd ...« I, 893f. (Vo, 3.11.1922).

Ein Unpolitischer geht in den Reichstag

E: »Frankfurter Zeitung«, Jg. 68, Nr. 402, 30.5.1924, Abendblatt. – S. 1, sign. rth.

»Königsplatz«] der heutige Platz der Republik (so zuerst 1926 bis 1933, dann wieder seit 1948).

der neue deutsche Reichstag] Aus den Wahlen zum 2. Reichstag am 4.5.1924 war die Deutschnationale Volkspartei (DNVP) als stärkste Partei hervorgegangen. In den anschließenden Koalitionsverhandlungen forderte sie, allerdings vergeblich, ein von ihr dominiertes Kabinett unter der Führung des Großadmirals von Tirpitz, des Initiators der verhängnisvollen deutschen Flottenbaupolitik. Vom Reichspräsidenten Ebert bestätigt, blieb das bisherige Kabinett Marx bis zu einer erneuten Reichstagswahl im Dezember 1924 im Amt.

Kunstgebäude ... dreißig Jahre alt] Der heutige Sitz des Bundestags wurde von 1884 bis 1894 nach Plänen von Paul Wallot (1841-1912) errichtet, der als Vertreter der Neurenaissance bekannt war. Nach dem Brand 1933 und Kriegsschäden wurde der Reichstag 1994-1999 von Norman Foster verändert wiederhergestellt.

»Dem deutschen Volke.«] Die Anbringung der Inschrift verzögerte sich, wie vermutet wird auf Betreiben Wilhelms II., bis 1916.

Rathenau] Walther R. (1867-1922), Industrieller, Schriftsteller und Staatsmann, aus großbürgerlicher jüdischer Familie, im Januar 1922 Außenminister, fünf Monate später auf offener Straße ermordet. Roth hatte über den Prozess für die NBZ aus Leipzig in zehn Reportagen berichtet. In »Besuch im Rathenau-Museum« findet er für den Toten Worte höchsten Respekts, die auf seinen späteren ›Synkretismus‹ vorausdeuten: »Sein Leben kennzeichnet der Versuch, Antike, Judentum und Urchristentum in Harmonie zu bringen. [...] Er war ein Christ; ihr findet keinen Besseren.«

Simsonstraße] die heutige Scheidemannstraße, nach Philipp Scheidemann (1865-1939), Staatssekretär im ersten parlamentarisch verantwortlichen Kabinett des Kaiserreichs. Von einem Fenster des Reichstags rief der sozialdemokratische Politiker am 9.11. 1918 die Republik aus.

d'Abernon] Edgar Vincent D'Abernon (Lord), seit 1926 Viscount (1857-1941), 1920-26 britischer Botschafter in Berlin, Verfasser von »Ein Botschafter der Zeitwende«, 3 Bde., Leipzig o. J. (um 1930).

Ludendorff] Erich L. (1865-1937), preußischer Militär, im Ersten Weltkrieg als »Erster Generalquartiermeister« an der Seite Hindenburgs von beherrschendem Einfluss auf die Kriegsführung und Politik des Kaiserreiches, sympathisierte nach dessen Zusammenbruch mit Gegnern der Republik, zunächst mit Kapp, später mit Hitler. Roth hat Ludendorff jederzeit höchst kritisch gesehen und seiner Ablehnung wiederholt Ausdruck gegeben.

Lit: »Leipziger Prozeß gegen die Rathenau-Mörder« I, 872-888 (NBZ, 4.-13.10. 1922). – »Besuch im Rathenau-Museum. Zum Todestage Walther Rathenaus«, II, 205-208, hier 207 (FZ, 24.6.1924), hier 207; vgl. Ochse 1999, S. 112. – »Ludendorff u. das Schlachtvieh«, II, 79-81 (Vo, 7.3.1924).

Ostsee-Reise

E: »Frankfurter Zeitung«, Jg. 68, Nr. 499, 6.7.1924, 2. Morgenblatt, Bäder-Blatt. – S. 2

Atropin] in Nachtschattengewächsen enthaltenes hochgiftiges Alkaloid.

Hakenkreuzfahne] Ein zweiter, sehr anders gestimmter Artikel Roths über seine »Ostsee-Reise« erschien zwei Tage nach diesem Beitrag für das Bäder-Blatt der »Frankfurter Zeitung« in der satirischen Wochenschrift »Der Drache« unter dem Pseudonym »Josephus«. Darin berichtete er, dass die »Propagandafahrt durch Rügen« vom Deutschen Ostseebäderverband für Vertreter der Presse organisiert worden war. Die Journalisten seien mit schwarzweiß-roten, »also mit monarchistischen Fahnen und mit schmetternden Militärmärschen« empfangen worden. »Wir speisten in Sälen der Kurhäuser, an deren Wänden Kaiserbilder hingen. In *Binz* wehten zwei große Hakenkreuzfahnen von den Giebeln eines großen Strandhotels.« Rassistische und antijüdische Handlungen und Worte hätten sich ungehemmt geäußert. »Ich fühle mich verpflichtet, diese Schilderung irgendwo drucken zu lassen. Man wird die Wahrheit in dem größten Teil der republikanischen Presse vergeblich suchen.«

Lit: »Das Hakenkreuz auf Rügen«, II, 214-216, hier 214 (DD, 8.7.1924).

Aida-Rummel

E: »Frankfurter Zeitung«, Jg. 69, Nr. 694, 16.9.1924, Abendblatt. – S (I), Sign. rth

Bereits seit Januar 1923 arbeitete Roth neben seiner Tätigkeit für andere Blätter wie das »Prager Tagblatt« und den »Vorwärts« auch für die Berliner Redaktion der »Frankfurter Zeitung«, wobei er zunächst überwiegend Lokalreportagen schrieb.

Mascagni] Pietro M. (1863-1945), aus Livorno gebürtiger Opernkomponist und Dirigent. Sein dem Verismus verpflichtetes Erstlingswerk, die einaktige Oper »Cavalleria rusticana« (nach einem Schauspiel von Giovanni Verga) wurde in Rom 1890 ein triumphaler Erfolg, der ihn weltberühmt machte, den er aber mit keiner seiner späteren Opern wiederholen konnte.

jus primae noctis] (lat.) Erstnachtsrecht. Im Mittelalter angebliches, jedoch nur gelegentlich bezeugtes Recht des Grundherrn auf die erste Nacht mit der Braut des Hörigen.

Stresemann] Gustav S. (1878-1929), 1923 Reichskanzler, danach bis 1929 Außenminister.

Richter] Wilhelm R. (1881-1976), 1920-25 Polizeipräsident in Berlin.

Füße trampelten] korrigiert aus »Füße strampelten«.

antediluviale Opern] antediluvial: vor dem Diluvium (heute: Pleistozän, Erdzeitalter); »vorsintflutlich«.

Reise durch Galizien (1924)

In Roths Erzählwerk und in seinen journalistischen Schriften, fast noch mehr aber in der Roth-Rezeption, spielt seine galizische Heimat eine unübersehbare Rolle. Historisch verweist der Begriff ›Galizien‹ auf das einstige Kronland der Habsburgermonarchie, das aus den polnischen Teilungen hervorgegangen war und den von politischem Interesse geleiteten Namen »Königreich Galizien und Lodomerien« trug. Mit dessen Abmessungen stimmen diejenigen eines ›literarischen‹ Galizien allerdings nicht jederzeit überein. Die nahe Grenze zum Russischen Reich bildete eine scharfe Zäsur, und doch endet Roths erzählerische Welt des Ostjudentums an dieser Grenze nicht. Romane und Erzählungen wie »Hiob«, »Tarabas« oder »Der Leviathan« sind jenseits des historischen Galizien angesiedelt, auch der große Essay »Juden auf Wanderschaft« schließt die Welt des jüdischen »Stetl« grenzüberschreitend ein. Die erste der drei Studienreisen, die Roth für die FZ in das wiedererstandene Polen unternahm, führte jedoch ausdrücklich in das einstige (verwaltungsrechtlich gar nicht mehr existente) Kronland. Inzwischen lassen auch den Spuren des untergegangenen Ostjudentums folgende Studienreisen und Reiseberichte die längst veränderten einstigen Grenzen hinter sich. Der mythisch besetzte Name wird gegebenenfalls erläutert (»Reise nach Galizien. Grenzlandschaften des alten Europa«).

Es ist Ostgalizien, heute der westlichste Teil der Ukraine, dem Roths bevorzugte Aufmerksamkeit gilt. Ethnisch und konfessionell war dieser Raum mit Lemberg als Zentrum anders geprägt als Westgalizien mit Krakau, das er in dem Artikel »Lemberg. Die Stadt« nur beiläufig und mit bezeichnendem Vorbehalt erwähnt.

Die Exkursion nach Galizien ist die erste Auslandsreise, die Roth im Auftrag der FZ unternommen hat. Dass sich den Späteren seine Reportagereisen besonders einprägten, ist nicht ohne Zusammenhang mit seiner Biographie, seiner Heimat- und Ruhelosigkeit, darf aber nicht vorschnell mit bestimmten Stationen dieser Biographie verbunden werden. Denn heimatlos erscheint er überall, auch wenn er in eine – für seine Wahrnehmung nicht mehr existente – Heimat zurückkehrt. Wenn ihm begegnet, was ihn zum Bleiben einlädt, verhindern zuweilen äußere Umstände die Erfüllung seiner Wünsche. Das ist in Frankreich 1925/26 mit Händen zu greifen. Aber wie groß ist sein eigener Anteil an diesem verborgenen Drama?

Nur zusammenfassend hingewiesen werden kann hier auf Reisereportagen für andere Blätter, für die die bei der FZ gegebenen Bedingungen – ein hinreichendes Maß zeitlicher Unabhängigkeit, Spaltenraum zu differenzierter Betrachtung, ein aufnahmewilliges Publikum – nicht oder nur bedingt galten. Bereits mehrere Jahre vor den Reisen für die FZ ist Roth von Wiener und Berliner Zeitungen mit Sonderaufträgen überwiegend politischer Art ausgesandt worden: Ostmitteleuropa war noch nicht zur Ruhe gekommen, die neuen Grenzen noch umstritten. 1919 war es »Der Neue Tag« der den jungen Mitarbeiter ins damalige Westungarn, zum größeren Teil das heutige österreichische Burgenland, schickte. Damals schrieb er noch als entschiedener Gegner einer möglichen Restauration der Habsburger in Ungarn: »Hand in Hand mit dem Militarismus rasselt der *Monarchismus* durchs Land.« (»Die Wahrheit über Deutsch-Westungarn«). Daneben lieferte er, ein geborener Städter, von wenig Empathie gespeiste Einblicke ins dortige dörfliche Leben.

Im folgenden Sommer berichtete Roth für die »Neue Berliner Zeitung – 12-Uhr-Blatt« aus Ostpreußen über den Polnisch-Russischen Krieg. Seine Berichte über die unklare militärische Lage erschienen mit vielen Schlagzeilen (»Die polnische Nordarmee vernichtet«, »Rote Kosaken an der Grenze« usw.). Nicht eigentlich überraschend erschien ihm das Leben in der Provinz provinziell. Er kommt bis Königsberg, fühlt sich fremd, berichtet von zu vielen Bildnissen Wilhelms II., schwerflüssiger Mundart und – auch hier – Operettenmusik.

Schon in den frühen zwanziger Jahren reiste Roth auch in Deutschland. Ende 1923 berichtete er für das »Prager Tagblatt« und mehrere Wiener Zeitungen aus dem durch separatistische Putsche beunruhigten Rheinland und dem noch immer französisch besetzten Ruhrgebiet (s. »Interview mit dem blonden Neger Guilleaume«, S. 30-33). Er war bereits in Frankreich, als in der FZ seine Reportagereihe »In Deutschland unterwegs« erschien (Mai – Juli 1925).

Lit: K. Lipiński, Die »Habsburgische Atlantis« in Galizien. In: Galizien als gemeinsame Literaturlandschaft. Beiträge des 2. Internationalen Symposiums poln. u. österreich. Literaturwissenschaftler. Hrsg. von F. Rinner u. K. Zerinschek. Innsbruck 1988, S. 55-63. – K. Mack, Galizien um die Jahrhundertwende. Politische, soziale und kulturelle Verbindungen mit Österreich. München 1990. – Dohrn 1991, passim. – K. Lipiński, Mondäne Sehnsucht u. verkleinerte Größe. Zum Bild der galizischen Provinz bei J. R. u. Andrzej Kusniewicz. In: Metropole u. Provinz in der österr. Literatur des 19. u. 20. Jahrhunderts. Hrsg. von A. Dusini u. K. Wagner. Wien 1994, S. 175-187; Wiederabdruck in: Lipiński 1995, S. 37-52. – S. Landmann, Mein Galizien. Das Land hinter den Karpathen. München 1995 (neu durchges. u. erw. Auflage [1975 u. 1983 als »Bilderbogen aus Ostgalizien« bzw. »Erinnerungen an Galizien«]. – F. Hackert, Der Mann aus dem Osten. Galizien als Blickpunkt für Leben und Werk von J. R. In: ZfKuB 1996, H. 2, S. 55-64. – A. Küpper, Berichte aus der Fremde. Unbehaustheit als Grundmotiv von J. R.s Reisereportagen u. Reiseschilderungen. In. Eicher 2010, S. 101-127. – Roth 1994, S. 50 (»Die Wahrheit über Deutsch-Westungarn«, DNT, 26.8.1919). – S. Kaszyński, R.s Rapporte aus dem polnisch-bolschewistischen Krieg im Kontext seiner Journalistik. In: Stillmark 1996, S. 31-43.

Leute und Gegend

E: »Frankfurter Zeitung«, Jg. 69, Nr. 868, 20.11.1924, Morgenblatt. – S. (I)

Von Beginn an und bis hin zum rhetorisch bewegten Schluss wendet sich diese Reportage gegen in Westeuropa verbreitete Vorurteile. Ähnlich wie im Vorwort zu »Juden auf Wanderschaft« macht Roth zwar deutlich, dass er sich zu einem besseren Urteil berechtigt glaubt, erklärt aber nicht, worauf diese Meinung gründet. Für die damaligen Leser blieb unklar, woher der Verfasser stammte. Zwar ließ er erkennen, dass er das Land kannte und ihm auch emotional verbunden war, aber das ließ sich zwanglos mit dem zurückliegenden Krieg erklären, auf den Roth wiederholt zu sprechen kommt und der für eine dritte Reportage »Die Krüppel. Ein polnisches Invalidenbegräbnis« den direkten Hintergrund bildet. Da er zudem ausdrücklich darauf hinweist, dass neben vielen Österreichern auch viele »deutsche Soldaten aus dem Reiche« in Galizien gefallen seien, sprach nichts gegen die Annahme, auch er wäre als deutscher Soldat in das während mehrerer Jahre umkämpfte Gebiet gekommen. Er bekannte sich nicht als ein Jude aus Galizien, schrieb aber auch nicht wie ein persönlich unbeteiligter Berichterstatter. »›Reise durch Galizien‹ ist […] keine Reisereportage, sondern vielmehr eine literarische Polemik.« (Müller)

Lit: M. Klanska, Die galizische Heimat im Werk J. R.s. In: Kessler / Hackert 1990, S. 143-156. – M. Müller, Konstruierte Distanz – Zu J. R.s erster Galizienreportage »Leute und Gegend«. In: Eicher 2010, S. 169-183.

Lemberg. Die Stadt

E. »Frankfurter Zeitung«, Jg. 69, Nr. 874, 22.11.1924, Morgenblatt. – S. (I)

In noch stärkerem Maße als in dem vorangegangenen Artikel über Galizien insgesamt bewegte sich Roth bei der Beschreibung der einstigen Hauptstadt des habsburgischen Kronlandes auf vertrautem Boden. In Lemberg lebten vermögende Verwandte des vaterlosen Gymnasiasten aus Brody, bei denen er regelmäßig oder doch wiederholt die Schulferien verbracht hatte. An seine Lemberger Kusinen sind die ersten überlieferten Briefe des Heranwachsenden gerichtet. Im Hause seiner Verwandten wohnte aber auch eine mütterliche Freundin des dreißig Jahre Jüngeren, die gebildete, geschiedene Frau eines Krakauer Universitätsprofessors, mit der er über Literatur sprechen konnte und die er auch in späteren Jahren noch wiederholt besuchte.

Die Zärtlichkeit, mit welcher sein lebenslanger polnischer Studienfreund Józef Wittlin – wie so viele andere polnische Literaten – Lemberg noch in der Erinnerung umarmte, mochte Roth nicht in gleicher Weise empfinden; aber auch für ihn schloss der Rückblick auf die dort gelebte Zeit prägende Jugenderfahrungen ein: eine große Stadt voll überraschender Angebote des Modernen und Neuen, ein farbiges Völkergemisch verschiedener Konfessionen, ein Zentrum staatlicher Behörden mit repräsentativen Bauten und einer großen Garnison: dies alles wohl zunächst mehr erlebt als verstanden: ein Grenzzeichen an der Peripherie des Reiches, in dem er aufwuchs und dessen Fortbestand er noch für gesichert ansah. Man schreibt 1911, das Jahr der Marokkokrise, aber ›Muniu Faktisch‹ – so Roths Spitzname – durch das Gymnasium wohltätig vor der Realität geschützt, versäumt in seinen Briefen nicht, seine Kusinen zu mahnen und zu belehren (»Ich begreife nicht, warum Du den Krieg so fürchtest«), betätigt sich als Postillon (»Dem Kristiampoller hab ich Deine Grüße übergeben; er wäre in den achten Himmel gesprungen, wenn es einen gäbe«) und fügt gelegentlich auch Verse bei, für die er gelobt zu werden hofft (»Blumen streu' ich, duft'ge Rosen / Gebet acht und fangt sie auf! / – Wenn die weichen Lüfte kosen [...]«). Lebt man in Brody, ist die Vorfreude auf eine Veränderung begreiflicherweise groß. Man »kämmt sein Haar und putzt und bügelt seine Hosen schon seit drei Wochen. Alles für Lemberg.«

In Lemberg begann Roth zum Wintersemester 1913/14 sein Germanistikstudium, allerdings nur formell auf Drängen seines Onkels, denn an der dortigen Universität war die Unterrichtssprache seit 1871 Polnisch. Ohnedies strebte er nach Wien. Lemberg wurde im Herbst 1914 von den Russen eingenommen und im Sommer 1915 zurückerobert. Roth war damals noch Student, was er damit meint, dass er »zweimal gewissermaßen als ein Sieger« dort eingezogen sei, bleibt unklar und gehört zu dem Kranz von Legenden, den er um seinen Militärdienst gewoben hat. Er befand sich jedoch 1917 im Raum Lemberg. Und vielleicht ist mit der »deutschen Feldzeitung«, die er erwähnt, die »Illustrierte Kriegszeitung der k. u. k. 32. Infanterie-Truppendivision« gemeint, in deren Redaktion er gearbeitet hat und in der er auch ein Gedicht veröffentlichte (»Der sterbende Gaul«). Er war häufig mit der Bahn von und nach Lemberg unterwegs, eine Militärfahrkarte von Lemberg nach Wien aus seinem Besitz, gestempelt am 18. April 1918, ist überliefert.

Mickiewicz] Adam Bernard M. (1798-1855), der Begründer der polnischen Romantik (Nationalepos »Pan Tadeusz«, 1834). Wittlin hat das Denkmal in »Mein Lemberg« des Nähern beschrieben: »Auf hohem Piedestal [...] bescheiden Mickiewicz zu Füßen einer emporragenden roten Säule. Ein weiter Pilgermantel umhüllt traditionsgemäß seine schmalen Schultern. Der Kopf unbedeckt. Noch niemand hat Mickiewicz mit Hut gesehen. Eine geflügelte, schöne, halb entkleidete Frau kommt vom Dach des Hauses Sprecher herabgeflogen und reicht, im Fluge an der Säule klebend, dem erstaunten Dichterpropheten jenes antike Instrument, auf dem weder er noch sonst ein Literat je gespielt hat und das sogar Menschen mit höherer Bildung fälschlich Lyra nennen.«

Krakau ... ein nationales Museum] Die alte polnische Krönungsstadt, die im 19. Jahrhundert noch drei Jahrzehnte den Status einer ›Freien Republik‹ genossen hatte, bevor sie 1846 ein weiteres Mal von Österreich annektiert wurde, blieb, obwohl nicht die offizielle Hauptstadt des habsburgischen Kronlands Galizien, doch immer sein geistiger Mittelpunkt, in dem die auf die Wiederherstellung der Unabhängigkeit Polens zielenden Kräfte sich trafen. Historisch gerechter als Roth hatte Döblin in dem Bericht über seine fast gleichzeitig unternommene Polenreise Krakau »den Hort Polens im Unglück« genannt. Als Roth 1928 von Wittlin in Krakau bei der gräflichen polnischen Familie Morstin eingeführt wurde, begegnete er überzeugten polnischen Patrioten. Er verwendete den Namen später für die Hauptfigur seiner Novelle »Die Büste des Kaisers«, eines besonders bezeichnenden Textes für seine immer mehr märchenhafte Züge annehmende Darstellung der Vergangenheit. Roths Graf Morstin pflegt eine politisch gegenläufige Gesinnung, er ist »einer der edelsten und reinsten Typen des Österreichers schlechthin, das heißt also: ein übernationaler Mensch und also ein Adliger echter Art«. Er bestattet die Büste seines Kaisers nach letzten gerührten Huldigungen des Landvolks und fordert in seinem Testament, nicht in der Familiengruft, sondern neben der Büste beigesetzt zu werden. Krakau blieb in Roths Schaffen auch weiterhin im Hintergrund, der Bezirkshauptmann von Trotta steigt dort um auf der Reise zu seinem Sohn in Ostgalizien (»Radetzkymarsch«).

Lit: Briefe 1970, S. 23f. – Lunzer 1994, 62ff. – J. Wittlin, Mein Lemberg. Frankfurt/Main 1994, S. 48f. (Titel der Originalausgabe »Mój Lwów«, 1946). – A. Döblin, Reise in Polen. München 1987 (Taschenbuchausgabe), S. 266. – »Radetzkymarsch«, V, 283. – »Die Büste des Kaisers«, V, 655. – H. Nürnberger, H. Hohnsbehn, K. Schimmel: »... ein Hort Polens im Unglück«. Krakau in der deutschsprachigen Literatur des 19. u. 20. Jahrhunderts. Teil 1. In: LWU 25 (1992), Heft 1, S. 69-83.

Heimweh nach Prag

E: »Prager Tagblatt«, Prag, Jg. 49, Nr. 301, 25.12.1924. – S. 38

Roths Reise nach Prag im Spätsommer 1923, die er zusammen mit seiner Frau unternahm, war wohl seine erste dorthin. Danach ist er bis 1930 noch wiederholt nach Prag gekommen, zunächst von beruflichen Interessen geleitet, aber doch mit offensichtlicher Sympathie, die sich aus verschiedenen Quellen speiste. Allein Prags jüdische Geschichte und Denkmäler konnten ihn nicht gleichgültig lassen, zugleich war Prag eine moderne Metropole, seit Gründung der Tschechoslowakischen Republik die Hauptstadt eines Vielvölkerstaates, der gravierende Probleme des Habsburgerreiches geerbt hatte, sich aber als parlamentarische Demokratie unter autoritär gelenkten Nachbarn bis 1938 in Mitteleuropa behauptete. An Konflikten und Streit fehlte es nicht, aber Roth bewegte sich durch seine Nähe zum liberalen »Prager Tagblatt«, dessen Redaktion und Mitarbeitern, unter Sinnesverwandten, von denen manche auch in Wien ansässig waren. An die 140 Beiträge Roths sind zwischen 1917 und 1937 im PT erschienen. In vielen Fällen handelt es sich um Nachdrucke, aber in keiner anderen Zeitung erscheint Roths Name während seiner gesamten Schaffenszeit mit solcher Kontinuität. Er hatte die Beziehung zu diesem Blatt schon früh gesucht, handelte es sich doch um die außerhalb Wiens meistgelesene deutschsprachige Zeitung der Monarchie. In der Zwischenkriegszeit war es vor allem sein Feuilleton, das dem PT weithin Ansehen sicherte. Wichtig für Roth war aber auch die politische Ausrichtung des Blatts, das sich zur Republik und ihrer Verfassung loyal verhielt.

Roths Roman »Das Spinnennetz« ist zum Teil in Prag entstanden. In dem aus Melnik gebürtigen, einer altösterreichischen Offiziers- und Beamtenfamilie entstammenden Publizisten und Historiker Karl Tschuppik (1876-1937), von 1910 bis 1917 Chefredakteur des PT, hatte er einen persönlichen Freund gefunden. Amikal-kollegiale Beziehungen bestanden aber auch zu anderen Prager Journalisten, so mit Egon Erwin Kisch, der für die – mit dem PT konkurrierende – deutschnationale »Bohemia« arbeitete. Lebens- und Geistesart dieser Intellektuellenzirkel hat Max Brod (1884-1968), damals vorzugsweise Musik- und Theaterkritiker, in seinem Roman »Rebellische Herzen« (1957, Taschenbuchausgabe u. d. T. »Prager Tagblatt. Roman einer Redaktion«, 1968) anschaulich beschrieben. Über Pierre Bertaux, den begabten Sohn seines französischen Mentors Félix Bertaux, schrieb Roth 1929 in einem Empfehlungsschreiben an den damaligen Chefredakteur des PT: »Lieber Herr Dr. Blau, Herr Pierre Bertaux ist einer der liebenswürdigsten Franzosen, lernbegierig und wohlerzogen *und* ironisch genug, um den Ton unserer geistigen Heimat Prag zu verstehen« (Bronsen).

Lubitsch] Ernst L. (1892-1947), aus Berlin gebürtiger Schauspieler, Regisseur und Produzent Ernst Lubitsch, spielte bereits 1913 seine erste Filmrolle und arbeitete bis 1918 im Ensemble Max Reinhardts, bei dem er auch die Inszenierung von Massenszenen lernte. In den Nachkriegsjahren wurde er durch große Historienfilme international bekannt. Die »Anabasis« des jüngeren Kyros lieferte 1921 eines der Sujets, zu den aufwendigen Dreharbeiten lud er auch die Presse. Roth zeigte sich wenig beeindruckt. »Der Kampf entwickelt sich, die Toten legen sich vorschriftsmäßig hin und nehmen ein Sonnenbad. [...] Ich habe noch immer keinen ordentlichen Respekt vor derlei Volksfesten« (»Anabasis«). Ende 1922 ging Lubitsch nach Amerika, Roth reimte schon bald respektlos: »Es führt der Lubitsch durch den märk'schen Sand / Statistenjuden ins gelobte Land« (»Die Lieblinge der Nation«). Anerkennend hat er Lubitschs spätere Entwicklung zum Regisseur subtiler Gesellschaftskomödien konstatiert: »Der pathetische Massenregisseur Lubitsch hat in Amerika lachen gelernt. Nie wäre es ihm in Deutschland gelungen.« (»Amerikanisiertes Kino«) Lubitsch starb in Hollywood.

Porten ... Heldenmutter] Henny P. (1890-1960), Schauspielerin. Als Roth Filme zu besprechen begann, war Henny Porten bereits ein etablierter, damals der wohl populärste deutsche Kinostar überhaupt, der in gefühlsbetonten Rollen glänzte: »Das Liebesglück einer Blinden« (1911), »Märtyrerin der Liebe« (1915), »Die Liebe einer Königin« (1923), »Liebe im Kuhstall« (1928), »Die Frau, die jeder liebt, bist Du!« (1929), »Mutterliebe« (1929 und 1934, beim zweiten Mal schrieb die Hauptdarstellerin selbst das Drehbuch). Erst 1943 folgte – gemäßigter – »Neigungsehe«. Wie Roth bekannte, schätzte er Henny Porten, aber gelegentlich (so wenn er »Heimweh nach Prag« hatte!) machte sie ihn anscheinend auch nervös.

Lit: Bronsen 1974, S. 231ff. (Int. T. Tschuppik, M. Brod, J. Urzidil). – »Anabasis«, I, 625-627, hier 627 (BBC, 6.8.1921). – »Die Lieblinge der Nation«, II, 9f. hier 9 (LL, 1.2.1924). – »Amerikanisiertes Kino«, II, 256-259, hier 257 (FZ, 4.10.1924).

Das XIII. Berliner Sechstagerennen

E: »Frankfurter Zeitung«, Jg. 69, Nr. 52, 20.1.1925, Abendblatt. – S. (I)-2

Nach dem Vorbild der beliebten »Six days«, die seit 1896 jedes Jahr im New Yorker Madison Square Garden ausgetragen wurden, fand 1909 das erste Berliner Sechstagerennen in den Ausstellungshallen am Zoologischen Garten statt. Weitere Rennen folgten bis 1914 (1911 bildete erstmals der ein Jahr zuvor fertiggestellte Sportpalast in der Potsdamer Straße den Austragungsort), sodann 1919 und 1922, woraufhin der Rhythmus sich wieder normalisierte. Auch Egon Erwin Kisch hat über das von den Medien ins Rampenlicht einer breiten Öffentlichkeit transportierte Sportereignis eine Reportage veröffentlicht, die »Zum zehnten Male, Jubiläum also« beginnt (»Elliptische Tretmühle«).

Roth berichtete ein erstes Mal 1922 über das Sechstagerennen; sein Artikel wurde wenige Tage nach dem Erscheinen im »Berliner Börsen-Courier« im »Prager Tagblatt« und dann noch dreimal 1923 in anderen Zeitungen nachgedruckt. Drei Jahre später schrieb er, diesmal für die »Frankfurter Zeitung«, über das XIII. Berliner Sechstagerennen, das vom 25. bis 31. Januar 1925 in der Automobilausstellungshalle II am Kaiserdamm durchgeführt wurde. Beteiligt waren 13 Teams, die aus jeweils zwei Fahrern gebildet waren. Den Startschuss hatte der gefeierte Schauspieler Emil Jannings gegeben.

Die expressionistisch anmutenden Stilmittel, die im Artikel von 1922 zum Einsatz gekommen waren, hatten die Dynamik des Rennens, die sich im nie rastenden Leben der Großstadt vor den Toren des Sportpalastes fortsetzte, besonders spüren lassen. Der ausführlichere Bericht von 1925 verfährt demgegenüber eher aufzählend. Die Distanz, die der Berichterstatter angesichts des Spektakels empfindet, lassen beide Beiträge erkennen, aber seine ironische Skepsis ist größer geworden. Wird 1922 mit Bezug auf die Genesis bemerkt, sechs Tage habe Gott darauf verwandt, die Welt zu erschaffen, so geht im zweiten Beitrag die Erinnerung dahin, Gott habe den Menschen erst am sechsten Tag erschaffen, der Zusatz lautet: »Es hat sich gelohnt.« Während die Radler noch ihre Runden drehen, schlummern »draußen« die Chauffeure. »Ein Teil von dem Geldregen, der drinnen niedergeht, tropft auch über sie. Darauf haben sie gewartet. So lebt eins vom anderen. Das ist der Sinn der Welt.«

erfahrene Selbstmörder ... Huschke] die Brüder Richard (1893-1980) und Adolf H. (1891-1923), beide erfolgreiche Radrennfahrer, letzterer war bei einem Rennen tödlich verunglückt.

Lit: Siegel 1995, S. 182. – »Das neunte Berliner Sechstage-Rennen. 17. bis 23. Februar 1922 im Sportpalast. Nach Berichten der Rad-Welt zusammengestellt und reich illustriert von Fredy Budzinski. Verlag der Rad-Welt SW. 68, Neuenburger Str. 8. – E. E. Kisch, »Elliptische Tretmühle«. In: Ders.; Der rasende Reporter, Berlin 1925.

Totenfeier um Mitternacht

E: »Frankfurter Zeitung«, Jg. 69, Nr. 163, 2.3.1925, Abendblatt – S. (I), sign. rth. Berlin, 1. März

Wie sein 1923 im »Prager Tagblatt« erschienener Artikel »Ebert« sind auch alle weiteren publizistischen Äußerungen Roths über den ersten Präsidenten der Weimarer Republik im seltenen Maße von Respekt getragen. Gegen unangemessene Vorwürfe (»Kleinbürgertum«) hat er auch den toten Präsidenten engagiert verteidigt.

Friedrich Ebert (1871-1925), Sohn eines Schneidermeisters in Heidelberg, wuchs in einem religiös toleranten katholischen Elternhaus auf. Er erlernte das Sattlerhandwerk und fand früh Anschluss an die noch illegale sozialistische Bewegung. Von der Polizei auf einer schwarzen Liste geführt, war er gezwungen, von Stadt zu Stadt ziehen, um in verschiedenen Berufen seinen Lebensunterhalt zu finden. Nach dem Fall des Sozialistengesetzes war er führend am Aufbau der deutschen Sozialdemokratie beteiligt. Er wurde 1918 Reichskanzler, 1919 vorläufiger Reichspräsident, später im Amt bestätigt, 1922 wurde seine Amtszeit um drei Jahre verlängert. Von rechtsextremistischer, aber auch von kommunistischer Seite fortgesetzt verunglimpft und verleumdet, behauptete sich Ebert gleichwohl mit strengem Pflichtgefühl und verschaffte sich und seinem Amt verdientes Ansehen.

Ebenso wie die Überführung Eberts aus dem Sanatorium in der Joachimsthaler Straße, in dem er am 28. Februar 1925 verstorben war, in seine Wohnung in der Wilhelmstraße, hat Roth auch den »Abschied vom Toten« – Ebert wurde in seiner Geburtsstadt Heidelberg beigesetzt – mit ahnungsvollem Ernst beschrieben. In diesem Zusammenhang hat er auch den »überraschend formvollendeten, trotz aller Feierlichkeit sachlichen und trotz vielen überlieferten Wendungen spannenden Vortrag« des preußischen Kultusministers C. H. Becker (1876-1933) respektvoll zitiert.

Reichsbannerleute] Als »Bund republikanischer Kriegsteilnehmer« stellte das im Februar 1924 gegründete, militärisch organisierte »Reichsbanner Schwarz-Rot-Gold« eine vorwiegend an der SPD orientierte Selbstschutzorganisation dar. Der zuletzt mitgliederstärkste unter den in der Weimarer Republik entstandenen Kampfbünden wurde im März 1933 aufgelöst.

Lit: »Ebert«, I, 1056-1059 (PT, 3.11.1923). – »Pietät des Kleinbürgers«, II, 363-365 (DD, 17.3.1925). – »Abschied vom Toten«, II, 354-358, hier 356 (FZ, 5.3.1925).

Ausflug nach Chorin

E: »Frankfurter Zeitung«, Jg. 69, Nr. 273, 12.4.1925, 2. Morgenblatt, Bäderblatt. – S. 12

Im mittäglichen Frankreich (1925)

Die Reportagereise nach Südfrankreich bildete gewissermaßen eine Morgengabe der Frankfurter Redaktion für ihren von der Spree an die Seine versetzten, in seine neue Tätigkeit noch keineswegs eingearbeiteten jungen Mitarbeiter, dem man die von ihm ersehnte Platzierung als Korrespondent in Paris in Aussicht gestellt, aber nicht verbindlich zugesagt hatte. Offenbar war es Benno Reifenberg, der, von Roths Fähigkeiten überzeugt, eine Interimslösung erwirkt hatte, die in dessen Leben in doppelter Weise Epoche machen sollte. Mit seiner bisherigen Berichterstattung aus Paris war die Redaktion allerdings nicht durchgehend zufrieden. Einige seiner Artikel blieben anscheinend ungedruckt, zumindest einer hat unveröffentlicht überdauert (»Wie man eine Revolution feiert«). Auch die weitere Entwicklung, die zu Roths bitterer Enttäuschung zu seiner Abberufung und zur Entsendung Friedrich Sieburgs – bisher Korrespondent der FZ in Kopenhagen – auf den Pariser Korrespondentenposten führte, deutet darauf hin, dass es sich dabei jedenfalls nicht nur um eine Bevorzugung des Konkurrenten handelte. Unterlagen sind verloren, über weitere Gründe für die Entscheidung zugunsten Sieburgs gibt es nur Vermutungen.

Sowohl Paris als auch Südfrankreich bildeten für Roth eine Glückserfahrung, auf die er in fast überschwänglicher Weise reagierte (zumal nach Paris kehrte er bis zu seinem bitteren Ende immer wieder zurück), sie machten ihn aber auch zu einem Verunsicherten und Getriebenen, als er, in Konkurrenz zu Friedrich Sieburg, den Pariser Posten nicht erhielt und auch das Manuskript seines Buches »Die weißen Städte« vom Verlag der FZ abgelehnt wurde. Manche empfindliche Überreaktion Roths in den folgenden Jahren wurzelt in dieser Krise. 1925 war für ihn ein existentiell wichtiges Jahr, mit Erfahrungen, ohne die man sich seine weitere Zukunft nicht denken kann.

Lit: »Wie man eine Revolution feiert«, II, 419f. (postum, zuerst Briefe 1970, S. 51ff.). – K. Ochse, ›1922 France = la lumière, la liberté PERSONELLE, (pas une ‚phrase'!‹. J. R.s Reise durch Frankreich 1925. In: Stillmark 1996, S. 158-181.

Lyon

E: »Frankfurter Zeitung«, Jg. 70, Nr. 667, 8.9.1925, 1. Morgenblatt. – S (I)

Lyon bildete auf Roths Reise die erste Station. Von dort schrieb er, seiner Begeisterung rückhaltlos hingegeben, unter Beifügung eines ersten Feuilletons, an Reifenberg: »Herrlich ist ein so abgebrauchtes Wort, wenn Sie hier wären, würden Sie begreifen, daß ich es anwenden muß. Es ist herrlich im primitivsten Sinn, herrschend und schön, – ohne Pracht. Die Rhone ein breiter alter Fluß von der

Munterkeit eines Bachs. Er weiß nicht, was seriös ist, er ist ein französischer Fluß. Ich gehe durch diese Straßen der Stadt und die Landstraßen – überall fließt das Römische in den Katholizismus und man sieht, was man nicht schreiben darf, die Kontinuität des Heidentums, das im Katholizismus eine Form gefunden hat, nicht aufgegangen ist. – Die Menschen wunderbar, ganz weit aufgetan, milde, mit gesunder Ironie, die Frauen ganz zart, immer jung, immer nackt, sehr viel orientalisches Blut, Negermischungen, das Bürgertum leiser, als in Deutschland, politisch links, die Männer fast ebenso gut angezogen, wie in Paris die Frauen. Die Frauen noch besser, Seide überall, ein großartiger Stoff, der weich sein kann, rauh, einfach, prächtig, Alles kann Seide sein.« Er fügte als Nachschrift hinzu: »Umarmen Sie Ihren Sohn für mich und lassen Sie ihn Französisch lernen. Durch diese Sprache wird man Europäer.«

»Cave canem«] (lat.) Hüte dich vor dem Hund

Lit: Briefe 1970, S. 53.

Stierkampf am Sonntag

E: »Frankfurter Zeitung«, Jg. 70, Nr. 732, 1.10.1925, Abendblatt. – S. (I)

In einem Brief aus Marseille hat Roth voller Abscheu von einer negativen Erfahrung auf seiner Reise berichtet – einem Stierkampf. »Wenn Sie noch nie so was gesehn haben, können Sie sich keinen Begriff machen von dieser Bestialität.« Den französischen Schriftstellern warf er vor, nicht über, geschweige denn gegen die provenzalischen Stierkämpfe zu schreiben. »Sie sind alle so entsetzlich positiv, die Dichter. Sie bestärken die Menschheit in ihren bürgerlichen, das heißt überkommenen Empfindungen, statt soviel als möglich zu zerstören.« (An B. Reifenberg, 26.8.25) Ein undatiertes Typoskript in Roths Berliner Nachlass zeigt gegenüber der in der »Frankfurter Zeitung« erschienenen Reportage eine veränderte Fassung mit dem verkürzten Titel »Stierkampf«.

Lit: Briefe 1970, S. 58. – »Stierkampf«, III, 1018-1021.

Marseille

E: »Frankfurter Zeitung«, Jg. 70, Nr. 770, 15.10.1925, Abendblatt. – S. (I)

Vor der Entwicklung des modernen Flugwesens bilden für die Bewohner des europäischen Binnenlandes einige große Hafenstädte die Tore zur Welt; besonders für die jugendliche Phantasie umgibt sie ein Fluidum von Abenteuer und Erotik. Das ist in Roths Erzählwerk noch spürbar, neben Hamburg und Triest als Häfen für Auswanderer spielen auch Odessa und Marseille eine Rolle. In einem frühen Erzählfragment – undatiert und ohne Titel überliefert – wird der aus Brünn stammende Protagonist, ein Kriegsheimkehrer des

Ersten Weltkriegs, der sich entschlossen hat, »sein tägliches Brot mit der Schriftstellerei zu verdienen«, unvermutet zu einer Reise nach Marseille eingeladen. An dieser Stelle bricht der Text ab, zum geplanten weiteren Handlungsverlauf gibt es keine Hinweise. Aber es ist gewiss kein Zufall, daß es sich bei dem genannten Reiseziel um eine Hafenstadt, und zwar um einen (französischen) Mittelmeerhafen handelt. Auch in »Das Spinnennetz« und in »Hôtel Savoy« dient Frankreich, noch ehe der Autor es selbst kennengelernt hat, als Anlaufstelle und als Ort einer unbestimmten Verheißung für ein anderes Leben. Dabei mochte Unzufriedenheit mit den deutschen Verhältnissen ebenso eine Rolle spielen wie Romanlektüre und ein unbestimmter Zug in die Ferne. Als Roth 1925 tatsächlich am Mittelmeer angekommen ist, genießt er seinen »schönen Marseiller Aufenthalt«: »Ich gehe heute in den alten Hafen für die Nacht. Da ist die Welt, in der ich eigentlich zu Hause bin. Meine Urväter mütterlicherseits leben dort. Alle verwandt. Jeder Zwiebelhändler mein Onkel.« (An B. von Brentano, 22.8.25) Drei Beiträge seiner Artikelserie von 1925 für die FZ berichten aus Marseille. Daneben hat er über den Hafen auch im »Prager Tagblatt« geschrieben sowie im »Illustrierten Blatt« (s. »Im Lande des ewigen Sommers«, S. 90ff.). In späteren Jahren kehrte er wiederholt dorthin zurück, für die Artikelfolge »Hotelpersonal« ist an Marseille als Schauplatz zu denken.

Guttapercha] aus dem Milchsaft von Palaquiumbäumen (Malaysia, Indonesien) gewonnenes Produkt, als Dichtmasse und Kitt verwendet.

Lit: »Immer seltener werden in dieser Welt«, IV, 49-53, hier 49. – Briefe 1970, S. 57. – »Hafen von Marseille«, Roth 1994, S. 280ff. (PT, 20.12.1925).

Ein Bootsmann

E: »Frankfurter Zeitung«, Jg. 70, Nr. 776, 17.10.1925, Abendblatt. – S. (I)

Ich lese den ›Grafen von Monte Christo‹] den Roman »Le comte de Monte-Cristo« (1845-46) von Alexandre Dumas père (1802-1870). Die Handlung beginnt in Marseille 1815: Fälschlich der Napoleontreue angeklagt, wird Edmond Dantès am Tage seiner Hochzeit verhaftet und 14 Jahre im Château d'If gefangengehalten, auf der Insel If in der Bucht von Marseille.

Die Gasse der Liebe

E: »Frankfurter Zeitung«, Jg. 70, Nr. 786, 21.10.1925, Abendblatt. – S. (I). Der Text des Artikels ist in das Kapitel »Marseille« aus dem zu Lebzeiten Roths unveröffentlichten Konvolut »Die weißen Städte« eingegangen (vgl. II, 445).

Nizza

E: »Frankfurter Zeitung«, JG. 70, Nr. 799, 26.10.1925, Abendblatt- – S. (I)

Annähernd ein Jahrzehnt nach seiner ersten Frankreichreise wohnte Roth von Mitte Juni 1934 bis April 1935 mit Andrea Manga Bell und ihren Kindern, im Anschluss an einen kurzen Aufenthalt in Marseille, in Nizza. Die niedrigeren Lebenshaltungskosten im Süden trugen maßgeblich zu dieser Entscheidung bei, die – besonders zugunsten von Sanary-sur-mer – noch andere Exilschriftsteller trafen. Zunächst lebten Roth und seine »Familie« in einer Etagenwohnung (121, Promenade des Anglais), im selben Haus wie Hermann und Toni Kesten sowie Heinrich Mann und Nelly Kroeger. Im Februar 1935 erfolgte der Umzug ins Hôtel Imperator, Boulevard Gambetta, wo Roth zusätzlich noch ein Arbeitszimmer für sich mietete. Er schrieb damals an seinem Roman »Die hundert Tage«.

Im Lande des ewigen Sommers

E: »Das Illustrierte Blatt«, Nr. 44, 31.10.1925, S. 2-4.

Der Artikel wird hier erstmals seit seiner Veröffentlichung im »Illustrierten Blatt« im Jahre 1925 wieder gedruckt.

in den krummen, unheimlichen … Gassen des »Alten Hafens«] Die historische Altstadt, von der Roth sich in Briefen und Artikeln so fasziniert zeigte, wurde im Zweiten Weltkrieg fast restlos zerstört. Den Bestimmungen des 1940 geschlossenen Waffenstillstands zufolge blieb Marseille zunächst von deutschen Truppen unbesetzt. In dieser Zeit wurde die Stadt, wie in Anna Seghers Roman »Transit« beschrieben, zur Zuflucht für ungezählte Emigranten, weil nur noch von dort eine Ausreise über See aus Frankreich möglich war. Auch Roths Freund Soma Morgenstern ist auf diesem Wege entkommen. Nach der Landung der Alliierten in Nordafrika wurde auch das sog. Vichy-Frankreich von den Deutschen besetzt. Die schwer kontrollierbare Altstadt Marseilles wurde im Januar 1943 von SS, Wehrmacht, deutscher und französischer Polizei umstellt, zwangsevakuiert und größtenteils gesprengt. Die Aktion, die eigentlich der Ergreifung von Juden und Emigranten (sie wurden deportiert) und der Bekämpfung der Résistance diente, wurde propagandistisch als Kampf gegen Laster und Verbrechen gerechtfertigt. »Die Kloake wird trockengelegt.« (W. Kiaulehn in »Signal«). An 30 000 Menschen verloren ihr Zuhause.

eine goldene Madonna] Wahrzeichen Marseilles, eine vergoldete Marienstatue auf dem Turm der Basilika Notre-Dame-de-la-Garde auf einem Felsen über der Stadt.

Lit: R. Rutz, Signal. Eine deutsche Auslandsillustrierte als Propagandainstrument im Zweiten Weltkrieg. Essen 2007. (Zugleich Berlin, Humboldt-Univ. Diss. 2005), S. 163.

Die weißen Städte

D: Typoskript mit handschriftlichen Korrekturen (»Berliner Nachlass«, DLA)

Roths zu Lebzeiten zum größeren Teil ungedruckt gebliebenes Reisebuch »Die weißen Städte« ist in einem vom Autor korrigierten Typoskript in seinem sogenannten Berliner Nachlass erhalten geblieben. Zuerst veröffentlicht wurde der Text fälschlich unter dem irreführenden Titel »Im mittäglichen Frankreich« (Werke 1956). Er wurde also mit der Artikelfolge verwechselt, die im Anschluss an Roths Südfrankreichreise in der »Frankfurter Zeitung« erschienen war und deren Wiederabdruck 1956 darum unterblieb. Erst die Neuausgabe in »Werke 1975-76« brachte den Text unter dem richtigen Titel.

In zwei Briefen aus Marseille an Benno Reifenberg hat Roth sich über sein Vorhaben und seine Zweifel erklärt: »Ich habe Material für ein schönes Buch mit dem Titel ›Die weißen Städte‹ für den Buchverlag. Ich weiß aber nicht, ob der Verlag noch Bücher drucken wird, in denen solche Töne rauschen, wie in meinen Dingen. Ja, ich sehe, daß die Luft in Dtschld. sehr dick geworden ist.« (18.8.25). Er ist unsicher, nicht nur seines Buchplanes wegen, sondern im Hinblick auf sein Verhältnis zu Verlag und Redaktion überhaupt. Zwei Wochen später äußert er sich ausführlicher: »Meine Reise ist Mitte September beendet. Ich habe Stoff für ein Buch. Auch da bitte ich Sie um einen redaktionellen Rat: ich kann am besten ein ganz ›subjektives‹ also im höchsten Grad objektives Buch schreiben. Die ›Beichte‹ eines jungen, resignierten, skeptischen Menschen, der irgendwohin fährt, in einem Alter, in dem es ihm bereits ganz gleichgültig ist, ob er Neues sieht oder nicht. In dem es keine ›Romantik des Reisens‹ mehr gibt. Und er sieht die letzten Reste Europas, die noch keine Ahnung haben von der inzwischen immer stärker gewordenen Amerikanisierung und Bolschewisierung Europas. Denken Sie, bitte, an die Bücher der Romantik. Abstrahieren Sie davon die Utensilien und Requisiten der Romantiker, die sprachlichen und die der Weltanschauung. Setzen Sie dafür die Requisiten der modernen Ironie und der Sachlichkeit ein. Dann haben Sie das Buch, das ich schreiben will, kann und beinahe muß. Es ist ein Reisebuch durch die Seele des Schreibers, wie durch das Land, das er durchfährt. […] Es ist im höchsten Grade dichterisch, mehr, als ein Roman.« (30.8.25). Auch an Bernard von Brentano schrieb er: »Ich war in vielen Städten der Provence. Ich könnte ein Buch schreiben […] In der ersten Hälfte des Septembers wird es sich entscheiden.« (22.8.25). Er traute sich zu, es im September in zwei Wochen in Paris fertigzustellen. Offenbar hat er ein in solcher Kürze abgeschlossenes Manuskript dann auch vorgelegt. Ende November berichtete er Brentano von der Ablehnung durch den Verlag und dass er beim Verlag Dietz in Berlin einen zweiten Versuch unternehmen wolle (29.11.25). Aber auch mit Dietz kam keine Vereinbarung zustande, und nun blieb das Manuskript liegen. Von späteren Plänen zu einer Veröffentlichung, die wohl eine vorhergehende durchgreifende Überarbeitung erfordert hätte, ist nichts bekannt, was aber nicht bedeutet, dass die »Weißen Städte« Roth gleichgültig geworden wären. Noch 1939 hat er sie in einer Liste seiner Werke aufgeführt. Ihre Bedeutung auch für die auf sie folgende Reportage »Juden auf Wanderschaft« sowie Roths Gedankenwelt insgesamt, die charakteristische Verbindung von Judentum, Katholizismus und Europäertum, hat erst in neuerer Zeit die verdiente Beachtung gefunden. »*Die weißen Städte* gehören zum Schönsten, was Roth geschrieben hat, und sind ein Schlüsseltext für Roths Biographie.« (Ochse)

Lit: Briefe 1970, S. 55, 57, 62, 67ff. – I. Sültemeyer-von Lips, J. R.s Reiseberichte besonderer Art »Die weißen Städte« und »Der Antichrist«. In: Germanistische Mitteilungen 17 (1991), H. 33, S. 3-16. – Ochse 1999, 113f. – K. Ochse, Vorwort. In: J. R., Im Bistro nach Mitternacht. Ein Frankreich-Lesebuch. Hrsg. v. K. Ochse. Köln 1999. S. 12.

[Einleitung]

In der Textfassung der drei Werkausgaben von 1956, 1975/76 und 1989/91 beginnt die Einleitung mit folgenden drei Absätzen, deren Herkunft im DLA nicht ermittelt werden konnte:

»Ich wurde eines Tages Journalist aus Verzweiflung über die vollkommene Unfähigkeit aller Berufe, mich auszufüllen. Ich gehörte nicht der Generation der Leute an, die ihre Pubertät mit Versen eröffnen und abschließen. Ich gehörte noch nicht der allerneuesten Generation an, die durch Fußball, Skilauf und Boxen geschlechtsreif wird. Ich konnte nur auf einem bescheidenen Rad ohne Freilauf fahren, und mein dichterisches Talent beschränkte sich auf präzise Formulierungen in einem Tagebuch.

Seit jeher mangelte es mir an Herz. Seitdem ich denken kann, denke ich mitleidslos. Als Knabe fütterte ich Spinnen mit Fliegen. Spinnen sind meine Lieblingstiere geblieben. Von allen Insekten haben sie, neben den Wanzen, am meisten Verstand. Sie ruhen als Mittelpunkt selbstgeschaffener Kreise und verlassen sich auf den Zufall, der sie nährt. Alle Tiere jagen der Beute nach. Von der Spinne aber könnte man sagen, sie sei vernünftig, sie sei in dem Maß weise, daß sie das verzweifelte Jagen aller Lebewesen als nutzlos und nur das Warten als fruchtbar erkannt hat.

Geschichten von Spinnen, von Sträflingen, die sich in der finsteren Einsamkeit ihrer Zelle mit Spinnen unterhalten, las ich mit Eifer. Sie regten meine Phantasie an, an der es mir übrigens keineswegs fehlt. Ich habe immer leidenschaftlich, aber mit wachen Sinnen geträumt. Mein Traum konnte mir niemals als eine Wirklichkeit erscheinen. Dennoch vermag ich mich so tief in den Traum zu begeben, daß ich eine zweite, eine andere Wirklichkeit lebe.«

Spinnen ... meine Lieblingstiere] Vgl. Roths Artikel »Argiope, die Tigerspinne«, der nach eingehender Beschreibung von Argiopes Gewohnheiten schließt: »Diesen Roman sah ich im Kino. Dann gab man noch das Schicksal einer Prinzessin. Aber obwohl sie ein Mensch war wie ich, ging sie mich gar nichts an. Mich ging Argiope so nahe an, als wäre ich selbst eine Spinne.« Vgl. Ochse über Roth und seine frühen Romane »Das Spinnennetz« und »Hotel Savoy«.

Ich war neugierig zu erfahren, wie es hinter dem Zaun aussieht, der uns umgibt] Die folgenden drei Absätze sind u. d. T. »Hinterm Zaun« abgedruckt in »Beiträge zu einem deutschen Lesebuch« von: Joseph Roth, Perlefter. Fragmente und Feuilletons aus dem Berliner Nachlaß. Hrsg. von Friedemann Berger. Leipzig / Weimar, 2. Aufl. 1981. – Vgl. auch den Brief an B. Reifenberg vom 16.5.1925, in dem Roth über Deutsche in Paris schreibt, »sie atmen nicht Luft aus, sondern Zäune und Mauern«.

Lit: »Argiope, die Tigerspinne«, II, 149-151, hier 151. (FZ, 10.4.1924), – Ochse 1999, S. 93-104. – Briefe 1970, S. 46.

Tournon

das berühmte Lyceum ... der berühmte Cardinal] François II. de Tournon (1489-1562), Kleriker, in Tournon-sur-Rhône, geboren, 1530 Kardinal, zuletzt Erzbischof von Lyon und Kardinaldekan. Er ist in der Kapelle des von ihm gegründeten Collège de Tournon, heute Lycée Gabriel Fauré, beigesetzt.

jüngere Gebäude] korrigiert aus: »jüngere Gebäuse«.

Avignon

Roths Südfrankreicherlebnis gipfelte in Avignon, das zugleich der Ort seiner aufsteigenden Unruhe war, als er fürchtete, dass Feuilletonbeiträge, die er für die Artikelfolge »Im mittäglichen Frankreich« nach Frankfurt gesandt hatte, verloren gegangen seien oder aus anderen Gründen nicht zum Druck gelangten. Von dort schrieb er an Reifenberg: »[...] ich möchte Ihnen in diesem Brief nur von meinem großen Glück schreiben, wäre meine Furcht, daß meine Feuilletons nicht ankommen, nicht so groß. Es ist gewiß eine Krankheit, aber es droht mir eine vollkommene Sterilität und das entschuldigt diese Geschmacklosigkeit, die ich begehe, in dem ich Sie in einem privaten Brief bitte, mir an das Hotel de la place de l'Odeon zu schreiben, ob 6 oder 7 Feuilletons aus Frkrch. bis jetzt von mir glücklich gelandet sind. Die Post wird mir nachgeschickt. – Ich bin auch, während ich diesen Brief schreibe, nicht sicher, ob er Sie erreicht. Aber auch, wenn er nicht ankommt, so hoffe ich, werden Sie fühlen, daß ich jetzt die schönsten Tage meines Lebens – genieße? – kann man nicht sagen, sondern vielleicht durchzittere, durchsehne und durchweinen könnte, wenn ich mich nicht schämen würde. Es wird mir niemals möglich sein, zu beschreiben, was ich hier erlebe. Sie ermessen die Größe meines Glücks am besten daran, daß ich einsehe, wie klein und ohnmächtig ich bin und dennoch tausendfach lebe. Ich liebe alle Dächer, die Hunde, die hier herrenlos herumlaufen, die Katzen, diese wunderbaren Bettler mit den roten ledernen Gesichtern und die jungen Augen, die Frauen, die ganz dünn sind, auf hohen Beinen, mit schmalen Schultern und gelber Haut, die bettelnden Kinder, dieses Gemisch aus Sarazenen, Franzosen, Kelten, Germanen, Römern, Spaniern, Griechen und Juden. Im Palais der Päpste bin ich zu Hause, alle Bettler wohnen in den herrlichsten Schlössern und ich möchte ein Bettler sein und unter diesen Portalen schlafen. Es ist so dumm Alles, was wir in Deutschland machen! So traurig, so ohne Sinn! Kommen Sie nach Avignon und Sie werden nie mehr ein Feuilleton von mir in Satz geben. Ich lerne vor lauter Freude französische Gedichte auswendig.« (1.8.25) Allein die unkontrollierte Grammatik des Briefes aus der Feder eines so vorzüglichen Schreibers wird Reifenberg gezeigt haben, dass Roth sich in einem Ausnahmezustand befand. Ob und was er erwiderte, ist nicht bekannt, jedenfalls erreichte Roth keine Antwort. Dessen Unsicherheit wuchs also noch an und schlug sich in einem weiteren Brief an Reifenberg nieder. (18.8.25)

Lebensfülle und Schönheit der Mittelmeerwelt verloren für ihn darob nicht an Glanz, empfand er sie doch offenbar als eine Gegenwelt zu den Ländern seiner Herkunft. Menschlich und indirekt auch künstlerisch handelte es sich um ein befreiendes Erlebnis. Er hatte sich Avignon bereits mit großen Erwartungen genähert (»Tournon«, S. 111). Mit ihrer besonderen historischen Tradition hat die Stadt auch seine Beziehung zum Katholizismus beeinflusst, in gewisser Weise erst wirklich begründet. Leider ist ein für »Im mittäglichen Frankreich« bestimmtes Reisefeuilleton über Avignon nicht erhalten, falls Roth, was doch naheliegt, eines geschrieben hat. Noch nicht wieder in die Werkausgaben eingegangen ist hingegen ein Artikel »Avignon«, der am 5.12.1925 in »Kölnische Volkszeitung und Handelsblatt« erschienen ist.

Geschichte ... vom »Esel des Papstes«] in Daudets Erzählungen »Lettres de mon moulin« (1887) nach einer Volkslegende: Weil er weiß, dass das Lieblingstier eines Avignoner Papstes mit bestem französischem Wein getränkt wird, bietet ein schlauer Bursche sich als Pfleger des Maultiers an, um mittrinken zu können. Die übervorteilte Kreatur rächt sich zuletzt mit einem tödlichen Hufschlag.

Daudet] Alphonse D. (1840-1897), französischer Romancier, »der große Erzähler der Provence«. Sein Denkmal in Nîmes hat Roth beschrieben: »Im kleinen Stadtpark von Nîmes ist Alphonse Daudet in Marmor verewigt, in der Mitte eines kleinen Bassins, von zwei weißen Schwänen ständig umkreist, die sich hintereinander mit der schweigsamen und präzisen Stetigkeit von Uhrzeigern drehn. Daudet sitzt in den etwas lockeren Kleidern, die damals noch die Gewänder der Dichter waren, für unsern Geschmack zu betont künstlerisch und das Gesicht in einer zu realistischen Lebendigkeit festgehalten, in der überlieferten Pose des Dichtens, worunter sich die Bildhauer um die Wende des Jahrhunderts eine Art zielbewusster Geistesabwesenheit vorzustellen liebten. Daudet ›sinnt‹ – wenn man dem Bildhauer Falgnière [recte: Falguière] glauben soll. Dennoch ist es ein rührendes Denkmal für einen so stillen, feinen und empfindsamen Dichter, der die Grenzen der Bürgerlichkeit niemals verließ, auch nicht, wenn er die Bürgerlichkeit ironisierte. Er konnte sich und uns sehr gut über die Welt lustig machen, von deren Art er selbst war, und diese Welt hat ihm deshalb nichts übelgenommen, obwohl gerade sie es ist, die den Spott am wenigsten verträgt. Daudet ist vielleicht der einzige seiner Art, der eine westeuropäisch begrenzte Unsterblichkeit errang. Im schönen kultivierten Ziergarten der Provence ist er eine gepflegte Blüte, die über ihr heimatliches Beet hinauswächst, aber es niemals verläßt.« (»Nîmes und Arles«).

Renan] Ernest R. (1823-1892), Religionswissenschaftler, Historiker und Schriftsteller. Roth lernte Renans fünfbändige »Geschichte Israels« 1920 durch Morgenstern kennen und war beeindruckt. Er hat sich auch später auf ihn gestützt. Ochse zitiert einen Satz Renans, den sich Roth 1927 notierte: »L'homme n'appartient ni à sa langue, ni à sa race; il n'appartient qu'à lui même, car c'est un être libre, c'est-à-dire un être moral.«

Clemens V.] Bertrand de Got (gest. 1314), 1305 Papst. Der durch Ränke vorzugsweise französischer Kardinäle auf den Stuhl Petri erhobene Erzbischof von Bordeaux berief die Kardinäle zu seiner Krönung nach Lyon und verließ Frankreich danach nicht mehr. 1309 verlegte er die Kurie von Rom nach Avignon. Fast siebzig Jahre trugen danach allein Franzosen die Tiara, unterstützt von einem fast ausschließlich französischen Kardinalskollegium im Machtbereich der französischen Könige. Clemens V. hat allein fünf Verwandte zu Kardinälen gemacht, unter ihm begann das von Zeitzeugen entrüstet wahrgenommene Luxusleben am päpstlichen Hof in Avignon. Er unterstützte Philipp IV. bei der wirtschaftlich motivierten, grausamen Verfolgung der Templer. Dante hat ihn in die Hölle versetzt.

Johann XXII.] Jacques Duèse (um 1245-1334), 1316 Papst. Ein für die Künste und Wissenschaften aufgeschlossener Pontifex, der aber gegen Meister Eckhart das Inquisitionsverfahren eröffnen ließ. Machtbewusst, ein zielgerichteter Organisator des päpstlichen Steuerwesens.

Benedikt XII.] Jacques Fournier (1285-1342), 1334 Papst. Zisterzienser, bemüht, die unter seinen Vorgängern eingerissenen Missstände zu mindern. Erbauer des Papstschlosses in Avignon.

Matteo Giovannetti da Viterbo] (um 1300 – um 1370), mit Petrarca befreundeter ital. Maler, der unter Papst Clemens VI. in Avignon wirkte.

Grab Innozenz' VI.] Innozenz VI. (1285/92-1362), Nachfolger Papst Clemens VI. nach dessen Tod im Jahr 1352.

Petrarca] der ital. Dichter und Philologe Francesco P. (1304-1374).

Laura] Über die realen Lebensumstände der schönen Dame, deren Petrarca nach eigener Mitteilung 1327 in der Kirche Santa Chiara in Avignon ansichtig wurde und in unglücklicher Liebe unvergängliche Gedichte widmete, ist fast nichts bekannt; einer unsicheren Überlieferung zufolge wurde sie 1307 als Tochter eines Audibert de Noves geboren, 1327 vermählt mit Hugo de Sade, dem sie elf Kinder gebar; 1348 todkrank.

Lettres historiques ... Dunoyer] Anne-Marguerite Petit DuNoyer (1663-1719), aus Nîmes gebürtige, zu ihrer Zeit nicht zuletzt durch ihre Bekanntschaft mit Voltaire europaweit bekannte Journalistin. (»Lettres historiques et galantes de deux dames de condition, dont l'une était à Paris et l'autre en province«, 1713).

Delorme] evtl. Pierre Claude François Delorme (1783-1859); das genannte Portrait konnte nicht ermittelt werden.

Musée Calvet] das Musée Calvet in Avignon, 1811 von dem Avignoneser Arzt Esprit Calvet gegründet.

Lit: Briefe 1970, S. 54f. – »Die weißen Städte«, »Nîmes und Arles«, II, 487-493, hier 487. – Morgenstern 1994, S. 31ff. – Ochse 1999, S. 147.

Les Baux

noch nicht zersungen] Der einstige Germanistikstudent meldet sich wieder zu Wort: »zersingen« ist ein Fachausdruck für die Formzerstörung des Volkslieds.

Königin Jeanne] Jeanne de Laval (1433-1498), 1454 zweite Ehefrau des kunstsinnigen René I, Herzog von Anjou (Bon Roi René), ehemals auch König von Neapel, mit dem sie seit 1469 durchgehend in der Provence lebte; er überließ ihr Les Baux.

Renaissance-Pavillon … Mistral … Pavillon begrub] der sogenannte »Pavillon de la Reine Jeanne«, ein Gartenhäuschen von erlesenem Geschmack, das allerdings nicht von ihr, sondern von der Baronin Jeanne de Quiqueran aus Arles in Auftrag gegeben wurde. Der Dichter Frédéric Mistral (1830-1914) ließ auf dem Friedhof der Gemeinde Maillane, seinem Geburtsort, eine Kopie anfertigen, die er zu seiner Grabstätte bestimmte.

Mistral's »Mireille«] »Miréio« (1859), okzitanisches Versepos in zwölf Gesängen von Frédéric Mistral (1830-1914). Es war Mistrals Erstlingswerk, für das er 1905 mit dem Nobelpreis ausgezeichnet wurde. Im Sechsten Gesang bringt Miréio (Mireille) ihren verletzten Geliebten Vincen in die »Feengrotte«, wo er von der Hexe Tavén geheilt wird.

Die Menschen

E: Die Menschen. Aus: Die weißen Städte. In: Porza. Berlin. Jg. 1, 1929, Heft 2-3, S. 7-8.

Stendhal] d. i. Henri Beyle (1783-1842), von Roth besonders geschätzter Schriftsteller, wie u. a. eine Briefäußerung über Stefan Zweigs »Drei Dichter ihres Lebens« erkennen lässt: »Aus Ihrem Buch gefiel mit Stendhal am besten – vielleicht weil er mir auch sonst am nächsten ist. Aber obwohl ich über ihn schon so viel gelesen habe, scheint es mir, daß er bei Ihnen am menschlichsten herauskommt. Es ist ein wahres *Lebensbild* und *kein Porträt*, das Sie von ihm entwerfen.« (An S. Zweig, 10.7.1928). Wittlin bezeugt, Roth habe Stendhal zunächst in deutscher Übersetzung gelesen, aber ihn unter den französischen Romanciers, von denen er zu lernen behauptete, an erster Stelle genannt. Klaus Dohrn hat Roths Äußerung überliefert: »Ich wäre am liebsten Stendhal gewesen«; er habe ihn als den größten Romanschriftsteller angesehen.

Lit: Briefe 1970, S. 133. – Bronsen 1974, S 142 (Int. J. Wittlin). – Katalog 2008, S. 147. – Katalog 1979, S. 432, 441.

Juden auf Wanderschaft

E: Verlag »Die Schmiede«, Berlin, als Band 4 der Reihe »Berichte aus der Wirklichkeit«. Vorab zwei Kapitel (s. u.) in der »Frankfurter Zeitung«. – D: Erstausgabe. – Roth hatte in dem 1921 gegründeten Verlag, zu dessen Autoren Georg Kaiser, Egon Erwin Kisch, Alfred Döblin und René Schickele zählten, auch seine Romane »Hotel Savoy« und »Die Rebellion« unterbringen können. »Die Schmiede«, wirtschaftlich erfolglos, wurde 1929 insolvent. Bereits damals dachte Roth an eine überarbeitete Neuausgabe seines Essays bei Gustav Kiepenheuer, die jedoch wegen anderer Vorhaben nicht zustande kam.

»Juden auf Wanderschaft«, zwischen 1925 und 1927 entstanden, erscheint – neben »Hiob« – als ein für das von seinem Verfasser vermittelte Bild des Judentums besonders eindrucksvoller, allerdings auch widersprüchlicher Text. Weder seine Kritik am ›Westen‹ und speziell an den Westjuden und am Zionismus, noch die gewisse Idealisierung des Ostjudentums, für die vorzugsweise das Werk Martin Bubers den Boden bereitet hatte, waren neu, aber sie wirkten so glaubwürdig und unmittelbar, weil die vom Verfasser gezogenen Schlüsse seine eigene Position immer wieder selbst in Frage stellten. Sowohl seine Aufenthalte in Frankreich als auch die Reise in die Sowjetunion hatten Roth neue Erfahrungen und Anregungen vermittelt, aber auch ältere Bilder und Vorstellungen, wie er sie von Kind an in sich trug, wieder wachgerufen. In Briefen hat er sich wenig über das Vorhaben geäußert. Ochse hat dargelegt, dass die Jahre, in denen er an seinem Essay schrieb, durch eine verstärkte Hinwendung zum Katholizismus – wie immer er ihn auch verstand – gekennzeichnet waren, und gefolgert, der scheinbare Widerspruch lasse sein von so tiefer Sympathie erfülltes Engagement für das Ostjudentum zu einem Teil auch als Austrag eines Gewissenskonfliktes verstehen: In den Augen derer, für die er so beredt eintrat, war er als Assimilierter ein Verräter am Glauben. Sein Gefühl widersprach diesem Vorwurf, aber zugleich musste er sich eingestehen, dass ihm eine Rückkehr in die Glaubenswelt seiner Väter versagt war. Er geißelte westlichen Hochmut und den Konformismus der Westjuden, aber die Bitterkeit, die ihn erfüllte, machte ihn selbst ungerecht. Roth warb um Verständnis für andere, aber Verständnis brauchte er selbst. Authentisch ist seine Klage, wenn er um Verlorenes trauert; die Auswege, die er zu zeigen versucht, erwiesen sich auf religiöser wie auf politischer Ebene gleichermaßen ungangbar. Es waren poetische Gedanken, nicht ohne Schönheit und Tiefe, die aber in der Alltagswirklichkeit als realitätsfern erscheinen mussten.

Der bitteren Einsicht in das Scheitern aller Hoffnungen hat Roth sich zuletzt nicht verschlossen. Mit dem Wiener Löwit-Verlag vereinbarte er 1937 eine aktualisierte und erweiterte Neuauflage von »Juden auf Wanderschaft«, die aber nicht mehr zustande kam.

Roths »Zweites Vorwort. Die Juden in Deutschland« (vgl. S. 368 u. Anm.), das u. d. T. »Vorrede zur neuen Auflage« erst postum im Druck erschien, erkennt den Zionismus zwar bedingt, aber eben nur als eine nicht ausreichende Lösung an.

Lit: H. Ausserhofer, J. R. u. das Judentum. Ein Beitrag zum Verständnis der dt.-jüd. Symbiose im zwanzigsten Jahrhundert. Bonn 1970. – Ochse 1999, S. 115-133 (»Juden auf Wanderschaft«). – Kiefer 2001, S. 71-78 (Mitzwah kontra Kulturkarriere. Der Essay »Juden auf Wanderschaft«), hier S. 78. – »Vorrede zur neuen Auflage«, Werke 1974/1975, III, 259-269; Werke 1989-91, II, 902.

Ostjuden im Westen

dunklen »Chedern«] Cheder (hebr.): ›Zimmer‹; die traditionelle jüdische Elementarschule; nach dem Wohnzimmer des Melamed (Lehrer), in dem der Unterricht meist erfolgte, vgl. »Hiob«, 1. Kap.

Montefiore] Sir Moses M. (1784-1885). Zur Figur des großen jüdischen Philanthropen und zu von Roth gehegten Plänen siehe Roths Brief an Gina Kaus vom 4.11.35: »Es handelt sich darum, die Biographie des Moses Montefiore zu schreiben, von dem seine Nachkommen selbst wahrscheinlich nicht wissen werden, welche legendarische Bedeutung er unter den Millionen Ostjuden hat.« (V, 882) Wenige Tage später erwähnt er seinen nicht verwirklichten Plan auch in einem Brief an Zweig (12.11.35). Vgl. »Tarabas«, Kap. XX, die Entdeckung von Montefiores Bild durch Tarabas, der sich der an Schemarjah begangenen Untat bewusst wird, und seine daraus folgende Reue (V, 585ff.); s. auch den Artikel »Der Orient in der Hirtenstraße«: »Der Inhaber der Schenke ist ein russisch-polnischer Jude mit Samtkäppchen und Bart. Er sitzt auf einem grünen, gerippten Plüschsofa unter einem Bild des Moses Montefiore und liest in der Zeitung.«

moderne Zionismus … österreichischer Journalist] Theodor Herzl (1860-1904), Publizist, auch Dramatiker, 1895-1904 Feuilletonredakteur der Wiener »Neuen Freien Presse«, Begründer der zionistischen Bewegung, die einen jüdischen Staat, womöglich in Palästina anstrebte (»Der Judenstaat«, 1896; »Altneuland«, Roman 1902). Die zwiespältige, überwiegend ablehnende Reaktion des assimilierten Wiener Bürgertums ist anschaulich dargestellt in Arthur Schnitzlers Roman »Der Weg ins Freie« (1908); oftmals enthusiastische Zustimmung fand Herzl hingegen im Ostjudentum.

Ruthenen] in der österr.-ungar. Monarchie Name für die Ukrainer, deren Nationalbewusstsein im 19. Jh. ebenfalls erwacht war; sie genossen politische Gleichberechtigung, ihre Unabhängigkeitsbestrebungen strahlten von Ostgalizien auch in die russ. Ukraine aus.

Welch' ein Glück, eine »Nation« zu sein] Vgl. die Wiederaufnahme dieser Argumentation in rhetorischer Umkehrung (»Welch eine Schande, *keiner Nation* anzugehören?«) in Roths Artikel »Der Segen des ewigen Juden« (1934) und die dadurch ausgelöste Debatte.

Lit: F. Hackert, Zum Gebrauch der Gattung Legende bei J. R. In: Herrenalber Forum 1994, S. 109-123, hier 110f. – Briefe 1970, S. 435. – »Hiob«, V, 5. – »Der Orient in der Hirtenstraße«. In: Bienert 1996, S. 73. – »Der Segen des ewigen Juden«, III, 527-532, hier 532 (Wa, 30.8.1934).

Das jüdische Städtchen

Das jüdische Städtchen im Osten, wie es in »Juden auf Wanderschaft« beschrieben wird, ist dem Leser auch aus mehreren Erzählwerken Roths als Handlungsschauplatz vertraut. Die übereinstimmenden Züge sind so deutlich, der jüdische Charakter dieser Ansiedlungen, in denen auch Christen lebten, wird so stark betont, dass man darüber fast die Unterschiede vergisst. Bei dem zugrunde liegenden Modell handelt es sich offensichtlich um Roths nordöstlich von Lemberg gelegenen Geburtsort Brody. Durch seine Lage nahe der Grenze zum Zarenreich hatte die Stadt eine besondere Geschichte. Sie galt als ein Zentrum der Haskala, der jüdischen Aufklärung. Das 1779 erteilte Freihandelsprivileg hatte Brody zur Zeit der Kontinentalsperre und des Krimkriegs zum wichtigsten Handelsplatz Galiziens gemacht. Das Privileg wurde jedoch 1879 aufgehoben, Brody begann zu verarmen, die Einwohnerzahl ging zurück. Für 1914 wird sie mit 18 000 angegeben, davon 85 % Juden. Brody hatte ein Gymnasium und war Sitz einer Bezirkshauptmannschaft.

Aber nicht um die Besonderheiten geht es Roth, sondern um das allen gemeinsame ostjüdische Schicksal. Liegt das »Städtel« jenseits der Grenze, also in Rußland, wo bürokratische Unterdrückung jeder Art bis hin zu staatlicherseits geduldeten, wenn nicht geschürten Pogromen das Leben der Juden noch stärker einengten als in Galizien, zeichnet sich der tragische Grundzug in der Erzählung möglicherweise noch stärker ab, letztlich aber erscheint ein übereinstimmendes Resümee. Der Autor oder der von ihm eingeführte Erzähler berichtet von einer entlegenen, ungeachtet großer Armut keineswegs kulturlosen Welt, mit eigenen religiösen Gesetzen. Deren Gefährdung und drohender Zerfall in einer sich schnell verändernden und unberechenbaren Gegenwart liegen offen zutage. Roth schreibt aus der Perspektive des Assimilierten, aber zugleich mit melancholischer Sympathie für ein unwiederbringlich Verlorenes. ›Nach Auschwitz‹ gelesen, wirken die von ihm entworfenen Bilder noch ahnungsvoller, als ihm bewusst sein konnte.

Schofarblasen] vor allem beim Neujahrsfest; auch die Ankunft des Messias wird so angekündigt werden (schofar, ›Posaune‹, Widderhorn).

Kukuruz] Mais.

Naphta] Naphtha, russ. für Erdöl, auch Bezeichnung für leichte Erdölsorten.

»aschkenasischer«] von hebr. Aschkenasim; die mittel- und osteuropäischen Juden, die über Griechenland und Italien nach Mitteleuropa gelangten und seit Beginn der Neuzeit hauptsächlich in Polen und Litauen lebten. Die Sprache der Aschkenasim war das Jiddische, an dem sie, wie an ihren religiösen Bräuchen, zäh festhielten.

»sephardischer«] von hebr. Sephardim; die span.-portugies. Juden und ihre Nachfahren.

Kabbalagläubigen] Kabbala (hebr.): Überlieferung; esoterisch-mystische Geheimlehre, Mitte des 12. Jh.s in der Provence entstanden, höchste Entwicklung im 16-18. Jh., in einer Spätform auch anregend für den Chassidismus.

»Chassidim«gruppe] Chassidim (hebr.): ›Fromme‹. Davon abgeleitet Chassidismus, mystisch-religiöse Bewegung im osteuropäischen Judentum.

Caruso] Enrico C. (1873-1921), berühmtester Operntenor seiner Zeit.

»Batlen«] Roth meint den ›Badchen‹, das jiddische Wort für den Hochzeitsspaßmacher, Deklamator, Gelegenheitsdichter (vgl. Gelber).

Scholem Alejchem] jiddisch »Friede sei mit Euch« (d. i. Schalom Rabinowitsch, 1859-1916), der große Humorist der jiddischen Literatur.

Wasserträger] Vgl. »Wasserträger Mendel«, das Fragment eines Romans oder einer längeren Erzählung, von der nur die drei Anfangskapitel ausgeführt wurden: Mit der Kapitelzahl IV bricht das undatierte Manuskript ab, bei dem es sich vermutlich um einen von Roth verworfenen Anfang des Romans »Hiob« handelt. Mendel, ein armer, älterer Jude (kein Lehrer, vielmehr Wasserträger) in einem kleinen galizischen Grenzstädtchen (mithin auf der österreichischen, nicht russischen Seite) wird von seinem Sohn, der nach Wien (nicht in die USA) gegangen ist und dort als Drechslermeister (nicht als Händler) lebt, nach Beginn des Ersten Weltkriegs (nicht schon in der Friedenszeit) eingeladen, in die Hauptstadt umzuziehen. Mendel, dessen Frau bereits gestorben ist (also nicht wie Deborah erst in der Fremde), folgt der Aufforderung und lernt allmählich sich in Wien, wenngleich ohne Freude, zurechtzufinden.

Lit: M. H. Gelber, »Juden auf Wanderschaft« u. die Rhetorik der Ost-West-Debatte im Werk J. R.s. In: Kessler / Hackert 1990, S. 143-156, hier S. 133. – »Wasserträger Mendel«, V, 850-870. – M. Olowicz / R. Kordis, Illustrierter Führer durch Galizien. Wien u. Leipzig 1914. – M. Pollack, Nach Galizien. Eine imaginäre Reise durch die verschwundene Welt Ostgaliziens u. der Bukowina. Wien, München 1984, S. 167-175 (Ein imaginäres Städtel). – R. Bis, Erdbeeren pflücken in Brody. Ein Besuch im Geburtsort J. R.s. In: Kessler / Hackert 1990. S. 47-63.

Die westlichen Ghettos

Wien] Wie auch in den folgenden Abschnitten »Berlin« und »Paris« verwendet Roth die Bezeichnung »Ghetto« für die Lebensverhältnisse nach Wien zugewanderter Juden im übertragenen Sinn. Für die engere Wortbedeutung, die auf ein Wohngebiet zielte, in dem eine bestimmte Bevölkerungsgruppe (Juden) zwangsweise abgesondert lebte, gab es nach der Aufhebung des Ghettos in Rom 1870 einige Jahrzehnte im westlichen Europa kein Beispiel mehr. Mehr oder weniger unfreiwillig für die Betroffenen bestanden Formen der Separierung jedoch auch weiterhin, und zwar besonders für die zugewanderten Juden. In Roths Darstellung ihrer Probleme und Anpassungsstrategien fließen seine persönlichen Erfahrungen mit den genannten Städten unwillkürlich ein, andererseits lässt die spezielle Perspektive aber auch deutlicher erkennen, wie Roth die Städte insgesamt sah. In den Romanen »Radetzkymarsch« und »Die Kapuzinergruft« sowie in einigen ihnen vorangehenden großen Feuilletons wie »Seine K. und K. Apostolische Majestät« (S. 265) dominiert nicht ohne verklärende Züge das Bild des kaiserlichen Wien, in zahlreichen Beiträgen zur Reihe »Wiener Symptome« dagegen das Alltagsleben in der durch den Ersten Weltkrieg und seine Folgen schwer getroffenen Stadt. Das jüdische Wien, wie Roth es kannte – also nicht das Wien des arrivierten Bürgertums der »Schnitzler-Zeit«, sondern das der jüdischen Zuwanderer und Flüchtlinge –, hat in »Juden auf Wanderschaft« in einzigartiger Weise Darstellung gefunden.

Lit: H. Nürnberger, Wien im Werk J. R.s. In: LWU 18 (1985), Heft 3, S. 193-211. – »K. Hödl, Als Bettler in die Leopoldstadt. Galizische Juden auf dem Weg nach Wien. Wien u. a. 1994 (Böhlaus zeitgeschichtliche Bibliothek; 27).

Berlin] Die frühen Zwanziger, in denen Roth meist in Berlin lebte, waren für ihn zugleich Jahre eines harten Existenzkampfes. Er hat damals als Lokalreporter sehr viel über Berlin geschrieben, eine Fron, die zu manchem betont herben Urteil über die rastlose Metropole beigetragen haben mag. »Das ist gewiß: daß ich ein Einsamer bin in dieser fremden Stadt und daß mich des Morgens, wenn ich durch die Straße gehe, ein Schauer der Heimatlosigkeit überfällt inmitten so vieler Heimatlichkeit.« (»Die fremde Stadt«) Auch die Protagonisten in Roths früheren Romanen wissen um diese Erfahrung. »Diese Stadt [...] liegt außerhalb Deutschlands, außerhalb Europas. Sie ist die Hauptstadt ihrer selbst.« (»Die Flucht ohne Ende«). In seinem 1930 entstandenen Artikel »Das steinerne Berlin« formuliert Roth: »Berlin ist eine junge, unglückliche und zukünftige Stadt. Ihre Tradition hat einen fragmentarischen Charakter. [...] Wenn Schicksal Willkür haben kann, so ist diese Stadt durch eine Willkür deutschen Geschicks die Hauptstadt der Nation geworden.«

Talles] jüd. Gebetsmantel.

Der Tempel Salomonis] In einem Beitrag für die »Neue Berliner Zeitung« hat Roth 1920 ein erstes Mal ein Modell des Tempels beschrieben – ein Kuriosum »aus haltbarem Pappendeckel [...] rot und weiß und golden bestrichen«, dem er sich ironisch nähert.

Kowno] russischer Name der litauischen Stadt Kaunas, die von 1795 bis 1915 zu Rußland gehörte; 1920-40 provisorische Hauptstadt Litauens.

Lit: »Die fremde Stadt«, I, 636-639, hier 638« (BBC, 21.8.1921). – »Die Flucht ohne Ende«, IV, 464. – »Das steinerne Berlin«, III, 228-231, hier 228f. (TB, 5.7.1930). – »Der Tempel Salomonis in Berlin«, I, 381-383. (NBZ, 2.10.1920). – »Der Orient in der Hirtenstraße«, Bienert 1996, S. 73 (NBZ, 4.6.1921). – K. Schoor, »Galizien grenzt an Berlin«. Journalistische Arbeiten J. R.s über jüd.-dt. Kultur im Berlin der zwanziger u. dreißiger Jahre. In: Berliner Hefte zur Geschichte des literarischen Lebens. Heft 1, 1996, S. 25-36.

Paris] Keine andere Stadt hat die Zuneigung Roths so ungeteilt zu gewinnen vermocht wie Paris. Das ist auch für sein Urteil über die Lebensbedingungen der jüdischen Zuwanderer wichtig gewesen. Dort haben sie die besten Chancen, sich zu assimilieren, dort – einer der vielen Widersprüche in »Juden auf Wanderschaft« – macht Roth ihnen ihre Assimilationsbereitschaft auch nicht zum Vorwurf.

wie Gott in Frankreich] vgl. den Artikel »Der liebe Gott in Rußland«, S. 246ff. u. Anm.

Action française] Seit 1898 bestehende, militant katholische, 1926 vom Vatikan verurteilte, aber noch während der Vichy-Jahre aktive, antisemitische Gruppierung, die die Wiedereinführung der Monarchie oder doch – im Widerstreit zur parlamentarischen Demokratie – einen hierarchisch gestuften Staat mit faschistischen Zügen anstrebte. Die Gefährlichkeit antisemitischer Regungen in Frankreich hat Roth anscheinend unterschätzt, wie 1931 auch seine Besprechung von Bernanos' Buch »La grande peur des bienpensants« über den französischen Publizisten Edouard Drumont (1844-1917) erkennen lässt, der 1889 nach einem deutschen Vorbild die »Ligue Nationale Antisémitique de France/LANF« ins Leben gerufen hatte und in der von ihm begründeten Tageszeitung »La Libre Parole« sowie in Büchern einen radikalkonservativen Antisemitismus vertrat, der die öffentliche Meinung zum Dreyfus-Prozess und zum Panama-Skandal stark beeinflusste.

Ich sprach … mit einem jüdischen Artisten] Im Anschluss an diese Episode und mit Verweis auf die Figur des Menuchim im Roman »Hiob« erörtert Ochse die aus der Sicht Roths beispielhaft sich abzeichnende Chance eines positiven Verhältnisses zur Assimilation. Als Künstler kann der Jude zum Brückenbauer »zwischen der jüdischen Tradition« und der säkularen Moderne, zwischen Ost und West« werden. Freilich ist »die Künstlerexistenz als Lösung für die jüdische Identitätskrise« nur wenigen zugänglich, für Roths Selbstverständnis jedoch von nicht zu unterschätzender Bedeutung.

Kol-Nidre] Nach seinen Anfangsworten benanntes Gebet zum Jom-Kippur-Fest, seit dem 9. Jh. als Einleitung des Gottesdienstes am Vorabend des Versöhnungstages im Gebrauch; auch Name für diesen Gottesdienst insgesamt. Besondere Bedeutung hat die ergreifende Melodie des Kol Nidre gewonnen, die ursprünglich mit keinem Text verbunden war und in der Bearbeitung von Max Bruch (Cellokonzert »Kol nidrei«) auch Eingang in den Konzertsaal gefunden hat. Vgl. auch »Hiob«, 10. Kap. (V, 77).

Horthy] Nikolaus H. von Nagybánya (1868-1957), 1918 Konteradmiral und letzter Oberbefehlshaber der österreichisch-ungarischen Flotte, nach Niederwerfung der Räteregierung in Ungarn 1920 von der Nationalversammlung zum Reichsverweser gewählt. Horthy figuriert auch in Roths politischer Lyrik: »Es leben unsre Spesengeber / der Horthy und der Ludendorff« (»Die Internationale für Kapital, Kaplan und General«).

Cherim (der Bannfluch) gegen Spanien] Ob es einen solchen Bann gegeben hat, ist sehr ungewiss. Die seriöse historische Forschung äußert sich dazu nicht, die Legende war aber sehr verbreitet; zum »Cherem« vgl. auch S. 381 (»Nachwort« zur Neuausgabe von »Juden auf Wanderschaft«).

Lit: »Der Franzose auf der Wodanseiche«, III. 378-384 (Mo, 7, 1931, Nr. 3, S. 289-293). – Ochse 1999, S. 115ff., hier S. 130. – »Die Internationale«, II, 32f., hier 32 (LL, 17.10.1924). – M. Pfeiffer, Zwei Spanienbilder und drei Bilder aus Spanien: H. R. In: Transkulturelle Beziehungen: Spanien und Österreich im 19. u. 20 Jahrhundert. Hrsg. v. M. Siguán u. K. Wagner. Amsterdam, New York, 2004, S. 167.

Ein Jude geht nach Amerika

E: »Frankfurter Zeitung«, 13.3.1927, 1. Morgenblatt. D: »Juden auf Wanderschaft«

»Ein Jude geht nach Amerika« kann wie eine Vorstudie zu Mendel Singers und seiner Familie Auswanderung gelesen werden, wie sie im drei Jahre später erschienenen Roman »Hiob« (6.-9. Kap.) dargestellt ist. Beide Texte spiegeln zugleich die wachsende Skepsis ihres Autors in das Gelingen der erhofften Befreiung aus Armut und Unterdrückung, die für die Juden das Leben in ihren Herkunftsländern unerträglich macht. Der Preis des für ältere Auswanderer wie Mendel aussichtslosen Assimilationsversuchs ist kulturelle und soziale Desintegration. Roth, der Amerika nicht aus eigener Anschauung kannte, fand in ihm für seinen zivilisationskritischen Konservatismus ein dankbares Ziel.

sieht er die Freiheitsstatue] Auch in »Hiob« gibt der Anblick der Statue Anlass zu beziehungsreichen Überlegungen: »›Jetzt erscheint […] die Freiheitsstaue. Sie ist hunderteinundfünfzig Fuß hoch, im Innern hohl. Man kann sie besteigen. […] In der Rechten hält sie eine Fackel. Und das Schönste ist, daß diese Fackel in der Nacht brennt und dennoch niemals ganz verbrennen kann. Denn sie ist nur elektrisch beleuchtet. Solche Kunststücke macht man in Amerika.‹«

Lit: »Hiob«, V, 71. – R. Frey, Kein Weg ins Freie. J. R.s Amerikabild. Frankfurt am Main, Bern 1983 (Europäische Hochschulschriften. Reihe 1, Dt. Sprache u. Literatur. 623) (Diss. Frankfurt/M. 1982). – R. Frey, Zuflucht und neues Babylon. J. R.s Amerika-Vision. In. Germanist. Mitteilungen (Brüssel), 1990, Heft 32, S. 29-39. – »Hiob«, V, 71.

Die Lage der Juden in Sowjetrußland

E: »Frankfurter Zeitung«, 9.11.1926, 1. Morgenblatt (= Folge IX der Russland-Reportagen). D: »Juden auf Wanderschaft«

Im »Nachwort« zur geplanten Neuauflage von »Juden auf Wanderschaft« von 1937 (S. 380ff.) hat Roth seine Meinung, dass sich die Lage der Juden in der Sowjetunion durch die neue Gesetzgebung grundlegend verbessert habe, noch einmal bekräftigt. Seine Sicht war allerdings von Anfang an auf Kritik gestoßen. Sie war wohl allenfalls für die ersten Jahre der Sowjetunion unter Lenin, nicht für die folgende Zeit unter der Herrschaft Stalins zutreffend.

Plehwe] Wjatscheslaw Konstantinowitsch P. (1846-1904), 1902-04 russischer Innenminister; ermordet, ein Opfer des zynischen Spitzelsystems, das er selbst eingeführt hatte (Beteiligung von Spitzeln an Attentaten gegen die Regierung).

Lit: Werke 1975/76, III, 358. – Ochse 1999, 134ff.

Die in Konkurrenz mit Friedrich Sieburg erlittene Niederlage im Streit um die Stelle eines FZ-Korrespondenten in Paris, deren sich Roth wohl schon sicher gewähnt hatte, und die damit verbundene Krise in seinem Verhältnis zur Redaktion in Frankfurt hatten ihn empfindlich verletzt, seine Arbeitskraft aber noch nicht wirklich beeinträchtigt. Reifenberg unternahm alles ihm nur Mögliche, ihn der FZ zu erhalten. »Lieber Herr Roth«, schrieb er, »ich muß Ihnen wohl nicht sagen, daß Ihr Ausscheiden aus unserer Zeitung für mich den schwersten Schlag bedeutet, den ich in diesen Anfangsjahren erleben könnte. Ich habe einfach *auf Sie gerechnet.* Ich brauche die Mitarbeit von Menschen meiner Generation, mit denen ich mich ohne weiteres verstehe, mit denen ich Ideen teile, die uns ohne weiteres selbstverständlich sind. Es wäre nach meiner Überzeugung eine verlorene Schlacht, wenn Ihr Name plötzlich in Berliner Blättern auftauchen müßte. Ich habe das deutlich dem Verlag mitgeteilt, und nun bitte ich mir zu glauben, daß der Verlag nicht sehr viel anders als ich denkt und daß ihm sehr darum zu tun ist, mit Ihnen ein gutes Einvernehmen zu pflegen.« (7.4.26) Ungeachtet einer vorübergehenden Trennung sowie fortgesetzt geäußerter Beschwerden und Klagen lag die Fortdauer der Zusammenarbeit ebenso in Roths Interesse. Der schwer zu Befriedigende schrieb weiterhin, die längste Zeit exklusiv, für die FZ, für die er mehrere europäische Länder bereiste.

Reiseberichte, oftmals auch als »Briefe« deklariert, wie Roth sie vorzugsweise für die FZ geschrieben hat, nehmen in der Rezeptionsgeschichte seines Werkes einen besonderen Platz ein, haben sie sich doch – etwas auf Kosten seiner ausgedehnten sonstigen Produktion – der Aufmerksamkeit seiner Leser als eine für sein journalistisches Schaffen charakteristische Kunstform eingeprägt. Die auf Genauigkeit bedachte, dabei betont subjektive und formbewusste Berichtsweise – eine Genauigkeit mehr des Stils und der spontanen Erkenntnis als der gleichmäßigen Berücksichtigung der Fakten – ließ Bilder von unverwechselbarer Eigenart erstehen. Roth repräsentiert als Korrespondent gewissermaßen den Gegentypus zur fragwürdigen Erscheinung des »unechten Korrespondenten«, wie ihn das 19. Jahrhundert aus Kostengründen hervorgebracht hatte. Dieser erarbeitete seine Auslandsberichte nicht auf Grund eigener aktueller Kenntnis, sondern nach fremden Quellen in der heimischen Redaktion, sozusagen weniger mit der Feder als mit Schere und Pinsel. Dagegen ist Roth vor Ort, genauer, er ist unterwegs von Ort zu Ort, lässt sein Engagement erkennen und beobachtet ebenso vorzüglich, wie er phantasievoll formuliert. Eine Einschränkung scheint gleichwohl geboten: Roth schreibt nicht mit jener Neugierde, mit der ein Egon Erwin Kisch unterwegs ist: Fast scheint es, als ob, was er erfährt, sein Vorwissen nur bestätigt. Der mythische Zug, der vielerorts in seinen Romanen spürbar ist, beispielhaft in der bereits anachronistischen Begegnung des Kaisers mit den Juden in »Radetzkymarsch«, begegnet auch in seinen – zuallererst doch der Aktualität verpflichteten – Reportagen, etwa in »Stierkampf am Sonntag«: Der leidende Stier in der Arena von Nîmes wird zur Verkörperung allen kreatürlichen Leidens, auch allen menschlichen Leidens bis hin zu den verfolgten und geschmähten Juden aus dem Osten und zum Erlöser am Kreuz. Nicht selten handelt es sich, wie bereits zeitgenössischen Kritikern nicht entging, um eminent literarische, zum Dichterischen drängende Texte, die eines großen Feuilletons als Hintergrund bedurften. Nicht weil die Zusammenarbeit mit der Frankfurter Redaktion so besonders störungsfrei gewesen wäre – sie war sogar eminent krisenanfällig, die mit dem »Prager Tagblatt« war harmonischer und währte länger –, hat sich der Name Roths so eng mit der FZ verbunden, sondern weil sie ihm das beste Forum bot, das er im Deutschland der Weimarer Republik für seine Arbeiten finden konnte.

Nebenher schrieb er Romane. Ende der zwanziger Jahre stand er, wie die von ihm selbst getroffene Auswahl »Panoptikum« (1930), beispielhaft der Zyklus »Hotelpersonal«, erkennen lässt als Feuilletonist auf der Höhe seines Könnens. Bald darauf gelang ihm auch der Durchbruch als Romancier (»Hiob« 1930, »Radetzkymarsch« 1932). Wäre seine private Situation weniger desolat gewesen, hätte er seine journalistischen Verpflichtungen, wie er das selbst wünschte, jetzt einschränken können. Aber die erledigten sich in ungewollter Weise durch Hitlers Machtantritt, über dessen Bedeutung Roth sich keinen Augenblick täuschte. So widersprüchlich manche seiner Positionierungen als Journalist in den zwanziger Jahren anmuten, gegenüber den Nationalsozialisten hatte er sich von Anbeginn als hellsichtiger Warner und kompromissloser Gegner erwiesen. Roth verlor 1933 nicht nur den deutschen Markt für seine Bücher, er verlor auch die deutschen Zeitungen. Fortan schrieb er, zumeist in kleinen Exilblättern, vergeblich gegen den in Deutschland herrschenden Ungeist an, aber die große Zeit des Feuilletonisten war vorüber. Vor allem die »Frankfurter Zeitung« erwies sich für ihn als unersetzlich.

Lit: Briefe 1970, S. 83f. u.87f.

Bekehrung eines Sünders im Berliner Ufa-Palast

E: »Frankfurter Zeitung«, Jg. 70, Nr. 863, 19.11.1925, Abendblatt. – S. (I)

Ufa-Palast] Der Ufa-Palast am Zoo, nach seinem Umbau das repräsentativste aller Ufa-Theater, war im September 1925 wiedereröffnet worden.

der heiterste Film Amerikas] Bei dem besprochenen Film handelt es sich nach Auskunft der Deutschen Kinemathek um »Why Worry?«, USA 1923, Regie: Fred Newmeyer, Sam Taylor; deutscher Verleihtitel »1000 : 1 = Harold Lloyd«, deutsche Premiere 30. Okt. 1925.

alles war von Offenbach] Jacques O. (1819-1880). – Roth der widerstrebende ›Operettenkenner‹ (s. Anm. S. 413f., »Wo die Kartousch singt«), findet sich schnell zurecht.

Lloyd] Harold L. (1893-1971), amerikanischer Komiker. In »Why Worry?« spielt Lloyd die Rolle eines reichen Hypochonders, der in seinem mittelamerikanischen Ferienort in eine Revolution gerät, die er aber, verwöhnt und gepflegt, nicht wahrnimmt, bis seine Krankenschwester, die er liebt, dem Revolutionsführer in die Hände fällt.

Lit: M-s. [Heinz Michaelis] in: Film-Kurier Nr. 257, 31.10.1925 (Premierenkritik). Anonym: Begegnung mit Harold Lloyd. In: Film-Kurier, Nr. 263, 7.11.1925 (dort aus dem Programmheft des Ufa-Palastes zitiert).

Einbruch der Journalisten in die Nachwelt

E: »Frankfurter Zeitung«, Jg. 70, Nr. 945, 19.12.1925, Abendblatt. – S. (I)

Nicht wenige Besprechungen Roths sind Büchern von Freunden und Kollegen gewidmet, deren Werken er zum Erfolg verhelfen wollte. In gewissem Sinn gilt dies auch für die vorliegende Rezension, denn sowohl Polgar als auch Kisch kannte er seit seinen schriftstellerischen Anfängen. Gleichwohl handelt es sich hier um keine Gefälligkeitsrezension, vielmehr betrifft die im Text vorgetragene These, die Roth auch an anderer Stelle vertreten hat, einen viel weiter reichenden Anspruch.

Polgar] Alfred P. (1873-1955), wurde in der Wiener Leopoldstadt als Sohn slowakisch-ungarischer Juden geboren. Der Vater, Musiker und Inhaber einer Klavierschule, hieß eigentlich Polak. (Im »Radetzkymarsch« trägt der Klavierspieler im Bordell der Frau Horwath den Namen Pollak, auch in »Die Geschichte von der 1002. Nacht« im Bordell der Frau Matzner heißt er Pollak). Alfred scheiterte mit seinem ersten Berufsziel, Musiker zu werden, weil er, wie er erklärte, vom Vater zwar die Liebe zur Musik, nicht aber die Begabung geerbt hatte. Stattdessen wurde er Journalist, im Café Griensteidl ein regelmäßiger Gast. Von Anfang an reizte ihn das Feuilleton, und schon bald glänzte er mit seinem präzisen, scharf zugespitzten Stil. Polgar sei als Kritiker umso interessanter geworden, bemerkt sein Biograph Ulrich Weinzierl, je entschiedener er alles nur Bildungsmäßige hinter sich gelassen und mutig seine Subjektivität geltend gemacht habe – eine Beobachtung, die auch für Roth gilt, der stets zur Betonung seiner Subjektivität neigte.

Polgar ist Roth auch im Pariser Exil begegnet und war bei seinem Begräbnis anwesend. Seinen Nachruf gab er der seit Weihnachten 1938 erscheinenden »Österreichischen Post«, für die Roth in seinen letzten Lebensmonaten ein »Schwarz-gelbes Tagebuch« geschrieben hatte und in der bis zur Einstellung der Zeitung bei Kriegsbeginn der Vorabdruck der »Kapuzinergruft« erfolgte: »Nie verriet der Künstler Joseph Roth die Natürlichkeit der Sprache an die Kunst. Er schrieb (verachtend die Meinung, tiefe Wasser müßten trüb sein) ein kristallklares Deutsch, das Kraft und Anmut zu paaren wusste, unfehlbar sicher in Wort und Wendung, lichtstark ohne falschen Glanz, musikalisch in Satzbau und Fügung, reich an kleinen stilistischen Zaubereien und Feinheiten, aber auch fähig des weiten Schwungs, der großen Steigerung. Er hatte alles, was den Schriftsteller legitimiert [...]. Er hatte Leidenschaft, Geist und Mut.«

Kisch] Egon Erwin K. (1885-1948). Der Sohn eines jüdischen Prager Tuchhändlers besuchte 1905 nach einem Volontariat beim »Prager Tagblatt« die 1899 gegründete Journalistenschule in Berlin, verließ sie vorzeitig und arbeitete seit 1906 als Lokalreporter bei der Prager deutschen Tageszeitung »Bohemia«. Im Jahr 1913 wurde er durch die Aufdeckung der Spionageaffäre um den Generalstabschef des Prager Armeekorps, Oberst Redl, als Journalist früh bekannt. Im Weltkrieg brachte er es bis zum Oberleutnant, wurde ausgezeichnet, schrieb aber auch ein seinerzeit berühmtes Antikriegsbuch über die Niederlage der k. u. k. Armee 1914 in Serbien (»Soldat im Prager Korps«, später u. d. T. »Schreib das auf, Kisch«). Als Autoren, »Reporter« zumal, waren Kisch und Roth denkbar verschieden. Persönlich bestand ein auf wechselseitige Sympathie und Respekt gegründetes, loyales Verhältnis, das auch durch die zuletzt unvereinbaren politischen Positionen nicht zerstört wurde.

»Hetzjagd durch die Zeit«] Datiert »Berlin 1926«, wie Roths Besprechung erkennen lässt, also vorausdatiert.

Fortsetzung seines »Rasenden Reporters«] Kischs Sammlung »Der rasende Reporter« ist, ebenfalls bei Reiss, Berlin 1925, erschienen.

»Der tote Hund und der lebende Jude«] Kisch hat diesen Text später in seine bei Allert de Lange, Amsterdam 1934, erschienene Sammlung »Geschichten aus sieben Gettos« übernommen. In der im Aufbau-Verlag erschienenen Ausgabe der »Gesammelten Werke in Einzelausgaben« erschien er daher 1978 nicht mehr im Zusammenhang von »Hetzjagd durch die Zeit«.

Heute noch auf stolzen Rossen ...] Polgar spielt hier mit dem Text des einst bekannten Reiterliedes »Morgenrot, leuchtest mir zum frühen Tod?« (von Wilhelm Hauff, 1824, nach traditioneller Vorlage). Dessen zweite Strophe lautet eigentlich: »Kaum gedacht, kaum gedacht / war der Lust ein End' gemacht. / Gestern noch auf stolzen Rossen, / heute durch die Brust geschossen, / morgen in das kühle Grab!«

Garamond] Name für eine Antiquaschrift nach Claude Garamond (1480-1561), auf den auch die Bezeichnung für einen Schriftgrad (Garmond, 10 Punkt Durchschuss) zurückgeht.

»An den Rand geschrieben«] Erschienen im Ernst Rowohlt Verlag, Berlin 1926.

Lit: »Radetzkymarsch«, V, 207. – U. Weinzierl, Alfred Polgar. Wien, München 1985. – Hackert 1967, S. 42-50. – A. Polgar, J. R. In: ÖP, Jg. 1, Nr. 13/14, 1.7.1939. – Katalog 2008, S. 140-155 (»Die Österreichische Post«. Bekenntnisse zur Monarchie).

Unsere Setzerei

E: »Frankfurter Zeitung«, Jg. 70, Nr. 959, 25.12.1925, 1. Morgenblatt. – S. 5

Reise in Rußland (1926)

Reisen in die Sowjetunion wurden von europäischen Intellektuellen im zweiten Jahrzehnt des vorigen Jahrhunderts zahlreich unternommen. Besonders Schriftsteller kamen, viele nur zu sehr bereit nach den deprimierenden Erfahrungen des großen Völkermordens und seinen katastrophalen wirtschaftlichen Folgen an eine bessere Zukunft für den alten Kontinent zu glauben, wie die russische Revolution sie verhieß. Darunter waren auch Weggenossen Roths aus den zurückliegenden Jahren wie Egon Erwin Kisch, der im Winter 1925/26 die Sowjetunion bereist hatte, und Ernst Toller, der ihm im Frühjahr 1926 gefolgt war. Euphorisch äußerten sich beide nicht über ihre Beobachtungen, Kisch ahnte in den ungezählten Aktentaschenträgern auf Moskaus Straßen die Ankunft einer allmächtigen Bürokratie. Toller bekannte sich nachdrücklich zu einem unabhängigen Urteil. Gleichwohl blieben beide der Revolution verbunden, dies nicht zuletzt aus Sorge um die Entwicklung in Deutschland, die besonders Toller, darin Roth vergleichbar, pessimistisch sah.

Roths ausgedehnte Reportagereise in die Sowjetunion war von ihm nicht um ihrer selbst willen erstrebt worden. Vielmehr ging es ihm um ein angemessenes Äquivalent für die ihm entgangene Korrespondentenstelle in Paris, das er von der FZ fordern zu müssen meinte. Die Geschäftsleitung hatte ihm Spanien oder Italien, gegebenenfalls auch Amerika angeboten, er lehnte ab, und versäumte nicht, anzudeuten, dass man ihn unbesorgt in die Sowjetunion schicken könne. »Ich glaube nicht an die Vollkommenheit der bürgerlichen Demokratie, aber ich zweifle noch weniger an der tendenziösen Enge der proletarischen Diktatur. Ich glaube – im Gegenteil – an die furchtbare Existenz einer Art von ›Spieß-Proleten‹ wenn Sie mir diese Bezeichnung gestatten, einer Spezies, die mir die Freiheit, die ich meine, noch weniger gestattet, als ihre bürgerliche Verwandtschaft. – Ich bringe also gar keine Voraussetzungen mit für einen ›Hereinfall‹, wie ihn die meisten literarischen Rußlandfahrer der letzten Jahre erlebt haben. [...] Ich weiß zu gut, was westeuropäische Menschen immer wieder vergessen, daß die Russen nicht von Dostojewski sind. Ich habe weder für das Land, noch für die Sowjets irgendeine Art von Sentimentalität.« Er fährt fort, und man wird diese Bekräftigung nicht nur taktisch verstehen dürfen: »Ich darf Ihnen bei dieser Gelegenheit gestehen – ohne Sie mit einer Beichte belästigen zu wollen – daß mein Verhältnis zum Katholizismus und zur Kirche von einer verblüffend andern Art ist, als man von einer flüchtigen Kenntnis meiner Person, meiner Aufsätze und selbst meiner Bücher glauben könnte. Schon dieser Umstand allein garantiert mir eine gewisse Distanz zu den Dingen in Rußland.« (An die »Frankfurter Zeitung«, 2.6.1926).

»Nur eine *russische Berichterstattung* kann meinen guten Ruf retten«, hatte er schon einige Wochen früher an Reifenberg geschrieben. »Manfred Georg fährt fürs 8 Uhr Blatt nach Amerika. Kisch ist für die B. Z. in Rußland. Ich kann nichts anderes, nichts geringeres machen. In Rußland ist so viel Neues, daß man nicht unbedingt über kommunistischen Terror schreiben muß. Die Neuartigkeit eines aus der Zerstörung erwachenden Lebens ergibt viel menschlichen *unpolitischen Stoff*.« (22.4.1926).

In der FZ erschienen vom 14. September 1926 bis zum 18. Januar 1927 in nummerierter Folge 17 Artikel. Stofflich sind ihnen noch einige weitere zuzuordnen, die später zum Abdruck gelangten. In unserer Auswahl werden zwei Artikel wiedergegeben, ein dritter (»Die Lage der Juden in der Sowjetunion«) ist von Roth in den Essay »Juden auf Wanderschaft« aufgenommen worden (s. dort).

Lit: E. E. Kisch, Zaren, Popen, Bolschewiken, Berlin 1927. – Briefe 1970, S. 91f. u. 88f.

Gespenster in Moskau

E: »Frankfurter Zeitung«, Jg. 71, Nr. 721, 28.9.1926, 1. Morgenblatt. – S. (I)-2

Moskau, das er noch nicht kannte, war Roths erstes Reiseziel. Er kam im August 1926 in Moskau an, zu einer Zeit großer, in ihrer vollen Bedeutung allerdings noch nicht klar erkennbarer innenpolitischer Veränderungen: Trotzki, der schon 1925 das Kriegskommissariat hatte abgeben müssen, war inzwischen auch aus dem Politbüro ausgeschlossen worden, Stalins weiterer Aufstieg zur Alleinherrschaft zeichnete sich ab. Nach zwei einleitenden Beiträgen »Die zaristischen Emigranten« und »Die Grenze Niegoreloje« berichtete er in diesem dritten Artikel über das entmachtete und verarmte einstige Bürgertum.

Tolnaes] Gunnar T. (1879-1940), aus Oslo gebürtiger dänischer Schauspieler, ein Star der Stummfilmzeit, u. a. in »Maharadjahens yndlingshustru« (1917, dt. »Die Lieblingsfrau des Maharadscha«, 1920).

»Potemkin«] Sergej Eisensteins berühmter Film »Panzerkreuzer Potemkin« (1925).

»20 Minuten vor dem Krieg«] Vgl. Roths gleichnamigen, wenige Wochen vor Antritt seiner Reise erschienenen Artikel über eine Folge von Vorkriegsfilmen in einem Pariser Kino.

»Nepmann«] Mitte der zwanziger Jahre war die wirtschaftliche Entwicklung Russlands bestimmt durch die Neue Ökonomische Politik (NEP), d. h. Einführung von Elementen der Marktwirtschaft, die Lenin gemeinsam mit Trotzki 1921 ausgerufen hatte und die im Dezember 1927 auf dem 15. Parteitag der KPdSU beendet wurde.

Thermopylen ... zwei ganze Verszeilen] Gemeint ist das Epigramm des Simonides auf dem Denkstein zu Ehren der unter Leonidas im Kampf gegen die Perser gefallenen Spartaner bei den Thermopylen (480 v. Chr.), in Schillers Übersetzung: »Wanderer kommst du nach Sparta, verkündige dorten, du habest / Uns hier liegen gesehn, wie das Gesetz es befahl.« (»Der Spaziergang«)

Patroklus] Freund, Waffengefährte und Wagenlenker Achills, von Hektor im Kampf getötet (Homer, »Ilias«).

Thersites] griechischer Krieger im Trojanischen Krieg, hässlich und hetzerisch, er schmäht die griechischen Anführer (»Ilias«), wurde aber in späteren Fassungen des Troja-Stoffes auch als ›realistische‹ Kontrastfigur verstanden, die das ›Volk‹ vertritt.

Leichenschändung ... an Hektor] Achill, der mit Hilfe Athenas Hektor besiegt hat, schleift dessen an seinen Streitwagen gebundene Leiche dreimal um das Grabmal des Patroklus.

Ovids ... Schmeichelwidmungen] Im zweiten Buch der »Tristien« (»Tristium libri V«) beklagt der vom Kaiser – vorgeblich wegen der Anstößigkeit seiner Liebesdichtungen – ans Schwarze Meer verbannte Dichter in unterwürfiger Weise seine Verfehlung und bittet um Gnade. Vgl. auch Ovids »Metamorphosen«, die im Übergang in die historische Zeit auch den trojanischen Sagenkreis behandeln; sie finden ihren krönenden Abschluss in der Apotheose des Augustus.

Lit: »20 Minuten vor dem Krieg« II; 578-581 (FZ, 11.6.1926).

Der neunte Feiertag der Revolution

E: »Frankfurter Zeitung«, Jg. 71, Nr. 851, 14.11.1926, 2. Morgenblatt. – A. (I)-2

Roths Bericht über die große Militärparade am Jahrestag der Oktoberrevolution ist als 10. Beitrag der Artikelfolge erschienen.

hölzerne Grabmal Lenins] nach dem Tod Lenins im Sommer 1924 von Alexej W. Schtschussew entworfener Vorgängerbau des 1930 errichteten steinernen Mausoleums am Roten Platz in Moskau.

»Budjonnyj-Kavallerie«] Semen Michailowitsch B. (1883-1973), 1935 Marschall der Sowjetunion, stieg in den Revolutionskämpfen als Reiterführer auf, befehligte im Polnisch-Russischen Krieg die 1. Reiterarmee. Budjonnyj überlebte alle ›Säuberungen‹, wurde zwar im Zweiten Weltkrieg 1941 als Oberbefehlshaber der Südwestfront alsbald abgelöst, aber noch 1958, fünfundsiebzigjährig, Held der Sowjetunion. – Als nach Ostpreußen entsandter Korrespondent zur Zeit des Polnisch-Russischen Krieges hat Roth 1920 auch über Befehlshaber der Roten Armee berichtet, von der damals viele Deutsche fürchteten, dass sie die deutsche Grenze überschreiten würde. Auch hier erwähnt er bereits die »berühmt gewordenen Reitertruppen des bolschewistischen Generals *Budjonnin*. Dieser war in der zaristischen Armee höherer Unteroffizier, so etwas wie Offizierstellvertreter gewesen. Aktiv, und hatte es *innerhalb eines Jahres bis zum General gebracht*. Er ist einer der verläßlichsten Kommandanten der Sowjetregierung und bei allen Kavallerietruppen beliebt.«

Kalinin] Michail Iwanowitsch K. (1975-1946), 1919-46 nominell Staatsoberhaupt der Sowjetunion.

Lit: »Die Rote Armee«, I, 315-322, hier 316 (NBZ, 5.8.1920).

Der liebe Gott in Rußland

E: »Frankfurter Zeitung«, Jg. 71, Nr. 134, 20.2.1927, 1. Morgenblatt. – S. (I)

Der Beitrag entstand im Anschluss an Roths Reise in die Sowjetunion, erschien aber nicht in der Reihe seiner Berichte von dort. Bereits mit der Überschrift knüpft Roth an eine mittelalterliche Redewendung an, die auf das Wohlleben des Klerus zielt (»vivre comme Dieu en France«) und in diesem epikuräischen Sinn auch in Heines »Reisebildern« erscheint (»Man lebt in lauter Lust und Pläsir so recht wie Gott in Frankreich«). Direkt bezieht er sich jedoch auf eine Auslegung, die auf eine Phase der Französischen Revolution verweist, als an die Stelle des christlichen Kultus der Kult der Vernunft gesetzt wurde und es für Gott gewissermaßen nichts mehr zu tun gab. Vgl. zu der genannten Redewendung auch Roths 1934 publizierte, gegen Sieburg gerichtete Polemik »Gott in Deutschland«.

NEP-Männer] s. Anm. zu »Gespenster in Moskau« (S. 461).

Meyerhold] Wsewolod Emiljewitsch M. (1874-1940), Schauspieler, Regisseur und Theaterleiter, wirkte vor dem Ersten Weltkrieg am Moskauer Künstlertheater und an den Kaiserlichen Theatern, stellte sich nach der Revolution in den Dienst der Partei, leitete bis 1924 das Theater der Revolution, erhielt danach ein eigenes »Meyerhold-Theater«, das jedoch 1938 geschlossen wurde. 1939 verhaftet, am 2. Februar 1940 in Moskau exekutiert.

Iswoschtschik] (russ.) Kutscher.

Die Frau von den Barrikaden

E: »Frankfurter Zeitung«, Jg. 71, Nr. 268, 10.4.1927, 2. Morgenblatt, Literaturblatt, Jg. 60, Nr. 15. – S. 11.

Andrejew] Leonid Nikolajewitsch A. (1871-1919), russ. Erzähler und Dramatiker.

Gorkij] Maksim G. (Gorki, »der Bittere«, eigtl. Alexej Maximowitsch Peschkow, 1868-1936), russisch-sowjetischer Schriftsteller und sozialrevolutionär engagierter Publizist. Roth hat 1920 Gorkis Handeln als charakteristisch ›osteuropäisch‹ gerühmt: »Dieses typische Beispiel einer Humanität: ein großer Mensch, der, kalt gegen eigenes Schicksal, sachlich bleibt auch im Schmerz, den ihm seine Wunden verursachen; vom Verfolger zum gehetzten Tier gemacht, im hetzenden Tier dennoch den Menschen liebt; der nicht nur ›seelischen Schmerz‹ leidet um Fremde, sondern körperlichen, wirklichen um sich und andere – – dieses Beispiel für Humanität ist in Westeuropa nicht zu finden« (»Humanität«).

»Nascha Schisn«] »Unser Leben«. Möglicherweise handelt es sich jedoch um einen Irrtum Roths oder um einen auf andere Weise entstandenen Fehler. Die dem Hrsg. verfügbaren Quellen nennen die linksliberale Tageszeitung »Nowaja Schisn« (»Neues Leben«) als die Publikation, in der Larissa Reißner damals mit Gorkij zusammenarbeitete.

Radek] Karl Bernhardowitsch R. (eigtl. Sobelsohn, 1885-1939?), aus jüdischer Familie stammend, in Lemberg geboren. Er wurde 1937 im zweiten der großen Moskauer Schauprozesse zu zehn Jahren Zwangsarbeit verurteilt und kehrte aus Sibirien nicht zurück. Roth ist Radek in Moskau begegnet, er wußte auch von dessen späterer Deportation, wie er in seinem »Schwarz-gelben Tagebuch« erkennen lässt, wo er ihn als den »beste(n) sowjetrussische(n) Literat(en)« bezeichnet hat. In die Figur des Revolutionärs »R.« in Roths Roman »Der stille Prophet« sind anscheinend einige Züge Radeks eingegangen, wenngleich Roth sicherlich keine Porträtähnlichkeit anstrebte.

rubaschka] Diminutiv von Rubascha, russ. »Hemdchen«, weite, von einem Gürtel zusammengehaltene Bluse mit langen Ärmeln und aufrecht stehendem Kragen; auch mit seitlich versetzter Knopfleiste; »Russenkittel«.

Im »Romanischen Café«] der »Wartesaal des Genius« (G. Birkenfeld), in einem im Zweiten Weltkrieg zerstörten, im neoromanischen Stil erbauten Haus am Berliner Breitscheidplatz, mit Front zur Gedächtniskirche. Nach dem Ersten Weltkrieg Treffpunkt von Künstlern und Bohemiens, von Roth, der gern in Kaffeehäusern schrieb, auch zum Arbeiten genutzt.

Lit: Larissa Reißner, Oktober. Aus dem Russischen von Karl Schiemann. Hrsg. u. eingel. von Karl Radek. Berlin: Neuer Deutscher Verlag 1928 (Rez.). – »Humanität«, I, 630-633 (BBC, 7.8.1921). – Tagebuch der Reise in Rußland, II, 1022 (12.11.1926). – »Schwarz-gelbes Tagebuch«, III, 892-914, hier 901 (ÖP, 11.3.1939). – »Der stumme Prophet« IV, 798ff.)

[Reise auf dem westlichen Balkan] (1927)

Den Anstoß zu Roths Reise in Länder des westlichen Balkans, die er Ende April / Anfang Mai 1927 antrat, gab eine politische Krise zwischen Italien und Südslawien, die die Redaktion der FZ – wie die anderer großer Blätter – veranlasste, einen Korrespondenten zu entsenden. Ihren publizistischen Niederschlag hat die Reise vor allem in neun Artikeln über Albanien gefunden. Der junge Staat verdankte seine erst 1913 anerkannte Unabhängigkeit dem Streit der einander blockierenden Nachbarstaaten und den Interessen der Großmächte. Nunmehr hatte ein von den Regierungen in Rom und Tirana geschlossener Bündnisvertrag Belgrad mit einem Präventivkrieg drohen lassen.

Wegen der Reisekosten hatte es zwischen Roth und der FZ-Redaktion vorab Auseinandersetzungen gegeben. »Ich bin kein Leerschreiber. Ich habe keine ›Gedanken‹ – nur Kenntnisse. Ich muß Geld haben und werde erst im Juni mit dem Balkan fertig sein können. In 4 Wochen weiß ich nichts. 4 Wochen genügen für *eine* Reportage oder einen Leitartikel. Ich werde also mein eigenes Honorar angreifen müssen [...].« Aus Belgrad, wo er sechs bis acht Tage zu bleiben gedenke, werde er seine Adresse telegraphieren und bäte dann um sofortige Nachricht. Der Redaktionskonferenz möge Reifenberg mitteilen, dass er vor seinem Besuch in Albanien über den italienisch-südslawischen Konflikt nichts schreiben könne, weil die Italiener, die in Albanien faktisch die Macht besäßen, ihm dann möglicherweise Schwierigkeiten in den Weg legen würden. (An B. Reifenberg, 23.4.27)

In Südslawien begegnete der ›gelernte Österreicher‹ den ihm vertrauten Problemen eines Vielvölkerstaats. Nach Albanien gelangte er mit dem Schiff. Ein Auto brachte ihn weiter ins Landesinnere und in die Hauptstadt. Sein erster Artikel beschreibt eine Audienz beim

Präsidenten Achmed Zogu, anscheinend ein knapper, emotionsloser Austausch glatter Höflichkeiten. In Wahrheit will Roth, wie er später berichtete, gefragt haben, ob Zogu sich bald krönen ließe, was dieser, »ein Wiener Oberleutnant«, verneinte, hinzufügend: »Nachher könnens alles dementieren.« (»Über Albanien«, III, 927) Zogu wurde im folgenden Jahr Achmed I. von Albanien, sein Land 1939 von Italien besetzt. (Dass beide Gesprächspartner, ins Exil getrieben, einst auf demselben Friedhof in der Banlieu von Paris bestattet werden würden, konnten sie wirklich nicht ahnen.) Der Korrespondent lässt erkennen, dass er sich über die in Albanien zu vermutenden Herrscherpraktiken keine Illusionen macht, will jedoch Verständnis für ein noch halb archaisches Land wecken, das der Jahrhunderte währenden osmanischen Herrschaft zähen Widerstand geleistet hat und sich nun relativ unvorbereitet in die europäische Staatenwelt und in die Neuzeit geworfen sieht. »Albanien ist just auf dem Wege von der Blutrache zum Völkerbund.« Aber er will sein Publikum auch unterhalten: Er weiß: Noch immer schwankt das Balkanbild des mitteleuropäischen Theaterbesuchers zwischen Shaws »Helden« und Lehárs »Die lustige Witwe«; den Gesandtschaftsattaché Graf Danilo konnten sogar die Schüsse von Sarajewo nicht endgültig vertreiben. Seinem Bericht über Tirana und über die albanische Armee mangelt es daher etwas an Ernst. Er lässt Zweifel an der Kriegstüchtigkeit dieser Armee erkennen und findet, dass sie zu viel exerziert. Roths Reisebilder gewinnen noch an Delikatesse, liest man dazu die »Erinnerungen an Joseph Roth« von C. Z. Kloetzel, einem deutschen Journalisten, der ihn in Skutari kennenlernte. Roth hatte zu diesem Zeitpunkt noch keinen Artikel geliefert und erklärte Kloetzel auf dessen besorgte Anfrage: »Merken Sie sich, Kloetzel: Bei der ›Frankfurter Zeitung‹ schreibt man nicht für die Leser, sondern für die Nachwelt!« Bei der Ankunft in Tirana erwartete ihn ein Telegramm, und Kloetzel fragte: »Mahnt die Nachwelt?« Tatsächlich mahnte die Redaktion, die Roths Schweigen »unverständlich« fand. In dem kleinen Gärtchen vor seiner Herberge verfasste dieser, unterstützt von einem »riesigen Krug Raki«, von nachmittags gegen vier bis Sonnenaufgang drei geschliffene Feuilletons. Ohne zu schwanken, ging er schlafen. Die Feuilletons brachte Kloetzel für ihn zur Post.

Auf der Rückreise berichtete Roth auch aus Sarajewo und aus Belgrad, dort gab es anscheinend noch immer Söhne reicher Eltern, gut gekleidete Gesandtschaftsattachés à la Danilo zuhauf. Insgesamt treten die aktuellen politischen Probleme in Roths Balkan-Artikeln immer weiter zurück. Er selbst äußerte die Vermutung, dass möglicherweise das Auswärtige Amt sich eingeschaltet und einige seiner besonders brisanten Nachrichten usurpiert habe (vgl. Westermann 1987, S. 58).

Lit: Z. Konstantinovic, J. R. und die Südslaven. Blickpunkte und Rezeptionsmerkmale. In: Kessler / Hackert 1990, S. 181-189. – M. Birk, J. R. als Berichterstatter der »Frankfurter Zeitung« aus dem südslawischen Königreich 1927. In: Eicher 1999, S. 49-63.

Die Hauptstadt Tirana

E: »Frankfurter Zeitung«, Jg. 71, Nr. 435, 15.6.1927, 1. Morgenblatt. – S. (I)

Interpellationen] parlamentarische Anfragen.

Gießhübler] Mineralwasser (»Mattonis Gießhübler Sauerbrunn«) aus dem böhmischen Badeort Gießhübl-Sauerbrunn (tschech.: Kyselka), 11 km östlich von Karlsbad.

Die albanische Armee

E: »Frankfurter Zeitung«, Jg. 71, Nr. 473, 29.6.1927, 1. Morgenblatt. – S. (I)

Requisitionen] Beschlagnahme für Heereszwecke

Wo der Weltkrieg begann

E: »Frankfurter Zeitung«, Jg. 71, Nr. 485, 3.7.1927, 1. Morgenblatt. – S. (I)

Roths Aufenthalt in Sarajewo im Sommer 1927 stand mit dem Zweck seiner Korrespondentenreise nach Albanien und Südslawien in keinem unmittelbaren Zusammenhang. Er nutzte die Gelegenheit, über Sarajewo zu schreiben, jedoch gewiß nur zu gern. Das Attentat, dem der Thronfolger der österreichisch-ungarischen Monarchie Erzherzog Franz Ferdinand von Habsburg-Este und seine Gemahlin Herzogin Sophie von Hohenberg am St.-Veits-Tag 1914 in Sarajewo zum Opfer gefallen waren, beschäftigte die Erinnerungen und die Phantasie der Mitlebenden weiterhin. Das Missverhältnis zwischen dem Geschehenen und seinen Folgen trat in den Nachkriegsjahren immer deutlicher zutage. Briefe und Tagebücher aus dem Jahr 1914 lassen erkennen, dass das Ereignis in seiner Bedeutung zunächst noch nicht erkannt worden war. Mordanschläge auf Monarchen und fürstliche Persönlichkeiten waren im 19. Jahrhundert wiederholt verübt worden, einige von ihnen waren auch geglückt. Nur Sarajewo jedoch wurde zum Anlass für einen – nicht zu Unrecht als die »Urkatastrophe des Jahrhunderts« bezeichneten – Weltkrieg. Als Krieg und Umsturz ihren Lauf nahmen, wurde das Attentat zum Menetekel für ein in seinen Dimensionen unauslotbares Verhängnis. So empfand es auch Roth, dieser Verstörung suchte er Ausdruck zu geben.

Damit stand er auch ›beruflich‹ nicht allein. Die Schriftsteller brauchten die Epochenmetapher nicht zu erfinden, die Geschichte hatte sich gewissermaßen selbst zum Autor aufgeworfen. Mit einer allseits befriedigenden Sinndeutung ließ sie, wie zumeist, auf sich warten, vielmehr öffnete sich ein weites Terrain für Enthüllungen,

Vorwürfe, Rechtfertigungen und Konspirationen, das Historiker und Romanciers in sehr unterschiedlicher Weise bestellten. Bruno Brehms Roman »Apis und Este«, erster Teil einer von großdeutschen Sehnsüchten gespeisten Trilogie, deren Fortsetzungen »Das war das Ende« und »Weder Kaiser noch König« den Zusammenbruch der Donaumonarchie und die vergeblichen Restaurationsversuche König Karls in Ungarn beschreiben, bildet ein prekäres Beispiel dafür. Der Persönlichkeit des ermordeten Thronfolgers und seinen mutmaßlichen politischen Plänen galt besondere Aufmerksamkeit. Es wurde erhofft – oder befürchtet –, dass er sich als Kaiser politisch auf die slawischen Völkerschaften im Reich stützen würde, einer Erwartung, der auch in Roths »Kapuzinergruft« Raum gegeben wird. Für serbische Patrioten handelte es sich bei dem Attentat auf ihn gleichwohl um ein befreiendes Geschehen.

In Roths ›Radetzkymarsch‹ mündet das Sommerfest des feudalen Dragonerregiments in der galizischen Grenzgarnison nach dem Bekanntwerden der Unglücksnachricht in Hassausbrüche der betrunkenen ungarischen Offiziere. Das Gewitter, das der Autor zusätzlich in Szene setzt, trägt zur Mythisierung des Geschehens bei. In der deutschsprachigen Literatur hat ihr am nachdrücklichsten wohl der Prager Erzähler und Journalist Ludwig Winder (1889-1946) in seinem Franz-Ferdinand-Roman »Der Thronfolger« (1938) widerstanden. Aber wie auch immer die Autoren sich positionierten, der Tag von Sarajewo wurde für die Vergegenwärtigung und das Ende der Vorkriegszeit zum Fluchtpunkt der Erzählung. Roth lässt im Artikel von 1927 noch keine Vorahnung erkennen, dass auch er nur wenige Jahre später den 28. Juni 1914 als Romancier behandeln würde. Anregend mag der Besuch in Sarajewo gleichwohl gewirkt haben.

Es war Sonntag] Eine von dem Artikel abweichende Schilderung der Situation gibt Soma Morgenstern. Danach befand sich Roth, als das Attentat bekannt wurde, nicht in Wien, sondern zusammen mit Morgenstern in Lemberg. Die Freunde unterhielten sich über die möglichen Folgen. Beide seien der Überzeugung gewesen, dass Krieg, und zwar gegen Russland, jetzt unvermeidlich sei, wobei der Gedanke an diese Auseinandersetzung sie »mit Genugtuung und freudiger Aussicht auf einen Sieg« erfüllte. Vorgehalten habe diese Einstellung nicht. »Schon im ersten Kriegsjahr waren wir beide Pazifisten.« In Bezug auf Roth scheint letztere Bezeichnung allerdings zu hoch gegriffen. Was er in den ersten Kriegsjahren über den Krieg zu Papier brachte – überliefert sind »Herbstwindes Kriegsgeschichten« (I, 3ff.) für »Österreichs Illustrierte Zeitung« –, war in peinlicher Weise unangemessen.

Appretur] Zurichtung (Ausrüstung) von Geweben.

Marschkompanie] In der k. u. k. Armee wurden den im Felde stehenden Truppeneinheiten aus den heimischen Ergänzungsbezirken zum Ausgleich der entstandenen Verluste regelmäßig Marschbataillone bzw. Marschkompanien usw. nachgesandt; sie wurden an der Front aufgeteilt, in kritischen Situationen allerdings auch schon vorher selbständig eingesetzt. Indirekt ließ diese stetige »Blutzufuhr« das enorme Ausmaß der Verluste erkennen. Im September und Oktober 1918 wurden die Bataillone und Schwadronen der 43. und 44. Marschformationen gebildet. Vgl. auch das Gedicht »Marschkompanie« (I, 1102).

das ärarische Deutsch] ärarisch: staatlich, (österr.) den Fiskus betreffend.

Dekobra] Maurice D. (eigtl. M. Tessier, 1885-1973), franz. Schriftsteller, schrieb vorzugsweise Unterhaltungsromane, so »La Madone des sleepings« (1925, dt. 1926), »La Vénus à Roulettes« (1925). Roth zählt ihn zu Autoren wie »Claude Anet und andere von der französischen Schriftstellersorte, die den literarischen Qualitätsexport Frankreichs bildet und den geistigen Charakter ihres Landes fälscht« (»Blick nach Südslawien«, S. 262).

Lit: Morgenstern 1994, S. 20f. – J. Wittlin, Erinnerungen an J. R. In: Bronsen 1975, S. 21 (zuerst als Rede bei der Gedenkfeier anlässlich des 5. Todestages von J. R. in New York, gedruckt bei Linden 1949). – H. Nürnberger, Ein Plädoyer für die Vernunft. Ludwig Winders Roman »Der Thronfolger«. In: Romane von gestern – heute gelesen. Bd. 3, 1933-1945. Hrsg. von Marcel Reich-Ranicki, Frankfurt/M. 1990, S. 142-153. – M. Rauchensteiner, Der Tod des Doppeladlers. Österreich-Ungarn u. der Erste Weltkrieg. Graz u. a. 1993.

Blick nach Südslawien

E: »Frankfurter Zeitung«, Jg. 71, Nr. 522, 16.7.1927, Abendblatt. – S (I)

Dekobra] s. o., Anm. zu »Wo der Weltkrieg begann«.

Anet] Claude A. (d. i. Jean Schopfer, 1868-1931), franz. Schriftsteller Schweizer Herkunft, schrieb elegante Romane über russische Frauencharaktere (»Ariane, jeune fille russe«, 1920, dt. 1924), Amouren am Nachmittag und in der Provinz, Reiseberichte über die russische Revolution.

der Kronprinz ... Ein heiterer Knabe] Er war tatsächlich erst vier Jahre alt. Der künftige Peter II. (1923-1970), 1934 König von Jugoslawien, ging nach dem Angriff der Achsenmächte 1941 in die Emigration.

der König] Alexander I. (1888-1934), seit 1921 König der Serben, Kroaten und Slowenen (1929 Umbenennung des Staates in »Jugoslawien«), in Marseille ermordet.

erotische Rayons] Rayon (österr.): Bezirk.

Seine K. und K. Apostolische Majestät

E. »Frankfurter Zeitung«, 6.3.1928, 1. Morgenblatt. – D: Panoptikum

Über Schönbrunn, nämlich »die Reste des Märchens«, hat Roth bereits 1919 in DNT, damals allerdings betont nüchtern berichtet. Die filigrane Kunst, mit der er 1928 eine sommerliche »Schönbrunner Morgenstunde«, die Abreise des Kaisers nach Ischl, beschreibt, wirkt dagegen wie ein Vorklang auf die Szenen, in denen er ihn im »Radetzkymarsch« persönlich auftreten lässt.

In einer dieser Szenen (Kapitel XVIII) hat Roth den Monarchen noch in einer anderen Schönbrunner Morgenstunde beschrieben. Unmittelbar vor seiner Abreise nach Ischl empfängt der Kaiser den Bezirkshauptmann Baron Trotta in Privataudienz. Trotta hat das Unmögliche möglich gemacht und diese Audienz, die wegen der Spielschulden seines Sohnes keinen Aufschub duldet, binnen kürzester Zeit erwirkt. Sein Vertrauen in die Gnade des Kaisers wird nicht enttäuscht, obwohl er im Gespräch mit diesem erleben muss, dass Franz Josephs gebrechliches Gedächtnis alle Zusammenhänge verwirrt und einmal in ihm und einmal in seinem Sohn den Helden von Solferino vermutet, der ihm einst das Leben gerettet hat. Gleichwohl entsteht zwischen den beiden Männern, die sich in ihren Uniformen ähnlich sehen wie Brüder, »von denen der eine ein Kaiser und der andere ein Bezirkshauptmann geworden war«, eine fast protokollwidrige menschliche Nähe.

Mit den Jahreszeiten hat Roth in diesem Kapitel seines ›altösterreichischen Romans‹ wie mit Versatzstücken gespielt. Baron Trotta erhält den »unglücklichen Brief« seines Sohnes an einem »frischen und sonnigen Frühlingsmorgen«, zwei Tage später erfolgt die Audienz, der eine »helle Sommernacht« vorangeht, in der Trotta unablässig die Paradeuniform probiert. Während er vor dem Arbeitszimmer des Kaisers wartet, dringt durch die Fenster »der ganze Reichtum des Frühsommers«, dann macht sich bei andauerndem Warten »sommerliche Hitze« bemerkbar. Während der Audienz erfüllt der »morgendliche Lärm der Vögel« den Raum, bald nach dem Ende der Audienz »schlug es neun«. Da ist der Baron Trotta, dieser exzellente Beamte, schon wieder auf dem Rückweg in seine mährische Bezirkshauptmannschaft. Dass er eine ganze Generation jünger ist als der Kaiser und also keineswegs geeignet, dessen »Bruder« zu sein, scheint er nicht wahrgenommen zu haben. Es war die übereinstimmende Pflichtauffassung, die ihn ihm ähnlich gemacht hatte. An dem Tag, an dem der Kaiser stirbt, wird Trotta noch einmal nach Schönbrunn kommen und vor dem Schloß im Regen warten, bis die Glocken das Ende anzeigen.

K. und K. Apostolische Majestät] Als Kaiser von Österreich war Franz Joseph I. zugleich Apostolischer König von Ungarn, seit dem österreichisch-ungarischen Ausgleich von 1867 waren die beiden weitgehend selbständigen Reiche bzw. Ländergruppen, deren staatsrechtlicher Charakter diesseits und jenseits der Leitha unterschiedlich ausgelegt wurde, im Wesentlichen durch die Person des Herrschers (Personalunion) und die Portefeuilles Äußeres, Armee und Finanzen verbunden.

Die kalte Sonne der Habsburger erlosch, aber es war eine Sonne gewesen] Vgl. den Eingangssatz des zweiten Teiles von Roths »Radetzkymarsch«: »Die Strahlen der habsburgischen Sonne reichten nach dem Osten bis zur Grenze des russischen Zaren.« Die Sonnenmetapher bezeichnet das Ausmaß des Verlustes.

Ischl] Bad Ischl im oberösterreichischen Salzkammergut, seit 1849 Sommerfrische Kaiser Franz Josephs.

Parade des neunten November] Vgl. S. 242ff. (»Der neunte Feiertag der Revolution«).

Lit: »Schönbrunn. Die Besichtigung der Gemächer freigegeben«, I, 165f. (DNT, 4.11. 1919). – K. Lipiński, Seine Apostolische Majestät. Zum Bild des Kaisers bei J. R. In: Herrenalber Forum 1994, S. 92-108. Wiederabdruck in Lipiński 1995, S. 71-88. – H. Nürnberger, J. R. Eine Morgenstunde in Schönbrunn. In: Deutsches Adelsblatt, 1/2005 (Schloßgeschichten. V), S. 8-12.

Leningrad

E: »Frankfurter Zeitung«, Jg. 72, Nr. 210, 18.3.1928, 1. Morgenblatt. S. (I) - 2

Konzert im Volksgarten

E: »Frankfurter Zeitung«, Jg. 72, Nr. 265, 8.4.1928, 1. Morgenblatt. – S. 3

Ähnlich wie das Feuilleton »Seine K. und K. Apostolische Majestät« führt Roths Volksgartenkonzert aus den Befindlichkeiten des Alltags hinaus in eine nahezu verzauberte heitere Welt aus Musik und Frühlingsstimmen der Natur. Eine thematisch verwandte Episode findet sich im »Radetzkymarsch« (Beginn des zweiten Kapitels) »eine zweite, herbstliche Variante« spielt wieder im Restaurant des Wiener Volksgartens (»Die Geschichte von der 1002. Nacht«). Die drei Konzertszenen bilden gewissermaßen einen Dreiklang – Frühling, Sommer, Herbst –, »drei Jahreszeiten oder drei Lebensphasen klingen zusammen, Lebensfreude mit einem leisen, wehmütigen Nebenklang« (Nervik).

Volksgarten] Park am Franzensring, südlich des Burgtheaters.

der Radetzky-Marsch ... die Marseillaise des Konservatismus] Der von Johann Strauß (Vater) dem gefeierten österreichischen Feldmarschall Johann Joseph Wenzel Graf Radetzky von Radetz (1766-1858) gewidmete, am 31. August 1848 in Wien uraufgeführte Marsch, dessen einprägsame Rhythmen sich mit der Erinnerung an Radetzkys siegreichen Feldzug in Italien verbanden, mit dem der 81-Jährige das Fortbestehen des übernationalen Reiches noch einmal gerettet hatte; siehe auch »Grillparzer« (S. 385 und Anm.). In seinem Essay »Totenmesse« nennt Roth den Radetzkymarsch »die Marseillaise der Generale«, eine Formulierung, die er gegenüber Pierre Bertaux schon früher benutzt hatte (»Marseillaise des Généraux«). Von ungebrochener Popularität (das Leitthema im Volksmund etwa: »Wenn der Mut in der Brust seine Spannkraft übt, / Wenn der Hund mit der Wurst über'n Rinnstein springt«, etc. etc.)

Lit: Nervik 2002, S. 118ff. – »Totenmesse«, III, 795-798, hier 797 (DNTB, 19.3. 1938). – Bronsen 1974, S. 393 (Int. P. Bertaux). – »Radetzkymarsch«, V, 156f. – »Die Geschichte von der 1002. Nacht«, VI, 414.

Briefe aus Polen (1928)

In Roths Reiseberichten erscheint Polen als »Die ›fremde‹ Heimat« (Lipiński). Das habsburgische Königreich Galizien und Lodomerien war ursprünglich nichts anderes als ein einigen polnischen Woiwodschaften entrissenes Territorium, das polnische Selbstverständnis fand sich mit diesem Befund niemals ab. Roths Jugend in Galizien stand im Zeichen der dem Kronland gewährten faktischen Autonomie, die das polnische Element stetig wiedererstarken ließ, das war auch ihm bekannt. Ein polnischer Dichter, Józef Wittlin, war sein enger Freund. War er eine Reihe von Jahren auch ein polnischer Staatsbürger, der mit einem polnischen Pass reiste, was in der FZ-Redaktion bekannt war, wie Morgenstern mit Bestimmtheit berichtet hat? Roths Options-Akt von 1921 zufolge hat er schon damals die österreichische Staatsbürgerschaft erlangt – wenn auch unter fragwürdigen Umständen (Katalog 1994). 1928 hielt er sich seiner »Dokumentenangelegenheit« wegen, die »verworren und schwierig« sei, längere Zeit in Wien auf. »Sie wissen, unter welchen Umständen ich aus einem Russen ein Österreicher geworden bin – und jetzt muß ich nachweisen, daß ich ein Österreicher war. Die abenteuerlichen Mittel, mit denen ich mir Namen, Daten, Schulen, Militär verschafft habe, sollen auf ihre Grundlagen geprüft werden [...]. In diesem Monat August muß ich endlich zu einem Dokument gelangen, das meiner jetzigen Identität entspricht. Seit 25 Jahren lebe ich als eine phantastische Erfindung.« (An B. Reifenberg, 30.7.1928)

Ein abschätziger Kritiker des Polentums, wie es deren so viele in Deutschland gab, war er nie. Mit Alfred Döblin, der 1924 ebenfalls in Polen unterwegs war und im Folgejahr seine »Reise in Polen« veröffentlichte, setzte er sich in einer Rezension auseinander, beklagte ein weiteres Mal den »westeuropäischen Zivilisationshochmut«, der in diesem Fall den Slawen galt. Aber es waren die deutsche Literatur und Kultur, die den Bildungsweg des assimilierten Juden

Moses Joseph Roth geprägt hatten, seinem Weg nach Lemberg und weiter nach Wien lag eine bewusste Entscheidung zugrunde. In den zunehmend heftigen Streit der Nationalitäten sah er sich früh einbezogen – und sagte ihm mit immer zunehmender Entschiedenheit ab, trat seine Verderblichkeit doch stetig mehr zutage. Roths »Briefe aus Polen« umfassen in zwangloser Folge sieben Berichte, zusätzlich die Antwort auf einen Leserbrief. Er rühmt die Eleganz der Frauen, tadelt obrigkeitliche Bürokratie, bemerkt einen Hang zu nationaler Donquichoterie und eine merkwürdige Vorliebe für Paraden und Prozessionen (aber zu dieser Vorliebe neigte er selbst). Noch 1931 schreibt er über eine ländliche Bahnstation mit anrührender Nostalgie, als ahne er, wie gefährdet solcher Friede sei.

Lit: K. Lipiński, Die »fremde« Heimat. Polen in den Reiseberichten J. R.s. In: Lipiński 2000, S. 103-114. – Morgenstern 1994, S. 51f. – Katalog 1994, S. 64-72 (»R.s Österreichische Staatsbürgerschaft, Heirat«). – Briefe 1970, S. 136. – »Döblin im Osten« II, 532-535, hier 533. (FZ, 31.1.1926). – »Kleine polnische Station«, III, 291-293 (FZ, 22.2.1931).

Abreise und Ankunft

E: »Frankfurter Zeitung«, Jg. 72, Nr. 466, 24.6.1928, 1. Morgenblatt. – S. (I)

Schlachzizen] poln.: Szalchcicen, Angehörige der Szlachta, des polnischen Adels, der ursprünglich keine Unterschiede zwischen hohem und niederen Adel kannte. Der Name ging jedoch allmählich mehr auf den armen Adel über, der in Polen sehr stark vertreten war.

Die ukrainische Minderheit

E: »Frankfurter Zeitung«, Jg. 72, Nr. 599, 12.8.1928. 1. Morgenblatt. – S. (I)

Von den nationalen Minderheiten, die das nach dem Zusammenbruch der drei mittel- und osteuropäischen Kaiserreiche im Ersten Weltkrieg wiedererstandene Polen in seine Grenzen einschloss, stand die ukrainische Roths Aufmerksamkeit naturgemäß besonders nah. Von den Siegermächten nicht als eigene Nation anerkannt, fanden sich die Ukrainer infolge der Friedensschlüsse auf vier Staaten aufgeteilt. An Polen war das ehemalige Ostgalizien gefallen. Die dortigen Ukrainer hatte man in der Monarchie »Ruthenen« genannt. Den Staat repräsentierten die römisch-katholischen Polen, die auch weiterhin die gesellschaftliche und wirtschaftliche Oberschicht bildeten. Die Benachteiligung der orthodoxen, allerdings mit Rom unierten Ukrainer, aus denen sich das Gros der ländlichen Bevölkerung zusammensetzte, dauerte an. »Alle«, hatte Roth bereits in seiner Galizienreportage 1924 erklärt, »leben eigentlich von der einzig produktiven Klasse: den *Bauern*« (»Leute und Gegend«). Die Sympathie des Berichterstatters für diese einfachen Menschen vom Lande, für die anspruchslose Schönheit des ukrainischen Dorfes ist spürbar. Der Krieg hatte diese friedliche Welt erbarmungslos verwüstet. Noch in seinem letzten Lebensjahr kam er auf einschlägige Erfahrungen zurück (»Rast in Jablonowka«). »Wieder stellt sich Roth auf die Seite der Verlierer und nicht der Sieger«, resümiert Lipiński einen charakteristischen Wesenszug Roths. Der Romancier hat in »Radetzkymarsch« mit Carl Joseph von Trottas ukrainischem Diener Onufrij einen Charakter von unverbildeter Menschlichkeit und Treue beschrieben.

ihre vollendete Niederlage in Ostgalizien] Nach dem Abzug der deutschen Truppen ging Ende 1918 in Kiew die Macht an die Führer der dort gegründeten Ukrainischen Volksrepublik über, deren Zusammenschluss mit der Westukrainischen Volksrepublik, die sich im bisher österreichischen Teil der Ukraine gebildet hatte, zum Krieg mit Polen führte. Auch Lemberg und besonders Brody hatten unter diesen Kämpfen zu leiden, der Kriegsheimkehrer Roth konnte sich einer erneuten Rekrutierung nur auf Umwegen entziehen. Die Polen blieben Sieger, die Teilung der Ukraine wurde erneuert.

Lit: Lipiński 2000, S. 112. – »Rast in Jablonowka« III, 946-951 (ÖP, Weihnachten 1938, 7f.)

Das vierte Italien (1928)

Eine Verwendung Roths als Korrespondent in Italien war von der Verlagsleitung der FZ 1926 ein erstes Mal erwogen worden, als feststand, dass dieser seine Pariser Stelle an Friedrich Sieburg abzutreten habe. Reifenberg hatte geltend gemacht, dass die mit dem Machtantritt Mussolinis und dem italienischen Faschismus verbundenen Probleme von großer Aktualität seien. Roth hatte nicht grundsätzlich abgelehnt, sich aber auch nicht sogleich für das Angebot gewinnen lassen und sich zunächst die Russlandreise ausbedungen.

Der Grund für Roths Zögern – für das Verständnis seiner Position von grundsätzlichem Interesse – bestand weiterhin fort: »*Italien* interessiert mich schon, aber der Fascismus weniger. Ich stehe zum Fascimus anders, als die Zeitung. Ich liebe ihn nicht, aber ich weiß, daß ein republikanischer Hindenburg schlimmer ist, als zehn Mussolinis. Wir in Deutschland sollten lieber zuerst auf die Reichswehr, auf Herrn Geßler [Otto Karl G. (1875-1955), 1920-1928 Reichswehrminister], auf unsere Generäle, auf unsere famose Fürstenabfindung achtgeben. Wir haben *nicht* das Recht, gegen einen fascistischen Diktator zu schreiben, solange wir eine verborgene, viel schlimmere Diktatur haben, Fememörder und Paraden, Richter, die

Mörder sind und Staatsanwälte, die Henker sind. ICH persönlich habe ein zu starkes Gewissen, um als unterdrückter Deutscher die Welt auf italienische Unterdrückungen aufmerksam zu machen. Es wäre ein sehr billiger Mut, hinter dem Rücken Mussolinis zu berichten und in der Heimat den eigenen Rücken gebeugt zu halten und Steuern für die Ertüchtigung durch schwarze Reichswehr zu zahlen. Während mein Feuilleton über, d. h. gegen den Fascismus unter dem Strich stehn wird, wird oben in der Politik ein ganz sanftes Flüstern gegen Herrn Geßler gewagt werden. Das wäre FEIG.« (An B. Reifenberg, 22.4.1926).

Wie aus Spesenrechnungen hervorgeht, führte Roths italienische Reise im Oktober/November 1928 über Wien nach Triest, Meran, Mailand, Rom, Neapel und Genua. Er beschrieb aufgrund seiner Beobachtungen Mussolinis Italien viel kritischer, als seine früheren Äußerungen über den Faschismus es hatten erwarten lassen. Der Zeitung kam dieser Sinneswandel im Hinblick auf ihr überwiegend bürgerliches Publikum, das sich mit dem »Duce« durchaus eingerichtet hatte, nicht erwünscht. Erschienen sind (anonym und teilweise gekürzt) nur vier Artikel. Auch mit der »Neuen Rundschau«, die Roths Anfrage nicht rundheraus ablehnte, aber eine gemäßigtere Argumentation zur Bedingung machte, kam es zu keiner Einigung.

In Roths Erzählwerk hat die Reise keine Spuren hinterlassen, blieb Italien gewissermaßen unterbelichtet. Wirkungsgeschichtlich gilt das Umgekehrte: Wie nirgends sonst im europäischen Ausland fanden die Romane dort das Lob der Kritik und breiten Absatz.

Lit: Bronsen 1974, 311f. – Briefe 1970, S. 88f. – J. Hösle, J. R. In: Rivista di Letterature moderne e Comparate (Florenz), 15 (1962), S. 204-214. – Bronsen 1974, S. 312. – G. Schneider-Paccanelli, Die R.-Rezeption in Italien. In: Kessler /Hackert 1990, S. 357-364.

Erste Begegnung mit der Diktatur

E: »Frankfurter Zeitung«, Jg. 73, Nr. 808, 28.10.1928, 1. Morgenblatt. – S. (I)

Die allmächtige Polizei

E: »Frankfurter Zeitung«, Jg. 73, Nr. 846, 11.11.1928, 1. Morgenblatt. – S. (I)

Nobile] Umberto N. (1885-1978), ital. General und Luftfahrtpionier, berühmt durch zwei Polarfahrten mit seinen Luftschiffen »Norge« und »Italia«. Für den Verlust des Letzteren bei Spitzbergen im Mai 1928 wurde er verantwortlich gemacht und zeitweilig aus dem Heer entlassen. Die Zurückhaltung von Roths Freund dürfte sich auf diesen Vorgang beziehen.

Hotelpersonal (1929)

Roths berühmter Feuilleton-Zyklus »Hotelpersonal« verdankt seine Entstehung wohl nicht zuletzt den Unstimmigkeiten, die zwischen der Frankfurter Redaktion und ihm im Anschluss an seine Korrespondentenreisen auf dem Balkan und in Italien, besonders wegen seiner Berichte über Mussolinis Faschismus entstanden waren. Zu Zugeständnissen war er nicht bereit. Der Stoff, auf den er auswich, war privat, aber nicht ohne kosmopolitische Spitze.

Auf das Hotel als Symbol der Welt in Romanen der beiden ersten Jahrzehnte des 20. Jahrhunderts verweist Wirtz, und nennt dabei auch »Hotel Savoy« (1924). Roth gebührt dabei sogar die Primogenitur, denn Franz Kafkas Amerika-Roman »Der Verschollene« und Thomas Manns »Bekenntnisse des Hochstaplers Felix Krull« waren zwar bereits vor dem Ersten Weltkrieg begonnen worden, die im gegebenen Zusammenhang relevanten Kapitel lagen aber 1924 im Druck noch nicht vor. Die stärkste Wirkung beim Publikum erzielte 1929 Vicki Baum mit »Menschen im Hotel«, im selben Jahr, in dem Roths Feuilleton-Zyklus erschien. Wie viel ihm das Hotel persönlich bedeutete, gibt er fast emphatisch zu erkennen: Er nennt es Vaterland, ein übernationales Vaterland. Bestätigt wird die Weltläufigkeit des Hotels in Roths Darstellung nicht nur durch seine Gäste, sondern durch seine Lokalität und durch sein Personal. Wir befinden uns offenbar in einer großen Hafenstadt (Marseille?) im Süden Europas, aber sie bleibt aus guten Gründen ungenannt; es genügt, sie »von der Heimatliebe befreit« zu wissen. Hingegen stimmt vom Direktor (Levantiner), bis zum Koch (Tscheche) die Verteilung der Rollen auf die im Hotel Beschäftigten passgerecht zu ihren Herkunftsländern. Die präzisen Figurenstudien tragen gewissermaßen idealtypische Züge – bis hin zum sehnlich erwarteten Geldbriefträger, einem heiteren Italiener. Aber auch der Gast kennt aus langer Erfahrung seine Rolle, und deren wichtigste Bedingung lautet: Er darf nicht bleiben, darf lediglich hoffen, demnächst ein weiteres Mal Gast zu sein.

Lit: Wirtz 1997, S. 99f. – Müller-Funk 1989, S. 40-50 (»Wohnort: Hotel«).

Ankunft im Hotel

E: »Frankfurter Zeitung«, 19.1.1929, 1. Morgenblatt. – D: Panoptikum

Der alte Kellner

E: »Frankfurter Zeitung«, 27.1.1929, 2. Morgenblatt. – D: Panoptikum

Madame ›Annette‹

E: »Frankfurter Zeitung«, 9.2.1929, 1. Morgenblatt. – D: Panoptikum
Lit: Wirtz 1997, S. 106ff. (»Madame Annette«. Von der Figurenstudie zur Kurzgeschichte).

Abschied vom Hotel

E: »Frankfurter Zeitung«, 24.2.1929, 1. Morgenblatt. – D: Panoptikum

»Avisos«] Aviso: österr. für Avis, Ankündigung, auch Warnung.

die p. t. Gäste] p. t.: Abk. für (lat.) pleno titulo: mit vollem Titel; oder praemissis titulis: mit vorausgeschickten Titeln.

Der Nachtredakteur Gustav K.

E: »Frankfurter Zeitung«, 21.4.1929, 1. Morgenblatt. – D. Panoptikum

Die neue Boheme

E: »Münchner Neueste Nachrichten«, Jg. 82, Nr. 293, 27.10.1929. – S. (I)

Bereits im August 1929 war Roths erster Beitrag für das Feuilleton der republikfeindlichen MNN zum Druck gelangt, ein Blatt von dem er sich bei früherer Gelegenheit entschieden distanziert hatte. Ein besonders günstiges Honorarangebot und die Chance im Verlag Knorr & Hirth, in dem die Zeitung erschien, eine erste Sammlung seiner Feuilletons zu publizieren (»Panoptikum. Gestalten und Kulissen«), ließen den stets in Geldnot Befindlichen und auch mit der FZ-Redaktion Unzufriedenen schließlich seine Bedenken zurückstellen. Sein vermeintlicher Parteiwechsel erregte Aufsehen und wurde in Berliner Zeitungen, anspielend auf Romantitel Stendhals und Roths, mit bitterem Spott kommentiert: »Rot und Schwarz. [...] Das stocknationalistische Blatt hat den großen Reporter, den glänzenden Stilisten, den Schriftsteller von Rang, Joseph Roth, einfach im Versteigerungswege erstanden« (»Berlin am Morgen«); »Ware Schriftsteller. Nun hat die Flucht ein Ende« (»Welt am Abend«). Roth vermied in den annähernd 30 Beiträgen, die er nach München einsandte, politische Themen – insofern hatte ein Kritiker in der »Weltbühne« richtig prophezeit: »seine Konzessionen werden sich nur auf diejenigen Zeilen erstrecken, die er ungeschrieben läßt«. Der Gescholtene verteidigte sich nicht ohne gespielten Hochmut. Bereits 1930 kehrte er zur FZ zurück.

den Montparnasse] Hügel auf dem linken Ufer der Seine, nach dem der 53. Stadtteil im 14. Pariser Arrondissement seinen Namen trägt, in den ersten Dezennien des 20. Jahrhunderts von Künstlern und Literaten bevorzugtes Viertel.

Schwabing] Auch Münchens Schwabinger Boheme hatte ihre literarische Hochblüte um die Wende vom 19. zum 20. Jahrhundert.

das alte Café des Westens] Ecke Kurfürstendamm/Joachimsthaler Straße 1898 begründet, literarisch denkwürdig als Geburtsstätte des Pariser Vorbildern folgenden deutschen Kabaretts, später Treffpunkt der Expressionisten; 1915 geschlossen.

»Die Lunte«] Über Begegnungen mit Roth in dieser Berliner Künstlerkneipe, die mit ihrer Besitzerin, der »Lunte persönlich«, 1933 nach Paris übersiedelte, berichtet Géza von Cziffra.

in einer Art Tscheka-Uniform] Die Abkürzung »Tscheka« war für die 1917 gegründete politische Polizei der UdSSR als Name gebräuchlich; Nachfolgerin wurde 1922 die GPU.

Lit: Bronsen 1974, S. 376f. – »Hans Bauer: Ein Vorschlag und seine Erfüllung. Joseph Roth antwortet«, III, 92-95 (»Die Weltbühne«, 24.9.1929). – Westermann 1987, S. 66f. – Nürnberger 2006, S. 79ff. – G. v. Cziffra, Der heilige Trinker. Erinnerungen an J. R. Bergisch-Gladbach 1983, S. 5f.

Bücherbesprechung

E: »Münchner Neueste Nachrichten«, Jg. 82, Nr. 306, 10.11.1929. – S. (I)

(Hoppla, wir leben!)] Drama von Ernst Toller (1893-1939), Uraufführung am 1.9.1927 an den Hamburger Kammerspielen.

Briefe aus Deutschland (1930)

Roths im November 1930 begonnene Reise nach Mitteldeutschland, von wo er in einer wieder für die FZ bestimmten Artikelfolge berichten wollte, stand von Anbeginn unter einem ungünstigen Stern. Unerachtet seines damaligen Erfolges mit »Hiob« war seine Stimmung gedrückt. Das künstlerische Gelingen, an dem er überdies zweifelte, rettete ihn über seine desolate private Situation nicht hinweg. »Hiob« hatte sein Ansehen gemehrt wie keiner seiner bisherigen Romane, er verkaufte sich gut, gern hätte Roth an seinem »altösterreichischen Roman« weitergearbeitet, dem zwei Jahre später vollendeten »Radetzkymarsch«. Nun empfand er die journalistische Verpflichtung als Fron. Wie er an Zweig schrieb, fand er kaum noch »die gehörige Zeitungsmelodie«. Gleichwohl wollte er seine »Neue Harzreise« nicht aufgeben, die geplanten Artikel, wenn möglich, auch als Buch erscheinen lassen. Das unheilbare Leiden seiner Frau schritt fort, nicht minder die eigene Alkoholkrankheit. Darüber hinaus bedrückte ihn die von ihm ganz pessimistisch beurteilte politische Situation. Soeben hatten die Nationalsozialisten in dem von ihm bereisten Gebiet große Wahlerfolge errungen. Im Leipziger Verwandtenkreis gab er zu erkennen, dass er mit dem Schlimmsten rechnete, einem mit dem berüchtigten Pogrom in Kischinew (vgl. »Zweites Vorwort« S. 376 u. Anm.) vergleichbaren Vorgang. Das Gefühl der Einsamkeit in einer ihm fremden provinziellen Umwelt und die Ungunst der Witterung taten ein Übriges. Bereits der erste Artikel der Folge offenbart in einer für eine Reportage ganz ungewöhnlichen Weise seine fast haltlose Trauer.

Im folgenden Artikel »Der Merseburger Zauberspruch« kommt

Roth nur noch eingangs auf den Harz und auf Heine zu sprechen. Stattdessen wendet er sich einer aktuellen Problematik zu: der Zerstörung der Natur durch die Industrie. Er beschreibt sie wie eine »apokalyptische Phantasie« (Rossbacher), aber er unterlässt es nicht, in zumindest allgemeiner Weise an die Verantwortlichen zu erinnern, an die Zusammenhänge von Wirtschaft, Chemie und Krieg. Chemische Waffen wie das im Ersten Weltkrieg eingesetzte Gas hatten ihn die Perversion des modernen Krieges krass erkennen lassen. Seine gelegentlichen Äußerungen zu dieser Thematik waren stets auch gegen den deutschen Militarismus gerichtet und nahmen an Schärfe stetig zu. Nach der Bestellung Hitlers zum Reichskanzler sollten auch seine Anklagen gegen die alten Mächte, die sich mit ihm verbündet hatten, besonders brüsk und pauschal ausfallen, sein Hass gegen Preußen brach durch: »Sie haben die Preußen [...] niemals so gesehen wie ich. Ich kenne sie aus dem Felde. Es ist wahr, was sie alles von Greueln in Belgien erzählen. [...] Die Preußen sind die Vertreter der *chemischen* Hölle, der industrialisierten Hölle, in der Welt. Der Schlag wird sie treffen. Sie werden untergehen, viel früher, als man glaubt.« (An S. Zweig, 22.5.1933)

Nach dem dritten Artikel (»Halberstadt, ›Tannhäuser‹, Schach«) wurde die Folge aus mehr als nur privaten Gründen abgebrochen. Roths Darstellungen belasteten die Beziehungen zwischen FZ und Industrie. »Sein bissig-trauriger Essay ›Der Merseburger Zauberspruch‹ [...] führte zu einer regelrechten Redaktionskrise in der ›Frankfurter Zeitung‹« (Müller-Funk).

Lit: Müller-Funk 1989, S. 81ff. (»Politischer Journalismus«), hier S. 88.

Brief aus dem Harz

E: »Frankfurter Zeitung«, Jg. 75, Nr. 930, 14.12.1930, 1. Morgenblatt – S. (I) - 2

Beschwörungsformel des seligen Herrn Coué] Émile C. (1857-1926), französischer Apotheker, Begründer des psychotherapeutischen Verfahrens der positiven Autosuggestion zur Beschleunigung von Heilprozessen.

»Fridericus«] im Fridericus-Verlag von F. C. Holtz herausgegebene konservative Berliner Wochenzeitung, die sich aber auch antidemokratisch, antipazifistisch und zentrumsfeindlich gerierte, »ein Muster jener Parteilichkeit [...], die in offenbarer Schadenfreude ihren Genuß hat und zu gleicher Zeit den Schaden eines verhaßten Gegners in einem Lichte darstellt, das geeignet ist, den Schaden, wenn möglich zu vergrößern« (F. Tönnies).

»Mädis vom Chantant«] onesteppartiges Marschensemble (Nr. 2) aus der Operette »Die Csardasfürstin« (1915) von Emmerich Kálmán (1882-1953).

Gesetze gegen Schmutz und Schund] Seit Dezember 1926 galt in Deutschland ein Reichsgesetz zur »Bewahrung der Jugend vor Schmutz- und Schundschriften«, nach dem »sittengefährdende« Publikationen durch vom Innenministerium eingerichtete Prüfstellen indiziert werden konnten.

Dinter] s. auch »Interview mit dem blonden Neger Guillaume« (S. 30) und Anm.

Lauff] Joseph von L. (1855-1933, 1913 geadelt), zunächst Militär, 1898-1903 Dramaturg in Wiesbaden, später freier Schriftsteller; Dramatiker und Erzähler (»kaiserlich-preußischer Hofdramatiker«, wie Kritiker spotteten), behandelte, von Wilhelm II. gefördert, wiederholt Stoffe aus der Geschichte der Hohenzollern. Roth erwähnt ihn auch in seiner Glosse »Der Herr Offizier«: »Noch stehen Joseph von Lauffs gesammelte Werke in der Bibliothek.«

Lit: »Der Herr Offizier« I, 836f., hier 837 (Vo, 15.7.1922).

Der Merseburger Zauberspruch

E: »Frankfurter Zeitung«, Jg. 75, Nr. 958-959, 25.12.1930, Weihnachtsausgabe S. (I)-2

Heines ... Harzreise] Die »Harzreise« erschien im Vorabdruck, stark entstellt durch die preußische Zensur, zuerst 1826 in der Berliner Zeitschrift »Der Gesellschafter oder Blätter für Geist und Herz«, vollständig noch im selben Jahr in Hamburg im ersten Teil der mehrbändigen »Reisebilder«. Das Werk, das den jungen Verfasser sogleich bekannt machte, bietet scharfe Zeitsatire, Witz, realistische Beschreibung, aber auch lyrische Stimmungsbilder und gefühlvolle Naturschilderungen. Die Gedichteinlagen wurden später in das »Buch der Lieder« aufgenommen.

Nonpareille] der zweitkleinste Schriftgrad (6 Didot-Punkte).

Merseburger Zauberspruch] bitter-ironische Anspielung des ehemaligen Germanistikstudenten auf ein althochdeutsches Sprachdenkmal aus dem 10. Jahrhundert, zwei Zaubersprüche, die nach ihrem Fundort, der Dombibliothek zu Merseburg, als »Merseburger Zaubersprüche« bezeichnet werden.

Leunawerke] unter diesem Namen bekannter, 1916 gegründeter Großbetrieb der chemischen Industrie zur Steigerung der Produktion von synthetischem Stickstoff im Kriege, südöstlich von Merseburg (Ammoniakwerk Merseburg GmbH), nahe Leuna (seit 1945 Stadt). Die im Revier im Tagebau gewonnene Braunkohle lieferte seit 1926/27 auch den Rohstoff zur Erzeugung von synthetischem Benzin, das für die deutsche Kriegswirtschaft im Zweiten Weltkrieg von entscheidender Bedeutung war. Das Leunawerk war das größte von sieben Hydrierwerken im Besitz der IG Farben, die dort auch Zwangarbeiter einsetzte.

unsere place de la Concorde] Roths emotional betonte Gegenüberstellung – der auch für seine Beleuchtung berühmte großartige städtische Platz und die auch nachts arbeitende, nach Ammoniak stinkende, riesige Industrieanlage, ein (trügerischer) »großer See aus silbernem Feuer«, ein »außerordentliche(r) Kirmes« – lässt seine Empfindungen nur zu deutlich erkennen: Alle seine Sympathien lagen bei Frankreich; zwar bekannte er sich noch immer voller Respekt und Liebe zu einem älteren Deutschland, vom Deutschland der Gegenwart aber erhoffte er sich nichts mehr.

Hier vollzieht sich der Untergang der Welt] Vgl. das Kapitel »Der Segen der Erde: Naphta, Kali, Gift« in »Der Antichrist«, das offensichtlich von den Erfahrungen der Fahrt in das Merseburger Revier inspiriert ist. Dem Entsetzen, das der »Merseburger Zauberspruch« formuliert, eignet neben der gesellschaftlichen auch eine religiöse Dimension.

Hermunduren] germanischer Stamm der Elbgermanen, siedelte im thüringischen Raum in der Gegend von mittlerer Elbe und Saale, seit etwa 50 n. Chr. nachweisbar.

Lit: H. Nürnberger, »Der Merseburger Zauberspruch«. Ein Bericht von 1930 über Naturzerstörung durch die Leuna-Werke. In: LWU 22 (1989), H. 1, S. 15-30. – K. Rossbacher, »Der Merseburger Zauberspruch«. R.s apokalyptische Phantasie. In: Chambers 1991, S. 78-106. – »Der Antichrist«, III, 633f.

Bekenntnis zu Deutschland

E: »Frankfurter Zeitung«, Jg. 76, Nr. 719-720, 27.9.1931, Abendblatt / 1. Morgenblatt. – S. (I) – Redaktionelle Vorbemerkung: »Aus der Einleitung zu einem Buch von Joseph Roth, das unter anderm seine in der ›Frankfurter Zeitung‹ gedruckten Aufsätze über Deutschland enthält.« Das Buch ist nicht erschienen.

Deutschland ist noch ein kleines Kind] die erste Strophe von Heines Gedicht »Deutschland (1840)«, das die Gruppe der »Zeitgedichte« eröffnet. Die dritte und vierte Zeile lauten korrekt: »Sie säugt es nicht mit stiller Milch, / Sie säugt es mit wilder Flamme.«

Vorwort zu meinem Roman: »Der Radetzky-Marsch«

E: »Frankfurter Zeitung«, Jg. 76, Nr. 285-286, 17.4.1932, Abendblatt / 1. Morgenblatt. – S. (I)

Das Vorwort leitete den Vorabdruck des Romans ein, der vom 14. April bis 9. Juli 1932 in der FZ in 71 Fortsetzungen erfolgte. Anders als das knappe Vorwort zu »Die Flucht ohne Ende«, in dem Roth sich als »Freund«, »Kamerad« und »Gesinnungsgenosse« seines Protagonisten Franz Tunda bezeichnet, dessen Geschichte er erzählen wird, handelt es sich hier um keinen integrierenden Bestandteil des Romans, sondern um eine einführende Erklärung des Autors, die in der Buchausgabe entfiel. Ähnlich wie in der Vorbemerkung Erich Maria Remarques zu seinem Roman »Im Westen nichts Neues« (1929) wird auf die existenzielle Bedeutung des Weltkriegs für den Verfasser hingewiesen. Roth zielt allerdings weniger auf das Fronterlebnis als auf die aus dem Krieg resultierenden geschichtlichen Veränderungen. Unternimmt es Remarque, von einer Generation zu berichten, »die vom Krieg zerstört wurde – auch wenn sie seinen Granaten entkam«, so Roth von der Erfahrung derer, die wie er »ein Vaterland und damit eine Welt verloren haben«.

Wie Roth noch im November 1930 an Zweig schrieb, sollte der Roman »Altösterreich von 1890-1914« behandeln. Im Wesentlichen ist es dabei geblieben. Der Zeitrahmen erfuhr durch die geraffte Erzählung der Vorgeschichte jedoch eine erhebliche Erweiterung, der ursprünglich knappe Schluss in der Buchausgabe eine ausführliche Gestaltung. Die Erzählung beginnt nunmehr 1859 (Schlacht bei Solferino) und endet 1916 (Tod Kaiser Franz Josephs und dem bald darauf folgenden des Bezirkshauptmanns). In seinem Gedenkartikel »Eine Reverenz vor Joseph Roth« hat Gustav Kiepenheuer von seinem Anteil an der Wahl des Romantitels berichtet: Eine scheinbar unbedeutende Änderung, die Streichung des bestimmten Artikels in der Buchausgabe, die nunmehr nur noch »Radetzkymarsch« betitelt war, wurde Roths Intention im besonderen Maße gerecht.

Roths Briefe aus der Entstehungszeit des Romans enthalten viele Klagen über die mit der Niederschrift verbundenen Schwierigkeiten. »Ich war lange krank und elend, und ich arbeite verzweifelt am Radetzky-Marsch. Der Stoff ist zu groß, ich bin zu schwach und kann ihn nicht bändigen.« (An F. Bertaux, 20.3.32). »Ich habe mich in die Vorkriegszeit retten wollen, aber es ist entsetzlich schwer, sie so zu erzählen, wie ich sie fühle.« (An F. T. Gubler, undatiert, 1932). Die Figur des Kaisers wurde erst spät, auf Veranlassung des Lektors Walter Landauer eingeführt. Als der Vorabdruck begann, war der Roman – wie Roths Romanerstling »Das Spinnennetz« – im Manuskript noch unfertig. Der unter großem Zeitdruck entstandene Schluss wurde daher für die Buchausgabe noch einmal erheblich überarbeitet.

aus der Operettenvorstellung in das schaurige Theater des Weltkriegs] Das vom Autor im Roman geschaffene Zeitbild wird von ihm somit im »Vorwort« als Zeitzeuge bestätigt. Zwei Jahre schon währt der Krieg, längst wissen alle um den Ernst der Stunde, gleichwohl versucht man, sie vergessen zu machen, sie zu »überspielen«. Das von Nostalgie getränkte, kritiklose Weiterleben in verbrauchten Formen, zu dem mit ihren Mitteln später auch die Tonfilmoperette beitrug, reizte Roth nicht zuletzt im Hinblick auf das deutsch-österreichische Verhältnis. Noch in seinem Essay »Grillparzer« beklagte er die Mitschuld der Operette an der »Ansichtskarten-Vorstellung, die sich die anderen deutschen Stämme

[...] vom ›Österreicher‹ gebildet hatten. [...] Ein feinhöriges konservatives Ohr vernahm schon den Weltsieg des Walzers und seiner Kinder, der Lehárschen Operetten« (S. 382 u. 386).

Nordbahnhof] der 1865 fertiggestellte, auch kunsthistorisch bedeutende Neubau des zuerst 1837 eröffneten Ausgangsbahnhofs der Kaiser-Ferdinand-Nordbahn, die u. a. Wien mit Galizien verband. Das Gebäude wurde im Zweiten Weltkrieg schwer beschädigt, danach abgerissen.

Die Militärkapelle ... spielte ein Potpourri ... Lehár und Strauß] Vgl. auch »Wo die Kartousch singt« (S. 12ff. u. Anm.). Roth hat für seine schon früh geäußerte Kritik an der Leichtfertigkeit und Unreife der Vorkriegsgesellschaft immer wieder deren gedankenlose Hingabe an die leichte Muse wienerischen Zuschnitts als Beispiel geltend gemacht. Im »Radetzkymarsch« ist es die Aufführung von Lehárs slowakisch-ungarisch-österreichischer Operette »Der Rastelbinder« (1902) durch eine Wandertruppe, die die gelangweilten Offiziere des Ulanenregiments ins Theater lockt (wobei die Aufmerksamkeit aber mehr dem weiblichen Publikum als dem Stück gilt, denn das hat man schon dreimal gesehen) und die zu dem Klatsch in der Konditorei und im Kasino führt, der mit dem für beide Beteiligten tödlichen Duell endet. »Walzer von Lehár« und gewagte Zugaben singt auch die »sogenannte ›Nachtigall aus Mariahilf‹« in dem von Hotelier Brodnitzer eröffneten Spielsaal in der öden Kleinstadt an der äußersten Peripherie des Reiches, die dem einen oder anderen Offizier zum Verhängnis wird. »Die Friedhöfe der Grenzgarnisonen bargen viele junge Leiber schwacher Männer.«

Nachfolger] Karl I. Kaiser von Österreich, als König von Ungarn Karl IV. (1887-1922), nach der Ermordung Erzherzogs Franz Ferdinands 1914 Thronfolger, Großneffe Kaiser Franz Josephs. Verzichtete 1918 ohne formell abzudanken, auf die Ausübung der Regierungsgeschäfte, vom Schweizer Exil aus unternommene Restaurationsversuche in Ungarn scheiterten. Über diese hat Roth, für den »Neuen Tag« als Sonderberichterstatter in Westungarn berichtet. »In und um Steinamanger stecken sie alle die Parasiten der Habsburger Herrlichkeit, die Goldkragler und Schmarotzer und warten auf Karl. [...] Mit einer Beharrlichkeit, die nur als Folge ihrer Stupidität verzeihlich erscheint, vertrauen sie auf die Rückkehr gottbegnadeter Herrscher.« »Die Wahrheit über Deutsch-Westungarn« (DNT, 26.8.1919; in: Siegel 1995, S. 50)

Lit: Briefe 1970, S. 188, 215, 218. – G. Kiepenheuer, Eine Reverenz vor J. R. In: Linden 1949, S. 40-47, hier S. 42. – »Radetzkymarsch«, V, 222ff., 301 u. 259. – H. Bönisch, J. R.s »Radetzkymarsch«. Thematik, Struktur, Sprache. München 1968. – F. Hackert, V, 873ff. u. 889 ff. (Nachwort).

Zu einer Schrift über Stifters »Witiko«

E: »Frankfurter Zeitung«, Jg. 77, Nr. 662, 4.9.1932, 2. Morgenblatt, Literaturblatt, Jg. 65, Nr. 36. – S. 5.

Bereits im Vorjahr hatte Roth auf eine Stifter-Neuerscheinung hingewiesen (Albert Gerhard Müller, »Weltanschauung und Pädagogik Adalbert Stifters«, Bonn 1931) und seiner Bewunderung für Werk und geistige Haltung des Dichters Ausdruck zu geben.

Hüller] Franz H. (1885-1967), Germanist, Mitherausgeber der von August Sauer begonnenen Prager Ausgabe der »Sämtlichen Werke« des Dichters (Prag-Reichenberg 1901ff.).

Untersuchung über den »Witiko«] F. Hüller, »Adalbert Stifters ›Witiko‹. Eger 1930. Neuausgabe (mit einem Nachwort von Josef Nadler) Graz 1953.

»Witiko« ... Stoff aus der Geschichte der Tschechen] Es gibt keinen Hinweis darauf, dass Roth Stifters auf strengste Objektivierung bedachtes, singuläres Prosaepos aus dem 12. Jahrhundert aus eigener Lektüre kannte, es scheint auch eher unwahrscheinlich, dass der besondere Stilwille dieses Alterswerkes seine Zustimmung gefunden hätte. Tendenziell kam die ›Botschaft‹ des 1865-67 erschienenen dreibändigen ›Romans‹ – vom Autor selbst nicht als ein solcher bezeichnet – Roths in den dreißiger Jahren entwickelten geschichtlichen Wunschbildern aber zweifellos weit entgegen. Stifter hatte den unterdrückten nationalen und sozialen Programmen und Forderungen seiner Zeit eine rückwärtsgewandte Utopie, den Entwurf einer übernationalen feudalen Ordnung entgegengestellt. In Witiko, Sohn eines frühverstorbenen tschechischen Vaters und einer deutschen Mutter, Ahnherr des mächtigen böhmischen Geschlechts der Rosenberger, schuf er einen ›Helden‹, dessen so fehlerloses wie unpersönliches Handeln friedenstiftend den Willen der Geschichte vollzieht. Stifter anerkennt – spätestens nach 1848 bewusst unrealistisch – keinen Nationalitätengegensatz, bruchlos vollendet sich die Eingliederung des Königreichs Böhmen ins (römisch-deutsche) Kaiserreich.

Herr von Thaler] Karl von T. (1836-1916), langjähriger Redakteur bzw. Mitarbeiter der »Neuen Freien Presse«, seine ablehnende Besprechung des »Witiko«, III. Band (4.10.1867, Abendblatt), enthält die von Roth genannten Kritikpunkte nicht.

Erscheinen Nietzsches] Nietzsche hatte sich in »Menschliches, Allzumenschliches« begeistert über Stifters »Nachsommer« geäußert, ob er den »Witiko« kannte, ist zweifelhaft.

Lit: »Hinweis auf ein Buch über Stifter«, III, 389-391 (FZ, 27.9.1931). – F. Sengle, Biedermeierzeit. Dt. Literatur im Spannungsfeld zwischen Revolution und Restauration 1915-1848, Bd. 3, Stuttgart 1980, S. 952ff.

Texte aus den Jahren des Exils (1933–1939)

Mit dem Beginn der NS-Herrschaft in Deutschland veränderten sich die Lebens- und Arbeitsbedingungen Roths von Grund auf. Seine schon länger geplante Abreise von Berlin nach Paris am 1. Februar 1933 stand mit dem vorangegangenen ›Tag der Machtergreifung‹ nur zufällig in zeitlichem Zusammenhang, entwickelte sich aber sehr schnell zu einem Abschied für immer. Roth lehnte es ab, die zu erwartenden Konsequenzen eines totalen Bruches womöglich abzumildern. Da er sich über den in Deutschland in Gang gekommenen Prozess und seine eigene Haltung zu diesem im Klaren war, vermied er, anders als manche seiner Kollegen, jedes Lavieren. »Unsere ganze Lebensarbeit ist – im irdischen Sinne – vergeblich gewesen. [...] Jede Hoffnung ist sinnlos. Diese ›nationale Erneuerung‹ geht bis zum äußersten Wahnsinn. Es ist genau die Form der in der Psychiatrie bekannten Manischen-Depressiven. So ist dieses Volk.« (An S. Zweig, 6.4.1933)

Sowohl als Romancier wie als Journalist verlor er sein deutsches Publikum fast vollständig und somit auch den größten Teil seiner bisherigen Einkünfte. Hatte er in den letzten Jahren der Republik bereits gewünscht, weniger für Zeitungen, stattdessen vermehrt literarisch zu arbeiten, so wurden ihm die Veränderungen nunmehr durch die äußeren, allerdings insgesamt ungünstigen Umstände diktiert. In Roths Werk erhielt die fiktionale Prosa jetzt eindeutig das Übergewicht. Während der sechs Exiljahre entstanden nicht weniger als fünf Romane von allerdings sehr ungleichem künstlerischem Gewicht, dazu mehrere Erzählungen, zuletzt die »Legende vom heiligen Trinker«. Als Essayist und politischer Journalist blieb ihm größere Wirkung versagt.

An Überlegungen, ihn in eine sich im Exil bildende Front des Widerstands gegen die NS-Diktatur zu integrieren fehlte es zunächst nicht. So schrieb etwa Fritz Landshoff, Roths Lektor bei Kiepenheuer und nunmehr Direktor der deutschsprachigen Abteilung des Querido-Verlags in Amsterdam, im März 1934 an Klaus Mann, Herausgeber der im Querido-Verlag erscheinenden Exilzeitschrift »Die Sammlung«, er plane »einen Leitartikel über die Stellung der deutschen Emigration«, einen Aufsatz, den er sich »ganz groß und äußerst würdig« dachte und für den er als Autor Heinrich Mann, an zweiter Stelle aber Roth vorschlug. Der Aufsatz ist in der geplanten Form nicht erschienen, Roths Beitrag zur »Sammlung« blieb auf einen Nachdruck aus »Tarabas« und einen Geburtstagsglückwunsch für Lion Feuchtwanger beschränkt.

Ein Artikel Roths in der Prager Zeitung »Die Wahrheit« von 1934, »Der Segen des ewigen Juden«, der mit dem Satz schloss: »Das

Wandern ist kein Fluch, sondern ein Segen«, löste vor dem Hintergrund der Exilsuche deutscher Juden eine überwiegend kritische Diskussion aus. Das Roth eingeräumte Schlusswort enthielt so massive Vorwürfe gegen das deutsche Volk – in Gegenwart und Vergangenheit –, dass auch die Redaktion sich gezwungen sah, diesem »generellen Verdammungsurteil« zu widersprechen. Mit seinem verbitterten Hass, der von den fortdauernden Erfolgen der Nationalsozialisten weiter genährt wurde, stand Roth sich als Widersacher des Bösen zuletzt selbst im Wege.

Mit seinen Anschauungen blieb er der ganz überwiegenden Mehrheit seiner Schicksalsgenossen fremd. Die meisten deutschen Schriftsteller im Pariser Exil standen politisch links, Roths Bekenntnis zur Monarchie war für viele anstößig, zuletzt Verrat. Für andere war er ein apartes Kuriosum, aber eben auch schon ein »Fall«. Klaus Mann hat sich in seiner Autobiographie »Der Wendepunkt« an Visiten Roths in Amsterdam erinnert: »Die Rettung Europas [...] konnte nur vom Hause Habsburg kommen, eine andere Hoffnung gab es nicht. Das Regiment des ›Antichrist‹ wäre vorüber. Während der Dichter dergleichen auseinandersetzte, konsumierte er erstaunliche Mengen äußerst konzentrierten Alkohols; in meiner Erinnerung waren es meist Getränke von ungewöhnlich dunkler, bräunlich-trüber Färbung und geradezu diabolischer Intensität, die unser Freund aus kleinen Gläsern schlürfte.«

1934 erlauben Roths Donquichoterien seinen Kollegen oder einem Interviewer noch die vergleichsweise unbesorgte Nacherzählung tragikomischer Vorgänge (vgl. Frédéric Lefèvre »Une heure avec Joseph Roth«, auch Nachwort S. 524ff.). Das sollte sich freilich bald ändern, die verschiedenen Nöte des Exils wurden größer, sie wuchsen fast so schnell wie Hitlers Erfolge, die wiederum die Auseinandersetzung mit seinem verruchten Regime immer noch bitterer machten. Auch Roths finanzielle Sorgen nahmen zu, obwohl er durch seine Verbindungen zu Exilverlagen und -zeitungen zunächst besser gestellt war als viele andere, Zahlungen aus dem Ausland und Vorschüsse ihm zu Hilfe kamen. Seine privaten Lebensumstände machten diesen Vorteil zunichte. Zuletzt ist es eine ständige Jagd nach neuen Vorschüssen oder Zuwendungen bessergestellter Kollegen wie Stefan Zweig. Das wirkte wiederum zurück auf die Arbeitsmöglichkeiten, auf die Beziehungen zu Verlagen, denen Roth nun oftmals kein zuverlässiger, auch kein korrekter Partner mehr war.

Gesundheitlich stellten die Exiljahre des Trunksüchtigen einen unaufhaltsamen Abstieg dar. Der Alkohol, der ihn zerstörte, war freilich bereits zu einer Bedingung für seine Produktivität geworden. In dieser Situation erwiderte Roth auf besorgte Mahnungen durchaus nicht zu Unrecht, der Alkohol schade ihm nichts, denn es handle sich für ihn nicht darum, sein Leben zu verlängern, sondern den unmittelbar drängenden Tod abzuwehren. Seine Arbeitskraft und sein kreatives Vermögen waren immer noch erstaunlich, er engagierte sich auch keineswegs nur auf literarischem Gebiet. Als nach dem ›Anschluss‹ Österreichs 1938 ein erneuter Zustrom von Flüchtlingen einsetzte, war er mit seinen Kontakten zu helfen bemüht. Noch immer und bis zuletzt blieben ihm Freunde, aber nun mischte sich in ihre Bewunderung Mitleid. Zuletzt blieben von ihm eingesandte Manuskripte in den Redaktionen liegen.

Wie in seinen journalistischen Anfängen ist Schreiben für Roth nun wieder eine Form des materiellen Überlebenskampfes. In seinem letzten Lebensjahr versucht er einen längeren Essay »Clemenceau« im Verlag Allert de Lange unterzubringen. Am 19. Januar 1939 kündigt er Landauer die Zusendung des Manuskripts für die nächsten Tage an, bittet um baldigste Zusage und auch schon um das Honorar. Landauer weiß nicht, was er mit dem Manuskript anfangen soll, erklärt, dass allenfalls eine Veröffentlichung als Broschüre in Frage komme, zahlt aber, um Roth zu helfen, gleichwohl ein Voraushonorar. Später suchte er Roths Zustimmung dafür, die gezahlte Summe auf das Honorar für die »Legende vom heiligen Trinker« verrechnen zu dürfen. »Ich verspreche mir von der Herausgabe des Clemenceau nichts [...]. Dazu kommt, daß ich keinen rechten Grund einsehe, warum man ihn herausbringen soll.« (24.4.39)

Lit: Briefe 1970, S. 261. – F. H. Landshoff, Erinnerungen eines Verlegers. Berlin u. Weimar 1991, S. 228. – »Der Segen des ewigen Juden«, III, 527-548, hier 532 (Wa, 30.8. bis 6.10.1934). – K. Mann, Der Wendepunkt. Ein Lebensbericht. Frankfurt/M. 1952, S. 330. – L. Richard, Die R.-Rezeption im Frankreich der Zwischenkriegszeit. In: Kessler / Hackert 1990, S. 271. – »Clemenceau«, III, 955-1007. – Briefe 2005, S. 292ff. – E. Frank / W. Andreas, »Besoffen, aber gescheit«. J. R.s Alkoholismus in Leben und Werk. Oberhausen 2002 (Übergänge – Grenzfälle; 5).

Der Antichrist

E: Verlag Allert de Lange. Amsterdam 1934

Am 31. Januar 1931, zwei Jahre vor Beginn seiner Emigration, Roth arbeitete noch am »Radetzkymarsch«, kündigte er F. G. Gubler in der Frankfurter Redaktion an, er wolle »Artikel schicken, 3 im Monat«, über »die ›Gespenster der Gegenwart‹«. Wiederum am 31. Januar 1934, ein Jahr nachdem er Deutschland für immer verlassen hatte, teilte er René Schickele mit: »[...] das Buch, an dem ich jetzt schreibe, heißt der Antichrist. Und die einzelnen Abschnitte enthalten eben alle Formen, in denen er auftritt. [...] der Antichrist ist Freund und Feind. Und am Ende sitzt schon ein Teilchen von ihm in mir selber. [...] Das ist diese Zeit: man erkennt nicht Christus – er ist zu weit – sondern seinen Feind.«

Freunde und Kritiker lehnten die Studie mit seltener Einhelligkeit ab. Das »Prager Tagblatt« begegnete der Neuerscheinung mit böhmischem Humor: »Roth hat ein neues Buch ›Der Antichrist‹ geschrieben, in dem er sich mit bekannter Leidenschaftlichkeit hauptsächlich gegen das Kino wendet.« Thea Sternheim erschien das Buch als »aufgewärmter Aufguss eines liberalistischen Zarathustras, mit dem man keinen Hund mehr vom Ofen lockt«. Gewiss, doch scheint das Urteil inzwischen milder gestimmt. »Roths ›Antichrist‹«, schließt Sternburg, »ist in einer Zeit geschrieben, in der nicht nur dieser Autor das Ende der Zivilisation vor Augen hat.« Doch läse sich das Buch »trotz seines hohen, apokalyptischen Tones und seiner sehr einäugigen Betrachtung auch heute in vielen Passagen nicht so, als ob es ganz aus unserer Zeit fiele.«

Roth hatte die Wirkung seiner Arbeit offenbar zunächst falsch eingeschätzt, erkannte aber später unter dem Eindruck ablehnender Kritiken und des schlechten Absatzes seinen Irrtum.

Lit: W. Müller-Funk, Der Antichrist. J. R.s Dämonologie der Moderne. In: LuK, H. 243/244 (1990), S. 115-123. – I. Sültemeyer-von Lips, Der Antichrist. Versuch einer Annäherung. In: Austriaca. Cahiers universitaires d'information sur l'Autriche. Rouen 1990; H. 30, S. 91-108. – Briefe 1970, , S. 191 u. 312. – PT, 8.8.1934, s. auch Briefe 2005, S. 393. – T. Sternheim, Tagebücher, Bd. 2, Göttingen 2002, S. 613. – Sternburg 2009, S. 419f.

In der Kapuzinergruft

E: »Wiener Sonn- und Montags-Zeitung«, Jg. 73, Nr. 21, 27.5.1935. – S. 8 – Redaktionelle Vorbemerkung: »*Joseph Roth*, der berühmte Autor des österreichischen Romans »Radetzkymarsch«, hat sich, von Granada kommend, wo er ständig lebt, in Wien aufgehalten, um das Grab Kaiser Franz Josephs zu besuchen. Er hat den überwältigenden Eindruck vor dem Sarg Franz Josephs in folgenden unvergleichlichen Zeilen festgehalten:«

Roth hielt sich in der zweiten Hälfte des Monats Mai 1935 in Wien auf, der Artikel ist wahrscheinlich auch in dieser Zeit entstanden. Seinen Roman »Die Kapuzinergruft«, von dem in den bisher bekannt gewordenen Briefen erstmals in einem Schreiben aus Lemberg an den holländischen Verlag »De Gemeenschap« vom 29. Dezember 1936 die Rede ist, hatte er damals noch nicht begonnen. Nachträglich wirkt der sehr gefühlsbetonte Beitrag, der mit den historischen Fakten großzügig umgeht, dennoch wie ein Vorgriff auf die Thematik des zweiten Habsburg-Romans. Roth hat für diesen Roman, der mit der Frage: »Wohin soll ich, ich jetzt, ein Trotta...?« schließt, zeitweise den Titel »Ein Mann sucht sein Vaterland« erwogen.

Als man ihn begrub ... ein dunkelgrauer Regen] Wie ungehemmt der Autor die Vergangenheit nunmehr dem Mythos überantwortete, lässt seine Darstellung des Kaiser-Begräbnisses erkennen:

An diesem überwiegend sonnighellen Spätherbsttag regnete es in Wien *nicht*. Gleichwohl wagt es der vorgebliche Zeitzeuge, das singuläre Ereignis, das kaum zwanzig Jahre zurücklag, also noch vielen Lesern gegenwärtig sein musste, phantasievoll auszugestalten. Franz Werfel ist in seinem 1936 in Locarno verfassten Essay »Ein Versuch über das Kaisertum Österreich«, einem Prolog für die amerikanische Ausgabe seiner Prosasammlung »Aus der Dämmerung einer Welt« (»Twilight of a World, New York 1937), allerdings noch weiter gegangen: »Schauer der Sintflut« und die »Dämmerungen eines apokalyptischen Novembers« geleiten den toten Cäsar zu Grabe, »verschwommen zog der erhabene Spuk durch die Dämmerung des Weltuntergangs an den erstarrten Augen des Volkes vorbei«.

Nachfolger] s. Anm. zu »Vorwort zu meinem Roman: ›Der Radetzky-Marsch‹« (S. 482).

Lit: »Die Kapuzinergruft«, VI, 346. – F. Werfel, Zwischen Oben und Unten. Prosa, Tagebücher, Aphorismen, Literarische Nachträge. Aus dem Nachlaß hrsg. von Adolf D. Klarmann. München, Wien 1975, S. 513f. – K A. Doppler, »Die Kapuzinergruft«. Österreich im Bewußtsein von Franz Ferdinand Trotta. In: Kessler / Hackert 1990, S. 91-98. – Nürnberger 2006, S. 157f.

Zur geplanten Neuauflage von ›Juden auf Wanderschaft‹ (1937)

Die näheren Umstände der im Wiener Verlag Richard Löwit geplanten überarbeiteten Neuauflage von »Juden auf Wanderschaft« sind nur unvollständig bekannt. Anscheinend ist nur ein einziger Brief Roths an den später in Auschwitz ermordeten Inhaber des Verlags Mayer Präger (1889-1942) erhalten geblieben. In einem noch unveröffentlichten Brief vom 29. Mai 1937 schrieb er aus Salzburg an den Verleger: »Lieber Herr Dr. Präger, anbei gibt Ihnen meine Sekretärin die ergänzten Juden. Aus *diplomatisch-taktischen* Gründen, um nicht der Konfiskation zu verfallen, habe ich geändert, was uns beiden und dem Objekt meines Buches geschadet hätte. Das Vorwort soll heißen: Zweites Vorwort, als Untertitel: Die Juden in Deutschland. Ich habe auch ein Nachwort geschrieben. Lesen Sie bitte Beides. [...] Schreiben Sie mir bitte, Ansichten und Wünsche.«

Als Roths »Sekretärin« fungierte seine Schwägerin Hedy Pompan. Die geplante Ausgabe kam nicht bzw. nicht rechtzeitig zustande. Im März 1938 war es zu spät.

Lit: J. R. an Mayer Präger, 1937-05-29, unveröff. [LBI jb-jr-4-638. Durchschrift, Handschrift JR].

Zweites Vorwort. Die Juden in Deutschland

E: Werke 1975/76 u. d. T. »Vorrede zur neuen Auflage« (III, 359-369). – D: Handschrift JR, z. T. Durchschrift. Joseph Roth Collection, LBI.

Aberglauben an den Fortschritt] Anspielung auf den Titel eines Vortrags (»Der Aberglaube an den Fortschritt«), den Roth zuerst im Juni 1936 in Amsterdam gehalten hat und der zu seiner Verbindung mit dem katholischen Verlag De Gemeenschap Anlass gab. Roth hielt den Vortrag noch mehrfach, so 1937 in verschiedenen polnischen Städten. Der Text des Vortrags ist unter dem ursprünglichen Titel »Glauben und Fortschritt« auch im Druck erschienen.

»Nansen-Paß«] 1922 von Fridtjof Nansen (1861-1930), damals Hochkommissar des Völkerbundes für Flüchtlingsfragen, zunächst im Hinblick auf russ. Flüchtlinge eingeführt, als Passersatz für staatenlose und quasistaatenlose politische Flüchtlinge von 53 Staaten anerkannt.

Nürnberger Gesetz] Am 19.5.1935 wurden anlässlich des »Reichsparteitags« vom Dt. Reichstag in Nürnberg zunächst das »Reichsbürgergesetz« und das »Gesetz zum Schutz des deutschen Blutes und der deutschen Ehre« verabschiedet. Bis 1938 folgten weitere Gesetze und Durchführungsverordnungen, die den Lebensraum der Juden systematisch einschränkten.

babylonische Gefangenschaft] auch babylonisches Exil, der erzwungene Aufenthalt des von König Nebukadnezar 597 und 586 v. Chr, weggeführten angesehenen Teils der Bevölkerung des Reiches Juda in Babylonien und Mesopotamien; keine Gefangenschaft im eigentlichen Sinn, für einzelne der Betroffenen sogar mit Wohlstand und hohen Ehren verbunden, gleichwohl wegen des Verlusts der politischen Selbständigkeit und des nationalen Tempelkults schmerzlich empfunden, wie die Klagelieder des Jeremias, ebenso der Prophet Ezechiel erkennen lassen. Die Dauer des Exils wird meist mit 70 Jahren angegeben.

»Kulturbund«] der 1933 als Antwort auf die Verdrängung jüdischer Künstler ins Leben gerufene »Kulturbund der deutschen Juden«, der, u. a. mit finanzieller Hilfe jüd. Vereinigungen im Ausland wenigstens der größten Not entgegenzuwirken suchte.

Kischinew] rumänisch Chisinau, zu Beginn des 20. Jahrhunderts Hauptstadt der russischen Provinz Bessarabien. Das dort an Juden verübte Massaker von 1903 erregte weltweit Aufsehen.

Hamburger Israelitische Familienblatt] »Israelitisches Familienblatt für Hamburg, Altona und Wandsbek«, 1898 in Hamburg begründet, »the gemütliche, middlebrow journal written for the average petit-bourgeois family in city and country, the Sunday paper that wants to edify, educate and comfort, the Jewish equivalent to the (antisemitic) Gartenlaube« (H. Strauss). Das Blatt brachte von November 1934 bis März 1935 einen Abdruck von »Tarabas« u. d. T. »Das Wunder von Koropta«.

Konkordate] Roth hat zweifellos vor allem das im Juli 1933 zwischen dem Vatikan und der deutschen Reichsregierung geschlossene sogenannte Reichskonkordat vor Augen, über das er sich, da es zweifellos die Stellung Hitlers stärkte, wiederholt mit Bitterkeit geäußert hat. Auch an die »unseligen Lateran-Verträge« ist zu denken, von denen in dem Artikel »›Ein Komödiant könnt' einen Pfarrer lehren‹« die Rede ist.

Jasons Drachensaat] nach der Argonautensage. Die Saat, mit der Jason, auf Verlangen des Königs der Kolcher Aietes ein Feld bestellen sollte, bestand aus Drachenzähnen, daraus wuchsen bewaffnete Krieger. Medea, Aietes' zauberkundige Tochter, die Jason liebte, riet ihm, zwischen die Krieger einen Stein zu werfen, woraufhin diese sich untereinander erschlugen.

Lit: »Glauben und Fortschritt«, III, 691-705 – »›Ein Komödiant könnt' einen Pfarrer lehren‹«; III, 871 (PT, 12.1.1939).

Nachwort

E: Werke 1975/76 (III, 358).. – D: Handschrift JR. Joseph Roth Collection, LBI.

Roths »Nachwort« bezieht sich zunächst auf den, wie es im Text heißt, »letzten Abschnitt« seines Essays, den während seiner Russlandreise entstandenen Beitrag »Die Lage der Juden in Sowjetrußland« (S. 211ff.), sodann auf das Verhältnis der Juden zu Spanien, das im Essay nur beiläufig in »Die westlichen Ghettos. Paris« Erwähnung gefunden hatte (S. 199ff. u. Anm.).

Cherem] vgl. zu diesem »Bann« S. 206 im Kapitel »Die westlichen Ghettos« von »Juden auf Wanderschaft« und Anm.

Grillparzer. Ein Portrait

E: »Das Neue Tage-Buch«, Paris u. Amsterdam, Jg. 5, Nr. 26, 4.12.37. – S. 1169-1172

Als sein Essay »Grillparzer« im Dezember 1937 in der Exilzeitschrift DNTB erschien, hätten die Zeitumstände, wie Roth zutreffend erkannte, nicht dramatischer sein können. Nur noch ein Vierteljahr, und Österreich, für dessen fortdauernde Unabhängigkeit er sich bis zuletzt kompromisslos engagiert hatte, sollte dem deutschen Zugriff erliegen. Seine private Situation war nahezu hoffnungslos. Mit nachlassenden Kräften »lebte« er eigentlich nur noch um zu schreiben, musste aber auch fortgesetzt schreiben, um im materiellen Sinn überleben zu können. Noch immer war er fähig zu gestalten, drängte es ihn zu großen Themen. Aber er spürte seine Ohnmacht.

Der Plan eines Buches über Grillparzer, offenbar ein Vorschlag Roths, wird von Walter Landauer, dem Geschäftsführer der deutschen Abteilung des Allert de Lange Verlags in Amsterdam, in einem Brief vom 10.11.37 erwähnt: »Den Grillparzeraufsatz habe ich Ihnen zurückgeschickt. Es könnte ein brillantes Buch werden und es wäre schon gut, wenn Sie ein derartiges Buch schrieben. Sicherlich ein großer literarischer Erfolg, eine große Auflage dürfen Sie allerdings nicht erwarten und kaum Übersetzungen.« Möglicherweise hatte Roth bei einem Besuch in Amsterdam Landauer für sein Vorhaben zu gewinnen gesucht, wobei man voraussetzen kann, dass sein Wunsch nach einem Vertrag auf einen entsprechenden Vorschuss zielte. Briefliche Äußerungen von ihm sind dazu nicht überliefert. Roths Essay, auf dessen besondere Bedeutung Magris 1963 aufmerksam machte, hat in der Forschungsliteratur der folgenden Jahrzehnte kaum Berücksichtigung gefunden. Dafür gibt es Erklärungen: Als historische Analyse und als wirklichkeitsnahe Vergegenwärtigung von Grillparzers Persönlichkeit und Gedankenwelt kann dieser Text nur sehr partiell befriedigen. Wir begegnen aus Verzweiflung geborener romantisierender Verklärung, von Abneigung und Kälte, zuletzt von Hass geleiteten Verallgemeinerungen: »In schneeweißen Waffenröcken« ziehen die österreichischen Truppen in die Schlacht, »der letzte Abglanz des alten Rittertums«, der gegen die »plebejische Technik« der Preußen unterliegt. In Wahrheit handelte es sich zum größeren Teil um böhmische, polnische, ungarische, ukrainische Bauernburschen, »abgerichtet« – so lautete, sehr treffend, der militärische Fachausdruck, nicht etwa »ausgebildet« – gemäß einer falschen Taktik, die sie hoffnungslos zu Opfern machte. Und inwiefern war es »plebejisch«, die besseren Gewehre zu benutzen? Roths wachsende persönliche Haltlosigkeit äußert sich in solchen ›unhaltbaren‹, sachlich irreführenden Passagen; hier spricht ein Geschlagener, der den empörenden Sieg des Unrechts mit Ungerechtigkeit vergilt. In ihrem näheren und weiteren Zusammenhang gelesen, sind Roths polemische Agitation und pathetische Donquichoterie verständlich. Das drohende Ende der Staatlichkeit Österreichs steht ihm so deutlich vor Augen wie die ganze Gefahr des Nazismus; sie bilden nur eine Station des Dramas der deutschen Geschichte, von dem Person und Werk des Dichters symbolisch Zeugnis ablegen. Grillparzer gebührt Vorrang vor seinen Zeitgenossen, die »zu klein (sind) für eine so große Niederlage«.

Der Essay erscheint wie ein Folge von Aphorismen, jeder von ihnen seinerseits »der letzte Ring einer langen Gedankenkette« (M. v. Ebner-Eschenbach), aber nicht erst am Schluss versagt die Folge ihren Dienst. Roths Denken hat sich verirrt, die Weghinweise, die er zu geben vermag, sind nicht verbindlich, können es nicht sein. Authentisch ist seine Klage, die zuletzt doch eine Klage um die Opfer ist. Es ist die Klage um das Ostjudentum, die nach seiner Erfahrung mit der Klage um das übernationale Kaisertum verknüpft ist. Sie hat eine unanfechtbare humane Dimension und ›mythische‹ Würde, wirkt insofern wie ein Vorgriff auf C. Magris' »habsburgischen Mythos«, dessen kritische Einsichten Roth aber nicht offenlegt. Er spricht vom »(politischen) ›Weltschmerz‹ des österreichischen Dichters« der »vielleicht« mit Grillparzer begonnen habe. Noch wenn er dessen Besuch bei Goethe beschreibt, zielt er weniger auf Dichtung als auf Politik, ordnet sich aber nicht wirklich den politischen Gesetzen unter. So entsteht politische Romantik, naiv verwendet, nicht ungefährlich.

Als Zögling eines k. u. k. Staatsgymnasiums zu Beginn des 20. Jh.s lernte Roth Franz Grillparzer (1791-1872) als einen der großen deutschen Klassiker, vor allem aber als den gleichsam repräsentativen Dichter des österreichischen Kaiserstaates kennen. Ein Ressentiment, wie obligatorische Schullektüre oftmals zeitigt, ist in Roths überlieferten Äußerungen zu Grillparzer nicht erkennbar, wohl aber wird die häusliche Belehrung – Fortsetzung der staatsfrommen Bemühung – ironisch reflektiert: »Der Alte prüfte heute lediglich Literatur. Er sprach sich ausführlich über die Bedeutung Grillparzers aus und empfahl dem Sohn als ›leichte Lektüre‹ für Ferientage Adalbert Stifter und Ferdinand von Saar«, heißt es im »Radetzkymarsch« bei Carl Josephs Rückkehr aus der Kadettenanstalt über die vom Bezirkshauptmann veranstaltete Prüfung, wie er sie alljährlich vorzunehmen pflegt. Die Jahre seines abgebrochenen Germanistikstudiums boten Roth Gelegenheit, seine Kenntnis zu verbreitern, von einer späteren gründlichen Beschäftigung mit Grillparzer ist aber nichts bekannt. Eine kleine Besprechung von »Weh dem, der lügt« anlässlich einer Inszenierung der Berliner »Volksbühne« von 1923 für die Leser des »Vorwärts« betont den unverwelkten Reiz des Stückes: »Eines der wenigen Lustspiele unserer Literatur, das heute so wenig veraltet ist wie vor achtzig Jahren.« In dem Roman »Zipper und sein Vater« erinnert das Geigenspiel des alten Zipper nicht zufällig an die »Kakophonie« des Bettelmusikanten in Grillparzers »Der arme Spielmann«. In ein an Reifenberg verschenktes Exemplar von Grillparzers Selbstbiographie trug Roth ein Zitat aus des Dichters »Medea« ein: »Laß uns die Götter bitten um ein einfach Herz.« Das sind wenige Spuren, die aber über bloßes Bildungswissen hinaus auf eine nicht selbstverständliche Affinität schließen lassen. Zweifellos war Roth auch Grillparzers berühmtes Gedicht auf Radetzky bekannt, er hat den daraus wohl meistzitierten Vers »In deinem Lager ist Österreich« in seinem Roman wie einen melancholischen Nachhall zitiert: »Daheim, in der mährischen Bezirkshauptstadt W., war vielleicht noch Österreich. Jeden Sonntag spielte die Kapelle Herrn

Nechwals den Radetzkymarsch. Einmal in der Woche, am Sonntag, war Österreich.«

Einmal machte er sich auf, Goethe zu besuchen] Grillparzers Deutschlandreise 1826 führte in Weimar zu drei Begegnungen mit dem Bewunderten, doch vermied es Grillparzer, die Gelegenheit zu einem Gespräch unter vier Augen wahrzunehmen.

Kahlenberg] der für seinen großartigen Ausblicks auf die Stadt und das Donautal bekannte und bedichtete Hausberg der Wiener, Teil des Kahlengebirges, des nordöstlichsten, bis an die Donau reichenden Ausläufers der Ostalpen, historisch berühmt durch den Sieg über die Türken 1683. Von den Hängen des Gebirges aus griff das Entsatzheer unter dem König von Polen, dem Herzog von Lothringen, den Kurfürsten von Bayern und Sachsen die Belagerer an. Grillparzer mochte sowohl der folgenreichen Geschichte als auch der geliebten Landschaft eingedenk sein, als er schrieb: »Hast Du vom Kahlenberg das Land dir rings besehn, / So wirst du, was ich schrieb und was ich war, verstehn.«

Spanien grenzt historisch an Österreich] H. v. Hofmannsthal hat in »Grillparzers politisches Vermächtnis« (1915) diesen Gedanken – mehr andeutend – formuliert. Er sagt von Spanien, dass es »in gewissem Sinne zur österreichischen Geschichte dazu gehört«. Roth könnte den in der »Neuen Freien Presse« erschienenen Aufsatz bei seinem Erscheinen gelesen haben.

Calderón] Pedro Calderón de la Barca (1600-1681). Die Bedeutung des spanischen Theaters, besonders Calderóns für Grillparzer ist groß und unbestritten, sie trägt dazu bei, seine Sonderstellung zu begründen, ist aber nicht in Opposition zu seinen deutschen Bildungstraditionen zu verstehen.

»Ahnfrau«] Grillparzers erstes und erfolgreichstes Drama, eine sogenannte »Schicksalstragödie«, 1817 im Theater an der Wien uraufgeführt – ein für den Autor problematischer Erfolg, der ihn zum »Dichter der ›Ahnfrau‹« werden ließ.

Untergang Karls des Fünften] Karl V., röm.-dt. König und Kaiser, König von Spanien (1500-1558), trat nach dem von ihm nicht gebilligten Religionsfrieden von Augsburg 1555 schrittweise von allen Herrschaftsbefugnissen zurück, er starb in San Geronimo de Yuste (Kastilien).

Königgrätz] die österreichische Niederlage in der den Deutschen Krieg von 1866 entscheidenden Schlacht bei Königgrätz (3. Juli).

Lit: Briefe 2005, S. 283. – Magris 2000, S. 311. – »Radetzkymarsch«, V, 159. – »Volksbühne. Grillparzers ›Weh dem, der lügt‹«, Roth 1994, S. 179f. (Vo, 25.3.1923). – »Zipper und sein Vater«, IV, 509f. – »Radetzkymarsch«, V, 424. – H. v. Hofmannsthal, Grillparzers politisches Vermächtnis. In: Gesammelte Werke in Einzelausgaben. Hrsg. v. H. Steiner. Frankfurt a. M. 1953. Prosa III, S. 259.

Ödön von Horváths Tod

E: Pariser Tageszeitung, Jg. 3, Nr. 702, 3.6.1938. – S. 3

Horváth] Ödön von H. (1901-1938), Dramatiker und Erzähler, geboren in Fiume (Rijeka) als Sohn eines aus dem ungarischen Kleinadel stammenden Diplomaten und dessen aus einer siebenbürgischen Arztfamilie stammenden Frau (»Ich bin eine typisch altösterreichische Mischung, ungarisch, kroatisch, tschechisch, deutsch, nur mit semitisch kann ich leider nicht dienen«), wuchs in großen Städten Mittel- und Südosteuropas auf, wurde 1920 in München Mitarbeiter am »Simplicissimus« und an der »Jugend«. Seit 1923 freier Schriftsteller, schrieb er, obgleich Deutsch nicht seine erste Sprache war, in zwölf Jahren 22 Theaterstücke und drei Romane, erhielt 1931 auf Anregung Carl Zuckmayers, zusammen mit Erik Reger für »Italienische Nacht« den Kleistpreis. Die Nationalsozialisten – die er nach italienischem Muster stets »Faschisten« nannte – hatte er sich bereits mit »Sladek, der schwarze Reichswehrmann«, einer »Historie aus dem Zeitalter der Inflation«, zu Feinden gemacht. »Italienische Nacht« zeigt ein von Sozialdemokraten veranstaltetes »Volksfest« in einer süddeutschen Kleinstadt, das zunächst von Kommunisten gestört, dann von Faschisten terrorisiert wird, bis die zurückgekehrten Kommunisten die Faschisten verjagen und die hilflose Obrigkeit das Geschehene verharmlost. Politisch ist Horváth in allen seinen »Volksstücken«, er vergegenwärtigt die Hilflosigkeit der kleinen Leute, ihre verwirrten Begriffe, ihr Scheinwissen, ihre von den Zeitungen, den Predigten, den Parteiparolen, der Werbung verdorbene Sprache. Er emigrierte 1935 nach Österreich, 1938 ging er ins Exil nach Paris. – Roth war mit Horváth und seinem Bruder Lajos bereits 1926 in Wien bekannt geworden. Im Exil wurden sie Autoren im selben Verlag (Allert de Lange, Amsterdam). Roth nahm auch an Horváths Begräbnis teil, bei dem, wie Zuckmayer es empfunden hat, die »Tragödie mit dem Satyrspiel« sich mischte, hatte sich doch aus diesem Anlass »die ganze in Paris lebende Emigration, von der die meisten heillos untereinander zerstritten und verfeindet waren«, zusammengefunden – »eine jammervolle Schar zersauster Vögel, auch soweit wir noch gute Kleidung und ungeflickte Halbschuhe trugen. Da hinkte Rudolf Leonhard [...], da wankte Joseph Roth, der verehrte Dichter, total betrunken, wie gewöhnlich in dieser Zeit, mit bekleckertem Anzug, auf zwei jugendliche Bewunderer gestützt. Und auf alles das troff unaufhörlich der Pariser Regen [...].« Vor Horváths Beisetzung hatte Roth der Mutter des Verstorbenen einen Kondolenzbesuch gemacht, er »stand stramm vor ihr wie ein k. u. k. Offizier, schlug die Hacken zusammen, gab ihr einen Handkuß und zog sich weinend zurück, ohne ein Wort geäußert zu haben« (Bronsen).

Opfer einer jener Unfälle] Horváth wurde am Abend des 1. Juni 1938 während eines Gewitters auf den Champs-Élysées gegenüber dem Théâtre Marigny von einem herabstürzenden Ast erschlagen.

»Geschichten aus dem Wiener Wald«] Volksstück in drei Teilen, Berlin 1931.

»Jugend ohne Gott«] 1938 bei Allert de Lange erschienen, dabei handelte es sich allerdings nicht um Horváths ersten Roman, vorangegangen war »Der ewige Spießer« (Berlin 1930).

»Ein Kind unserer Zeit«] ebenfalls 1938 (postum) bei Allert de Lange erschienen.

besonderen Nachruf] nicht aus Roths Feder.

Die »Bergbahn«] eine Umarbeitung (1929) von Horváths sozialkritischem dramatischen Erstling »Revolte auf Côte 3018«.

»Kasimir und Karoline«] Volksstück, anders als Roth erinnert, nicht sein »erste(r), frühe(r) Erfolg«, sondern sein vor dem Machtantritt Hitlers letztes Stück, das im November 1932 in Leipzig uraufgeführt wurde.

von Reinhardt aufgeführt] »Kasimir und Karoline« wurde nicht von Max Reinhardt inszeniert, bei der Uraufführung im Leipziger Schauspielhaus führte Francesco von Mendelssohn Regie. Max Reinhardt plante zu dieser Zeit jedoch eine Revue mit Dialogen und Songs von Horváth und Walter Mehring. Die Revue sollte den Titel »Magazin des Glücks« führen, Entwürfe Horvaths dazu sind ebenso überliefert, wie Aufzeichnungen von R. A. Stemmle und Walter Mehring. Vor allem Letzterer könnte Roth von dem Vorhaben erzählt haben. Wegen der politischen Entwicklung kam es zu keiner Aufführung mehr.

»Figaros Rückkehr«] vielmehr »Figaro läßt sich scheiden«, Komödie, Uraufführung April 1937 auf der Kleinen Bühne des Deutschen Theaters in Prag.

Beaumarchais'schen Dramas] Pierre-Augustin Caron de B. (1732-1799), franz. Dramatiker, seine Komödie »La folle journée ou Le mariage de Figaro« (1784, von Mozart 1786 vertont) antizipierte die Revolution.

Lit: Bronsen 1974, S. 176 (Int. L. v. Horváth). – C. Zuckmayer, Als wär's ein Stück von mir. Horen der Freundschaft. Frankfurt/M. 1966, S. 144.

Rast angesichts der Zerstörung

E: »Das Neue Tage-Buch«, Paris und Amsterdam, Jg. 6, Nr. 26, 25.6.1938. – S. 518-619

Im Hotel Foyot, Ecke rue de Tournon / rue de Vaugirard gelegen, hatte Roth seit 1927 während seiner Parisaufenthalte bevorzugt logiert. Anscheinend war er es, der Andrea Manga Bell erzählte, dass Rilke ihn zuerst dort hingebracht habe, was aus anderer Quelle nicht belegt ist, aber zeitlich möglich wäre. Später wohnte er dort in einem kleinen, sehr preiswerten Mansardenzimmer. (Laut Soma Morgenstern zu anderer Zeit aber auch mit Frau Manga Bell und deren Kindern in der Beletage.) Das unweit vom Luxembourg-Park gelegene Haus hatte während seiner langen Geschichte berühmte Persönlichkeiten, auch viele Schriftsteller beherbergt, darunter auch Raymond Radiguet (1903-1923), den Roth mit großer Anerkennung besprochen hat, (»Das Fest« und »Den Teufel im Leib«). »Das Hotel Foyot wird auf Befehl des Magistrats demoliert, und ich bin gestern als der letzte Gast von dort ausgezogen. Die Symbolik ist allzu billig geworden.« (An S. Zweig, 2.11.37) Wie Morgenstern weiter berichtet, hat ihm Roth ausführlich von einem Protestbrief erzählt, den er an den Pariser Senat gerichtet hatte, als er von dem aus städtebaulichen Gründen geplanten Abriss erfuhr. Er habe darauf hingewiesen, dass in dem Hotel Ende des 18. Jahrhunderts »der damalige Kronprinz und nachmalige Kaiser Joseph II. von Österreich« gewohnt habe, später Rainer Maria Rilke und seit vielen Jahren sei dort »ein in Frankreich nicht ganz unbekannter Schriftsteller namens Joseph Roth« zu Gast, der nicht ohne Protest aus dem von ihm geliebten Haus weichen würde.

Auch was Joseph II. anbetrifft, stimmen Roths Angaben nicht im Wortsinn, aber einen Wirklichkeitskern gibt es. In der ersten Hälfte des 17. Jahrhunderts diente das von der Krone requirierte Hôtel de Tréville oder Troisville als Unterkunft für ausländische Botschafter. Als Joseph II. (1764 zum röm.-dt. König gewählt, 1765, nach dem Tod seines Vaters, Kaiser) 1777 inkognito nach Frankreich reiste, um seine Schwester Marie Antoinette und seinen Schwager Ludwig XVI. zu besuchen, speiste er, sofern er in Paris war, im Hôtel de Treville, wo auch ein Teil seines Gefolges wohnte. In der Folge erhielt das Hotel den Namen »Hôtel de L'Empereur Joseph II«. 1848 kaufte es der ehemalige Hofkoch König Louis-Philippes, Foyot. Nach ihm (und wohl auch im Hinblick auf das exzellente Restaurant) erhielt es seinen letzten Namen.

Lit: Katalog 2008, S. 47 (Int. Bronsen / Manga Bell). – Morgenstern 1994, S. 285f. – »›Das Fest‹ und ›Den Teufel im Leib‹. Zwei Romane von Raymond Radiguet«, II, 543f. (FZ, 21.2.1926). – Briefe 1970, S. 516. – H. Lunzer / V. Lunzer-Talos, J. R. in Paris. Ein Spaziergang (Schriftenreihe der Internationalen Joseph Roth Gesellschaft in Wien; 1), S. 4.

Alte Kosaken

E: »Pariser Tageszeitung«, Jg. 4, Nr. 898, 20.1.1939. – S. (I)

Kosaken] russ. »Kazaki« von turktatarisch »freier Mann, Räuber«, eine ursprünglich tatarische, später überwiegend slawische Volksgruppe. Kosaken waren sowohl in Russland als auch in der Ukraine ansässig, sie rekrutierten sich aus Bauern, die sich der Unterdrückung auf den Adelsgütern durch Flucht in die Steppe entzogen hatten, lebten von Viehzucht, waren aber zugleich in Gemeinschaften freier Reiterverbände organisiert, die seit dem 16. Jahrhundert im Dienst der Zaren und der polnischen Könige standen, sich aber auch wiederholt gegen sie erhoben. Zunehmend militärisch organisiert und wegen ihrer Kriegstüchtigkeit gefürchtet, im Frieden vorwiegend im Grenzschutz verwendet, umfassten sie im Ersten Weltkrieg um die 300 000 Mann. Im Bürgerkrieg kämpften die Kosaken mehrheitlich gegen die Kommunisten, die sie nach ihrem Sieg vom Wehrdienst ausschlossen. Im Zweiten Weltkrieg kämpften viele von ihnen als Freiwillige auf deutscher Seite.

Roths melancholischer Epilog aus seinem letzten Lebensjahr über den Auftritt einer Truppe von Musikanten und Sängern, die sich, westlichen Vorstellungen entgegenkommend, »Kosaken« nennen, schließt vielgestaltige Erfahrungen ein. Bereits während seines ersten Aufenthalts in Paris 1925 hatte er über die »Balalaika-Russen« geschrieben, »die ihre Heimat aufgegeben haben und vor Sehnsucht nach der guten, alten Zarenzeit sie durch Seide und Flitter im Varieté zu rekonstruieren suchen. Arme Menschen, blind geworden vom Blitz der Revolution, vom Schicksal verflucht, aus ihrem Heimweh Profit zu schlagen, ohne Zusammenhang mit der Erde, die ihre Talente genährt hat, und nur von Erinnerungen zehrend und Historie gewordenen Begriffen, deren Verwendbarkeit gerade noch für die Wahrheit einer Operette reicht.« (»Amerika über Paris«) Jahrzehntealte Heimatlosigkeit und schwindende Hoffnung, ein Element von Schaustellerei, wie es sich in den auf Anpassung zielenden Lebensrollen verbarg, hatte Roth mit den »alten Kosaken« gemeinsam. Inzwischen war er auch äußerlich selbst ein Emigrant, Nostalgie als ein Mittel des Lebensunterhalts trat auch bei ihm gelegentlich in Erscheinung.

Die verwegenen Reitkünste der Kosaken hat Roth im »Radetzkymarsch« beschrieben; für die galizischen Juden verband sich mit den Kosaken allerdings nicht die Erinnerung an brillante Reiterspiele, sondern an blutige Pogrome, insbesondere an den großen Kosakenaufstand des Hetman Bogdan Chmelnicki 1648, der ungezählten Juden das Leben gekostet hatte, aber auch an von staatlicher Seite geduldete Ausschreitungen zu Beginn des 20. Jahrhunderts. Abscheu und Angst der Ostjuden vor den Kosaken gelangen in »Hiob« zur Darstellung, als Mendel Singer wahrnimmt, dass seine Tochter sich mit »Kosaken« trifft. Ob es sich wirklich um einen solchen handelt – wie er Deborah mitteilt – oder einfach um einen russischen Soldaten, ist nicht mit Sicherheit zu bestimmen, aber für Mendels Denkweise auch nicht maßgebend. Charakteristisch ist für ihn vielmehr, dass er für das in seinen Augen unentschuldbare Vergehen seiner Tochter wie selbstverständlich einen Kosaken als Verursacher unterstellt. Der Kosake fungiert in »Hiob« als »Sinnbild der nichtjüdischen Welt« (K. Ochse). Menuchim, Mendel Singers krank in Russland zurückgelassener Sohn, der nach seiner Heilung den Weg der Assimilation beschritten hat, nimmt den Namen Alexej Kossak an.

Lit: »Amerika über Paris«, II, 422-426, hier 423 (FZ, 26.8.1925)- »Reise nach Rußland. Die zaristischen Emigranten«, II, 591-594 (FZ, 14.9.1926). – »Radetzkymarsch«, V, 262f. – »Hiob«, V, 47. – Ochse 1999, S. 130.

Die Eiche Goethes in Buchenwald

E: »Text und Kritik«, Sonderband »Joseph Roth«, 1974, S. 5f.

Das 1939 entstandene Manuskript, teils eigenhändig, teils diktiert, enthält von fremder Hand den Zusatz »Letzter Artikel vor seinem Tode Montag 22.V.39.« Da Roth 20 Tage zuvor, am 2. Mai 1939 starb, enthält die Datumsangabe entweder eine Verschreibung, oder sie bezeichnet den Zeitpunkt der Eintragung.

Buchenwald ... Ettersberg] Gegen die für das Konzentrationslager zunächst angeordnete Bezeichnung »K. L. Ettersberg« hatte die N. S.-Kulturgemeinde Weimar wegen der Beziehung Ettersbergs zum Leben Goethes Einspruch erhoben.

Frau von Stein ... alten Eiche] Eine andere Version der Fama lautet, Goethe und Eckermann hätten ihre Initialen in die Eiche geritzt. Der Baum wurde 1944, nach einem Bombenangriff halb verkohlt, von Häftlingen gefällt.

»angebunden«] Roth geht hier anscheinend von einer beim österreichischen Militär noch im Ersten Weltkrieg angewandten schmerzhaften (auch lebensbedrohenden) Bestrafungspraxis aus.

Lit: »Die Eiche Goethes in Buchenwald«, III, 945-946. – »T+K, hrsg von Heinz Ludwig Arnold, Sonderband »Joseph Roth«, München 1974, S. 5f. – P. Merseburger, Mythos Weimar. Zwischen Geist und Macht. Stuttgart 1998, S. 342ff.

Nachwort

»Alles wird bei mir persönlich«[1] *– Joseph Roth als Journalist*

> »Ich kann nur erzählen, was in mir vorging und wie ich es erlebte.«
> (*Die weißen Städte*)

Einen »Mythomanen« hat David Bronsen, Joseph Roths erster Biograph, entdeckt und beschrieben. In zahlreichen Interviews, die er mit Angehörigen, Freunden und Weggefährten Roths führte, wurde er mit den einander vielfach widersprechenden Aussagen bekannt, die dieser über sein Leben in Umlauf gesetzt hatte. Roths dichterische Fähigkeit, die Welten, denen er sich nahe fühlte, den Vielvölkerstaat der österreichischen Habsburger, das Ostjudentum, ins Mythische zu überhöhen, irrlichtert auch in dem Bild, das er von sich selbst entstehen ließ. Berechnend nicht selten, bei anderer Gelegenheit unbefangen und phantasieverliebt, ein Harun al Raschid der Worte, und trunken nicht nur von Worten. Man hat ihm viele Namen gegeben: Don Quichotte, Odysseus ... Sie zeugen von Faszination und Bewunderung, Sympathie, oft Ratlosigkeit angesichts eines in trauriger Weise zerstörten Lebens, der verwirrten Fäden, die davon Nachricht geben. Eigenständig verfasste Erinnerungen von Kollegen, allen voran Soma Morgenstern, *Joseph Roths Flucht und Ende*,[2] haben Bronsens Darstellung eindrucksvoll bestätigt und schärfer konturiert. Noch immer kommen neue Details ans Licht. Hier sei auf Roths Artikel »In der Kapuzinergruft« hingewiesen, den er 1935 in der

1 An B. Reifenberg, 30.8.1925 (Briefe 1970, S. 64).
2 Morgenstern 1994, passim.

Wiener Sonn- und Montagszeitung veröffentlichte. Die Redaktion schickte dem Beitrag eine seither noch nicht wieder gedruckte Bemerkung voraus.[3] Der berühmte Autor des österreichischen Romans *Radetzkymarsch* habe sich, von Granada kommend, wo er ständig lebe, in Wien aufgehalten, um das Grab Kaiser Franz Josephs zu besuchen. Dass Roth damals zu Besuch in Wien war, trifft zu, dass sein ständiger Wohnort Granada sei, kann die Redaktion eigentlich nur von ihm erfahren haben, wer sonst hätte darauf kommen sollen. Roth ist nie in Spanien gewesen. Als das Land der spanischen Habsburger und somit zeitweise Teil eines wirklichen Weltreiches, in dem die »Sonne der Habsburger« nicht unterging, hatte »Spanien« für ihn jedoch gewiss Anteil an jenen »romantischen Vorstellungen« (»Wen die Anfangstrommeln des ›Radetzky-Marsch‹ nicht an Kastagnetten erinnern, hat kein musikalisches Ohr«[4]), von denen der Ich-Erzähler seines letzten Romans *Die Kapuzinergruft* sagt, sie hätten ihn in der Zeit, in der er ihnen anhängen durfte, »der Wirklichkeit nähergebracht als die seltenen unromantischen, die ich mir gewaltsam aufzwingen mußte: Wie töricht sind doch diese überkommenen Bezeichnungen! Will man sie schon gelten lassen – nun wohl: ich glaube, immer beobachtet zu haben, daß der sogenannte realistische Mensch in der Welt unzugänglich dasteht, wie eine Ringmauer aus Zement und Beton, und der sogenannte romantische wie ein offener Garten, in dem die Wahrheit nach Belieben ein und ausgeht …«[5]

Letztlich handelt es sich nicht um Roths Biographie und private Glaubwürdigkeit. Das Werk spricht für sich, *muss* für sich selbst sprechen, um unter anderen künstlerischen Erscheinungen seinen Platz zu finden. Für nicht wenige

3 Siehe S. 487, Quellenangabe zu »In der Kapuzinergruft«.
4 Siehe oben S. 388.
5 VI, 272f.

Werke der Weltliteratur hohen und höchsten Ranges gilt, dass über den Autor kaum etwas bekannt ist. Es hat ihnen nichts geschadet. Wenn Roth nichts als den *Radetzkymarsch* geschrieben hätte, so hat man gesagt, er hätte genug getan. Aber er *hat* eine Biographie, eine Biographie mit nicht nur märchenhaften, sondern auch tragischen Zügen, und der informierte Leser kann sein Wissen darum nicht ausblenden. Es ließe sich wohl auch sagen, ohne dieses schwierige Leben wäre Roth als Künstler nicht der geworden, als den wir ihn kennen.[6] Bei vielen Gelegenheiten – und das trifft natürlich besonders für seine journalistischen Schriften zu – weist er sich zudem nachdrücklich als Zeitzeuge aus. Der Artikel *In der Kapuzinergruft* beschreibt seine Emotionen als spalierstehender, von Regen durchnässter Soldat beim Begräbnis des Kaisers. Am 30. November 1916, einem klaren, sonnighellen Spätherbsttag, regnete es in Wien *nicht*.

Also auch als Zeuge ein »Mythomane«, über den es unterschiedliche Meinungen gibt. Wann darf man ihn beim Wort nehmen? Roth seinerseits hat für sich den Anspruch erhoben, gerade wenn er »ein ganz ›subjektives‹« Buch schreibe, handle es sich um ein »ein im höchsten Grade objektives«,[7] ähnlich lautet es noch öfter, auch unser Titelzitat »Ich zeichne das Gesicht der Zeit« ist in solchem Zusammenhang werbender und fordernder Briefe entstanden. Paradoxe sind anregend, aber es kommt doch sehr auf den Kontext an. Sie sind geeignet, ohnehin anfechtbare Kategorien möglicherweise noch weiter zu destabilisieren. Roth geht es nicht um eine zweckfreie gedank-

6 So schon 1957, also bald nach Beginn der Roth-Renaissance, Franz Schonauer: »Das Erstaunliche liegt denn auch – trotz *Radetzkymarsch*, *Hiob* und *Die Legende vom heiligen Trinker*, – nicht in der literarischen Leistung an sich, sondern daß sie, seine Begabung überschreitend, aus dem Schicksal entstand, das ihn zugrunde richtete.« (Über den Dichter Joseph Roth. In: Akzente, Jg. 4, 1957, H. 3, S. 286).

7 An B. Reifenberg, 30.8.1925 (Briefe 1970, S. 62).

liche Erörterung, er hegt für Paradoxe auch keine »Passion«, wie Fontanes Dubslav von Stechlin (»es ist doch immer was drin«),[8] er will überzeugen, und viele werden ihm zustimmen. Bei dem genannten »Buch« handelt es sich um sein Vorhaben *Die weißen Städte*. Merkwürdigerweise hat man die Kapitel dieses Textes in der ersten Werkausgabe von 1956 mit den Artikeln verwechselt, die Roth von seiner Provencereise an die *Frankfurter Zeitung* schickte (*Im mittäglichen Frankreich*). Was stellten diese »Artikel« ihrerseits dar: Reportagen (ein Wort, das Roth nicht verwendet hat), Feuilletons? Im Hinblick auf den *Journalisten* Roth gefragt, was dürfen wir von einer Reportage aus der Feder eines so windigen Zeitzeugen und zugleich verführerisch glänzenden Stilisten erwarten? Aber schon empfinden wir, dass wir uns einer Sackgasse nähern, als handle es sich darum, Roth seiner Widersprüche, Irrtümer, Tricks, Lügen zu überführen. Man würde zu Recht einwenden, dass er oftmals tatsächlich *mehr* gesehen, *mehr* vermittelt hat als ›objektive‹ Beobachter, und das wahrlich nicht, wenn es sich um Kleinigkeiten handelte, sondern im Zusammenhang historischer Prozesse von verhängnisvoller Bedeutung. Was aber auch immer ihn zu seinen Wahrnehmungen befähigt hat, eine gewiss vorzügliche Beobachtungsgabe, ein nicht weiter auslotbares Spürvermögen oder differenzierte Ausdeutungskunst, so viel scheint gewiss: Es war nicht der Unterschied zwischen fiktiver oder vorgeblich an Fakten orientierter Darstellung, die den Ausschlag gab. Was Roths Texte kennzeichnet, ist ihr literarischer Charakter, alle übrigen Abgrenzungen bleiben vergleichsweise peripher.

Es kommt also darauf an, dass wir unsere Erwartungen zutreffend einrichten. Leider gibt es auch dafür keine allgemeinverbindliche Richtschnur. So entschieden hat selten ein

8 Th. Fontane, Werke, Schriften und Briefe. Hrsg. von W. Keitel u. H. Nürnberger. Abt. 1, Bd. 5, S. 10.

Autor darauf beharrt, »Ich« zu sagen. Wie aus einer inneren Nötigung heraus kann oder will er es nicht unterlassen, dieses »Ich« ins Spiel zu bringen. Wie jedes andere »Ich«, mit dem wir aus Gewohnheit umgehen, hat es viele Rollen und Gestalten, in seinem Fall erscheint es jedoch so vielgestaltig, um nicht zu sagen gestaltlos, dass man darüber nicht selbstverständlich hinweggehen kann. Roth schreibt betont emotional, gelegentlich scheint es, als versuche er die auf Kritik beruhende Distanz des Lesers zu unterlaufen. Er sucht auf das Gefühl zu wirken, und das gelingt ihm auch, natürlich nicht in immer gleicher Weise, wir bleiben nicht dieselben. »Wir«, seine Rezipienten, dem unbestimmten »Ich« des Autors gegenüber, eine ebenfalls unbestimmte Vielfalt, aber sozusagen in den Plural versetzt, potenziert. ›Eigentlich‹ ist Roths Œuvre zu wenig bekannt, auch für ihn gilt, was allenthalben zu beobachten ist: Stets sind nur einige wenige Werke eines Künstlers im öffentlichen Bewusstsein fest mit seinem Namen verbunden. Journalistische Schriften gehören in der Regel nicht dazu. Unterschiedlich verbreitet ist auch das von der Wissenschaft vermittelte Vorwissen (die Roth-Forschung lahmt *nicht*, sie ist im Gegenteil in dankenswerter Weise aktiv), sind Bedürfnisse und Interessen. Als verbindend bleiben Sympathie und Neugier: die Anziehungskraft eines unverwechselbaren Autors und der Wunsch, wie eine bekannte Formel lautet, »zu begreifen, was uns ergreift«. Dieser Nostalgiker ist auch eine Provokation.

Was können Wörter wie »wir«, »unsere« in solchem Zusammenhang bedeuten? Sicherlich keinen Pluralis Majestatis, möglichst auch keine andere nur rhetorische Figur, keinen erlernten Bescheidenheitstopos, der es verbietet, »ich« zu sagen (der durch ein blasses »man« oder »wir« aber auch nicht eben an Glanz gewinnt). Verwenden wir es als ein möglicherweise brauchbares, vielleicht sogar unentbehrliches Hilfsmittel, um möglichst direkt auf Roth zu reagieren. Der Nachwortschreiber ist zweifellos ein Einzelner. Wenn er im Folgenden versucht, einige Begebenheiten zu vergegenwärtigen, in denen ihm Roth recht lebendig vor Augen tritt, so ist klar, dass der Auswahl dieser Begebenheiten Beispielcharakter zukommt. Das gestaltlose »wir«, in dessen Namen sie vorgetragen werden, kann aus seiner Mitte heraus jeder für sich ohne Weiteres durch andere, möglicherweise besser geeignete Beispiele ersetzen.

Es handelt sich um eine Art ergänzender Miniaturen zu den Texten unserer Auswahl. Ganz ohne nachschaffende Phantasie geht das nicht ab. Beginnen wir mit dem jungen, dem »Lyriker« Joseph Roth.

I

Sehr persönlich hat Roth sich bereits geäußert, als er zu publizieren begann. Am 5. August 1915 richtete der Wiener Germanistikstudent an einen nicht namentlich bekannten Redakteur den folgenden Brief:

Sehr geehrter Herr Redakteur!
Es ist das Schicksal der Armen, daß sie Allem, was sie beginnen, eine Entschuldigung voraus schicken müssen. Ich gehöre leider zu dieser Gattung und deshalb bitte ich Sie um Verzeihung. Wofür? – Nun, daß ich es wage, Sie zu stören. Daß ich es unternehme, Sie mit meiner unbedeutenden Persönlichkeit zu langweilen und Ihnen Ihre gewiß sehr kostbare Zeit zu rauben. Aber, bitte, verlieren Sie nicht die Geduld. Und hören Sie mich einige Minuten an:

Sehr geehrter Herr Redakteur! Ich bin einer von denjenigen, die man Lyriker nennt, oder Narren, oder Bettler, oder Alles zugleich. Sämtliche drei Attribute passen auch auf mich. Ganz besonders das letzte.

Es ist nicht die Sehnsucht nach Druckerschwärze, die mich Ihnen schreiben heißt, sondern die Not. Sie lehrt heutzutage nicht mehr beten. Denn das Beten haben wir vergessen, als wir sahen, daß es umsonst sei. Die Not lehrt heute *bitten.* Aber die Bitte wird zum Gebet, und der Mensch, an den man sie richtet, wird zum Herrgott. Für mich sind Sie es jetzt, Herr Redakteur. Hoffentlich erhören Sie mich.

Wenn Sie es nicht wissen, so ahnen Sie es doch gewiß, was das heißt: arm zu sein. Wie das tut, wenn man eine große Sehnsucht im Herzen und nicht *eine* Münze in der Tasche trägt. Wenn man an märchenblauen Sommertagen so gerne hinaus möchte und die Straßenbahn die unangenehme Einrichtung der Schaffner und Kontrolleure hat. Wenn man nicht zu Fuß hinaus darf, weil ein Schusterherz hart ist, härter als eine Schuhsohle. Wenn man sich den Bissen vom Munde absparen muß, um auf ein reines Blatt Papier ein Gedicht zu schreiben. Wenn man seine Briefe »in loco« selbst abgeben muß, weil die Post Beförderungstaxen verlangt. Wenn man das Leben liebt und dieses schöne, teuflische Weib einen kalt abweist, wie einen unangenehmen Liebhaber.

Wenn Sie das Alles wissen, Herr Redakteur, werden Sie diese Sendung nicht in den Papierkorb werfen. Es wäre weniger schade um meine Gedichte, als um das schöne, weiße Papier …

Warum ich mich aber an Sie persönlich wende, Herr Redakteur, das hat seinen guten Grund: Manuskripte laufen in Ihre Redaktion in Masse ein. Ein unbekannter Name erweckt Vorurteile. Die Sachen werden zurückgeschickt oder weggeschafft. Es ist ja übrigens gar nicht anders möglich! –

So erlaube ich mir denn, Ihnen einige Proben meiner Mühe zu bringen und Ihnen meine Dienste anzubieten. Vielleicht können Sie mich brauchen. Vielleicht verwenden Sie Einiges in der Sonntagsbeilage.

Ich lebe in der Hoffnung, daß ich es nicht umsonst versucht habe, Herr Redakteur!

Hochachtungsvoll

Ihr
Joseph Roth
stud. phil.[9]

Möglicherweise hat Roth damals noch andere solcher Briefe geschrieben. Dieser eine ist überliefert, er gelangte später nach Israel, schließlich wurde er von Bronsen, der ihn ausfindig machte, publiziert. Seinen Zweck hat der Brief seinerzeit erreicht: Im folgenden Oktober erschienen in *Österreichs Illustrierter Zeitung* zwei Gedichte (»Welträtsel« und »Herbst«), Roths erste bekannte Veröffentlichungen, denen bis 1918 einige weitere Gedichte und Prosabeiträge folgten, darunter zwei kleine Novellen (*Der Vorzugsschüler* und *Barbara*). Auch andernorts, vor allem im *Prager Tagblatt*, konnte Roth Gedichte veröffentlichen, spätere Selbstäußerungen über seine Lyrik allerdings fehlen. Angeblich hat er nämlich gar keine Gedichte geschrieben. Wirklich scheint seine Lyrik entbehrlich, aber es ist ihm nicht leichtgefallen, das zu akzeptieren. Der Ich-Erzähler der *Weißen Städte* erklärt fast hochfahrend, nicht zu den Leuten zu gehören, »die ihre Pubertät mit Versen eröffnen und abschließen«. Sein dichterisches Talent habe sich »auf präzise Formulierungen in einem Tagebuch« beschränkt.[10] Mit dem Autor der Gedichte in *Österreichs Illustrierter Zeitung* hat er wenig Ähnlichkeit, aber seine Beziehung zu diesem ist sehr affektbelastet, denn was andere nur vergessen oder verdrängt haben, wird von ihm strikt in Abrede gestellt. Wie viele Gedichte Roth insgesamt verfasste, ist nicht bekannt. Mit Sicherheit handelt es sich um eine dreistellige Zahl, ein nicht geringer Teil von

9 Bronsen 1974, S. 142f.

10 Zur Zuordnung dieser Zitate vgl. S. 441.

ihnen fiel in der Warschauer Wohnung seines polnischen Freundes Józef Wittlin deutschen Bomben zum Opfer.

Unter den Zeitungsleuten, mit denen er in den frühen Zwanzigern verkehrte, galt es als ungehörig, Gedichte zu schreiben. Solche Journalisten erscheinen auch in Roths Romanen (*Perlefter*, *Die Geschichte der 1002. Nacht*), sie spotten über die Pose »zielbewusster Geistesabwesenheit«, die vorgeblich das Schreiben von Versen begleitet.[11] Einschlägige Spitzen, verbunden mit dem Lob höherrangiger Prosa, finden sich auch in Roths Besprechung von Radiguets Roman *Den Teufel im Leib*: »Dieser eine Band löscht tausend Bände überflüssiger und verlogener Liebesgedichte aus.«[12] Statt in diesen Gekränkten, der mit seiner Jugendtorheit offenbar fortgesetzt schmollt, versetzen wir uns lieber in den »Herrn Redakteur«, der als Erster dafür gesorgt zu haben scheint, dass Roths werbender Brief nicht verloren ging. Wir glauben nicht, dass er nur durch Zufall erhalten geblieben ist, einen wie immer bewahrenden Gestus des Empfängers darf man mit Grund vermuten, ansonsten wäre der Brief wohl weggeworfen worden oder im Archiv verstaubt und nicht seinem Besitzer in die Emigration gefolgt.

Ungleich interessanter als die Verse, die er begleitete – sie sind wirklich herzlich unbedeutend –, ist der Brief um seiner selbst willen. Inzwischen ist dieses Bittschreiben fast hundert Jahre alt, der Kommunikationsstil und die Lektüregewohnheiten haben sich verändert, aber bei aller Künstlichkeit ist ihm doch noch ein Hauch von Adoleszenz, unverbrauchter Jugend geblieben. Er ist überdeutlich in seinen sorgsam formulierten Demutsgebärden und gefälligen Schilderungen der Armut, unauffällig verschwiegen in Bezug auf das eigene Herkommen, scheinbar hilflos und doch in anmutiger Weise

11 M. Winkler, Gedruckt und ungedruckt. Joseph Roths Lyrik. In: Kessler / Hackert 1990, S. 417.

12 II, 544 (FZ, 21.2.1925).

selbstsicher. Ein Brief wie ein geglücktes Feuilleton, das nicht beschwert, auf solch mokante Melodie scheint sich der Schreiber zu verstehen. Dafür wird der Redakteur wachsame Sinne gehabt haben.

Um einen gescheiten jungen Mann handelt es sich offenbar, aber noch unsicher, wo seine Begabung liegt und ohne Kenntnis des Metiers. Der sich praktisch gebende Hinweis auf die Sonntagsbeilage ist nicht hilfreich, denn *Österreichs Illustrierte Zeitung* ist ein Wochenblatt, es ergibt sich also gar kein zusätzlicher Spielraum. Not, wie sie im nunmehr zweiten Kriegsjahr so viele Menschen quält, nicht zuletzt die Flüchtlinge aus dem Osten der Monarchie, scheint der Schreiber nicht ernstlich zu leiden, er schreibt über sie mit fast zierlicher Eleganz. Man könnte ihm antworten, Gott selbst habe den Rhythmus der Tage und also nur einen Sonntag pro Woche erschaffen, auch ein Redakteur könne da, was den Abdruck unverlangt eingesandter Gedichte angeht, nicht helfen, am wenigsten, wenn es sich um versifizierte Denk- und Stimmungsbilder handelt, deren Titel leider etwas ermattend wirken. So viel Offenheit wäre schon Anerkennung genug, üblicherweise würden drei höflich ablehnende Zeilen genügen. Bleibt dieser Begleitbrief, der Spiegelfechterei ist, und doch nachdenklich stimmt. Die fragwürdigen Gedichte sind vielleicht nicht so wichtig. Alle jungen Leute beginnen mit fragwürdigen Gedichten, nur einige werden ihre Gedichte später tatsächlich gedruckt sehen, andere fahren fort mit Romanen oder Theaterstücken, wieder andere werden Professoren oder Journalisten (als solche schreiben sie dann schöngeistige Feuilletons, von denen es in Wien freilich auch eher zu viele gibt). Um den jungen Roth vorläufig einzuordnen, ist es nicht notwendig, an einen jungen Hofmannsthal zu denken. Er ist keine Ausnahmeerscheinung, aber im Rahmen des Möglichen sollte man ihm behilflich sein, den Brief sogar aufheben. So etwa denken wir uns die

Situation. So ähnlich könnte es auch beim *Prager Tagblatt* gewesen sein.

II

Seine familiäre Herkunft hatte Roth musische Interessen wohl nicht in die Wiege gelegt, aber eine vaterlose, überbehütete Einzelkindheit verwies ihn wie von selbst auf die Traumwelt der Phantasie und, sobald er lesen konnte, auf die Bücher als eine zweite Wirklichkeit. Spätestens im Gymnasium (in Brody für seinen Jahrgang noch deutschsprachig) wurden dann die Weichen gestellt. Nicht zu vergessen, dass wir uns in der »Karl-Emil-Franzos-Gegend« befinden, einer Region, deren Grenzen annähernd Ostgalizien und die Bukowina samt deren Hauptstadt Czernowitz umschließen. So genau werden es die Nutzer des Namens gar nicht gewusst haben, Fontane vermutet sie »südöstlich« von Wien. Gemeint ist die Herkunfts-, Bildungs- und bevorzugte Stoffwelt des deutsch-jüdischen Schriftstellers Karl Emil Franzos. Am Ende des 19. Jahrhunderts hatte es sich mithin bis nach Berlin herumgesprochen, an Österreichs ferner Peripherie, aber auch nur dort, bestünde »ein wirkliches Interesse für deutsche Literatur«.[13] So sprach die Melancholie alter Literaten, immerhin war sie beredt genug. Zumindest was Czernowitz anbetrifft, hat das genannte Interesse sogar den Ersten Weltkrieg und die Zwischenkriegszeit überdauert, um erst dann zum Erliegen zu kommen. Freundlich-scherzhafte Verse aus Czernowitz' rumänischer Zeit vergegenwärtigen uns den »Volksgarten [...] wo sich sonn- und feiertäglich / Soldaten und Dienstmädchen bei vaterländischen Märschen näherkamen. / Wochentags schwänzten hier Gymnasiasten und -innen ihre

13 Th. Fontane an P. Linsemann, 17.8.1898. Wie Anm. 8, Abt. 4, Bd. 4, S. 740.

Gymnasien. (Man konnte gelegentlich hier / dem Schüler Paul Celan mit Trakl unterm Arm zwischen den Büschen begegnen.)« (A. Gong, *Topografie*).[14]

Die tragische Dimension dieser Literaturliebe erschließt sich, wenn man Franzos' letzten, postum erschienenen Roman *Der Pojaz*[15] liest – ein verspäteter jüdischer Bildungsroman in der Tradition des *Wilhelm Meister*. Karl Emil Franzos, mit seinen Reiseberichten *Aus Halb-Asien* ein im Deutschen Reich der Kaiserzeit zeitweise sehr erfolgreicher Autor, als Darsteller der ostjüdischen Welt Roths wichtigster Vorläufer, wird von diesem merkwürdigerweise nirgends namentlich erwähnt. Dennoch handelt es sich anscheinend um eine gezielte Anspielung auf Franzos' erzählerische Technik, wenn Roth in seiner ersten Galizienreportage schreibt: »Ich möchte gerne die bequeme Art jener Berichterstattung vermeiden, die durch das Kupeefenster blickt und die zurückliegenden Impressionen mit hurtiger Genugtuung notiert.«[16] Wen er meint, bleibt ungesagt. Handelt es sich um eine Anspielung, so träfe die in ihr versteckte Kritik Franzos zu Unrecht, denn ein bequemer, vorschneller Berichterstatter war dieser nicht. Franzos war ein gewandter Journalist, von großer Sachkenntnis, und seine Darstellung der ostjüdischen Welt, die diese nicht verklärte, durchaus geeignet, Anteilnahme zu wecken. Was ihn von Roth, dem fast ein halbes Jahrhundert Jüngeren, unterscheidet, ist vor allem die veränderte Perspektive. Seit Österreich durch den verlorenen Krieg von 1866 gegen Preußen seine einst führende Stellung in Deutschland eingebüßt hatte, stand Franzos durch seine nationale

14 H. Nürnberger, Geschichte der deutschen Literatur. 26. Aufl., München 2006, S. 606.

15 Erschienen 1905 postum.

16 »Leute und Gegend«, S. 51. – Vgl. auch M. Müller, Konstruierte Distanz – Zu Joseph Roths erster Galizien-Reportage »Leute und Gegend«. In: Eicher 2010, S. 277.

Gesinnung im offenen Gegensatz zum Staat seiner Herkunft. Mit geradezu propagandistischem Eifer hat er sich für das 1871 geschaffene neue Reich engagiert. Beschämt und widerlegt werden jene, die, von Hass und Neid geleitet, Bismarcks politischem Werk die Zustimmung versagen. Der derart patriotisch Begeisterte musste es aber noch erleben, wie sich an den österreichischen Universitäten das Klima für jüdische Studenten rapide verschlechterte und in den deutschnationalen Verbindungen der Antisemitismus grassierte. Er hat gegen jede Form der Judenhetze eindeutig Stellung genommen, sich in seinen Grundanschauungen aber nicht geändert. Wie so viele assimilierte Juden sah er seine geistige Heimat im Deutschland Lessings und Schillers und nahm nicht wahr, dass er längst in einem anderen lebte.

Zu Beginn des neuen Jahrhunderts musste er feststellen, dass die Kulturzustände des Ostens sich nur wenig, »und zwar wahrlich im ganzen nicht zum Guten«, gewandelt hätten. Franzos' Barnow (= Czortków) trägt keine idyllischen Züge, sondern ist ein »ödes, schmutziges Nest in einem gottverlassenen Winkel der Erde«.[17] Dabei gilt seine schärfste Kritik den Juden selbst, zunächst den Vertretern der Orthodoxie, im besonderen Maße aber auch den Anhängern des Chassidismus, für die er (erst Martin Buber wird den westlichen Lesern später eine gerechtere Vorstellung vermitteln) nur Ironie übrig hat. Bis zuletzt wird Franzos die positive Rolle des deutschen Elements betonen, er sieht vermehrte Gefahr für das Ostjudentum erwachsen, weil es sprachlich und kulturell stärker zum Polnischen als zum Deutschen zu tendieren beginnt, und er identifiziert den Antisemitismus lediglich mit dem slawischen Judenhass.

Der Pojaz (»Bajazzo«) erzählt die Geschichte eines Waisenkindes, das von einem unwiderstehlichen Bedürfnis nach

17 Karl Emil Franzos, Der Pojaz. Mit einem Nachwort von Jost Hermand. Königstein/Ts. 1979, S. 362.

Bildung getrieben wird, die Welt des Ghettos erst innerlich, dann äußerlich zu verlassen. Bei einem Fuhrmann in die Lehre gegeben, kommt Sender Glatteis nach Czernowitz und hat dort das entscheidende Bildungserlebnis seiner Jugend, einen Theaterbesuch. Obwohl es sich um ein ganz unbedeutendes Stück handelt, ist der Eindruck auf ihn so groß, dass er Schauspieler werden will. Der Theaterdirektor, ein assimilierter Jude, fordert ihn auf, zunächst Deutsch zu lernen. Der Erste, der ihm ein Buch in die Hand drückt – es handelt sich um die Gedichte des aus Böhmen stammenden, von Polizei und Zensur verfolgten Vormärzschriftstellers Moritz Hartmann –, ist ein 1848 zu langjährigem Militärdienst verurteilter ehemaliger Student, ein Trainsoldat. Später besticht Sender den ruthenischen Pförtner des Dominikanerklosters, ihn heimlich in die unbenutzte Bibliothek des Klosters zu lassen, wo er mit eiskalten Füßen, aber glühenden Wangen Lessings *Nathan* liest bzw. buchstabiert. Der ehrwürdige Pater Marian, der bei seinen Oberen im Verdacht der Abtrünnigkeit steht, wird auf ihn aufmerksam, liest mit ihm Shakespeares *Kaufmann von Venedig*. Als ihn nun der Theaterdirektor nach Czernowitz einlädt, wirft Sender den Kaftan weg und wird ein »Deutsch«. Er kommt zu einer Schmierenbühne und soll dort den Shylock spielen. Dann muss er aus familiären Gründen ins Ghetto zurückkehren. Er stirbt an der Schwindsucht.

Franzos wird kaum noch gelesen, andere Galizienerzähler, wie der fragwürdige Leopold von Sacher-Masoch, der einst bis in die Salons von Paris Furore machte, noch weniger. Aber eine Terra incognita war dieses Galizien jedenfalls nicht. Auch für Roth als Leser nicht, obwohl wir für eine entsprechende Lektüre keine Belege haben. Wie weit er von Franzos' Lebensgefühl entfernt war, lässt bereits seine *Reise nach Galizien*, mehr noch *Juden auf Wanderschaft* erkennen. Entscheidenden Anteil an Roths Hinwendung zur deutschen Literatur hatte offenbar sein Deutschlehrer, Professor Max Landau, ein Jude polnischer Abkunft und hingebungsvoller Pädagoge. Etwas vom Geist eines Heinrich Heine hat Landau seinem Schüler zu vermitteln gewusst, die vorzügliche Intelligenz von »Muniu Faktisch« gewissermaßen noch mit einem Pfropfreis besetzt. (»Muniu« ist die Koseform von Moses, Roths von ihm selbst später unterdrücktem ersten Vornamen, »Muniu Faktisch« familiärer Spitzname für diesen vorlauten Naseweis und Klassenprimus, der jede seiner Behauptungen mit dem Zusatz bekräftigt: »Das ist faktisch«.)[18] Landau ist voller Lob für Roths Aufsätze und mündliche Beiträge, aber er warnt ihn vor seiner Subjektivität.

Anders als einige künftige deutsche Dichter seiner Zeit, die ein wilhelminisches Gymnasium besuchen und noch *vor* dem Abitur scheitern, maturiert Roth am Brodyer k. k. Kronprinz-Rudolf-Gymnasium: »sub auspiciis imperatoris« (frei übersetzt: mit höchstem Lob) – dies in Konkurrenz mit dem reichen jüdischen Grundbesitzersohn Schapiro. Die Entscheidung zu Roths Gunsten bringt das Argument des Direktors, Schapiro werde in künftigen Jahren im Kaffeehaus sitzen und täglich eine Reihe von Zeitungen durchsehen. In der führenden Wiener Zeitung – der *Neuen Freien Presse* – werde er jene Beiträge am lesenswertesten finden, die Moses Joseph Roth geschrieben haben werde.[19]

So ausgerüstet und ermutigt, studiert man am besten in der k. u. k. Haupt- und Residenzstadt Wien Philologie. Man entdeckt einen Irrtum, hat Dichtung gesucht und Germanistik gefunden, schreibt dennoch sehr gute Referate, wie man bisher sehr gute Aufsätze geschrieben hat, weiterhin Gedichte und nunmehr auch Briefe an Redaktionen.

Inzwischen hatte der Weltkrieg begonnen.

18 Bronsen 1974, S. 84.
19 Ebd., S. 101.

III

Nein, wirkliche Not leidet er (noch) nicht, wahrscheinlich hat er manchmal kein Geld, aber sein Erscheinungsbild lässt das nicht erkennen. Wie ein »Gigerl« tritt er auf, mit Sorgfalt gekleidet, so denkt man sich den Sohn eines Sektionschefs oder Hofrats (auf Grillparzers »armen Spielmann« passt das natürlich nicht, es gibt Ausnahmen; übrigens hat Roth einige Zeit im Bezirk Brigittenau, dem Schauplatz der Novelle, gewohnt). Einige nur noch historisch erklärbare, fragwürdige Allüren hat das Leben dem Studiosus noch nicht abgeschliffen. Er trägt ein Monokel, fühlt sich gegebenenfalls »fixiert«. Józef Wittlin, Roths Studienfreund, hat dieses frühe Kurzporträt aufgezeichnet,[20] Sympathie führt ihm die Feder, an Brechts Sätze über Remarque muss man nicht denken: »Irgendetwas fehlt mir in seinem Gesicht. Wahrscheinlich ein Monokel.« Roth hat wiederholt wirkliche Freunde gefunden. Sie waren hilfsbereit, haben ihm mehr Fairness erwiesen als er ihnen. Sie rühmen seinen Charme, sein von Natur aus offenes, freundliches Wesen. (Auch später noch, als ihn der Mangel zu großen Auftritten nötigte, mischte sich in die Verwunderung über sein Benehmen doch immer auch Respekt: Roth tritt ins Zimmer des Chefredakteurs, fällt auf die Knie, ringt die Hände und bittet um Vorschuss. Der Chefredakteur sagt achtungsvoll: »Ganze Generationen von Schnorrern stehen auf, wenn man Roth beim Geldbetteln sieht.«[21])

Wir befinden uns tatsächlich in einer anderen Zeit, auch was Literarisches anbetrifft. Unbekannte junge Dichter hatten es im Umgang mit Verlegern und Redakteuren niemals leicht. Stets gab es, gemessen am Bedarf, einen Überhang an Einsendungen. Als der junge Moses Joseph Roth aufwuchs, waren poetische Bemühungen auch Heranwachsender, die

20 Linden 1949, S. 49f.
21 Bronsen 1974, S. 22 (Int. Ludwig Marcuse).

zu Recht unveröffentlicht blieben, noch ungleich verbreiteter als in moderneren Zeiten. Im Mai 1880 notiert der achtzehnjährige Sohn eines Wiener Medizinprofessors, Arthur Schnitzler: »Somit hab ich bis auf den heutigen Tag zu Ende geschrieben 23, begonnen 13 Dramen, soweit ich mich erinnere.«[22] Roth hat Schnitzler, den ›Darsteller der Topographie der Wiener Seelenverfassung um 1900‹ (E. Friedell), später »repräsentativ für eine Epoche, ein Land, eine Monarchie«[23] genannt. Er hatte Grund, ihn zu rühmen, denn die Melancholie, die er von seinem ihm unbekannten Vater geerbt zu haben glaubte, war wohl zu einem Gutteil literarischer Natur, stammte aus dem Wiener Roman, den Schnitzler so vorzüglich repräsentierte. Eine Notiz wie die, über 13 begonnene, 23 vollendete Stücke später *nicht* auszusondern, kann sich ein Dramatiker und Erzähler erlauben, wenn aus ihm ein Arthur Schnitzler geworden ist, sonst unterdrückt man sie besser. Selten, nicht in jeder Generation, ereignet sich das Wunder: ein Zögling des Akademischen Gymnasiums, belesen wie ein uralter Ordinarius, der sich, sein Pseudonym »Loris« preisgebend, ungläubigen, graumelierten Kritikern mit vollendeten Versen zu erkennen gibt. Nicht allein um Hofmannsthal, noch um andere Schreiber ist aller dunkle Glanz, alle dichterische Vollkommenheit der Epoche. Den Salzburger Georg Trakl hat Roth anscheinend niemals wahrgenommen, auch wenn er, Stefan Zweigs wegen, nach Salzburg kommt, bleibt der Name ungenannt. Hofmannsthal – er war mit Walther Brecht, Roths Lehrer, gut bekannt – scheint er gelesen zu haben, wann, wissen wir nicht. Im Ganzen ist die zu seiner Jugendzeit entstandene große österreichische Dichtung an ihm vorübergegangen.

22 Tagebuch, 15. Mai 1880, zit. H. Scheible, Schnitzler. Reinbek bei Hamburg, 1976, S. 19.

23 »Die Überschätzung der Jungen«, III, 175 (MNN, 17.2.1930).

Von bestimmendem Einfluss, wenngleich von den Betroffenen mehr oder weniger dankbar erlebt, war die Schule. In einigen hauptstädtischen und Klosterschulen behauptete die gymnasiale Bildung ein Niveau, auf dem nicht nur Liebe zur Literatur gedeihen konnte, sondern auch ein vertieftes Verständnis für deren Gesetze und Geschichte. Denkt man sich das bürgerliche Gymnasium in mehr alltäglicher Gestalt, so ließe sich vielleicht sagen, es verstand seine begabten Zöglinge in dem Maße hinreichend zu langweilen, dass ihnen Zeit für allerlei intellektuelle Ausflüge verblieb: Schreiben historischer Dramen, Gedichte, selbstständige Lektüre, also Gegenwartsliteratur, die im Unterricht nicht behandelt wurde. Zu den Versuchen, die Schüler vor der Realität »draußen«, das Draußen vor ihnen zu schützen, gehörte in Österreich auch die Bestimmung, dass sie unter eigenem Namen nicht publizieren durften – dazu hätten sie freilich auch kaum eine Chance gehabt, denn zwischen das Manuskript und dessen ersehnten Druck sind die Redaktionen gesetzt, und dort hat man keinen Mangel an Gedichten. Stattdessen sehen sich die jungen Leute informiert über ein Inventar klassischer, allerdings schon längst nur noch epigonal genutzter Formen. Ein Glücksfall für Empfängliche waren vielleicht literaturbegeisterte oder verschwärmte Deutschlehrer. Und aus Gymnasiasten werden nach bestandener Matura Studiosi, es ist der Eintritt in eine andere Welt. Wer jetzt noch Lyrik schreibt, dem finanziert manchmal der vermögende Vater den ersten Gedichtband. Diese Chance hat Roth nicht, aber die Aufmerksamkeit von Professoren und Assistenten findet er schnell. Er hat sich Walther Brechts noch nach Jahren dankbar erinnert[24], dessen Assistenten (dem späteren Professor) Heinz Kindermann im Roman ein ironisches Denkmal gesetzt.[25]

24 An B. Reifenberg [Oktober 1926?] (Briefe 1970, S. 101).
25 Heinz Kindermann (1894-1985), aus Wien gebürtiger österreichischer Theaterwissenschaftler, während Roths Studium

Bis zu seiner Einberufung blieb die Roth vertraute Lebensform – nämlich die Ausrichtung auf eine geistige Welt, die sich ihm als Schüler und Studenten noch ohne bestimmte Zweckbestimmung und berufliche Verpflichtung stufenweise öffnete – im Wesentlichen unangetastet. Insofern begann für ihn erst als er Soldat wurde, wirklich der Krieg. Was das im Einzelnen bedeutete, lässt sich wegen des Fehlens von Informationen nicht sagen. Seine Angaben über Beförderungen, erlittene Gefangenschaft und Flucht etc. finden in überlieferten Akten keine Bestätigung. Der zweimalige siegreiche Einzug in Lemberg, von dem der Ich-Erzähler der *Reise nach Galizien* spricht, bleibt besonders fragwürdig, weil die Stadt ja nur einmal wiedererobert wurde, als Roth noch gar nicht Soldat war. Seine Mitarbeit an der Herausgabe einer Soldatenzeitung ist belegt, ein möglicherweise als Gefälligkeit ausgestelltes Zeugnis bestätigt ihm, er habe die Feldzeitung der 32. Infanterietruppendivision von einem nicht genannten Zeitpunkt an bis Kriegsende redigiert.[26]

Unverkennbar ist, dass für Roth, auch wenn er vergleichsweise glimpflich davongekommen ist, die empfangenen Eindrücke eine schwere Erschütterung bedeuteten. Abgezehrt und abgerissen ist er zurückgekommen, anscheinend hat er bereits als Soldat zu trinken begonnen. Mit dem Ende des

Brechts Assistent, von dem fast gleichaltrigen Neuankömmling nicht ohne Eifersucht kritisch betrachtet. Wie Wittlin berichtet (Linden 1949, S. 52), konnte der ›alldeutsch‹ gesinnte Kindermann Roth nicht leiden, gleichfalls »auch uns nicht als ›Nicht-Germanen‹. [...] Heute, von einer so entfernten Perspektive aus gesehen, erscheint mir Kindermann als der ideale Prototyp eines Nazi.« Roth schrieb über ihn die Novelle »Der Vorzugsschüler« (IV, 1-13). Ein unbedeutender junger Offizier im *Radetzkymarsch* trägt seinen Namen : »Er bestand aus einer blonden, rosigen und durchsichtigen Substanz, man hätte beinahe durch ihn durchgreifen können wie durch einen abendlich besonnten, luftigen Dunst.« (V, 201).

26 Katalog 1994, S. 65.

Krieges, der auch das Ende der Monarchie bedeutete, wird sich sein Leben noch weiter von Grund auf verändern. Zugleich begann die berufliche Tätigkeit als Journalist, wie sie die vorliegende Auswahl widerspiegelt.

Die mit dem Weltkrieg und seinen Folgen verbundenen Veränderungen der Lebensverhältnisse wurden von sehr vielen Autoren, besonders natürlich den älteren, als eine einschneidende Zäsur empfunden, gleichgültig, ob sie der alten Ordnung anhingen oder nicht. Arthur Schnitzler erlebte den Untergang der Monarchie ohne Bedauern. Aber er siedelte seine Stoffe auch weiterhin vor Beginn des Krieges an und ließ die Probleme der Gegenwart allenfalls mittelbar zu. Vergegenwärtigt man sich die ungewöhnliche Präzision im Detail und die atmosphärische Dichte, die für seine Kunst kennzeichnend sind, so scheint die selbstauferlegte zeitliche Begrenzung verständlich. »Das wird unsere Generation nicht mehr übersehen und schon gar nicht mehr gestalten können«, äußerte er sich auf Fragen nach den Problemen der Republik. Hofmannsthal, der klagte, er habe »mit dem Zusammenbruch Österreichs das Erdreich verloren [...] in welchem ich verwurzelt bin«, später noch deutlicher: »Meine Heimat habe ich behalten, aber Vaterland habe ich keines mehr, außer Europa«,[27] erprobte schon bald in Vorträgen und Aufsätzen Modelle einer »Gegenbewegung gegen jene Geistesumwälzung des sechzehnten Jahrhunderts, die wir in ihren zwei Aspekten Renaissance nennen«, die »konservative Revolution«.

Für die damals Jüngeren, von denen manche, wie Roth, angespannt um etwas Sicherheit kämpften (als das desolate Wien 1920 keine Chance mehr zu bieten schien, übersiedelte er nach Berlin), war dies noch kein Thema. Aber Ende der Zwanziger änderte sich das.

27 An Carl Jacob Burckhardt, 1926; wie Anm. 14, S. 390.

IV

Wir unternehmen nun einen großen Sprung nach vorn und finden den einstigen »roten Joseph« in Moskau wieder, 1926, es ist der neunte Jahrestag der Oktoberrevolution. Als »roter Joseph« unterzeichnet er seine Artikel allerdings schon lange nicht mehr. Weder revolutionäre Überzeugung noch Schwärmerei haben ihn nach Russland geführt, sondern beruflicher Ehrgeiz, sicherlich verbunden mit intellektueller Neugier. Auf diese Reise hat er sich gründlich vorbereitet. Bald nach der Einreise in die Sowjetunion hat er ein Interview gegeben, in dem er die großen Fortschritte, die dort zu verzeichnen sind, aufmerksam gerühmt hat, ist aber sonst mit Lippenbekenntnissen zurückhaltend geblieben. Walter Benjamin, den er bereits aus Paris kennt, hat ihn in seinem Moskauer Hotel besucht, hat missfällig wahrgenommen, dass er dort von ihm mit Kaviar und anderen, Ausländern vorbehaltenen Luxusartikeln bewirtet wurde. Roth lebt offenbar auf großem Fuß. Was die politischen Anschauungen betrifft, so hat sich Benjamin gründlich in ihm getäuscht. Er nimmt an – anscheinend hat ihm sein Gastgeber diese Vorstellung vermittelt –, Roth sei »als (beinah) überzeugter Bolschewist nach Rußland gekommen und verläßt es nun als Royalist. Wie üblich, muß das Land die Kosten für die Umfärbung der Gesinnung bei denen tragen, die als rötlich-rosa schillernde Politiker (im Zeichen einer ›linken‹ Opposition und eines dummen Optimismus) hier einreisen« (*Moskauer Tagebuch*).[28] Roth ist, wie er Reifenberg, mithin der Frankfurter Redaktion, wiederholt dargelegt hat, ohne Illusionen gekommen, aber beeindruckt von manchem, was er sieht, unter anderem von der großen Parade auf dem Roten Platz. Er hat eine Vorliebe für

28 W. Benjamin, Moskauer Tagebuch. Aus der Handschrift hrsg. von G. Smith. Frankfurt/M. 1980 (edition suhrkamp. Neue Folge; 20), S. 43f.

solche Zeremonien, diese hier, so schreibt er, »hätte Shakespeare dichten können«,[29] und doch gibt es offenbar nichts, was ihm fremder wäre. Seine Beschreibung betont die großartige Monotonie, gewollte Einförmigkeit, vitale Strenge des Schauspiels. Man vergleiche diese Beschreibung mit der, die er wenige Jahre später im *Radetzkymarsch* der Feier des Fronleichnamstages in Wien gewidmet hat, der Vorbereitung der Prozession bis zum Eintreffen des Kaisers. Bei diesem Defilee ist alles detailliert gestaltete Form, lustvolle Differenzierung, Farbe, gelöster Klang. Handelt es sich in Moskau um eine ernste, willensbetonte Demonstration der Stärke, so in Wien um ein, ungeachtet des religiösen Anlasses, heiteres Fest. Ganz unterschiedlich sind nicht nur die unmittelbar Beteiligten, sondern auch die Zuschauer gestimmt. In Moskau beschreibt Roth die fremden Militärattachés und Diplomaten, ihre teils wachsame, teils rein formelle Aufmerksamkeit, ganz zuletzt erst erwähnt er die Spitzen der Partei, die die Parade abnehmen. In Wien versetzt sich der Erzähler in Frau von Taußig und Leutnant Trotta auf ihrem bevorzugten Tribünenplatz: »Seit ihrer Jugend kannte sie, wahrscheinlich nicht weniger genau als der Obersthofmeister, alle Phasen, Teile und Gesetze des Fronleichnamszuges, ähnlich wie die alten Besucher der angestammten Opernlogen alle Szenen ihrer geliebten Stücke. Ihre Lust zu schauen verminderte sich nicht etwa, sondern nährte sich im Gegenteil von dieser vertrauten Kennerschaft. In Carl Joseph standen die alten kindischen und heldischen Träume auf, die ihn zu Hause, in den Ferien auf dem väterlichen Balkon, bei den Klängen des Radetzkymarsches erfüllt und beglückt hatten. Die ganze majestätische Macht des alten Reiches zog vor seinen Augen dahin.«[30]

29 Siehe oben, S. 243.
30 V, 320. – Roths Darstellung folgt in zahlreichen, auch sprachlichen Details Bruno Brehms Roman Apis und Este, München

Der Vergleich dieser Texte lehrt, dass es unnötig ist, nach seinem politischen Bekenntnis zu fragen, um zu wissen, wohin er gehörte. In einem Brief aus Odessa hat er, bereits auf der Rückreise, seine Erfahrung formuliert. »Es kommt mir vor, daß ich schon ein halbes Jahr aus Europa weg bin. So viel erlebe ich und so sehr fremd ist Alles. Niemals habe ich so stark gefühlt, daß ich ein Europäer bin, ein Mittelmeer-Mensch, wenn Sie wollen, ein Römer und ein Katholik, ein Humanist und ein Renaissance-Mensch. [...] Es ist ein Glück, daß ich nach Rußland gefahren bin. Ich hätte mich niemals kennengelernt.«[31] Wie so oft ist der »Franzose aus dem Osten«,[32] der »Katholik mit jüdischem Gehirn«, auf der Suche nach seiner Identität und seiner Bestimmung.

Die Parade auf dem Roten Platz hatte Roth als Reporter, das Fest des Fronleichnamstages als Romancier beschrieben. Auch sein strengster Kritiker wird zugestehen müssen, dass er in Moskau seiner Rolle mehr als nur genügte, dass er für sie Worte fand, aus denen Zeitgenossenschaft sprach, ahnungsvolle Worte zuletzt, die zu fühlen schienen, was an neuen Leiden unter der aufsteigenden Herrschaft Stalins bevorstand. Er vergegenwärtigt den Augenblick, in dem die Blicke der Arbeiter – ihr Vorbeizug schließt sich der Parade an – die Tribüne der Parteiführer erreichen, er hat in den Gesichtern die Müdigkeit gelesen nach den opferreichen Jahren des Weltkriegs, der Revolution, des Bürgerkriegs, des Aufbaus einer neuen Gesellschaft. Er sieht in ihren Augen die vergebliche Frage nach der Zukunft – vergeblich, denn der drängende Zug ist schon an der Tribüne vorbei. Es ist »noch ein Feiertag vorbei«, das bedeutet, ein Tag, angefüllt mit einem jener ermüdenden Rituale, in denen ein des eigenen Willens

1931. Roth hat seine Vorlage in eindrucksvoller Weise stilistisch umgebildet. Vgl. Nürnberger 1985, S. 198ff.

31 An B. v. Brentano, 26.9.1926 (Briefe 1970, S. 94f.).

32 An B. Reifenberg, 1.10.1926 (Bronsen 1974, S. 98).

beraubtes Volk ebendiese Willenlosigkeit darzustellen gehalten ist. Roth braucht es nicht zu sagen, dass den Männern auf der Tribüne ihre Gedanken nicht abzulesen gewesen wären, auch wenn man sie länger hätte ansehen können. Was wartet, ist »die Weltgeschichte mit verschleiertem Gesicht«.

Roth hat der russischen Revolution zumeist den Vorwurf gemacht, dass sie verbürgerlichte – kleinbürgerlich geworden sei. Anscheinend genügte ihm das bereits, um auch die Schreckensherrschaft zu ahnen, die aus ihr noch hervorgehen sollte. Wenn seine Gedanken sich zunehmend der Vergangenheit zuwandten, so hing das natürlich zunächst mit der politisch näher liegenden Gefahr »von rechts« zusammen. Aber er erwartete eben auch von den politischen »linken« Kräften in ganz Europa nichts, was ihn befriedigte. Was blieb dann, da es anscheinend auch im genügenden Maße an Menschen fehlte, die bereit waren, die Demokratie zu verteidigen? Was wollten die Menschen wirklich, was sicherte am ehesten ihre Rechte?

Dazu liefert das Nachher der Fronleichnamsprozession in Roths Roman freilich nur eine nostalgische Fehlinformation, die vorgeblich dem Kopf des Leutnants Trotta entspringt. »Über die breite Ringstraße zogen die Bewohner dieser Stadt, fröhliche Untertanen der Apostolischen Majestät, alles Leute aus seinem Hofgesinde. Die ganze Stadt war nur ein riesengroßer Burghof.«[33] Roths Graf Chojnicki dachte weiter, täuschte sich nicht über das, was die Zukunft verbarg, der alte Kaiser eigentlich auch nicht. Der Bezirkshauptmann, Leutnant Trottas Vater, aber fühlte doch sehr ähnlich wie sein Sohn. Und wie dachte, wie fühlte der Erzähler des Romans? Offenbar hielt er es für erlaubt, wohl sogar für angezeigt, eine Geschichte zu erzählen, die in Erinnerung rief, was man verloren hatte.

33 V, 322.

Zuweilen liegt dergleichen in der Luft: Von Romanwerken höchsten Ranges wie Robert Musils *Der Mann ohne Eigenschaften* bis hin zu zeitgeschichtlich interessant gebliebenen Romanen wie Franz Werfels *Barbara oder Die Frömmigkeit* (1929) erschienen um 1930 zahlreiche Erzählwerke, die den Epochenumbruch behandeln. Das Phänomen wiederholte sich einige Jahre nach dem Zweiten Weltkrieg – als auch die Roth-Renaissance begann – mit Werken wie Heimito von Doderers *Die Strudlhofstiege oder Melzer und die Tiefe der Jahre* (1951), Stefan Zweigs *Die Welt von Gestern* (im deutschen Sprachraum erstmals 1952), Felix Brauns *Herbst des Reiches* (1957, endgültige Fassung von *Agnes Altkirchner*, 1927), Reinhold Schneiders *Winter in Wien* (1958). Mehrere Neuausgaben von Werken Ferdinand von Saars fallen in die fünfziger Jahre. Die Reihe auf die habsburgische Vergangenheit bezogener Erzählwerke findet ihre Fortsetzung in der biographischen und in der germanistischen Literatur sowie im Medium des Films.

Roth stand mit dem Vorhaben eines ›altösterreichischen Romans‹ – bei Gelegenheit seiner Berichterstattung über das Attentat von Sarajewo wurde bereits darauf hingewiesen[34] – nicht allein. Feuilletons wie »Seine K. und K. Apostolische Majestät« und die angebliche Kindheitserinnerung »Die k. u. k. Veteranen« bildeten ernste und heitere Vorzeichen. Wer hätte auch den Kommandanten der Invaliden je wieder vergessen können: »Der blanke Säbel, mit dem er die zahllosen Grüße erwiderte, war ein einziger lebendiger Strahl in seiner Hand, ein weißer Blitz, eine stählerne Schlange, ein silberner Sieg. Die schwarz-gelbe Schärpe leitete zu den großen, dichten, golddurchstickten Fransen der Feldbinde über, die wie eine besondere Gnade der Hüften war, entsprechend den zahlreichen Orden, den Gnaden der Brust. In den schwarzen

34 Siehe oben, S. 259 und Anm.

Spiegeln der Lackstiefel fingen sich das Blau des Himmels, das zerflatternde Weiß der spätsommerlichen Wölkchen, das wehende Grün der Promenadenbäume, von Zeit zu Zeit durchzuckt vom silbernen Gruß des Säbels. Leer und weiß und sonnengetränkt waren die Steine der Straße. In den Seitengassen hielten stumm die Gefährte ihre Räder an. Weit vorne wirbelte der Trommler, in der Mitte schmetterten die Trompeten, hinten dröhnte die Pauke, unterbrochen und begleitet vom goldenen Irrsinn der Tschinellen. Dann war eine Weile gar nichts. Nur Mittag, weißer Stein und andächtige Leere. Und hinter diesem Raum aus Andacht und Sommer marschierte, ganz allein, der Kommandant der Veteranen.«[35]

V

Anfang Juni 1934 erschien in *Les Nouvelles Littéraires* im Rahmen der Reihe »Gespräche«, die Chefredakteur Frédéric Lefèvre mit Berühmtheiten der Zeit führte, der Beitrag *Eine Stunde mit Joseph Roth (Une heure avec Joseph Roth).*[36] Das Interview wurde anlässlich des Erscheinens der französischen Übersetzung des Romans *Radetzkymarsch (La Marche de Radetzky)* geführt. Nach *Die Flucht ohne Ende (La fuite sans fin,* 1929), *Die Rebellion (La révolte,* 1930) und *Hiob. Roman eines einfachen Mannes (Job, roman d'un simple juif,* 1931) handelte es sich um den vierten Roman Roths, der ins Französische übersetzt wurde. Die Aufmerksamkeit des Publikums hatte dieser Vertreter einer durch den Ersten Weltkrieg enttäuschten Generation, als den die Kritik ihn sah, aber bisher nur in sehr begrenztem Maße gefunden.[37]

35 »Die k. u. k. Veteranen«, III, 67 (FZ, 18.6.1929).
36 Abdruck mit Marginalien in Katalog 2008, S. 78ff. Eine deutschsprachige Übersetzung in III, 1031-1035.
37 L. Richard, Die Roth-Rezeption im Frankreich der Zwischenkriegszeit. In Kessler /Hackert 1990, S. 269f.

Vielleicht war man der Auffassung, dass der Kriegsheimkehrer Roth den Vertretern der französischen Nachkriegsliteratur nichts Wesentliches hinzufügen könne. Inzwischen hatte sich die Situation für Roth in teils günstiger, teils ungünstiger Weise verändert. Mit dem *Radetzkymarsch* hatte er sich als Romanautor endgültig, und zwar auf internationaler Ebene, etabliert, dagegen war ihm der deutsche Markt seit Hitlers Machtantritt verschlossen. Für ihn war es von großer Bedeutung, wie sein neuer Roman in Frankreich aufgenommen werden würde.

Lefèvre gehörte nicht zu den Fachleuten, die über Roth publiziert hatten. Vielleicht hatte Blanche Gidon, die mit *La Marche de Radetzky* zum ersten Mal als Übersetzerin Roths in Erscheinung trat und sich in der Folge als hilfreiche Freundin und Hüterin noch seines Pariser Nachlasses erweisen sollte, das Gespräch vermitteln helfen; jedenfalls fand es in ihrer Wohnung statt. Für den Roth-Leser hat dieser Schauplatz etwas Überraschendes, pflegt er seinem Dichter doch sonst stets in Hotels oder Cafés zu begegnen, die dieser auch sehr bewusst als die allein für ihn gemäßen Aufenthaltsorte gerühmt hat. Lefèvre konnte das nicht wissen, aber er betont gleich eingangs das gepflegte Ambiente, vielleicht, weil Roth zu ihm passt oder auch wieder nicht passt.

Der Interviewer braucht Zeit, sich in sein Gegenüber zu finden. Roth läuft im Zimmer auf und ab, redet, dann wieder sitzt er schweigend da, gießt sich Cognac ein und trinkt das Glas zerstreut aus. »Auf den ersten Blick überrascht, ja beunruhigt er«, findet der Betrachter. »Man braucht Zeit, um ihn zu entziffern.« Das gelingt ihm dann in sehr höflicher, wohlwollender, freilich auch etwas unbestimmter Weise. Er entdeckt in Roths Haltung und Tonfall, in seinem ausdrucksvollen Gesicht »ein komplexes Wesen, eine Überlagerung von beinahe widersprüchlichen Persönlichkeiten«. Gelegentlich verleitet ihn falsches Vorwissen zu einem trügerischen Schluss, aber er korrigiert sich dann halb und halb wieder, weil er merkt, dass etwas nicht stimmt. »Die nach hinten geworfenen Schultern, die Steifheit erinnern an den ehemaligen Offizier der österreichischen Armee. Wie gern würde Joseph Roth noch Uniform tragen. Er gibt sich gern martialisch und versucht gleichzeitig vergeblich, seinen blonden, widerborstigen, zu kurz geschnittenen Oberlippenbart zwischen Daumen und Zeigefinger zu zwirbeln.« Zuletzt stehen die vielen Bilder, die Lefèvre entwirft, einander etwas im Wege (was freilich ebenfalls wieder aufschlussreich ist), Roths scharfer Blick erinnert an einen »listigen, normannischen Bauern«, sein jähes brutales Aufbrausen »an einen Juden, der nach dem Absoluten strebt«, sodann auftretende Melancholie lässt ihn »einem fatalistischen Russen ähneln, der sich fragt, wozu all das gut sein soll«. Zuletzt wird Roth sich wieder in sich selbst zurückziehen. »Dieses Schweigen, dieser Ausdruck von Abwesenheit, erinnern an einen Künstler, der von einem Bild besessen ist, der Trost findet in einem melancholischen Motiv.«

Lefèvres Fragen sind im Text des Interviews nicht abgedruckt. Man kann sie nur aus den Antworten zu erschließen suchen, anscheinend geht sein Partner bereitwillig auf ihn ein. Roth berichtet relativ ausführlich über sein Leben – er bekennt und schwindelt, wie so oft, in einem Atemzug.

Seinen Vater beschreibt er als einen »Wiener von echtem Schrot und Korn, ein Kunstliebhaber, der auch selbst malte«. Er selbst habe mit dreizehn Jahren die Taufe empfangen, in Wien das Gymnasium der Piaristen besucht, sich sein Studium wie sein Militärarzt Demant [im Roman *Radetzkymarsch*] mit Nachhilfestunden selbst verdient. Als Kriegsfreiwilliger habe er an der russischen Front gekämpft, die Ernennung zum Unterleutnant mit Stolz erlebt, sei gefangen genommen worden, aber nach drei Monaten aus der Gefangenschaft geflohen. Nach dem Krieg sei er aus Not Journalist geworden, in Berlin war er der einzige Redakteur einer kleinen Zeitung, nach dem Druck half er sie auf der Straße verkaufen. Auch als Mitarbeiter der *Frankfurter Zeitung* blieb er arm, obwohl er bei diesem Blatt viel verdiente. Gelegentlich mit der Redaktion im Streit, sei er, vier Monate in Südfrankreich völlig mittellos, gezwungen gewesen, als Bootswäscher zu arbeiten. Das sei eine interessante, aber für ihn gefährliche Beschäftigung gewesen, denn er verabscheue das Wasser als ein menschenfeindliches Element. Er verabscheue die Nazis, er hasse Preußen, das sei instinktiv, weiß man, warum man liebt oder hasst? Seine einzige große Liebe, seit er Wien verloren habe, sei Paris. Er arbeite zehn Stunden pro Tag.

Er erklärt: »La littérature c'est la sincérité même, la seule expression vraie de la vie« – die Literatur ist die Aufrichtigkeit selbst, der einzige wahre Ausdruck des Lebens. Es klingt ein wenig pathetisch, aber es ist ein gewinnender Satz. Roth zögert nicht, ihm noch eine religiöse Pointe zu geben. »Worin besteht ihr Auftrag? Es kann nur ein göttlicher sein. Menschlicher Auftrag flößt mir keinerlei Vertrauen ein. [...] Ich bin ein gläubiger Mensch, und als solcher glaube ich, daß der Mensch nur durch den Himmel gerettet werden kann.«

Diese Wiedergabe des Interviews ist sehr verkürzt. Die »Aufrichtigkeit«, die Roth mit so viel frappanter Sicherheit der Literatur zuordnet, blitzt zuweilen auf, wie etwas, wonach Roth sich auch persönlich sehnt. Eigentlich macht er es seinen Zuhörern und Lesern leicht, ihn zu durchschauen. Warum fragt niemand den Autor des *Radetzkymarschs*, diesen in seinen einstigen militärischen Beruf verliebten, angeblichen österreichischen Offizier, ob er nicht weiß, dass die kaiserliche Armee 1859 bei Solferino nicht in Formationen kämpfte – in aufgelöster Schützenlinie –, wie er sie zu Beginn seines Romans beschreibt. Blanche Gidon hat recht, wenn sie ihn – die Zerstörungen durch den Alkohol abgerechnet – wie ein großes Kind sieht, das seinen Einfällen glaubt und den bereitliegenden Worten.

Was Lefèvre dachte, wissen wir nicht genau. Er wird über einen inzwischen auch in Frankreich angesehenen ausländischen Schriftsteller mit angemessenem Respekt und Genauigkeit berichten, seine Sachlichkeit ist ›objektiv‹ im besten Sinne. Eine gewisse Distanz hat er bereits eingangs durch die Beschreibung der Örtlichkeit, in der das Zusammensein stattfindet, erkennen lassen.

VI

Wenn es wahr ist, dass eine Katastrophe ohne Bilder nicht stattfindet, dann stimmt eben auch, dass ein sehr gut bebilderter Triumphzug unwiderstehlich ist. Die Bilder vom ›Anschluss‹ Österreichs zeigten einen solchen Triumphzug, den Triumphzug Hitlers.

Roth wusste, dass die von den Wochenschauen und den Zeitungen verbreiteten Bilder nur die halbe Wahrheit zeigten, dass Verhaftungen, Terror und Flucht die andere Seite der Wirklichkeit waren. Eine neue Welle von Exilsuchenden erreichte Paris, er war einer von denen, die Flüchtlingen zu helfen suchten. Gleichwohl erlebte er die Ereignisse als die vollständige Niederlage, die sie für den Kampf, den er geführt hatte, auch tatsächlich bedeutete.

Sie kam nicht unerwartet, bereits der im Dezember 1937 erschienene Grillparzer-Essay stellte einen Nachruf auf *sein* Österreich dar. Was jetzt geschehen war, zerstörte für ihn jegliche Hoffnung, der mögliche Zusammenbruch der Tyrannei lag in ungewisser Ferne, der eigene Tod umso näher. Vierzehn Monate bleiben ihm nach dem »Anschluss« im März 1938 noch zu leben. Eingeschlossen in diesen Zeitraum war im September 1938 das Münchner Abkommen, im März

1939 Hitlers Griff nach den tschechischen Territorien Böhmens und Mährens. Die Hakenkreuzflagge auf dem Hradschin, sie bedeutete den direkten Weg in den Krieg.

In Roths journalistischen Arbeiten überwiegt dennoch keineswegs die Depression. Er kämpft weiter, sieht es wohl auch als seine Aufgabe an, zu ermutigen. Die Eindringlinge (er schreibt zumeist: die Preußen), die jetzt in Österreich regieren, werden nicht dauern. »Wir müssen trachten, sie zu überleben. Es ist nicht allzuschwer: Sie sind eiserne Mörder auf tönernen Sockeln.«[38] Roths Arbeitskraft lässt in seinem letzten Lebensjahr erkennbar nach, ist insgesamt aber immer noch erstaunlich, zumal in dieser Zeit wichtige Werke entstehen (*Die Legende vom heiligen Trinker*) oder zu Ende geführt werden (*Die Kapuzinergruft*), die unser Bild von Roth maßgeblich bestimmen. Dazu kommen mehr als 60 Zeitungsartikel, die in der Werkausgabe ungefähr 200 Seiten füllen. Auch die schon länger fertige, aber bisher nur in polnischer Übersetzung veröffentlichte *Geschichte der 1002. Nacht* hat ihn noch beschäftigt. Die verkürzte, zweite Fassung, *Geschichte von der 1002. Nacht*, erschien 1939 postum.

Die Zeitungsartikel behandeln unterschiedliche Stoffe. Es sind ganz unpolitische Stücke über soziale Probleme darunter, meisterhaft erzählt. »Das bittere Brot«[39] liest sich wie eine Pariser Variante zur Geschichte der jüdischen Ratenhändler in Wien (*Juden auf Wanderschaft*), auch wie ein Einblick in seine eigenen zuletzt so bedrängten Wohnverhältnisse in billigen Hotels. Um Selbstreflexion handelt es sich auch, wenn er ein Leben, das mit vielen Reisen verbunden ist, mit einem anderen vergleicht, das keinen Ortswechsel kennt; er versichert, der zum Stillsitzen Verurteilte erfährt und versteht mehr (»An einer Straßenecke«). Im Mittelpunkt steht die Auseinandersetzung mit dem aggressiven Deutsch-

38 »Schwarz-gelbes Tagebuch«, III, 899 (ÖP, 1.3.1939).
39 »Das bittere Brot«, III, 861 (PTZ, 3.1.1939).

land. Auch die Tschechen, die 1938, Gewehre in der Hand, die sie jetzt den Deutschen abliefern müssen, jüdische Flüchtlinge aus Österreich abgewiesen haben, begrüßt er nun wieder als Verbündete. Er will nichts nachtragen, denkt an das gemeinsame Interesse: »Noch einmal: Nazdar, Wojtisek! Ein tschechischer Friseur hat an seiner Ladentür ein Schild angebracht: ›Hier werden deutsche Soldaten gratis rasiert. Man begnügt sich mit einem Trinkgeld.‹ Der germanische Tolpatsch wird mit seinen Tanks gegen die tschechische Ironie nicht aufkommen.«[40] Österreich, als dessen Verderber Deutschland 1938 erscheint, ist in der einen oder anderen Weise in diesen Artikeln stets eingeschlossen. Es handelt sich keineswegs nur um eine Glorifizierung des Opfers. Versäumnisse und Schwächen werden benannt, die dazu führten, dass es zu der großen Niederlage überhaupt kommen konnte. Eigentlich ist dieses Österreich überlegen, nicht selten gereicht ihm die vermeintliche Schwäche zur Ehre, es ist liebenswert. Es soll nicht anders sein, als es ist. Bei solcher impliziten Parteinahme scheint gelegentlich Hofmannsthals 1917 verfasstes Schema »Preuße und Österreicher«, von dem wir nicht wissen, ob Roth es gekannt hat, durchzuschimmern, freilich mit dem entscheidenden Unterschied, dass Hofmannsthal es keineswegs darauf angelegt hatte, ›Preußisches‹ zu dämonisieren, sondern ein Gleichgewicht anstrebte, das erkennen ließ, wie sehr die so Verschiedenen beim jeweils anderen finden konnten, was ihnen selbst fehlte. Roth, in der aktuellen Auseinandersetzung befangen, kennt nur den Unterschied zwischen Gut und Böse, aber sein Hass zeigt darüber hinaus manische Züge. Es genügt ihm nicht, des gegenwärtigen Deutschlands aktuelle Untaten auf »Preußen« und Friedrich II. zurückzuführen, die Ahnenreihe setzt sich fort zu Luther und weiter zu Hagen von Tronje bis zu den Ger-

40 »Schwarz-gelbes Tagebuch« III, 914 (ÖP, 1.5.1939).

manen. Artikel dieser Art sind seinerzeit nicht immer zum Druck gelangt, aber einige in maschinenschriftlichen Kopien erhalten geblieben.

Zwischen der *Kapuzinergruft* und mit der Österreich-Problematik befassten Artikeln Roths aus dieser Zeit bestehen gelegentlich sogar wörtliche Übereinstimmungen, es ergibt sich aber insgesamt doch ein anderer Eindruck, weil wir in dem mit der Titelfigur identischen Ich-Erzähler des Romans Franz Ferdinand Trotta keinem Kämpfer, sondern einem Rat- und Haltlosen begegnen. 1938, nach der deutschen Besetzung Wiens, ist die Welt der Trottas zerstört, seine Flucht in die Gruft der Habsburger sinnlos, seine Frage »Wohin soll ich jetzt, ich jetzt, ein Trotta«[41] ist auch Roths Frage.

Das geistige Österreich, wie Roth es geliebt und das zu bewahren er beigetragen hat, war dem Zerstörungsprozess, den er durchlitt, nicht unterworfen. Im Roman *Die Geschichte von der 1002. Nacht,* der einen Staatsbesuch des Schahs von Persien in der Reichshaupt- und Residenzstadt Wien vor dem Hintergrund diskreter erotischer Verwicklungen behandelt, gewinnt dieses Österreich fast morgenländische Züge. Zu trauen ist Roth in diesem abgründig-ironischen Spiel freilich weniger denn je. »Wie leicht, wie operettenhaft dünn und süß liest sich noch der Anfang«, eine »Prosa, die vielleicht Champagner sein möchte, aber doch nur Schampus ist«, hat Reinhart Baumgart, Roths vorzüglicher Leser, in einem Moment der Verunsicherung notiert und ist fortgefahren: »diese ganze späthabsburgische Erzählwelt [...], ein kunstvoll zartes Gebilde aus Amseln, Kutschen, Wirtsgärten, Walzern, Polizeispitzeln, Aktendeckeln, Hutnadeln und Vöslauer.« Was ist geschehen? »Eine Nacht mit der Gräfin Helene W., einem wie von Hofmannsthal erfundenen Wiener Frauenwunder, hat sich der Besucher aus Persien als

41 VI, 346.

Gastgeschenk ausbedungen, und dieser Wunsch wird ihm weder erfüllt noch versagt. Man schiebt ihm beflissen als fast vollkommenen Ersatz die Bordelldame Mizzi Schinagl unter.«[42]

Ob Champagner oder Schampus, Roth schenkt auch reinen Wein ein und klares Wasser. Und gewiss scheint, dass bereits der Auftritt eines Lipizzaners genügt, die Würde seines Stils und der Kaiserstadt zu retten.

> »Die Militärkapelle, aufgebaut auf der Estrade gegenüber der kaiserlichen Loge, spielte nach der persischen Hymne das ›Gott erhalte‹. Ein Reiter in persischer Tracht […] ritt zuerst in die Arena. Den Schimmel, auf dem er saß, zierte ein blutrotes Gehänge. Ein Herold in weißer Seide, in weißen Eskarpins, in roten Sandalen, ging ihm voran. Alsbald begann der Schimmel, zu einer persischen Melodie, die aber dem Schah unbekannt-bekannt vorkam […], wahrhaft geistreiche Bewegungen zu vollführen. In den Schenkeln, in den Hufen, im Kopf, im Hinterteil: überall wohnte die Grazie. Kein Wort, kein Laut! Keine Rede von einem Kommando! Befahl der Reiter dem Schimmel, befahl der Schimmel dem Reiter? […] Der Schimmel spitzte die Ohren: Es war, als delektierte er sich an der Stille. Sein großes, dunkles, feuchtes, kluges Auge musterte von Zeit zu Zeit die Herren und Damen im Ring, vertraut und stolz prüfend – und keinesfalls Beifall erwartend wie ein Schimmel im Zirkus. Einmal nur hob er den Blick zu der Loge seiner Majestät, des Herrn von Persien, als wollte er flüchtig zur Kenntnis nehmen, für wen er hierher beordert sei. In stolzem Gleichmut hob er den rechten Vorderfuß, leicht nur, als grüßte er einen Gleichgestellten.

42 R. Baumgart, Totentanz und Tingeltangel. »Die Geschichte von der 1002. Nacht« (1988). Zit. nach J. R., Leben und Werk. Hrsg. von D. Keel u. D. Kampa. Zürich 2010, S. 458.

Hierauf drehte er sich einmal um sich selbst, weil es die Musik so zu erfordern schien. Hierauf trat er sacht mit den Hufen den roten Teppich, setzte plötzlich beim Klang der Tschinellen zu einem verblüffenden, aber edlen, und noch im gespielten Übermut maßvollen Sprung an, blieb plötzlich stehen, wartete eine Sekunde lang auf den süßen Ton der Flöte, um dann, als sie endlich kam, ihr zu gehorchen [...].«[43]

Ende Mai 1939 bricht der schwer Alkoholkranke zusammen, er stirbt, verfehlt behandelt, qualvoll im Hôpital Necker.

VII

Roth zählt mit einigen seiner Erzählwerke zu den besten deutschsprachigen Prosaisten seiner Epoche. Sie haben, auch verfilmt, ein großes Publikum gefunden und prägen sein Bild in sehr bestimmter Weise. *Hiob* ist eine »chassidische Parabel« (E. Steinmann), *Radetzkymarsch* dem »Habsburgischen Mythos« (C. Magris) tief verpflichtet, Andreas, die Hauptgestalt der *Legende vom heiligen Trinker*, ein Mörder und Clochard ohne Papiere, erfährt das »Wunder«: Der Autor dieser Erzähldichtungen drängt, fast sehnsüchtig, über die Tageswirklichkeit hinaus. Der Journalist hingegen, obgleich auch er schon früh autofiktiv zu gestalten sucht, ist ein sensibler und scharfsichtiger Kritiker, seine Kunst der Übertreibung zielsicher und erhellend. Roths beste Feuilletons aus den zwanziger Jahren sind seinen gleichzeitigen frühen Romanen an künstlerischer Reife überlegen. Wertende Unterscheidungen zwischen ›Dichtern‹, ›Schriftstellern‹, ›Literaten‹, ›Journalisten‹ erweisen sich in solchem Zusammenhang als wenig produktiv und eher missverständlich.

43 VI, 364f.

Insbesondere das Feuilleton als sprachverliebte, kunstvolle Miniatur bedurfte (und bedarf?) in Deutschland zuweilen der Verteidigung. Theodor Fontane, dessen Entwicklung zum Romancier wie der Roths eine ausgedehnte journalistische Tätigkeit voranging, hat die Autoren des Wiener Feuilletons in einem Brief verständnisvoll gewürdigt: »Sie fragen: ›verlohnt es so viel Müh, um etwas zu schaffen, was mit dem Einen Tage verschwinden wird?‹ Ich glaube doch, ja. Und zwar deshalb, weil die Herrn, die die glückliche Gabe haben, sagen wir anderthalb Millionen Wiener einen Tag lang geradezu zu entzücken, eine viel schönre und auch höhere Aufgabe lösen, als die, die mit gleichem Fleiß einen ›Columbus‹ schreiben und nichts erreichen, als eine 3malige Aufführung vor einem gähnenden Hause. Nach 3 Monaten ist dieser ›Columbus‹ noch viel viel vergessener, als das Eintagsfeuilleton. Das Eintagsfeuilleton hat doch gewirkt, was immer was bedeutet; es hat den ganzen Gesellschaftszustand, und wär' es auch blos um den millionsten Theil einer Haaresbreite, gefördert und verfeinert und ist nach 100 Jahren immer noch ein wundervolles Material für einen Historiker wie Taine.«[44]

Roth war von seinem Metier überzeugt, aber er hat in der »Schriftstellerei [...] keine Auserwähltheit«[45] gesehen. Er hat gern die handwerkliche Seite des Schreibens betont, die redaktionellen und technischen Umstände des Berufs eindringlich beschrieben. Manche dieser Beiträge (»Unsere Setzerei«, »Der Nachtreporter Gustav K.« usw.) sind heute bereits ein Stück Kulturgeschichte. Den mit der Gestaltung des Feuilletons verbundenen journalistischen Auftrag hat Roth emphatisch verteidigt. »Man kann Feuilletons nicht mit der linken Hand schreiben. Man *darf* nicht *nebenbei* Feuille-

44 Fontane an M. Necker, 24.4.1894. Wie Anm. 8, Abt. 4, Bd. 4, S. 345.

45 An S. Zweig, 17.11.1935 (Briefe 1970, S. 440).

tons schreiben. Es ist eine arge Unterschätzung des ganzen *Fachs*. Das Feuilleton ist für die Zeitung ebenso wichtig, wie die Politik und für den Leser *noch* wichtiger. […] Ich mache keine ›witzigen Glossen‹. *Ich zeichne das Gesicht der Zeit.* Das ist die Aufgabe einer großen Zeitung.«[46]

Der aufmunternde Klang der Tschinellen in der Spanischen Reitschule in *Die Geschichte von der 1002. Nacht* ist von dem »goldenen Irrsinn der Tschinellen« in der kleinen mährischen Stadt, die Roths Feuilleton »Die k. u. k. Veteranen« als Schauplatz dient, allenfalls durch ein Mehr an Dezenz unterschieden. Roths Romanwelt ist vielen Lesern vertraut, seine journalistischen Arbeiten dagegen stellen einen noch immer weitgehend unbekannten, weil nicht hinreichend erschlossenen, in Randzonen auch noch unentdeckten Kontinent dar. Nichts davon ist überraschend. Roths 1933 geäußerte Meinung, »… das aktuelle Interesse an unserer Besonderheit flaut sehr schnell ab. […] In zehn Jahren gar ist die Generation dahin, die uns gekannt hat«,[47] hat sich glücklicherweise als Irrtum erwiesen, aber sie war realistisch. Zwei Weltkriege und ein historischer Umbruch größten Ausmaßes haben ungezählte Einzelleben vernichtet. Zu den Verbrechen des 20. Jahrhunderts zählt zudem der Versuch, auch die Erinnerung an sie auszulöschen. Daneben erscheint die bekannte Tendenz der Nachwelt, nicht nur dem Mimen, sondern auch dem Publizisten keine Kränze zu flechten, eher belanglos. Die Nachwelt hat ein schlechtes Gedächtnis und ist eine Egoistin, aber sie nimmt sich, was sie brauchen kann – Letzteres ist Roths Werk durchaus zugutegekommen, auch wenn dessen Rezeption erkennbar zeitbestimmte Züge trug.

Die journalistischen Schriften blieben zunächst sehr im Schatten der Romane, waren allenfalls dazu bestimmt, deren Wirkung zu verstärken. Bezeichnenderweise war eine der

46 An B. Reifenberg, 22.4.1926 (Briefe 1970, S. 87f.).
47 An S. Zweig, 9.5.1933 (Briefe 1970, S. 263).

ersten dieser Arbeiten, die wieder gedruckt wurden, 1953, also noch vor der ersten Werkausgabe, das ›Porträt‹ »Grillparzer« in der verdeckt vom CIA finanzierten, antikommunistischen Zeitschrift *Der Monat*. Niemand anders als der Autor des *Radetzkymarsch* hätte diesen Essay schreiben können. Kein anderes Werk Roths war besser geeignet, seine Wiedereinbürgerung zu befördern, als dieser Roman – aber eben nicht nur um seiner künstlerischen Vorzüge willen.[48] Es war gewissermaßen die Renaissance als Restauration.

Aber kein Zweifel, Roth kehrte zurück, emotional so bewegende Werke wie *Hiob* und *Juden auf Wanderschaft* gewannen ihm auch eine jüngere Generation, und die Roth-Forschung, die zu einem nicht geringen Teil auf einigen neue Maßstäbe setzenden Dissertationen beruhte, war um Klärungen bemüht. Dazu zählte auch vermehrte Aufmerksamkeit für den zeitnahen (politischen) Publizisten.

In den drei Werkausgaben des Kiepenheuer Verlags (1956, drei Bände, 1975-76 vier Bände, 1989-91 sechs Bände) haben sich die Proportionen stetig zugunsten der journalistischen Schriften verändert. Die gemeinsame Präsentation in der Werkausgabe lässt sie dem erzählerischen Werk gleichrangig erscheinen, an Umfang übertreffen sie dieses sogar. Nach regionalen Gesichtspunkten getroffene Auswahlsammlungen in Taschenbüchern fanden weite Verbreitung.

Zweifellos handelte es sich bei dieser neuen Grundlegung um eine berechtigte Korrektur, die sich nicht zuletzt auf Roth selbst berufen konnte. Er hat den »Einbruch der Journalisten in die Nachwelt«[49] mit hinreißender Verve verteidigt. Aber die Roth-Leser, und fast möchte man sagen, auch die

48 Ein »Verbilligter Sonderdruck« für deutsche Kriegsgefangene, mit einer Umschlagzeichnung von Brigitte Bermann-Fischer ist 1945 erschienen: Washington: Infantry Journal (Neue Welt; 7). Vgl. Siegel 1995, S. 45.

49 Siehe oben S. 229.

Roth-Forscher sind in eine embarras de richesse geraten. Was die Forscher betrifft, ist es nicht das Versäumnis Einzelner, wenn die Erschließung des neu hinzugewonnenen Terrains zuweilen hinter dessen vorläufiger Sicherung zurückblieb. Es gab und gibt vorzügliche Hilfen, in der ungefähren Reihenfolge des Hervortretens: Grundlegende Aufschlüsse wiederholt bei Fritz Hackert, die Ingeborg Sültemeyer zu dankende Wiederentdeckung des journalistischen Frühwerks, Heinz Lunzers und Victoria Lunzer-Talos' hilfreiche Kataloge und Bildbände, Klaus Westermanns erhellende erste Gesamtdarstellung *Joseph Roth als Journalist. Eine Karriere*, Rainer-Joachim Siegels unentbehrliche Bibliographie, um nur diese wenigen Namen zu nennen. Sie konnten gleichwohl nicht verhindern, dass verwitterte Texte in Umlauf gelangten, nicht immer war deren Provenienz sicher zu klären. Solcherart Hindernisse, die dem Lesepublikum gar nicht immer gewärtig sein können, sind auch noch längst nicht ausgeräumt, die 2008 in Wien gegründete Internationale Joseph Roth Gesellschaft und engagierte Verlage finden allein in der Roth-Edition noch ein weites Aufgabenfeld vor sich.

Weit mehr noch als die Romane bedürfen viele der journalistischen Arbeiten mittlerweile einer sie erschließenden Kommentierung. Journalisten, der Name sagt es, arbeiten für den Tag, nicht notwendig *nur* für denselben, sind aber seiner Forderung zuallererst verpflichtet. Man kann nicht davon ausgehen, dass »aktuelle« Texte ohne weitere Erklärung lesbar bleiben, sie appellieren an ein Verständnis, das sie zu Recht voraussetzen dürfen. Anders ausgedrückt, ein Text altert umso schneller, je deutlicher er der Gegenwart angehört, aus der er kommt. Solche Zeitgebundenheit kann sein besonderer Vorzug sein, aber es bedarf zusätzlicher Informationen, die erläutern, was seinerzeit aus gutem Grund nicht gesagt zu werden brauchte oder noch gar nicht gesagt werden konnte.

Roths im Verlauf von 24 Jahren entstandenes journalistisches Werk umfasst in der zuletzt erschienenen Werkausgabe annähernd 3000 Druckseiten, hinzu kommt ein im Anschluss an Siegels Bibliographie erschienener, von diesem selbst besorgter Nachtragsband (*Unter dem Bülowbogen*, 1994). Die Bibliographie enthält eine vierstellige Zahl von Nachweisen in etwa 120 Zeitungen und anderen Periodika. Bei der Erfüllung seiner journalistischen Aufgaben hat Roth sich wechselnder Formen bedient, die sich zuletzt aber doch alle wieder ähnlich sahen – weil *er* ihr Verfasser war. Auf den persönlichen Charakter seiner Darstellungsweise, die ihn besonders als Journalist charakterisiert, ist in unserem Kommentar wiederholt hingewiesen worden. Zuletzt könnte man wähnen, auch die Trennung von fiktiven und nichtfiktiven Texten, also des journalistischen vom erzählerischen Werk, sei in seinem Fall trügerisch. Er hat seinen Roman *Die Flucht ohne Ende* einen »Bericht« genannt und ihm das strenge Diktum vorangestellt: »Es handelt sich nicht mehr darum zu ›dichten‹. Das wichtigste ist das Beobachtete.«[50] Wenn er in seinen Reportagen und Reisebriefen ›berichtet‹, folgt er aber zumeist in einem Maße seiner Subjektivität, dass man, ohne ihm allzu sehr unrecht zu tun, behaupten kann, er habe doch wohl eher gedichtet. Roth hat sich zu dieser seiner Eigenart wiederholt bekannt, auch wenn er fühlen mochte, dass sie nicht nur eine Stärke bedeutete. Der sich arrogant darstellende Hochmut, mit dem er gelegentlich sachlich völlig berechtigte Richtigstellungen verwarf, Freunde preisgab, die ihn nicht mehr verstanden, soll hier nicht geschönt werden. Zuweilen waren seine Urteilssprüche bar jeder historischen Vernunft. Er verteidigte sie mit seiner »Radikalität« – ob sein verletztes Ego oder einfach der Alkohol aus ihm sprach, lässt sich schwer entscheiden. Man wird geltend machen dürfen,

50 *Die Flucht ohne Ende*, IV, 391.

dass sein Vorbehalt niemals dem Eigenrecht großer Dichtung galt. Er beschimpfte oder verspottete nur einige Dichter, wenn sie nicht hinreichend Farbe bekannten, und dafür gab es zu seiner Zeit tatsächlich Gründe. Wie sehr er in anderer Weise selbst der Nachsicht bedurfte, mehr vielleicht, als er seinerseits zu gewähren bereit war, bedarf keiner Erörterung. Roth wusste um seine Schwäche und die daraus folgende Selbstzerstörung, aber auch um die, wie er sie fühlte, »Gnade des Leids«. Künstlerisch wirkten seine Ungeschütztheit und Offenheit befreiend, in seinen Figuren gab er sich selbst – bis hin zum Clochard Andreas, dem »Mann von Ehre, wenn auch ohne Adresse«.[51]

Stets liegen »das Unsagbare dieser Welt« und das Bestreben der Literaten, es sagbar zu machen, im Widerstreit. Wenn Roth 1938 diese Problematik aufgreift, so nicht um einer sprachphilosophischen Erörterung willen, sondern aus drängender Not, mit der er die heillose politische Entwicklung und die drohende Lähmung des Wortes erfährt. »Man muß sich heutzutage entschuldigen, wenn man schreibt … und man muß weiter schreiben … Man muß schreiben, gerade dann, wenn man nicht mehr glaubt, durch das gedruckte Wort etwas bessern zu können.« Ungeachtet seiner Irrtümer, ungeachtet der offensichtlichen Vergeblichkeit aller Bemühungen ist Roth dem selbstgewählten Anspruch »Ich zeichne das Gesicht der Zeit« damals in einem tragischen Sinne gerecht geworden. »(Denn es hat seinen Glanz, das Vergebliche!)«[52]

51 *Die Legende vom heiligen Trinker*, VI, 516.
52 »Das Unsagbare«, III, 849.

Dank

Der Herausgeber dankt Freunden, Kolleginnen und Kollegen für fachlichen Beistand und Auskünfte, an erster Stelle Fritz Hackert (Tübingen), mit dem er sein Vorhaben zuerst erörtern durfte, Heinz Lunzer und Victoria Lunzer-Talos (Wien) für kritisch-erhellendes Gegenlesen von Teilen des Manuskripts ebenso wie Rainer-Joachim Siegel (Leipzig), für die Überlassung unbekannten Textmaterials, ferner Matthias Bauer (Flensburg), Helen Chambers (St. Andrews), Alfred Doppler (Innsbruck), Thomas Eicher (Dortmund), Gotthard Erler (Berlin), Walter Hettche (München), Wolfgang Jacobsen (Deutsche Kinemathek, Berlin), Bettina Machner (Stiftung Stadtmuseum Berlin), Wolfgang Plenio (Wees), Wolfgang Stribrny (Bad Sobernheim), Wolfgang Wiesmüller (Innsbruck). Dem Deutschen Literaturarchiv Marbach, insbesondere dem Leiter der Handschriftenabteilung, Ulrich von Bülow, für die freundliche Publikationsgenehmigung von Teilen des Originaltyposkripts der »Weißen Städte«. Er dankt Thedel v. Wallmoden für seine entschiedene verlegerische Initiative, Andreas Haller für sorgfältiges Lektorat, Gabriele Bischoff, Gabriele Krämer und Mandy Sasse, die die verantwortungsvolle Aufgabe der Texterfassung und -korrektur übernommen haben. Er dankt ›persönlich‹ seiner Frau Elisabeth Nürnberger für Geduld und produktive Gespräche, seinem Enkel Wanja, der ihn chauffierte, Ulrike Förster, Götz Krutein, Frauke und Peter Nicolaisen. Seine stete Erinnerung gilt Gertrud Sladek †, die nicht müde wurde, nach Joseph Roth zu fragen.

Helmuth Nürnberger

Inhalt

Feuilletons, Glossen, Reportagen (1916–1925)

Die weißen Städte (1925)

Juden auf Wanderschaft (1927)

Feuilletons, Reportagen, Rezensionen (1925–1932)

Texte aus den Jahren des Exils (1933–1939)

Anhang